Achim Müller
Proverbien 1—9

Beihefte zur Zeitschrift für die alttestamentliche Wissenschaft

Herausgegeben von
Otto Kaiser

Band 291

Walter de Gruyter · Berlin · New York
2000

Achim Müller

Proverbien 1–9

Der Weisheit neue Kleider

Walter de Gruyter · Berlin · New York
2000

∞ Gedruckt auf säurefreiem Papier,
das die US-ANSI-Norm über Haltbarkeit erfüllt.

Die Deutsche Bibliothek — CIP-Einheitsaufnahme

Müller, Achim:
Proverbien 1–9 : der Weisheit neue Kleider / Achim Müller. –
Berlin ; New York : de Gruyter, 2000
  (Beihefte zur Zeitschrift für die alttestamentliche Wissenschaft ; Bd.
  291)
  Zugl.: Mainz, Univ., Diss., 1998
  ISBN 3-11-016755-7

Printed in Germany
Druck: Werner Hildebrand, Berlin
Buchbinderische Verarbeitung: Lüderitz & Bauer-GmbH, Berlin

Vorwort

Natürlich ist die Weisheit nicht nackt, auch wenn die Anspielung des Untertitels auf das Märchen von Hans Christian Andersen das suggerieren könnte – im Gegenteil: Die Weisheit spielt in Proverbien 1-9 verschiedene Rollen. Die dazugehörigen Verkleidungen entdecken Einsichten, die Israel in einem Prozeß des Nachdenkens gewonnen hat. Dieses Nachdenken soll in der vorliegenden Arbeit aufgespürt werden.

Sie ist die leicht überarbeitete Fassung meiner Dissertation, die der Fachbereich evangelische Theologie der Johannes Gutenberg-Universität Mainz 1998 angenommen hat.

Zuerst möchte ich an dieser Stelle meines verstorbenen Lehrers, Prof. Dr. Diethelm Michel, gedenken. Er hat in mir die Leidenschaft für das Alte Testament und seine Sprache geweckt. Bei meiner Arbeit hat er mir größte Freiheit gelassen. Immer wenn ich ihm den Fortgang schilderte und ihm meine Thesen vortrug, sah ich ihn erwartungsvoll an; er lächelte über seine Brille hinweg und meinte: „Dann machen Sie mal, Herr Müller."

Prof. Michel hat es verstanden, einen Kreis von Doktoranden und Habilitanden um sich zu sammeln, der freundschaftlich und kollegial zusammenarbeitet. Herzstück waren die Sitzungen des Hebraistikums. In ihm wurden freitags zwischen elf und eins über Tee und der Hebraica „Spezialprobleme hebräischer Syntax" behandelt. Diese Veranstaltung hat mich und manche andere in die Forschung am Alten Testament eingeführt. Dd. Achim Behrens, Dd. Johannes F. Diehl, Dd.a Anja Diesel, Dr. Reinhard G. Lehmann und Dr. Andreas Wagner, M.A. gilt mein Dank für unzählige Gespräche, in denen meine Gedanken zu Klarheit reifen konnten.

Anja Diesel, Johannes Diehl und Andreas Wagner haben überdies die Arbeit Korrektur gelesen. Frau Assistant Chaplain Andi Hofbauer hat sich um die Kommasetzung verdient gemacht. Privatdozent Dr. Harald Martin Wahl bin ich dankbar für die freundschaftliche Verbundenheit, mit der er mich über die Jahre hin begleitet hat. Er hat mir manchen wertvollen Rat gegeben. Meine Frau, Pfarrerin Veronika Veerhoff, hat die Bibelstellen gegengelesen und zusammen mit meinem Vater, Wilhelm Müller, auch bei Schlußkorrektur der Druckvorlage geholfen.

Der Zweitkorrektor dieser Arbeit war Prof. Dr. Rudolf Mosis. Daß ein katholischer Alttestamentler in dieser Weise an meiner Promotion mitgewirkt hat, freut mich besonders. Es zeigt, daß beide Konfessionen –

zumindest was die wissenschaftliche Exegese angeht – so weit gar nicht auseinander sind.

Mein besonderer Dank gilt Herrn Prof. Dr. Dres. h.c. Otto Kaiser. Die Zeit, in der ich in Marburg bei ihm studiert habe, hat mich, so glaube ich, sehr geprägt. Er hat meine Arbeit aus der Entfernung immer sehr freundlich begleitet und unterstützt. Daß er sie nun in die Reihe der Beihefte zur Zeitschrift für die Alttestamentliche Wissenschaft aufgenommen hat, ist mir darum eine besondere Ehre.

Worms, im März 2000   Achim Müller

Inhaltsverzeichnis

1. Einleitung

Wer das biblische Buch der Sprüche Salomos von vorne zu lesen beginnt, findet dort eine vom übrigen Buch deutlich verschiedene Sammlung von Texten. Sie wird dominiert von Reden, in denen ein Vater seinen Sohn anspricht. Nicht nur formal unterscheiden sich so diese ersten neun Kapitel von den Sammlungen ab c.10, wo einzelne Sprüche aneinandergereiht sind. Auch inhaltlich hat die erste Sammlung des Proverbienbuches ein eigenes Gepräge; sie wird thematisch bestimmt von zwei konkurrierenden Frauengestalten: der Fremden Frau und der Frau Weisheit. Eine gewisse Geschlossenheit wird in der ersten Sammlung durch manche wiederkehrende Motive hergestellt, doch eine Textordnung erschließt sich kaum beim ersten Lesen.

Diese Sammlung hat schon lange das besondere Interesse von Exegetinnen und Exegeten auf sich gezogen. Christa Kayatz (1966) hat form- und traditionsgeschichtliche Einflüsse aus Ägypten aufspüren wollen. B. Lang (1972) sah in der Form ägyptische Vorbilder, hielt die Inhalte allerdings ganz der traditionellen Weisheit Israels verhaftet. So erklärte er (1975) auch die Frau Weisheit innerhalb dieser Tradition als Personifikation. Claudia Camp (1985) hat Prov 1-9 mit literaturwissenschaftlichen Methoden untersucht und besonders sich den Frauengestalten gewidmet. Mit diesen haben sich auch Christl Maier (1995) und Gerlinde Baumann (1996) beschäftigt.

Angesichts dieser Werke zu einzelnen Aspekten von Prov 1-9, wobei neben den genannten größeren noch manche aufschlußreiche Detailstudie steht, gilt es, die verschiedenen Aspekte zusammenfassend zu behandeln. So kann über die anderen Arbeiten hinaus nach der Entstehungsgeschichte der ersten Sammlung des Proverbienbuches gefragt werden, eine Frage, die nur von einigen am Rande behandelt wird und die R.N. Whybray (1965) erstmals monographisch bearbeitet hat.

Parallel zur vorliegenden Arbeit hat R. Schäfer seine Dissertation „Die Poesie der Weisen" geschrieben (diss. 1996; gedruckt 1999). Er versucht, die Entstehung von Prov 1-9 aufzuklären. Trotz mancher Übereinstimmung im Detail unterscheidet sich sein Ergebnis erheblich von meinem, da er traditions- und formgeschichtliche Aspekte sowie die Frage nach der literarischen Komposition von Prov 1-9 nicht in ausreichendem Maße miteinbezieht. Ich habe darum eine Auseinandersetzung mit seiner Arbeit in die Druckfassung meiner Dissertation aufgenommen.

1.1 Zur Forschungsgeschichte von Prov 1-9

Die Forschung an der ersten Sammlung des Sprüchebuches hat verschiedene Schwerpunkte. Über diese sei zuerst kurz referiert, bevor die Literatur zur Frage einer diachronen Analyse von Prov 1-9 breiter dargestellt wird.

1.1.1 Allgemeine Forschungsgeschichte

Die Frau Weisheit hat innerhalb von Prov 1-9 sicherlich die meiste Aufmerksamkeit auf sich gezogen, wovon die Fülle der Literatur zum Thema ein beredtes Zeugnis ablegt. Da Gerlinde Baumann in ihrer Dissertation (1994) eine ausführliche Forschungsgeschichte vorgelegt hat,[1] möchte ich neben ihr nur drei weitere wichtige neuere Arbeiten nennen, die sich breit mit diesem Thema beschäftigt haben: Dies ist zum einen Christa Kayatz; sie versucht in ihrer Dissertation (1966), Frau Weisheit als eine Gestalt zu erklären, die von der ägyptischen Maat angeregt worden sei; B. Lang (1975) besteht demgegenüber auf dem rein israelitischen Ursprung der Figur: Die Weisheit sei die literarische Personifizierung der Schulweisheit. Später hat er diese Position aufgegeben und versteht nun die Weisheit als Göttin, Schutzpatronin der Weisen.[2] Die These einer Personifikation hat Claudia Camp weiter ausgebaut, indem sie genauer nach den literarischen Aspekten der Personifizierung fragt und weibliche Rollenmuster benennt, die die Darstellung der Weisheit als Frau erst plausibel gemacht hätten.[3] Auch Gerlinde Baumann betont den inneralttestamentlichen Traditionshintergrund der Texte.[4] Weiter unterscheidet sie in Prov 1-9 drei Gruppen von Texten, in denen das Lexem חכמה „Weisheit" vorkommt: a) solche, in denen die Weisheit personifiziert ist, b) solche, in denen das nicht der Fall ist, und c) solche, in denen eine Zuordnung nicht eindeutig zu treffen ist. Doch fragt sie nicht nach einer traditionsgeschichtlichen Entwicklung bei diesen drei Gruppen.

Wenig Anklang gefunden hat der Ansatz von R.N. Whybray.[5] Er hatte schon 1965 versucht, in Prov 1-9 etwas über die Geschichte der Gestalt „Frau Weisheit" zu erfahren, indem er eine diachrone Analyse der Texte vorlegte.[6] Er unterscheidet zwei Stufen der Personifikation: Auf der ersten

---

1   Cf. Baumann, Weisheitsgestalt, pp.1-57. Kürzer der Überblick bei Klopfenstein, Auferstehung.
2   Cf. z.B. Lang, Wisdom. Zu den Aspekten der Weisheit, die auf eine Göttin hinweisen, v.a. Winter, Frau, pp.508-529.
3   Ihr folgt Schroer; Frauen; id., Weisheit.
4   So programmatisch Baumann, Weisheitsgestalt, p.60.
5   So fehlt seine Arbeit im Forschungsüberblick bei Baumann. Camp geht nur kurz (Wisdom, p.43) auf seinen Ansatz ein.
6   Cf. Whybray, Wisdom, c.IV „The Development of the Concept of Wisdom", pp.72-107.

Stufe würden auf die Weisheit diejenigen Attribute übertragen, die bislang den Lehrer und seine Unterweisung gekennzeichnet hätten.[1] Dieser Gestalt seien andere Züge beigelegt worden, die aus dem Rollenrepertoire des Propheten und des Straßenpredigers sowie aus der Entgegensetzung zur Ehebrecherin herrührten.[2] Einige Züge seien sogar aus mythischen Vorstellungen entlehnt.[3] Auf dieser Stufe sei die Weisheit noch nicht in enge Beziehung zum Jhwh-Glauben gebracht. Mit dem werde sie erst in einer zweiten Stufe verbunden.[4]

In der Folge hat keine der Autorinnen und Autoren die Frage nach dem traditionsgeschichtlichen Werden der Figur der Frau Weisheit ausdrücklich verhandelt. Hier stellt sich die Frage, ob und inwieweit die Texte zur Weisheit noch einen Prozeß der zunehmenden Personifikation erkennen lassen. Auch ist zu prüfen, ob die von Baumann ausgemachten Textgruppen unterschiedlicher Darstellung der Weisheit sich verschiedenen literarischen Schichten zuordnen lassen.

Neben der Frau Weisheit ist die Figur, die Fremde Frau (אשה זרה) und Auswärtige (נכריה) genannt wird, sicherlich die interessanteste Gestalt. Die einschlägigen Texte aus Prov 1-9 sind von Christl Maier (1995) behandelt worden. Da sie eine recht ausführliche Forschungsgeschichte gegeben hat,[5] beschränke ich mich auf eine knappe Zusammenfassung. Die in der Forschung vorgeschlagenen Deutungen kann man im wesentlichen in drei Gruppen zusammenfassen:

1. Manche Exegeten gehen vom Sprachgebrauch aus und rekonstruieren das mit dem Begriff „Fremde Frau" Bezeichnete aus einer Untersuchung der Ausdrücke זרה und נכריה. Dabei verstehen sie beide Lexeme als die Bezeichnung des Volksfremden, Ausländischen. Die Fremde Frau ist also eine Ausländerin.[6] Hier kann nun entweder weiter behauptet werden, daß die Prostitution in Israel im wesentlichen von Ausländerinnen betrieben wurde,[7] was sich allerdings nicht belegen läßt, oder man stellt mit G. Boström (1935)[8] und H. Ringgren (1962)[9] einen Zusammenhang mit sexuellen Kulten von Nichtisraeliten her. J. Blenkinsopp (1991) hingegen sieht eine Anspielung auf die Mischehenproblematik bei Esra und Nehemia.[10] Gegen die

---

1   Cf. Whybray, Wisdom, p.76.
2   Cf. Whybray, Wisdom, p.77.
3   Cf. Whybray, Wisdom, pp.87-91.
4   Cf. Whybray, Wisdom, pp.95-97.
5   Cf. Maier, Fremde Frau, pp.7-13.
6   Cf. Oort, Spreuken 1-9, p.413.
7   Cf. Bertholet, Stellung, pp.24.195.
8   Cf. Boström, Proverbiastudien, pp.48f. - Hierzu auch Maier, Fremde Frau, pp.7-9.
9   Cf. Ringgren, Sprüche, p.19.
10   Cf. Blenkinsopp, Context.

Deutung als Ausländerin hat L.A. Snijders (1954; 1977)[1] vorgebracht, daß mit dem Partizip זר nicht primär jemand Landfremdes gemeint sei, sondern „der sich Distanzierende, der sich Entfernende"[2]. Die genaue Bedeutung sei daher jeweils dem Kontext zu entnehmen.[3] In Prov 1-9 sei die Fremde nicht deutlich als Ausländerin geschildert, sondern als Frau, die nicht nur mit einem anderen Mann verheiratet sei, sondern auch „ihre Stelle in der Gesellschaft"[4] verlassen habe. Die Ehebrecherin ist nach Snijders durch die Verwendung von זר als gesellschaftliche Außenseiterin gezeichnet.

2. Eine andere Möglichkeit ist, von der weisheitlichen Topik auszugehen. Dabei spielt die Beobachtung eine große Rolle, daß nicht nur in Prov 1-9, sondern auch sonst im Sprüchebuch (und in Ben Sira) vor der verheirateten Frau oder der Prostituierten gewarnt wird. Ähnliche Warnungen finden sich ebenfalls in der außerisraelitischen Weisheit, so daß naheliegt, in der Warnung vor der Fremden Frau ein gängiges Anliegen der altorientalischen Weisheit zu sehen, die den Jüngling sexualethisch unterweisen wollte. Hierbei wird die Fremde Frau als Israelitin gesehen, entweder im Gefolge J.G. Eichhorns (1824) als Ehebrecherin,[5] oder wie bei Claudia Camp (1985) als Prostituierte oder andere sexuelle Außenseiterin,[6] oder man deutet die Fremde Frau, wie W. McKane (1970), je nach Kapitel verschieden.[7] Einen eigenen Zugang hat R.J. Clifford (1993) vorgeschlagen: Er leitet die Rolle der Fremden Frau in Prov 1-9 aus der epischen Figur der falschen Verführerin ab, die er in verschiedenen Texten des Alten Orients und in Homers Odyssee vertreten findet.[8]

3. Wer die Fremde Frau hauptsächlich aus ihrem Kontext in Prov 1-9 her begreift, wird sie in Opposition zur Frau Weisheit ebenfalls als Personifikation sehen. Dies hat besonders Gale A. Yee (1989) herausgearbeitet;[9]

---

[1] Cf. Snijders, Meaning; id., זור.
[2] Snijders, זור, coll.557f.
[3] Cf. Snijders, זור, col.559.
[4] Snijders, זור, col.562.
[5] Cf. Eichhorn, Einleitung, Bd.5, p.89; Bertheau, Sprüche, p.11; Kuenen, Einleitung, Bd. 3,1, p.95; Frankenberg, Abfassungsort, p.120; Steuernagel, Einleitung, p.687; Göttsberger, Weisheit, p.24, zu c.7; Vattioni, La ‚straniera', pp.354f.; Amsler, La sagesse, p.114. - Dies sucht sprachlich zu belegen: Humbert, Adjectives, p.116. - Ob sie nun Israelitin sei oder nicht, will Lang, Lehrrede, p.88, dahingestellt sein lassen; für ihn ist sie in jedem Fall ‚wirkliche Ehebrecherin' (p.89).
[6] Cf. Camp, Wisdom, pp.116f.
[7] Cf. McKane, Proverbs: c.5 sei allgemeine Warnung vor dem Umgang mit unzüchtigen Frauen (p.312); c.7 sei wohl Warnung davor, eine Prostituierte zu heiraten (p.339f.); einzelne Auslegung zu c.7 von van der Toorn, Prostitution: Eine verheiratete Israelitin verschafft sich das Geld zur Erfüllung eines Gelübdes durch Prostitution. Das sei legitimer Brauch gewesen und die einzige Art ‚Kultprostitution', die es gegeben habe.
[8] Cf. Clifford, Woman Wisdom.
[9] Ausführlich Yee, I Have Perfumed my Bed.

in diesem Gegensatz steht die Fremde Frau parallel zu den Bösen Buben.[1] Die Fremde Frau personifiziert dann eine bestimmte falsche Lehre; dies hatte z.B. schon Ph. Melanchthon (1524) im Gefolge der traditionellen Auslegung vertreten.[2] Diese falsche Lehre kann der hellenistische Geist,[3] die Torheit[4] oder sonst etwas Schlechtes[5] sein.

Die beiden letzten Deutungen schließen sich nicht gegenseitig aus, ja ergänzen einander, wie Melanchthon zu Prov 2 schreibt:

> Totum secundum caput est adhortatio ad audiendam et discendam hanc doctrinam, quam Deus Ecclesiae tradidit, et hanc nos alligat, ac praecipit fugere aliam sapientiam, pugnantem cum hac doctrina. Figurate enim nomine *mulieris adulterae* intelligit sapientiam, quae a Deo mentes abducit.[6]

Sieht Melanchthon die Fremde Frau noch in Opposition zu der Lehre Gottes, so ist ihr Gegensatz zur Frau Weisheit textnäher. Diese Deutung der Fremden Frau als Personifikation eines Schlechten und in Opposition zur Frau Weisheit vertreten auch Claudia Camp (1985), R.E. Murphy (1988), R.J. Clifford (1993) und Christl Maier (1995).[7]

Wie die Debatte um die Deutung der Weisheitsgestalt und der Fremden Frau gezeigt hat, sind die möglichen traditionsgeschichtlichen Hintergründe der Figuren vielfältig. Darüber hinaus ist die Frage nach der Verortung von Prov 1-9 als ganzem nicht leicht zu beantworten.

Die Form der Lehrrede weist nach Ägypten;[8] doch auch in der mesopotamischen Weisheit sind formverwandte Texte zu finden.[9] Christa Kayatz (1966) hat darüber hinaus manche inhaltliche Anlehnung an ägyptische Vorstellungen finden wollen.[10] Die Einzelauslegung wird unten zeigen, daß in Prov 1-9 Topoi der internationalen Weisheit des Alten Orients eingegangen sind. Doch die Frage ist, inwieweit sich das Proprium der ersten Sammlung des Proverbienbuches einzig vor dem weisheitlichen Traditionshintergrund klären läßt, oder ob noch andere Einflüsse wirksam geworden sind.

---

[1] Cf. Yee, I Have Perfumed my Bed, p.56; Maier, Fremde Frau, pp.96.253.258f.

[2] Cf. Melanchthon, explicatio, col.9. Dieses Verständnis findet sich teilweise schon bei den LXX, cf. Cook, אשה זרה, p.475.

[3] Cf. Friedländer, Philosophie, p.72, cf. pp.6.71.

[4] Cf. Meinhold, Sprüche, p.101.

[5] Cf. Nel, Admonitions, p.120: „the evil *an sich*".

[6] Melanchthon, explicatio, col.9.

[7] Cf. Camp, Wisdom, pp.116f.; Murphy, Wisdom and Eros; Clifford, Wisdom; Maier, Fremde Frau, p.252: „Die vorliegende Untersuchung bestätigt die neuere Forschungstendenz dahingehend, daß die Figur der ‚Fremden Frau' in den späten Proverbientexten nicht einlinig zu interpretieren ist."

[8] Cf. Whybray, Wisdom, pp.35f.; Lang, Lehrrede, p.28.

[9] Cf. Römheld, Weisheitslehre, pp.83-111.

[10] Cf. Kayatz, Studien, pp.76-134.

A. Robert hat in den dreißiger Jahren die „attaches littéraires bibliques" von Prov 1-9 untersucht. Dort findet er einen „style anthologique"[1], den er so charakterisiert:

> „Il [sc. der Autor von Prov 1-9] ne transcrit pas ses sources, il ne les juxtapose pas, comme tant de fois les auteurs historiques: il ne les cite pas, à proprement parler, mais il procède par allusions. Encore n'est-ce pas pour les gloser, ni essayer de les prolonger dans leur ligne, mais pour les transposer sur un plan nouveau."[2]

Auf diese Weise entdeckt Robert eine Rezeption des Deuteronomiums, von Jeremia, Jesaja, v.a. Deutero- und Trito-Jesaja.[3]

Auch in der amerikanischen Forschung wird Prov 1-9 gerne als ein Text gesehen, der auf ältere alttestamentliche Texte anspielt. G.W. Buchanan (1965) versucht, Teile von Prov 1-9 als Midrasch über Texte aus dem Dtn zu erklären. Vor allem im Bereich Prov 2,20-7,3 sieht er mehrfach deutliche Anklänge an Dtn 11,18-22. Demgegenüber versteht M. Fishbane (1977) Prov 6,20-35 als Auslegung von Dtn 5,6-18 und 6,4-9.[4] G.H. Wilson (1984) stellt einige terminologische Gemeinsamkeiten zwischen Prov 1-9 und Dtn zusammen: den Gebrauch von מצוה „Gebot" als Voraussetzung für das Leben; das Anbinden der Gebote (Prov 6,20-23; 7,1-3; Dtn 6,6-9); Gott als Vater (Prov 3,11-12; Dtn 8,5-6); zwei Wege; Besitz des Landes; Weisheit als göttliche Offenbarung.[5]

In seiner Dissertation von 1988 möchte S.L. Harris anhand einer Auslegung von Prov 1,8-19.20-33 und 6,1-19 zeigen, daß dort Traditionen aus der Torah und den Propheten aufgenommen seien. Damit knüpft er an die von Fishbane vertretene Forschungsrichtung einer *innerbiblical exegesis*[6] und an Versuche, den kanonischen Horizont von Texten im AT zu ermitteln (Delitzsch, Robert, Wilson, Sheppard), an.[7] Harris' eigene Methode orientiert sich an zwei Literaturwissenschaftlern, M. Bachtin und M. Sternberg,[8] die gezeigt hätten, daß Redezitate in literarischen Werken zwei Stimmen in sich vereinigen können: die zitierte und eine, auf die angespielt wird. Die in Prov 1,10-19 verwendete Tradition findet er im Anschluß an den Midrasch Mischle[9] in Gen 37, was er durch eine Liste von Lexemen belegt,[10] die sich im AT tatsächlich nur hier gemeinsam in einem

---

1   Robert, Attaches, RB 44, 1935, p.348.
2   Robert, Attaches, RB 44, 1935, p.347.
3   Cf. Robert, Attaches, RB 44, 1935, pp.350-365. Ihm folgt Tournay, Buch.
4   Cf. Fishbane, Torah, p.284.
5   Cf. Wilson, Words, pp.183-189.
6   Cf. Harris, Proverbs 1-9, p.48.
7   Cf. Harris, Proverbs 1-9, pp.59-68.
8   Cf. Harris, Proverbs 1-9, pp.40f.75-85.
9   Cf. Harris, Proverbs 1-9, p.99.
10   Cf. Harris, Proverbs 1-9, pp.86f. Es sind dies בוא Prov 1,10; Gen 37,14; הלך Prov 1,11; Gen 37,20; דם Prov 1,11; Gen 37,22; בור Prov 1,12; Gen 37,35 (freilich in unterschiedlicher Bedeutung); רע/רעה Prov 1,16; Gen 37,20; שפך Prov 1,16; Gen 37,22; בצע Prov 1,19; Gen 37,26; נפש Prov 1,19; Gen 37,21; problematisch ist Prov 1,19 ארח („Weg") und Gen 37,25 ארחה („Karawane").

Kapitel finden lassen. Doch begründet er die Auswahl dieser Wörter nicht näher, und so ließen sich auch andere Kombinationen denken.[1] Mit dem gleichen Verfahren findet er einen Bezug von Prov 1,20-33 zu Jer 7;[2] Die Verbindung von Prov 6,1-19 mit den Texten, die Judas Rolle in der Josefsgeschichte behandeln, stützt sich hingegen nur auf eine lexematische Entsprechung (Prov 6,3; Gen 43,11),[3] die dann weitere Assoziationen hervorruft. Die von ihm angeführten zufälligen Lexemübereinstimmungen können die Assoziation der Textbereiche nicht methodisch zuverlässig begründen.

Unlängst haben in Deutschland Gerlinde Baumann[4] und Christl Maier[5] auf die von A. Robert begründete anthologische Methode zurückgegriffen. Baumann hat sie für ihre Deutung der Frau Weisheit übernommen; in einem Aufsatz, den sie zusammen mit Michaela Bauks veröffentlicht hat (1995), deuten die beiden Prov 8,22-31 als Auslegung von Gen 1.[6] Die Rolle, die im priesterlichen Schöpfungsbericht dem „Geist" (רוח) zukomme, spiele in Prov 8,22-31 die Weisheit.[7] Maier sieht in Prov 6,20-35 eine „midraschartige Auslegung" des Dekaloges und des Schema Jisrael.[8]

Doch gibt es auch Autoren, die den Zusammenhang von Prov 1-9 mit der übrigen biblischen Literatur anders beschreiben als die bisher vorgestellten Positionen. In seinem Kommentar bespricht A. Barucq ausführlich die Arbeit von Robert[9] und kommt zu einem anderen Schluß als dieser:

> „Ces rapprochements n'ont pas pour but des déceler et d'établir la réalité de contacts litteraires entre Pr et les écrits prophetiques, psalmiques et deuteronomistes. A. Robert a cru pouvoir conclure à de tels contacts dont Pr I [sc. Prov 1-9] et V [sc. cc.25-29] auraient les bénéficiaires. Si sa démonstration est recevable dans plusieurs des cas étudiés par lui, il semble que les contacts sont à la fois plus nombreux et moins précis quand on prend l' ensemble de ces recueils. Ils ont dû s'établir sur le plan des communications orales des idées et des thèmes de pédagogie morale, et cela antérieurement à l'éxil, en ce qui concerne la majeure partie des machals de Pr II [sc. Prov 10,1-24,22] et V [sc. Prov 22-29]."[10]

---

[1]   Cf. Harris, Proverbs 1-9, pp.148f. So führt z.B. פתה, בוא, דרך und אמר zu Hiob 31, oder פתה, בוא, רעה/רע, דרך, אמר, נפש und דם zu Ez 14.

[2]   Von den 17 Lexemen, die er anführt, genügen schon 5, die sich in dieser Kombination nur in diesen beiden Kapiteln finden (z.B. דרך, בטח, שכן, אבד, שער).

[3]   Cf. Harris, Proverbs 1-9, pp.229f. Die Verbindung von עשה mit זאת אפוא findet sich im AT nur an diesen beiden Stellen.

[4]   Cf. Baumann, Weisheitsgestalt, pp.58-60.

[5]   Zum Methodischen cf. Maier, Fremde Frau, pp.72-80.

[6]   Cf. Bauks/Baumann, Anfang.

[7]   Cf. auch Baumann, Geist.

[8]   Cf. Maier, Fremde Frau, pp.153-166; p.175: „Der Text stellt eine midraschartige Auslegung der Verbote des Ehebruchs, des Diebstahls und des Begehrens sowie implizit des Elterngebotes im Dekalog und der deuteronomistischen Belehrung der Kinder über die Gebote JHWHs im Anschluß an das Schema Jisrael dar."

[9]   Cf. Barucq, Proverbes, pp.23-31.

[10]   Barucq, Proverbes p.31.

Nicht die Texte des Proverbienbuches hätten von älteren Autoren profitiert, vielmehr finde sich umgekehrt in den exilischen und nachexilischen Schriften manches weisheitliche Gut. Gerade für das von Robert als Vorlage angenommene Deuteronomium wird die Frage eines sapientiellen Einflusses diskutiert.[1] Damit ist eine Frage angesprochen, die diese Arbeit begleiten wird: Wie hängen die Texte von Prov 1-9 traditionsgeschichtlich mit den anderen alttestamentlichen Textbereichen zusammen? Wie sind die Berührungen mit der dtn.-dtr. und der prophetischen Literatur zu bewerten?

Im Zuge einer eher literaturwissenschaftlichen Auslegung von Prov 1-9 hat es in den letzten zweieinhalb Jahrzehnten nicht an Versuchen gefehlt, den Aufbau und den Zusammenhang der Motive in Prov 1-9 zu beschreiben und zu interpretieren. N.C. Habel (1972) hat als erster die Rolle des Weges, bzw. von zwei Wegen, als zentraler Metapher für das Bedeutungsgefüge von Prov 1-9 herausgearbeitet. Um dieses Zwei-Wege-Motiv lassen sich alle anderen Motive gruppieren, da sie auch in zwei Gruppen (positve und negative) aufzuteilen sind und mit dem Wegmotiv als zentralem in Beziehung stehen.[2] J.N. Aletti (1977) hat dann die Bedeutung der Redenden für die Gesamtaussage von Prov 1-9 betont. Er zeigt, wie in den Redezitaten die Figuren – die Bösen Buben, die Fremde Frau, die Frau Weisheit und der Lehrer – als Antagonisten miteinander ins Gespräch geraten.[3] Carol A. Newsome (1984) rekonstruierte über Aletti hinaus, in welcher Weise der Leser durch die verschiedenen Stimmen angesprochen wird.[4] Gale A. Yee (1989) hat dann noch genauer beschrieben, wie die Fremde Frau und die Frau Weisheit durch gemeinsame Motive einander entgegengesetzt sind.[5] Alle diese Autorinnen und Autoren haben ein Netz von Beziehungen herausgearbeitet, das Prov 1-9 als Ganzes zusammenhält und seine Aussage bestimmt. Hier sind wertvolle Hinweise für eine Interpretation der Endgestalt zu finden, die nicht planlos durch Akkumulation von unterschiedlichem Material entstanden ist. Die motivischen Verknüpfungen deuten vielmehr darauf hin, daß Prov 1-9 ein kohärenter Text mit einer aufweisbaren Struktur ist.

Die Funktion von Prov 1-9 als Einstieg ins Proverbienbuch wurde von mehreren Autoren unterstrichen.[6] W. Zimmerli (1933) hielt diesen Text für den hermeneutischen Schlüssel des ganzen Sprüchebuches, der „als Kanon

---

1   Cf. Weinfeld, Origin; Carmichael, Deuteronomic Laws; Lindars, Torah; Malfroy, Sagesse; Weinfeld, Deuteronomy and Deuteronomic School, pp.244-319; McKay, Love; Brekelmans, Influence.
2   Cf. Habel, Symbolism.
3   Cf. Aletti, Séduction.
4   Cf. Newsom, Woman.
5   Cf. Yee, I Have Perfumed my Bed.
6   Cf. z.B. Vatke, Einleitung, pp.554f.: „Der Inhalt bewegt sich fast immer im Allgemeinen, wenig auf das Besondere des sittlichen Lebens eingehend, und steht daher passend an der Spitze des Ganzen."

des Verständnisses den anderen Sammlungen vorangestellt ist"[1]. In dieser Perspektive versteht auch B.S. Childs (1983) den Text.[2] Manche sehen ihn sogar als absichtlich für diesen Zweck verfaßt an, und halten den Verfasser somit für den Endredaktor von Proverbien.[3]

Claudia V. Camp hat in ihrer Studie über Prov 1-9 (1985) diese Position ausgebaut. Sie geht von einer grundsätzlichen Überlegung aus: Sprichwörter, wie sie in Prov 10-29 gesammelt seien, gewännen ihre spezifische Bedeutung erst in einem Verwendungskontext. Ohne diesen verfielen sie zum einen einer Dogmatisierung,[4] zum andern würden sie „seicht (shallow)".[5] Diesen beiden Gefahren bei der Sammlung von Sprichwörtern solle eine Rahmung entgegenwirken. Diese finde sich im biblischen Sprüchebuch in Prov 1-9 und 31,10-31.[6] Beide Teile seien durch ein Ensemble von Bezügen miteinander verknüpft.[7] Der Endredaktor, auf den der Rahmen zurückgehe, habe auch vereinzelt ins Korpus (10,1-31,9) eingegriffen.[8] A. Meinhold übernimmt diesen Gedanken einer Rahmung in seinen Kommentar (1991).[9]

In ihrer Deutung von Prov 9,1 hat Gerlinde Baumann (1994) die sieben Säulen der Weisheit auf die sieben Teilsammlungen des Proverbienbuches bezogen.[10] Der Verfasser dieses Textes hätte damit das Proverbienbuch in seiner Endgestalt – *cum grano salis* – vor sich gehabt. So dient in ihren Augen c.9 neben 1,1-7 und 6,1-19 dazu, eine schon vorliegende Sammlung von Lehr- und Weisheitsreden mit cc.10ff. zu verknüpfen.[11]

Wie die erste Sammlung des Proverbienbuches mit den übrigen zusammenhängt, kann im Rahmen der vorliegenden Arbeit nicht geklärt werden. Zwar muß sich die Analyse von Prov 1-9 im Rahmen der Einsichten in das Werden des ganzen Proverbienbuches bewähren, jedoch ist der Konsens über die Genese von Prov 10-31 noch geringer als in den ersten neun Kapiteln. Hier ein Modell zu entwickeln, das mit dem einer Entstehung von Prov 1-9 verbunden werden könnte, hieße eine Analyse des gesamten Buches vorzulegen. Welche methodischen Probleme dabei ins Spiel kommen, hat unlängst Ruth Scoralick für cc.10-15 gezeigt.[12] Ihre Arbeit beschränkt sich

---

[1] Zimmerli, Struktur, p.189.
[2] Cf. Childs, Introduction, pp.552-555.
[3] Cf. Reuss, Geschichte, p.492; Bleek/Wellhausen, Einleitung, p.476; Skehan, Editor, p.15; Scott, Proverbs, p.10.
[4] Cf. Camp, Wisdom, p.165-178.
[5] Cf. Camp, Wisdom, p.182.
[6] Cf. Camp, Wisdom, p.186.
[7] Cf. Camp, Wisdom, pp.188-191.
[8] Cf. Camp, Wisdom, pp.191-207.
[9] Cf. Meinhold, Sprüche, p.43. Auch Maier, Fremde Frau, p.253; Whybray, Composition, pp.159-162.
[10] Cf. Baumann, Weisheitsgestalt, pp.206-209.
[11] Cf. Baumann, Weisheitsgestalt, p.259.
[12] Cf. Scoralick, Einzelspruch.

dabei ausdrücklich auf die kompositorischen Probleme.[1] Für die angesprochenen Fragen gilt es also lediglich, eventuell anfallende Beobachtungen
zu sammeln, um weiterer Einsicht in die Genese des ganzen Spruchbuches
vorzuarbeiten.

1.1.2 Die Theorien über das Werden von Prov 1-9

J. G. Eichhorn erkannte in seiner Einleitung (1824),[2] daß Prov 1-9 vom
übrigen Buch zu trennen sei; er hielt es für „eine eigene kleine Schrift"[3].
Sein Argument war neben der formgeschichtlichen Einsicht, daß hier
komplexere Einheiten zu finden seien als im übrigen Buch,[4] die inhaltlich
eigene Art von Prov 1-9.[5] Zwar unterstellt er wegen der inhaltlichen Gleich-
förmigkeit einen Verfasser:

> „Doch waren die einzelnen Stücke desselben nicht zur Zusammensetzung zu einem
> einzigen Kunstwerk, nach einer gewissen Einheit bestimmt, sondern jedes sollte einzeln
> bleiben und seinen Meister loben."[6]

Der erste, der die Einheitlichkeit der Verfasserschaft von Prov 1-9 in Frage
gestellt hat, war E. Bertheau in seinem 1847 erschienenen Kommentar. Er
findet keinen Gedankenfortschritt in Prov 1-9, sondern viele Wiederholungen, wobei er die Ähnlichkeiten in Thema und Sprache nicht durch einen
gleichen Verfasser, sondern einen allgemeinen Sprachgebrauch erklärt.[7]
Neben Abschnitten in strengerer Form, wie z.B. 1,10-19, gebe es solche, in
denen sich der Inhalt, nicht aber die Form ähnele, so in 1,20-33 und 8,1-31;
manche Teile unterschieden sich in Satzbildung und Sprache, so c.2 von 7,5-
27; auch Unterbrechungen des Zusammenhanges, so in 6,1-19, macht er aus.
Aufgrund dieser Beobachtungen kommt Bertheau zu folgendem Schluß:

> „Dies alles erwägend muss ich dafür halten, dass uns in diesem Theile kein aus einem
> Guss entstandenes Werk vorliegt, sondern eine Sammlung von Ermahnungen verschie-
> dener Spruchdichter [...] Die Ermahnungen sind gewiss zum Theil ursprünglich
> Einleitungen zu grösseren Spruchwerken gewesen, was durch 6,1-19, wie wir eben gese-
> hen haben, noch etwas deutlicher sich zu erkennen giebt, aber auch aus den sich

---

[1] Cf. Scoralick, Einzelspruch, pp.3-5.
[2] Die erste Auflage war mir leider nicht zugänglich.
[3] Eichhorn, Einleitung, Bd. 5, p.89.
[4] Cf. Eichhorn, Einleitung, Bd. 5, pp.88.93.
[5] Cf. Eichhorn, Einleitung, Bd. 5, p.89.
[6] Eichhorn, Einleitung, Bd. 5, p.93.
[7] Cf. Bertheau, Sprüche, p. XXII.

ähnlichen Anfängen vieler Absätze z.B. 3,1ff. 5,1ff. 6,20ff. 7,1ff. hervorzugehen scheint, welche ganz wie Anfänge von Spruchbüchern aussehen."[1]

Als zweiter bestreitet 1858 F. Hitzig die Einheitlichkeit von Prov 1-9. Er schlägt vor, 6,1-19; 8,4-12.14-16; 9,7-10 sowie 3,22-26 als sekundär anzusehen; daneben gelten ihm noch einige einzelne Verse als nicht ursprünglich.[2] Ohne diese Einschaltungen gebe es einen kohärenten Text. Mit diesem Vorschlag ist er der Begründer der Interpolationshypothese, wie ich diesen Ansatz nennen möchte. Bertheau und Hitzig haben im weiteren 19. Jahrhundert viel Widerspruch erfahren.[3] In Richtung der Interpolationshypothese denkt aber auch C. Steuernagel (1912), wenn er 2,5-8 und 9,7-10 ausscheidet.[4] Für den verbleibenden Text nimmt er einen einzigen Verfasser an. Dieser habe jedoch dort, wo er „Einzelmahnungen" ausspricht, auf vorliegende Spruchsammlungen zurückgegriffen:

> „Auffallend ist, daß diese Einzelmahnungen meist durch rein natürliche Klugheitserwägungen begründet werden, während der allgemeine Weisheitsbegriff des Verfassers wesentlich religiöser Art ist (1,7; 9,10); jene Mahnungen sind also nicht aus dem Weisheitsbegriff des Verfassers erwachsen, sondern von ihm wohl aus anderen Weisheitsbüchern übernommen".[5]

Damit hat Steuernagel eine Materialverwendungs-Hypothese aufgestellt. So denkt er in c.5 daran, daß 5,1-7.20-23 als sekundärer Rahmen um 5,8-19 gelegt sei.[6] O. Eißfeld behauptet in seiner Einleitung, daß 6,1-19 den Zusammenhang von 5,1-23 und 6,20-35 zerreiße, und folgert daraus für Prov 1-9: „Es bestätigt sich also auch für diese Sammlung, daß sie mannigfache literarische Schicksale erfahren hat."[7]

Neben den genannten Autoren gibt es weiterhin solche, die an der Einheitlichkeit von Prov 1-9 festhalten. Als Beispiel aus jüngerer Zeit sei B. Lang (1972) erwähnt, der in Prov 1-9 „ein … unsystematisch kompiliertes Stück Schulliteratur ohne planvollen Aufbau"[8] sieht, in dem Texte unterschiedlicher Herkunft ohne Anspruch auf Ordnung für Unterrichtszwecke gesammelt seien, so daß sich die Frage nach einer Redaktionsgeschichte nicht stelle. Ja, es ist seiner Ansicht nach nicht sinnvoll, „die Sammlung als Ganze zu kommentieren"[9] – man müsse vielmehr die Textgruppen je für sich

---

[1]　Bertheau, Sprüche, p.XXIII. Mit dieser letzten Bemerkung hat Bertheau ein gewichtiges formgeschichtliches Problem aufgeworfen, das durch das altorientalische Vergleichsmaterial, das ihm noch unbekannt war, an Brisanz gewinnen sollte.

[2]　Cf. Hitzig, Sprüche, p.3.

[3]　Diese Kritik findet sich v.a. bei Nowack, Sprüche, und Delitzsch, Spruchbuch.

[4]　Cf. Steuernagel, Einleitung, pp.684f.; id., Sprüche, pp.281.290.

[5]　Steuernagel, Sprüche, p.279.

[6]　Cf. Steuernagel, Einleitung, p.678.

[7]　Eißfeld, Einleitung, p.640.

[8]　Lang, Lehrrede, p.28.

[9]　Lang, Lehrrede, p.100.

untersuchen. So behandelt er die Lehrreden und die Weisheitsgedichte auch
in zwei verschiedenen Büchern. Mit dieser Trennung der zusammenhängenden Texte kommen aber einige Probleme des Textes, wie die seiner
Komposition, gar nicht in den Blick.

Nach diesem historisch gehaltenen Anmarschweg sollen nun die verschiedenen Modelle, die zur Erklärung der Disparatheit von Prov 1-9 in den
letzten 100 Jahren vertreten wurden, nach ihren Grundansätzen geordnet
vorgestellt werden.

Der erste, der aus der Unordnung im Textaufbau auf sekundäre Erweiterungen geschlossen hat, war, wie wir gesehen haben, Hitzig. Einzelne kür-
zere Texte haben auch Steuernagel und Eißfeld ausgeschieden. Von den
neueren Kommentaren rechnen nicht wenige mit Nachträgen. So hält
B. Gemser (1963) beispielsweise Prov 6,1-19 und 9,7-12 für spätere Zufügungen, die den Textverlauf unterbrächen.[1] Ähnliche Ausscheidungen
finden sich in den meisten neueren Kommentaren.[2]

Der Vollständigkeit halber muß P.W. Skehan (1946; 1967; 1971) genannt
werden, der durch weiträumige Umstellungen einen geschlossen Aufbau
erreichen möchte.[3] Doch tragen seine – wenn auch manchmal guten – Beobachtungen sein Modell nicht. Es bleibt spekulativ.

A. Meinhold (1985) hat versucht, einen stringenten Textaufbau von Prov
1-9 herauszuarbeiten, der auf dem vierfachen Auftreten verschiedener Struk-
turelemente beruhe.[4] Seiner Ansicht nach besteht die Sammlung aus zehn
Lehrreden und vier Weisheitsreden. In den Lehrreden würden vier Themen
behandelt: Gottesverhältnis, mitmenschliches Verhalten, Warnung vor den
Bösen Buben, Warnung vor der Fremden Frau. Darüber hinaus findet er
noch manches andere viermal. Angesichts von Texten, die aus diesem
Schema herausfallen, hat er eine dreistufige Entstehung vorgeschlagen:
(1) Die Lehrreden und Weisheitsgedichte gingen auf den sog. Verfasser
zurück, (2) dessen Schüler die Interpolationen in 3,13-20; 6,1-19 sowie 5,21-
23 und 1,16 eingefügt hätten. (3) Ein weiterer Redaktor habe dann diese
Sammlung mit dem Proverbienbuch verbunden und 9,7-12 sowie 1,1-7
zugefügt.[5] Dieses Modell hat er jedoch nicht für seinen Kommentar (1991)
übernommen. Dort bezeichnet er die ehemals den „Schülern" zuge-
schriebenen Texte als „Zwischenstücke", weil sie zwar nicht in das von ihm
postulierte Aufbauschema paßten, aber dennoch dazugehörten.[6]

---

[1] Cf. Gemser, Sprüche, pp.37f.51.
[2] Für Einzelheiten sei auf die Analysen der Texte in cc.2-11 verwiesen.
[3] Unterschiedliche Modelle: a) Skehan, Proverbs 5, p.290; b) id., Wisdom's House,
     pp.163-170; c) id., Studies, p.12 n.7; p.31.
[4] Eine graphische Übersicht seiner Gliederung cf. Meinhold, Sprüche, p.46; ausführlich
     dazu s.u.12.1.
[5] Cf. Meinhold, Vierfaches, pp.60-61.
[6] Cf. Meinhold, Sprüche, pp.43.79.108f.155f.

Gerlinde Baumann (1994) führt den Gliederungsversuch Meinholds in kritischer Auseinandersetzung mit ihm weiter. Sie setzt bei seiner Theorie von Zwischenstücken (3,13-20; 6,1-19; 9,7-12) an: Den ersten Text 3,13-20 hält sie für eine Fortsetzung der Lehrrede 3,1-12 und rechnet ihn somit zum Grundbestand.[1] Die Sprüche von 9,7-12 seien ein integraler Bestandteil des neunten Kapitels.[2] Dieses bilde zusammen mit 1,1-7 den Rahmen um Prov 1-9,[3] dessen Aufgabe es sei, eine Verbindung mit cc.10ff. herzustellen.[4] Die gleiche Funktion schreibt sie – im Anschluß an Meinhold – Prov 6,1-19 zu, das sie ebenfalls für redaktionell hält.[5] Die beiden Reden der Weisheit in c.1 und c.8 hingegen gehörten – wieder mit Meinhold – ursprünglich mit den Lehrreden zusammen, da beide Textgruppen motivlich weitgehend übereinstimmten.[6]

Wer die Ausscheidung von Textsegmenten damit begründet, sie störten eine Ordnung, muß diese beschreiben können. Für die Frage nach der Genese von Prov 1-9 ist es also unverzichtbar zu ermitteln, wie der Text aufgebaut ist. Dies ist, wie sich zeigen wird (s.u. 12.1), keineswegs leicht. Manche halten den Text für völlig in Unordnung; andere sehen nur eine laxe Ordnung. Als Ordnungskriterien können inhaltliche aber auch form- und traditionsgeschichtliche Argumente verwendet werden. So spielt bei der Ausscheidung von Prov 6,1-19 nicht nur die Unterbrechung des Zusammenhanges zweier Reden über die Fremde Frau, sondern immer auch die formale und inhaltliche Besonderheit dieses Textabschnittes eine Rolle.[7] Die Argumentation mit Gattungsgesichtspunkten hat mit der Einsicht in die formgeschichtliche Besonderheit der Lehrreden[8] an Bedeutung gewonnen.

R.B.Y. Scott (1965) sieht als Grundlage von Prov 1-9 zehn Reden, die einem einheitlichen Formschema folgen. Texte, die anderen Gattungen angehören, seien sekundär. Das verletzte Ordnungsprinzip ist also ein formgeschichtliches. Die beiden Reden der Frau Weisheit (1,20-33; c.8) seien ebenso wie deren Einladung in 9,1-6.10-12 als Ganze später eingefügt worden. Weitere Einfügungen unterschiedlichster Gattungen findet er noch in 3,13-18.19f.27-30; 5,15-20+6,22; 6,1-19; 9,7-9.13-18. Über die genannten Erweiterungen hinaus wurde die ursprüngliche Reihenfolge der Abschnitte nach Scotts Meinung geändert.[9]

---

[1] Cf. Baumann, Weisheitsgestalt, pp.254f.
[2] Cf. Baumann, Weisheitsgestalt, p.256; im Anschluß an Meinhold.
[3] So auch Maier, Fremde Frau, p.253.
[4] Cf. Baumann, Weisheitsgestalt, p.259.
[5] Cf. Baumann, Weisheitsgestalt, p.256.
[6] Cf. Baumann, Weisheitsgestalt, pp.249-251.260.
[7] Cf. z.B. Gemser, Sprüche, pp.37f.
[8] Dazu ausführlich s.u.3.2 und 13.2.
[9] Cf. Scott, Proverbs, pp.16.42.52.57.

R.N. Whybray hat in seiner Monographie „Wisdom in Proverbs" (1965) ein Schichtenmodell für Prov 1-9 vorgeschlagen.[1] Seine Analyse der einzelnen Lehrreden basiert auf der formgeschichtlichen Analogie zu den Prologen ägyptischer Lehren. Texte, die keine Lehrreden sind, sieht er als Zufügungen an. Dies betrifft neben 3,13-18[2] und 6,1-19[3] die Reden der Weisheit und c.9[4]. Innerhalb der Lehrreden scheidet er alle Textteile aus, die seinen Merkmalen einer Lehrrede nicht entsprechen. Dafür gibt es durchaus in einigen Fällen literarkritische Anstöße,[5] aber vielfach ist der Grund ein rein ‚formgeschichtlicher'. Das Problem seiner Argumentation liegt nun darin, daß zu seinen Merkmalen der Lehrrede einige gehören, die nicht formal, sondern inhaltlich definiert sind. Sie hängen von traditionsgeschichtlichen Annahmen über das, was in der Weisheit alt, und was jünger sei, ab. So leitet er aus dem Befund der ägyptischen Lehren ab, daß die Figur der Frau Weisheit gegenüber der Autorität des Lehrers sekundär sei.[6] In einer ersten Stufe habe die Weisheit die Rolle des Lehrers und seiner Unterweisung übernommen und sei als Personifikation mit weiteren Rollen ausstaffiert worden. In einer zweiten Stufe sei die Weisheit dann mit der Jhwh-Furcht verbunden worden.[7] Dieses Modell hat er in seiner neuesten Monographie „The Composition of the Book of Proverbs" (1994) leicht modifiziert beibehalten – doch ist er deutlich zurückhaltender geworden, was die Möglichkeit der Rekonstruktion betrifft: Aufgegeben ist das Modell einer zweistufigen Erweiterung; er rechnet vielmehr mit einem relativ langen, ziemlich planlosen Prozeß, den er auf unterschiedliche Interessen und Traditionsströme verteilt.[8]

Den jüngsten Versuch einer formgeschichtlich begründeten Diachronie hat K.F.D. Römheld 1989 vorgestellt. Im Rahmen seiner Formgeschichte der altorientalischen Weisheitsliteratur beobachtet er, daß die Gattung der Lehre in Prov 1-9 nicht überall in gleicher Weise realisiert sei. Vielfach erkennt er in den einleitenden Formeln nur sekundär rahmende Elemente, die ein vorliegendes Material in Prov 1-9 integrierten.[9] Die Rahmenteile hält er – zumindest teilweise – für ehemals selbständige Texte, die die Einhaltung der

---

[1] Daneben auch Whybray, Problems. - Einen Überblick über die Textschichtung gibt er in: Wisdom, p.73.
[2] Cf. Whybray, Wisdom, p.42.
[3] Cf. Whybray, Wisdom, p.48.
[4] Cf. Whybray, Wisdom, p.73.
[5] Cf. z.B. c.7, Whybray, Wisdom, p.49f. Dazu ausführlich s.u. 7.2.
[6] Seine Kriterien Nr.n 3-6; cf. Whybray, Wisdom, p.35.
[7] Zur ersten Stufe der Erweiterung gehören: 1,20-33; 2,2-4.10f.; 3,13-18; 4,5a.6-9; 4,13; 7,4; 9,1-6.13-18. Zur zweiten rechnet er: 1,7.29; 2,5-8; 3,19f.; 8,13a.22-31.35b. - Zu seiner Entwicklungsgeschichte der Weisheitsfigur, s.o. 1.1.
[8] Whybray, Composition, p.61.
[9] So in: 3,12.22.26; 5,1-2; 6,20-24; c.7; cf. Römheld, Weisheitslehre, pp.127-131.

Lehre empfohlen haben. Auch die beiden Reden der Weisheit sieht er als Lehrreden an.[1]

Wie die Besprechung von Whybrays Modell gezeigt hat, kann neben den formgeschichtlichen Ansätzen auch in den traditionsgeschichtlichen Unterschieden innerhalb von Prov 1-9 ein Argument zu einer unterschiedlichen Datierung der einzelnen Textstücke gesehen werden.

Im Zusammenhang einer Analyse der Metaphorik des Weges unterscheidet N.C. Habel (1972) drei Blöcke in Prov 1-9: In 4,1-7,5 findet er „old international wisdom", die auf menschlicher Erfahrung basiere und durch „relative absence of Yahwistic piety"[2] gekennzeichnet sei, während in den cc.1-3 (ohne 3,13-20) Jhwh als Hüter des Weges auftrete und Weisheit mit Frömmigkeit identifiziert werde.[3] In 7,6-9,18 sowie 3,13-20 zeige sich „Wisdom of cosmological reflection".[4] Dieser unterschiedliche traditionsgeschichtliche Hintergrund bringt ihn zu einem Modell, das Prov 1-9 als blockweise gewachsen beschreibt: ein Kern in 4,1-7,5; dann eine theologische Vorschaltung in cc.1-3 (ohne 3,13-20) und zuletzt ein kosmologischer Anhang in 7,6-9,18 mit 3,13-20.

Im Rahmen seiner Dissertation über Schöpfung in der Weisheit behandelt Peter Doll (1980) einige Texte aus Prov 1-9. Er findet in Prov 1-9 mehrere traditionsgeschichtliche Strata, die denen entsprächen, die er in Prov 10ff. ausgemacht haben will.[5] So seien die Texte 4,18f.; 5,22f. und 2,21f. eine frühnachexilische Bearbeitung, da sie vom Gegensatz Gerechter vs. Frevler geprägt seien.[6] Einem späteren Traditionsstadium gehörten auch 1,7; 9,10; 15,33 und Hi 28,28 an, die den Gedanken einer ethischen Lebensführung als Lehrsatz formulierten.[7] Insgesamt sieht er in c.2 aufgrund seiner konditionalen Form eine späte, gelehrte Reflexion, deren Theologie nicht der persönlichen Frömmigkeit der übrigen Reden gleiche.[8] Zu dieser späten Stufe rechnet er noch die Reden der Weisheit sowie 9,1-6.13-18 und 3,13-26, wo der Erwerb von Weisheit theologisch reflektiert und die „Weisheit in der Weltschöpfung verankert"[9] werde.

In Prov 1-9 finden sich Texte unterschiedlicher Gattungen. Doch ist es plausibel, daß in Prov 1-9 ursprünglich nur Texte einer Sorte versammelt waren, wie es Scott und Whybray unterstellen? Neben den formgeschicht-

---

[1] Cf. Römheld, Lehrrede, pp.124f.
[2] Habel, Symbolism, p.135.
[3] Cf. Habel, Symbolism, p.134.143-149.
[4] Habel, Symbolism, p.150.
[5] Cf. Doll, diss., pp.183-193. Im gedruckten Text seiner Dissertation findet sich nur ein kurzer Hinweis, cf. Doll, Menschenschöpfung, p.44.
[6] Cf. Doll, diss., pp.184f.
[7] Cf. Doll, diss., p.187.
[8] Cf. Doll, diss., pp.189-192.
[9] Doll, diss., p.192.

lichen Differenzen, die zu erheben und zu erklären sind, finden sich in Prov 1-9 offensichtlich unterschiedliche traditionsgeschichtliche Strata.

Die Befunde von Form- und Traditionsgeschichte hat erstmals Whybray zusammenhängend ausgewertet. Es fehlen ihm aber genaue Untersuchungen zum Aufbau der einzelnen Textsegmente und zu ihrem Zusammenhang untereinander. So bleiben seine Begründungen weithin schematisch und werden nur punktuell durch exegetische Detailarbeit abgestützt. Ähnlich wie Whybray argumentiert Doll mit einer Geschichte der Weisheit. Doch auch er widmet der Analyse der Einzeltexte zu wenig Aufmerksamkeit und bewertet sie daher zu pauschal.

Entsprechend den Versuchen, aufgrund einer gestörten Textordnung Interpolationen zu erkennen, versuchen einige Exegeten in Prov 1-9 Strukturen zu finden, die nicht die ganzen neun Kapitel, sondern nur Teile derselben umgreifen. Das Ergebnis solcher Bemühungen sind Modelle, die mit einem blockweisen Wachstum rechnen.

Ausgehend von einer Untersuchung der Sätze, in denen שמע „hören" im Imperativ auftritt, sieht P.K.D. Neumann (1975) zwei Blöcke in Prov 1-9: Abgesehen vom Prolog 1,1-7 findet er einen Block singularischer Anrede in den cc.1-3 und einen pluralischer in den cc.4-9. Beide seien von einem Redaktor zusammengeschlossen worden, der die pluralische Anrede בנים benutzt, und von dem 4,1; 5,7; 7,24 und 8,32 stammen. Dieser Redaktor habe die beiden Teilsammlungen vereint und durch die Reden der Weisheit gerahmt. Gegen dieses Modell ist einzuwenden, daß im vorgeblich pluralischen Teil singularische Anreden zu finden sind (4,10.20; 5,1; 6,1; 7,1).[1] Neumanns Beobachtungen sind viel zu undifferenziert, um sein Modell zu tragen.

Anders bestimmt O. Plöger in seinem Kommentar (1984) den Grundstock von Prov 1-9. Nach dem Ausscheiden der auch von ihm angenommenen Interpolationen findet er den Kern von Prov 1-9 in den cc.4-7. Dieser Block sei von zwei Erfahrungsberichten (4,1-9 und c.7) gerahmt, in denen der Lehrer von sich selbst spricht.[2]

Feingliedriger ist der Vorschlag, den Magne Sæbø (1986) gemacht hat. Er nimmt zwei Blöcke an, die durch einen Rahmen zu einer „intentionally formed cyclic composition"[3] zusammengeschlossen seien. Sein Kriterium zur Bestimmung der Einheiten ist kein formales, wie bei Neumann und Plöger, sondern ein inhaltliches: Der erste Block bestehe aus den cc.2-4 und mahne zum Weisheitserwerb. Der zweite werde von cc.5-7 gebildet; sein

---

[1]   Cf. Neumann, Wort, pp.115-135.
[2]   Cf. Plöger, Sprüche, pp.4f.
[3]   Sæbø, Collection, p.104.

Thema sei eine sexualethische Unterweisung. Den Rahmen bildeten c.1 am Anfang und am Ende cc.8-9.[1]

Die Modelle der genannten Autoren zeigen, daß es offenbar innerhalb von Prov 1-9 gewisse Substrukturen gibt. Die verschiedenen Ansätze stimmen dabei in manchen Punkten überein, obwohl sie von ganz unterschiedlichen Beobachtungen ausgehen. Auffällig sind folgende Gemeinsamkeiten: Zwischen c.7 und c.8 wird mehrheitlich ein Einschnitt gesehen. Nur Habel, den wir schon weiter oben besprochen haben, nimmt 7,6-27 zusammen mit c.8. Doch zerreißt er damit eine geschlossene Lehrrede, weil er in 7,6ff. kultische Motive ausmacht, die in c.8 ihre Antithese fänden.[2] Dies zeigt aber, daß offenbar zwischen den einzelnen Blöcken kompositorische Beziehungen bestehen. Auch zwischen c.3 und c.4 machen die meisten Vertreter eines Blockmodelles einen Einschnitt aus; nur Sæbø trennt zwischen c.1 und c.2 und verbindet die cc.2-4 miteinander, ebenso die cc.5-7 – und zwar aufgrund der thematischen Kohärenz. Die beiden Reden der Weisheit versteht er als Rahmen – doch warum steht 1,8-19 vor dem Rahmen? Die Beobachtungen von Sæbø werfen eine wichtige Frage auf: Sind die Texte innerhalb der so festgestellten Blöcke einheitlich? Sæbø selbst fragmentiert den ersten und den zweiten Block; Plöger und Habel rechnen mit Einschüben innerhalb der Blöcke. Hier muß die Analyse detaillierter ansetzen – und nach Strukturierungen innerhalb der Blöcke fragen. Aber auch in die andere Richtung muß die Untersuchung ausblicken: Wie ist Prov 1-9 insgesamt aufgebaut? Wie verhalten sich die einzelnen Teile und Blöcke zueinander? Dieser Aspekt war schon bei der Frage aufgetaucht, welche Rolle die Textsegmente spielen, die nicht als Lehrreden gestaltet sind.

Wie wir gesehen haben, ist die Frage nach der Gestalt der einzelnen Teiltexte von Prov 1-9 für die Frage nach ihrer Struktur und Aussageabsicht wichtig. Über Whybray hinaus muß die Eigenart jedes Abschnittes bestimmt werden, bevor globale Modelle an den Text herangetragen werden können. Das gilt auch für Versuche, übergreifende Strukturen oder Substrukturen (Blöcke) in Prov 1-9 auszumachen. Für die Frage nach der Struktur von Perikopen aus Prov 1-9 liegen einige Untersuchungen vor. Zwar gehen die meisten von der synchronen Einheitlichkeit zumindest ihres Textteiles aus,[3] jedoch haben manche der Analysen von einzelnen Abschnitten aus Prov 1-9 Hinweise auf deren Wachstum gegeben.

D. Michel (1992) arbeitet in Prov 2 vier Schichten heraus: Die Grundschicht besteht nach ihm aus den vv.1-4.9-11.12-15.20. Eine erste theologi-

---

[1] Cf. Sæbø, Collection, p.104.
[2] Cf. Habel, Symbolism, pp.152f.
[3] Bei den Kommentaren v.a. Alonso Schökel und Meinhold; unter den Monographien Kayatz; Nel; Lang; dann aber auch Arbeiten von Aletti; Yee; Overland; Meinhold; Baumann zu einzelnen Texten.

sierende Erweiterung sieht er in den vv.5-8. Diese haben schon Steuernagel und Habel angenommen. Eine zweite Erweiterung macht er in den vv.16-19 aus, die von der Fremden Frau handeln – so ebenfalls Habel. Über die Einsichten der bisherigen Forschung hinaus führt seine Erkenntnis, daß in den vv.21-22 eine Redaktion zu greifen sei, die apokalyptische Topoi verwendet.[1]

Das fünfte Kapitel hat – wie wir gesehen haben – schon Steuernagel und Scott zu literarkritischen Operationen angeregt. Jener hielt 5,8-19 für ein sekundär gerahmtes älteres Gut, dieser stellte 5,21-23 hinter 4,27 und hielt 5,15-19+6,22+5,20 für eine redaktionelle Erweiterung von c.5. Neben P.W. Skehan (1946), der in c.5 literarkritische Probleme sieht,[2] versucht J.E. Goldingay (1977) die Stratigraphie zu ermitteln.[3] Die gründlichste Untersuchung dieses Kapitels haben O. Loretz und I. Kottsieper (1987) vorgelegt.[4] Sie entwickeln die These, daß in c.5 eine Reihe von Texten von einem Redaktor zusammengebracht worden sei.[5] Aus ihrem Befund in c.5 leiten sie den Schluß ab, Prov 1-9 sei so entstanden, daß die Einleitungs- und teilweise auch Schlußverse den redaktionellen Rahmen für die Aufnahme verschiedener Materialien gebildet hätten. Dazu gehören ihrer Ansicht nach: 2,1-2; 3,1-3; 4,2.4aβb.5b.10. 20f.; 7,1-3.24f.; 8,32-33.[6] Die Besonderheit des Vokabulars, das sie als Spezifikum der Texte ausmachen, dürfte freilich weniger für eine literarkritische als eine formgeschichtliche Differenzierung sprechen.

In ihrer Untersuchung der Texte zur Fremden Frau hat Christl Maier (1995) neben einzelnen Glossen in c.2 die vv.5-8 und vv.21f. und in c.5 die vv.15-19.21-23 als sekundär ausgeschieden.[7]

Folgt man der literarkritischen Analyse einzelner Textabschnitte aus Prov 1-9, sind diese nicht alle in sich einheitlich. Das hatte schon Whybray versucht herauszuarbeiten. Es genügt daher nicht, die Textsegmente als Bausteine von Prov 1-9 zu betrachten, die gleichsam Atome für die Rekonstruktion der Textgeschichte darstellen. Diese Atome sind offenbar selbst noch teilbar. Daher müssen die einzelnen Perikopen auf ihre Einheitlichkeit untersucht werden, bevor man zur Ermittlung größerer Blöcke voranschreitet. Dabei ist nicht nur mit nachträglichen Ergänzungen einer Vorlage zu rechnen, sondern es ist auch möglich, daß vorgefundenes Material gerahmt worden ist, um es in Prov 1-9 aufzunehmen; darauf hatte schon Steu-

---

[1] Cf. Michel, Proverbia 2.

[2] Cf. Skehan, Proverbs 5,15-19.

[3] Cf. Goldingay, Proverbs V, pp.80-87.

[4] Cf. Loretz/Kottsieper, Colometry, pp.96-113.

[5] Detailliert s.u. 5, pp.75f.

[6] Cf. Loretz/Kottsieper, Colometry, p.106.

[7] Cf. Maier, Fremde Frau, p.252; dort nennt sie irrtümlich 2,20-22 als sekundär, cf. aber p.108.

ernagel hingewiesen, und das halten Loretz/Kottsieper ebenso wie Römheld für wahrscheinlich.

Den bislang ausführlichsten Versuch, die Entstehungsgeschichte von Prov 1-9 zu klären, hat R. Schäfer (1999) unternommen. Er analysiert sehr genau die Struktur der einzelnen Textsegmente und kommt so, sorgfältig argumentierend, zu seinen literarkritischen Beobachtungen. Er sucht sie in einem Modell[1] zu klären, das die einzelnen Textblöcke hauptsächlich mit Kriterien wie Gattung und Inhalt den einzelnen Schichten zuordnet. So sieht er die Grundlage von Prov 1-9 in einer Sammlung von zwölf Lehrgedichten.[2] Hier versammelt er alle Texte der Gattung Lehrgedicht, in denen die Erwähnungen Jhwhs sekundär sind. Diese Sammlung sei im Laufe der Zeit mit ethischen Konkretionen versehen worden.[3] Diese sogenannten „Zwischenstücke" werden zusammengestellt, weil sie Spruchkompositionen sind und nicht theologisch argumentieren. So gehört 6,1-15 zu dieser Schicht, während 6,16-19 zur abschließenden Redaktion, der „theologischen Reinterpretation" gehört. In dieser Gruppe versammelt Schäfer alle Teiltexte, die das Tetragramm enthalten.[4] Zu ihr gehören auch die zwei Weisheitsgedichte 1,20-33* und 8,1-4.22-31.34.a. 32b.35b.36a, da er in ihnen das Tetragramm für einen integralen Bestandteil hält.

Versuchen wir, die wichtigsten Beobachtungen aus der Literatur zusammenzufassen und Defizite der bisher vorgetragenen Theorien zu benennen. Die Anstöße zu diachronen Modellen sind im wesentlichen folgende:

Komposition des Gesamttextes
- Die Struktur des Textaufbaues ist komplex und daher nicht leicht zu durchschauen.
- Aus der Störung einer vermuteten Ordnung des Gesamttextes sind literarkritische Argumente zu gewinnen.
- Die Existenz von Substrukturen weist dabei auf Blöcke in der Komposition hin.

Formgeschichtliche Beobachtungen
- In Prov 1-9 sind Texte unterschiedlicher Gattung versammelt.
- Die Form der Lehrrede dient als Rahmung für aufgenommenes Material.

---

[1]　Cf. Schäfer, Poesie, pp.263-265.
[2]　(1) 1,8-19; (2) 2,1-4-9-15.20-22; (3) 3,1-3b.4.21-24.35; (4) 4,1-4*.5b.6.8f.; (5) 4,10-19; (6) 4,20-27; (7) 5,1-6.8-13; (8) 5,15-20; (9) 6,20f.23-26; (10) 7,1-22b.23bc.25-27; (11) 8,5-12.13b-21.32a.33.35a.36b; (12) 9,1-6.13-18. Cf. seine Tabelle: Schäfer, Poesie, p.261.
[3]　3,13-18.27-30; 6,1f.4-15.27-35; 9,7-9.12. Cf. seine Tabelle: Schäfer, Poesie, p.261.
[4]　Cf. Schäfer, Poesie, p.264. „Ganz formal kennzeichnet diese theologischen Interpretamente die Verwendung des Tetragramms." Das sind 1,7; 2,5-8.16-19; 3,5-12; 3,19f. 25f.31-34; 5,21-23*; 6,16-19; 9,10 (cf. seine Tabelle: Schäfer, Poesie, p.261). Dazu nimmt er folgende Glossen an: 1,5.22bc.27c, 3,3c; 4,4c die Worte „so wirst du leben. Erwirb Weisheit! Erwirb Einsicht! (cf. Schäfer, Poesie, p.104); 4,5a.7; 5,7.14.22a die Worte „den Frevler"(cf. Schäfer, Poesie, p.150); 6,3.22; 7,22c.23a.24; 9,11; cf. Schäfer Poesie, p.262.

- Innerhalb der dominierenden Gattung der Lehrrede läßt sich eine Geschichte der Form ausmachen.
  Literarische Integrität einzelner Textsegmente
- Innerhalb der einzelnen Textsegmente lassen sich literarkritisch Spannungen aufweisen.
  Inhaltliche Aspekte
- Einzelne Textteile haben verschiedene traditionsgeschichtliche Hintergründe.

Diese Beobachtungen deuten darauf hin, daß Prov 1-9 eine längere Entstehungsgeschichte hinter sich hat. Doch konnte sich bislang keines der vorgeschlagenen Modelle eine gewisse Anhängerschaft sichern. Das liegt daran, daß jedes einzelne dieser Modelle seine Schwächen hat. Am deutlichsten wird das bei den Ansätzen, denen nur ein Abschnitt zugrundeliegt. Sie erklären nur die Entstehung des jeweils untersuchten Teils. Die Modelle, die den ganzen Text beschreiben wollen, sind je nach ihrem methodischen Ansatz unterschiedlich zu beurteilen. Gründen sie auf Einzelbeobachtungen, wie der Anrede im sg. oder pl. (Neumann) oder traditionsgeschichtlichen Erwägungen (Habel; Doll) oder thematischen Zusammenhängen (Plöger; Sæbø), so ist die Datenbasis für die Modellbildung zu gering. Nur eine Integration der verschiedenen Gesichtspunkte und eine Rückbindung an die Einzelanalyse des gesamten Textes kann hier Klärung schaffen. Dieses wurde von Whybray versucht. Seine Arbeiten verbinden literarkritische, formgeschichtliche und traditionsgeschichtliche Argumente. Jedoch geht er in seiner Argumentation von der Analyse der Gattung der Lehrrede aus, in die er schon traditionsgeschichtliche Erwägungen einfließen läßt. Damit ist seine Analyse der Einzeltexte vorbelastet. Auch eine Analyse des Gesamtaufbaus von Prov 1-9 fehlt bei ihm.

Die Arbeit von Schäfer ist zwar die bislang sorgfältigste zum Thema, doch sieht der Autor selbst die Grenzen seines Modells: Die Grundsammlung besteht nach seiner Analyse aus zwei Hälften. Die ersten sechs Gedichte sind unmetaphorisch, die zweiten sechs metaphorisch zu verstehen. Hier kann er sich vorstellen, daß beide Teile ehemals unabhängig voneinander existiert haben könnten.[1] Auch hält er es für möglich, daß unter den zwölf Lehrgedichten solche verschiedenen Alters zu finden sind.[2] Hier ist zu erwarten, daß eine genauere Betrachtung von form- und traditionsgeschichtlichen Aspekten weitere Hinweise bringen kann. So ist z.B. Schäfers Sammlung von Lehrgedichten formal nicht ganz einheitlich. Er übergeht, daß 5,15-20 und 9,1-6.13-18 in der Gattung nicht den übrigen Gedichten entsprechen, die Lang als „Lehrreden" beschrieben hat. Auch die traditionsgeschichtliche Einheitlichkeit der von Schäfer in der „Theologischen Reinterpretation" zusammengestellten Passagen ist fraglich, da er mit der einfachen Oppo-

---

[1]   Cf. Schäfer, Poesie, pp.263f.
[2]   Cf. Schäfer, Poesie, p.269.

sition religiös vs. nicht-religös arbeitet, die dem weisheitlichen Denken so nicht entspricht.[1] Zudem verzichtet Schäfer darauf, die Beziehungen, die die Textsegmente untereinander aufweisen, in seine Überlegungen zu integrieren. Auch hier werden sich Anhaltspunkte für ein differenzierteres Modell der Entstehungsgeschichte von Prov 1-9 gewinnen lassen, als Schäfer es gezeichnet hat.

Der Gang durch die Forschungsgeschichte hat viele Hinweise darauf erbracht, daß Prov 1-9 in sich gewisse Spannungen aufweist, die auf ein längeres Textwachstum deuten. Diese Hinweise liegen auf verschiedenen Ebenen: der Gesamtkomposition der Kapitel, der Formgeschichte, der literarischen Integrität der Einzeltexte, der Inhalte. Alle diese Ebenen müssen daher in die Analyse eingehen; eine Argumentation, die sich nur oder überwiegend auf einen Aspekt stützt, geht leicht in die Irre.

1.2 Der Aufbau der Arbeit

Angesichts dieser Problemlage muß ein erneuter Versuch, die Entstehung von Prov 1-9 nachzuzeichnen, zuerst eine genaue Analyse der Einzeltexte mit einer Untersuchung der Gesamtkomposition der neun Kapitel verbinden. Die Binnengliederung von Prov 1-9 und damit die Bestimmung des Umfanges der einzelnen Segmente der ersten Sammlung des Proverbienbuches ist anhand der Anreden mit Höraufforderungen relativ leicht vorzunehmen und überwiegend unstrittig.

In 1,1-6 findet sich eine breite Überschrift, die möglicherweise dem ganzen Buch gilt. 1,7 ist eine isolierte Sentenz, quasi ein Motto für die Sammlung (und das Buch). Mit der Anrede in 1,10 wird die erste Rede des Lehrers eröffnet. Sie endet in 1,19; ihr folgt in 1,20-33 die erste Rede der Weisheit. Das zweite Kapitel besteht aus einem einzigen zusammenhängenden Abschnitt, während c.3 in drei deutlich unterschiedene Blöcke zerfällt (3,1-12.13-20.21-35), deren gegenseitige Abgrenzung allerdings umstritten ist; dies ist in der Detailanalyse zu klären (s.u. pp.151-154). Die drei Teile von c.4 (4,1-9.10-19.20-27) sind durch die Höraufforderungen in den Eingangszeilen klar gegliedert. In 5,1 findet sich dann der deutliche Neueinsatz einer Einheit, die bis 5,23 reicht. Die Besonderheit der vier Abschnitte in 6,1-19 wurde oben schon thematisiert. Der Rest von c.6 (6,20-35) stellt ebenso wie c.7 einen eigenen Abschnitt dar; beide sind Reden des Lehrers. In c.8 folgt dann die zweite Rede der Weisheit. Das letzte Kapitel der ersten Sammlung bildet mit seinen zwei Einladungen der Weisheit und der Torheit (9,1-6.13-18) den Rahmen um einen durch Spruchgut geprägten Mittelteil (9,7-12). Diese Textgrenzen werden durch die Auslegung bestätigt werden.

Die Reihenfolge, in der die einzelnen Segmente analysiert werden, folgt allerdings nicht dem Verlauf des Textes, sondern setzt mit der Frage ein,

---

[1] S.u. pp.303f.

welche Rolle Prov 6,1-19 in der Gesamtkomposition von Prov 1-9 spielt. Da die Argumentation hauptsächlich auf Beziehungen zu 4,10-27 beruhen wird, eröffnet die Untersuchung dieses Textkomplexes die Analyse. Daran anschließend werden die Segmente besprochen, für die ein Wachstum schon diskutiert wird, nämlich Prov 2 und Prov 5. Da 4,1-9 sich in der Analyse als sekundär gegenüber 4,10-27 erweisen wird, behandele ich es im Anschluß an Prov 5, mit dem es in engem kompositorischen Zusammenhang steht. Die übrigen Texte folgen dann in thematisch geordneten Gruppen.

Die Grundlage der Einzeltextanalyse ist ein philologisch gesichertes Textverständnis, über das in den Anmerkungen zur Übersetzung Rechenschaft abgelegt wird. Das beinhaltet neben den grammatischen und semantischen Problemen auch die Frage nach der ursprünglichen Textgestalt (Textkritik).

In der Übersetzung werden folgende Zeichen benutzt:

( )	Sprachlich im Deutschen notwendige Ergänzung, um das im Hebräischen Gemeinte herauszustellen, z.B. in der Übersetzung ergänzte Verben zur Wiedergabe eines hebräischen Nominalsatzes im Deutschen, im Hebräischen nicht ausgedrückte Personen oder Partikel.
, '	Textänderung gegenüber MT.
/	Zwei deutsche Wörter zur Umschreibung des Bedeutungsumfanges eines hebräischen Lexems.
{ }	Umstellung von Textteilen.
< >	Ketib, sofern es sich nicht nur um eine orthographische Variante handelt.
[ ]	Glosse (Ergänzung nach Abschluß der formativen Redaktion; zu dieser cf. den allgemeinen Teil der Arbeit).
kursiv	Redezitate.
Helvetica	+eingerückt: Erweiterungen der LXX.

Ausgehend von einem philologisch gesicherten Textverständnis kann nach der Struktur der einzelnen Textsegmente gefragt werden. Für die Elemente, die ein Autor zur Verfügung hat, um einen Text aufzubauen und zu gestalten, spielt die Gattung, in der er sich ausdrückt, eine wichtige Rolle, da sie das Muster ist, das den Textaufbau steuert. Die inhaltliche Analyse der Texte knüpft an die Strukturuntersuchung an, da das Textthema mit der kompositorischen Gestalt des Textes kongruieren sollte. Darüber hinaus ist zu fragen, welche Traditionen dem Autor vorlagen, und wie in diesem Horizont seine Aussage gewichtet ist. Zu achten ist ferner auf die kompositorischen Verbindungen zwischen den einzelnen Texteinheiten. All diese Fragen werden in einem ersten Teil (cc.2-11 der vorliegenden Arbeit) anhand einer detaillierten Exegese der Einzeltexte von Prov 1-9 bearbeitet. Die Überschrift Prov 1,1-6 wird dabei ausgelassen, da sie sich allem Anschein nach auf das ganze Buch bezieht.[1] Auch diese Überschrift hat vermutlich eine

---

[1]   Cf. Hitzig, Sprüche, pp.1-3; Keil, Einleitung, p.372; Vatke, Einleitung, p.554; Strack, Sprüche, p.304; Kuenen, Einleitung, Bd.3,1, p.58; Baudissin, Einleitung, p.710;

längere Entstehungsgeschichte.[1] Um diese in deren Zusammenhang mit der Buchentstehung aufzuklären, hätte es einer – wenigstens groben – Vorstellung von der Genese des ganzen Buches bedurft. Das ist im Rahmen der vorliegenden Arbeit nicht zu leisten. Ein weiterer Grund für die Ausgrenzung von 1,1-6 ergibt sich aus der Komposition von Prov 1,7-9,14, deren Ergebnis ich hier vorwegnehmen möchte: Es zeigt sich, daß dort ein in sich geschlossener Text vorliegt. Dieser ist der Gegenstand der vorliegenden Untersuchung.

Der zweite Hauptteil (cc.12-14 dieser Arbeit) versucht, aus den Ergebnissen der Einzelanalysen der Textsegmente übergreifende Gesichtspunkte zusammenzufassen. Das ist in erster Linie der Aufbau von Prov 1-9 in der Endstufe. Ferner wird die Formgeschichte der Lehrrede dargestellt, da sie das diachrone Profil der ersten Sammlung des Sprüchebuches abstützen kann. Von diesen Ergebnissen ausgehend kann dann beschrieben werden, wie Prov 1-9 im Laufe der Zeit gewachsen ist. Eine Zusammenfassung mit Ausblick (c.15) schließt die Arbeit ab.

Steuernagel, Einleitung, p.675; Murphy, Wisdom Literature, p.54; Plöger, Sprüche, p.10 (erinnert ihn aber in Stil und Sprache an Prov 1-9); Whybray, Proverbs, p.30 hält dies ebenfalls für eine Möglichkeit. Maier, Fremde Frau, p.253: Prov 1,1-7 und 9,7-12 bilden den Rahmen um Prov 1-9 und „konturieren sie als Einleitung für das Proverbienbuch." Ähnlich Baumann, Weisheitsgestalt, p.259. - Wenn Prov 1-9 als Einleitung des ganzen Buches verstanden wird, dann mögen 1,1-6(7) vom Verfasser der ersten neun Kapitel herrühren und stellen doch die Überschrift für das ganze Buch dar, cf. Reuss, Geschichte, p.492; Bleek/Wellhausen, Einleitung, p.479; Nowack, Sprüche, p.XI; Gemser, Sprüche, p.18; Barucq, Proverbes, p.47; Scott, Proverbs, p.15. Auch Camps These von Prov 1-9 als vorderem Rahmen für das Prov-Buch (cf. Camp, Wisdom, c.6) schließt diese Variante ein. Anders: Eißfeld, Einleitung, p.638; Meinhold, Sprüche, p.43. Sie halten 1,1-6 für die Überschrift von cc.1-9.

[1] Cf. Renfroe, Effect.

2. Die Grundlegung des weisheitlichen Unterrichts im Doppelgedicht Prov 4,10-27

Das vierte Kapitel besteht aus drei Lehrreden (vv.1-9.10-19.20-27),[1] deren Anfang durch die Anrede mit Höraufforderung, die sogenannte „Lehreröffnungsformel",[2] jeweils deutlich zu erkennen ist. Ich beginne mit dem Teil, den ich als den traditionsgeschichtlich ältesten ansehe, 4,10-27. Von ihm ausgehend läßt sich das Werden von Prov 1-9 am leichtesten erfassen. Prov 4,1-9 eröffnet die Komposition des Abschnittes 4,1-5,23. Da sich das im Anschluß an die Analyse von c.5 am besten zeigen läßt, behandele ich diese erste Lehrrede von Prov 4 im Anschluß an Prov 5.

2.1 Der Aufbau des Doppelgedichtes Prov 4,10-27

10   Höre, mein Sohn, und nimm meine Worte an,
      dann werden sie dir die Lebensjahre mehren.[3]
11   Auf den Weg der Weisheit weise ich dich,
      lasse dich betreten die Straßen der Aufrichtigkeit.[4]
12   Bei deinem Gehen wird dein Schritt nicht bedrängt sein,
      und wenn du rennst, wirst du nicht stolpern.
13   Ergreife die Zucht, laß nicht ab (davon)!
      Bewahre sie,[5] denn dein Leben (besteht) in ihr.

---

[1] Cf. Delitzsch, Spruchbuch, pp.85.88; Strack, Sprüche, p.320; Gemser, Sprüche, p.33; McGlinchey, Teaching, p.6; Scott, Proverbs, pp.49f.; McKane, Proverbs, pp.302-311; Lang, Lehrrede, p.29; Plöger, Sprüche, p.46; Alonso Schökel, Proverbios, pp.194-200; Meinhold, Sprüche, p.46; Römheld, Weisheitslehre, p.125; Whybray, Proverbs, p.25. - Anders Murphy, Wisdom Literature, pp.58 f.

[2] Der Begriff stammt von Wolff, Hosea, p.123. Dazu ausführlich s.u. p.291.

[3] Das zweite Kolon ist bei den LXX doppelt übersetzt, einmal wörtlich und einmal freier. Letztere Fassung dürfte die ursprüngliche sein, sie trägt in der Hexapla den Obeliscus, während die wörtliche Fassung die hexaplarische ist (cf. Lagarde, Anmerkungen, p.18; Fritsch, Treatment, pp.172f.).

[4] Kommissiv, cf. zu 4,2, s.u. p.107; cf. Frankenberg, Sprüche, p.36 mit Hinweis auf GK § 106 m.

[5] Inkongruenz, da מוסר mask. ist (cf. Albrecht, Geschlecht, ZAW 16, 1896, p.114); nur hier und Sir 6,22 schließt sich eine feminine Konstruktion an. Die gewöhnliche Auskunft der Kommentatoren ist, das Suffix beziehe sich in einer *constructio ad sensum* auf חכמה, mit der מוסר hier identifiziert wäre (cf. Delitzsch, Spruchbuch, p.85; Nowack,

14   Auf dem Pfad der Frevler gehe nicht!
      Und schreite[1] nicht auf dem Weg der Bösen![2]
15   Laß ihn unbegangen und ziehe nicht auf ihm entlang,
      weiche von ihm; ziehe von ihm weg![3]
16   Denn sie können nicht schlafen, wenn sie nicht Böses tun,
      und ihr Schlaf ist geraubt, wenn sie niemanden zu Fall bringen,
17   denn sie essen das Brot des Frevels
      und den Wein der Gewalt trinken sie.

18   Der Pfad der Gerechten aber strahlt wie das (Morgen-)Licht,
      es geht (auf) und leuchtet (immer mehr) bis zum hohen Tag (Mittag).
19   Der Weg der Frevler (ist) wie Finsternis,
      sie wissen nicht, worüber sie straucheln.[4]

Diese zweite Lehrrede des Kapitels entspricht dem von Lang festgestellten Formschema: Einleitung (Proömium, vv.10-13), Hauptteil (Korpus, vv.14-17) und Schluß (Peroratio, vv.18-19).[5] Inhaltlich ist sie leicht zu gliedern, da nach der Lehreröffnungsformel die Abschnitte sozusagen in ihrem ersten Wort ihre eigenen Überschriften tragen:

v.10	Lehreröffnungsformel mit Motivation
vv.11-13	„Weg der Weisheit"
vv.14-17	„Pfad der Frevler"
vv.18.19	Abschließende Gegenüberstellung der beiden Wege.

Das ganze Gedicht ist durch eine kunstvolle Verschränkung der hebräischen Begriffe aus dem Wortfeld „Weg" zusammengehalten: Beginnt v.11 mit דרך

Sprüche, p.28; Strack, Sprüche, p.322; Toy, Proverbs, p.92; Greenstone, Proverbs, p.41; McKane, Proverbs, p.307; Meinhold, Sprüche, p.95). Albrecht will eine andere Punktation des Suffixes (ה statt ו als seltene Schreibung des Suff. 3.sg.m.; cf. GK § 7 c); der Rest des Verses (היא) ist seiner Meinung nach korrupt. Whybray, Wisdom, p.46, sieht מוסר als Ersetzung von חכמה - jedoch erklärt er die Veränderung nicht.

1   Mit dem Nebensinn des „geradeaus Schreitens", cf. Niehr, Etymologie, p.234.
2   Cf. Kaminka, Septuaginta, p.179.
3   Die LXX übersetzen frei, die Peschitta folgt ihnen; doch die Versuche zur Rückübersetzung sind reine Phantasie, cf. Toy, Proverbs, p.95.
4   Der Vers beginnt mit einem ו „und", einem eigentlich koordinierenden Anschluß, obwohl in v.18 mit dem Thema des „Weges der Gerechten" ein anderes als in vv.14-17 angeschlagen wird; v.19 ist asyndetisch angeschlossen, obwohl er zusammen mit v.18 die den Abschnitt 4,10-19 zusammenfassende Antithese bildet. (Bei den LXX beginnen die vv.18f. je mit αἱ δὲ, was die Peschitta durch ܗ nachahmt [cf. Pinkuss, Übersetzung, p.114 Nr. 1; p.116]). Daraus leiten einige ab, v.18 und v.19 seien umzustellen (cf. Delitzsch, Spruchbuch, p.87; Nowack, Sprüche, pp.29f.; Strack, Sprüche, p.322; Wildeboer, Sprüche, p.13; Toy, Proverbs, p.91; Gemser, Sprüche, p.32; Whybray, Wisdom, p.46). Das waw hat jedoch auch bei der Umstellung adversative Bedeutung (cf. GB s.v. ו, 2.a.γ. KBL[2] s.v. ו, Nr. 15.), so daß die vom MT gebotene Reihenfolge ohne Anstoß beibehalten werden kann (cf. Barucq, Proverbes, p.68; Meinhold, Sprüche, p.96).
5   Cf. Lang, Lehrrede, pp.29-34.

„Weg" und v.14 mit ארח „Pfad", so dreht sich diese Reihenfolge in vv.18f. um, so daß vv.11-19 chiastisch[1] zusammengehalten sind.[2] Gegenläufig zu dieser invertierten Stellung der Zeilenanfänge ist die inhaltliche Reihenfolge der beiden Abschlußzeilen der Lehrrede. Sie entsprechen der inhaltlichen Reihenfolge im Text: Vers 19 nimmt רשעים „Frevler" von v.14 wörtlich auf, und v.18 variiert das דרך חכמה „Weg der Weisheit" von v.11 durch צדקים ארח „Pfad der Gerechten". Darüber hinaus ist der erste Abschnitt noch mit dem zweiten chiastisch verknüpft: Steht in v.11 דרך „Weg" im ersten Halbvers, so steht es in v.14, dem Beginn des zweiten Abschnittes, im zweiten Halbvers – das parallele Wort für „Weg" ist variiert, so daß man von einem „Halb-Chiasmus" sprechen kann. Dabei ist jeder dieser Verse auch in sich noch einmal chiastisch gebaut, indem die präpositionalen Ausdrücke im ersten Kolon vor dem Verb, im zweiten dahinter stehen.

	1. Kolon	2. Kolon		
v. 11	דרך	מעגל	1. Strophe,	1. Zeile
v. 14	ארח	דרך	2. Strophe,	1. Zeile
v. 18	ארח		Schlußgnome	
v. 19	דרך			

Die ersten vier Zeilen der Lehrrede sind anders als die zweiten vier in zwei inhaltlich verschiedene Abschnitte unterteilt: v.10 die Lehreröffnungsformel, vv.11-13 der „Weg der Weisheit". Doch dieser inhaltlichen Zweiteilung steht eine doppelte formale Klammer entgegen: In v.10 und v.13, also am Anfang und am Ende, steht jeweils חיים „Leben" am Versende; die Versanfänge bilden eine Inklusionsstruktur:

v. 10 Imperativ → v. 11 ב   ↔   v. 12 ב ← v. 13 Imperativ.

Aus diesem Grund halte ich die zweite Lehrrede in c.4 für strophisch gegliedert:[3] Zwei Strophen zu je vier Versen (vv.10-13.14-17) und eine abschliessende „Halbstrophe".[4] Diese Gliederung des Textes unterstreichen drei Chiasmen; sie markieren Neueinsätze (vv.11.14; s.o.) sowie den Abschluß der zweiten Strophe (v.17[5]).[6] Als Leitwort dient כשל „stolpern": Es erscheint jeweils in der vorletzten Zeile der Strophen (vv.12.16) sowie im letzten Vers der Halbstrophe – immer am Ende, bei variierender grammatischer Person. Ähnlich sind die beiden letzten Strophen durch das Stichwort רשע „Frevler" zusammengehalten, vv.14.17.19. Neben den schon beschriebenen formalen

---

1   Cf. Alonso Schökel, Proverbios, p.197.
2   Cf. Nowack, Sprüche, p.28: „Die Beziehung von V. 19 auf V. 11 u. 12 tritt klar hervor, damit zugleich der Zusammenhang des ganzen Absatzes".
3   Cf. Gemser, Sprüche, p.33; Schäfer, Poesie, p.113; gegen Lang, Lehrrede, p.31 n.20.
4   So auch Toy, Proverbs, pp.90f.
5   Im ersten Kolon steht das Verb vor dem Objekt, im zweiten ist es umgekehrt.
6   Zu diesen gliedernden Funktionen des Chiasmus, cf. Watson, CHP, p.205.

Verknüpfungen der beiden Strophen mit der abschließenden Halbstrophe gibt es noch eine motivische. In der letzten Strophe ist in v.17 vom „Schlaf" die Rede, womit der Gedanke an „Nacht" naheliegt. Dieses Motiv-Feld wird in der abschließenden Halbstrophe mit ihrer Hell-Dunkel-Thematik wieder aufgegriffen.

20   Mein Sohn, auf meine Worte achte,
     meinen Reden neige dein Ohr!
21   Sie sollen nicht aus deinen Augen weichen,
     bewahre sie mitten in deinem Herzen!
22   Denn Leben (sind sie) für die, die sie gefunden,
     seinem (!) ganzen Fleisch[1] (sind sie) Heilung.
23   Von allem, was zu bewahren (ist), hüte vor allem dein Herz,
     denn aus ihm (entspringen) die Quellen des Lebens!

24   Wende von dir die Verkehrtheit des Mundes,
     und die Falschheit der Lippen weise weit von dir!
25   Deine Augen sollen geradehin blicken,
     und deine Wimpern[2] sollen geradeaus auf dein Gegenüber sehen!
26   Schau[3] auf den Pfad deines Fußes,
     und alle deine Wege stehen fest!
27   Du sollst nicht nach rechts oder links abweichen,
     wende deinen Fuß vom Bösen!

Das Korpus des Textes wird durch je einen Vetitiv am Anfang und am Ende (vv.20.27) geklammert; diese Verbindung wird durch die in beiden Versen verwendete Wurzel נטה noch unterstrichen, die einmal positiv und einmal negativ, einmal im zweiten und einmal im ersten Kolon vorkommt. Die Verteilung der übrigen Leitwörter des Textes legt wie in vv.10-17 eine Aufgliederung in zwei Strophen zu je vier Versen (vv.20-23. 24-27) nahe:

v.20	Lehreröffnungsformel			v.24			הסר
v.21	Vetitiv	לבב	עיניך ——	v.25	עיניך		
v.22		חיים		v.26			רגל
v.23		לב	חיים	v.27 Vetitiv		הסר	רגל

Die einzelnen Strophen sind je durch ein eigenes Stichwort geklammert; in der ersten ist es לבב bzw. לב „Herz", in der zweiten סור hi. „abwenden". Diese Klammerung ist wie die des ganzen Textes durch נטה „neigen/ab-weichen" „halb-chiastisch": Steht לבב zuerst im zweiten Kolon (v.21b), so bei der Wiederaufnahme im ersten (v.23a). Bei סור hi. in der zweiten

---

1   Cf. Van der Weiden, Livre, pp.47f.; er konjiziert בְּשָׂרוֹ und deutet als asyndetischen Relativsatz: „tous, qui les proclament".
2   Auch wenn עפעפים stets als poetischer Parallelausdruck für „Augen" verwendet wird, ist es diesem nicht semantisch gleichzustellen, gegen Holladay, Jeremiah 1, p.313.
3   Anders: Koch, דרך, coll.297.306: „bahnen".

Strophe ist es genau anders herum (vv.24a.27b). Damit wird das gleiche stilistische Mittel noch einmal in sich variiert.

Der Abschluß der beiden Strophen ist durch die gleiche Technik markiert wie diese selbst: Stichwort-Wiederholungen in „halb-chiastischer" Stellung (חיים „Leben" vv.22a. 23b; רגל „Fuß" vv.26a.27b). Der vorletzte Vers ist jeweils chiastisch: In den zwei Nominalsätzen v.22 steht im ersten die präpositionale Ergänzung am Ende, im zweiten am Anfang; in v.26a ist die Abfolge Verb-Objekt, in v.26b ist sie umgedreht. Auch der Beginn der zweiten Strophe ist durch Chiasmus markiert:[1] Beginnt das erste Kolon mit dem Imperativ plus präpositionalem Objekt und folgt dann das direkte Objekt, so ist die Reihenfolge im zweiten Kolon umgedreht. Die Form der Lehrrede ist in 4,20-27 nicht vollständig: Es fehlt ein sentenzhafter Schluß.[2]

Wie wir gesehen haben, handelt es sich bei den Lehrreden in Prov 4,10-19 und 20-27 um zwei kunstvoll strukturierte Texte, „Gedichte"; gemeinsam sind einige Gestaltungsmittel: Die Strophenlänge ist identisch, wobei jedesmal der Vers mit der Lehreröffnungsformel zur ersten Strophe gezogen werden muß. Diese formalen Merkmale, die beiden Lehrreden gemeinsam sind, sind noch kein ausreichender Grund, beide Texte als zusammengehörig anzusehen; wohl aber bilden diese Gemeinsamkeiten den Anlaß, genauer nach verbindenden kompositorischen Elementen zu fragen.

Zwei Stichworte, die in 4,10-27 je viermal – also gleich häufig – vorkommen, binden beide Lehrreden als „Doppelgedicht" zusammen: חיים „Leben": vv.10.13/22.23 – jeweils als Verknüpfungswort der ersten Strophe beider Teile! דרך „Weg": vv.11.14.19/26 – das Leitwort, das das erste Teilgedicht zusammenhält, bildet die Coda des zweiten (in der vorletzten Zeile). Die gleichen Leitworte halten beide Teilgedichte zusammen. Dabei sind nicht nur die Lexeme gleich, sondern bei חיים „Leben" entsprechen sich auch Position und Funktion. Doch noch ein drittes Leitwort findet sich: מעגל „Straße": v.11/26. Steht מעגל im ersten Teilgedicht in der zweit-ersten Zeile, so im zweiten in der zweit-letzten. Beide Male ist der Vers in sich chiastisch gebaut; das Parallelwort ist jedesmal דרך „Weg"! Das heißt: Das Doppelgedicht ist durch den zweiten Vers von vorne und den zweiten Vers von hinten gerahmt. Wie die beiden Teile des Gedichtes inhaltlich aufeinander bezogen sind,[3] soll die folgende Auslegung zeigen.

---

[1] Cf. Schmidt, Stilistik, p.21.

[2] Cf. Lang, Lehrrede, p.34 n.24.

[3] Einige der Kommentatoren haben bemerkt, daß beide Teile inhaltlich eng zusammengehören, so Frankenberg, Sprüche, p.38; McKane, Proverbs, p.310. Plöger (Sprüche, p.46) spricht von „lockerer Verbindung".

2.2 Prov 4,10-27 als Grundlegung des weisheitlichen Unterrichts

In Prov 4,10-27 wird eine Grundlegung des weisheitlichen Unterrichtes entworfen. Dabei wird der Text nicht konkret[1], sondern stellt die Situation der Unterweisung in ihrer Grundstruktur dar. Im ersten Teilgedicht werden die Ziele und im zweiten der „psychologische" Prozeß des Unterrichts beschrieben. Dieser enge inhaltliche und formale Zusammenhang macht es unwahrscheinlich, daß die beiden Texte unabhängig voneinander entstanden sein sollten.[2]

Das erste Gedicht beginnt mit einer Aufforderung zu hören,[3] und diese wird im zweiten Kolon mit der Verheißung eines langen Lebens motiviert.[4] Die Formulierung, die dort gebraucht wird,[5] ist keiner bestimmten Tradition zuzuweisen. Daß ein langes Leben ein positives Gut sei, ist eine allgemeine Vorstellung im AT.[6] Dieser Motivation der ersten Mahnung entspricht die Begründung der Aufforderung in v.13. Dort wird jedoch nicht auf die Länge des Lebens abgehoben, sondern „Leben" stellt selbst den Wert dar.[7] In v.11 gibt der Lehrer das Ziel seines Unterrichtes[8] an: den Schüler auf den Weg der Weisheit zu weisen. Auf diesem Weg wird der Schüler sicher gehen und nicht straucheln, selbst wenn er läuft (v.12). Das Bild vom „Weg" meint den Lebensweg des Schülers. Dieser hat zwei Seiten: das Handeln und das Ergehen, das auch als Ziel des Weges verstanden werden kann.[9] Der „Weg

---

[1] Cf. Plöger, Sprüche, p.45: Er bemängelt das als „Armut an speziellen Themen".

[2] Gegen Römheld, Weisheitslehre, p.125.

[3] Cf. McKane, Proverbs, p.307.

[4] Cf. Nel, Structure, p.67.

[5] Mit רבה nur noch Dtn 11,21; 1 Sam 7,2; Prov 9,11.

[6] Der frühe Tod gilt als Fluch, z.B. Ps 109,8 (cf. Preuß, Theologie, Bd. 2, p.112), wohingegen dem Tod im hohen Alter nach einem erfüllten Leben *per se* nichts Schlimmes anhaftet, z.B. Gen 25,8; 35,29; 1 Chr 29,28; Hi 5,26; 42,17 (cf. Wolff, Anthropologie, p.168); ausführlich bei Wächter, Tod, pp.56-69. So schreibt Schmitt, Leben, p.123: „Darüber besteht ja kein Zweifel, daß das Leben für den Israeliten das höchste Gut ist ... Diese hohe Einschätzung gilt vornehmlich für unsere Weisheitsbücher" (speziell zum langen Leben, cf. ebd., pp.142f.). - Delitzsch will hier die Konnotation des ‚Lebensgenusses' erkennen (cf. Spruchbuch, p.85, auch Toy, Proverbs, p.92).

[7] Cf. Frankenberg, Sprüche, p.38: „irdisches Wohlergehen"; Greenstone, Proverbs, p.43: „long and happy life"; Hausmann, Studien, p.321: „gelingendes Leben". Zum Material cf. Zimmerli, Struktur, pp.198f.; ausführlicher Schmitt, Leben, pp.139-149 (doch scheint mir seine Ansicht zweifelhaft, es schwinge da noch mehr mit als irdisches Glück).

[8] Die Funktion des kommissiven Perfekts (cf. Wagner, Sprechakte, pp.136f.) ist hier, daß der Lehrer verspricht, den Schüler auf den Weg der Weisheit zu führen (cf. Nowack, Sprüche, p.25: „feststehende[r] Entschluß"; ähnlich Toy, Proverbs, p.91), daher nicht Rückblick „auf früher erteilte Lebensregeln" (Delitzsch, Spruchbuch, p.85).

[9] Cf. Nötscher, Gotteswege, pp.42-69: Die Metapher bezeichne in der Mehrzahl der Fälle den Lebenswandel (pp.47-52), könne aber auch das Ergehen mit einbeziehen (pp.60-64); cf. Koch, דרך, col.290. Auch Zehnder, Aspekte.

der Weisheit" ist hier nicht der Weg, den die Weisheit selbst geht (Prov 8,20; Hi 28,20) oder der Weg, der zu ihr führt (Hi 28,23),[1] sondern der Weg, „den der Mensch s e l b s t lernen und *geradeaus gehen* אשׁר soll, ohne davon abzuirren, also die von ihm selbst zu betätigende und zu übende Weisheit, ist ein r e c h t s c h a f f e n e r   L e b e n s w a n d e l ."[2] Es geht hier um einen Lebenswandel, den der Schüler aufgrund der ihm durch die Erziehung des Lehrers zuteilgewordenen Weisheit tadellos führt.[3] Dieser ethische Aspekt wird im parallelen Kolon v.11b hervorgehoben, wo vom „Gleis der Geradheit"[4] die Rede ist. Die Opposition ‚freies Schreiten' vs. „Straucheln" (v.12) steht für Gelingen vs. Scheitern des Lebens.[5]

Dem Lebenswandel, den der Schüler führen soll, ist der „Weg der Frevler" (v.14) entgegengesetzt. Von deren Lebenswandel soll der Schüler sich fernhalten (vv.14-15).[6] Die Begründung für diese Aufforderung scheint zwar formal in den mit כי eingeleiteten vv.16 und 17 zu liegen,[7] doch beschreiben sie vorderhand das Treiben der Frevler, um deren Verderbtheit herauszustreichen.[8] Die eigentliche Begründung findet sich erst im dritten Teil des Gedichtes, der Coda, vv.18-19. Hier wird die Opposition Licht vs. Finsternis verwendet, um beide Wege einander wertend gegenüberzustellen.[9] Damit liegt die letzte Begründung dafür, nicht den Weg der Frevler zu gehen, in dem schlechten Ende, das sie nehmen – anders als die Gerechten, die auf dem Weg der Weisheit gehen. Die Ursache dafür liegt im Zusammenhang von Tun und Ergehen. Wird dem Schüler auf dem Weg der Weisheit verheißen, nicht zu straucheln (כשׁל, ni., v.12), so wird der Frevler beschrieben als einer, der andere zum Straucheln bringt (כשׁל, hi., v.16, cf. Mal 2,8) und

---

1   So versteht Delitzsch, Spruchbuch, p.85.
2   Nötscher, Gotteswege, p.59.
3   Cf. Toy, Proverbs, pp.91f.
4   Eine ethische Konnotation bei ישׁר, cf. Liedke, ישׁר, col.792. Gegen McKane, Proverbs, p.308.
5   Cf. כשׁל ni. Jes 63,13; Jer 20,11; 31,9 (Wegmetaphorik: דרך ישׁר); Ez 33,12; Hos 14,10 (Wegmetaphorik); Ps 9,4; Prov 24,16.17; ähnlich im Qal Jes 59,10.14; Hos 4,5; Ps 27,2; 107,12; Hi 4,4.
6   Hier ist auch der Aufbau der beiden Strophen variiert: finden sich die imperativischen Aufforderungen, die Worte des Vaters anzunehmen und festzuhalten, in v.10 und v.13 als Rahmen um die erste Strophe, so bilden die Aufforderungen, sich nicht auf den Weg der Frevler zu begeben, die erste Hälfte der zweiten Strophe (vv.14-15).
7   Cf. Nowack, Sprüche, p.29; Meinhold, Sprüche, p.95.
8   Cf. Frankenberg, Sprüche, p.38; Toy, Proverbs, pp.92f.; Meinhold, Sprüche, pp.95f. - Das „Brot der Frevler" bezeichnet ungerecht erworbenes Gut (cf. Delitzsch, Spruchbuch, p.86; Nowack, Sprüche, p.29; Wildeboer, Sprüche, p.17) - andere Möglichkeit bildlich: „Frevel als Brot" (so Frankenberg, Sprüche, p.39; McKane, Proverbs, p.308; cf. Toy, Proverbs, p.93; Greenstone, Proverbs, p.42, die beide Deutungen für möglich halten).
9   Zur Lichtmetaphorik cf. Sæbø, אור, coll.88f.; hier besonders Hi 18,6; Prov 13,6.

der selbst strauchelt (v.19). Die dreimalige Wiederholung desselben Lexems macht diesen Zusammenhang zwischen Tun und Ergehen (v.16→v.19) ebenso deutlich wie das unterschiedliche Ergehen von Gerechtem und Frevler (v.12 vs. v.19). Tun und Ergehen hängen hier ganz direkt ohne vermittelnde Instanz zusammen.[1]

Im ersten Teilgedicht finden wir die Gegenüberstellung von zwei Wegen, den der Weisheit und den des Frevlers. Diese Dualität des guten und des schlechten Weges ist ein verbreiteter antiker Symbolismus.[2] Sie macht eine Wahl, einen Entschluß des Schülers, sich auf einen dieser Wege zu begeben, notwendig. Diese Entscheidungssituation ist der „ethische Ort" der sapientiellen Unterweisung.

Das Thema des zweiten Teilgedichtes (4,20-27) wird gleich zu Anfang des ersten aufgeworfen: In 4,10 wird Hören (שמע) und Ergreifen (לקח) der Worte des Lehrers gefordert und in v.13 das Festhalten (חזק hi.) und nicht Ablassen (רפה I, hi.)[3] von der „Bildung" (מוסר). Diese ist offenbar als ständig beim Schüler vorfindlich zu denkender „Habitus" oder eine „Haltung"[4] zu denken.[5] Wie dieser im ersten Teilgedicht angesprochene Vorgang der Verinnerlichung[6] zu denken ist, führt dann das zweite (4,20-27) aus. Sein hervorstechendstes Merkmal ist die Häufung von Begriffen, die Teile des Körpers benennen.[7] Sie repräsentieren verschiedene Vermögen des Schülers. Thema des zweiten Teilgedichtes ist es nun, die Funktion dieser Vermögen für den Prozeß der Verinnerlichung zu beschreiben.

In der ersten Strophe (4,20-23) geht es um den Erwerb und das „Zu-Herzen-Nehmen" der Worte des Lehrers. Dieser Prozeß wird in zwei Aspekte zerlegt. In den vv.20-22 wird die Aufnahme der Worte des Lehrers durch

---

[1] Cf. McKane, Proverbs, pp.302f.; Habel, Symbolism, p.135: „relative absence of Yahwistic piety in Proverbs 4-6".

[2] Cf. Bergmann, Zwei Wege. Im AT cf. Prov 12,28; Dtn 30,15; Jer 21,8.

[3] Cf. Sir 6,27.

[4] Cf. Skladny, Spruchsammlungen, pp.7-13: der Gegensatz von Gerechter vs. Frevler ist einer der Haltungen.

[5] Diese Variation der Formulierung zwischen v.10 und v.13 ist also mit Bedacht gewählt, um einen inhaltlichen Unterschied auszudrücken; somit ist v.13 keine Wiederholung von v.11, wie Toy (Proverbs, p.92) und McKane (Proverbs, p.307) meinen. Zu weit geht jedoch Habel, Symbolism, p.138, wenn er schreibt: „In this passage *musar* seems to be personified as a guide or leader". Nicht jede Größe, auf die als eigenständige Entität referiert wird, ist eine Personifikation. Ebensowenig durchbricht v.13 den Zusammenhang von vv.11-15, wo die Bildebene des Weges vorherrscht, wie Whybray (Wisdom, p.46) meint, und den Vers als Glosse ausscheidet.

[6] Nach Habel, Symbolism, p.139, führt 4,20-27 die Mahnung aus, die Lehre des Lehrers zu ergreifen, wofür er auf 4,4 verweist: „In Proverbs 4:20-27 that personal injunction is amplified in terms of the inner relationship of the total self to the life-giving words of the teacher." Er spricht auch von „internalization of instruction" (pp.139f.).

[7] Cf. Alonso Schökel, Proverbios, p.199; Overland, Structure, pp.95f.

den Schüler angesprochen (vv.20-21) und motiviert (v.22). Schon die Formulierung des lehreröffnenden Aufmerksamkeitsrufes ist der Aussageabsicht
des Gedichtes dienstbar gemacht: Es werden die Ohren als jener Teil des
Schülers bestimmt, der die Worte des Lehrers aufnimmt. Hat der Schüler die
Worte vernommen, so muß er seine Aufmerksamkeit auf sie richten (v.21a)[1]
und sie verinnerlichen (v.21b).[2] Diese Mahnung wird motiviert durch die
Verheißung, daß sie „Leben" und Heilung für den bedeuten, der sie
„gefunden", d.h. begriffen/aufgenommen/angenommen hat.[3] Mit dem
Verweis auf das „Leben" wird in der Begründung zurückverwiesen auf das
erste Teilgedicht (4,10-19, v.a. vv.10.13). Die Heilung[4] bezieht sich auf das
„Fleisch" (בשׂר), die sichtbare Seite des menschlichen Köpers[5] mit dem
Aspekt des Schwachen und Hinfälligen.[6] Damit wird deutlich, daß das
„Leben" nicht als ein inneres, spirituelles verstanden wird, sondern als eines,
das sich im Körperlichen abspielt, im Bereich der materiellen Glücksgüter.
Hat der Schüler die Worte des Lehrers verinnerlicht, kann er aufgefordert
werden, das so neubestimmte „Herz" zu bewahren (v.23).[7] Hier macht das

---

[1]   Die Augen als Organ der Aufnahme cf. Prov 17,24; 23,26; besonders bei Schriftlichem,
      cf. Sfire (KAI 22, lin.13), neben Ohren Prov 20,12.
[2]   Augen parallel zu Herz, cf. Watson, Word Pair.
[3]   Damit erfüllen die Worte des Lehrers das, was Ideal weisheitlicher Rede sein soll, cf.
      Bühlmann, Reden, pp.270-315. Insgesamt ist das Motiv der Heilung in Prov bis auf 6,15
      stets mit der Rede verbunden (12,18; 13,17; 15,4; 16,24); Prov 29,1 gleicht 4,22
      insoweit, als תוכחת die auch mündliche Unterweisung des Lehrers bedeutet (cf. Delkurt,
      Einsichten, p.32). In Hi 13,4 wird den Freunden vorgeworfen, sie seien „Kurpfuscher"
      (Fohrer, Hiob, p.247); damit entspricht ihre Rede nicht dem weisheitlichen Ideal.
[4]   Cf. Boström, Proverbiastudien, pp.21f.; er verweist auf Amenemope 4,1f. (ed. Lange),
      wo es heißt: „Du wirst meine Worte als ein Vorratshaus für das Leben finden, wḏꜣ ḥ'.t=k
      ḥr tp tꜣ und dein Leib wird heil sein auf Erden." (Übers. Brunner, Weisheit, p.239) -
      Das Motiv der „Heilung" auch in Prov 16,24 mit עצם, cf. 3,8 (Nowack). - Vor diesem
      Hintergrund geht es sicherlich zu weit, wenn Steiert schreibt: „Der Beter weiß aufgrund
      seiner personalen Gotteserfahrung, daß allein Jahwe den Menschen zu heilen vermag
      (רפא), cf. Ex 15,26; Hos 6,1; 11,3; Ez 34,16 … In Ägypten heißt es im Blick auf den
      Frommen … ,Amun, du Hirte, der die Schmerzen heilt dessen, der elend ist.',, (Steiert,
      Weisheit, p.222; Zitat von Assmann, Weisheit, p.60). Zuerst sollte der weisheitliche
      Kontext als Verstehenshorizont herangezogen werden; andere Textsorten, wie das
      Gebet, sollten erst da eine Rolle spielen, wo die sapientielle Erklärung nicht weiterhilft.
      Für Prov 4,10-27 zeigt die hier vorgetragene Auslegung, wie sehr der Text in der
      weisheitlichen Gedankenwelt beheimatet ist.
[5]   Cf. Wolff, Anthropologie, p.52; Gerlemann, בשׂר, col.377 „fleischliche Substanz". - In
      Ez 44,7.9 und Ps 84,3 steht בשׂר neben לב, cf. Gerlemann, בשׂר, col.378.
[6]   Cf. Wolff, Anthropologie, pp.55f.
[7]   „With 4:23 life is no longer principally an important influence but an inner potential of
      the heart itself." (Habel, Symbolism, p.140) - Das Formulierungsmuster des Satzes
      findet sich auch bei Achiqar (edd. Porten/Yardeni) 82, cf. Meinhold, Sprüche, p.98.

Ende der Koreferenzkette[1] „Worte des Lehrers"[2] deutlich, daß die Worte verinnerlicht sind. Die zweite Motivation (die wieder auf das Motiv des „Lebens" zurückgreift) macht den eigenständigen Charakter dieses Verses gegenüber den ersten drei deutlich. Dem Herzen kommt in diesem Gedicht eine zentrale Funktion zu, „da von ihm die Quellen des Lebens ausgehen" (v.23b). Es ist der entscheidende Faktor für das Handeln des Menschen.[3] Wie sich das darstellt, macht die zweite Strophe deutlich. Die enge Verbindung von Herz und Zunge[4] ist für den Übergang zur zweiten Strophe vorausgesetzt, wenn dort die erste der Handlungsanweisungen vor den Verfehlungen des Mundes und der Zunge warnt.

Die zweite Strophe des Gedichtes benennt nun detailliert einige derjenigen Körperfunktionen,[5] mit denen der Mensch sich vergehen kann. So kommt der ‚ganze Mensch' in den Blick.[6] Dabei sind zwei Teile deutlich abgegrenzt. In den ersten beiden Versen warnt v.24 vor Verfehlung, während v.25 positiv formuliert ist. Die zweite Hälfte der Strophe dreht dies um: v.26 ist positiv formuliert, während v.27 negativ eine Warnung ausspricht. Dieser formalen Zweiteilung entspricht eine inhaltliche: In der ersten Hälfte der zweiten Strophe wird exemplarisch das Reden (פה „Mund" ‖ שפתים „Lippen")[7] und das Schauen (עינים „Augen" ‖ עפעפים „Wimpern")[8] als Hand-

---

[1] Koreferenz ist die Eigenschaft verschiedener Nomen, Pronomen, konjugierter Verben, sich auf dasselbe außersprachliche Objekt zu beziehen. Diese auch Referenzidentität genannte Eigenschaft von Wörtern stellt ein wichtiges Merkmal des Textzusammenhanges dar, cf. Bußmann, Lexikon, p.426; Brinker, Textanalyse, pp.27-35.

[2] Die Beobachtung, daß die Kette hier endet, mag Lang (Lehrrede, p.34 n.24) veranlaßt haben, mit v.23 den Hauptteil des Gedichtes beginnen zu lassen. Doch wie die Strukturbeobachtungen gezeigt haben, faßt dieser Vers das Ergebnis der ersten drei Verse zusammen und bringt noch einmal eine Motivation, die v.22 analog ist. Richtig hat Lang gesehen, daß zwischen dem Internalisierten, das hier in v.23 „bewahrt" werden soll, und den Detaillierungen in vv.24-27 eine sachliche Kontinuität besteht. Der Einschnitt ist dadurch begründet, daß mit v.24 die Detaillierung beginnt.

[3] Cf. Plöger, Sprüche, p.49. Die zentrale Funktion des Herzens als Zentrum des Denkens, Planens, Fühlens ist ein allgemeines Wissen in Israel (cf. Wolff, Anthroplogie, pp.68-90; Stolz, לב, coll.861-867, v.a. coll.862-864; Shupak, Wisdom, pp.297-311 [auch Ägypten]; Hausmann, Studien, § 13).

[4] Im Ägyptischen, cf. Shupak, Wisdom, pp.284f. Für den Mund, cf. Shupak, Wisdom, p.289. Für Israel cf. Prov 15,28; Hausmann, Studien, p.186.

[5] Ähnlich auch 6,12-15.16-19, cf. Newsome, Woman, p.152.

[6] Cf. Newsome, Woman, p.152: „variuos parts of the body can represent the whole body by synecdoche"; Meinhold, Sprüche, p.97.

[7] Cf. Bühler, Reden, allg. pp.15-25; zu עקש cf. pp.20f.; Herrmann, Steuerruder; Shupak, Wisdom, pp.288-290.

[8] V.a. Prov 30,13; daneben 6,13.17; 10,10; 16,30; 21,4; 22,9; 23,5.6.; 27,20; 28,22; 30,17; cf. Hi 22,29; 31,1; Qoh 2,10; 4,8; mit Hinweis auf Ps 37,37: Frankenberg, Sprüche, p.40; Newsome, Woman, p.152. Falsch dagegen die spiritualisierenden Deutungen: Mit innerlicher Konzentration auf das Erlaubte schweift der Blick (als Begehren) nicht auf

lungsbereich angeführt, in dem sich der Mensch verfehlen kann. Der zweite
Teil der Strophe nimmt inhaltlich die Wegmetaphorik wieder auf und weitet
sie generalisierend aus (besonders in der Schlußmahnung v.27b). Mit der
zweimaligen Verwendung des Lexems רגל „Fuß" wird die Körpermetapho-
rik mit der des Weges verbunden. Der Schüler soll entsprechend der Wegweisung des Lehrers (v.11) nicht rechts noch links abweichen (v.27a)[1] und
seinen Fuß vom Bösen fernhalten (v.27b; ער→v.14b).[2] Voraussetzung ist,
daß der Schüler nun selbständig über seinen Weg wacht[3] (v.26a mit chia-
stischem Rückbezug auf v.11!). So kann er auf festem Weg schreiten (v.26b
als Zusammenfassung von v.12). In dieser Rückbindung wird nun auf die
Zielvorgabe des weisen (4,11) und gerechten (v.18) Lebenswandels zurückgegriffen. Die exemplarische Detaillierung der vv.24-25 wird dieser Zielvorgabe zugeordnet.

Im zweiten Teil des Doppelgedichtes wird beschrieben, wie die Worte des
Lehrers beim Schüler einen Habitus des Verhaltens ausbilden, der im „Herzen" lokalisiert ist, und der sich in konkreten Verhaltensweisen (des Redens
und Schauens als zweier Modi der Kommunikation) ausdrückt. Diese Verhaltensweisen entsprechen der Zielvorgabe, wie sie im ersten Teil des Doppelgedichtes beschrieben ist: ein weises und gerechtes Leben zu führen. Die
Worte des Lehrers gehen über die Ohren und die Augen ins Herz, wo sie
einen *habitus* ausbilden. Das Herz nun wieder steuert die Verhaltensweisen
der Rede, des Blickens und des ganzen Verhaltens (Wegmetapher; Füße).
Diese Handlungen sind durch den Tun-Ergehen-Zusammenhang in Relation
gestellt zu dem erstrebten Ziel, das in Prov 4,10-27 generell als „Leben"
bezeichnet wird.

---

anderes ab (so Delitzsch, Spruchbuch, p.90; Wildeboer, Sprüche, p.25) - als „äusseres
Zeichen innerer Falschheit" Nowack, Sprüche, p.31; cf. Strack, Sprüche, p.323; Green-
stone, Proverbs, p.44; Gemser, Sprüche, p.35. Meinhold, Sprüche, p.99, schreibt dem
Schauen das Halten der Richtung zu.

[1]   Cf. z.B. Jes 30,21, wo das Motiv des Abweichens auch mit der Wegmetaphorik verbunden ist. Die Wendung „nach rechts oder links abweichen" ist mit סור hauptsächlich im
Bereich des Deuteronomismus belegt (Dtn 5,32; 17,11; Jos 23,6; 2 Kge 22,2), cf.
Robert, Attaches, RB 43,1934, p.62; Gemser, Sprüche, p.35; dazu McKane, Proverbs,
p.311.

[2]   Zu der Wendung סור מרע s.u. pp.162f.

[3]   Cf. Ps 39,2. Dieses Motiv der Bewußtheit über den eigenen Weg steht in Opposition
zum Nicht-Wissen der Frevler darüber, daß sie straucheln (4,19). Zu diesem Motiv cf.
Prov 7,23; 9,18; 14,8.12; Hi 9,5 (cf. Nowack zu Prov 5,6); 15,23; Qoh 2,14; 4,13; Jes
47,7; Thr 1,9; Dtn 32,29; Ps 35,8; Sir 7,36; Da 12,10. In Ägypten Anchscheschonqi
23,12 (Lichtheim, LEW, p.88; Brunner, Weisheit, p.287). Umgekehrt kennt der Weise
seinen Weg Prov 14,8; 14,12=16,25 (cf. Plöger, Sprüche, p.171), so ja auch in 4,26.

3. Die Lebensweisung Prov 6,1-19: ein Einsprengsel?

In Prov 6,1-19 sind vier Einheiten zusammengestellt. Die erste (vv.1-5) beginnt mit einer Anrede; dennoch handelt es sich nicht um eine Lehrrede. Der erste Block ist aus Mahnungen an den Sohn/Schüler aufgebaut, die mit einer Bedingung anheben und sich mit dem Verhalten in Bürgschaftsange- legenheiten befassen; der zweite Teil (vv.6-11) ist ebenfalls im Anredestil gestaltet, doch wird nicht der Sohn/Schüler angeredet, sondern der Faule. Die beiden letzten Teile (vv.12-15.16-19) sind in der dritten Person gehalten. Der vorletzte (vv.12-15) beschreibt den Nichtigen in seinem Handeln. Der letzte (vv.16-19) ist ein gestaffelter und ausgeführter Zahlenspruch, der sieben Greuel für Jhwh nennt. Diese vier Einheiten heben sich inhaltlich und formal von den übrigen Stücken in Prov 1-9 ab und werden daher von nicht wenigen als nachträgliche Einfügung angesehen.[1] Doch halten manche diese vier Stücke für einen integralen Bestandteil der Sammlung.[2] Die folgende Auslegung wird zu prüfen haben, wie Prov 6,1-19 in seinem Kontext ver- ankert ist. Dazu wird sie – neben den inhaltlichen Erläuterungen – nach der Gattung und der inneren Struktur dieser Textstücke fragen.

1   Mein Sohn, wenn du für deinen Nachbarn gebürgt hast,[3]
    einen Handschlag gegeben hast für einen Fremden/Andern,[4]
2   verstrickt bist durch die Worte deines Mundes,
    gefangen bist durch die Worte deines Mundes,
3   (So) tue doch folgendes, mein Sohn, um dich zu retten:
    denn du bist in die Hand/Gewalt deines Nachbarn[5] gelangt:

---

[1] Cf. Hitzig, Sprüche, p.47; Bickell, Bearbeitung, pp.280f.; Wildeboer, Sprüche, p.17; Toy, Proverbs, p.119; Boström, Proverbiastudien, p.145; Gemser, Sprüche, pp.37f.; Scott, Proverbs, p.57; Barucq, Proverbes, p.17; Murphy, Wisdom Literature, p.50; Plöger, Sprüche, pp.62.110; Meinhold, Vierfaches, p.60; id., Sprüche, p.108; Whybray, Wisdom, p.48; id., Composition, pp.48f, Schäfer, Poesie, p.151.

[2] Cf. Delitzsch, Spruchbuch, p.104; Nowack, Sprüche, pp.38f.; Strack, Sprüche, p.326; Kuenen, Einleitung, Bd.3,1, p.62; McKane, Proverbs, p.320; Harris, Proverbs 1-9, pp.187f.

[3] Statt des üblichen Akk. steht hier die Person, für die man bürgt, mit ל: Ist es ein *dativus commodi* (so Delitzsch, Spruchbuch, p.104) oder Einfluß des Aramäischen, wo der Akk. mit ל bezeichnet werden kann (so HAL, s.v. ל Nr. 21)?

[4] Seine Identität mit dem רע „Nachbarn", cf. Viberg, Symbols, pp.40f.; Schäfer, Poesie, pp.153-155.

[5] Die LXX lesen das רע nicht als „Nächster/Nachbar/Freund" sondern als „schlecht".

Geh! Wirf dich nieder und bestürme deinen Nachbarn!
4   Gewähre deinen Augen keinen Schlaf
    und keine Ruhe deinen Wimpern,[1]
5   (sondern) eile wie eine Gazelle aus (seiner?)[2] Hand/Gewalt,
    und wie ein Vogel aus der Hand des Fallenstellers!

6   Geh zur Ameise, (du) Fauler!
    Sieh dir an, wie sie lebt,[3] und werde weise.
7   (Die) von der gilt:[4] Bei ihr gibt es keinen Vorsteher,[5]
    keinen Beamten und keinen Herrscher,
8   die bereitet im Sommer ihr Brot
    und lagert in der Erntezeit ihre Nahrungsmittel ein.

    8a   Oder geh zur Biene,
         und lerne, wie fleißig sie ist
         und wie ernst sie ihr Werk tut,
    8b   deren Mühen Könige und Privatleute zur Gesundheit nutzen.
         Beliebt ist sie bei allen und wohlbekannt.
    8c   Und obwohl sie körperlich schwach ist,
         ragt sie heraus, weil sie die Weisheit ehrt.[6]
9   Bis wann, (du) Fauler, willst du liegen bleiben?
    Wann wirst du aufstehen von deinem Schlaf?
10 „(Noch) ein wenig Schlaf, (noch) ein wenig Ruhe,
    (noch) ein wenig Händefalten beim Liegen ...,"
11 dann kommt wie ein Strolch[7] deine Armut
    und dein Mangel wie ein Mann des Schildes/Soldat.[8]
    11a Wenn du aber tüchtig bist, dann folge wie einer Quelle deiner Ernte,
         dann wird dich der Mangel wie ein schlechter Läufer verlassen.[9]

---

[1]   Cf. zu 4,25.
[2]   Die Versionen ergänzen hinter מִיַּד eine Ortsbestimmung, cf. das parallele zweite Kolon.
[3]   Wörtlich „ihre Wege", דֶּרֶךְ hier „Lebensweise", cf. Nötscher, Gotteswege, pp.47-52.
[4]   Der mit אֲשֶׁר substantivierte Satz ist Subjekt von תָּכִין (v.8): zusammengesetzter Nominalsatz; cf. Lehmann, Überlegungen.
[5]   Cf. HAL s.v. קָצִין.
[6]   Die vv.8a-8c sind eine hellenistische Zutat, die sich nur bei den LXX findet, cf. Lagarde, Anmerkungen, p.22; Gerlemann, Studies, pp.30f.; Giese, Strength, pp.404f.411.
[7]   LXX κακός ὁδοιπόρος („übler Wanderer"), cf. Delitzsch, Spruchbuch, p.109.
[8]   Cf. Vulgata „vir armatus"; Plöger, Sprüche, p.61; Meinhold, Sprüche, pp.112f. LXX ἀγαθός δρομεύς („guter Läufer"). Albright, Sources, pp.11f.: môgēn oder maggān „Bettler", nach ugar. mgn, ihm folgt Gemser, Sprüche, p.38; cf. Gibson, Myths, p.150; Cohen, Hapax Legomena, pp.138f.; Loretz, ʾIŠ MGN.
[9]   Cf. LXX v.11. Der v.11a ist ein Zuwachs, der mit drei Motiven die Lehre aus vv.6-11 positiv formuliert. Da kein Bezug auf den anderen Zuwachs (vv.8a-c) vorliegt, dürfte diese Schlußbemerkung früher als vv.8a-c hinzugekommen sein. Auch hier handelt es sich um ein innergriechisches Wachstum, da das „schlecht" in v.11a das nur griechisch bezeugte „gut" in v.11 voraussetzt. (Gegen Lagarde, Anmerkungen, p.23).

12 Ein Nichtsnutz,[1] ein Mann des Unheils,[2]

(ist) wer in der Verkehrtheit des Mundes wandelt,

13 (ist) wer mit seinen Augen blinzelt,

(ist) wer mit seinen Füßen scharrt,

(ist) wer mit seinen Fingern Zeichen gibt,

14 in seinem Herzen/Verstand sät[3] er böse Tücken[4],

zu jeder Zeit wird er Streit[5] loslassen.

15 Darum überkommt ihn plötzlich die Not,

augenblicks wird er zerbrochen, während es keine Heilung gibt.

16 Sechs (sind) sie, (die) Jhwh haßt;

17 sieben, (die) ein Greuel für ihn selbst (lit.: seine Kehle) (sind):[6]

ein Paar stolzer Augen, eine verlogene Zunge,

18 zwei Hände, die unschuldiges Blut vergießen,

ein Herz, das frevelhafte Machenschaften plant,

19 zwei Beine, die eilends zum Bösen laufen,

einer, der Lüge verlautbart[7] als falscher Zeuge,

und einer, der Streit unter Brüdern entfacht.

---

1 Nach der verbreitetsten Etymologie aus בלי „nicht" und יעל „nützen", cf. Maag, Belija‘al, p.221; Otzen, בליעל, col.655. Ähnlich übersetzt Meinhold, Sprüche, p.107: „nichtiger Mensch".

2 איש אוֹן ist als Apposition zu אדם בליעל verstanden, das dann Prädikat (Chabar, zu diesem Begriff cf. Michel, Probleme, p.217) ist (cf. LXX; Delitzsch, Spruchbuch, p.110; Nowack, Sprüche, p.42). Das Subjekt (Mubtada) des Satzes findet sich dann erst in v.12b. Anders Frankenberg, Sprüche, p.46; Ehrlich, Randglossen 6, p.31, die איש אוֹן für Subjekt, אדם בליעל für Prädikat halten, und im weiteren folglich Relativsätze; ähnlich Meinhold, Sprüche, p.107.

3 Wörtlich: „pflügt"; dem entspricht die dt. Metapher „Säen", cf. HAL s.v. חרש I q 3.

4 Das erste Wort תהפכות ist nicht Subj. des Satzes, sondern Objekt; das zweite Objekt רע ist nicht zu streichen (gegen Fichtner [BHS]); es mag eine Art doppelter Akkusativ sein.

5 Zum Problem von Ketib und Qere cf. Delitzsch, Spruchbuch, p.112.

6 Die LXX begründen v.15 durch den Hinweis auf Gottes Vergeltungshandeln: „Weil er alles mag, was der Herr haßt, wird er zerschlagen (pass. divinum) durch die Unreinheit der (seiner eigenen!) Seele." Daher ist eine absichtliche Änderung wahrscheinlich (gegen Lagarde, Anmerkungen, p.24; Toy, Proverbs, p.132).

7 Die Deutung des יפיח ist umstritten (cf. HAL, s.v. פוח II). Punktiert ist es als 3.sg.mask. hi. von פוח (cf. Delitzsch, Spruchbuch, p.114; KBL[2] s.v. פוח II; Berger, Strophen, p.17); erwogen wird auch ein Substantiv (cf. Bauer/Leander, Grammatik, p.488, § 61 sɛ; Köhler, Jod; Bühlmann, Reden, p.96), besonders in Anlehnung an ugaritisch jph „Zeuge" (Dahood, Texts, pp.47f. n.21; Pardee, YPH; Miller, YĀPÎAḤ, p.496). Doch ließe der Kontext am ehesten ein Partizip erwarten (cf. Targum), das aber von sehr eigentümlicher Bildung wäre (cf. Barth, Nominalbildung, § 189; Obermann, Survival, pp.204f.; dagegen Köhler, Jod, p.405). Es ist aber möglich, daß der Text durch die Ähnlichkeit mit Prov 14,5 so verdorben wurde, daß er diesem nun nahezu wörtlich gleicht. Trotz des ugaritischen jph „Zeuge" sehe ich keine Notwendigkeit, zwei Wurzeln פוח anzunehmen (eine Wurzel bei GB; Berger, Strophen, p.17; gegen HAL). „Wehen lassen" in übertragener Bedeutung reicht zur semantischen Erhellung der Stelle hin (cf. Bühlmann, Reden, pp.95f.; er nimmt zwar ein Nomen an, lehnt aber die Bedeutung „Zeuge" ab).

3.1 Die vier Einheiten

Der erste Abschnitt (6,1-5) formuliert eine Mahnung an den angeredeten Sohn, die für einen bestimmten Fall gelten soll.[1] Die Form ist ein konditionales Satzgefüge.[2] Dessen Elemente sind: Anrede, אם-Satz und Aufforderung, sowie Begründung. Sie sind in Prov 1,10-19 alle vorhanden. In 6,1-5 fehlt die Begründung, in 25,21f. und 30,32 die Anrede. Daneben kann man eine etwas andere Ausprägung des konditionalen Schemas in der Folge Anrede, אם-Satz und Aussage finden. Hier wird eine Haltung und deren Konsequenz beschrieben (Prov 23,15f.; 27,22; 2,1.3f.5.9; 9,12).[3] Die letzte Stelle 9,12 macht deutlich, daß es neben diesen beiden noch andere sprachliche Realisierungen eines konditionalen Schemas gibt (z.B. 24,17).[4]

Diese Betrachtung klärt ebenfalls, was in Prov 6,1-5 Vorder- und was Nachsatz des Bedingungssatzgefüges ist: Den Vordersatz sehen wir deutlich in v.1, der Nachsatz beginnt in v.3 mit der Aufforderung.[5] Vers 2 expliziert inhaltlich die Situation, in die sich der Bürge begeben hat. Diese Sachverhaltsstruktur könnte sehr gut auch als Konditionalsatz formuliert sein – etwa: „Wenn du gebürgt hast, dann bist du in die Gewalt des Schuldners geraten." Doch liegt die Zielrichtung unseres Textes nicht in diesem Vorwurf beschlossen, sondern in der Aufforderung, in dieser Lage so und nicht anders zu handeln, um wieder herauszukommen. Insoweit geben die vv.1-2 die Bedingung an, unter der die Aufforderungen in vv.3-5 gelten. Die Warnung vor der Bürgschaft[6] ist ein weisheitlicher Topos.[7]

---

1 Cf. Ringgren, Sprüche, p.5, nennt sie „Denksprüche" und weist auf mesopotamische Texte hin (cf. van Dijk, Sagesse, pp.12f.); Scott, Proverbs, p.320; Bryce, Omen-Wisdom. Das Muster ist auch in ägyptischer Weisheit belegt, cf. Kayatz, Studien, pp.26-29; McKane, Proverbs, pp.76-79.111-117; Krispenz, Spruchkompositionen, pp.135-138.

2 Cf. Schmidt, Stilistik, p.52; Kayatz, Studien, p.26: „kasuistisch eingeleitete Einheiten"; Nel, Structure, p.38: „casuistic style"; doch erinnert diese Terminologie an kasuistische Rechtssätze (cf. Krispenz, Spruchkompositionen, p.136); ob Beziehungen zu dieser Form bestehen, sollte terminologisch nicht präjudiziert werden. Zum Material auch Nel, Structure, pp.54f.

3 Gegen Nel, Structure, pp.54f., der beide Formen zusammen nimmt.

4 Cf. Nel, Structure, p.54. Auch mit Partizip, cf. Schmidt, Stilistik, pp.42.50.

5 Cf. Nowack, Sprüche, p.40; Wildeboer, Sprüche, p.17; Toy, Proverbs, p.120; Greenstone, Proverbs, p.56; Meinhold, Sprüche, p.110; gegen Delitzsch, Spruchbuch, p.105.

6 Eine ähnliche Mahnung, bei Geliehenem sich mit der Rückzahlung zu beeilen: Achiqar 130 (edd. Porten/ Yardeni).

7 Cf. ערב „bürgen" Prov 11,15; 17,18; 20,16; 22,26; 27,13, cf. Hausmann, Studien, pp.339f.; תקע „Handschlag leisten" Prov 11,15; 17,18; 22,26; zum Handschlag als juristische Zeichenhandlung bei Vertragsschluß, cf. Viberg, Symbols, pp.33-44, hier pp.40-42; für einen Fremden (זר) Prov 11,15; 20,16; 27,13; auch Ben Sira: 29,14-18. Cf. Toy, Proverbs, pp.121f.; Plöger, Sprüche, p.63; Meinhold, Sprüche, p.109; Whybray, Composition, p.50. Wie stark die Formulierungen untereinander gleichen, macht Alonso

Formal beginnt der kleine Text über den Faulen (6,6-11) mit einer Aufforderung לך „geh!" – aber es ist keine Aufforderung im eigentlichen Sinne,[1] sondern der Weg, der zurückgelegt werden soll, ist ein gedanklicher. Der angeredete Faule soll zur Ameise gehen. Was er dort sehen könnte (vv.7-8), ist ein Gegenbild zum Verhalten des Faulen. Die weisheitliche Argumentation greift manchmal auf Topoi aus dem Tierreich zurück.[2] In v.9 wird mit der Frage עד מתי „wie lange noch" der zweite Teil des Textes eröffnet.[3] Das Fragewort leitet meist keine Informationsfrage ein,[4] sondern impliziert eine Aufforderung, das genannte Verhalten oder Tun aufzugeben. So auch hier. In v.10 könnte eine typische Äußerung des Faulen zitiert sein, eventuell mit leicht parodistischer Note;[5] in v.11 kommt dann das „dicke Ende". Diese beiden letzten Verse finden sich wörtlich in 24,33f.; vielleicht arbeitet der Autor hier mit einem geprägten Textstück, das in 24,32 als מוסר „Lehre" bezeichnet ist, die der Sprecher aus seiner Beobachtung des Faulen zieht (24,30-31). Auch in 24,30-34 haben wir also eine längere Passage über den Faulen, dort nicht als Anrede gestaltet und somit quasi dramatisiert wie in 6,6-11, sondern als Ich-Bericht ausgemalt.

Die Schilderung des Faulen als abschreckendes Beispiel ist ein verbreitetes Thema in den Proverbien.[6] Die Topoi, die in Prov 6 zum Faulen verwendet sind, finden sich auch in den übrigen Texten zum Faulen: Der landwirtschaftliche Fleiß[7] geht dem Faulen ab – trotz weisheitlicher Ermah-

---

Schökel, Proverbios, p.211, in einer Tabelle deutlich. Der Topos stammt nicht aus Ägypten, dort war ein solches Rechtsinstitut unbekannt (cf. Römheld, Wege, pp.38f.).

[1] Cf. Frankenberg, Sprüche, p.46.

[2] Cf. Forti, Images.

[3] Cf. Delitzsch, Spruchbuch, p.109; Nowack, Sprüche, p.41; Toy, Proverbs, p.122; Murphy, Wisdom Literature, p.59.

[4] Cf. die Auslegung zu 1,22, s.u. p.195.

[5] Cf. Delitzsch, Spruchbuch, p.109; Nowack, Sprüche, p.41; Greenstone, Proverbs, p.59; Meinhold, Sprüche, p.112.

[6] Prov 10,26; 13,4; 15,19; 19,24; 20,4; 22,13; 26,13-16; cf. Ringgren, Sprüche, p.32; Gemser, Sprüche, p.39; Barucq, Proverbes, pp.77f.; Scott, Proverbs, p.59; Plöger, Sprüche, pp.63f.; Meinhold, Sprüche, p.111; Westermann, Wurzeln, pp.28-31; Hausmann, Studien, § 4.

[7] Cf. Hermisson, Studien, pp.64-66; Westermann, Wurzeln, pp.27f. In der außerisraelitischen Weisheit cf. Achiqar (edd. Porten/Yardeni) 127: „Harvest any harvest and do any work. Then you will eat and be satisfied and give to your children"; Ptahhotep 161-164 (ed. Zaba; Übers. Brunner, Weisheit, p.115): „Wenn du pflügst und wenn Gott es dir reichlich gibt, dann rühme dich dessen nicht übermäßig und überhebe dich nicht über den, der nichts hat."; Amenemope 8,17f. (ed. Lange; Übers. Brunner, Weisheit, p.242; diese Stelle fußt auf Ptahhotep, cf. Grumach, Amenope, p.60): „Pflüge (deine) Felder, und du wirst finden, was du brauchst, du wirst Brot von deiner eigenen Tenne erhalten." Auf die beiden letzten Stellen weist Hermisson, Studien, p.66 n.1, hin. In der ägyptischen Weisheit sind die Akzente allerdings nicht auf die Mahnung zum eigenen Fleiß gesetzt. Bei Ptahhotep geht es darum, sich nicht seiner guten Ernte zu rühmen; hier steht

nungen.[1] Als typisches Kennzeichen des Faulen gilt sein Schlaf (26,14), der ihn an der Arbeit hindert und so in Not bringt (10,5; 19,15; 20,13; 23,21). Dieses Motiv drückt metonymisch die Passivität des Faulen aus. Ebenso wie das Händefalten[2] ein Bild dafür ist, daß seine Hände nichts tun wollen (21,25). Die Ameise, die dem Faulen hier als Beispiel hingestellt wird, ist ein gelegentliches Thema der weisheitlichen Betrachtung.[3] Ihr Fleiß bei der Ernte ist vorbildlich (30,25).[4]

Die Struktur des Textes (6,12-15) basiert auf dem Satzschema Nomen+ Partizip; dieses Muster erscheint mehrfach in Proverbien (Prov 11,18; 13,25; 14,16; 16,27; 17,18). Es ist eine Realisierung der nominalen Einleitung, des Nominalsatztyps, der aus zwei indeterminierten Gliedern besteht.[5] Hier ist die Bestimmung von Mubtada (M, das Bekannte≈Subjekt) und Chabar (Ch, das Neue≈Prädikat) nicht leicht.[6] Es gibt bei der Nominalen Einleitung keine formalen Kriterien, welches Glied bekannt ist (M) und welches das Neue aussagt (Ch). Auch gibt der Kontext keinen Aufschluß, da bei den nominalen Einleitungen Sentenzen vorliegen - nur aus dem Inhalt der Texte könnte ein Kriterium gewonnen werden.

Die Perikope ist so aufgebaut, daß dem einleitenden Nomen, das durch eine Apposition erläutert wird (אִישׁ אָוֶן „Mann des Unheils"),[7] eine Kette von vier Partizipien angeschlossen ist. Abgeschlossen wird die Einheit durch einen Satz, dessen Prädikat in einer Präformativkonjugation besteht (v.14b; cf. 13,25). Versucht man, die grammatische Struktur des Textes von diesem Ende her aufzurollen, so kann man in dem letzten Satz, der ein Verb enthält,

---

das Ideal des Schweigers im Hintergrund. Bei Amenemope geht es um unrechten Besitz; besser das, was man durch rechtmäßige Arbeit erwirbt, als das durch Unrecht Erworbene (Amenemope 8,19-20 [ed. Lange; Übers. Brunner, Weisheit, p.242]: „Besser ist ein Scheffel, den der Gott dir gibt, als fünftausend aus Unrecht."). Es ist also ein Aufruf, sich mit seinen Lebensverhältnissen zu bescheiden (cf. Grumach, Amenope, pp.62f.).

1 Prov 20,4; 24,30; cf. 10,5; 12,11; Qoh 11,6.

2 Prov 6,10=24,33, cf. Qoh 4,5 (cf. Nowack, Sprüche, p.41; Toy, Proverbs, p.124). Ein anderes Bild dafür ist die Hand, die der Faule nicht zur Schüssel bringt: Prov 19,24; 26,15.

3 Cf. Albright, Sources, p.7, verweist auf den Amarnabrief Nr. 252: „Moreover, when an ant is struck, does it not fight back and bite the hand of the man that struck it?" (Übers. Moran, Amarna Letters, p.305; cf. Hess, Ant, pp.100f.). In Mesopotamien wird die Ameise als Vorbild des Fleißes genannt, ihre Vorratshaltung aber nur in Prov 6 und 30,25 erwähnt, cf. Forti, Images, p.53.

4 Cf. Whybray, Composition, p.50.

5 Cf. Michel, Probleme, p.215.

6 Hermisson, Studien, p.145 schreibt nur: „... es bleibt ganz in der Schwebe, welches der beiden nebeneinandergestellten Phänomene Subjekt des Satzes und welches Prädikat ist. ... vielmehr könnte man sagen, daß sich beide Satzteile gegenseitig prädizieren." Cf. Contini, Tipologia, pp.33f. - Zur Terminologie vom Mubtada und Chabar, cf. Contini, Tipologia, p.11f.; Michel, Probleme, p.217.

7 Cf. die Anmerkung zur Übersetzung.

in Verbindung mit v.12a einen Zusammengesetzten Nominalsatz sehen. In diesem wäre aber אדם בליעל „Nichtsnutz" das Mubtada, dasjenige, worüber der folgende Satz (hier v.14b) eine Aussage macht. Versteht man die Partizipien ganz analog, so werden auch sie hier als Chabar anzusehen sein. Der Text bestimmt also das Wesen des Nichtigen durch eine Reihe von fünf Prädikationen; und weil der Nichtige so ist, wie beschrieben, (על כן „darum") wird ihn Unheil treffen.

Die Fügung אדם בליעל oder איש בליעל „Nichtsnutz" ist eine Bezeichnung für einen Menschen, der sich antisozial verhält.[1]

Dabei kann es sich um Vergehen wie Bereicherung im Amt (1 Sam 2,12), homosexuelle Vergewaltigung (Ri 19,22), Meineid (1 Kge 21,10; cf. Prov 19,28), Anstiftung zum Abfall von Gott (Dtn 13,14) oder Mord (2 Sam 16,7) handeln, die Veranlassung bieten, jemanden einen „Nichtsnutz" zu nennen. Auch Aufständische gegen den König können so bezeichnet werden (2 Sam 20,1; 23,6); sogar wer auf den König neidisch ist, kann als „Nichtsnutz" disqualifiziert werden (1 Sam 10,27). Mit dieser Bezeichnung werden Menschen belegt, die im Grunde nichts Schlimmeres getan haben, als daß sie die Beute des Kriegszuges nur denen zukommen lassen wollen, die wirklich gekämpft haben (1 Sam 30,22). Als „Nichtsnutz" wird auch jemand bezeichnet, der sich den Schutzgeldforderungen einer umherziehenden Räuberbande verweigert (1 Sam 25,17). Diese Bezeichnung dient dann dazu, ein sozial unerwünschtes Verhalten zu disqualifizieren, das sonst nicht justiziabel wäre, so das Verweigern z.B. eines Darlehens an einen Bedürftigen kurz vor dem Erlaßjahr (Dtn 15,9). Wegen seiner Eigenschaft, ein Verhalten zu disqualifizieren, ist der Ausdruck איש בליעל als Schimpfwort geeignet (2 Sam 16,7; Hi 34,18).

In der Weisheit wird der „Nichtige" gesehen als einer, der „nach Unheil gräbt" (16,27). In ganz ähnlicher Weise wird er in Prov 6 beschrieben. Zuerst wird אדם בליעל durch die Apposition איש און „Mann des Unheils" näher erläutert.[2] Der Begriff און „Unheil" bezeichnet verschiedene Arten von Aktivitäten, die u.a. in Gedanken, Planen und Worten bestehen können.[3] So auch hier; die erste verkehrte Verhaltensweise ist das „Einhergehen in der Verkehrtheit des Mundes", etwas, das der nach Weisheit strebende Schüler meiden soll (4,24). Auch das Blinzeln oder Zusammenkneifen der Augen (קרץ), als ein hinterlistiges Zeichengeben,[4] gehört zu den schlechten Verhaltensweisen, die Unfrieden stiften (cf. 10,10; 16,30). Die beiden folgenden Wendungen, „Scharren mit den Füßen" und „Zeichengeben mit den Fingern" sind so nicht mehr belegt. Sie bedeuten aber offenbar auch, daß jemand geheime Zeichen gibt.[5] In v.13 geht es also darum, daß der „Nich-

1　Cf. Otzen, בליעל, col.656.
2　Diese Wendung außer Prov 6,12a nur noch Jes 55,7 (sg.); Hi 34,36 (pl.).
3　Cf. Knierim, און, col.82.
4　Cf. Bühlmann, Reden, p.110.
5　Cf. Delitzsch, Spruchbuch, p.111; Nowack, Sprüche, p.42; Wildeboer, Sprüche, p.19; Frankenberg, Sprüche, p.47; Toy, Proverbs, p.126; Greenstone, Proverbs, p.60; Cohen, Proverbs, p.33; Gemser, Sprüche, p.39; Meinhold, Sprüche, p.113; gegen Bryce, Omen

tige" in hinterhältiger Weise, quasi konspirativ, kommuniziert. In v.14a werden dann als weiteres Charakteristikum des „Nichtigen" die „Tücken" (תהפכות) benannt, die im Herzen als Böses entstehen. Die Rede von den „Tücken" ist weisheitlich[1] und benennt ein Sprechen,[2] das Böse ist,[3] weil es Streit[4] stiftet. 16,28[5] Das „Pflügen von Bösem" (חרש רע) ist ebenfalls eine geprägte Wendung.[6] Vers 15 enthält die Folgen des Verhaltens des „Nichtigen". Sein Unheil kommt plötzlich.[7] Das zweite Kolon der Zeile entspricht wörtlich Prov 29,1b.

In den vv.12-14 gibt es besonders enge Beziehungen zu dem Text 16,27-30.[8] Wird in Prov 6 der zu charakterisierende Typ nur einmal genannt und dann durch eine Apposition erläutert, so wird in 16,27-29 entweder von drei Typen gehandelt – oder es geht im Grund um den gleichen, der zweimal renominalisiert[9] wird? Neben dieser formalen und thematischen Ähnlichkeit stimmen manche Formulierungen überein.[10] Formal stellt eine Reihung von Charakterisierungen eine Zwischenform zwischen der einzeiligen Charakterisierung[11] und der komplexen Zusammenstellung zu einem kurzen Gedicht dar, wie es Prov 6,12-15 vorliegt. Eine literarische Abhängigkeit zu den Texten in Prov 16,27-30, bzw. 29,1 scheint mir dennoch nicht zu bestehen; der Text in Prov 6,12-15 behandelt vielmehr ein geläufiges weisheitliches Thema unter Aufnahme gängiger Topoi.[12] Darin gleicht der Text den Perikopen 6,1-5.6-11, und, das soll im Vorgriff schon gesagt sein, der folgenden Perikope 6,16-19.

Wisdom, pp.31f., der in מלל רגליו ein Stampfen als Ausdruck aggressiven Gefühls sehen will.

1 Von den 10 Belegen finden sich 9 in Proverbien; sonst nur Dtn 32,20 (weisheitlich geprägt).
2 Prov 2,12; 8,13; 10,31.32; 23,33; cf. Meinhold, Sprüche, p.114.
3 Prov 2.12.14; 8,13; 16,30.
4 Das Lexem מדין (Q) ist nur in Proverbien belegt; cf. Meinhold, Sprüche, p.114.
5 Cf. 16,28.
6 Prov 3,29; 12,20; 14,22; cf. Delitzsch, Spruchbuch, p.78 (zu Prov 3,29).
7 Zu diesem Motiv cf. die Auslegung zu Prov 3,25, s.u. p.177.
8 Cf. Delitzsch, Spruchbuch, p.110; Gemser, Sprüche, p.39; Meinhold, Sprüche, p.113. Die vv.16,27-30 hängen thematisch und kompositorisch zusammen, cf. Plöger, Sprüche, pp.195f.; Meinhold, Sprüche, pp.277f.; Whybray, Composition, pp.109f.
9 Die Kohärenz eines Textes wird u.a. von der Identität des Referenzobjektes bestimmt, das der Text behandelt, und auf das immer wieder Bezug genommen wird. Dies kann zum einen durch Pronomen oder Deixis geschehen, aber auch durch Wörter, die in einer semantisch engen Relation miteinander stehen, z.B. bedeutungsähnlich sind, wie im vorliegenden Fall. Zu dieser Art der expliziten Wiederaufnahme cf. Brinker, Textanalyse, pp. 27-35.
10 Cf. 6,12↔16,27; 6,13↔16,30; תהפכות 6,14; 16,28.30; מדינים 6,14; 16,28 שלח מדון/מדינ (diese Wendung nur noch 6,19).
11 Zum Material cf. Westermann, Wurzeln, pp.51-54.
12 Cf. Whybray, Composition, p.50.

In der letzten Perikope der Reihe 6,16-19 werden wieder mehrere Erscheinungen unter einem gleichen Gesichtspunkt zusammengefaßt. Die Form ist diesmal die des gestaffelten, ausgeführten Zahlenspruchs,[1] der aus einer Themazeile mit einem gestaffelten Zahlenspruch[2] und einer Ausführung besteht. Der gestaffelte Zahlenspruch nennt im ersten Kolon n Phänomene und im zweiten n+1 Phänomene; die Ausführung benennt dann diese n+1 Erscheinungen, wobei es Belege für n gleich 1,2,3,6 oder 9 gibt.[3]

Der Gesichtspunkt, unter den die Themazeile die folgende Aufzählung stellt, ist der des „Greuels" (תועבה) für Jhwh, das, was er haßt.[4] Der traditionsgeschichtliche Ursprung der To'ebah-Formel ist nicht leicht zu ermitteln;[5] deutlich ist jedenfalls, daß sie in der Weisheit einen ihrer Verwendungsschwerpunkte hat.[6] Dort bezeichnet sie „das mit der moralischen Ordnung Unvereinbare."[7] Zweimal findet sich im Prov auch noch eine

---

[1] Cf. Delitzsch, Spruchbuch, p.12; Roth, Sayings, p.6: „graded numerical saying". Jedoch unterscheidet er nicht, ob der gestaffelte Zahlenspruch mit einer Liste ausgeführt ist oder nicht, wie dies Sauer, Sprüche Agurs, tut, der zwischen der Zahlenreihe (p.35.50) und dem Zahlenspruch unterscheidet (p.50); cf. Rüger, Die gestaffelten Zahlensprüche.

[2] Dieser erscheint auch selbständig, cf. die Liste bei Roth, Sequence, p.301, wo allerdings auch die ausgeführten Zahlensprüche unterschiedslos mit aufgeführt sind.

[3] Die Belege sind: KTU 1.4. III, 17-22; Achiqar 187f. (edd. Porten/Yardeni); Ps 62,12f.; Sir 23,16-18; 26,28; 50,25f.; (Am 1,3.6.9.11; 2,1.4.6 ?); Prov 30,15b.16.18f.21-23.29-31; Sir 26,5f.; Prov 6,16-19; Hi 5,19-22; Sir 25,7-11. Daneben gibt es Zahlensprüche mit einer nichtgestaffelten Themazeile: Jer 15,3f.; Prov 30,24-28; Sir 25,2; 37,17-18.

[4] Von Jhwh ist häufig ausgesagt, daß er etwas haßt; oft auch Handlungen und bestimmte Bräuche (cf. Jenni, שׂנא, col.836). Die Parallelität von שׂנא und תועבה nur noch Dtn 12,31 und Jer 44,4.

[5] So denkt L'Hour, Interdits, p.484, an die höfische Vorstellung von Gunst und Ungunst eines Herrschers (cf. 16,12f.) und sieht diese Vorstellung im „enseignement sapientiel de la morale civique et religieuse" aufgenommen; ähnlich Weinfeld, Deuteronomy and Deuteronomistic School, pp.265-69, der auch auf Amenemope hinweist. Richter, Recht, pp.159-161, meint, der Begriff stamme aus der priesterlichen Tradition, was die Bewertung auch kultisch-ritueller Sachverhalte zeige. Lehmann, Greuel, col.951, meint, die Weisheit habe den Begriff aus dem Dtn übernommen. Humbert, Substantif, hingegen geht mehr oder weniger von zwei getrennten Traditionsbereichen aus: dem national-kultischen, dem die Unterscheidung heilig vs. profan zugrundeliege, und einem moralischen; letzterer zeige sich bei J, Prov und den vorexilischen Propheten; ersterer bei Dtn, Dt.-Jes, Ez und H. So urteilt Gerstenberger: „Vielleicht hat die kultische Verwendung die rechtliche und ethische Verwendung nach sich gezogen; vielleicht ist das Wort aber auch in mehreren Lebensbereichen gleichzeitig zur Abwehr des Fremden gebraucht worden." (תעב, coll.1054f.).

[6] Cf. Humbert, Substantif, pp.234-236; Hausmann, Studien, pp.261-265.

[7] Lehmann, Greuel, p.950; cf. Hausmann, Studien, p.262. Gegen Schäfer, Poesie, p.167, der einen kultischen Aspekt darin sieht. Dies ist für ihn der inhaltliche Grund, 6,16-19 einer theologischen Reinterpretation zuzuweisen.

rudimentäre Reihenbildung im Zusammenhang mit der To'ebah-Formel: Prov 17,15 und 20,10.[1]

Die genannten Verhaltensweisen führen aus, was Gott haßt: Erhobene Augen, die ein Zeichen des Hochmuts sind,[2] sind in der Weisheit verpönt (cf. Prov 21,4); Gott wird sie erniedrigen (Ps 18,28).[3] Das Motiv ist also durchaus weisheitlich, doch findet es sich in anderen Traditionsbereichen im Zusammenhang mit einer aktiven Mißbilligung solchen Verhaltens durch Gott. Ähnlich der nächste Topos: Denen, die mit falscher Zunge reden – was auch die Weisheit anprangert[4] – gilt die prophetische Anklage (cf. Mi 6,12).[5] Das Vergießen des unschuldigen Blutes (שפך דם נקי) ist ein im Anschluß an Dtn 19,10 mehrfach erhobener Vorwurf; er findet sich in redaktionellen Schichten des Deuteronomistischen Geschichtswerkes ebenso wie in den deuteronomistischen Schichten des Jeremia-Buches.[6] Weisheitliche Belege lassen sich für diese Wendung nicht beibringen. Dies macht eine nach-deuteronomistische Entstehung des Textes Prov 6,16-19 wahrscheinlich. Die Verbindung von עד „Zeuge" und כזב[7] „Lüge" ist ebenso wie die Kombination von כזב und פוח hi.[8] „wehen lassen" nun wieder typisch für die weisheitliche Behandlung des Themas vom falschen Zeugen.[9] Auch der Streitsüchtige ist ein negativer Typus der Weisheit.[10] Die Traditionen von vv.16-19 sind also überwiegend weisheitlich,[11] finden sich daneben vor allem in den Prophetenbüchern.[12]

---

[1]   Cf. Gerstenberger, תעב, col.1053.

[2]   2 Sam 22,28; 2 Kge 19,22; Jes 10,12; 37,23; Ps 18,28; 131,1; Prov 21,4; 30,13; ähnlich Jes 2,11. - Cf. Toy, Proverbs, p.128; Barucq, Proverbes, p.81; Meinhold, Sprüche, p.115; Stähli, רום, col.756. Zum Hochmut in der Weisheit s.u. pp.181-189.

[3]   Cf. 2 Sam 22,28; 2 Kge 19,22; Jes 2,11; 10,12; 37,23; Ps 131,1; Prov 30,13.

[4]   Die Fügung לשון שקר findet sich noch: Jer 9,4; Ps 109,2; Prov 12,19; 21,6; 26,28; cf. Jes 59,3; Jer 9,2; Mi 6,12; Ps 120,2; Prov 17,4. Zu שקר in Prov cf. Meinhold, Sprüche, p.313; Bühlmann, Reden, pp.16f.; Hausmann, Studien, pp.203f.

[5]   Cf. Barucq, Proverbes, p.81. Jes 59,7 ist Zitat aus Prov 1,16 und 6,18, s.u. p.142 zu 1,16.

[6]   2 Kge 21,16 (cf. Würthwein, Könige, p.440f.); 24,4 (cf. Würthwein, Könige, p.469); Jer 7,6 (cf. Thiel, Redaktion 1, p.110); 22,3.17 (Thiel, Redaktion 1, pp.238f.241); Jes 59,7; Joel 4,19 (cf. Wolff, Joel, pp.101f.); Ps 106,38. Der Ausdruck דם נקי findet sich zwar schon vordtr., jedoch „gewinnt die Rede von ‚unschuldigem Blut'... neue Aktualität in dtr Kreisen" (Veijola, Dynastie, p.131).

[7]   Prov 14,5.25; 19,5.9; 21,28; cf. Nowack, Sprüche, p.43. Zum Thema, cf. Westermann, Wurzeln, p.42; Hausmann, Studien, pp.205-210.

[8]   Prov 14,5.25; 19,5.9; cf. Bühlmann, Reden, pp.95f.

[9]   Cf. Meinhold, Sprüche, p.115.

[10] Neben Prov 3,30 (cf. Gemser, Sprüche, p.31) auch 20,3; 22,24f.; 25,8-10; Sir 28,8-9; cf. Hausmann, Studien, pp.297-302. In der außerisraelitischen Weisheit z.B. Amenemope 11,12-13,9 (ed. Lange; Brunner, Weisheit, pp.244f.).

[11] Cf. Scott, Proverbs, p.60.

[12] Das stellt unter den Auslegern v.a. Barucq, Proverbes, p.81, heraus.

In Prov 6,16-19 werden nicht sieben verschiedene Menschentypen aufgezählt, sondern einzelne Verhaltensweisen. Diese werden je bestimmten
Körperteilen, d.h. Aspekten des menschlichen Handelns zugeordnet. Damit
ist ein „Katalog" an Verhaltensweisen benannt, die alle einen bestimmten
Typus Mensch charakterisieren, einen der in allen seinen Lebensäußerungen,
wie sie die Körperteile repräsentieren, verdorben ist.[1]

Die vier Abschnitte von 6,1-19 behandeln, wie wir gesehen haben, jeweils
ein gängiges weisheitliches Thema mit geläufigen Topoi. Wie ist der kompositorische und inhaltliche Zusammenhalt dieser vier Texte zu beurteilen? Sie
stehen nicht unverbunden nebeneinander,[2] sondern zwischen ihnen bestehen
Beziehungen, die durch Stichwörter hergestellt sind. Dies ist ein Verfahren,
das in den Sprichwortsammlungen die Texte zusammenhält.[3] Dazu folgendes Schema:[4]

	Bürgschaft	Der Faule	Der Nichtige	Sieben Greuel
שׁנה	v.4	vv.9.10		
תנומה	v.4	v.10		
הלך	v.3	vv. 6.11	v.12	
בוא	v.3	vv.6.11	v.15	(v.18b)
כף/יד	vv.1.3.5.	v.10	(v.13)	v.17
לשׁון/פה	v.2		v.12	v.17
עין	v.4		v.13	v.17
X-אישׁ		v.11	v.12	
און			v.12	v.18
רגל			v.13	v.18
לב חרשׁ עון/רע			v.14	v.18
שׁלח מדנים			v.14	v.19
רע			v.14	v.18

1 Cf. Plöger, Sprüche, p.65.
2 So z.B. Murphy, Wisdom Literature, p.59: „ ... but there is no connection among them."
   Alonso Schökel, Proverbios, p.210: „Además, las cuatro piezas no forman una unidad."
3 Cf. Scoralik, Einzelspruch, pp.111-130.
4 Es speist sich aus Beobachtungen von Hitzig, Sprüche, pp.46f.; Delitzsch, Spruchbuch,
   pp.107.115; Harris, Proverbs 1-9, pp.182-196; Overland, Structure, pp.89f.; Whybray,
   Composition, p.50, sowie eigenen, ohne den Urheber im einzelnen aufzuweisen. Die
   verbindenden Stichworte zwischen dem dritten und vierten Abschnitt erkennen auch
   Alonso Schökel, Proverbios, p.214.

Wie wir sehen, gibt es Stichworte, die zwei benachbarte Einheiten verknüpfen, sowie solche, die die ersten drei oder gar alle vier verbinden.
Besonders eng sind die Beziehungen zwischen den ersten beiden sowie
zwischen den letzten beiden Teilen.[1] Diese Nähe zeigt sich auch in weiterer
formalen und inhaltlichen Gesichtspunkten.

Die ersten beiden Texte sind als Anrede gestaltet: in v.1a ist es der Sohn,
in v.6a der Faule. Ein wichtiges verknüpfendes Motiv ist das vom Schlaf
(שנהותנומה „Schlummer", „Schlaf"; vv.4.9.10).[2] Es stellt die Antithese zwischen dem Faulen und dem Schüler her: Steht der Schlaf metonymisch für
die Faulheit des Toren, so wird mit der Wendung „seinen Augen keinen
Schlaf gönnen" unterstrichen, wie dringend die anstehende Besorgung ist. In
ähnlicher Weise spielt die ‚Hand' (יד; כף) eine Rolle: Die freundliche Geste
der Hilfeleistung, der Handschlag (כף; v.1), führt dazu, daß der Bürge in die
Gewalt (כף) des Schuldners gerät (vv.3.5). Dieser verderblichen Aktivität
der Hand in v.1 ist die träge Passivität der beiden Hände (ידים) des Faulen
(v.10) gegenübergestellt.[3] So dienen die verbindenden sprachlichen Glieder
der inhaltlichen Gegenüberstellung beider Gestalten.

Die formale Übereinstimmung von vv.12-15 mit vv.16-19 besteht darin,
daß die Rederichtung gegenüber den beiden ersten Einheiten wechselt; es
wird über einen Menschentypus, bzw. über negative Verhaltensweisen gesprochen. Die beiden Texte sind durch die Verwendung der gleichen fünf
Körperteile verbunden, die zur Beschreibung bestimmten Fehlverhaltens dienen.[4] Diese Erwähnung der Körperteile setzt das Motiv der Hand fort, das
für die ersten beiden Einheiten tragend war; das Lexem עין „Auge" findet
sich zudem in v.4 und den vv.13.17; ebenso verbindet das Motiv „Mund"
(Lexeme פה „Mund" bzw. לשׁון „Zunge") die erste Einheit mit den letzten
beiden (vv.2.12.17). Die Wegmetapher hält als weiteres Motiv in unter-

---

1   Die enge Beziehung der beiden letzten Texte hat schon Delitzsch, Spruchbuch, p.112f.;
    Nowack, Sprüche, p.42; Wildeboer, Sprüche, p.17, veranlaßt, sie den ersten beiden
    Teiltexten gegenüberzustellen. Whybray, Proverbs, p.99, sieht hingegen zwei Texte, die
    aufgrund ihrer Verwandtschaft („affinities") nebeneinandergestellt wurden. Aufgrund
    dieses dichten Netzes an verbindenden Stichworten, ist es nicht plausibel, daß Schäfer,
    Poesie, p.167, den Abschnitt 6,16-19 aufgrund der Erwähnung Jhwhs von 6,1-15 trennen
    will.
2   Cf. Delitzsch, Spruchbuch, p.107; Plöger, Sprüche, p.63; Harris, Proverbs 1-9, p.188. -
    Ob daneben noch in der motivlichen Verwendung von Tieren eine kompositorische
    Absicht steckt, wie Plöger und Harris meinen, ist immerhin möglich.
3   Cf. Harris, Proverbs 1-9, p.189; Overland, Structure, pp.89-91.
4   Cf. Alonso Schökel, Proverbios, p.214; Harris, Proverbs 1-9, p.195, der Alonso Schökel
    allerdings nicht rezipiert hat; Whybray, Composition, p.50.

schiedlichen Ausprägungen den ganzen Abschnitt 6,1-19 zusammen[1] und ist über das Lexem רגל „Fuß" mit dem Motivfeld der Körperteile verbunden.

Die Anordnung der vier Teiltexte läßt eine Steigerung erkennen: vom Leichtsinnigen, der bürgt, ohne sich über die schwerwiegenden Konsequenzen klar zu sein, über den Faulen, der nichts tut, um sich gegen die Fährnisse des Lebens zu wappnen, über den „Nichtigen", der Streit stiftet, zu dem, den Jhwh haßt, weil er durch und durch verdorben ist.[2]

Diesem thematischen Zusammenhang, der durch Leitworte und gemeinsame Bedeutungsebenen gestiftet wird, entspricht die strophische Ordnung nicht ganz. Haben die beiden letzten Textsegmente je vier Bikola, so das erste fünfeinhalb und das zweite sechs. Die unterschiedliche Länge der Textstücke mag nun entweder darauf zurückgehen, daß sie unabhängig voneinander entstanden und erst sekundär zusammengestellt worden sind; sie kann aber auch auf den Eingriff Späterer zurückgehen. Für letzteres gibt es einige Hinweise. Auffällig ist die Doppelung von הנצל „rette dich" in v.3 und v.5. Der v.3 nimmt konkret das vorweg, was bildlich in v.5 geboten wird. Nach v.3 klappt die Aufforderung, sich keine Ruhe zu gönnen (v.4), nach. Darüber hinaus ist in v.3 die metrische Ordnung unklar: drei Kola, von denen aber nur die beiden letzten parallel sind. Nimmt man v.3 heraus,[3] so erhält man einen glatteren Text aus vier Bikola. Auch v.7 und v.8 sind eventuell als glossatorische Erweiterungen anzusehen. Toy weist darauf hin, daß v.7 keinen Parallelismus bildet.[4] Der Vers verläßt dazu noch den Gedankengang:[5] Anders als im Kontext ist nicht mehr das rege Gewimmel die Antithese zur Trägheit des Toren. Gleiches gilt für den illustrativen v.8. Der Text hätte dann ursprünglich nur aus vv.6.9-11, also vier Bikola bestanden. Stimmt die Ausscheidung der genannten drei Verse als Glossen, so bestand 6,1-19 ursprünglich nur aus vv.1-2.4-5 | 6.9-11 | 12-15 | 16-19, also vier Strophen zu je vier Bikola.

---

[1] Das übersieht Overland, Structure, p.90, der nur vv.1-11 durch die Lexeme בוא und הלך zusammengehalten sieht, wobei ihm הלך in v.12b entgangen ist, sowie die Tatsache, daß רגל ebenfalls diesem Motivbereich zuzuordnen ist.

[2] Cf. Plöger, Sprüche, p.66; Meinhold, Sprüche, p.108.

[3] Cf. Loretz/Kottsieper, Colometry, p.114: „prosaic gloss"; Schäfer, Poesie, p.156.

[4] Cf. Toy, Proverbs, p.123.

[5] Cf. Plöger, Sprüche, p.64; auch Ehrlich, Randglossen 6, p.31; Loretz, ʾIŠ MGN, p.476; anders Schäfer, Poesie, p.160.

3.2 Der Zusammenhang von Prov 6,1-19 mit Prov 1-9

Wie oben in der Einleitung zu diesem Kapitel schon gesagt, halten nicht
wenige Autoren Prov 6,1-19 für einen Nachtrag. Ihre Gründe sind hauptsächlich folgende: Prov 6,1-19 unterbreche eine Sequenz längerer Reden, die
sich mit der Fremden Frau beschäftigen;[1] formal sei der Text von Prov 1-9
gänzlich verschieden.[2] Dagegen ist zu sagen: Solange die Struktur von Prov
1-9 nicht klar ist, kann man aus strukturellen Gründen keinen Abschnitt für
einen Nachtrag halten. Angesichts thematischer Wechsel gerade in cc.1-4 ist
zu fragen, ob nicht vielmehr die fortlaufende Behandlung des Themas Fremde Frau in cc.5-7 auffällig ist. Dennoch die Unterbrechung dieses Themas
nicht schon *per se* als „Belebung"[3] zu werten und darum 6,1-19 als integralen Bestandteil on Prov 1-9 zu sehen, da auch hierzu erst die Textstruktur
von Prov 1-9 klar sein müßte. Ähnliches gilt für die Argumente von Strack,
der in 6,1-19 eine Ausführung des Themas Böse Buben aus 2,12-15 sieht,[4]
sowie McKane, der die gleiche Beobachtung thematischer Kohärenz zu dem
Argument formuliert: Auch zwischen c.2 und c.5 sei das Thema der Fremden Frau auseinandergerissen.[5]

Was die formale Besonderheit dieser Komposition betrifft, so bestritt
Delitzsch mit Hinweis auf die Lebensregeln in 3,26-30, das Ungewöhnliche
des Textes.[6] Sein Argument ist durch weitere Beobachtungen zu verstärken:
Zwar finden sich, wie die formgeschichtliche Analyse der vier Teiltexte
oben gezeigt hat, die engsten inhaltlichen Parallelen in Prov 10-29;[7] dort gibt
es formal ähnliche Abschnitte, so die Zusammenstellung von komplexeren
Spruchgruppen in der Amenemope-Sammlung, 23,1-21.22-25.26-28.(29-
35?).[8] Aber in Prov 1-9 finden sich neben den Lehrreden und teilweise in sie
aufgenommen ganz unterschiedliche Gattungen, so daß diese Beobachtung
allein keine Ausscheidung tragen kann.

---

[1]   Cf. Wildeboer, Sprüche, p.17; Gemser, Sprüche, p.37; Barucq, Proverbes, p.75; Murphy,
      Wisdom Literature, p.59.

[2]   Cf. Wildeboer, Sprüche, p.17; Toy, Proverbs, p.119; Gemser, Sprüche, p.37; Barucq,
      Proverbes, p.75; Meinhold, Sprüche, p.108; Meinhold, Vierfaches, p.57 n.25, p.60; in
      seinem Kommentar stellt er zwar weiterhin die besonderen Merkmale des Textes heraus,
      rechnet aber damit, daß diese Stilmittel eines einheitlichen Autors wären, cf. Sprüche,
      p.44: „Und schließlich gebraucht er noch das besondere Mittel, ein formal völlig aus
      dem Rahmen von Prov 1-9 fallendes Zwischenstück einzusetzen (6,1-19) …". - Trotz
      der Annahme der Einheitlichkeit auch McKane, Proverbs, p.320.

[3]   Cf. Kuenen, Einleitung, Bd.3,1, p.62.

[4]   Cf. Strack, Sprüche, pp.325f.

[5]   Cf. McKane, Proverbs, p.320.

[6]   Cf. Delitzsch, Spruchbuch, p.104.

[7]   Cf. Westermann, Wurzeln, pp.110-114.

[8]   Cf. Toy, Proverbs, p.119; Barucq, Proverbes, p.75.

Können diese Argumente aber eine Ausscheidung nicht begründen, so genügen sie jedoch noch nicht, Prov 6,1-19 in seinem Kontext zu verankern. Delitzsch hat zusammengestellt, wo sich 6,1-19 mit den anderen Teilen von Prov 1-9 berührt:[1] Der Parallelismus von עין „Auge" und עפעפים „Wimpern" wird in 6,4 und 4,25 verwendet; jedoch ist er geläufig. Die Formulierung aus 6,4 deckt sich zudem mit der in Ps 132,4, was darauf hindeutet, daß hier eine idiomatische Wendung vorliegt. Ähnlich ist חרש רע „Böses pflügen" in 6,18 und 3,29 zu bewerten. Das Wort תהפכות „böse Tücken", das Delitzsch noch anführt, ist in der Weisheit recht häufig, so daß es neben 6,14 und 2,12.14 noch an verschiedenen anderen Stellen auftaucht. Auffälliger ist schon die Wendung von den ‚Füßen, die zum Bösen laufen', die nur Prov 6,18; 1,16 und Jes 59,7 belegt ist. Ein entscheidender Punkt ist aber über diese anderen Anklänge hinaus die Formulierung „Verkehrtheit des Mundes" עקשות פה. Sie ist nur an zwei Stellen im AT belegt, in Prov 6,12 und 4,24. Harris hält einzig den letzten angeführten Beleg für stichhaltig, und fügt der Beobachtung Delitzschs noch den Ausdruck אמרי פיו „Worte seines Mundes" (6,12) hinzu, der im Proverbienbuch in der Tat nur in den ersten neun Kapiteln auftaucht.[2] Die Frage, ob Prov 6,1-19 in seinem Kontext sekundär ist, kann jedoch aufgrund dieser Beobachtungen noch nicht entschieden werden, da die angeführten Wendungen wesentlich formelhaft sind. Ein gemeinsamer Sprachgebrauch kann neben der Vorprägung in der Phraseologie der Sprache auch dadurch zustande kommen, daß Formulierungen aus benachbarten Texten aufgegriffen werden, um das Neue gut einzupassen. In jedem Fall müssen noch andere Beobachtungen hinzukommen.

Wenden wir uns dazu dem Textaufbau zu. Plöger hat geltend gemacht, daß in 5,21-23 ein Übergang zwischen c.5 und 6,1-19 geschaffen sei;[3] das verbindende Stichwort sieht er in לכד „fangen" (5,22; 6,2). Diese Überlegung führt Meinhold fort: Er sieht im Frevler von 5,22 denjenigen Typ Mensch, der in 6,16-19 geschildert ist; 6,1-19 könnte als ganzes die אולה „Torheit" näher ausführen;[4] und im זר „Fremder" aus 6,1 sieht er eine Stichwortverknüpfung mit 5,3.10.20.[5] Dazu kommt, daß c.5 und 6,1-19 beide jeweils mit einem Rekurs auf Jhwh enden. Doch dieses letzte Argument ist von geringer Kraft.[6] Desweiteren sieht Meinhold thematische Übereinstimmungen mit 3,32-35 (Gegenüberstellung von Menschentypen)[7] und 4,20-27

---

[1]   Cf. Delitzsch, Spruchbuch, p.104.
[2]   Prov 4,5; 5,7; 6,2; 7,24; 8,8. Cf. Harris, Proverbs 1-9, p.187.
[3]   Cf. Plöger, Sprüche, pp.58.62.
[4]   So schon Cohen, Proverbs, p.30.
[5]   So schon Hitzig, Sprüche, p.47.
[6]   Cf. Whybray, Composition, p.50.
[7]   Cf. Delitzsch, Spruchbuch, p.104; Gemser, Sprüche, p.37.

(Körperteile)[1].[2] Mit 3,32-35 findet sich jedoch nur in der Verwendung der
To'ebah-Formel eine signifikante Übereinstimmung, da sie nur an diesen
beiden Stellen in Prov 1-9 vorkommt. Angesichts der Tatsache, daß sie in
der Weisheit geläufig ist, besagt das nicht viel.

Interessant ist jedoch vor allem der letzte Hinweis auf die thematische
Verbindung zu 4,20-27, da schon die Stichwortverknüpfung von 6,12 mit
4,24 auf diesen Text hingewiesen hat. In der Tat wirkt Prov 6,1-19 wie das
Gegenstück zu 4,20-27: Wird dort der richtige Gebrauch der Körperteile
erläutert, so in 6,1-19 der falsche, zieht sich doch dieses Motiv der Körperteile durch alle vier Teiltexte.[3] Diese Gegensätzlichkeit zeigt sich auch im
Motiv der Heilung (מרפא): Findet der, der den weisheitsgemäßen Gebrauch
von seinen Gliedern macht, Heilung (4,22), so findet sie der „Nichtige" nicht
(6,15).[4] Zwar ist das Lexem מרפא überwiegend in der Weisheit belegt,[5] aber
innerhalb von Prov 1-9 nur an diesen beiden Stellen.[6] Die beiden Texten
zugrundeliegende Beschreibung des Menschen gleicht sich; wenn Plöger zu
6,12-15 schreibt:

> „Die dann folgende Aufzählung schreitet vom Äußeren und Sichtbaren zum Inneren und
> Verborgenen fort. Der unangebrachte Gebrauch von menschlichen Organen und Glie-
> dern, des Mundes, der Augen, der Füße und der Finger, läßt auf eine Verkehrtheit des
> Herzens schließen, des menschlichen Zentrums".[7]

so deckt sich das mit der Auslegung von Prov 4,20-27. Die vorgetragene
Anthropologie ist nicht originell oder Proprium der beiden Stellen, sondern
alttestamentliches Gemeingut – gemeinsam ist den beiden Texten in c.4 und
c.6 jedoch, daß diese Anthropologie, die in 4,20-27 explizit wie sonst kaum
formuliert ist, hier wieder in ähnlicher Explizitheit aufgegriffen ist.[8] Als
zweite durchgehende Motivebene in 6,1-19 hat die Auslegung neben den
Körperteilen das Motivfeld des Weges aufzeigen können. Dieses spielte in
4,10-27 (5,21f.) eine ebenfalls zentrale Rolle.

Für den Zusammenhang mit 4,10-27 spricht vielleicht noch ein formales
Argument: Die oben vorgeschlagene Ausscheidung von vv.3.7f. stellt in den
ersten beiden Textteilen Strophen zu vier Bikola her. Die motivliche und
lexematische Verkettung der Texte wird von dieser Entscheidung nicht berührt. Es entsteht dadurch aber ein Gebilde aus vier Strophen, die jeweils

---

[1]   Cf. Gemser, Sprüche, p.39.
[2]   Cf. Meinhold, Sprüche, p.109.
[3]   Cf. Habel, Symbolism, pp.140f.
[4]   Cf. Meinhold, Sprüche, p.114.
[5]   Von 15 Belegen des Wortes neunmal; neben 4,22; 6,15 noch: Prov 12,18; 13,17; 14,30;
      15,4; 16,24; 29,1; Qoh 10,4.
[6]   In 3,8 findet sich רפאות, cf. Meinhold, Sprüche, p.114.
[7]   Plöger, Sprüche, p.64. Cf. Meinhold, Sprüche, p.97.
[8]   Cf. Schäfer, Poesie, pp.164f.

vier Bikola aufweisen – also bis auf die beiden gnomischen Abschlüsse in 4,18f. und 5,21f. genau das gleiche strophische Muster aufweisen wie das Doppelgedicht in 4,10-27.

Diese Beobachtungen sprechen dagegen, in 6,1-19 einen späten Nachtrag zu sehen, sondern machen vielmehr wahrscheinlich, daß 6,1-19 das Doppelgedicht 4,10-27 fortsetzt. Damit wäre der Text ein ursprünglicher Bestandteil von Prov 1-9. Das hieße aber, daß c.5 den Zusammenhang von 4,1-27 mit 6,1-19 unterbricht, diesen beiden Teilen gegenüber sekundär ist. Um dieser Frage vorzuarbeiten soll zuerst c.2 untersucht werden: Auch dort sehen manche in dem Abschnitt über die Fremde Frau (2,16-19) einen Nachtrag.

4. Das „Lehrprogramm" in Prov 2

Bevor wir c.5 untersuchen, soll eine Analyse von c.2 unternommen werden, das nach Meinung mehrerer Exegeten so etwas wie das Inhaltsverzeichnis von Prov 1-9 enthält. Daher kommt der Analyse dieses Kapitels besondere Bedeutung zu – zumal dann, wenn sich herausstellen sollte, daß hier einige Themen nachgetragen sind. Die Auslegung wird daher zu prüfen haben, ob sich ein Wachstum des Kapitels wahrscheinlich machen läßt, und welche Themenbereiche sekundär sind. Der zweite wichtige Aspekt ist die Frage nach dem Verhältnis zu den bisher untersuchten zusammenhängenden Textteilen 4,10-27 und 6,1-19.

4.1 Aufbau und Einheitlichkeit

1   Mein Sohn, wenn du meine Worte annimmst
und meine Gebote bei dir aufbewahrst,

2   - um[1] dein Ohr aufmerksam auf die Weisheit zu richten[2],
so neigst du[3] dein Herz der Verständigkeit zu -,
vertraust sie auch deinem Sohn als Mahnung an

3   ja, wenn du nach dem Verständnis rufst,
zur Verständigkeit deine Stimme erhebst,

4   wenn du sie suchst wie Silber,

---

[1] Gibt לְ+inf. hier ein Ziel (Strack, Sprüche, p.316; Toy, Proverbs, p.33; Greenstone, Proverbs, p.16; Cohen, Proverbs, p.8; Meinhold, Sprüche, p.62) oder einen Begleitumstand (Frankenberg, Sprüche, p.25; Gemser, Sprüche, p.22; Barucq, Proverbes, p.54; McKane, Proverbs, p.213; Plöger, Sprüche, p.22) an?

[2] Ist אָזְנְךָ Objekt von קשׁב (cf. Delitzsch, Spruchbuch, p.61; Toy, Proverbs, p.32; Frankenberg, Sprüche, p.25; Greenstone, Proverbs, p.16; Barucq, Proverbes, p.54; Gemser, Sprüche, p.22; McKane, Proverbs, p.213; Plöger, Sprüche, p.22; Mosis, קשׁב, col.204; Joüon/Muraoka § 125 x) oder ist es Subjekt (cf. GK § 155 m; Meinhold, Sprüche, p.62; Clines, DCH 1, p.170, s.v. אֹזֶן)? Der Vergleich mit Ps 10,17 klärt nichts, da die Verbform dort doppeldeutig ist (ist Jhwh angeredet oder ist אָזְנְךָ Subj.?); einzig in Sir 3,29 ist אֹזֶן eindeutig Subjekt von קשׁב. Doch für Prov 2,2 stellt sich das Problem, daß in einem Satz aus לְ+inf. das Subjekt nicht eigens ausgedrückt werden kann (cf. Joüon/Muraoka § 124 s), daher kann אָזְנְךָ hier nicht wie in Sir 3,29 Subjekt, sondern muß Objekt sein.

[3] Die Form ist indikativische PK; sie gibt eine weitere Folge an. Auffällig ist das Fehlen des üblichen וְ, cf. Joüon/Muroka § 124 q.

5   und nach ihr wie nach verborgenen Schätzen forschst,
dann wirst du die Jhwh-Furcht verstehen

6   und Wissen über Gott finden;
denn Jhwh gibt Weisheit,

7   (denn)[1] aus seinem Mund (kommen) Wissen und Verständigkeit,
<und er bewahrt> für die Geradlinigen Umsicht[2] auf

8   als Schild für den vollkommen Wandelnden,
und so bewahrt er die Pfade des Rechts

9   und bewacht den Weg seiner Frommen[3].
... dann wirst du Gerechtigkeit und Recht verstehen,

10   und Geradlinigkeit,[4] jedes gute Gleis;
denn (dann) kommt Weisheit in dein Herz,

11   und Wissen ist es, das deinem Verlangen lieblich sein wird[5].
Gewandtheit ist es, die dich schützen wird,[6]

12   Verständnis, das dich[7] bewahren[8] wird,
und so rettet sie dich vor dem Weg des Bösen,

13   vor dem Mann[9], der Falschheit spricht,
die (pl.!) Pfade der Aufrichtigkeit verlassen,

14   um auf den Wegen der Finsternis zu wandeln,
die sich freuen, Böses zu tun,

15   die frohlocken über böse Falschheiten,
von denen gilt: Ihre Pfade (sind) krumm

16   und verkehrt ihre Gleise.
... und so rettet sie dich vor einer/der Fremden Frau,[10]

17   vor einer/der Auswärtigen, die ihre Worte glättet,
die ihren Jugendfreund verläßt,

---

1   Satzteilfolge des abhängigen Satzes, cf. Michel, Probleme, p.219.

2   Hier wird תושיה meist mit „Hilfe" übersetzt (schon LXX); diese Bedeutung ist nur noch für Hi 6,13 und Sir 38,8 vorgeschlagen (cf. GB, sv. תושיה Nr.1; KBL[2] s.v. תושיה, Nr.1, hingegen „Erfolg"). Bei Hi 6,13 mag diese Übersetzung wegen des Parallelismus עזרה naheliegen, bei Sir 38,8 hat sie keine solche Stütze. Daher ist auch hier die Bedeutung „Umsicht" anzunehmen, cf. Cohen, Proverbs, p.9; Sæbø, צלח, col.555; Fox, Pedagogy, p.239. S.u. p.174.

3   Pl. nach Qere. Gulkowitsch, Entwicklung, p.12, konjiziert hier דרך חסד „Weg der Güte" nach dem Parallelismus „Weg des Rechts". Doch mit letzterem Ausdruck sind vielleicht die auf dem Weg Wandelnden bezeichnet (cf. Delitzsch, Spruchbuch, p.62; Nowack, Sprüche, p.13; Toy, Proverbs, p.37).

4   Die LXX lesen κατορθώσει; evtl ein Verb; daher konjizieren Toy, Proverbs, pp.49f.; Driver, Problems 2, p.174; Fichtner (BHS) ein solches. Die Form kann aber auch akk.pl. von κατόρθωσις sein (cf. Lagarde, Anmerkungen, p.11) und von συνήσεις abhängen; eine Konjektur ist nach LXX daher nicht zu begründen.

5   Auffällige Inkongruenz: mask. Prädikats →fem. Nomen דעת, cf. Strack, Sprüche, p.316.

6   Cf. Gerlemann, Studies, p.38.

7   Zur ungewöhnlichen *plene*-Schreibung des Suffixes cf. GK § 58 i.

8   Nicht assimiliertes *nun*, GK § 66 f nennt Pausa als Ursache; dagegen Rössler, Präfixkonguation, p.137: Mare'-Form zum Ausdruck einer „gewisse[n] Verheißung". Cf. Prov 5,2.

9   So wörtlich. Zeigt der Plural in v.13 den kollektiven Gebrauch an?

10   Zu den LXX cf. Boström, Proverbiastudien, p.19; Cook, אשה זרה, pp.460-465.

und vergißt den Bund ihres Gottes.
18 Da[1] ihr Haus zum Tod ,sich neigt'[2]
und zu den Refaim[3] ihre Gleise,
19 kehren alle, die zu ihr gehen, nicht zurück
und sie erreichen nicht die Gleise des Lebens.
20 ... damit du gehst auf dem Weg der Guten
und die Pfade der Gerechten bewahrst;
21 denn die Aufrichtigen werden das Land/die Erde bewohnen,
und die Vollkommenen werden in ihm übrig bleiben;
22 aber die Frevler werden aus dem Lande vertilgt
und die Abtrünnigen aus ihm herausgerissen.

Das zweite Kapitel des Proverbienbuches besteht nach Meinung der meisten Kommentatoren nur aus einem einzigen Satz, einem Konditionalsatzgefüge.[4] Seine Protasis sind die vv.1-4. Die vv.5-8, durch אז eingeleitet,[5] sind die erste Apodosis, vv. 9-10 die zweite. Vers 11 formuliert daran anschließend eine Zusage. In v.12 und v.16 wird diese Zusage durch Finalsätze, die durch ל+inf. eingeleitet werden, expliziert. Dies hat seine Parallele in v.8 mit לנצור „und so rettet er". Der mit למען „damit" eingeleitete Satz v.20 setzt die Kette der Finalsätze fort. Den beiden Apodoseis folgen also ein (v.8) bzw. drei Finalsätze (vv.12.16.20). Der letzte Finalsatz v.20 wird noch in vier Sätzen

---

1 Vorangestellter כי-Satz, nach Aejmelaeus, Function, pp.197f., sehr selten.

2 Das Problem dieses Verses ist die der masoretischen Akzentuierung nach feminine Verbform שחה (zur Wurzel שוח „sinken" cf. Tropper, Verbalwurzeln, pp.49f.), die nicht mit dem mask. Subjekt בית kongruiert (zur Darstellung des Problems und der vorgeschlagenenen Lösungen ausführlich Emerton, Note). Auf Ibn Esra geht die Deutung des ביתה als Apposotion zu מות zurück (cf. Greenstone, Proverbs, p.23); Delitzsch bezieht das Verb auf die Fremde Frau und übersetzt „samt ihrem Hause" (Spruchbuch, p.64, cf. Nowack, Sprüche, p.15; Strack, Sprüche, p.317). Da diese Deutungen etwas eigenwillig sind, wird für בית oft נתיבתה oder נבתיבוחה konjiziert, was einen glatteren Parallelismus mit מעגלתיה ergibt (cf. Ehrlich, Randglossen 6, p.18; Steuernagel, Sprüche, p.281; Fichtner (BHS); Loretz, Lexikographie, p.145 n.24; Meinhold, Sprüche, p.63 n.5). Eine andere Strategie setzt am Verb an; nach dem Vorbild der LXX ἔθετο wird שחה zu שמה oder שתה (cf. Lagarde, Anmerkungen, p.12; Oort, Spreuken, p.385). Interessant der Vorschlag von Emerton, Note, p.157, שוחה „Grube" zu lesen und zu übersetzen: „For her house is a pit (leading) to death" (auch Whybray, Proverbs, p.56). Die geringste Änderung ist eine Verlagerung der Betonung auf die letzte Silbe und damit die Herleitung der Form von שחה „sich neigen" (cf. Deyserinck, Scholien, p.7; Maier, Fremde Frau, p.85, die allerdings Jes 51,23 fälschlich als qal von חוה auffasst; zur Wurzel, cf. Tropper, Verbalwurzeln, pp.49-52).

3 Cf. Liwak, רפאים, speziell col.632.

4 Cf. Nowack, Sprüche, p.10; Wildeboer, Sprüche, p.5; Toy, Proverbs, p.31; Ringgren, Sprüche, p.18; Gemser, Sprüche, p.25; Meinhold, Sprüche, p.63; Fox, Pedagogy, p.236; Whybray, Composition, p.15; Maier, Fremde Frau, p.87.

5 So Jes 58,14; Hi 9,31; cf. ohne אם in der Protasis: Gen 49,4; 2 Sam 2,27; 19,7 (Qere); 2 Kge 5,3; Ps 119,92; 124,2-5; 1 Chr 22,12 (cf. Clines, DCH 1, p.168, s.v. אז 3c).

(vv.21f.) begründet. Diese Gliederung[1] hat ihre Mitte zwischen v.11 und v.12. Davor sind drei Strophen, zwei zu vier Versen, eine zu drei; die zweite Hälfte des Kapitels weist das gleiche Schema (4+4+3) auf.[2] Die Anfangsbuchstaben der Strophen sind in der zweiten Hälfte identisch: dreimal ל. In der ersten Hälfte dominiert das א.[3] Die Anzahl der Zeilen beträgt 22 und entspricht so der Zahl der Buchstaben im hebräischen Alphabet.[4]

Angesichts dieses Befundes ist es nicht anders möglich, als die jetzt vorliegende Gestalt von Prov 2 für eine wohlabgewogene Komposition zu halten. Doch obwohl eine Ordnung in der Versstruktur des Kapitels aufzuweisen ist, sind die grammatischen Beziehungen der einzelnen Teile eher undurchsichtig. Die Kommentatoren finden daher die Syntax dieser Periode in c.2 nur lose geknüpft.[5]

Grundschema des Bedingungssatzgefüges ist die Struktur Protasis mit אם - Apodosis mit אז[6] Dabei besteht die Protasis aus drei Gliedern, deren jedes durch אם eingeleitet wird. Es müssen also mehrere Bedingungen erfüllt sein, bevor die Folge eintreten kann. An Folgen werden zwei genannt: die erste Apodosis steht vv.5f., die zweite in vv.9ff.[7]
Doch nun wird die grammatische Kohäsion schwierig. Schon die Verbindung von v.9 zu v.10 wird unterschiedlich beurteilt. Begründet v.10 den v.9,[8] leitet er als Protasis ein zweites Bedingungssatzgefüge mit v.11 als Apodosis ein,[9] oder bildet er eine dritte

---

1 Cf. Delitzsch, Spruchbuch, pp.60-67; Nowack, Sprüche, p.10; Wildeboer, Sprüche, p.5; Toy, Proverbs, pp.31f.; Steuernagel, Sprüche, p.281; Ringgren, Sprüche, p.18; Gemser, Sprüche, p.24; Scott, Proverbs, pp.42f.; McKane, Proverbs, p.277; Murphy, Wisdom Literature, p.56; Plöger, Sprüche, pp.24-29; Alonso Schökel, Proverbios, pp.171-176; Meinhold, Sprüche, p.63; Nel, Structure, p.55; Overland, Structure, p.261; Michel, Proverbia 2, p.233; ähnlich, nur noch stärker differenziert Fox, Pedagogy, p.235; Maier, Fremde Frau, p.87. Gegen Barucq, Proverbes, pp.53-55; Pardee, Parallelism, p.70f.

2 Cf. Nowack, Sprüche, p.10; Wildeboer, Sprüche, p.5; Gemser, Sprüche, p.24; Alonso Schökel, Proverbios, p.168.

3 Cf. Murphy, Wisdom Literature, p.56.

4 Cf. Alonso Schökel, Proverbios, p.168; Murphy, Wisdom Literature, p.56; Meinhold, Sprüche, p.63.

5 Cf. Gemser, Sprüche, p.25: „ohne strenge Syntax"; Alonso Schökel, Proverbios, p.168: Teile seien „casi autónomos".

6 So auch Hi 9,30f., wo sich ebenfalls eine Begründung mit כ anschließt (v.32), und Jes 58,13-14. Dort besteht die Protasis aus mehreren Gliedern, doch sind diese nicht durch Wiederholung des אם, sondern durch ו beigeordnet. (Zu diesen Stellen und weiteren Belegen, bei denen אז eine Apodosis einleitet, cf. Clines, DCH 1, p.168, s.v. אז 2.c).

7 Die parallele Struktur von vv.5-8 mit vv.9-12 macht wahrscheinlich, daß hier eine zweite Folge der Weisheitssuche benannt wird, und nicht, wie Fox meint (Pedagogy, p.239) eine Folge der Weisheit als Gottesgabe. Das אז ist also grammatisch eine zweite Apodosis der Bedingungen in vv.1-4.

8 Cf. z.B. Delitzsch, Spruchbuch, p.63.

9 Cf. LXX, Frankenberg, Sprüche, p.26; Barucq, Proverbes, p.56; Meinhold, Sprüche, p.62.

Apodosis zu vv.1-4?[1] Die Gründe für ein Verständnis von v.10 als Protasis hat Frankenberg in seinem Kommentar zusammengetragen: Deuteten wir v.10 als Begründung von v.9, so wäre v.11 parallel mit v.10, was aber nicht gehen könne, da beide Verse ganz verschiedene Aussagen machten. Zudem entstünde dann eine „ungeheuerliche Periode"[2], die über das ganze Kapitel reiche. Doch kann man mit v.11 einen neuen Satz beginnen lassen, der durchaus etwas anderes sagt als v.10, ohne ein Bedingungssatzgefüge annehmen zu müssen. Auch das von Frankenberg beigebrachte grammatische Argument, daß v.10 wegen des voranstehenden Prädikates eine Protasis sein müsse, geht nicht auf, wie v.18 zeigt, wo er die gleiche Konstruktion als Kausalsatz versteht. Das Argument, nach dem man diese Frage entscheiden kann, dürfte die Parallelität mit v.6 sein; dort ist das כי kausal zu verstehen, und so müssen wir es auch hier sehen: An beiden Stellen wird begründet, warum man das in der voranstehenden Zeile Genannte begreift.[3]

Da wir nun schon ausgeschlossen haben, daß in v.11 die Apodosis von v.10 vorliegt oder v.10 die Begründung für v.11 darstellt, bleiben für das Verständnis von v.11 nur noch zwei Möglichkeiten: entweder ist v.11 noch von dem kausalen כי aus v.10 abhängig[4], oder es beginnt hier ein neuer Satz.[5] Da die Konstruktion von v.10b fortgeführt wird, ist kein Neuansatz anzunehmen.

Als Folge der Behütung durch die Weisheit wird der Schüler vor den Bösen Buben (vv.12-15) und der Fremden Frau gerettet (vv.16-19). Als dritte Zielbestimmung schließt sich in v.20 ein durch למען eingeleiteter Finalsatz an. Hier ist der Bezug nicht zum vorausgehenden v.19 gegeben, sondern man muß die Aussage dieses Verses grammatisch zurückbeziehen auf v.11.[6] Die Begründung schließt mit כי zwar grammatisch eng an v.20 an, doch inhaltlich wirkt sie an dieser Stelle fremd.[7]

Auffällig ist zum einen die Großräumigkeit der einzelnen Satzkomponenten, zum andern ihr jeweils mehrfaches Auftreten: dreifache Protasis, zweifache Apodosis, dreifacher Finalsatz. Dabei ist besonders die Ähnlichkeit der doppelten Apodosis (vv.5-8.9ff.), sowie die der zwei Finalsätze mit ל+inf. (vv.12-15.16-19) groß, da sie bis in einzelne Formulierungen hineinreicht (cf. die Synopse im Anhang 16.1).

Der vorgeführte Befund hat manche mißtrauisch gemacht und zu literarkritischen Theorien angeregt. So haben Steuernagel,[8] Toy,[9] Habel,[10] Michel[11]

---

[1] Cf. Plöger, Sprüche, p.22, der es wie או in vv.5.9 mit „Dann" übersetzt; Joüon/Muraoka § 168 s.

[2] Frankenberg, Sprüche, p.26.

[3] Also auch keine Begründung für den folgenden Satz.

[4] Cf. Delitzsch, Spruchbuch, p.63: „In v.11 wird der Inhalt des אז תבין weiter explicirt"; Toy, Proverbs, p.41; McKane, Proverbs, p.283.

[5] Cf. Plöger, Sprüche, p.26.

[6] Cf. Delitzsch, Spruchbuch, p.66; Nowack, Sprüche, p.15; Plöger, Sprüche, p.28; Michel, Proverbia 2, p.235; Fox, Pedagogy, p.240. Den Vers an v.9 sachlich anzuschließen und ihn deshalb nach diesem zu plazieren, wie Toy, Proverbs, p.38, es tut, geht zu weit.

[7] Cf. Plöger, Sprüche, p.28; Michel, Proverbia 2, pp.235f.

[8] Cf. Steuernagel, Einleitung, p.684; id., Sprüche, p.281.

[9] Cf. Toy, Proverbs, p.34.

[10] Cf. Habel, Symbolism, p.146.

[11] Cf. Michel, Proverbia 2, pp.239f.

und Maier[1] die vv.5-8 als theologisches Interpretament ausgeschaltet; Habel und Michel halten zudem die vv.16-19, die von der Fremden Frau handeln, für sekundär. Auch das Ende (vv.20-22) hat verschiedentlich Mißtrauen erregt[2]; Michel scheidet die vv.21f. als apokalyptischen Nachtrag aus;[3] darin folgt ihm Maier, allerdings ohne die Verse für apokalyptisch zu halten.[4] Michel findet damit die Grundschicht des Kapitels in den vv.1-4.9-15.20; diese ist seiner Ansicht nach dreimal erweitert worden, einmal theologisch, einmal dogmatisch durch den Eintrag der Fremden Frau und zuletzt apokalyptisch.[5] Einen eigenen Weg geht Whybray. Für ihn besteht der Kern des Kapitels aus den vv.1.9.16-19, da ihn auch die mehrfache Protasis stört.[6] Dieser Text mit dem Skopos Mahnung vor der Fremden Frau sei zweimal erweitert worden: Eine Redaktion führe einen neuen Weisheitsbegriff ein (vv.2-4.10-11.[20-22?]), eine zweite Jhwh als Geber der Weisheit (vv.5-8).[7] Jedoch ist diese Analyse nicht stichhaltig: Eine mehrfache Protasis ist keineswegs anstößig,[8] und ob das Thema in c.2 ursprünglich nur die Fremde Frau – oder nicht etwa die Bösen Buben war, ob also vv.12-15 oder vv.16-19 sekundär sind, läßt sich aus der Analogie mit cc.5.6.7 nicht begründen.

Wir beginnen unsere eigene literarkritische Analyse mit der Beobachtung, daß Prov 2 eine Art Inhaltsverzeichnis von Prov 1-9 darstellt. Es soll dabei gezeigt werden, daß diese Deutung in der bisher vorliegenden Form mit einigen Schwierigkeiten behaftet ist. Diese rühren daher, daß die Wahrnehmung von thematischen Überschneidungen eher intuitiv erfolgt ist und keine genaue Beobachtung der die Überschneidung tragenden Lexeme und Textthemen vorgenommen wurde. Eine solche führt vielmehr zu dem Ergebnis, daß c.2 sich in Wortschatz und Thema überwiegend an 4,10-27 anschließt.

Auf die Funktion von c.2 als Inhaltsverzeichnis für Prov 1-9 haben vor allem Strack und Meinhold hingewiesen:[9] In c.2 würden alle Themen von Prov 1-9 in der Reihenfolge angeschnitten, in der sie im weiteren Gang der

---

[1] Cf. Maier, Fremde Frau, pp.90f.

[2] Cf. Plöger, Sprüche, p.28.

[3] Cf. Michel, Proverbia 2, pp.235-238; id., Weisheit und Apokalyptik, p.431.

[4] Cf. Maier, Fremde Frau, pp.91f.

[5] Cf. Michel, Proverbia 2, pp.242f.

[6] Cf. Whybray, Wisdom, p.41; id., Problems, pp.487f.; id., Composition, p.15; id., Proverbs, p.50.

[7] Cf. Whybray, Wisdom, pp. 40.74f.; id. Problems, pp.489-492; id., Composition, pp.15-18. Zur Kritik cf. Wilson, Sacred, pp.319f.

[8] Dreimal Hi 36,8-12; Ps 7,4-5. Zweimal hintereinander auch in Hi 8,5f.; doch ist diese Stelle textlich schwierig, da v.6 ein Trikolon bildet; die zweite Protasis in v.6aα ist daher wohl Glosse (cf. Hölscher, Hiob, p.26; Fohrer, Hiob, p.184); in v.4 (ebenfalls eingeleitet durch אם) findet sich ein eigenständiger Konditionalsatz (cf. Fohrer, Hiob, p.183).

[9] Cf. Strack, Sprüche, pp.315f.; Scott, Proverbs, p.42; Skehan, House, p.167; Lang, Lehrrede, p.77; Plöger, Sprüche, p.29; Alonso Schökel, Proverbios, p.171; Meinhold, Sprüche, pp.43-46.

Kapitel auftauchten. So thematisierten die vv.5-8 das rechte Gottesverhältnis, das in 3,1-12 Gegenstand einer ganzen Lehrrede ist; in 2,9-11 wird das rechte Verhalten zum Mitmenschen kurz behandelt, das nach Meinhold 3,21-35 breiter entfaltet wird;[1] anders Strack, der 2,1-11 insgesamt 3,1-26 zurechnet.[2] Das in 2,12-15 verhandelte Thema der Bösen Buben findet sich nach Meinhold in 4,10-27 und 1,8-19;[3] anders Strack, der 2,12-15 mit 3,27-4,27 und 6,1-19 in Verbindung bringt.[4] Die Warnung vor der Fremden Frau, die in 2,16-19 erscheint, wird ganz breit in 5,1-23; 6,20-35 und 7,1-27 entfaltet. Strack hat für die beiden letzten Verbindungen auf lexematische Beziehungen hingewiesen.[5]

Wie sind nun die unterschiedlichen Zuweisungen zu begründen? Deutlich sind die wörtlichen Entsprechungen von vv.16-19 zu den übrigen Texten zur Fremden Frau. Die wörtlichen Anklänge von 2,5-8 an c.3 sind: ירא „fürchten" mit Jhwh 2,5a als Objekt auf 3,7; ידע „wissen" 2,5b auf 3,6; חכמה „Weisheit" 2,6a auf 3,7; תושיה „Umsicht" 2,7 auf 3,21 und יהוה. Diese Beobachtungen machen deutlich, daß die thematischen Verknüpfungen auch über gemeinsame Lexeme realisiert sind. Doch ist der Umfang des gemeinsamen Vokabulars relativ gering. Eine merklich größere Überschneidung im Wortschatz weist c.2 aber mit 4,10-27 auf:

2,1	בני	4,10.20
	לקח אמרי	4,10[6]
	אמרי	4,10.20
2,2	הקשיב	4,20
	אזן	4,20a
	נטה	4,20b(.27)
	לב	4,21.23 (2,10)
2,6	חכמה	4,11
	פה	4,24
2,7	ישרים	4,11 מעגל ישר
	הלכי תם	4,12 בלכתך
2,8	נצר	4,13.23
	ארחות	4,14.18 (sg.)
	דרך	4,11.14.19.26
	שמר	4,21
2,9	צדק	4,18
	משרים	4,11b מעגל ישר
	מעגל	4,11.26

---

[1] Cf. Meinhold, Sprüche, p.43.
[2] Cf. Strack, Sprüche, p.315.
[3] Cf. Meinhold, Sprüche, p.43.
[4] Das liegt an der lexematischen Verknüpfung durch תהפכות. Die Verbindung zu 6,1-19 hat aber auch Meinhold, jedoch explizit nur in seiner Tabelle, Sprüche, p.46, mit gestrichelter Linie und p.109.
[5] Cf. Strack, Sprüche, pp.315f.
[6] Diese Fügung nur an diesen beiden Stellen.

	מעגל טוב	4,11b מעגל ישר
2,10	חכמה	4,11
2,11	שמר	4,21.23
	נצר	4,13.23
2,12	דרך רע	4,14 דרך רעים
		4,19 דרך רשעים
	דרך	4,11.14.19.26 (2,13.20)
	רע	4,14.27 (2,12.14[bis])
	דבר	4,20
2,13	ארח ישר	4,11 מעגלי ישר[1]
	ארח	4,14.18 (2,15.20)
	חשך	4,19 אפלה
2,15	עקש	4,24[2]
	נלוזים	4,24 לזות
	מעגל	4,11
2,18	מעגל	4,11.26
	(מות)	4,10.13.22.23 (חיים)
2,19	בוא	4,14
	ארח	4,14.18
	חיים	4,10.13.22.23[3]
2,20	דרך	4,(11.)14.19
	ארח	4,14.18
	ארחות צדיקים	4,18 sg.

Es fällt auf, daß sich die lexematischen Entsprechungen von c.2 zu c.4 nicht nur auf den Bereich der vv.12-15 beschränken, wie die Theorie der Disposition das nahelegte; vielmehr zeigt sich, daß im ganzen Kapitel lexematische Bezüge vorliegen, auch in den Teilen, die auf die theologische Lehre in c.3 und die Fremde Frau in cc.5-7 hinweisen (in der Tabelle sind das die fett gedruckten Verse). Doch sind diese Bezüge von ganz unterschiedlicher Qualität. In den meisten Fällen handelt es sich um die gemeinsame Metaphernebene „Weg",[4] die in Prov 1-9 insgesamt eine prägende Rolle spielt.[5] Nur an einigen Stellen sind die Bezüge deutlich enger – und dies nicht nur im Bereich von vv.12-15, wie die Theorie des Inhaltsverzeichnisses nahelegen würde, sondern auch in den vv.1.9.20.

In v.1 wird die Wendung לקח אמרי „Worte annehmen" verwendet, die im AT nur hier und 4,10 vorkommt, dabei ist אמר „Wort" ein in Prov 1-9

---

[1] Cf. Strack, Sprüche, p.315.

[2] Cf. Strack, Sprüche, p.315. - Das Paar נלז/עקש ist ein geprägtes, aber selten belegtes Begriffspaar im Parallelismus membrorum, so Jes 30,12, cf. Watson, CHP, p.316.

[3] Der geprägte Begriff des Weges zum Leben gibt die Intention von 4,10-27 gut wieder.

[4] Cf. Alonso Schökel, Proverbios, p.170.

[5] Cf. דרך 1,15.31; 2,8.13.20; 3,6.17.23.31; 4,11.14.19.26; 5,8.21; 6,6.23; 7,8.19.25.27; 8,13.32; und die Vorkommen von ארח, מעגל, רגל, הלך und anderer Lexeme des Wortfeldes „Weg".

durchaus häufiges Wort.[1] Ein ganzes Bündel an Übereinstimmungen findet sich in v.9: Neben der Tatsache, daß alle positiven Größen, die der Schüler einsehen soll, (außer מִשְׁפָּט „Recht") in 4,10-27 auftreten, ist besonders bemerkenswert, daß מַעְגַּל „Gleise" an beiden Stellen (2,9; 4,11) durch Epitheta qualifiziert ist, wenngleich durch jeweils andere. Damit ist eine deutliche Beziehung gegeben, da eine solche Qualifikation im AT nur noch in Ps 23,3 vorkommt.[2] Ähnlich ist der Befund in v.20, wo zusammen mit 4,18 die einzigen alttestamentlichen Belege für אֹרַח צַדִּיקִים „Pfad der Gerechten" vorkommen,[3] was umso auffälliger ist, als die Wendung דֶּרֶךְ צַדִּיקִים „Weg der Gerechten" nur noch einmal (Ps 1,6; cf. Jes 26,7 דֶּרֶךְ לַצַּדִּיק) belegt ist. Damit zeigt sich, daß die lexematischen Bezüge von c.2 zu 4,10-27 nicht auf die vv.12-15 beschränkt sind, sondern im wesentlichen das ganze c.2 umgreifen (vv.1-20).

Dieser Befund bei den wörtlichen Entsprechungen belegt also keineswegs, daß in c.2 ein Inhaltsverzeichnis für Prov 1-9 geplant gewesen wäre. Die Beziehungen zu c.4 sind komplexer, als es das einfache Schema der Entsprechungen suggeriert. Das mag der Grund dafür sein, daß Meinhold auf lexematische Übereinstimmungen nicht abhebt. Er geht von gleichen Textthemen[4] aus. Dann gehen seine Entsprechungen von 2,12-15 mit 4,10-27 aber nur auf, wenn dort wie hier die Bösen Buben, oder wie er sagt: die „Warnung vor der Art der frevlerischen Männer" das Thema sind. Doch dies ist, wie die Auslegung von 4,10-27 zeigt, nicht der Fall. Die Bösen Buben sind nur in 4,14-17.19, dem ersten Teil des Doppelgedichtes thematisch. Dort repräsentieren sie in einem Zwei-Wege-Schema den schlechten Weg, den der Schüler nicht gehen soll. In 4,20-27, dem zweiten Teil des Doppelgedichtes, tauchen die Bösen Buben selbst nicht mehr auf – nur ihre „Art" ist noch in den Mahnungen präsent, bestimmte Verhaltensweisen zu meiden. Doch ist nicht diese Warnung das Thema des Textes;[5] Thema ist vielmehr ein anthropologisches Modell. Bedenkt man die so bestimmte Thematik von 4,10-27 und sieht, daß dort in der Schlußmahnung 4,26-27 der Schüler aufgefordert wird:

---

[1] Prov 1,2.21; 2,1.16; 4,5.10.20; 5,7; 6,2 (bis); 7,1.5.24; 8,8; insgesamt 14 Vorkommen von insgesamt 48 Vorkommen im gesamten AT, davon noch 8 weitere Proverbienbelege.

[2] Cf. Jes 26,7 - Bei insgesamt 13 Vorkommen dieses Wortes im AT.

[3] Bei insgesamt 57 mal אֹרַח im AT. Nur noch אֹרַח צְדָקָה Prov 8,20; 12,28.

[4] Zur Frage der Bestimmung von Textthemen und des dabei möglichen Spielraums für das Ermessen, cf. Brinker, Textanalyse, p.55: „Man muß sich überhaupt darüber im klaren sein, daß es bei der textanalytischen Bestimmung des Themas (als Inhaltskern) keine ‚mechanische' Prozedur geben kann, die nach endlich vielen Schritten automatisch zur ‚richtigen' Themenformulierung führt."

[5] Cf. Baumann, Weisheitsgestalt, p.257.

Schau auf den Pfad deines Fußes und alle deine Wege stehen fest.
Du sollst nicht weichen nach rechts noch links, wende deinen Fuß vom Bösen!

so entspricht 2,20 ganz dieser Vorgabe:

damit du gehst auf dem Weg der Guten und die Pfade der Gerechten bewahrst.

Damit wird deutlich: Das Thema von 4,10-27 ist in c.2 breiter wider-gespiegelt, als es die Verbindung nur mit vv.12-15 nahelegt. In c.2 wird auch auf die Zweiheit der Wege hingewiesen, indem dem ‚bösen Weg' (v.12) der gute (v.20) gegenübersteht. Nimmt man das Proömium (2,1-4) mit seiner konditionalen Struktur und seinen Anklängen an c.4 ernst, merkt man, wie c.2 seine Prägung von 4,10-27 bezieht.[1] Gegenüber diesen durchgängigen Bezugnahmen auf c.4 sind die Verbindungen zu cc.5-7 und zu c.3 auf bestimmte Textblöcke in c.2 beschränkt.

Damit wird, denke ich, deutlich, daß die Theorie, die c.2 als Inhalts-verzeichnis von Prov 1-9 versteht, etwas Richtiges gesehen hat. Doch sie kann nicht befriedigend klären, wieso die Bezüge auf c.4 von ganz anderer Natur und Qualität sind, als die zu cc.5-7 (Fremde Frau) und c.3 (Theologie). Wir müssen also nach einer Erklärung suchen, die einerseits den Charakter von c.2 als Zusammenfassung wesentlicher Inhalte von Prov 1-9 erklärt, andererseits aber verständlich machen kann, wieso die Bezugnahmen auf die Themen Fremde Frau und Theologie nur punktuell vorgenommen wurden, während 4,10-27 das Kapitel in seiner Gesamtheit prägt. Neben der strukturellen Beobachtung, daß bestimmte Blöcke ganz parallel gestaltet sind, und der grammatischen Unsauberkeit mancher Übergänge könnte in dieser neuen Beobachtung einer ungleichen Bezugnahme auf 4,10-27 und die übrigen Teile aus Prov 1-9 ein weiterer Hinweis auf eine mehrstufige Entstehung von c.2 liegen. Um dieser Frage nachzugehen, wollen wir den Gedankengang des Textes untersuchen.

Proverbien 2 beginnt mit einer Anrede an den Schüler, der aber nicht wie in den Lehrreden üblich ein Imperativ folgt (oder vorausgegangen ist)[2], sondern die Protasis eines Konditionalsatzes (cf. 1,10; 6,1).[3] Das Vokabular entspricht jedoch ganz einer typischen Lehreröffnungsformel (cf. 4,10a; 7,1b). Die unmittelbare Fortsetzung findet diese vielleicht implizite Auffor-

---

[1] So sind die cc.2 und 4 die einzigen im AT, die folgende Lexemkombination aufweisen: ישר (oder צדיק bzw. צדק), נצר, שמר, ארח, דרך, מעגל, חיים. Die Dichte אזן, לב, חכמה, der Wörter zur Wegmetaphorik ist also in Verbindung mit „Weisheit" und ethischem Vokabular nur in diesen beiden Kapiteln gegeben.

[2] Prov 1,8; 3,1.21; 4,1.10.20; 5,1.(7); 6,20; 7,1.(24); (8,32); - cf. 23,19.26.

[3] Cf. Kayatz, Studien, pp.26-32: Kasuistisch eingeleitete Einheiten; doch verhandelt sie Prov 2 nicht hier, sondern unter der Überschrift der ‚imperativisch eingeleiteten Einheiten' (pp.63-65) bei den „besonders reich in sich gegliederten Einheiten" (p.56). Hier ist ihre Systematik nicht schlüssig.

derung von v.1 nicht in einer Begründung, sondern in einem Satz, bei dem
ל+inf. durch eine Präformativkonjugation fortgeführt ist (v.2). Diese
Konstruktion gibt entweder eine Folge[1] oder einen Begleitumstand (modal
epexegetischer Gebrauch) an.[2] Der Sinn dieser Verbindung ist in beiden
Fällen deutlich: „daß mit der bereitwilligen, nicht sogleich kritischen Auf-
nahme der Worte des Weisheitslehrers die Hinwendung zur Weisheit
gegeben ist."[3] „Denn die Worte und Gebote des Lehrers enthalten die
Weisheit und die Einsichtigkeit."[4] Damit sind die Worte des Lehrers mit der
„Weisheit" nicht identifiziert[5], sondern neben oder genauer hinter die
Weisung des Lehrers ist eine Größe gestellt, die im weiteren Verlauf des
Kapitels Bedeutung gewinnen wird. Vers 2 bereitet dieses vor.

In v.3 wird der Schüler zu dieser in v.2 eingeführten Größe in Beziehung
gesetzt. Soll er in v.1 noch passiv hören und das Gebot des Lehrers auf-
bewahren, so soll er nun aber auch die Weisheit[6] selbst anrufen.[7] Diese zweite Protasis ist durch ein emphatisches כי[8] steigernd eingeführt. Sie formuliert
das in vv.1-2 Angedeutete, daß nämlich der Schüler in den Worten des
Lehrers die Weisheit wahrnimmt, direkt; ebenso v.4: Er wiederholt den
Gedanken von v.3 in anderen Worten und unterstreicht damit dessen Wich-
tigkeit.[9] In vv.1-4 liegt eine dreifach formulierte Protasis vor. Ist das literarkritisch anstößig? Wohl kaum, da mit v.2 ein logisches Verbindungsglied
vorliegt. Nähme man mit Whybray die vv.2ff. heraus, müssen auch die
vv.10f. fallen (so bei Whybray), da sie inhaltlich nur durch eine Protasis wie
vv.3f. hervorgerufen sein können. Es finden sich keine logischen Wider-
sprüche zwischen den einzelnen Versen, die darauf hindeuteten, daß unterschiedliche Autoren an diesen Versen gearbeitet haben. Vielmehr wird die
weitere Auslegung den Sinn dieser dreifachen Protasis aufdecken.

---

[1] Cf. GK § 114 f; Delitzsch, Spruchbuch, p.61; Strack, Sprüche, p.316; Toy, Proverbs,
     p.33; Greenstone, Proverbs, p.16; Meinhold, Sprüche, p.62; Maier, Fremde Frau, p.84.
[2] Cf. Soisalon-Soisinen, Infinitivus, p.88; so: Wildeboer, Sprüche, p.6; Frankenberg,
     Sprüche, p.25; Gemser, Sprüche, p.22; Barucq, Proverbs, p.54; McKane, Proverbs,
     p.213; Plöger, Sprüche, p.22.
[3] Plöger, Sprüche, pp.24f.
[4] Meinhold, Sprüche, p.64.
[5] Gegen Whybray, Problems, p.490. In id., Composition (p.15) formuliert er etwas
     differenzierter: die Worte des Lehrers würden als solche qualifiziert, die der Weisheit
     entsprächen. Auch Fox, Pedagogy, p.237: „they are Wisdom itself".
[6] בינה besagt hier nichts anderes als חכמה, es ist synonym gebraucht zum Zwecke der
     Variatio, cf. Delitzsch, Spruchbuch, p.61; Baumann, Weisheitsgestalt, p.230.
[7] Cf. Fox, Pedagogy, p.237.
[8] Cf. Schoors, Particle, pp.243-248; so z.B.: Delitzsch, Spruchbuch, pp.60f.; Wildeboer,
     Sprüche, p.6; Meinhold, Sprüche, p.64; Whybray, Proverbs, p.51.
[9] Zur Tektonik dieser ersten vier Verse auch: Overland, Structure, pp.270-274; er spricht
     von einer „intensification of pursuit" der Weisheit (p.271); Schäfer, Poesie, p.56.

Die Protasis von c.2 greift auf die Formulierung von 4,10 zurück. Dort handelt es sich um eine Höraufforderung mit einer Motivation, die dem gehorsamen Schüler langes Leben verspricht. In 2,2 hingegen wird dem Schüler ein anderes Ziel vor Augen gehalten, nämlich das genaue Aufmerken auf die Weisheit. Sie wird in und hinter den Worten des Lehrers sichtbar. Damit ist vorbereitet, was in den vv.3f. noch einmal unterstrichen wird: Nicht eigentlich den Worten des Lehrers soll der Schüler nur lauschen und sich nach ihnen richten, sondern nach der hinter den Worten stehenden Autorität, der Weisheit. Die dreifach formulierte Protasis nimmt also die Grundstruktur der Lehrrede auf, wie wir sie in c.4 vorliegen haben, modifiziert aber diese Struktur: Aus einer direkten Aufforderung wird ein Bedingungssatzgefüge, und aus der Zweierbeziehung Schüler-Lehrer wird eine Dreiecksbeziehung unter Einbeziehung der Weisheit.

Die vv.5-8 führen nun die erste Apodosis ein. War bislang von drei Grössen die Rede, so wird überraschend noch Gott als Handelnder eingeführt: Das Streben des Schülers nach Weisheit kommt zum Ziel, weil Gott ihm Weisheit gibt.[1] Etwas überspitzt formuliert ließe sich vielleicht sagen, daß Gott selbst hier den lerneifrigen Schüler belohnt, indem er ihm zum einen Weisheit gibt und ihn zum anderen behütet. Doch so steht es da nicht. Wem Gott die Weisheit gibt, wird in v.6 nicht explizit gesagt;[2] wir können nur erschließen, daß es sich um den Schüler handeln muß, da sonst der Vers nicht begründen könnte, daß der Schüler versteht (v.5). Auch die drei folgenden Verse lassen den unmittelbaren Bezug zum Schüler vermissen; es wird vielmehr über das Verhältnis Gottes zu den ישרים „Aufrichtigen", den „untadelig Wandelnden" und „seinen Frommen" (חסדיו) geredet; ebenso von den „Wegen des Rechts" (ארחות משפט). Daß damit der Schüler gemeint ist, können wir aus vv.1-4 nicht wissen, da er dort erst als lernwillig beschrieben ist. Daß der lernwillige Schüler durch seinen Unterrichtserfolg dazu kommt, das „Recht" (משפט) und die „Aufrichtigkeit" (משרים) zu verstehen, wird explizit erst in v.9 gesagt. Daß man die Schutzzusage von vv.7f. auf den Schüler beziehen kann, setzt also im Grunde etwas voraus, was uns erst im anschließenden v.9 mitgeteilt wird. Oder anders herum: Denkt man beim Lesen des Textes mit, so muß man das fehlende gedankliche Glied einfügen, nämlich daß der von Gott weise gemachte Schüler kein schlechter Mensch sein wird. Bezieht man so die vv.7-8 auf den Schüler, so wird in v.9 etwas mitgeteilt, was aus dem Duktus des Textes gerade erschlossen wurde. Damit

---

[1] Gegen von Rad, Weisheit, p.250, der meint, „daß nämlich Erkenntnis und Erfahrung zur Gottesfurcht hinführen." (Ihm folgt Doll, diss., p.190). Dabei wird der Duktus des Kapitels außer acht gelassen: die Protaseis nennen Haltungen, die der Schüler einnehmen soll, die Apodoseis nennen die Konsequenzen. Deren erste ist die Einsicht in die Jhwh-Furcht.

[2] Cf. Fox, Pedagogy, p.238.

wird v.9 im Grunde unnötig. Auch die Aussage in v.10, daß Weisheit in das Herz des Schülers kommt, formuliert explizit, was für v.6 gerade erschlossen wurde. Angesichts des schon versprochenen göttlichen Schutzes (v.8) wirkt die Behütung durch die eigenen intellektuellen Fähigkeiten des Schülers in v.11 unnötig. Nimmt man also vv.5-8 ernst, so wiederholen die vv.9-11 bereits bekanntes – freilich ohne dessen inhaltliche Pointierung.

Die Tatsache, daß v.5 „auffallend formuliert" sei und „jedenfalls nicht unmittelbar zu erwarten"[1] wäre (so Plöger), spricht dafür, daß hier ein Bruch zu suchen ist. Bei אלוהים דעת „Wissen um Gott" (v.5b) handelt es sich in der hier vorliegenden Formulierung eigentlich um einen Begriff der kultischen Sprache, der das katechetische Wissen bezeichnet, das die Priester an die Laien weitergeben – im Unterschied zum priesterlichen Berufswissen.[2] Doch in dieser Form als אלוהים דעת tritt der Begriff nur bei Hosea (4,1) auf – und das kann der Verfasser von Prov 2,5 nicht gemeint haben.[3] Ihm ist es vielmehr um ein allgemeines Gotteswissen zu tun, wie die Parallele der Gottesfurcht zeigt (v.5a). Diese Bedeutung ist sonst eher verbal realisiert und bezeichnet das „praktische Verhalten mit einschließendem Bezug zur Gottheit"[4]. Daß das „Wissen um Gott" ethische Implikationen hat, geht z.B. aus Jer 9,22f. und 22,16 hervor.[5] Hier sind besonders die Stellen zu nennen, an denen das Gotteswissen parallel zur Gottesfurcht steht.[6] Dabei handelt es sich eher um späte und nicht nur um sapientielle Stellen. Daß Gott Weisheit gibt (v.6a), ist ein Topos, der in der Weisheit erst spät, wohl aus der Königsideologie, übernommen wird.[7]

---

[1] Plöger, Sprüche, p.25.
[2] So Wolff, „Wissen um Gott", p.193; cf. McKenzie, Knowledge; Schottroff, ידע, col.695; Botterweck, ידע, coll.507-509.
[3] Cf. McKenzie, Knowledge, p.22.
[4] Schottroff, ידע, col.694; cf. Botterweck, „Gott erkennen", pp.48f.
[5] Cf. Kutsch, Weisheitsspruch, pp.165.168.
[6] Cf. Jes 11,2; 33,6; Ps 119,79; 1 Kge 8,43 par. 2 Chr 6,33; Prov 1,7; 3,7; cf. Becker, Gottesfurcht, p.218.
[7] Hi 35,11; in Hi 38,36 ist gefragt: „Wer verlieh dem Ibis Weisheit, oder wer gab Einsicht dem Hahn?"(EÜ) Eine rhetorische Frage, deren Antwort natürlich Gott lauten muß (cf. 39,17, wo Gott Weisheit vergessen läßt); Qoh 2,26, wo Qohelet den Urhebergott einführt (cf. Michel, Untersuchungen, p.37). Zum Ganzen cf. Fichtner, Weisheit, pp.119f., wo die nachkanonischen Weisheitsschriften verzeichnet sind. Außerhalb der Weisheit werden nur noch die Handwerker an der Stiftshütte bei P von Gott mit Weisheit begabt (Ex 28,3; 31,6; 36,1.2; cf. 35,25, cf. Berlejung, Handwerker, pp.154f.157). Der traditionsgeschichtliche Ausgangspunkt dieser Vorstellung ist wohl die Königsideologie (cf. Berlejung, Handwerker, pp.150f.). Mesopotamischen Vorbildern folgend wird auch von Salomo behauptet, daß Gott ihm Weisheit gegeben habe (cf. 1 Kge 3,12; 5,9.26; ähnlich auch Karatepe KAI 26, A.I, 13; Jaʾudi KAI 215,11 - cf. Kalugila, King, pp.47-61.62-68; Brekelmans, Solomon, p.57). Ähnliche Vorstellungen finden sich sonst ebenfalls in späten Texten: Ps 51,8; 94,10 (cf. Spiekermann, Heilsgegenwart, p.282 n.16); 119,66.125; Prov 30,3 (cf. Gemser, Sprüche, pp.103f.); Dan 1,17; 2,21.23. Insgesamt also ein später

Die Rede von „Gottes Mund" begegnet uns überwiegend im Bereich des Deuteronomismus und bei P mit der Valenz des „Gottesbefehls".[1] Weisheitlich finden wir sie nur zweimal. In Hi 22,22, der 3. Elifazrede heißt es:

„Nimm doch die Weisung (תורה) aus seinem Mund," (EÜ)

und in Hiobs Antwort darauf beteuert dieser seine Unschuld Gott gegenüber (Hi 23,12):

„Das Gebot seiner Lippen gab ich nicht auf;
seines Mundes Wort barg ich im Herzen." (EÜ)

Nach Hölscher[2] besteht das Wort Gottes, das an den Menschen ergeht, in seinem Leiden (so Elihu in c.33). Doch bestreitet Fohrer, daß schon vor Elihu das Leiden als Redeweise Gottes hier einzutragen sei; er geht von der Bedeutung des Wortes Torah aus; damit sei hier die weisheitliche Unterweisung gemeint. Da Elifaz nicht als Mittler einer göttlichen Weisheit, als Charismatiker, auftritt – das tut erst Elihu (cf. 32,8)[3] – bleibt also unklar, wie Hiob hier Gottes Torah vernehmen können soll. Es bleiben dann zwei Möglichkeiten. Entweder identifiziert man die weisheitliche Lehre mit der schriftlichen Torah oder allgemeiner mit Gottes „geoffenbarter Forderung"[4]. Diese letzte Möglichkeit scheint mir wegen der emphatischen Rede vom „Mund Gottes" näherzuliegen, da dieser Begriff offenbarungstheologisch geprägt ist. Gemeint ist damit sachlich in beiden Fällen die ethische Weisung, die sich in einer solchen Torah ausspricht. Auch die Umkehraufforderung in 22,23 legt ein solches theologisch-moralisches Verständnis nahe. In den Hiobstellen geht es also um ein frommes und moralisches Leben. In Prov 2,6 geht aus Gottes Mund nicht die Torah aus, sondern „Wissen und Einsicht".[5] Doch dieses Wissen ist durchaus religiös-moralisch zu qualifizieren, wie die Verwendung von „Gotteswissen" in v.5b zeigt. Einen weiteren Hinweis in diese Richtung gibt die in der Weisheit singuläre Verwendung eines in den Psalmen ganz geläufigen Topos von Gottes Schutz für den חסיד, den „Frommen".[6] Damit stehen die vv.5-8 in der Nähe später

---

weisheitlicher Topos, cf. von Rad, Weisheit, p.77; Childs, Introduction, p.554. - Es ist daher unzutreffend, wenn Kraus, Verkündigung, p.11, diesen Satz als Formulierung der „herrschenden Ansicht" heranzieht; cf. Murphy, Faces, p.343, der auf Sap Sal 8,21-9,4 verweist und diese Idee im Zusammenhang mit einer Vergöttlichung der Weisheit sieht, wie sie in Hi 28 und Prov 8 vorliegt.

[1] Cf. Garcia-Lopez, פה, col.530; Perlitt, Wovon der Mensch lebt.

[2] Cf. Hölscher, Hiob, p.59.

[3] Dazu cf. Wahl, Schöpfer, pp.47f.

[4] Fohrer, Hiob, p.366, zu 23,12; cf. Witte, Leiden, p.87 n.98.

[5] Cf. Sir 24,3a (Baumann, Weisheitsgestalt, p.230).

[6] 1 Sam 2,9 (Danklied der Hannah = Psalm); (2 Sam 22,26 = Ps 18,26); Ps 4,(4).9; 16,10; 31,24; 37,28; 86,2; 97,10; Prov 2,8, cf. Ringgren, חסיד, col.85.

(Psalmen/persönlicher) Frömmigkeit[1] – und haben nur wenig genuin
weisheitliche Gedanken; im Kontext einer weisheitlichen Reflexion handelt
es sich um auffallende Gedanken. So findet sich die Bezeichnung חסיד bei
Ben Sira nur im Psalm Sir 51,29.

Diese Überlegungen machen es wahrscheinlich, daß nicht beide Apodoseis ursprünglich in c.2 gestanden haben.[2] Die inhaltlichen Erwägungen
lassen vermuten, daß vv.5-8 sekundär sind, da als Nachtrag eine theologische Deutung des Weisheitserwerbes als Gabe Gottes eher zu erwarten ist
als der Nachtrag des Schutzes durch die Einsicht, die in v.11 in Konkurrenz
zu dem vorher Gesagten tritt.[3] Dies deckt sich mit der Beobachtung aus dem
Textverlauf; in den vv.9-11 finden sich die gedanklichen Verbindungs-
glieder, die man braucht, um die vv.6-8 sinnvoll in ihren Kontext integrieren
zu können. Zu diesen Argumenten aus dem Gedankengang fügt sich die
Beobachtung, daß die vv.6-8 in der dritten Person formuliert sind;[4] nicht wie
vv.10f. in der zweiten. Findet also die Protasis, die den Schüler anredet, in
der zweiten Apodosis ihre direkte formale Fortsetzung,[5] so spricht auch dies
für die Ursprünglichkeit dieser Verse. Die vv.5-8 haben nur die Einleitungs-
formel aus dem Kontext übernommen, um sich mit diesem zu ,ver-
klammern'.[6] Doch warum hätte ein Redaktor seine Verse vorangestellt? Die
Vorordnung der Weisheitsgabe durch Gott hat ihren Grund darin, daß diese,
nach Meinung des Redaktors, eine logische Priorität vor dem Kommen der
Weisheit ins menschliche Herz hat.[7]

Ist nun die erste Apodosis wahrscheinlich ein Nachtrag, so ist die Komposition des Kapitels nicht mehr als wohlgegliedert anzusprechen, da der
einfachen Apodosis (vv.9-11) eine doppelte Zielformulierung (vv.12-15.16-
19) gegenübersteht. Ist die erste Doppelung nicht ursprünglich, so ist zu
fragen, ob die zweite – der vv.12-15 mit der von vv.16-19 – gleichfalls auf
eine spätere Erweiterung zurückgeht.[8] Zwar nimmt die Formulierung von
den ארחות חיים „Pfade des Lebens" in v.19 sachlich den Gehalt von 4,10-27
auf, indem der „Weg der Weisheit" (4,11) zum Leben führen soll (4,10.13.
22.23), doch die Formulierung hat innerhalb von Prov 1-9 ihre nächste
Parallele in 5,6, einem Vers, dem 2,19 inhaltlich entspricht. In 5,6 ist die
Rede davon, daß die Fremde Frau den Weg zum Leben verfehlt – und damit
auch der Schüler, wenn er sich mit ihr einläßt. Warum das so ist, steht in
2,18, der inhaltlich 5,5 und 7,27 entspricht. Die Einleitung 2,16 entspricht

---

1   Cf. Lang, Lehrrede, p.79; Boström, God, pp.135f.
2   Gegen Wilson, Sacred, pp.326f.
3   Cf. Michel, Proverbia 2, p.239.
4   Cf. Maier, Fremde Frau, p.87.
5   Cf. Boström, God, p.215 n.135.
6   Zum Begriff der „Klammer", cf. Wonneberger, Redaktion, p.117.
7   So die synchrone Auslegung von Fox, Pedagogy, p.239.
8   Diesen Umstand läßt Maier, Fremde Frau, bei ihrer Analyse des Kapitels außer Betracht.

bis auf das Verb im inf.cs. wörtlich der Formulierung aus 7,5; die Veränderung des Verbs erklärt sich leicht aus der Verklammerung mit dem Kontext aus c.2; es entspricht dem Verb in 2,12. Lediglich 2,17 hat in den übrigen Texten zur Fremden Frau keine Entsprechung. Allein zu 5,18 mag man eine Verbindung sehen: Ist in 2,17a vom „Freund ihrer Jugend" (אלוף נעוריה) die Rede, so in 5,18 umgekehrt von der „Frau der Jugend". Demgegenüber finden sich in vv.12-15 deutliche Bezugnahmen auf 4,10-27. Den ארחות ישר „Pfaden der Aufrichtigkeit" in 2,13 entsprechen die מעגלי ישר „Gleise der Aufrichtigkeit" in 4,11; in 2,13 und 4,19 findet sich das Motiv der Dunkelheit, das den Weg der Bösen Buben auszeichnet. Dem Motiv, daß die Frevler sich über ihr böses Tun freuen (2,14), entspricht die Schilderung der Frevler als solchen, die ohne Übeltat keinen Schlaf finden (4,16f.). Der seltene Parallelismus der Wurzeln עקשׁ „verkehrt" und נלוֹז „verdreht" findet sich in 2,15 und 4,24.

Die vv.16-19 haben also einen anderen Verweishorizont als die vv.12-15. Die vv.12-15 beziehen sich recht deutlich auf 4,10-19; die vv.16-19 weisen enge Bezüge auf die Texte zur Fremden Frau in cc.5.7 auf. Diese engeren Bezüge auf c.4 finden ihre Fortsetzung erst in 2,20; die Verse zur Fremden Frau unterbrechen diese Kette der Bezugnahmen; die vv.16f. sind sogar ganz frei davon. Mit der Theorie einer einheitlichen Verfasserschaft läßt sich dieser Befund nur schwer deuten. Die Parallelität der Texte ließe sich noch erklären; nicht aber, warum ein Autor, der mit c.2 die Disposition von Prov 1-9 schreiben will und dazu lexematische Verweise benutzt, diese Kette unterbricht, um auf ein anderes Thema zu verweisen.[1] Damit verwirrte er die Bezugnahme und konterkarierte seine Absicht. Gehen diese Verse aber auf einen Redaktor zurück, so erklären sie sich leicht: Zum einen bedient er sich der Doppelung von Formulierungsmustern, um seinen Eintrag der Umgebung anzupassen; zum andern wählt er eine Position vor der abschließenden Zielangabe in v.20, damit diese im Zusammenhang mit der Umgehung beider Gefahren, der Bösen Buben und der Fremden Frau, verstanden wird. Dabei kann der Redaktor eine Unterbrechung des Fadens der Bezugnahmen hinnehmen, da die Aufgabe einer Disposition deutlich bleibt, wie die Kommentatoren, die c.2 so verstehen, hinlänglich belegen. Dazu kommt, daß zwischen den vv.9.13.20 noch eine innere Kohärenz besteht: Werden in v.9 die drei Lexeme צדק „Gerechtigkeit", משרים „Recht" und טוב „gut" eingeführt, so finden sie sich in v.13 (ישׁר „Aufrichtigkeit") und v.20 (צדיקים „Gerechte", טובים „Gute") wieder. Auch dieser Zusammenhang spricht eher für die Ursprünglichkeit von vv.12-15 gegenüber der von vv.16-19.

Die vv.21f. gehören nicht mehr zu der Kette der Anspielungen auf Prov 4 – ja überhaupt zu den Themen aus Prov 1-9. Sie finden ihre nächsten Paral-

---

[1] Die Lexeme דרך und ארח tauchen im Parallelismus nur in cc.2 und 4, sowie 3,6 auf; nicht aber im Bereich der Texte zur Fremden Frau.

lelen in Ps 37,9 102,29 und Jes 65,8-12;[1] wie Michel gezeigt hat, nimmt
2,21f. das Motiv eines endzeitlichen Gerichtes auf, in dem die Bösen vertilgt
werden und die Gerechten das Land besitzen werden.[2]

Die literarkritische Analyse von Prov 2 hat ergeben, daß in diesem Kapitel ein ursprünglich eng an Prov 4,10-27 angelehnter Text durch mehrere
Blöcke erweitert worden ist. Die Grundschicht besteht aus vv.1-4.9-11.12-
15.20; damit wird die von Michel vorgelegte Analyse bestätigt.[3] Die Erweiterungen bringen andere in Prov 1-9 wichtige Themen wie das Verhältnis
Gottes zur Weisheit (2,5-8; cf.3,1-12.19-20; 8,22-31) und die Fremde Frau
(2,16-19; cf.5,1-14; 6,21-35; 7,1-27) in einen Zusammenhang und fügen
einen Schluß an, der das Motiv eines Endgerichtes aufgreift (2,21f.; cf. Ps
37; 102; Jes 65). Um diese Analyse noch weiter zu stützen, soll gezeigt
werden, daß es sich bei der Grundschicht des Kapitels um einen kunstvoll
strukturierten Text handelt, der in seinen kompositorischen Mitteln an 4,10-
27 anschließt. Über die formale Nähe zu 4,10-27 hinaus weist auch der
Inhalt eine deutliche Beziehung zu dem Doppelgedicht auf (s.u. 4.2).

4.2 Prov 2 Grundschicht und Prov 4,10-27

Die literarische Struktur der Grundschicht (c.2*=vv.1-4.9-11.12-15.20) ist
komplex. Man kann vorderhand die 12 Verse nach grammatischen Gesichtspunkten leicht in drei Strophen zu vier Versen einteilen: Die erste Strophe
vv.1-4 enthält die Protasis eines Konditionalsatzes, dessen Apodosis die
erste Hälfte (vv.9f.) der zweiten Strophe vv.9-12 ausmacht. Der zweite Teil
dieser Strophe ist eine daran angeschlossene Verheißung (vv.11f.),[4] deren
letztes Glied „Mann, der Falschheit spricht" in der letzten Strophe (vv.13-
15.20) expliziert wird durch attributive Partizipien (vv.13-14) und einen
Relativsatz (v.15). Der letzte Vers dieser Strophe gibt die Bestimmung (למען
„damit") des ganzen Gefüges aus Bedingungssatz (vv.1-10) und Verheißung
(vv.11-15) an.

---

[1] Cf. Delitzsch, Spruchbuch, p.66; Whybray, Problems, p.492; Michel, Proverbia 2,
     pp.236f.
[2] Cf. Michel, Proverbia 2, pp.237f. Gegen Schäfer, Poesie, p.70. Er sieht in ישׁי ein
     verbindendes Stichwort zu vv.9.13. Doch dies ist angesichts des sonst sehr dichten
     Netzes von Wortwiederholungen zu wenig.
[3] Cf. Michel, Proverbia 2, pp.240f.
[4] Doch ist der Einschnitt zwischen v.10 und v.11 nicht scharf.

Die letzte Strophe ist ausgezeichnet durch das sechsmalige Vorkommen eines Wortes für Weg, während in der ersten Strophe sich kein Lexem dieses Wortfeldes findet. Dabei klammern ארח „Pfad" und דרך „Weg" diese Strophe chiastisch:

v.13a:	ארח	v.13b:	דרך
v.20a:	דרך	v.20b:	ארח

Die zweite Strophe enthält zwei Vorkommen entsprechender Begriffe: v.9b מעגל „Gleis" und v.12a דרך „Weg". Der Wechsel vom zweiten ins erste Kolon bedeutet einen halben Chiasmus. Doch geht diese Gliederung nicht bruchlos auf. Zwar sind die Strophengrenzen als Einschnitte zu erkennen, doch fehlt es den Strophen an thematischer Geschlossenheit. Beachtet man die Inhalte, bietet sich vielmehr eine zweite Aufteilung an, die quasi über die dreistrophige gelegt ist: Wie wir gesehen haben, geht der Bedingungssatz nur bis v.10; in v.11 beginnt ein neuer Abschnitt. Damit ist das Gedicht in zwei Hälften geteilt. Diese Gliederung wird gestützt durch die Beobachtung, daß in vv.11a und 20b das Wort תשמר „sie bewahrt dich/du bewahrst" vorkommt. Zwar ist es in v.11a 3.sg.fem. und in v.20b 2.sg.mask., aber der Gleichklang des Wortes schafft eine Klammer zwischen dem ersten und letzten Kolon des zweiten Teiles.

Haben wir nun ein Gedicht aus zwei gleichlangen Teilen, so ist zu fragen, wie die beiden Teile zusammenhängen. Prov 2,1-4.9-15.20 ist eine konzentrische Komposition, in deren Mitte die vv.10 und 11 stehen. Die zweite Strophe des Gedichtes ist als innerer Rahmen um diesen Kern gelegt. In ihr wird chiastisch der מעגל טוב „der gute Weg" dem דרך רע „schlechten Weg" gegenübergestellt. Inhaltlich wird die andere Hälfte des Chiasmus von der Opposition der Person gebildet, die Gerechtigkeit, Recht und Geradheit einsieht auf der einen (v.9a.bα) und dem „Mann, der Falschheit spricht" (v.12b) auf der anderen Seite. Dieser Hinweis führt uns auf die thematische Gliederung des Diptychons: In seiner ersten Hälfte geht es um die Haltung des Weisheitssuchers, in der zweiten wird sein Gegenstück dargestellt, vor dessen Lebenswandel der Schüler bewahrt werden soll (v.20).

Beide Flügel des Gedichtes (vv.1-4.9/12-15.20) sind in sich konzentrisch angeordnet. Der äußere Rahmen des ersten Flügels besteht aus Protasis und Apodosis (vv.1.9). Die innere Klammer wird gebildet von den vv.2.4. Ihr gemeinsames Thema ist das Suchen der Weisheit im Bild der Schatzsuche (v.4) oder der Aufmerksamkeit von Ohr und Herz (v.2). Klanglich zusammengehalten wird diese Klammer durch die Assonanz von *q-sch-b/b-q-sch* (vv.2a.4a). Das Zentrum des ersten Flügels dieses Diptychons bildet v.3, der durch ein emphatisches כי „ja" hervorgehoben ist.

Der zweite Flügel ist strenger strukturiert als der erste, er wird nicht nur durch klangliche, sondern auch durch lexematische Rekurrenz gegliedert. Die dazu verwendeten Worte entstammen dem Wortfeld des Weges. Der äußere Rahmen wird von den vv. 12 und 20 gebildet, in deren ersten Kolon jeweils דֶּרֶךְ „Weg" vorkommt, während das gleiche Phänomen bei אֹרַח „Pfad" den inneren Rahmen kennzeichnet (vv.13.15). Das Zentrum des zweites Teiles ist in der scharfen Charakterisierung der Frevler zu finden, als derjenigen, die sich freuen, Unrecht zu tun.

1 בְּנִי אִם־תִּקַּח אֲמָרָי וּמִצְוֹתַי תִּצְפֹּן אִתָּךְ׃	erster Flügel
2 לְהַקְשִׁיב לַחָכְמָה אָזְנֶךָ תַּטֶּה לִבְּךָ לַתְּבוּנָה׃	
3 כִּי אִם לַבִּינָה תִקְרָא לַתְּבוּנָה תִּתֵּן קוֹלֶךָ׃	
4 אִם־תְּבַקְשֶׁנָּה כַכָּסֶף וְכַמַּטְמוֹנִים תַּחְפְּשֶׂנָּה׃	
9 אָז תָּבִין צֶדֶק וּמִשְׁפָּט וּמֵישָׁרִים כָּל־מַעְגַּל־טוֹב׃	
10 כִּי־תָבוֹא חָכְמָה בְלִבֶּךָ וְדַעַת לְנַפְשְׁךָ יִנְעָם׃	Mitte
11 מְזִמָּה תִּשְׁמֹר עָלֶיךָ תְּבוּנָה תִנְצְרֶכָה׃	
12 לְהַצִּילְךָ מִדֶּרֶךְ רָע מֵאִישׁ מְדַבֵּר תַּהְפֻּכוֹת׃	zweiter Flügel
13 הַעֹזְבִים אָרְחוֹת יֹשֶׁר לָלֶכֶת בְּדַרְכֵי־חֹשֶׁךְ׃	
14 הַשְּׂמֵחִים לַעֲשׂוֹת רָע יָגִילוּ בְּתַהְפֻּכוֹת רָע׃	
15 אֲשֶׁר אָרְחֹתֵיהֶם עִקְּשִׁים וּנְלוֹזִים בְּמַעְגְּלוֹתָם׃	
20 לְמַעַן תֵּלֵךְ בְּדֶרֶךְ טוֹבִים וְאָרְחוֹת צַדִּיקִים תִּשְׁמֹר׃	

Haben wir die Grundschicht von Prov 2 soweit in ihrer kompositorischen Struktur analysiert, so finden wir einige Analogien zu den poetischen Verfahren in Prov 4,10-27. Als erstes fallen die vierversigen Strophen ins Auge, doch besteht c.2* aus drei, Prov 4,10-27 aus zwei mal zwei Strophen, bzw. zwei+einhalb. Auch handelt es sich in Prov 2* um ein Gedicht in zwei Teilen, nicht um zwei Gedichte, die zusammengebunden sind. Bedenkt man weiter, daß die poetische Strukturierung in 4,10-27 sehr dicht war, so haben wir hier zwar eine etwas lockere Komposition, die aber durch die Tatsache, daß zwei Ebenen ineinander verwoben sind, ebenfalls ein hohes Maß an Subtilität aufweist. Doch besitzt Prov 2* noch zwei weitere Strukturanalogien mit 4,10-27. Zum einen wechselt wie in 4,10-27 das Wort דֶּרֶךְ „Weg" bei jedem Vorkommen seine Stellung vom ersten Kolon (v.12a) ins zweite (v.13b) und wieder zurück (v.20a). Zum anderen ist die Klammerung des zweiten Teils von c.2 (vv.12-15.20) genauso vorgenommen, wie die im ersten Gedicht (4,10-19):

	Kapitel 4	Kapitel 2
דֶּרֶךְ	v.11	v.12
אֹרַח	v.14	v.13
אֹרַח	v.18	v.15
דֶּרֶךְ	v.19	v.20

Diese Beobachtungen bestätigen einen literarischen Zusammenhang beider Texte, der sich schon bei der Betrachtung des verwendeten Vokabulars ergeben hatte. Doch stammen beide Texte wahrscheinlich nicht von einem

Autor: In c.2 werden die Gedanken aus 4,10-27 nämlich weiterentwickelt, wie im Folgenden gezeigt werden soll.

Das Neue in c.2* findet sich weniger in den Versen, die von der Übernahme sprachlichen Materials geprägt sind, als in den freier formulierten. Dies sind einmal die vv.3f. Dabei ist zu beachten, daß v.3 das Zentrum des ersten Flügels bildet. In vv.3f. wird der Schüler nicht nur auf die Worte des Lehrers verwiesen wie in 4,10-27, sondern auch auf die Weisheit selbst. Damit setzt er 2,2 vertiefend fort, wo er diesen Gedanken vorbereitet hat. Hieß es in 4,11 noch: „Auf den Weg der Weisheit weise ich dich" (also der Lehrer den Schüler), und qualifiziert „Weisheit" den Weg des Schülers, d.h. die Art seiner Lebensführung, so soll sich der Schüler in 2,2 der Weisheit selbst zuwenden, wie er sich in 4,20 den Worten des Lehrers zuwenden sollte. Damit spielt der Begriff der „Weisheit" in Prov 4,10-27 keine entscheidende Rolle für den Gedankengang. Ähnliches gilt für den Begriff der „Zucht" (מוסר), der in 4,13 eher die Worte des Lehrers meint als „Bildung".

Doch zurück zu c.2. Könnte man 2,2 vielleicht noch so verstehen, daß der Schüler sich der Weisheit *in* den Worten seines Lehrers zuwenden soll, so wird dieses Verständnis durch v.3 ausgeschlossen: Die Zuwendung zur Weisheit wird als „Anrufen"[1] charakterisiert, als eine Beziehung zu einem helfenden Wesen.[2] Auf der Linie dieser Vorstellung liegt v.11, das Zentrum der ganzen Komposition, wo gesagt ist, daß die Weisheit den Schüler behütet. Damit ist die Reflexion der Rolle der Weisheit das zentrale Thema von c.2*. Der Schüler soll nach Auffassung des Autors von c.2* nicht primär ein Verhältnis zum Lehrer, sondern zur Weisheit selbst unterhalten.[3] Diese wird zwar durch die Rede des Lehrers vermittelt, sonst könnte c.2* nicht auf 4,10-27 zurückgreifen, aber die Weisheit wird als eigenständige Größe[4] gesehen, die nicht in der Lehre des Lehrers aufgeht, sondern der eine selbständige Existenz zukommt. Wie ist aber diese Existenzweise zu verstehen?

Die Antwort auf diese Frage ergibt sich aus einer weiteren Beobachtung: Mit der Anknüpfung an 4,20-27 übernimmt der Autor von c.2* die anthropologische Fragestellung, die im zweiten Teil des Doppelgedichtes von c.4 verhandelt wird. Hier ist von Bedeutung, daß Prov 2 nicht imperativisch, sondern konditional anhebt: Der Unterricht des Lehrers ist schon vorausgesetzt. Sein Ziel wird in 2,2 als das „Merken auf Weisheit" angegeben, als das Streben, sich in eine Beziehung zur Weisheit selbst zu setzen, nicht nur in eine Beziehung zum Lehrer zu treten und stets sein Schüler zu

---

[1]   Cf. Labuschagne, קרא, col.673.
[2]   Cf. Baumann, Weisheitsgestalt, pp.229f.
[3]   Plöger hebt auf die Eigeninitiative des Schülers ab (cf. Sprüche, p.25).
[4]   Cf. Whybray, Composition, p.16: „semi-personified wisdom"; Fox, Pedagogy, p.237 n.11: „suggestive of personification but do no assert it directly"; demgegenüber meint Baumann, Weisheitsgestalt, p.231, nicht die Weisheit, sondern ihre Parallelbegriffe seien in Prov 2 personifiziert.

bleiben: im Hören auf das Wort des Lehres immer das zu suchen, was als Weisheit seiner Lehre zu Grunde liegt (2,3f.).[1] Dann erreicht man natürlich auch das Ziel, ein „guter" (טוב) Mensch zu werden (2,9). Aber die eigentliche Begründung für das Gut-werden liegt nicht darin, das zu tun, was der Lehrer fordert, sondern darin (כי „weil"), daß die Weisheit in das Herz kommt (2,10a). Bedingung dafür ist, daß man sein Herz dem geneigt gemacht hat (2,2) und man Wissen begehrt hat (2,10b) – aber die Weisheit ist Subjekt des Kommens. Ist sie im „Herzen", dem Sitz des Verstandes und dem „Zentrum der Person", wird dieser Mensch also rational von der Weisheit beherrscht,[2] so kann sie ihren positiven Einfluß ausüben: „Gewandtheit wird dich schützen, Verständnis dich bewahren" (2,11) und zwar davor, wovor der Lehrer gewarnt hat, dem Weg der Bösen Buben (4,14; 2,12). Dieser Einfluß kommt darin zum Ausdruck, daß die Weisheit vom Herzen aus den Schüler bewacht, während dieser zuvor sein Herz selbst bewachen sollte (4,23). Damit wird der Gedanke, daß die Lehre beim Schüler einen *habitus* im Herzen (=Verstand + Willenszentrum) ausbilden soll (c.4), weitergedacht und begrifflich neu gefaßt. Der *habitus* des Schülers erhält einen Namen: חכמה, „Weisheit". Sie wird als *habitus* zur anthropologischen Größe, zu einer eigenständigen Entität. Gleichzeitig bereitet die begriffliche Fassung als selbständige Entität auf die Möglichkeit ihrer Personifikation vor.

4.3 Zusammenfassung

Ausgehend von der Beobachtung, daß in c.2 so etwas wie eine Disposition der Themen von Prov 1-9 zu erkennen sei, habe ich gefragt, welche konkreten Textbefunde diese Verweise realisieren. Dabei hat sich ein doppeltes Ergebnis abgezeichnet:

a) Es gibt wörtliche Entsprechungen, die in c.2 auf die Themen aus Prov 1-9 verweisen. Dies betrifft vor allem die Blöcke vv.5-8 (Theologie) und vv.16-19 (Fremde Frau); hier fallen lexematische und thematische Entsprechungen zusammen.

b) Die Bezüge zu 4,10-27 sind komplexer. Zwar finden wir eine Reihe von lexematischen Verknüpfungen, doch sind diese nicht auf vv.12-15 beschränkt, wie es die Theorie vom Inhaltsverzeichnis erwarten ließe, sondern die Entsprechungen sind über das ganze Kapitel 2 verteilt, einschließlich der Teile, die der Funktion als Inhaltsverzeichnis nach auf die theologischen

---

[1] Traditionsgeschichtlich geht Prov 2* damit über das hinaus, was die ältere Weisheit zum Weisheitserwerb denkt, cf. Hausmann, Studien, p.290.

[2] Cf. Toy, Proverbs, p.41: „inward impuls".

Texte aus Prov 1-9 oder die Texte zur Fremden Frau hinweisen. Zu dieser Beobachtung kommt hinzu, daß sich der thematische Bezug nicht mit dem lexematischen in dem Maße deckt wie in den anderen Bereichen. In den vv.12-15 wird das Thema der Bösen Buben verhandelt. Dies ist aber nicht das dominierende Textthema in 4,10-27. Das Thema von 4,10-27 prägt vielmehr das gesamte c.2.

Die beiden ausgegrenzten Einschübe vv.5-8 und vv.16-19 zeichnen sich dadurch aus, daß sie genau den vv.9-11.12-15 parallel gebaut sind. Aufgrund des Gedankenganges und der Komposition des Kapitels konnte gezeigt werden, daß die Verse spätere Einträge sind. Auch die vv.21f. waren als spätere Zufügung anzusehen.

Die Grundschicht von c.2 (vv.1-4.9-15.20) hat sich als ein in sich geschlossenes, wohlkomponiertes Gebilde erwiesen, das eine Weiterführung von 4,10-27 darstellt. Dort wurde die Wahl dargelegt, sich zwischen dem Weg der Weisheit und Gerechtigkeit auf der einen und dem Weg der Frevler auf der anderen Seite entscheiden zu müssen. Diese Alternative von zwei Wegen prägt – auch terminologisch – das zweite Kapitel. Wurde in 4,20-27 ein anthropologisches Modell entworfen, um die Internalisierung der weisheitlichen Lehre zu beschreiben, so führt c.2 für die internalisierte Lehre als *habitus* den Begriff „Weisheit" ein.

Für die Analyse von Prov 1-9 als ganzem heißt das, daß das Thema der Fremden Frau möglicherweise einer Erweiterungsschicht angehört; eine solche Annahme könnte erklären, wieso der Zusammenhang von 4,10-27 mit 6,1-19 durch c.5 unterbrochen ist. An c.5 ist daher nun zu untersuchen, ob die Annahme einer sekundären Einfügung am Text des Kapitels bestätigt werden kann.

5. Die Fremde Frau und die eigene in Prov 5

Mit dem fünften Kapitel wird das Thema der Fremden Frau erstmals breit aufgegriffen, nachdem es in c.2 vorgestellt worden war.[1] Dieses Kapitel unterbricht, wie wir gesehen haben, den Zusammenhang zwischen 4,20 und 6,1-19. War in c.2 das Thema der Fremden Frau als Nachtrag aufgewiesen, so ist zu fragen, ob dies auch für c.5 wahrscheinlich ist. Insgesamt zeigt das Kapitel das Formschema von Einleitung (5,1-2), Hauptteil (5,3-20) und Schluß (5,21-23).[2] Zur ersten Orientierung sei eine Gliederung gegeben.

```
1-2: Proömium
   1: Lehreröffnungsformel
   2: Motivation
3-6: Das Wesen der Fremden Frau

7: Aufmerksamkeitsruf
8-10: Mahnung, von der Fremden Frau zu lassen
11-14: Einsicht des Verehrers der Fremden Frau an seinem Ende
   12-14: Zitat seiner Rede

15-19: Mahnung, sich an die eigene Frau zu halten
          16-17: 1. Begründung durch Folge
          18-19: 2. Begründung: Segen und Freude der Treue

20: rhetorische Frage: Warum also sich mit der Fremden Frau einlassen?

21-23: Theologischer Anhang
```

Die Meinungen der Exegeten zu Aufbau und Einheitlichkeit dieses Kapitels gehen auseinander. Betonen nicht wenige die Geschlossenheit seiner Komposition,[3] so ist für es andere Beispielfall literarkritischer Operationen in Prov 1-9. Relativ weit verbreitet ist die Skepsis gegenüber der Zugehörigkeit der vv.21-23 zum ursprünglichen Bestand des Kapitels. Daß das Kapitel aus zwei Hauptteilen besteht, nämlich der Mahnung vor der Fremden Frau (vv.1-14) und dem Lob der ehelichen Treue (vv.15-19), nehmen die meisten an – gehören aber beide Teile genuin zusammen? Scott zieht den zweiten Teil

---

[1] Cf. Strack, Sprüche, p.315; Meinhold, Sprüche, p.43.

[2] Cf. Lang, Lehrrede, pp.29-34; Meinhold, Sprüche, pp.100f.

[3] So Kayatz, Studien, p.62; Nel, Structure, p.61; Cottini, Composizione, pp.42f.; Kruger, Promiscuity, p.62; Meinhold, Sprüche, p.106: „absichtliche Gestaltung"; Plöger, Sprüche, p.53: ausgenommen vv.21-23.

über die eheliche Treue (vv.15-20) zu den Ermahnungen in c.6, vv.1-19.[1]
Whybray sieht den Kern des Kapitels in einem „short, compact and well
construed discourse"[2], der aus vv.1.2[3].3-6.8.21 bestehe. Vers 7 ist für ihn
eine Glosse; vv.9-14 böten sekundär eine andere Begründung für die
Warnung vor dem Ehebruch, und der Aufruf zur ehelichen Treue sei „inap-
propriate to instruction given to the young wisdom pupils".[4] Goldingay
gliedert das Kapitel in fünf Abschnitte: vv.1-6.7-14 (zwei parallele Lehrreden; vv.15-19 (keine Lehrrede sondern ein 6,1-19 verwandter Text); v.20
(Neueinsatz); vv.21-23 (loser Abschluß).[5] Er weist die verschiedenen Teile
unterschiedlichen Händen zu, da in c.5 שׁגה „torkeln/abirren" dreimal in
anderer Weise gebraucht sei: Erstens in einem aufgenommenen Textstück
vv.15-19, zweitens in der jahwistischen Reinterpretation vv.21-23 (nach Mc
Kane[6]);[7] drittens sei v.20 aus seinem jetzigen Kontext zu lösen und zwischen
v.2 und v.3 zu stellen. Dort fehle ein durch das כי (v.3) begründeter Befehl,
wie er in der rhetorischen Frage (v.20) impliziert sei.[8] Den elaboriertesten
Vorschlag machen Loretz und Kottsieper.[9] Dem Redaktor des Kapitels habe
vorgelegen: (a) eine Komposition aus einer Warnung vor dem Umgang mit
der Fremden Frau (vv.20.3-6*) und einem Zitat aus einem Liebeslied
(vv.15.18b-19); (b) vv.9-11 Begründung einer Warnung; (c) Beschreibung
des Endes des Wollüstigen (vv.22f.). Der Redaktor habe dann mit vv.1.7-
8.12-13.21[10] den Zusammenhalt des Kapitels gebildet. Die vv.2.14 seien
spätere Zufügungen unterschiedlicher Herkunft, über die Loretz und Kottsieper nichts Genaues sagen. Schäfer sieht die beiden Teile des Kapitels 5,1-
13* (ohne vv.7.14) und 5,15-20 als in sich geschlossene Lehrgedichte an,
denen mit vv.21-23* eine theologische Reinterpretation folge.[11]

Die folgende eigene Analyse setzt beim Schluß des Kapitels ein und fragt
nach der Verbindung der vv.21-23 mit dem Voranstehenden. Dort wird sich
die Frage nach dem Zusammenhang von c.5 mit 4,10-27 am klarsten beantworten lassen.

---

[1] Cf. Scott, Proverbs, p.57. Er folgt Skehan (Prov 5,15-19, p.294) und fügt Prov 6,22
    hinter 5,19 an.
[2] Whybray, Wisdom, p.48.
[3] Zwischen v.2 und v.3 fügt Whybray (nach dem Vorgang von Toy, Proverbs, pp.101f.)
    einen Vers analog zu 2,16 und 7,5 ein, den er so übersetzt: „Keeping thee from the
    ‚strange woman', From the ‚stranger' with the smooth words." (Whybray, Wisdom,
    p.47; cf. id., Proverbs, p.85).
[4] Whybray, Wisdom, p.48.
[5] Cf. Goldingay, Proverbs V, pp.80-83.
[6] Cf. McKane, Proverbs, p.313.
[7] Cf. Goldingay, Proverbs V, pp.85f.
[8] Cf. Goldingay, Proverbs V, p.88. Ihm folgt Maier, Fremde Frau, p.118.
[9] Cf. Loretz/Kottsieper, Colometry, pp.96-115.
[10] Cf. Loretz/Kottsieper, Colometry, p.113.
[11] Cf. Schäfer, Poesie, p.149.

5.1 Der theologische Anhang Prov 5,21-23

21 Denn offen vor den Augen Jhwhs (liegen) die Wege eines Mannes,
und all seine Straßen beobachtet[1] er.

22 Seine Verkehrtheiten fangen ihn, den Frevler[2]
und in den Stricken seiner Verfehlung verfängt er sich.

23 Er (ist es,) der stirbt aus Mangel an Zucht,
und wegen der Menge seiner Torheit torkelt er/ irrt er ab.

In den vv.21-23 wird der Tun-Ergehen-Zusammenhang entfaltet. Am deutlichsten ist das in v.22 zu sehen. Logisches Subjekt ist in beiden Kola die Verfehlung des Menschen,[3] die ihn, so die Metapher, zu Fall bringt.[4] Diese Faktizität wird z.B. auch in Prov 6,2 mit לכד „fangen" formuliert:

verstrickt bist du durch die Worte deines Mundes,

gefangen (נלכדת) bist du durch die Worte deines Mundes[5]

Die Qualifikation des Fehlverhaltens als עוון „Verkehrtheit" (v.22) ist jedoch in Proverbien sehr selten; die Wurzel erscheint nur noch zweimal. In 16,6 finden wir das Nomen, in 12,8 das Verb. Gewöhnlich ist עוון „Verkehrtheit" ein Begriff, der in theologischen Zusammenhängen erscheint.[6] Der zweite qualifizierende Begriff חטאת „Verfehlung" fehlt ebenfalls in Prov 1-9; nur das Verb und das Adjektiv der Wurzel kommen vor (1,10; 8,36). Anders als עוון „Verkehrtheit" findet sich die Wurzel חטא jedoch häufiger im Proverbienbuch.[7] So heißt es in Prov 13,6:

Gerechtigkeit behütet den Schuldlosen auf seinem Weg,
Frevler bringt die Verfehlung zu Fall. (nach EÜ)

Oder in 11,31:

Wird dem Gerechten vergolten auf der Erde,
dann erst recht dem Frevler und sich Verfehlenden. (nach EÜ, cf. 13,21)

---

1 Cf. HAL s.v. פלס II, p.883; anders Koch, דרך, col.306: „bahnen". Daneben Boström, God, pp.99.146, „wiegen".

2 Ein Äquivalent zu את הרשע fehlt bei den LXX; die Wendung ist jedoch nicht Glosse (so Meinhold, Sprüche, p.100), sondern dem Suffix nachgestellte Apposition, cf. GK § 131 m (gegen dessen n.3) cf. z.B. Jer 27,8 אתו → את נבוכדנצר - Solcherart Appositionen lassen die LXX, wie hier auch, oft aus (cf. 1 Kge 19,21; 21,13; Jer 9,14), manchmal auch das Suffix (cf. Ex 2,6; 2 Kge 16,15 Ketib), oder sie wählen eine andere Konstruktion (cf. Jer 31,2).

3 Die Suffixe beziehen sich auf איש in v.21a.

4 Die passive Aussage läßt sich so ins Aktiv transformieren: „Die Stricke der Sünde ergreifen ihn."

5 Cf. Prov 11,6; Qoh 7,26.

6 Cf. Knierim, עוון, col.244; Maier, Fremde Frau, p.125. So ist auch der Kontext in Prov 16,6 ein theologischer, cf. Meinhold, Sprüche, pp.267f.

7 Nomen: 10,16; 13,6; 14,34; 20,9; 21,4; 24,9 - Verb: 11,31; 13,22; 14,21; 19,2; 20,2 - Adjektiv: 13,21; 23,17. Das sind die Sammlungen B1 und 2 sowie C.

In 5,22 finden wir also eine weisheitlich geprägte Formulierung des Tun-Ergehen-Zusammenhanges. In v.21 vorgeschaltet ist eine Aussage über Gott. Wie ist sie zu verstehen? Das Bild vom Gott, der „beobachtet", spricht Gottes Aufsicht über die Welt und die Menschen an: Er sieht und weiß alles was „vor ihm (liegt)" (cf. Jer 17,16; Thr 2,19). Der Begriff „Augen Jhwhs" ist mit ähnlichen Assoziationen verbunden: „Jhws Augen" können zwar Heil bedeuten (Dtn 11,12) oder Gericht (Am 9,8), aber meist ist neutraler ein „Alles Sehen" gemeint (cf. Sach 4,10). Diese Haltung der „Allsichtigkeit"[1] ist mit dem Hören des Gebetes verbunden, so Ps 34,16:

> Die Augen des Herrn (blicken) auf die Gerechten,
> Seine Ohren (hören) ihr Schreien. (nach EÜ)

In Prov 15,3 ist diese „Allwissenheit" Gottes mit seiner moralischen Aufsicht über die Welt verbunden:[2]

> An jeden Ort (sehen) die Augen Jhwhs,
> sie wachen über Gute und Böse.

Diese moralische Aufsicht kümmert sich um den Tun-Ergehen-Zusammenhang, wie Prov 22,12 zeigt:

> Die Augen Jhwhs behüten das Wissen,
> die Worte der Verräter bringt er zu Fall. (cf. 24,12)[3]

Dieser Aspekt der „Augen Jhwhs" spiegelt sich auch in der geläufigen Redewendung von dem was gut bzw. schlecht ist „in den Augen Jhwhs".

Wir können nun das über Jhwhs „Aufsicht" über den Tun-Ergehen-Zusammenhang Gesagte zusammenfassen. Mit den Redewendungen נכח יהוה „vor Jhwh" und עיני יהוה „Augen Jhwhs" wird die Aufsicht Gottes über das moralische Weltgeschehen ausgedrückt. Diese hat zwei Seiten. Zum einen den Guten, Gerechten etc. Wohlergehen zu garantieren, zum andern den Schlechten, Bösen, etc. Untergang. Hier in diesen Versen ist nur eine Seite der göttlichen Weltaufsicht ausdrücklich genannt: das Zu-Fall-Bringen der Frevler. Mit dem Lexem עון „Verkehrtheit" ist eine deutliche Akzentuierung dieser theologischen Aussage gemacht, die durch die ebenfalls

---

[1]   Cf. Fichtner, Weisheit, pp.116f., als gemeinorientalischer Topos; Boström, God, p.146 (Ben Sira).

[2]   Cf. Meinhold, Sprüche, p.248. Gegen Hausmann, Studien, pp.259f., ist diese Stelle nicht nach 16,2 und 21,2 als Korrektur menschlicher Selbsteinschätzung zu verstehen.

[3]   Cf. Scott, Proverbs, p.52. - Die „Augen Gottes" auch im aram. Achiqar 172 (edd. Porten/Yardeni). In anderen Formulierungen: Prov 20,27 (cf. Meinhold, Sprüche, p.345); Hi 24,23; 31,4; 34,21; Ps 1,6; Sir 15,19; 16,17-23; 17,15; 23,19. Eine ähnliche Funktion hat Thot in Amenemope 17,10 (ed. Lange; Brunner Weisheit, p.248). - Auffällig ist an unserer Stelle, daß die Vergeltung Gottes nicht direkt ausgesagt wird. Vielmehr wird der Gedanke nur durch die Nebeneinanderstellung der vv.21 und 22 evoziert.

theologisch deutbaren Begriffe רשע „Frevler" und חטאת „Verfehlung" noch unterstrichen wird. Im letzten Vers des Kapitels wird diese ethisch-theologische Ebene verlassen. Mit מוסר „Züchtigung" und אולת „Torheit" werden sapientielle Begriffe benutzt.

Kommen wir nun auf die eingangs gestellte Frage nach der Funktion des כי von v.21 zurück. In v.20 schließt der Hauptteil des Kapitels mit der in eine rhetorische Frage verpackten Mahnung, nicht mit einer Fremden Frau, sondern mit der eigenen zu schlafen.[1] Insoweit könnte der Hinweis auf Gott als auf den, der jeden – auch den verborgenen – Frevel sieht, das Gewissen dessen schärfen, der ansonsten vielleicht die Ehe gebrochen hätte. Dann ist das כי durchaus kausal aufzufassen („weil"). Über diesen rein gedanklichen Nexus hinaus finden sich keine textlichen Anhaltspunkte,[2] die eine Kontinuität nahelegen. Eher im Gegenteil. Einmal wird, wie wir gesehen haben, ein ethisch-theologischer Diskurs eröffnet, der dem Kapitel sonst fremd ist. Zum andern wird die Wegmetaphorik verwendet, die nur in 5,6 und 5,8 vorkommt.[3] Diese Wegmetaphorik dominiert aber das Doppelgedicht von c.4, mit dem es die ethische Ausrichtung teilt. So neigen Meinhold und vor allem Scott dazu, diese Verse mit c.4 zu verbinden.[4] Es finden sich nämlich eine Menge lexematischer Anknüpfungen an c.4: עין 4,25; נכח v.25; דרך v.26; מעגל v.26[5]; פלס v.26; רשע vv.14.19. Die hier zitierten Wörter stammen aus

---

1   Cf. Overland, Structure, pp.109f.

2   Außer dem unten zu thematisierenden שגה.

3   Bei 5,21-23 handelt es sich um den einzigen Text in den cc.4-7, der auf Jhwh verweist. Aus diesem inhaltlichen Grund ist es kein Wunder, wenn McKane diese Verse als jahwistisches Interpretament ansieht (cf. McKane, Proverbs, p.312f.); ähnlich Toy, der schreibt: „General concluding reflection, similiar to what is found at the end of chs. 1.2.3, without special bearing on the body of the chapter, perhaps the addition of the final editor" (Proverbs, p.116.). Der Zusammenhang mit dem Vorangehenden ist so gering, daß McGlinchey sie für ein versprengtes Fragment hält (cf. McGlinchey, Teaching, p.6). Für Plöger stellen diese Verse eine (redaktionelle) Überleitung zu der von ihm angenommenen Einschaltung in 6,1-19 dar (cf. Plöger, Sprüche, p.58).

4   Meinhold sieht in der vorliegenden Gestalt des MT den Zusammenhang wegen des רשע eher zu c.4 gegeben (cf. Meinhold, Sprüche, pp.100f.) - hält aber das רשע für eine Glosse, während die Verbindung zu c.5 (שגה: vv.23→19) solchem Verdacht nicht unterliege (cf. Meinhold, Sprüche, p.101). Andererseits schreibt er, daß „die jetzige Stelle mit Bedacht gewählt worden" sei (cf. Meinhold, Sprüche, p.101), ohne freilich über ein „früher" Auskunft zu geben. Scott hält die 5,21-23 für den ursprünglichen Abschluß von c.4, bei dessen zweiter Lehrrede ja eine solche Konklusio passen würde (cf. Scott, Proverbs, p. 52). Dies hat wohl auch schon der Verfasser der bei den LXX überschießenden Verse am Ende von c.4 gesehen, der eine ganz ähnliche Erweiterung anschließt (cf. Toy, Proverbs, p.99: „is the expansion, by addition of the second and fourth lines of a modified form of 5,21"!).

5   Beachte jedoch den Unterschied in der Pluralbildung; nur 4,11 hat den Plural auf ים-; 4,26 ist singularisch; in 5,6.21; 2,15.18 wird der Plural auf ות-verwendet (cf. Michel, Grundlegung 1, p.37).

5,21f. und weisen deutliche Bezüge auf die beiden vorletzten Verse des c.4 auf; das dort verwendete Sprachmaterial wird erneut aufgegriffen und umgedeutet: Nicht mehr der Schüler wird aufgefordert, seine Wege zu beobachten (4,26), sondern von Jhwh wird ausgesagt, daß er dieses tut (5,21) und daß der Frevler (in der Folge davon) zu Fall kommt (5,22f.). Über diese inhaltliche Rückbindung hinaus gibt es noch eine formale: In c.4 dient דרך „Weg" zusammen mit seinen Parallelwörtern zur Strukturierung des Doppelgedichtes. Vor allem das Paar דרך „Weg" und מעגל „Straße" spielt dabei die Schlüsselrolle, indem es Anfang und Ende des Gedichtes zusammenschließt. Diese Verse (4,11.26) sind in sich chiastisch strukturiert, wie es auch 5,21 ist. Damit ist deutlich, daß 5,21 als Abschluß zu c.4 gehört. Es hat dann die Funktion einer *peroratio* zu 4,20-27 und das כי ist begründend aufzufassen.

Sind aber die vv.22-23 beide als primäre Fortsetzung von v.21 zu sehen? Wohl nicht, da v.23 mit שגה „torkeln" ein Wort aus 5,19 aufgreift.[1] Die Verweise auf c.5 sind noch ein wenig zahlreicher: ימות „er stirbt" verweist auf 5,5 (מות „Tod") und מוסר „Züchtigung" kommt in 5,12 vor. Dabei ist die Aussagerichtung in beiden Versen gleich: In 5,12 jammert der leidende Schüler, daß er sich seine Erziehung nicht zu Herzen genommen hat und die „Zucht gehaßt" hat. Dieser Zustand „ohne Zucht" wird in v.23 für den Tod des Frevlers verantwortlich gemacht. Der Rückgriff ist also nicht bloß lexematisch, sondern auch thematisch. Damit zeigt sich, daß in v.23, anders als in vv.21f., nicht c.4[2] vorausgesetzt ist, sondern c.5.

Wir können folgern: 5,21f. bilden, analog zu 4,18f, einen zweizeiligen Abschluß der Lehrrede 4,20-27, indem sie eine theologische Fundierung des dort Gesagten anfügen. Diese Beobachtung macht es unwahrscheinlich, daß, wenn 5,21-22 einstmals direkt hinter 4,10-27 gestanden hat, 5,23 noch dazugehörte, da diese zweite Peroratio sonst das Strophenschema durchbrochen hätte. 5,23 schließt sich mit הוא ימות „er ist es, der stirbt" an את־הרשע „den Frevler" grammatisch an. Aber die Thematik wechselt: Nicht mehr ethisches, sondern sapientielles Vokabular wird verwendet. Textlich sind die Bezüge – wie gezeigt – zu c.5 vorhanden. Vers 23 wurde also angefügt, als 5,21f. schon den Abschluß von c.5 bildete – er stellt eine dreiversige Stanze wie in 5,15-17 und 18-20 her. Die Verse 5,1-20 sind dann zwischen 4,27 und 5,21 eingeschoben worden. Für diese Nachträglichkeit spricht auch der Befund aus c.2: Die an 4,10-27 orientierte Grundschicht ist durch die Einführung des Themas der Fremden Frau und anderer erweitert worden.

---

[1] Cf. Meinhold, p.106.
[2] Prov 4,13 bildet so etwas wie die Folie für die Aussagen über die fehlende oder gehaßte Zucht in c.5.

5.2 Die Warnung vor der Fremden Frau Prov 5,1-14

Der erste Abschnitt der Warnung vor der Fremden Frau reicht bis zur erneuten Anrede und Höraufforderung in v.7, obwohl die Kette der Suffixe der 2.sg.fem. noch bis v.8 reicht. Doch gewichtiger als dieses Kriterium der Textkohärenz ist die explizite Textgliederung, wie sie in der Formel v.7 vorgenommen wird: Sie markiert den Übergang von der Darstellung (vv.3-6) zur Aufforderung (v.8) mit breiter Motivation (vv.9-14).

1   Mein Sohn, auf meine Weisheit achte,
     meiner Verständigkeit neige dein Ohr!
2   damit du Einsicht ‚und Erkenntnis‘ bewahrst,
     und Erkenntnis ‚meiner‘[1]Lippen möge dich behüten[2]

3   Ja,[3]Honigseim triefen die Lippen der Fremden,
     Glatter als Öl (ist) ihr Gaumen,
4   während ihr Ende bitter wie Wermut (ist),
     scharf wie ein Schwert mit zwei Schneiden.
5   Ihre Füße steigen zur Unterwelt hinab,
     die Scheol ergreifen ihre Schritte.[4]
6   Den Weg des Lebens beachtet[5] sie ‚nicht‘[6]
     ihre Straßen wanken, sie weiß es (nur) nicht.

In einem ersten Analyseschritt soll gefragt werden, ob es Anzeichen für eine Redaktion in den ersten sechs Versen gibt. Dazu soll der Gedankengang und Sprachgebrauch der Verse untersucht werden.

Die Aussage dieses Textes erschließt sich am ehesten über den Vergleich mit verwandten Texten, solchen aus Prov 1-9, in denen ebenfalls von der Fremden Frau die Rede ist.

---

1   Zur Textkritik von v.2 cf. Schäfer, Poesie, pp.131-135.
2   Zum Problem des nicht assimilierten *nun*, s.o. p.53 zu 2,11. Rössler, Präfixkonjugation, p.139: Mare'-Inversion zum Ausdruck der Gleichzeitigkeit.
3   Das כִּי ist emphatisch und leitet eine neue Einheit ein (cf. zu 4,3; Cottini, Composizione, p.28; Meinhold, Sprüche, p.99); z.B. ein Zitat (Ri 8,21; 2 Kge 19,3; cf. Carasik, Men, p.292).
4   Zur Übersetzung des zweiten Kolon cf. Ps 17,5. Der Unterschied zu Ps 17,5 besteht lediglich im בְּ, doch sind beide Konstruktionen bei תמך mit ganz ähnlicher Bedeutung belegt (cf. GB s.v. תמך, Nr.n 1. u. 2., p.881).
5   Cf. 4,26.
6   Problem ist die Stellung des פֶּן, es kann eigentlich nur am Satzanfang stehen. Das פֶּן mag durch *aberratio occuli* zu vv.9f. zustande gekommen sein (cf. Loretz/Kottsieper, Colometry p.104). So ist mit den antiken Versionen לֹא oder בַל zu verbessern (cf. Toy, Proverbs, p.107; McKane, Proverbs, p.314; Loretz/Kottsieper, Colometry, p.104).

Prov 2,16-19	Prov 5,3-8	Prov 6,24-25	Prov 7,5.24-27
לְהַצִּילְךָ מֵאִשָּׁה זָרָה מִנָּכְרִיָּה אֲמָרֶיהָ הֶחֱלִיקָה:	כִּי נֹפֶת תִּטֹּפְנָה שִׂפְתֵי זָרָה וְחָלָק מִשֶּׁמֶן חִכָּהּ: וְאַחֲרִיתָהּ מָרָה כַלַּעֲנָה חַדָּה כְּחֶרֶב פִּיּוֹת:	לִשְׁמָרְךָ מֵאֵשֶׁת רָע מֵחֶלְקַת לָשׁוֹן נָכְרִיָּה:	5 לִשְׁמָרְךָ מֵאִשָּׁה זָרָה מִנָּכְרִיָּה אֲמָרֶיהָ הֶחֱלִיקָה:
הַעֹזֶבֶת אַלּוּף נְעוּרֶיהָ וְאֶת־בְּרִית אֱלֹהֶיהָ שָׁכֵחָה: כִּי שָׁחָה אֶל־מָוֶת בֵּיתָהּ וְאֶל־רְפָאִים מַעְגְּלֹתֶיהָ: כָּל־בָּאֶיהָ לֹא יְשׁוּבוּן וְלֹא־יַשִּׂיגוּ אָרְחוֹת חַיִּים:	רַגְלֶיהָ יֹרְדוֹת מָוֶת שְׁאוֹל צְעָדֶיהָ יִתְמֹכוּ: אֹרַח חַיִּים פֶּן־תְּפַלֵּס נָעוּ מַעְגְּלֹתֶיהָ לֹא תֵדָע:		27 דְּרָכֶיהָ שְׁאוֹל בֵּיתָהּ יֹרְדוֹת אֶל־חַדְרֵי־מָוֶת:
	וְעַתָּה בָנִים שִׁמְעוּ־לִי וְאַל־תָּסוּרוּ מֵאִמְרֵי־פִי: הַרְחֵק מֵעָלֶיהָ דַרְכֶּךָ וְאַל־תִּקְרַב אֶל־פֶּתַח בֵּיתָהּ:	אַל־תַּחְמֹד יָפְיָהּ בִּלְבָבֶךָ וְאַל־תִּקָּחֲךָ בְּעַפְעַפֶּיהָ:	24 וְעַתָּה בָנִים שִׁמְעוּ־לִי וְהַקְשִׁיבוּ לְאִמְרֵי־פִי: אַל־יֵשְׂטְ אֶל־דְּרָכֶיהָ לִבֶּךָ אַל־תֵּתַע בִּנְתִיבוֹתֶיהָ: 26 כִּי־רַבִּים חֲלָלִים הִפִּילָה וַעֲצֻמִים כָּל־הֲרֻגֶיהָ: 27 דְּרָכֶיהָ שְׁאוֹל בֵּיתָהּ יֹרְדוֹת אֶל־חַדְרֵי־מָוֶת:

Der Aufbau der Textteile ist, wie die Übersicht zeigt, im großen und ganzen parallel. Bei genauerem Hinsehen ergeben sich jedoch Abweichungen. Außer in Prov 2 ist der Grundduktus der Warnung gleich. Er besteht aus zwei Teilen: Der erste knüpft durch ל+inf. an den vorausgehenden Text an.[1] Im zweiten Teil wird der Schüler gewarnt, sich nicht mit der Fremden Frau einzulassen. Dieses Grundschema wird in den Texten zur Fremden Frau stark variiert. Direkt nach dem Proömium schafft die Konstruktion ל+inf. in 6,24 und 7,5 einen fließenden Übergang zum Hauptteil; in c.2 und c.5 anders. Der Grund liegt für c.2 in der Tatsache, daß ein vorliegender Text ergänzt wurde. In c.5 wird die Anknüpfung nicht durch ל+inf. formuliert. Insgesamt fällt 5,3 aus den Einleitungsformulierungen heraus:

כִּי נֹפֶת תִּטֹּפְנָה שִׂפְתֵי זָרָה וְחָלָק מִשֶּׁמֶן חִכָּהּ	5,3
לְהַצִּילְךָ מֵאִשָּׁה זָרָה מִנָּכְרִיָּה אֲמָרֶיהָ הֶחֱלִיקָה	2,16
לִשְׁמָרְךָ מֵאֵשֶׁת רָע מֵחֶלְקַת לָשׁוֹן נָכְרִיָּה	6,24
לִשְׁמָרְךָ מֵאִשָּׁה זָרָה מִנָּכְרִיָּה אֲמָרֶיהָ הֶחֱלִיקָה	7,5

Lediglich zwei Lexeme sind 5,3 und den anderen Versen gemeinsam: die Bezeichnung der Frau als זרה „fremde" (5,3a; 2,16; 7,5), und der Hinweis auf die Glätte (חלק, 5,3b; 2,16; 6,24; 7,5) ihrer Rede. Doch finden sich gewichtige Unterschiede. Außer in 5,3 und 6,24 ist die Fremde אשה זרה (2,16;

---

[1] Cf. 2,16; 5,2; 6,24; 7,5.

7,5) genannt und tritt immer im Wechsel mit der Auswärtigen (נכריה, 2,16;
6,24; 7,5) auf. Zu diesen Variationen kommt, daß in den anderen Einfüh-
rungen der Fremden Frau ein einziges Satzmuster zugrunde liegt: ל+inf.
eines Verbes des Rettens, ergänzt durch ein mit מן eingeführtes Objekt, wovor gerettet wird, d.h. die Fremde Frau (erstes Kolon) bzw. die Auswärtige
(zweites Kolon). Dabei entsprechen sich 2,16b und 7,5b wörtlich, während
6,24a und 7,5a das gleiche Verb verwenden. Daraus dürfen wir folgern, daß
die drei Texte 2,16; 6,24 und 7,5 in einer engen Beziehung miteinander
stehen. In 5,3 ist das anders. Das wollen wir nun genauer analysieren.

Der Übergang von 5,2 zu v.3 ist nicht kausal: Das כי kann nicht mit dem
Folgenden das bisher Gesagte begründen, vielmehr wird hier das Thema der
Fremden Frau eingeführt. So dürfte das כי emphatisch zu verstehen sein
(„ja")[1] Bis auf das כי und die Erwähnung der Fremden Frau ist 5,3a iden-
tisch mit Cant 4,11a, einer „erotischen Lobrede, die gewissermaßen an die
Beschreibungslieder erinnert".[2] Das Bild des Honigs als einer köstlichen
Speise ist poetisch geläufig;[3] Ps 19,11 wird es für das Gesetz Gottes und
Prov 24,13f. für die Weisheit verwendet. Die „Glätte" ist in der Weisheit und
anderswo im Sinne der „Schmeichelei" o.ä. gebraucht und negativ konnotiert,[4] so Prov 26,28b:

Ein heuchlerischer Mund (פה חלק) verursacht Zusammenbruch.[5]

Dieses Motiv der heuchlerischen Glätte, der verführerischen Sprache taucht
in anderen Formulierungen in Prov 1-9 stets als Kennzeichen der Fremden
Frau auf: Prov 2,16 ≅ 7,5; 5,3; 6,24. Von ihren Lippen ist 7,21 die Rede. Das
Öl als Vergleich für Glattes findet sich nur einmal im AT, nämlich Ps 55,22
„glatt wie Butter ... linder als Öl" und bezieht sich auch dort auf das Sprechen einer negativ konnotierten Gestalt, des Feindes der Freunde Gottes (Ps
55,21). Da aber Öl in der Schönheitspflege eine Rolle spielte[6], klingt die
erotische Lobrede motivisch an, und so unterstreicht das Motiv die Ambivalenz der Gestalt. Als Organ des Schmeckens und der Rede dem paradigmatischen Wortfeld[7] „Mund" angehörend, wird das Wort חך „Gaumen" gerne

---

1   Cottini, Composizione, p.28; Meinhold, Sprüche, p.99. Damit wird der Versuch
     hinfällig, v.20 nach vorne zu ziehen (so Goldingay, Proverbs V, p.86; Loretz/Kottsieper,
     Colometry, p.102; Maier, Fremde Frau, p.118) oder ein Bikolon zu ergänzen (so Scott,
     Proverbs, p.54).
2   Gerlemann, Hohelied, p.154; anders Horst, Formen, p.176: „Bewunderungslied".
3   Zur erotischen Bedeutung, cf. Keel, Hohelied, p.155.
4   Cf. Bühlmann, Reden, pp.20f.
5   Zu חלק cf. Prov 28,23; 29,5; Ps 5,10; 12,3f.; 36,3; 55,22; Jes 30,10; Ez 12,24; Hos 10,2;
     Dan 11,32.
6   Das Salben ist ein Akt der Schönheitspflege von Frauen (Rut 3,3; cf. Esth 2,12; Judith
     10,3) und Männern (Cant 1,3). Cf. Thomson, Ointment, p.594.
7   Unter einem paradigmatischen Wortfeld verstehe ich eine Menge von Wörtern, die ver-
     wandte Objekte bezeichnet. Sie gehören der gleichen Wortklasse an und können daher

zur Konstitution eines synonymen Parallelismus membrorum meist mit פֶה „Mund" oder לשׁן „Zunge" verwendet; einmal in Prov 8,7 steht es auch parallel mit שְׂפָתִים „Lippen", dort als Ort des Rechthandelns, während an anderer Stelle der Gaumen Ort der Verfehlung ist: Hi 20,13; 31,30. Es zeigt sich also, daß für 5,3 keine engen Beziehungen der Formulierungen zu anderen Teilen aus Prov 1-9 zu finden sind, die Wendungen ganz eigenständig sind.

Nach dieser Analyse können wir 5,3 als kunstvolle Darstellung des verführerischen Wesens der Fremden Frau in seiner Ambivalenz[1] begreifen. Sie wird uns einerseits im ersten Kolon vorgeführt als sexuell attraktive Frau, indem aus einer „erotischen Lobrede" zitiert wird. Andererseits wird sie charakterisiert als eine, deren Sprache „glatt" ist, d.h. schmeichelnd-verführerisch ist – aber in einem negativen Sinne: heuchlerisch-gefährlich. Dies geschieht in einem synomym anmutenden Parallelismus membrorum, der von Außen (Lippen) nach Innen (Gaumen) fortschreitet:

v.3a: Lippen   Honig; (süß) →   positiv
v.3b: Gaumen   Öl; glatt   →   negativ

Vers 4 ist ein Chalsatz,[2] d.h. ein Nominalsatz mit der Satzteilfolge eines abhängigen Satzes, der dem Hauptsatz durch ein ו „und" angeschlossen folgt und einen Begleitumstand ausdrückt. In ihm wird das „Ende" (אחרית) der Fremden Frau beschrieben. Die Frage nach dem Ausgang einer Sache, dem Ergebnis einer Handlung oder eines Verhaltens ist im weisheitlichen Diskurs verbreitet. Es handelt sich um einen Aspekt des Tun-Ergehen-Zusammenhanges.[3] Ähnlich verhält es sich mit „bitter" (מר),[4] das in Am 8,10 ebenfalls vom Ausgang einer Sache gesagt ist; dort heißt es von der Verwüstung des Landes:

... und ihr Ende (אחרית) wie einen bitteren (מר) Tag.[5]

---

gleiche Positionen in einem Satz einnehmen. Im Hebräischen finden sich Wörter, die dem gleichen paradigmatischen Wortfeld angehören, im synonymen Parallelismus membrorum. Im Gegensatz dazu ist das syntagmatische Wortfeld dadurch bestimmt, daß bestimmte Wörter mit anderen besonders häufig im gleichen Syntagma auftreten; man kann hier auch von idiomatischen Wendungen, Phrasen o.ä. sprechen. Beispiel: „Hund" und „bellen" gehören dem gleichen syntagmatischen, „bellen" und „kläffen" dem gleichen paradigmatischen Wortfeld an. Zu den Begriffen cf. Lyons, Linguistik, pp.438f.

[1] Diese Ambivalenz von „verführerisch" und „gefährlich" ist bei Ptahhotep 285f. (ed. Zaba; Übers. Brunner, Weisheit, p.121) in einer anderen Metaphorik ausgedrückt, cf. Troy, Woman, pp.77f.

[2] Cf. GK § 156; Michel, Tempora, § 29 b; id., Probleme, p.223.

[3] Cf. Nu 23,10; 24,20; Dtn 32,29; Jer 17,11; Ps 37,37.38; 73,17; Hi 8,7; 42,12; Prov 5,11; 14,12.13; 16,25; 19,20; 20,21; 23,18.32; 24,14.20; 29,21; Qoh 7,8; 10,13; Thr 1,9. Cf. Hermisson, Studien, p.153.

[4] In Prov sonst nur noch 27,7; 31,6.

[5] Übers. Wolff, Amos, p.370.

Wermut ist von extrem bitterem Geschmack; auf der literarischen Ebene ist
er häufig mit Gift (ראש)[1] assoziiert und durchaus negativ konnotiert.[2] Dieses
düstere Bild der Zukunft der Fremden Frau wird im zweiten Kolon fortgesetzt; es ist auch syntaktisch mit dem ersten eng dadurch verbunden, daß
אחריתה „ihr Ende" Mubtada beider Kola ist. חד „scharf" ist im AT nur
viermal belegt; immer bezieht es sich auf das Schwert; חרב „Schwert" ist
aufgrund seiner konkreten Verwendungsweise und des metonymischen
Gebrauchs für „Krieg"[3] ein Symbol für Gewalt[4] – auch derjenigen der
Rede[5]. Hier jedoch ist an das gewaltsame Ende der Fremden Frau gedacht,
ein Ende, das ebenfalls dem Frevler bevorsteht, so Hi 15,22:

> ,Er kann dem Dunkel nicht entweichen'
> und ,aufgespart' ist er für's Schwert.[6]

In v.4 wird also mit einem in der Weisheit geläufigen Vokabular das Ende
der Fremden Frau beschrieben. Dabei lassen sich keine Beziehungen zu
Texten aus Prov 1-9 finden (außer „Ende" in 5,11). Der syntaktische
Zusammenhang mit v.3 ist hingegen sehr eng, da v.4 ein Chalsatz ist. Beide
Verse bilden eine grammatische und inhaltliche Einheit. Diese zeigt sich im
gedanklich kunstvollen Bau der Bilder: So ist der bittere Wermut die Opposition zum süßen Honig und die Glätte des Gaumens eine Opposition zur
Schärfe der Schwertschneide (פיות). Nehmen wir den bitteren Geschmack
auf der Zunge wahr und kann das Schwert auch die Gewalt der Rede
symbolisieren, so ist ein gemeinsames Feld von Bedeutungen angesprochen.
Dies sei in einem Schaubild zusammengefaßt:

(süß)	Honig	Lippen	
			Geschmack
bitter	Wermut	(Zunge)	
glatt	Öl	Gaumen	
			Rede/Äußerung
scharf	Schwert	Mund/Schneide	

Vers 5 schließt asyndetisch an v.4 an; in ihm wird das Ende der Fremden
Frau erneut thematisiert. Fand sich in v.4 ein Vergleich mit Wermut und
Schwert, also eine stark poetische Bildhaftigkeit, so wird in v.5 auf den Tod
hin konkretisiert und das Geflecht der semantischen Bezüge, das zwischen
v.3 und v.4 aufgebaut war, verlassen. שאול „Unterwelt" und מות „Tod" sind

---

[1]   Cf. Dtn 29,17; Jer 9,14; 23,15; Am 6,12; Thr 3,19.
[2]   Cf. Am 5,7; Thr 3,15.
[3]   Z. B. Gen 27,40; Lev 26,6.36; Dtn 33,29; Jes 1,20.
[4]   Z. B. Ex 18,4, cf. Wevers, Sword.
[5]   Z. B. Ps 55,22; Hi 5,15; Prov 12,18.
[6]   Übers. Hölscher, Hiob, p.38. Cf. Hi 19,29; 27,14; Ps 7,13f.; 37,15; 63,11.

geläufige Glieder im Parallelismus.[1] צעד „Schritt" ist ein vornehmlich poetisches Wort[2], das mehrfach mit דרך „Weg" parallel steht (Hi 31,4; 34,21; Prov 16,9), aber auch einmal mit רגל „Fuß" zusammengeht (Hi 18,7a || v.8a), wobei „Fuß" hier die Person der Fremden Frau *pars pro toto* vertritt. Die Formulierung des zweiten Kolons findet sich ähnlich in Ps 17,5a.

Prov 5,5b   שְׁאוֹל צְעָדֶיהָ יִתְמֹכוּ

Ps 17, 5a   ³תָּמֹכוּ, אֲשֻׁרַי בְּמַעְגְּלוֹתֶיךָ

Wörtlich übersetzt lautet Ps 17,5: „ihre Schritte ergreifen die Scheol". Der Unterschied von Prov 5,5b zu Ps 17,5 besteht lediglich im ב, doch sind beide Konstruktionen bei תמך mit ganz ähnlicher Bedeutung belegt.[4] „Schritte" (אשר) und „Fuß" (רגל) sind Begriffe, die gemeinsam im Parallelismus auftauchen. Der Zusammenhang der Wörter, wie er durch ihre Wortfelder vermittelt ist, sei in der folgenden Graphik veranschaulicht, wobei nebeneinander stehende Wörter dem gleichen syntagmatischen, untereinander stehende Wörter dem gleichen paradigmatischen Wortfeld angehören:

	מות	ירד		
		ירד	רגל	
			אשר	
			דרך	
שאול			צעד	תמך

Anders als in v.4, wo wir eine originelle sprachliche Gestalt antrafen, ist in v.5 geläufiges Formelgut, das mit der Fremden Frau verknüpft ist, rekombiniert. Dabei führen die Wortfelder zu einer assoziativen Verkettung der Lexeme. Wie die „Glätte" ihrer Rede, so gehört zum Motivinventar der Fremden Frau, wie es in Prov 1-9 typisch ist (cf. 7,27; 2,18f.), auch, daß ihr Weg zur Unterwelt führt.[5]

Dem Hinabsteigen in die Unterwelt beigesellt ist in v.6 das Verfehlen des Weges zum Leben. Dieses Motiv ist in Prov 1-9 stets mit der Fremden Frau verknüpft (2,19; 7,27). Das exegetische Problem dieses Verses besteht in der Frage nach dem Subjekt der beiden finiten Verbformen תפלס „beachtest du (mask.)/beachtet sie" und תדע „weißt du (mask.)/weiß sie", da beide Verbformern ambivalent sind: Sie können entweder 2.sg.mask. oder 3.sg.fem. sein. Der Kontext erlaubt grundsätzlich beide Möglichkeiten, wird doch der

---

[1]   Cf. Jes 38,18; Hos 13,14a; Hab 2,5; Ps 18,6 (par. 2 Sam 22,6); 49,15; Prov 7,27 - umgekehrte Reihenfolge: Jes 28,15.18; Hos 13,14b; Ps 6,6; 89,49; 116,3; Cant 8,6. Cf. Avishur, Studies, p.257; Illmann, Formulas, p.149.

[2]   Außer 2 Sam 6,13.

[3]   Zur Textkritik cf. Bardtke (BHS); Hossfeld/Zenger, Psalmen 1, p.115.

[4]   Cf. GB s.v. תמך, Nr.n 1. u. 2.

[5]   Cf. Couroyer, Chemin, pp.429f.; Maier, Fremde Frau, p.257.

Jüngling angeredet und ist ein weibliches Wesen, die Fremde Frau, Gegenstand der Rede. Beachtet man jedoch den Verlauf des Textes genauer, so stellt sich heraus, daß der angeredete Sohn nur in vv.1f. vorkommt; danach wird das Wesen der Fremden Frau beschrieben, ohne auf die in vv.1f. hergestellte Gesprächssituation Bezug zu nehmen: Der „Sohn" wird in den vv.3-6 nicht gemahnt. Erst in v.7 wird diese Gesprächssituation durch eine erneute Höraufforderung wieder aktualisiert. Die Höraufforderung ist mit ועתה „und jetzt" vom Bisherigen abgesetzt und im Plural formuliert. In v.8 schließt sich eine, singularisch formulierte, Mahnung an. Dieser Textverlauf macht es doch sehr wahrscheinlich, daß die in Frage stehenden Verbformen sich auf die Fremde Frau beziehen. Daß v.6b als Subjekt die Fremde Frau hat, ist überdies noch aus der Analogie mit 4,19 zu erschließen. In beiden Texten geht es darum, daß die Frevler bzw. die Fremde Frau auf dem negativ qualifizierten Weg gehen: entweder im Dunkel (4,19a) oder hin zum Tod (5,5). Doch wissen weder die Frevler (4,19b) noch die Fremde Frau etwas davon,[1] daß sie straucheln oder daß die Straße schwankt.

Die Bewertung der vv.5-6 hängt nun wesentlich von Querbezügen zu Texten in Prov 1-9 ab. Was dabei besonders auffällt, ist die Verwendung von Sprachmaterial aus c.4:

רגל	5,5	4,26f.
צעד		4,12
תמך		4,4
ארח	5,6	4,14.18
חיים		4,10.13.22.23
פלס		4,26
מעגל		4,11.26
לא ידע		4,19

Bis auf נוע „wanken" haben alle Wörter der vv.5f. eine Entsprechung in c.4 oder gehören zum Motivinventar der Fremden Frau (cf. 2,18; 7,27). Bei den aufgenommenen Begriffen handelt es sich um solche, die in der oben zu c.4 vorgetragenen Analyse als die strukturierenden Schlüsselbegriffe erkannt worden sind.

Wie ist dieser Zusammenhang zu interpretieren? Sind 5,1ff. eine originale Fortsetzung von c.4, oder gibt es Indizien dafür, daß sie als sekundär angesehen werden können? Diese Frage läßt sich beantworten, wenn geklärt ist, ob die Struktur von 4,10-27 in 5,1ff fortgesetzt wird oder nicht. Anknüp-

---

[1] Cf. Delitzsch, Spruchbuch, p.93; Nowack, Sprüche, p.34; Strack, Sprüche, p.324; Wildeboer, Sprüche, p.14; Frankenberg, Sprüche, p.41; Greenstone, Proverbs, pp.57f.; Cohen, Proverbs, p.27; Barucq, Proverbes, p.70; Scott, Proverbs, p.53; McKane, Proverbs, p.315; Plöger, Sprüche, p.55; Meinhold, Sprüche, pp.99.102. - Anders Boström, Proverbiastudien, p.139; Ringgren, Sprüche, p.28; Gemser, Sprüche, p.34: Der Jüngling strauchelt.

fungen an das Strukturschema von 4,10-27 gibt es tatsächlich. War ארח „Pfad" bei seinen beiden letzten Vorkommen in c.4 abwechselnd mit דרך „Weg" am Zeilenanfang erschienen (vv.18-19), so erkennt man, daß dieses Muster fortgesetzt ist: Die letzte Verwendung von דרך „Weg" am Zeilenanfang war in v.19; zwischen diesem Vers und 5,6 ist keine Zeile mit ארח „Pfad" eröffnet. Dann folgt in 5,8 דרך „Weg". Dieses steht zwar im ersten Kolon, nicht aber am Zeilenanfang. In 4,10-19 waren alle Wörter für „Weg" am Zeilenanfang in dieses Schema einbezogen. Doch verlangt dieses Strukturmuster nach Fortsetzung? Die Abfolge דרך - ארח - ארח - דרך ist konzentrisch; sie ist nicht auf Fortsetzung angelegt. Damit ist deutlich, daß in c.5 die Strenge der Struktur nicht wieder aufgenommen wird.

Aber noch ein zweites Strukturmuster ist aufgenommen: Stand מעגל „Straße" in 4,11 im zweiten Kolon, so in 4,26 im ersten. Bei seinem dritten Erscheinen in Folge im Bereich der cc.4-5 tritt es wieder im zweiten Kolon auf. In 4,20-27 taucht dieses Gliederungsmoment mit Begriffen für Weg nur noch als Reminiszenz an den Anfang des Schemas auf (4,11), indem ein Chiasmus mit דרך „Weg" und מעגל „Straße" gebildet wird. Dieser Chiasmus schließt beide Teile des Doppelgedichtes in 4,10-27 zusammen. In 5,6 wird zwar an diese Gliederung angeknüpft, sie wird aber gleichzeitig durchbrochen, indem nicht mehr דרך „Weg" als Wechselbegriff verwendet wird, sondern ארח „Pfad". Dieser Bruch der Ordnung zeigt an, daß hier wahrscheinlich keine ursprüngliche Fortsetzung vorliegt, sondern eine sekundäre Anknüpfung.

Gleiches gilt wohl für die beiden ersten Zeilen der Lehrrede: Vers 1 eröffnet die Lehrrede in c.5 stilgerecht mit einer Lehreröffnungsformel. Diese nimmt die Formulierungen von 4,20 auf, und setzt nur andere Nomina ein (cf. 2,2):

הט־אזנך	לאמרי	הקשיבה	לדברי	בני	4,20
לתבונה	תטה לבך	אזנך	לחכמה	להקשיב	2,2
הט־אזנך	לתבונתי	הקשיבה	לחכמתי	בני	5,1

Dieser Vergleich zeigt nicht, wie stark die Sprache der Proömien von Formeln geprägt ist, sondern wie an die unmittelbar vorausgehende Texteinheit angeknüpft wird.[1] Eine solche Anknüpfung kommt in Prov 1-9 nicht wieder vor. Das Verhältnis von 5,1 zu Prov 2,2 ist nicht auf der gleichen Linie zu sehen, sondern ist formelhaft, da das Paar חכמה „Weisheit" und תבונה „Verständigkeit" sehr geläufig ist.[2] In Prov 1-9 findet es sich noch einmal in 8,1. In 5,2 wird als Motivation der Lehreröffnungsformel ein

---

[1] Eine analoge Beobachtung machte bei Psalmüberschriften Zenger, Bedeutung, pp.175-177.

[2] Alle Derivate der Wurzeln: Gen 41,33.39; Ex 36,1; Dtn 1,13; Jes 11,2; Hi 28,12; Prov 8,1; Dan 1,20 - cf. Avishur, Studies, p.758.

Finalsatz angefügt, wie in 2,2 (cf. 6,24; 7,5). Das Vokabular ist ebenfalls für
Proömien gängig:

שְׁמֹר   4,21; 7,1.2
נְצֹר   3,1.21; 4,13.23; 6,20
מְזִמָּה   3,21
דַּעַת, שְׂפָתִים   Hi 33,3[1]

Wir finden also in den ersten beiden Versen von c.5 ein Proömium, wie in
Prov 1-9 zur Einleitung einer Lehrrede geläufig.[2] Kompositorisch bezieht es
sich auf 4,20 zurück.

In 5,5f. wird das in 5,4 Gesagte noch einmal in anderen Worten ausgedrückt; da diese Worte aus c.4 stammen und enge strukturelle Beziehungen
zu der Tektonik dieses Kapitels aufweisen, scheint mir der Schluß nahe-
liegend, daß die vv.5f. gebildet wurden, um 5,1-20* in 4,10-27+5,21-22
einzufügen. Mit 5,5f., werden thematische Verknüpfungen zu anderen
Texten der Fremden Frau deutlich gemacht. Die vv.1f. zeigen – wenn auch
in geringerem Maß – Bezüge zu c.4. Lediglich die vv.3f. sind von solch
engen Berührungen frei.[3] So sind wahrscheinlich die vv.1f. der gleichen
Redaktion wie die vv.5f. zuzuweisen.[4] Diese Verse bilden einen Rahmen um
einen zitierten Text, vv.3f., der redaktionell mit כִּי eingeleitet worden sein
dürfte. Dieser zitierte Text ist eine Sentenz; sie charakterisiert die „Fremde"
(זָרָה) in höchst kunstvoller Weise.

In v.7 setzt der Lehrer mit einer Höraufforderung[5] zum zweiten Mal ein –
nun, um vor der Fremden Frau zu warnen (v.8). Dieser Vers ist durch das
Suffix der 2.sg.fem. mit den vv.3-6 eng verbunden. Die Mahnung wird in
den vv.9-14 motiviert, indem die Folgen des Umganges mit der Fremden
Frau für den Schüler aufgewiesen werden, denen er dadurch entgehen soll,
daß er die Gebote des Lehrers befolgt.

7   Und nun, ihr Söhne, hört auf mich,
       und weicht nicht von den Worten meines Mundes!

---

[1]   Cf. Mal 2,7; Prov 14,7; 15,7; 22,17f.
[2]   Overland, Structure, p.96, vermutet, daß in der Wahl des Lexems שְׂפָתִים eine
      Stichwortaufnahme zu 4,21.24 hergestellt werden soll; jedoch findet sich das Lexem
      auch 7,21 und 8,6.7. Sehr deutlich ist diese Verbindung durch ein Wort, zu dem man
      noch שְׁמֹר gesellen könnte, freilich nicht.
[3]   Neben der Stichwortbrücke שְׂפָתִים findet sich allerdings in v.4 noch das Lexem פֶּה im
      Dual mit der Bedeutung „(Schwert-)Schneide". Doch dies ist im Vergleich zu den
      anderen Berührungen v.a. in den vv.5f. ein schwacher Anklang.
[4]   Anders Römheld, Weisheitslehre, p.127. Für ihn sind zwar die vv.1f. auch eine sekun-
      däre Einleitung zu 5,3ff., doch hält er sie für ein übernommenes Textmaterial, einen
      „Rat zur Gelehrsamkeit und zum Schülerfleiß". Dies erklärt aber nicht die engen struk-
      turellen Beziehungen der Lehreröffnungsformeln von 4,1-5,7, wie sie unten (s.u. 5.2)
      herausgearbeitet werden.
[5]   Zu וְעַתָּה+Imperativ: Dtn 4,1; 2 Sam 24,10; Jona 4,3; +Vokativ: Jes 44,1; Hag 2,4; Ps
      2,10; Dan 9,17.

8 Halte fern von ihr deine Wege,
   und nähere dich nicht der Tür ihres Hauses!
9 Damit du nicht andern deinen Glanz gibst
   und deine Jahre einem Grausamen;[1]
10 damit nicht Fremde sich an deiner Kraft sättigen
   und an deinem Einkommen im Haus eines Auswärtigen,
11 indem du stöhnst an deinem Ende,
   beim Hinschwinden deines Leibes und Fleisches,
12 indem du sagst: *Ach, ich habe Zucht gehaßt,*
   und Züchtigung hat mein Herz verschmäht,
13 *und ich habe nicht auf die Stimme meiner Erzieher gehört,*
   und meinen Lehrern habe ich mein Ohr nicht zugeneigt.
14 *Beinahe*[2] *wäre ich ganz ins Unglück*[3] *geraten*
   inmitten der Versammlung und Gemeinde.

Die Binnengliederung der vv.8-14 ist nicht absolut klar. Deutlich sind die vv.9f. von den übrigen abgerückt. Sie begründen v.8. Verse 9f. sind ganz parallel; nicht nur, daß sie beide mit der gleichen Konjunktion beginnen, sie sind auch inhaltlich analog: Der Schüler verliert etwas an Andere. Die vv.11f. beginnen mit einem *we*-AK. Beide schließen sich an vv.9f. an, da das *we*-AK die vorausliegende Aussage expliziert.[4] Vers 11 erläutert so die Verluste: Sie bedeuten, daß der Irregeleitete an seinem Ende stöhnen muß. Verse 12-14 illustrieren das Stöhnen durch ein Zitat des Schülers. Eine kom-

---

1 Der Parallelismus von הוד „Glanz" und שנות „Jahre" wird vielfach als unbefriedigend empfunden (cf. Oort, Spreuken 1-9, p.390; Ehrlich, Randglossen 6, p.27), so schon von den LXX, die ζωήν σου „dein Leben" übersetzen (nach Lagarde, Anmerkungen, p.20, haben die LXX הוד als „Seele" verstanden). Darum sind verschiedene „Heilungs"-Vorschläge unterbreitet worden:
   (a) Statt הוד lies הון, ein weisheitlich gern gebrauchtes Wort (cf. z.B. Prov 29,3), das „Reichtum" bedeutet. Pinkuss, Uebersetzung, p.130, will es als hebr. Vorlage von Syr. سولـ „deine Kraft/Tugend/Vermögen"; cf. Toy, Proverbs, p.111; ohne Hinweis auf das Syrische optiert für diese Emendation: Oort, Spreuken 1-9, p.390.
   (b) Statt הוד lies nach Peschitta und Targum חיל, cf. Fichtner (BHS).
   (c) שנה heißt nicht „Jahr", sondern nach dem Arabischen „Ehre", cf. Thomas, Root, pp.174f.; Fichtner [BHS]; McKane, Proverbs, p.316.
   Das erste Kolon von v.9 paßt aber sehr gut zu dem ersten des parallelen v.10; הוד und כֹּחַ sind auch als Parallelbegriffe belegt (Dan 10,8). Es ist daher untunlich, in diesem Kolon zu „verbessern". Für das zweite Kolon liegt aber nur eine Umdeutung aufgrund einer arabischen Wurzel vor (den Vorschlag von Ehrlich kann ich nicht nachvollziehen): Daher ist dem MT der Vorzug zu geben.
2 כמעט mit Verbum finitum Gen 26,10; Ps 73,2; 94,17; 119,87 Hi, 32,22 : „fast", „bald". Anders 2 Sam 19,37; so übersetzt Schäfer (cf. Poesie, pp.126.142): „Ich bin durch all das Unglück ganz unbedeutend geworden." Das ist immerhin möglich, aber nicht wahrscheinlich.
3 Wörtlich „alles Böse".
4 Cf. Michel, Tempora, § 13 a.

positorische Struktur, wie sie in 4,10-27 zu finden war, läßt sich für den vorliegenden Text nicht zeigen.[1]

Vers 7 wird von manchen als Glosse angesehen.[2] Hauptanlaß ist neben dem Plural der Anrede[3] die Identität des Verses mit 7,24. Delitzsch nimmt die Identität der Anrede jedoch als Gliederungssignal: Für ihn ist 5,7 ein genauso starker Neueinsatz wie 4,1, da an beiden Stellen der Plural gebraucht ist.[4] Der sehr enge, pronominale Anschluß (das fem. Suffix an מעליה bezieht sich noch auf die „Fremde" in v.3) wird von ihm dabei weniger stark gewichtet. Hier soll uns noch nicht die Identität mit 7,24 interessieren, sondern die Beziehung zu 4,1:[5]

4,1a: בנים מוסר אב   שמעו
                                    X
5,7:   ועתה בנים   שמעו־לי

Die ersten Kola der beiden Verse sind chiastisch aufeinander bezogen; dadurch ist 4,1(-9) mit 5,7(ff.) verknüpft. Dazu kommt eine Stichwort-verbindung zu 4,1-9: in 4,5 ist wie in 5,7b der Ausdruck אמרי־פי gebraucht.[6]Das zweite Kolon von 4,1 ist chiastisch auf 4,20 bezogen:

4,1b: לדעת בינה   והקשיבו
                                    X
4,20:   בני לדברי   הקשיבה

Die Lehreröffnungsformel in 4,20 ist, wie wir oben schon gesehen haben, strukturidentisch mit 5,1; die verwendeten Begriffe für die Lehre des „Vaters" sind דבר[7] „Wort" und אמר „Wort". Dies letztere verbindet 4,20 mit 4,10 im „Halbchiasmus". 4,10.20 und 5,1 sind untereinander zusätzlich dadurch verbunden, daß sie, anders als die Rand-Verse dieser Struktur (4,1 und

---

1   Die Gliederung von Schäfer, Poesie, pp.135-140, überzeugt nicht ; sie weist im Bereich der vv. 6-11 einige Unstimmigkeiten auf: So kann ich in לא תדע „sie weiß es nur nicht" und in v.9 kein „Todesmotiv" erkennen (cf. Schäfers Schema 23, p.138). Vers 9 enthält aber schon mit אחרים „andere" das Motiv der Fremden. Zudem gehören die vv.9-11 sachlich zusammen: Der Verlust von Glanz und das Hinschwinden des Fleisches meinen den gleichen Vorgang. Diese Beobachtungen zerstören die von Schäfer angenommene Konzentrik, die nach ihm auf gleicher Motivik beruht. Demgegenüber vernachlässigt er die grammatischen Gliederungen des Textes, die einen Einschnitt nach v.10 nahelegen und v.11 mit vv.12-13 verbinden.

2   Whybray, Wisdom, p.47; id., Proverbs, p.84; Maier, Fremde Frau, pp.113f.; Schäfer, Poesie, p.136.

3   So ändern manche die Anrede nach den LXX in den sing., cf. Toy, Proverbs, p.108; Ehrlich, Randglossen 6, p.27; Scott, Proverbs, p.53; Römheld, Weisheitslehre, p.128.

4   Cf. Delitzsch, Spruchbuch, pp.91.94f.; Arambarri, Wortstamm, p.163f. Die gleiche Formel auch CD 2,14 (Lohse, Texte, p.69), cf. Arambarri, Wortstamm, p.172.

5   Cf. Wildeboer, Sprüche, p.14, der im Plural בנים eine Erinnerung an 4,1 sieht.

6   Sonst nur in 8,8; 7,24 und 6,2 (bis); außerhalb Prov 1-9: Dtn 32,1; Ps 19,15; 54,4; 78,1; 138,4; Hi 8,2; 23,12; Hos 6,5; das Wort gehört also der poetischen Sprache an.

7   Cf. 4,4.

5,7), den Schüler im Singular anreden. 4,10 ist mit 4,1 durch das Lexem שׁמע „hören" verknüpft.

4,1	שַׁמְעוּ	בָנִים	מוּסַר אָב	וְהַקְשִׁיבוּ	לָדַעַת בִּינָה
4,10	שְׁמַע	בְּנִי	וְקַח אֲמָרָי		וְיִרְבוּ לְךָ שְׁנוֹת חַיִּים
4,20		בְּנִי	לִדְבָרַי	הַקְשִׁיבָה	לַאֲמָרַי הַט־אָזְנֶךָ
5,1		בְּנִי	לְחָכְמָתִי	הַקְשִׁיבָה	לִתְבוּנָתִי הַט־אָזְנֶךָ
5,7	וְעַתָּה	בָנִים		שִׁמְעוּ לִי	וְאַל־תָּסוּרוּ מֵאִמְרֵי־פִי

Ausgehend von den Lehreröffnungen des Doppelgedichts hat der Redaktor, der vermutlich 4,1-9 sowie 5,1-2.5-7 geschaffen hat, die Verklammerung der um diesen Kern gelagerten Lehreröffnungsformeln durch Stichwortaufnahmen und Chiasmen hergestellt. In 4,1 greift der Redaktor die Verben aus 4,10.20 auf; im ersten Kolon (4,1a) benutzt er das Verb aus dem ersten Kolon von 4,10; in 4,1b verwendet er das aus 4,20, stellt aber Verb und präpositionales Objekt chiastisch. In 5,1 übernimmt er die Verben aus 4,20 und ändert nur die regierten Nomina; die Anrede bleibt wie in 4,10.20 im Sg., während der äußere Rahmen 4,1 und 5,7 pluralisch ist und im ersten Kolon chiastisch gestellt ist. Wir sehen, daß die aufgezeigten Beziehungen der Lehreröffnungsformeln vom Redaktor bewußt zur Verklammerung eingesetzt wurden.[1]

Das, was der Jüngling verliert, wird durch vier Begriffe beschrieben, deren Bedeutungsfelder nicht ganz deckungsgleich sind. Klar sind vor allem die Ausdrücke in v.10. Eigentlich bedeutet כֹּח die „vitale Kraft"[2], kann aber konkret auch das Vermögen meinen (cf. Hi 6,22; Esr 2,69), was hier durch den Parallelbegriff עֶצֶב „Ertrag" nahegelegt wird.[3] Die Hauptbedeutung von הוֹד läßt sich aus der Königsprädikation als „Hoheit" erschließen. Diese Eigenschaft wird im AT gern Gott zugeschrieben – aber auch Tieren, dem Volk und, wie hier, einem Einzelnen. Als Parallelbegriffe finden sich neben dem schon erwähnten כֹּח „Kraft": תְּהִלָּה „Ruhm", נֹגַה „Glanz", עֹז „Stärke", זָהָב „Gold(-glanz)", גְּדֻלָּה „Größe", גְּבוּרָה „Macht", תִּפְאֶרֶת „Herrlichkeit", נֵצַח „Glanz".[4] Das Wortfeld von הוֹד ist also mit zwei hauptsächlichen Konnotationen versehen: einmal die von Kraft und Stärke (עֹז,גְּדֻלָּה,גְּבוּרָה), zum andern die einer Lichterscheinung (נֹגַה,זָהָב,תִּפְאֶרֶת[5],נֵצַח). Von den vier weisheitlichen Belegen[6] ist einzig Hi 40,10 mit unserer Stelle vergleichbar:

---

[1] Dies ist die Erklärung, die Schäfer, Poesie, p.137 n.538 vermißt.
[2] Van der Woude, כוח, col.823; cf. Warmuth, הוד, coll.376-379. - Dazu Prov 31,3, wo die Mutter den Jüngling mahnt, seine Kraft (חַיִל) nicht den Frauen zu geben.
[3] Cf. van der Woude, כוח, col.823.
[4] Cf. Vetter, הוד, coll.472-474.
[5] Zu תִּפְאֶרֶת im Zusammenhang mit Licht cf. Jes 60,19, dazu Langer, Gott, pp.135-137.
[6] Prov 5,9; Hi 37,22; 39,20; 40,10.

So schmücke dich mit Hoheit und Pracht,
und in Prunk und Pracht kleide dich ...

Ist dem Menschen in dieser Aufforderung die göttliche Hoheit als unerreich-
bar dargestellt, so kann sie in Prov 5 offenbar durch das Einhalten der
Mahnungen des Lehrers, wo nicht erworben, so doch bewahrt werden. Gemeint dürfte weniger das moralische Ansehen sein[1] als die äußere „Person in
ihrer stattlichen Erscheinung"[2] der „Jugendfrische"[3]; die verlorenen Jahre
wären dann in einem emphatischen Sinn als Gute Jahre, das sind die Jugend-
jahre[4], zu verstehen. Mit v.9b dürfte kaum auf die Todesstrafe[5] angespielt
sein, da in v.10 vom Verlust des Vermögens die Rede ist[6] und in vv.11(-14)
der Jüngling noch zu Wort kommt.

Wer die אחרים „Anderen", זרים „Fremden" und der נכרי „Auswärtige"
sind, ist relativ klar: Es sind allgemein „Andere", die zu dem Jüngling in
ganz unterschiedlicher Beziehung stehen können. Da in 6,1 זר „Fremder"
parallel zu רע „Nachbar" gebraucht ist, so muß es sich auch in 5,10 nicht um
Ausländer[7] handeln, die durch den Verlust begünstigt werden, obwohl der
Vers Hos 7,9 fast wörtlich entspricht:[8]

Hos 7,9   אָכְלוּ זָרִים כֹּחוֹ

Prov 5,10   פֶּן־יִשְׂבְּעוּ זָרִים כֹּחֶךָ

Im Hintergrund des Hoseawortes steht, daß andere Völker Israels „Kraft"
verzehren, d.h. die Erträge seines Landes durch Plünderung oder durch
Okkupation oder Tributzahlungen nutzen.[9] Doch da es sich bei den vom
Verzehren der Fremden Betroffenen um unterschiedliche Größen handelt (in
Hos ist es Israel, in Prov der Schüler), sind „die Fremden" verschiedene:
Dem Volk steht natürlich ein Volk, bzw. andere Völker als Fremde
gegenüber; einem Einzelnen aber andere Einzelne unabhängig von ihrer
Volkszugehörigkeit. Eine Zitation des Hosea-Textes in v.10 zu vermuten, ist
nicht tunlich. Bei diesem Gedanken des Verlustes an andere liegt vielmehr

---

[1] Cf. Barucq, Proverbes, p.71.
[2] Delitzsch, Spruchbuch, p.96.
[3] Strack, Sprüche, p.324; Maier, Fremde Frau, p.123.
[4] Cf. Qoh 11,9-12,6.
[5] So Strack, Sprüche, p.324.
[6] Cf. Frankenberg, Sprüche, p.42.
[7] So Wildeboer, Sprüche, p.15: „Ist es viell. der (tyrische) Wucherer, in dessen Hände der
     zerrüttete Buhle zuletzt gerät?"; Boström, Proverbiastudien, p.140: „etwas von der
     heiligen, israelitischen Kraft [sc. im sexuellen Sinne] Ausländern zu geben."; Maier,
     Fremde Frau, pp.123f.137.265.
[8] Cf. auch Jes 1,7 und Qoh 6,2.
[9] Cf. Wolff, Hosea, pp.160f.; Jeremias, Hosea, p.98.

ein Topos[1] vor, der sich noch im Jesaja-Buch,[2] im Psalter (Ps 109,11), in Threni (Thr 5,2.4.9), bei Qohelet,[3] Hiob (31,10) und ähnlich Sir 26,19[4] findet. Dieser Topos ist ebenfalls in Ägypten bekannt, so z.B. Amenemope 8,8:

> Gib dein Eigentum nicht einem Anderen.[5]

Bei den Prov 5,9-10 handelt es sich also nicht um die Aufnahme eines Motivs aus der prophetischen Gerichtspredigt, sondern um einen sehr verbreiteten, auch weisheitlich belegten Topos.[6]

Wer ist der Grausame (אכזרי)? Der Sprachgebrauch gibt da keinen eindeutigen Anhaltspunkt. Es ist ein Wort, das ausschließlich poetisch belegt ist. Sieben von dreizehn Vorkommen der Wurzel sind sapientiell. In den Proverbien finden sich zwei antithetische Sentenzen, die das Wesen des „Grausamen" zu illustrieren vermögen:

> Prov 11,17: Seinem Verlangen (נפש) nutzt der Loyale,
> aber seinem Fleische (שארו) schadet der Grausame.
>
> Prov 12,10: Der Gerechte kennt das Bedürfnis (נפש) seines Viehs,
> aber das Erbarmen der Frevler ist ein Grausames.
>
> Cf. Sira 8,15: Mit einem Grausamen geh nicht des Wegs,
> damit du nicht schweres Unheil über dich bringst. (nach EÜ)

Wie die Belege zeigen, steht der „Grausame" in Opposition zum „Gerechten" und zum „Mann des Erbarmens". Im Gegensatz zu den drei anderen Begriffen in 5,9f. ist damit der אכזרי „Grausame" ein deutlich negativ zeichnender Begriff.[7] Er bezieht sich wohl auf einen Menschen, wie die Parallelen Prov 11 und 12 sowie der unmittelbare Kontext zeigen, und nicht auf den Tod.[8] Es dürfte sich also bei dem „Grausamen" um eine Variation des Ausdrucks handeln, der diesselben Leute bezeichnet wie die andern drei Ausdrücke in vv. 9f.: fremde Männer – freilich unter einem anderen Aspekt.[9]

---

[1] Die vv.9f. müssen daher nicht Zitat sein, wie Loretz/Kottsieper, Colometry, p.108, annehmen.

[2] Jes 1,7; 62,8f.; 65,21f.; cf. Kaiser, Jesaja 2, p.36.

[3] Qoh 6,2; cf. Whybray, Ecclesiastes, p.104.

[4] Zu dieser Stelle auch bei der Auslegung von 5,15ff., s.u 5.4.

[5] Ed. Lange; Übers. A.M.; cf. die etwas andere Übers. bei Brunner, Weisheit, p.242.

[6] Gegen Maier, Fremde Frau, p.124.

[7] Darum will Toy, Proverbs, p.111, im Anschluß an das Targum נכרי emendieren.

[8] So Scott, Proverbs, p.54; ähnlich Midrasch Mischle (Übers. Wünsche, p.14) zu v.9: „Und deine Jahre einem Grausamen d.i. du wirst dem Grausamen Engel überliefert werden. V.10 Dass Fremde sich nicht sättigen an deiner Kraft d.i. dass nicht grausame Engel sich einst in der Hölle an dir sättigen." Als Möglichkeit Ringgren, Sprüche, p.29.

[9] Cf. Gemser, Sprüche, p.36.

Das „Stöhnen" נהם (v.11) ist ein Wort der poetischen Sprache; es ist der
Laut, den der Löwe von sich gibt, also eher ein „Knurren"; dies kann metaphorisch vom Meer gesagt sein (Jes 5,30) oder an zweimal von Menschen:
In Ez 24,23 ist wie in Prov 5,11 die Zusammenstellung von Fehlverhalten
und Stöhnen gegeben. Der unmittelbare Anlaß für die lautliche Äußerung ist
in beiden Fällen der körperliche Verfall. In Prov 5,11 ist vom „Dahin-
schwinden des Fleisches" die Rede. Dazu existiert eine Parallele Hi 33,21:

> Dann schwindet sein Fleisch - nicht anzusehen!
> Seine Glieder magern - noch kaum zu sehen![1]

Hierbei handelt es sich um einen Topos, wie nicht nur der zitierte hebräische
Beleg zeigt, sondern auch Parallelen aus der Umwelt.[2] Das Stichwort בשׂר
„Fleisch" verweist dabei wohl zurück auf 4,22, wo von den Weisheitsworten
gesagt wurde, daß diese das Fleisch heilen.

In den vv.12f. finden wir einige geläufige poetische Wendungen. Der Parallelismus oder die Verbindung von בשׂר „Fleisch" und שׁאר „Fleisch"
erscheint fünfmal in ganz unterschiedlichen Texten.[3] Ebenso sind מוסר
„Züchtigung" und תוכחת „Zurechtweisung" Parallelbegriffe. Das Hassen
(שׂנא) der Weisheit, des Wissens oder der Zucht ist viermal in Prov[4] und
einmal in Ps 50,17 belegt. „Verschmähen" (נאץ) ist zwar meist in theologischen Zusammenhängen verwendet, kommt aber zweimal in Proverbien
vor (Prov 1,30; 15,5). Zum typisch sapientiellen Vokabular zählen noch
שׁמע „hören" und נטה אזן „Ohren neigen".[5] Der Gedanke von 5,12, daß der
Verächter der Lehre stirbt, findet sich explizit in Prov 15,10. Wichtig ist, daß
5,12f. auf die fiktive Sprechsituation von Prov 5 eingehen, und vor allem
nimmt v.13 die Verben der beiden redaktionellen vv.1b.7a auf:[6]

v.1b: הט אזנך
v.7a: שׁמעו
v.13a: שׁמעתי
v.13b: הטיתי אזני

Die Aufnahme des Vokabulars bildet eine Inklusion: Der äußere Rahmen
wird durch das zweimalige הט אזנך „neige deine Ohren" jeweils am Vers-

---

[1]   Übersetzung Wahl, Schöpfer, p.62.
[2]   Ludlul bel nemeqi II, 50-120, v.a. 90-94 (Lambert, BWL, pp.44f.), cf. Wahl, Schöpfer,
      p.93 n.75.
[3]   Lev 18,6; 25,49; Jes 17,3-4; Micha 3,3; Prov 5,11; cf. Avishur, Studies, pp.159.674f.
      678-680.
[4]   Prov 1,22.29; 12,1; 15,10.
[5]   Cf. Loretz/Kottsieper, Colometry, p.107; ob die Beziehungen nur zur Gruppe redaktio-
      neller Verse bestehen, wie beide behaupten, sei dahingestellt; auch die enge Beziehung
      zu Prov 3,11 aufgrund des Parallelismus von מוסר und תוכחת ist mir nicht unmittelbar
      deutlich, da dieser ein in der Weisheit häufiger ist.
[6]   Dies erkennt auch Maier, Fremde Frau, p.114, wobei sie allerdings die Verbindung von
      v.7 zu v.13 als zu weiträumig ablehnt!

ende gebildet[1], der innere Rahmen durch שמע jeweils im ersten Kolon. Diese Beobachtung bestätigt die These von Loretz und Kottsieper, daß v.14 ein Nachtrag sei[2]: Er steht außerhalb dieses Rahmens. Dieser Rahmen bedeutet inhaltlich, daß die Weisheit, die der Lehrer vermittelt (cf. 5,1 חכמתי), hier das ist, was der Schüler durch den Einfluß der Fremden Frau verläßt.

Vers 14 setzt die Rede des Schülers fort, indem er in der 1.sg. formuliert ist. Dennoch ist er – wie gerade gezeigt – aus strukturellen Gründen als Nachtrag anzusehen. Die Beiordnung קהל ועדה „Versammlung und Gemeinde" ist nur hier belegt[3], gemeinsam treten beide Wörter aber häufiger auf: als Synonyme in stilistischer *variatio*,[4] in einer Konstruktus-Verbindung (Ex 12,6) und im Parallelismus.[5] Wie die Parallelen aus Ben Sira zeigen, ist dieses Paar der späten Weisheit geläufig. Das mit diesen Wörtern Bezeichnete ist in sapientiellen Texten nicht terminologisch streng festgelegt; so kann die Versammlung der Totengeister קהל „Versammlung" genannt werden (Prov 21,16) oder die Rotte der Gottlosen עדה „Gemeinde" (Hi 15,34).[6] Doch ist mit beiden Begriffen zumeist die Volksversammlung gemeint,[7] wobei durch den Zusatz שער „Tor" klar gemacht sein kann, daß die bürgerliche Gemeinde bezeichnet ist, die sich im Tor zu ihren Gerichtssitzungen zusammenfand.[8] Diese Bedeutung ist auch für 5,14 die wahrscheinliche.[9] Versteht man das Vergehen des Schülers als Ehebruch, so ist dieser mit Todesstrafe[10] bedroht; ein Urteil hat die bürgerliche Gemeinde zu fällen. Dies geht über vv.1-13 hinaus, wo von einer Bedrohung durch den Tod nicht die Rede ist. Diese Beobachtung bestätigt auf der inhaltlichen Ebene die Sekundarität von v.14. Doch seltsamerweise ereilt den Schüler die

---

[1] Die Rekurrenz dieses Lexems haben Loretz/Kottsieper, Colometry, p.107, und Schäfer, Poesie, p.135, erkannt, nicht aber die Rekurrenz des zweiten Lexems שמע und die daraus resultierende Struktur.

[2] Cf. Loretz/Kottsieper, Colometry, p.108; Schäfer, Poesie, p.142.

[3] Cf. Even-Shoshan, Concordance, p.1006 s.v. קהל; die umgekehrte Wortfolge ist nicht belegt.

[4] 1 Kge 8,5.14.22.55; cf. Avishur, Studies, p.646.

[5] Sira 7,7; 42,11; 44,15; 46,7; in Prosa Lev 4,13; cf. Avishur, Studies, p.164.

[6] Hier vielleicht Sprachgebrauch der Psalmen? Cf. עדה: Ps 22,17; 68,31; 86,14; 106,17; קהל:26,5.

[7] Prov 26,26; Hi 16,7(?); 30,28; Sira 7,7; 42,11; 44,15; 46,7; Ps 1,5.

[8] Hier ist der Parallelismus von משפט und עדה in Ps 1,5 bemerkenswert; cf. Ps 82,1. Gegen Sauer, עד, col.745. Für קהל bemerkt H.-P. Müller: „Seit der Königszeit wird qâhâl auch für die Gerichtsgemeinde verwendet (Spr. 5,14; 26,26 ...)" (קהל, col.612).

[9] Cf. Rost, Vorstufen, p.86: „Hier ist עדה die Rechtsgemeinde und steht parallel dem Wort קהל, dem Aufgebot zur Gerichtssitzung." - So auch Strack, Sprüche, p.325; Toy, Proverbs, p.110; Frankenberg, Sprüche, p.43; Gemser, Sprüche, p.37; Scott, Proverbs, p.54; Maier, Fremde Frau, pp.131f.

[10] Cf. Wildeboer, Sprüche, p.15; Maier, Fremde Frau, p.132, wobei sie nicht ausschließen will, daß die tatsächliche Rechtspraxis anders aussah.

Todesstrafe nicht; sie hätte ihn nur fast erreicht – man fragt unwillkürlich: warum nur „fast"? Darauf gibt der Text keine Antwort. Die Intention des Nachtrages besteht darin, die Todesgefahr, die von der Fremden Frau ausgeht, zu unterstreichen. War im vorliegenden c.5 nur von der Fremden Frau selbst gesagt, daß ihre Wege zur Unterwelt führen, so stellt v.14 die Todesgefahr für den Schüler heraus. Damit ist in v.14 die Fremde Frau nicht Prostituierte, sondern Verheiratete.

Fassen wir das Ergebnis zur Entstehung von 5,1-14 zusammen: Wie wir gesehen haben, ist 5,1-14 zwischen 4,27 und 5,22 sekundär eingeschoben worden. Zur Verklammerung dienen die Verse des Proömiums, besonders v.1 und v.7. Das Thema der Fremden Frau wird durch eine zitierte Sentenz eingeführt, die in vv.5-6 kommentiert wird. Dieser Kommentar verbindet Motive aus 4,10-27 mit den Topoi zur Fremden Frau, wie sie in Prov 1-9 geläufig sind. Die eigentliche Mahnung in v.8 wird in vv.9-13 unter Verwendung diverser Topoi begründet. Damit fällt ein Licht auf die Zuordnung von v.8: Er zieht aus der Sentenz über die Fremde Frau die Lehre – in diesem Falle die Mahnung – sich nicht mit ihr einzulassen. Dieser Vers ist daher wahrscheinlich auch der Redaktion zuzuordnen. Vers 14 ist ein Nachtrag.

5.3 Die Fremde Frau als Topos

Wer ist die „Fremde Frau"? Es gibt im wesentlichen drei Möglichkeiten, diese Frage zu beantworten:[1]

    (a) Die Fremde Frau ist eine Ausländerin.[2]

    (b) Sie ist eine verheiratete Frau, möglicherweise eine Israelitin.[3]

    (c) Sie ist eine Prostituierte.[4]

Daß die Fremde Frau eine Ausländerin ist, kann durch zwei Argumente begründet werden. Das Wort נכרי bezeichnet im Hebräischen meist einen „Volksfremden",[5] doch kann das Wort auch schlicht einen „Anderen" bezeichnen.[6] Gerade in weisheitlichen Texten ist der Parallelismus von זר

---

[1] S.o. die Literaturübersicht in der Einleitung, 1.1.1; auch Hausmann, Studien, pp.157f.

[2] Cf. Boström, Proverbiastudien, p.103; Ringgren, Sprüche, p.30; Hausmann, Studien, p.158.

[3] Cf. Frankenberg, Sprüche, p.27 zu 2,16-19; Nowack, Sprüche, p.34; Gemser, Sprüche, p.25; Barucq, Proverbes, p.59.

[4] Cf. Delitzsch, Spruchbuch, pp.64f.; die Prostituierte wird als Fremde bezeichnet, weil Prostitution „vorzugsweise durch eingewanderte Frauen" (p.65) ausgeübt worden sei.

[5] Cf. Martin-Achard, נכר, col.66.

[6] Cf. Lang, נכר, col.456.

und נכרי so zu verstehen.[1] Daher kann die „Fremde Frau" nicht ohne weiteres mit Rückgriff auf 1 Kge 11,1-8; Esra 10,2 und Neh 13,26 als Ausländerin[2] verstanden werden.[3] Diese Deutung war die Basis für das Verständnis der Fremden als Anhängerin eines fremden Kultes.[4] Da Prov 5,9f. – wie wir gesehen haben – ebenfalls nicht von Ausländern spricht, ist die Deutung auf die Mischehenproblematik insgesamt eher unwahrscheinlich; sie wird vielleicht nicht einmal als Nebenthema „anklingen"[5].

Bleiben nur noch die beiden letztgenannten Alternativen. Die Verortung der Fremden Frau in der Lebenswelt hat dann nach dem weisheitlichen Topos zu fragen, der den Stellen in Prov 1-9 zugrundeliegt. Das Thema der außerehelichen Geschlechtsbeziehung ist ein altes weisheitliches Thema; es steht neben dem der Heirat.[6] Schon bei Ptahhotep wird vor Ehebruch gewarnt:

> Wenn du die Freundschaft erhalten willst in einem Hause, zu dem du Zutritt hast ...
> hüte dich, den Frauen nahezukommen!
> Nicht kann der Ort gut sein, an dem das geschieht.
> Man wird betört durch einen fayenceschimmernden Leib,
> aber rasch hat er sich in Karneol verwandelt.
> Winzig ist es (das Vergnügen) nur, wie ein Traum,
> Das Ende bringt der Tod.[7]

Das gleiche Thema findet sich in etwas anderer Ausgestaltung bei Ani:

> Hüte dich vor einer Frau aus der Fremde (*šḥm.t m rw.t*),
> die in ihrer Stadt nicht angesehen ist.
> Zwinkere ihr nicht hinter dem Rücken ihres Gefährten zu!
> Erkenne sie nicht unrechtmäßig!
> Ein tiefes Wasser, das man nicht umkreisen kann,
> ist eine Frau, die ihrem Gatten fern ist.
> „Ich bin zärtlich (*nꜥ*)",[8] sagt sie dir täglich,

---

1 Prov 20,16=27,13; 27,2; cf. Snijders, זור, coll.562f.; Hi 19,15.
2 So v.a. Blenkinsopp, Context, pp.457-459.
3 Cf. Maier, Fremde Frau, pp.5-6.
4 Cf. Boström, Proverbiastudien, pp.134f.; dazu Maier, Fremde Frau, pp.7-9.199.
5 Maier, Fremde Frau, p.265.
6 Cf. für Ägypten Brunner, Weisheit, p.32; die Belegstellen sind: Djedefhor 1,4f. (ed. Helck; Brunner, Weisheit, p.102); Ptahhotep 325-338 (ed. Zaba; Brunner, Weisheit, p.122), 499-506 (ed. Zaba; Brunner, Weisheit, pp.127f.); Ani B 16,1; 21,1 (Quack, Ani, p.88f.110f.; Brunner, Weisheit, pp.199.208); Anchscheschonqi 8,12; 11,7; 13,12; 25,17.19 (Übers. Lichtheim, LEW; Brunner, Weisheit, pp.270.273.276). Mesopotamien: Counsels of Wisdom, 66-80 (Lambert, BWL, pp.102f.); Israel: Prov 18,22; 19,14. Cf. Fichtner, Weisheit, p.19; Hausmann, Studien, pp.149-155.
7 Ptahhotep 277-288 (ed. Zaba), Übers. Brunner, Weisheit, pp.120f.; dazu Troy, Woman.
8 Wörtlich „glatt"; dieses Wort hat jedoch übertragene Bedeutungen: „mitleidig sein", „zärtlich sein", „juristisch unbeansprucht sein" (cf. Quack, Ani, p.93 n.31); es handelt sich also um ein „raffiniertes Wortspiel „ (p.214), das mit seiner Grundbedeutung „glatt" vielleicht auch auf den erotischen Aspekt der Epilation anspielt (p.156).

wenn sie keine Zeugen hat.
Du wirst dastehen, gefangen in einem großen todeswürdigen Verbrechen,
wenn es gehört wird,
obwohl *du* doch *unkundig* warst.
Ein Mensch wird aus jedem Verbrechen gerettet,
ausgenommen dieses allein.[1]

Dieser Text warnt den Angeredeten vor Ehebruch und begründet dies mit dem drohenden Verlust des Lebens. Obwohl es keine Belege für die juristische Praxis einer Todesstrafe für Ehebruch in Ägypten gibt, ja die Rechtsquellen nur andere Sanktionen nennen, kennen literarische Quellen den Tod als Folge.[2] Dies ist auch der Tenor der späteren weisheitlichen Mahnungen.[3] Daneben gibt es eine Gruppe von Mahnungen, die nicht (ausdrücklich) den Tod androhen. Sie sprechen entweder allgemein vom Unglück, das den Ehebrecher befällt,[4] oder sprechen nur vom Verlust des Ansehens.[5]

Meist jüngeren Ursprungs sind die Warnungen vor dem Umgang mit Prostituierten. Sie werden nicht mit einer Todesdrohung verbunden, z.B. Anchscheschonqi 22,6:

Wer ein Straßenmädchen liebt, dessen Börse ist an der Seite aufgeschlitzt.[6]

---

[1]   Ani B16,12-17, Übers. Quack, Ani, pp.92-95. Da die Motive im zitierten Ani-Text alle in Prov 1-9 auftreten, nimmt Quack (Ani, pp.212-215) an, dieser Text sei - vermittelt über kanaanäische Zwischenstufen - die literarische Vorlage für die Gestaltung der Fremden Frau in Prov 1-9. Besonders die Aufnahme der Vokabel „glatt" gilt ihm als starkes Indiz. Jedoch gesteht er selbst ein, daß die metaphorische Bedeutung in beiden Sprachen eine ganz unterschiedliche ist. Der Übersetzer habe entweder den Sinn der Vokabel im Ägyptischen nicht verstanden oder das im Hebräischen nicht nachzu- ahmende Wortspiel durch ein anderes Motiv ersetzt. Gegen eine direkte literarische Abhängigkeit sprechen jedoch mehrere Gründe: erstens die „Zerlegung der Einzel- motive", die zweitens mit anderem Material durchsetzt sind, und drittens „weder in Reihenfolge noch in Wortlaut eng an die Vorlage anknüpfen" (Quack, Ani, p.214). Über diese Gründe, die Quack als Einschränkungen selbst nennt, hinaus gilt viertens, daß es sich bei dem Thema um einen Topos handelt. Die Tatsache, daß die Motive frei in Anordnung und Formulierung zwischen Ani und Prov 1-9 variieren, spricht für die Partizipation am gemeinsamen Topos, nicht für eine literarische Abhängigkeit.

[2]   Cf. Allam, Ehe, coll.1174f.; Quack, Ani, p.157.

[3]   Cf. Anchscheschonqi 23,6f. (Übers. Lichtheim, LEW, p.88; Brunner, Weisheit, p.287); Pap. Louvre 2414 (Übers. Brunner, Weisheit, p.293, Nr. 16, lin.7); Pap. Insinger 7,21-24 (übers. Lichtheim, LEW, p.203; Brunner, Weisheit, pp.310f.).

[4]   Cf. Ostrakon von Deir-el-Bahari (Übers. Lichtheim, LEW, p.103); Pap. Insinger 8,1f.12 (Übers. Lichtheim, LEW, p.204; Brunner, Weisheit, pp.310f.).

[5]   Cf. Pap. Chester Beatty IV, (Übers. Brunner, Weisheit, p.223, Nr.12, linn.29-30). Mesopotamien: Schuruppak 34 (Übers. Römer, TUAT III, 1, p.52).

[6]   Übers. Brunner, Weisheit, p.286; cf. Lichtheim, LEW, pp.49f. Auch Anchscheschonqi 24,10 (Lichtheim, LEW, p.89; Brunner, Weisheit, p.288).

Es wird also der Vermögensverlust oder die Schädigung der Lebensweise (Pap. Insinger 8,2)[1] vorausgesagt. In den ramessidischen Miszellaneen wird der Umgang mit Frauen im Rahmen des Themas von der schlechten Gesellschaft dargestellt, die die guten Sitten und den Lerneifer des Schreiberschülers untergräbt.[2]

Der israelitische Befund ist ähnlich; hier sprechen die meisten älteren Texte in Bildern von der Gefährlichkeit der Frau:[3]

> Prov 23,27f.: Denn eine tiefe Grube ist eine Hure (זונה)
> und ein enger Brunnen eine Fremde.
> Ja, sie lauert wie ein Straßenräuber,
> und Treulose unter den Menschen vermehrt sie.[4]

> Prov 22,14: Der Mund fremder Frauen ist eine tiefe Grube,
> wem der Herr zürnt, der fällt hinein. (EÜ)

Diese Stellen greifen eine Metaphorik auf, wie sie sich im akkadischen „Pessimistischen Dialog" 51f. findet:

> Eine Frau ist eine tiefe Zisterne, ein Loch, ein Graben,
> Eine Frau ist ein geschliffenes Eisenschwert, das den Hals des Mannes durchschneidet.[5]

Die Formulierung in Prov 23,27f. geht nicht auf Prov 1-9 zurück,[6] sondern ist eine topische Metapher. Sie repräsentiert eher die Vorgeschichte der Rede von der Fremden Frau in Prov 1-9.[7] So könnte die Todesmetaphorik aus diesem Bild stammen.[8] Die finanziellen Folgen des Umganges mit Prostituierten spricht Prov 29,3 offen aus:

> Der weisheitsliebende Mann ist es, der seinen Vater erfreut,
> aber wer mit Dirnen verkehrt, verschleudert sein Vermögen.

In Hiob 31,9-12 beteuert Hiob, keinen Ehebruch begangen noch versucht zu haben:

> Wenn sich mein Herz wegen einer Frau betören ließ
> und ich die Tür des Nachbarn belauerte,

---

[1] Übers. Brunner, Weisheit, p.310; cf. Lichtheim, LEW, p.87.

[2] Cf. Pap. Anatasi IV, 11,8-12,5; Pap. Lansing 8,2-7 (ed. Gardiner, LEM; Übers. Caminos, LEM); cf. Römheld, Wege, p.54, n.46.

[3] Cf. Hausmann, Studien, pp.156f.

[4] Übers. Meinhold, Sprüche, p.390. Die LXX haben eine sehr freie Wiedergabe; daher ist fraglich, ob nach ihr (ἀλλότριος) זונה in זרה geändert werden kann (so Gemser, Sprüche, p.87; Plöger, Sprüche, p.276). בגד bezieht sich möglicherweise auf die Untreue des Mannes gegenüber seiner Frau, cf. Ex 21,8; Mal 2,14-16, die keinen Bruch der eigenen Ehe darstellen, cf. Meinhold, Sprüche, p.396.

[5] Übers. von Soden, TUAT III, 1, p.161; cf. Steiner, Femme fatale, p.153.

[6] So Meinhold, Sprüche, p.396.

[7] Cf. Whybray, Proverbs, p.339.

[8] Cf. McKane, Proverbs, pp.391f.

,werde' meine Frau von einem anderen ,gemahlen'
und mögen andere (zum Beischlaf) auf ihr niederknien!
Denn das ist eine Schandtat,
und das ist eine Schuld, ,die vor den Richter gehört';
ja, ein Feuer ist es, das bis zum Untergang frißt
und meinen ganzen Ertrag ,verbrennt'.[1]

Hier werden die Folgen des Ehebruchs aufgeführt: Der Ehebrecher erleidet
die Untreue der eigenen Frau; er wird vor Gericht gestellt; das „Feuer bis
zum Untergang" wird wohl als Bild für den Tod zu deuten sein; dazu kommt
der Verlust des Besitzes.[2] Bei Ben Sira ist die Fremde Frau (אשה זרה)
offenbar ein Oberbegriff für alle möglichen Arten von Frauen, mit denen ein
sexueller Kontakt nicht erlaubt ist; so heißt es Sir 9,3:

> Nah dich nicht einer Fremden Frau,
> damit du nicht in ihre Netze fällst. (EÜ)

Im Folgenden werden dann verschiedene Arten von Frauen aufgezählt und
vor den Folgen des Umgangs mit ihnen gewarnt; so mit der Prostituierten
(Sir 9,7):

> Gib dich nicht mit einer Dirne (זונה) ab,
> damit sie dich nicht um dein Erbe bringt. (EÜ)

und der verheirateten Frau (Sir 9,9):

> Streck dich nicht mit einer Verheirateten (בעלה) zum Weingelage hin,
> sitz nicht berauscht mit ihr zusammen,
> damit du nicht dein Herz ihr zuneigst
> und verblutend ins Grab sinkst. (EÜ)

Hier unterscheidet Ben Sira wie in Sir 26,22[3] zwischen den Folgen des Umgangs mit Prostituierten und mit verheirateten Frauen; führt ersteres zu
Vermögensverlust,[4] so Ehebruch zum Tod.

Da in Prov 5 ein Hinweis auf die Todverfallenheit aufgrund einer Verur-
teilung wegen Ehebruchs nur in dem sekundären v.14 zu greifen ist und die
Todesmetaphorik sich in vv.5f. vor allem auf die Fremde Frau selbst bezieht,
sind die Folgen des Umgangs mit ihr Verlust von Geld und Gesundheit.
Diese Folgen werden sonst eher mit allgemeinen Warnungen (Prov 31,3)
oder mit solchen vor Prostituierten (Prov 29,3; Sir 9,6; 26,22; cf. Anchscheschonqi 22,6) verbunden. Damit ergibt sich für Prov 5, daß die Fremde
Frau hier wahrscheinlicher als Prostituierte zu verstehen ist.[5] Dennoch kann

---

1   Übers. Fohrer, Hiob, p.423.
2   Cf. Fohrer, Hiob, pp.434f.
3   Möglicherweise eine Auslegung von Prov 6,26, s.u. 7.1.
4   Cf. aber auch Sira 19,2.
5   Die von Plöger (Sprüche, p.56) und Meinhold (Sprüche, p.103) festgestellten „Unbe-
     stimmtheiten" kommen daher, daß wir nicht genau wissen, wie der Jüngling sein Geld

die Deutung auf die verheirate Frau nicht ausgeschlossen werden,[1] da nicht alle Warnungen vor Ehebruch auf den Tod als Folge hinweisen.

5.4 Mahnung zur Treue gegenüber der eigenen Frau Prov 5,15-20

15 Trinke (lieber) Wasser aus deiner (eigenen) Zisterne
und das, was aus deinem (eigenen) Brunnen hervorquillt!
16 Sollen deine Quellen etwa nach draußen fließen,
auf die (öffentlichen) Plätze die Wasser-Gräben?[2]
17 Sie sollen (vielmehr) dir allein gehören
und keinen Fremden neben dir.

---

verloren hat, wenn er mit Prostituierten umging, und wer die Fremden nun genau sind, die davon profitieren. Die beigezogenen Topoi setzen dieses Wissen bei den Hörern voraus; wir können es wohl nicht mehr rekonstruieren.

[1] Cf. Maier, Fremde Frau, p.138; sie sieht freilich die Alternative zur ausländischen Frau.

[2] Die obige Übersetzung nach dem MT; die griechische Überlieferung hat teilweise (B, S*) eine Negation an den Anfang gestellt: Reflektiert das den ursprünglichen hebräischen Text, und ist also eine Negation einzutragen (cf. Frankenberg, Sprüche, p.43; Gemser, Sprüche, p.34; Scott, Proverbs, p.55)? Oder handelt es sich bei dem MT um den korrekten Text? Ist er dann als Wunsch (cf. Delitzsch, Spruchbuch, pp.99f.; Ehrlich, Randglossen 6, p.28) oder als Frage zu übersetzen (cf. Nowack, Sprüche, p.37; Wildeboer, Sprüche, p.16; Strack, Sprüche, p.325; Toy, Proverbs, p.113; Barucq, Proverbes, p.74; McKane, Proverbs, p.218; Cottini, Composizione, p.28; Meinhold, Sprüche, p.100)? GK § 150 a nimmt eine unausgedrückte Fragepartikel an, die manchmal ausgelassen werde, wie in Gen 18,12; 27,24; Ex 8,22; 33,14; Ri 11,23; 14,16; 1 Sam 11,12; 16,4; 20,9; 22,7; 24,20; 25,11; 2 Sam 11,11; 15,20; 16,17; 18,19; 1 Kge 1,24; Jes 28,28; 37,11; 44,19; Jer 25,29; 45,5; 49,12; Ez 20,31; Hos 4,16; Jona 4,11; Sach 8,6; Mal 2,15aα [cf. Hugenberger, Marriage, pp.143-147]; Hi 2,9.10; 10,9; 30,24. In 12 von 30 Fällen übersetzen die LXX eine im Hebräischen ungekennzeichnete Frage nicht als solche, aber in den meisten Fällen wird deren Sinn nicht verändert. Einige Stellen werden anders als von GK bei neueren Auslegern wie von den LXX als Aussage verstanden, so Ex 33,14; Jes 44,19; Hi 10,9. Hos 4,16 geben die LXX als Aussage wieder, führen aber den Gegensatz von Einst und Jetzt ein. Aus diesem Befund ist zu folgern, daß die Übersetzer die Frage erkannt, sich aber für eine andere formale Wiedergabe entschieden haben. Unabhängig davon, ob nun das μή in den LXX ursprünglich ist (cf. Lagarde, Anmerkungen, p.21) oder nicht - es fehlt in A und ist von einem Korrektor in S gestrichen (cf. Delitzsch, Spruchbuch, p.99; Nowack, Sprüche, p.36; Toy, Proverbs, p.118), so wäre die davon vorausgesetzte hebräische Vorlage nicht unbedingt eine Verneinung wie אל oder פן (Lagarde nimmt ein einziges hebr. Wort als Vorlage für μή ὑπερεκχείσθω an), sondern dürfte in einer rhetorischen Frage liegen, die umformuliert wurde (cf. 1 Sam 20,9; Jer 25,29; [49,12]). Damit spricht auch die griech. Überlieferung zumindest in einigen Hss für die Deutung, daß es sich bei v.16 um eine rhetorische Frage handelt. Unnötig daher auch die Emendation von Skehan, Proverbs 5, p.295; er nimmt eine Haplographie an, die auf der Ähnlichkeit von איך und בארך beruht.

18 Dein Born sei gesegnet,
    und freue dich an der Frau deiner Jugend,
19 der lieblichen Hirschkuh und anmutigen Gemse!
    Ihre Brüste/Liebe möge/n dich laben zu jeder Zeit!
    Von ihrer Liebe torkele beständig (wie ein Betrunkener)![1]
20 Wozu solltest du (also), mein Sohn, wegen[2] einer Fremden torkeln/abirren,
    und den Busen einer Auswärtigen (kosend) umfangen?

---

[1] Die LXX übersetzen diesen Vers so: „Die Hinde der Liebe und das Fohlen deiner
Anmutigkeiten verkehre mit dir, deine eigene (sc. Frau, cf. v.18a) führe dich und
begleite dich zu jeder Zeit, in ihrer Liebe sollst du getragen werden zum geringsten (erg.
Zeitpunkt, also immer)." Diese Übertragung ist sehr frei, sie erklärt sich aber durchaus
aus dem MT. Das ὁμιλείτω ist allerdings eine freie Ergänzung, die aus den beiden
Appositionen zu v.18b einen eigenen Satz macht, wobei das Prädikat nach dem Duktus
des folgenden LXX-Textes gewählt ist (cf. Toy, Proverbs, p.118, gegen Hatch/Redpath,
die in ihrer Konkordanz z.St. das ὁμιλείτω als Wiedergabe des ירוך auffassen). ירוך ist
vielmehr mit zwei Wörtern übertragen worden: ἡγείσθω und συνέστω (Lagarde,
Anmerkungen, p.21). Wichtig für das Verständis dieser Abweichung vom Text ist die
Beobachtung, daß דד („Brust"), das synekdochisch für die Frau als Sexualpartnerin
steht, durch ἡ δὲ ἰδία übersetzt wurde. Die Bezeichnete ist in beiden Fällen dieselbe:
die eigene Frau, der Aspekt aber ein anderer: nicht das sexuelle Vergnügen an den
sekundären Geschlechtsmerkmalen der Frau wird hier in den Vordergrund gestellt, sondern die Legitimität der Beziehung, von der Besitzanzeige von v.18a einfach übernommen wird. Dem fügt sich auch die Veränderung des hebr. Verbs ein; bedeutet
dieses: „benetzen", „sich laben", so ist eine eindeutige Metapher für sexuelle Freuden
gewählt. Die LXX heben demgegenüber auf die Rolle der Gattin als Lebenspartnerin ab.
Von Lust keine Rede mehr. Diese „Übersetzungs"-Strategie wird in v.19 b (MT) fortgeführt: Das שגה, welches „torkeln" (hier: im Liebesrausch) heißt, wird durch ein συμ-
περιφερόμενος aufgenommen. Dieses Verb, wörtlich „gemeinsam hineintragen" o.ä.,
heißt etwa soviel wie „sich kümmern um" (Prov 11,29) und kann das Verhältnis von
Mann und Frau positiv wertend beschreiben: Von den drei Dingen, die der Weise gerne
sieht, nennt Ben Sira als letztes „Frau und Mann, die füreinander da sind" (25,1). Dabei
geht es um etwas Nicht-Sexuelles. So zeigt dieser Seitenblick auf den Sprachgebrauch
des Siraciden, daß der Übersetzer von Prov auch in 5,19b entsexualisiert hat. Diese
Betrachtungen über die LXX sind im Blick auf die Theorie unternommen worden, die
Skehan (Proverbs 5) vorgetragen hat. Die Beobachtung, aufgrund derer er sie entwickelt,
lautet, daß in 5,19 dem masoretischen דדיה ירוך kein griechisches Äquivalent
entspreche, und daß die Übersetzung von 5,19, wie sie sich in LXX findet, eigentlich die
von 6,22 (MT) sei (cf. Skehan, Proverbs 5, p.291). Daß diese Interpretation des
Verhältnisses vom masoretischen Text zum griechischen nicht stichhaltig ist, glaube ich
mit den voranstehenden Überlegungen gezeigt zu haben. Damit ist die Theorie Skehans
hinfällig.

[2] Das ב ist beide Male als Bezeichnung der Ursache zu nehmen; v.20b ist wegen des שגה
doppelsinnig: es meint bildlich „im Rausch der Liebe torkeln", aber auch „Abirren vom
(rechten) Weg" (cf. v.23).

Der gedankliche Verlauf der vv.15-20 ist nicht leicht zu ermitteln.[1] Besonders das Verständnis der Wassersymbolik sperrt sich gegen eine einfache Deutung. Klar ist v.15. Hier ist die Rede davon, Wasser aus seinem eigenen Brunnen zu trinken.[2] Das ist metaphorisch[3] zu verstehen als Mahnung, Liebe mit der eigenen Frau zu genießen.[4] Das Bild ist neben Prov 23,27[5], wo es negativ gebraucht ist, positiv in der Liebeslyrik[6] belegt, Cant 4,15:

> Die Quelle (מעין) des Gartens bist du,
> ein Brunnen (באר) lebendigen Wassers,
> Wassers (נזלים) vom Libanon. (EÜ)

Das Trinken ist eine Metapher für den sexuellen Genuß.[7] Damit ist das Verständnis des v.15 gesichert. In v.18 findet sich ebenfalls diese Metaphorik, wenn der Brunnen des Mannes gesegnet sein soll. Dieser Wunsch hat keine Analogien in der erotischen Lyrik. Er bezieht sich auf die weibliche Fruchtbarkeit[8] und liegt so jenseits des Gedankenkreises der Liebesdichtung. Auch die Aufforderung zum Liebesgenuß mit der eigenen Frau ist in der Liebesdichtung nicht zu erwarten. Zwar gibt es dort Aufforderungen, die Liebe zu genießen,[9] aber die Geliebten sind als nicht verheiratet vorzustellen; die Legitimität der Beziehung wird dort nicht thematisiert, wie es in

---

[1] Zur Gliederung cf. Schäfer, Poesie, p.143.

[2] Cf. 2 Kge 18,31 par. Jes 36,16, wo die Formulierung, konkret verstanden, Bild für das ungestörte Genießen der eigenen Reichtümer ist, cf. Gemser, Sprüche, p.37.

[3] Cf. Jes 51,1f.; Pessimistischer Dialog 51, Übers. von Soden, TUAT III, 1, p.161.

[4] Cf. Delitzsch, Spruchbuch, p.98; Nowack, Sprüche, p.36; Strack, Sprüche, p.325; Wildeboer, Sprüche, p.15; Robert, Attaches, RB 43, 1934, p.60; Greenstone, Proverbs, p.50; McKane, Proverbs, p.318; Meinhold, Sprüche, p.104; Maier, Fremde Frau, p.133; Whybray, Proverbs, p.89.

[5] Cf. Römheld, Wege, p.54.

[6] Cf. Frankenberg, Sprüche, p.43; Toy, Proverbs, p.112; Gemser, Sprüche, p.37; Cohen, Proverbs, p.28; Ringgren, Sprüche, pp.29f.; Scott, Proverbs, p.58; Barucq, Proverbes, pp.72f.; Loretz/ Kottsieper, Colometry, p.101; Meinhold, Sprüche, p.104; Whybray, Proverbs, p.89.

[7] Cf. Cant 5,1; 7,8; 8,2. - So Delitzsch, Spruchbuch, p.98; Maier, Fremde Frau, p.133.

[8] Cf. Delitzsch, Spruchbuch, pp.100f.; Nowack, Sprüche, p.37; Frankenberg, Sprüche, pp.43f.; Greenstone, Proverbs, p.51; Cohen, Proverbs, p.29; McKane, Proverbs, p.319; Plöger, Sprüche, p.58. - Dagegen Gemser, Sprüche, p.37, ohne freilich das Bild zu erklären. Scott paraphrasiert „Be grateful for" (Proverbs, p.55); Whybray, Proverbs, p.91, erwägt auch die Bedeutung sexueller Genuß. Doch spricht die Wassersymbolik für die Einbeziehung des Aspektes der Fruchtbarkeit: „Aparte la referencia individual, el campo sémantico sumerge al lector en un contexto simbólico plural: frescura, deleite, satisfacción, vitalidad, fecundidad." (Alonso Schökel, Proverbios, p.206) - Zudem ist der Segen, den eine Frau empfängt, ihre Kinderschar, so Gen 17,16; cf. 24,35f.; 28,3f. 48,3f. (cf. Keller/Wehmeier, ברך, col.362). Gen 1,28; 24,60; Dtn 28,4 (cf. Alonso Schökel, Proverbios, p.207).

[9] Z.B. Cant 5,1.

Prov 5 geschieht. Damit ist in Prov 5,15-19 ein sprachlicher, aber kein sachlicher Anklang an die Liebesdichtung zu finden.[1]

Neben der Klarheit des Bildes in den vv.15.18f. ist die Wassermetaphorik in den vv.16f. nicht eindeutig. Auffällig ist, daß die Ausdrücke im Plural stehen, während sie in vv.15.18 singularisch auftreten. Ist mit den „Quellorten" (מעינת) und den „Wassergräben" (פלגי מים) wie im Kontext die Frau gemeint[2] oder etwas anderes? Der Wechsel des Bezeichneten wäre dann durch den Wechsel vom Singular zum Plural angedeutet. Deutete man die „Quellorte" jedoch auf die Frau, so setzte sich das Bild aus v.15 ungebrochen fort. Das Wasser, das der Mann trinkt, könnte sich dann nicht mehr nach draußen verteilen. Es ginge dann um die eheliche Treue der Frau.[3] Sollte aber der Autor wirklich den Gatten davor warnen, daß, falls er seinen ehelichen Pflichten nicht nachkomme, seine Frau untreu würde (Hi 31,10)? Nimmt man hingegen den Wechsel des Numerus als Indiz für den Wechsel des Bezeichneten und beachtet ferner, daß mit חוצה „draußen" und רחבות „Plätze" ein Hinweis auf 7,12 vorliegt,[4] so soll das Wasser nicht zu den Orten fließen, an denen sich die Fremde Frau aufhält. Das könnte man verstehen als Hinweis auf die eheliche Untreue, da die Verführerin von Prov 7 auch verheiratet ist; aber die Mahnung geht im nächsten Satz weiter:[5] Die Wasser sollen nicht Fremden gehören. Dies ist ein Rückverweis auf 5,10.[6] Damit ist der Verlust des „Wassers" als Verlust des Mannes an die mit der Fremden Frau Assoziierten zu denken. So liegt es nahe, in v.16 ebenfalls eine Warnung vor dem Umgang mit der Fremden Frau zu sehen, einer Frau also, mit der man nicht verheiratet ist.[7] Ob man das „Wasser" in v.16 als Bild für Sperma[8] ganz konkret verstehen soll oder – analog zum Trinken –

---

[1]   Ob wörtliches Zitat (so Loretz/Kottsieper, Colometry, p.111) oder bloß Übernahme eines Motivs kann offenbleiben.

[2]   Das wäre möglich, bezeichnet doch מעין in Cant 4,12.15 die Geliebte; aber dort Singular.

[3]   Cf. Nowack, Sprüche, p.37; Strack, Sprüche, p.325; Wildeboer, Sprüche, p.16; Frankenberg, Sprüche, p.43; Gemser, Sprüche, p.37; Scott, Proverbs, p.58; Plöger, Sprüche, pp.57f.; Meinhold, Sprüche, p.104.

[4]   Dies sieht auch Kruger, Promiscuity, p.67, doch will er die Wasser mit der Fremden Frau identifizieren, diese Deutung übergeht aber das Suffix an מעינת; es ist hier keine Rede von „deiner Fremden Frau" wie man paraphrasieren müßte. - Dieses Paar (חוצה, רחבות) ist zwar mit 18 Vorkommen im AT recht häufig, dennoch scheint mir hier ein Verweis vorzuliegen in dem Sinne, daß das Motiv an beiden Stellen (5,16; 7,12) gleichsinnig gebraucht ist.

[5]   Versteht man v.16 als Frage (s.o. die Fußnote zur Übersetzung), so widersprechen sich v.16 und v.17 nicht, wie Loretz/Kottsieper behaupten (Colometry, p.98).

[6]   Cf. Loretz/Kottsieper, Colometry, p.101.

[7]   Cf. Toy, Proverbs, p.113; Ringgren, Sprüche, p.30.

[8]   So Boström, Proverbiastudien, p.142, und ihm folgend McKane, Proverbs, p.318. Delitzsch nimmt diese Deutung auch an, versteht aber v.16 als Jussiv; der Text fordert nach

allgemeiner für sexuelle Betätigung und dann in v.17 in dem, was dann anderen gehört, Kinder, mag offen bleiben. Klar ist jedoch, daß offenbar für den Israeliten der Sexualakt ein Verströmen von Kraft bedeutete (Prov 31,3).[1] So könnte man mit Ringgren[2] in 5,15-20 eine ähnliche Mahnung sehen wie in Sir 26,19-21:

> Mein Sohn, bewahre die Blüte deiner Jugend gesund,
> gib deine Kraft nicht Fremden hin!
> Hast du auf dem ganzen Feld einen fruchtbaren Acker ausgesucht,
> streu getrost deine Saat aus zur Fortpflanzung deines Geschlechts!
> Dann werden deine Kinder dich umgeben,
> sie werden groß werden im Vertrauen auf das edle Geschlecht. (EÜ)[3]

In Prov 5,15-20 wird also der sexuelle Umgang mit der eigenen Frau empfohlen, der dem mit der Fremden Frau vorzuziehen ist. Diese Opposition ergibt sich nicht nur aus dem Kontext und aus der rhetorischen Frage, mit der am Schluß die Aussage von c.5 zusammengefaßt wird (v.20).[4] Sie drückt sich auch in den Verweisen von v.16 auf 7,12 und v.17 auf 5,10 aus. In v.18 erinnert אשת נעוריך „Frau deiner Jugend" an אלוף נעוריה „Gefährte ihrer Jugend" von 2,17, das in v.19 vorkommende דוד „Brüste/Liebe" ist in Prov 1-9 nur noch in 7,18 belegt. Das Lexem חבק „umarmen" v.20 findet sich wieder in 4,8,[5] אהב „lieben" aus v.19b in 4,6. Damit faßt Prov 5,15-20 zentrale Motive aus Prov 1-9 zusammen. Es liegt nahe, in Prov 5,15-20 eine redaktionelle Bildung zu sehen, die die verschiedenen Texte verknüpfen und Themen zusammenfügen will. Dabei macht der Rückbezug auf Prov 4,1-9 deutlich, daß mit der eigenen Frau nicht die konkrete Person gemeint ist,[6] sondern das Bild von der Jugendliebe wird transparent für die in der Jugend empfangene Lehre des Vaters.[7] Dem Text eignet also eine stark metaphorische Qualität.

---

    ihm auf, seine Sexualität in der Ehe ungehindert auszuleben. In gleicher Weise deutet er v.17 (Spruchbuch, p.100).

[1] Cf. Hausmann, Studien, p.159.

[2] Cf. Ringgren, Sprüche, p. 30; auch McKane, Proverbs, p.319.

[3] Zum Text cf. Skehan/DiLella, Ben Sira, p.351. Die Frage der Gründung eines Hausstandes wird auch in den ägyptischen Lehren thematisiert, s.o. p.97 n.6; die Metapher von der Frau als Acker in Ptahhotep 330 (ed. Zaba; Übers. Brunner, Weisheit, p.122).

[4] Cf. Römheld, Weisheitslehre, p.131: „Mit der Anrede in 5,20 wird eine ganze Rede beschlossen, indem die vorher besprochene fremde Frau mit den Vorzügen der eigenen Frau verglichen wird." Die gleiche Schlußwirkung von בני in 3,11-12.

[5] Cf. Meinhold, Sprüche, p.105.

[6] Gegen Barucq, der hier nur eine „doctrine des sages sur les problèmes posés au jeune homme lors de l'apparition de sa vie sentimentale" sieht (Proverbes, p.73). Ähnlich Scott, Proverbs, pp.57f., der 5,15-19+6,22+5,20, darum mit 6,1-19 zusammenstellt.

[7] Im Midrasch Mischle wird die eigene Frau auf die Torah gedeutet, zu vv.18.20. Cf. Greenstone, Proverbs, p.50.

5.5 Zusammenfassung des Ergebnisses

Als Ergebnis der hier vorgetragenen Analyse ist festzuhalten, daß Prov 5 eine komplexe Genese hat. Gehörten die vv.21f. mit ziemlicher Sicherheit zu dem Doppelgedicht in 4,10-27, so ist der Rest des Kapitels offenbar zwischen 4,27 und 5,21 eingeschoben (bzw. v.23 angehängt) worden. Vers 14 steht außerhalb der Inklusion v.1b/v.7a↔v.13a/v.13b und stellt einen späteren Nachtrag dar. Der Redaktor bzw. die Redaktoren, denen die Gestaltung von c.5 zuzuschreiben ist, bedienten sich verschiedener Materialien: einer Sentenz über die Fremde Frau (vv.3-4), diversen Topoi (vv.9-13) und Bildern aus der Liebeslyrik (vv.15-19). Auf den Redaktor bzw. die Redaktoren selbst gehen wahrscheinlich die vv.1-2.5-8.12-13.15-20.23 zurück. Die Intentionen sind dabei folgende:

- vv.1-2: Schaffung einer Lehrrede und kompositionelle Verschränkung mit dem Doppelgedicht.
- vv.5-6: Motivische Verbindung mit c.4 (v.a. Wegmetapher) und mit den Texten zur Fremden Frau in Prov 1-9.
- vv.7-8: Herstellung des Formschemas der Reden über die Fremde Frau; daneben motivische Verknüpfung mit c.7 und c.4.
- vv.12-13: Abschluß des ersten Teils der Lehrrede in c.5 durch Inklusion.
- vv.15-19: Zusammenführung von Motiven der Fremden Frau mit solchen der Frau Weisheit (aus 4,1-9) zur Schaffung der Opposition Fremde Frau vs. eigene Frau (Lehre der Jugend).
- v.20: Kompositorische Rückbindung an den ersten Teil des Kapitels.
- v.23: Einbindung von 5,21-22 in die Strophenstruktur von c.5.

6. Der Erwerb der Weisheit in Prov 4,1-9
als Eröffnung des Textkomplexes Prov 4,1-5,23

Die Auslegung von 5,7 hat gezeigt, wie dieser Vers c.5 an 4,1-9 zurück-
bindet. In 5,15.20 fanden wir weitere Verweise auf diesen Text, den wir nun
auslegen wollen.

1 Hört, ihr Söhne,[1] die väterliche[2] Zucht/Lehre,
   passt auf, damit ihr Einsicht lernt.
2 Denn eine gute Lehre[3] gebe ich euch,[4]
   meine Weisung[5] verläßt nicht!
3 Ja,[6] (als) ich ein Sohn war meinem Vater,
   zart und einzig nach Meinung[7] meiner Mutter,

MT	LXX B
4 da unterwies er mich und sprach zu mir:	welche sprachen und mich lehrten:
Dein Herz/Verstand ergreife meine Worte,	unser Wort stürme in dein Herz hinein;
bewahre meine Gebote und lebe.	bewahre die Gebote,
5 Erwirb Weisheit! Erwirb Einsicht!	————

---

1 Der Plural ist keineswegs textkritisch anstößig (cf. v.2; gegen Ehrlich, Randglossen 6,
p.22; Fichtner [BHS]; van der Weiden, Livre, pp.41-44), da der Text von den Versionen
gestützt wird. Die Variation hat kompositorische Gründe, wie die Auslegung von c.5
gezeigt hat (andere Erklärungen Delitzsch, Spruchbuch, p.82; Gemser, Sprüche, p.33;
Plöger, Sprüche, p.46). - Die LXX haben παῖδες wegen der Alliteration mit παιδείαν
(cf. Gerlemann, Studies, p.12).

2 Die Indeterminiertheit von אב ist generisch zu verstehen, so Wildeboer, Sprüche, p.11;
Ehrlich, Randglossen 6, p.22; cf. GK § 128 r.

3 Während die Peschitta dem MT eng folgt und der Targum nur ein „und" zwischen
beiden Vershälften einschiebt, deuten die LXX לקח als δῶρον (mit dem Verb in *figura
etymologica*; cf. Gerlemann: Studies, p.13): „LXX insiste sur l' aspect de ‚présent gra-
tuit' dont le père ‚gratifie' son fils en lui léguant sa sagesse." (Barucq, Proverbes, p.66)

4 Als Einleitung einer Lehrrede kommissiv (Nowack, Sprüche, p.25: „feststehende[r]
Entschluß"; Wildeboer, Sprüche, p.11; cf. Prov 4,11); zu AK in dieser Funktion, cf.
Wagner, Sprechakte, p.136.

5 LXX νόμος.

6 Übersetzung des כי: In v.2 begründend (anders nur LXX; Peschitta; Barucq, Proverbes,
p.66), v.3 als Einleitung des Hauptteiles einen emphatischen Anfang markierend (cf.
Meinhold, Sprüche, p.89 - kausal: LXX; Peschitta; Strack, Sprüche, p.322; Barucq,
Proverbes, p.66).

7 Das לפני entspricht einem בעני, cf. Qoh 2,26; Neh 2,6; cf. Ehrlich, Randglossen 6, p.23.
Nach Jenni, Präpositionen 1, p.214 ist das ein Aramaismus (קדם) und späterer
Sprachgebrauch. Anders Wildeboer, Sprüche, p.12; Greenstone, Proverbs, p.38.

	Vergiß nicht, vergiß (sie) nicht,	
	und weiche nicht von den Worten meines Mundes!	noch übersieh das Wort meines Mundes
6	Verlaß sie (fem.sg."Weish.") nicht und sie wird dich	Verlaß es nicht und es nimmt sich deiner an!
	bewahren!	
	Liebe sie (fem. sg.) und sie wird dich behüten!	Liebe es und es wird dich behüten!
7	Der Beginn/das Beste der Weisheit ist : Erwirb Weisheit,	———
	und mit allem deinem Vermögen erwirb Einsicht!	———
8	Umarme sie, und sie wird dich erhöhen!	Befestige es ringsum und es wird dich erhöhen!
	Sie wird dich ehren, wenn du sie liebkost.	Ehre es, damit es dich umgibt,
9	Sie setzt auf deinen Kopf einen Ehrenkranz;	damit es auf deinen Kopf einen Ehrenkranz
		setze
	ein prächtiges Diadem wird sie dir schenken.	mit einem schwelgerischen Kranz dich
		beschirme.

Rekonstruktion des Textes:[1]

---

[1] Der in sich glatte Text des Vaticanus (= B) dürfte der ursprüngliche LXX-Text sein (cf. Lagarde, Anmerkungen, pp.17f.; Rahlfs); der abweichende Text der andern Handschriften erklärt sich als Angleichung an den hebräischen Text. Die Peschitta folgt dem Duktus des hebräischen Textes, sie läßt nur das „Vergiß nicht!" (v.5bα) aus. Der Hauptunterschied zwischen MT und LXX ist das Fehlen der zweimaligen Aufforderung, Weisheit zu erwerben. Dann fehlt bei den LXX ein Äquivalent zu וחיה in v.4b. Dazu kommt, daß der Textverlauf im Bereich des v.5 im MT nicht glatt ist: Entweder unterbricht v.5 den Zusammenhang von vv.4b.5b (cf. Ringgren, Sprüche, p.25) oder v.5b trennt v.5a von seiner Fortsetzung in v.6 (cf. Toy, Proverbs, p.90; Whybray, Wisdom, p.44). Ebenso wird von manchen v.7 als Unterbrechung des Zusammenhanges von v.6 und v.8 gesehen (cf. Toy, Proverbs, p.88; Gemser, Sprüche, p.32). Die Hauptfrage des Textes ist also: Sind beide Aufforderungen zum Weisheitserwerb ursprünglich? Je nachdem wie man sie beantwortet, erhält man unterschiedliche Textfassungen, die sich zwischen denen in der oben gegebenen Synopse bewegen. Lösungsmöglichkeiten sind im wesentlichen folgende: (a) Weder v.5a noch v.7 sind ursprünglich (cf. Lagarde, Anmerkungen, pp.17f.; Oort, Spreuken 1-9, p.388; Ringgren, Sprüche, p.25; Whybray, Wisdom, p.44f.; Schäfer, Poesie, pp.105-108). (b) Nur v.7 ist ursprünglich (cf. Gemser, Sprüche, p.32: v.7 stand aber ursprünglich vor v.6!). (c) Nur v.5 a ist ursprünglich (cf. Toy, Proverbs, p.88; Scott, Proverbs, p.49). (d) Beide sind ursprünglich (cf. Delitzsch, Spruchbuch, pp.83f.; Barucq, Proverbes, p.66; Meinhold, Sprüche, pp.89.93). Ein Streichen von v.5a und v.7 läßt im MT die Suffixe der 3.fem.sg. in v.6 und v.8 ohne Bezugswort stehen (cf. McKane, Proverbs, p.305); man müßte ein Femininum wie z.B. תורה bei אל תשכח ergänzen (cf. Oort, Spreuken 1-9, p.388) bzw. statt מִצְוֹתַי den sg. מִצְוָתִי zu punktieren (cf. Schäfer, Poesie, p. 107) oder annehmen - was, soweit ich sehe, niemand tut -, daß die Suffixe in vv.6.8-9 geändert worden sind und sie sich ursprünglich auf אמרי פי (v.5b) bezogen haben. So konstruieren die LXX: Doch ändern sie nicht die Suffixe, sondern ῥῆσιν ἐμοῦ ist Singular statt Plural, wie im MT (אמרי־פי v.5b). Durch diese Änderung beziehen sich die fem. Suffixe auf ῥῆσις! Ein Problem besteht allerdings, wenn man die Weisheit aus dem Text entfernt: Wie die Auslegung zeigen wird, liegt die Pointe des Textes - zumindest in v.8 MT - darin, daß die Weisheit als weibliche Gestalt vorgestellt wird; dies ist eine Rolle, die die Worte des Lehrers nicht ausfüllen können. Besonders die Liebkosung der Worte des Lehrers ist eine fast surrealistische Vorstellung. Daher übersetzen die LXX חבק auch mit περιλαμβάνω, das zwar „umarmen" heißen kann - daneben aber auch „umzingeln". In gleicher Weise beseitigt diese

4   da unterwies er mich und sprach zu mir:
    Dein Herz/Verstand ergreife meine Worte,
    bewahre meine Gebote und lebe.
5b *{Vergiß (sie) nicht,*
    und weiche nicht von den Worten meines Mundes!}
5a *{Erwirb Weisheit! Erwirb Einsicht!}*
6   *Verlaß sie nicht und sie wird dich bewahren!*
    Liebe sie und sie wird dich behüten!
7   *Der Beginn/das Beste der Weisheit (ist): Erwirb Weisheit,*[1]
    und mit allem deinem Besitz erwirb Einsicht!
8   *Umarme sie,*[2] *und sie wird dich erhöhen!*

Wiedergabe von סלסלה die „erotische" Konnotation und spielt mit „ringsum befestigen" auf einen militärischen Bildbereich an. Auch die Wiedergabe von v.9 liegt auf dieser Linie. Hier verstehen die LXX das מגן als wurzelverwandt mit מָגֵן („Schild") und übersetzen: ὑπερασπίζω „mit dem Schild überdecken" (cf. Toy, Proverbs, p.90). Die LXX tilgen in ihrer Übersetzung die Ebene der „erotischen" Bedeutung des Textes, die im MT da ist. Dessen „erotische" Metaphorik bezieht sich auf die „weibliche" Weisheit. Diese wird also im Text gestanden haben. Mindestens eine Aufforderung, Weisheit zu erwerben, muß daher bestehen bleiben (cf. Plöger, Sprüche, p.47) - und zwar vor v.6, da dessen feminine Suffixe sonst in der Luft hingen. Der einzige Grund nur v.7 zu streichen ist, daß er v.6 und v.8 auseinanderreiße (cf. Toy, Proverbs, p.90). Dieses Argument ist aber nicht zwingend; genausogut kann v.7 als Wiederholung und Steigerung von v.5 verstanden werden: Folgt auf v.5a ein einziger Vers, so wird nach der breiteren Wiederholung von v.5a in v.7 ein folgender Vers (v.6) zu zweien (vv.8f.) vermehrt, um der mengenmäßigen Steigerung der Kopfzeile (v.7) zu entsprechen. Warum aber haben die LXX die Aufforderung zum Weisheitserwerb aufgegeben? Einziger Erklärungsversuch (cf. Nowack, Sprüche, p.26): Die LXX wollen den Widerspruch mit Prov 2,6 vermeiden, wo es heißt: daß Gott Weisheit gibt - der Mensch sie also nicht erwirbt.

Bleibt als einziges Problem noch v.5b. Er trennt die Bezugnahme auf die Weisheit (v.5a) durch Suffixe in v.6 (cf. Meinhold, Sprüche, p.92). Dies ist nicht so gravierend, daß unbedingt einen textkritischen Eingriff forderte. Doch mit Kuhn, Beiträge, p.44, löst es sich relativ leicht dadurch, daß man v.5b vor v.5a stellt. Die Vertauschung beider Zeilen mag der Tatsache geschuldet sein, daß v.6 und v.7 mit den gleichen drei Buchstaben beginnen.

[1]   Zusammengesetzter Nominalsatz (cf. Delitzsch, Spruchbuch, p.84).

[2]   סלסלה ist in der Stammform des Pilpel hapax legomenon. Die Alten bieten unterschiedliche Deutungen an: die LXX haben περιχαρακόω „ringsum mit Palisaden befestigen"; Hieronymus: *arripe* „reiß an dich"; die Peschitta liest ܥܦܩ (pa.) „umarmen" (cf. Targum). Im Anschluß an mittelhebräisch סלסל „to hold in high esteem" (Jastrow, Dictionary, p.995) versteht GB, p.545, s.v. סלל, pilp. und HAL, p.715, s.v. סלל, pilp., als „hoch halten" (so auch Nowack, Sprüche, p.27, der den Parallelismus nicht zwischen „liebkosen"/„umarmen" und „erhöhen"/„ehren" sieht, sondern zwischen „für wert halten" und „erhöhen" innerhalb des ersten Stichos von v.8; cf. Wildeboer, Sprüche, p.12; Strack, Sprüche, p.322; Toy, Proverbs, p.90: „preisen"), was jedoch im Parallelismus mit „umarmen" nicht so schön ist. Ansprechender ist schon die Verbindung mit dem mittelhebr. סלל I (Jastrow, Dictionary, p.995), das im Piel „to commit lewdness", „Unzucht treiben" heißt, nach Levy, Wörterbuch, Bd.3, p.534, wörtlich: „hin- und herschwenken": Der Geschlechtsakt wird unter seinem motorischen Aspekt aufgefaßt. Ehrlich: „unzüchtige Anschmiegung an eine andere Person" (Randglossen 6,

Sie wird dich ehren, wenn du sie liebkost.
9   *Sie setzt auf deinen Kopf einen Ehrenkranz;*
ein prächtiges Diadem wird sie dir schenken.

Die erste Lehrrede des vierten Kapitels sticht insoweit von den anderen
Lehrreden in Prov 1-9 ab, als hier ein längeres Redezitat das Korpus der
Rede bildet: Der Lehrer zitiert seinen Vater, also den Großvater des ange-
redeten Schülers. Nach der einleitenden Höraufforderung mit Begründung
(vv.1-2) beginnt das Korpus der Rede mit einem emphatischen כי (v.3). Der
Temporalsatz in v.3 gibt den Zeitpunkt der Rede von v.4 an: als der redende
Lehrer noch ein Knabe war, sprach sein Vater zu ihm. Die Lehre des
Großvaters geht bis v.9[1] und stellt selbst wieder eine Lehrrede dar, die in ihrem Proömium zum Festhalten an der väterlichen Unterweisung auffordert
(vv.4.5b). Korpus der Rede des Großvaters sind die vv.5a.6-9.
    Der Aufbau der Verse ist in dieser Lehrrede unregelmäßig. Der Rede-
einleitung in v.4aα fehlt ein paralleles Kolon, da v.4aβ.b zusammen ein
Bikolon im synonymen Parallelismus membrorum bilden. Das אל־תשכח
„vergiß nicht" ist als einzelnes Kolon zu kurz, man würde wohl noch ein
Objekt erwarten. Die vier Wörter aus v.5a bilden entweder ein Kolon oder
zwei; letzteres ist insoweit wahrscheinlicher, als das Versmaß dann 2:2
beträgt und mit dem in v.6, seiner unmittelbaren Fortsetzung, übereinstimmt.
Die ersten sechs Verse des Textes enthalten dann 7 1/2 Bikola:

וְהַקְשִׁיבוּ לָדַעַת בִּינָה	שִׁמְעוּ בָנִים מוּסַר אָב	v.1
תּוֹרָתִי אַל־תַּעֲזֹבוּ	כִּי לֶקַח טוֹב נָתַתִּי לָכֶם	v.2
רַךְ וְיָחִיד לִפְנֵי אִמִּי	כִּי־בֵן הָיִיתִי לְאָבִי	v.3
	וַיֹּרֵנִי וַיֹּאמֶר לִי	v.4aα
שְׁמֹר מִצְוֹתַי וֶחְיֵה	יִתְמָךְ־דְּבָרַי לִבֶּךָ	v.4aβb
וְאַל־תֵּט מֵאִמְרֵי־פִי	אַל־תִּשְׁכַּח	v.5b
קְנֵה בִינָה	קְנֵה חָכְמָה	v.5a
אֶהָבֶהָ וְתִצְּרֶךָּ	אַל־תַּעַזְבֶהָ וְתִשְׁמְרֶךָּ	v.6

Dieser so rekonstruierte Teil ist in zweifacher Weise gerahmt. Von v.2b nach
v.6a reicht eine Klammer, die durch עזב+אל iuss. „verlass nicht" gebildet
wird. Durch die Wurzel שמר „behüten" ist v.4b mit v.6a verbunden. Die
Lexeme, die so verklammert sind, schaffen Verbindungen zwischen תורה

---

p.23) - was bis auf die negative Konnotation gut zu „umarmen" paßt (cf. KBL[2], p.659,
s.v. סלל; Meinhold, Sprüche, p.93). So hat sich das auch die Peschitta (und der Targum)
erklärt; oder kannten sie das Verb? Das Unschöne an dieser Parallele ist, daß die Stammform nicht stimmt und an eine bestimmte übertragene Bedeutung angeknüpft wird –
dennoch bietet sie eine hinreichend gute Deutung. Der Gesamtsinn des Verses ist
ohnehin klar.
1   Cf. Strack, Sprüche, p.322; Gemser, Sprüche, p.33; Plöger, Sprüche, p.47. Demgegenüber sieht Delitzsch, Spruchbuch, p.85, die Rede des Großvaters sich in 4,10ff. trotz
Neueinsatzes fortsetzen.

„Weisung" (v.2), מצוה „Gebot" (v.4b) und חכמה „Weisheit" (v.6a durch Suffix repräsentiert und Subjekt von שׁמר).

Die Aufforderung, Weisheit zu erwerben, stellt keine Kaufaufforderung[1] für eine Braut dar,[2] die Formel ist vielmehr eine weisheitlich gängige Metapher.[3] Lieben (אהב) kann man im Hebräischen nicht nur seine Frau (z.B. Gen 29,18) oder andere Menschen (z.B. 1 Sam 20,17), sondern auch etwas so Abstraktes[4] wie Bestechung (Jes 1,23) oder die Gewalttat (Ps 11,5). Solche Verwendungsweisen von אהב finden sich auch in der proverbiellen Literatur. In den Zusammenhang der Liebe zur Weisheit läßt sich eine Stelle wie die folgende stellen, Prov 12,1:

> Wer Zucht liebt, liebt (auch) Erkenntnis,
> und wer Zurechtweisung haßt, ist ein Vieh.

In diesem Spruch wird durch das Gegensatzpaar „Lieben"-"Hassen" die Opposition zweier Haltungen zur Bildung herausgestellt.[5] Über diese Haltung zur Bildung und ihrer gelegentlich gewalttätigen Vermittlung (cf. z.B. Prov 13,24) wird im Proverbien-Buch häufiger nachgedacht. So liebt der Hochmütige (לץ) es nicht, daß man ihn zurechtweist (יכח; Prov 15,12). Der Nicht-Weise liebt die falschen Dinge: den Frevel (Prov 17,19) - oder friedlicher den Schlaf (Prov 20,13) oder das Vergnügen, Wein und Salböl (Prov 21,17). Mit solchen Vorlieben hat man aber nicht den dem Weisen versprochenen Erfolg im Leben. Seinem Vater gefällt, wer Weisheit liebt, Prov 29,3:

> Der weisheitsliebende Mann erfreut seinen Vater.

Wir sehen, daß der Begriff der „Liebe zur Weisheit" *per se* noch nicht dazu zwingt, hier eine dezidiert erotische Bild-Sprache mit der Weisheit als Geliebten anzunehmen,[6] auch wenn – anders als bei קנה „erwerben" – ein „erotisches" Verständnis durchaus möglich ist. Wir erkennen eher einen

---

[1] Cf. Boecker, Redeformen, p.169, mit Hinweis auf Jer 32,8.

[2] Cf. Frankenberg, Sprüche, p.37; Boström, Proverbiastudien, p.162; Ringgren, Sprüche, p.27; Barucq, Proverbes, p.67; Lang, Lehrrede, p.65; id., Frau Weisheit, p.172; Kayatz; Studien, pp.98f.; Meinhold, Sprüche, p.91. Im Zusammenhang mit der Heirat ist קנה nur Rut 4,5.10 belegt, freilich in unmittelbarer Verbindung zu einem Ackerkauf, was die Wortwahl vermutlich beeinflußt hat, cf. Campbell, Ruth, p.147. - Auch Gen 4,1 ist hier nicht beizuziehen.

[3] Prov 1,5; 3,14 (סחר; cf. Delitzsch, Spruchbuch, p.72); 16,16; 17,16; 18,15; 19,8 (לב); 23,23 (אמת; cf. Delitzsch, Spruchbuch, p.374); cf. Schmidt, קנה, col.654; Meinhold, Sprüche, p.91; Baumann, Weisheitsgestalt, p.240. Sie gehört dem „economic code" an (Newsome, Woman, p.151).

[4] Cf. Jenni, אהב, col.67.

[5] Cf. Meinhold, Sprüche, p.203.

[6] Cf. Toy, Proverbs, p.88: „abstract *wisdom* as object" - gegen Frankenberg, Sprüche, p.37, der schon in v.6 die „erotische" Sprache finden will.

Hintergrund der weisheitlich-abstrakten Sprache, die sich bestimmter Metaphern bedient, um Haltungen zu bezeichnen.

Gleiches gilt für die Aussagen in 4,6: Das „Verlassen" von Vorschriften o.ä. ist eine gängige Redeweise, die auch weisheitlich belegt ist.[1] Der Begriff dient als Oppositum zu „bewahren" (שׁמר, Prov 10,17; 28,4). Das Bewahren von Geboten o.ä. benennt im sapientiellen Sprachgebrauch die Haltung des Weisheitsobservanten.[2] Diese Begrifflichkeit ist in vv.2.4.6 benutzt. Als Folge der Weisheitsobservanz ist dem Schüler Schutz verheißen. Dies knüpft ebenfalls an weisheitliche Metaphorik an, Prov 14,3:

> Im Mund eines Toren gibt es eine Rute ‚für seinen Rücken',
> aber die Lippen der Weisen behüten sie.[3]

Hier ist der metaphorische Gebrauch aus dem Parallelismus deutlich, der antithetisch Tun und Ergehen von Weisen und Tor einander gegenüberstellt. Durch sein Reden schadet der Tor sich selbst, was im Bild der „Rute für den Rücken" ausgedrückt ist. Der Weise hingegen vermeidet Unbill durch sein Reden.[4] Dies ist ebenfalls bildhaft formuliert, indem die Lippen Subjekt des Schutzes sind. Häufiger ist ein Abstraktum, das menschliches Verhalten qualifiziert, Subjekt von נצר „behüten", so z.B. Prov 13,6:

> Rechttat behütet ‚den unsträflich Wandelnden'[5],
> aber ‚die Frevler'[6] stürzt die Sünde.

Solche Formulierungen[7] greift die Rede von der schützenden Weisheit auf. Geht es an den anderen Stellen um bestimmte Verhaltensweisen des Menschen, die ihn „bewahren", wie z.B. besonnenes Reden oder Rechttat, so verallgemeinert Prov 4,6 dies dahingehend, daß ein von der Weisheit geprägtes Verhalten das menschliche Leben sichert. Hier ist wohl eine Redeweise aus den Psalmen auf die Weisheit übertragen worden; der Zusammenhang von Liebe und Schutz (נצר, שׁמר) findet sich nur noch Ps 31,24; 97,10 und 145,20 im Verhältnis eines Beters zu Gott.[8] Diese Vorstel-

---

1   Jer 9,2.12; 16,11; Ps 89,31; 119,53; Prov 2,13; 10,17; 15,10; 28,4; 2 Chr 12,1. Cf. Shupak, Wisdom, pp.85f.89. - Gegen Baumann, Weisheitsgestalt, p.241, die hier nur ein Verhalten zwischen Menschen oder zwischen Mensch und Gott sehen will.

2   Prov 10,17; 15,5; 19,8.16; 22,18; 28,4; 29,18.

3   Zum Text cf. Fichtner (BHS); Gemser, Sprüche, p.66.

4   Cf. Plöger, Sprüche, p.169; anders Bühlmann, Reden, pp.126-129.

5   Cf. Gemser, Sprüche, p.62.

6   Cf. Fichtner (BHS).

7   Zu נצר noch: Prov 20,28; Ps 25,21; 40,12; 61,8.

8   Cf. Baumann, Weisheitsgestalt, p.241, die die Rolle der Weisheit hier mit der Jhwhs in den Psalmen vergleicht; p.242 nennt sie ihre Rolle „Schutzpatronin" (cf. Gemser, Sprüche, p.33: „hohe Schutzherrin"; Plöger, Sprüche, p.47); McKane, Proverbs, p.306, dehnt diese Interpretation noch auf die Zeilen 8-9 aus.

lung ähnelt damit der in 2,3.11,[1] wo der Mensch die Weisheit anruft, die
dann hilft. Dort hatten wir gesehen, daß damit noch keine strenge Personifikation vorliegt, sondern daß die Weisheit eher als *habitus* des Menschen
zu deuten sei. In ähnlicher Weise mag man die Liebe zur Weisheit deuten,
die schützt. Auch hier schwankt die Vorstellung zwischen *habitus* und
Personifizierung[2].

An diese ersten acht Zeilen angeschlossen sind drei weitere Zeilen, die die
Aufforderung aus v.5 aufgreifen und umformulieren. Sie stehen außerhalb
des Rahmens (vv.2.4.6) und charakterisieren das Verhältnis des Schülers zur
Weisheit mit mehreren Bildern. Die Umformulierung der Aufforderung zum
Weisheitserwerb knüpft offenbar an Texte an, die „den Anfang/das Beste"
(ראשׁית) der Weisheit zum Gegenstand haben (1,7; 9,10). Hier wird über den
Erwerb der Weisheit gesagt, daß in ihm „der Anfang/das Beste der Weisheit"
liege – im Unterschied zu den anderen Stellen ist der Horizont der Weisheit
diese selbst und nicht die Jhwh-Furcht. Es wird hier also eine Hochschätzung
der Weisheit selbst zum Ausdruck gebracht.[3]

In den vv.8f. werden die Ehrungen thematisiert, die der Weisheitsobservant zu gewärtigen hat. Dabei kann nicht nur Gott einen Menschen
„erhöhen" (רום, polel),[4] sondern auch so abstrakte Größen wie „Rechttat"
(צדקה), Prov 14,34:

> Rechttat ist es, die ein Volk erhöht,
> aber Verfehlung ist Schmach für ein Volk.

Parallel zum „Erhöhen" wird der Schüler von der Weisheit „geehrt". Die
Weisheitsliteratur ist einer der Schwerpunkte der Verwendung der Wurzel
כבד „Ehre/ehren". „Hier bezeichnet *kābōd* die geachtete Stellung, die ein
Mensch in seinem Lebenskreis hat."[5] Sie hängt vom weisen Verhalten ab. So
verstehen sich auch die beiden Stellen in Prov. In 27,18 heißt es:

> Wer den Feigenbaum pflegt, ist es, der seine Frucht ißt;
> wer seinen Herren beachtet, ist es, der geehrt wird.

Hier ist die Ehre Folge eines bestimmten Verhaltens, des achtungsvollen
Umgangs mit dem Vorgesetzten. In 13,18 ist es abstrakter formuliert:

> Armut und Schande, wer sich Zucht/Bildung entzieht;
> wer Zurechtweisung beachtet, ist es, der geehrt wird.[6]

---

[1]   Cf. 6,22.24; 7,5; 8,17.
[2]   Cf. Delitzsch, Spruchbuch, p.83: „Die sachliche Vorstellung der Weisheit v.5 wird in v.6
      persönlich."
[3]   Cf. Nowack, Sprüche, p.27: „der Anfang der Weisheit besteht darin, dass man sie genug
      zu schätzen weiss"; Strack, Sprüche, p.322; Wildeboer, Sprüche, p.12; Gemser, p.33.
[4]   1 Sam 2,7; Ps 37,34; 118,16; cf. Baumann, Weisheitsgestalt, pp.241f.
[5]   Westermann, כבד, col.800.
[6]   Zur Syntax cf. Delitzsch, Spruchbuch, pp.218f.

Zu diesem Wortfeld der Ehre gehören noch תפארת „Pracht"[1] und חן
„Gunst".[2] Der „Kranz" (עטרת) ist in der Weisheitssprache als Bild belegt:

Prov 14,24a: Die Krone der Weisen ist ihr Reichtum *(oder nach LXX:* ihre Klugheit*)*

Prov 12,4a:[3]: Eine tüchtige Frau ist die Krone ihres Gatten.

Es muß also nicht der Hochzeitskranz[4] sein, der hier gemeint ist, auch nicht
der des Gelages[5]; der Kranz/die Krone ist ein stehendes Bild der Weisheitssprache.[6] Doch ist traditionell die Weisheit der Schmuck, den man sich
metaphorisch aufs Haupt setzten kann - hier in Prov 4,9 verleiht die Weisheit
eine Krone wie es Gott tun kann[7] der König (Est 8,15) oder die Mutter (Cant
3,11). Wir sehen, wie ebenfalls in diesem Vers eine Sprachform der Weisheit
aufgenommen und weiterentwickelt wird.

Was spricht nun dafür und dagegen, daß in Prov 4,1-9 die Weisheit
personifiziert und als Braut dargestellt wird? Von den Ausdrücken, die in der
ersten Mahnung zum Weisheitserwerb (vv.5f.) und in v.9 gebraucht sind,
zwingt keiner zu der Deutung als Braut; auch eine Personifikation anzunehmen, ist von den Lexemen her nicht eindeutig gefordert. Einzig im
zweiten Durchgang der Mahnung (vv.7-9) finden sich in v.8 zwei Lexeme
(חבק „umarmen"[8] und סלל „liebkosen"), die eine erotische Deutung provo-
zieren. Sie legen das vieldeutige Wort „lieben" (אהב v.6b)[9] auf eine nicht-
metaphorische, erotische Bedeutung fest. So fällt durch diese beiden Wörter
ein neues Licht auf den übrigen Kontext: Dieser kann nun insgesamt erotisch
verstanden werden.[10]

Im ersten Durchgang der Mahnung, Weisheit zu erwerben (vv.5a.6), und
in vv.7.9 haben wir ein ganz proverbiell geprägtes Vokabular gefunden.
Ursache für den Effekt der Personifikation ist die Auswahl der Begriffe, die
je für sich eine Personifikation nicht annehmen lassen, sondern metaphorisch
gebraucht sind. Auch die Häufung solcher „zweideutigen" Ausdrücke schafft
noch keine Personifikation; sämtlich können die Wendungen in vv.5-6.7.9

---

[1] Cf. Ex 28,2.40; Jes 4,2; Jer 48,17f.; Est 1,4. - Das parallele Wort לויה ist nur hier und
     Prov 1,9 belegt.
[2] Ps 84,12; Prov 11,16.
[3] Cf. Camp, Wisdom, p.193; Scoralick, Einzelspruch, p.191 n.92.
[4] Cf. Meinhold, Sprüche, p.93.
[5] Cf. Gemser, Sprüche, pp.33f.
[6] Cf. Prov 12,4; 16,31; 17,6; Hi 19,9; Sir 6,31; 25,6; cf. Toy, Proverbs, p.89.
[7] Cf. Jes 28,5; Ez 16,12; Ps 21,4.
[8] Cf. Cant 2,6; 8,3; Prov 5,20; cf. Meinhold, Sprüche, p.93; gegen McKane, Proverbs,
     p.306.
[9] Cf. Frankenberg, Sprüche, p.37.
[10] So spricht Baumann, Weisheitsgestalt, p.242, auch davon, daß „die Weisheit überwie-
     gend personifiziert dargestellt" sei, cf. p.258, wo der Text in der Spalte „unklar bzw.
     dazwischen" erscheint. Cf. Schäfer, Poesie, p.109: „ansatzweise personifizierte" Mizwa.

als metaphorische Rede über die Weisheit als *habitus* verstanden werden. Nur durch die in dieser Verwendung singulären und eindeutig „erotisch" gemeinten Begriffe „umarmen" und „liebkosen" wird der Leser gezwungen, dieses Verständnis aufzugeben und sich die Weisheit als weibliche Person vorzustellen. Die Personifikation entsteht also durch Neukombination von vorhandenen Möglichkeiten sapientieller Sprachmuster.[1] In 4,1-9 finden wir damit den Beginn der Entwicklung einer Gestalt „Frau Weisheit".

Der Aufbau von Prov 4,1-9 hat sich als kompositorisch nicht so geschlossen dargestellt wie der von 4,10-27. Wir haben einen durch Stichwörter hergestellten Rahmen, der die vv.2.4.6 umgreift. Dieser Komplex aus sieben und einhalb Bikola zerfällt in zwei Strophen (vv.1-4aα.4aβb-6). Das Thema der vv.5a.6 wird von den sechs Bikola vv.7-9 aufgegriffen. Fand sich in den vv.1-6 keine deutliche Personifizierung der Weisheit, sondern war sie dort eher als *habitus* gezeichnet, so ändert sich in v.8 dieses Bild: Die Verben „umarmen" und „liebkosen" drängen zu einem Verständnis der Weisheit als Frau. Da diese Strophe (vv.7-9) den bisherigen Duktus der Strophengliederung durchbricht und außerhalb des Rahmens steht, kann man fragen, ob sie eine Erweiterung des ursprünglichen Textes darstellt.[2]

In seiner jetzigen Gestalt hat der Text verschiedene Verbindungen zu anderen Teilen von Prov 1-9; im Folgenden nur eine Auswahl besonders markanter Bezüge: v.1a ≈1,8a; v.4b = 7,2a; v.6 אהב→1,22;[3] 8,17[4]; v.7 חכמה →1,7 (דעת) ראשית; v.8 חבק→5,20[5]; v.9 חן לוית→1,9[6]. Dieses komplexe Geflecht ist nur schwer zu deuten; die Auslegung 5,7 hat jedoch gezeigt, daß der Text durch seine Lehreröffnungsformel mit 4,10-5,23 eng verknüpft ist. Die Verbindung zu 1,8 ist insoweit von anderem Charakter, als der Vers dort aus 4,1a und 6,20b zusammengesetzt zu sein scheint. Ähnlich verwendet 7,2b Prov 2,1. Die Verbindung zu c.5 wird auch durch das seltene Lexem חבק „umarmen" gestützt, das in 4,8 die Personifikation der Weisheit hervorruft und in 5,20 die Opposition von fremder Frau und eigener abschließt. An beiden Stellen hat das Wort eine prägnante Funktion, die seine Rolle als Verbindungsmotiv zwischen 4,1-9 und c.5 herausstellt.

Die Höraufforderung 4,1 eröffnet einen Textkomplex, der bis 5,23 reicht und primär durch Aufmerksamkeitsforderungen verbunden ist (s.o. pp.90f.). Im ersten Abschnitt 4,1-9 der Großvaters zitiert. Er fordert zweimal auf,

---

[1] Cf. Habel, Symbolism, p.141: „This externalisation of personal wisdom is anticipated above in the personalization of ‚instruction' as a guide and leader for the way (4:13)."

[2] Aus anderen Gründen hält McKane, Proverbs, pp.304f., vv.6-9 für eine Reinterpretation des Vorigen.

[3] Cf. Toy, Proverbs, p.88.

[4] Cf. Nowack, Sprüche, p.27.

[5] Cf. Strack, Sprüche, p.322; Wildeboer, Sprüche, p.12; Yee, I Have Perfumed, p.58.

[6] Cf. Plöger, Sprüche, p.46, der darauf hinweist, daß auch in 1,8 von beiden Eltern die Rede ist, cf. 4,3.

Weisheit zu erwerben. Während die erste Aufforderung 4,5a.6 die Weisheit als *habitus* versteht, sieht die zweite sie als weibliche Gestalt, die man „umarmen" und „liebkosen" solle. Diesem Verständnis der Weisheit korrespondiert die Warnung vor dem Umgang mit der Fremden Frau (c.5), die wohl als Prostituierte gezeichnet ist (s.o.5.3). Sie ist in 5,1-13 als exemplarische Gefahr für die Abweichung von den Mahnungen des Lehrers dargestellt. Dies macht die Reue des Schülers deutlich (vv.11-13), da er sein Unglück auf die Abkehr von den Worten des Lehrers zurückführt und nicht auf die Eigenschaften der Fremden. Diese Opposition von Weisheit und Fremder Frau ist in 5,15-20.23(*) als Gegensatz von fremder und eigener Frau dargestellt, wobei letztere durchsichtig auf die Unterweisung des Vaters ist (s.o.5.4). Die Bedeutung der Frauengestalten ist also auf zwei Ebenen zu suchen: Ausgehend von dem sexualethischen Diskurs über legitime und illegitime Sexualpartnerinnen wird eine metaphorische Ebene entfaltet, die die eigene Frau mit der Unterweisung des Lehrers – und letztlich der Weisheit selbst – parallelisiert und ihr die Fremde Frau gegenüberstellt.[1]

Die Texte aus c.5 sind eingeschachtelt in das Doppelgedicht 4,10-27+ 5,21f. (s.o.5.5). Schafft der „theologische Anhang" (5,21f.) einen Schlußpunkt, der mit seinen Rückbezügen auf 4,11.26 das Ende thematisch und kompositionell heraushebt (s.o.5.1), so sind die thematischen Blöcke konzentrisch aufgebaut: Den Kern bildet das Doppelgedicht mit seiner Grundlegung des weisheitlichen Unterrichtes. Dieses ist selbst wieder konzentrisch um die beiden Verse 4,18-19 gelegt, die den Weg der Gerechten dem der Frevler gegenüberstellen. Diese Dualität der Wege übersetzt sich im Rahmen in eine Dualität der Frauen: Den Eingang bildet die Weisheit; in 5,1-13(14) ist die Fremde Frau Thema – erweitert durch ihre Gegenspielerin die eigene Frau.

Der Komplex 4,1-5,23 stellt ein in sich gegliedertes Ganzes dar, das allerdings eine Vorgeschichte hat. Ausgangspunkt ist das Doppelgedicht 4,10-27, zu dem 5,21f. möglicherweise von Anfang an zugehört hat (oder ein ganz früher Nachtrag ist, wofür die konzentrische Anordnung der strukturierenden Leitwörter דרך - ארח - ארח - דרך sprechen könnte). Um diesen Text hat sich dann eine Erweiterung gelagert, die zumindest 4,1-9 und 5,1-13 umfaßt. Möglicherweise im gleichen Zuge, vielleicht aber erst später ist dann 5,15-20.23 dazugekommen sowie 5,14, in welchem Vers die Fremde Frau als verheiratete Frau gedeutet ist, was auch in cc.6.7 der Fall ist.

---

1   Auf diese doppelte Bedeutung der Frauengestalten in Prov 1-9 (erotisch und in Bezug auf die weisheitliche Lehre) hat Murphy, Wisdom and Eros, hingewiesen.

7. Die übrigen Texte zur Fremden Frau
Prov 6,20-35 und 7,1-27

Wir haben bei der Auslegung von Prov 2 und 5 gesehen, daß das Thema der Fremden Frau in der ersten Sammlung des Proverbienbuches offenbar später hinzugekommen ist. In c.5 hatten sich die vv.1-20.23 als redaktionell gebildete Lehrrede herausgestellt, die zwischen 4,27 und 5,20 sowie 5,21 und 6,1 eingeschoben wurde. Es ist nun zu prüfen, ob die übrigen Texte zur Fremden Frau (6,20-35; 7,1-27) sich dieser Interpretation einfügen lassen.

7.1 Proverbien 6,20-35

20 Bewahre, mein Sohn, das Gebot deines Vaters
und gib nicht die Weisung deiner Mutter auf!

21 Binde sie (pl.) beständig auf dein Herz[1],
knüpfe sie (pl.) um deinen Hals!

22 [Bei deinem Umhergehen leite sie dich,[2]
bei deinem Niederlegen wache sie über dich,
und erwachst du,[3] soll sie es sein, die dich anredet!]

23 Denn: eine Leuchte - ein Gebot, und eine Weisung - ein Licht,
und ein Weg zum Leben - Zurechtweisung der Zucht,[4]

24 um dich zu bewahren vor der bösen[5] Frau,

---

[1] Die LXX haben hier לֵב mit ψυχή wiedergeben, was nicht ganz unüblich ist und die übertragene Bedeutung des Anbindens herausstellt; die Späteren haben angeglichen; cf. Zuntz, Papyrus, p.140.

[2] LXX: „solange du umhergehst, gewinn sie für dich, und sie wird mit dir sein." Geht vielleicht auf תַנְחֶה אֹתָךְ zurück, cf. Lagarde, Anmerkungen, p.24; Toy, Proverbs, p.142.

[3] Die LXX lösen das wᵉ-AK nicht als Protasis auf, sondern mit ἵνα als Finalsatz.

[4] Drei Nominale Einleitungen, also Nominalsätze mit zwei indeterminierten Gliedern, cf. Michel, Probleme, p.215.

[5] LXX verstand רַע („Nächsten") als ὑπάνδρου („verheiratete"; ähnlich Aquila, Theodotion, Ἄλλος, Antinoe Papyrus [ed. Zuntz, Papyrus, p.142]). Peschitta, Targum und Vulgata stützten die masoretische Vokalisation, was umso bedeutender ist, als sie diese nicht gekannt haben können (lediglich die Tradition, die zu ihr geführt hat). Es besteht also kein Anlaß, vom MT abzuweichen, zumal ein אֵשֶׁת רַע gegenüber dem gewöhnlichen אֵשֶׁת רֵעֵהוּ singulär wäre (cf. Toy, Proverbs, p.143). Die LXX interpretieren nach dem Denotat (cf. v.29; Cook, Dating, p.392), MT u.a. nach dem Konnotat. Der Versuch von Ehrlich, Randglossen 6, p.32, זרה statt רַע zu lesen, ist unbegründet.

vor der Glätte der Zunge einer Auswärtigen.[1]

25   Begehre nicht ihre Schönheit in deinem Herzen,
und sie soll dich nicht mit ihren Wimpern[2] gefangennehmen.

26   Denn: Für eine Prostituierte (zahlt man) maximal einen Laib Brot,
aber die Frau eines (anderen) Mannes jagt einem das liebe Leben[3] ab.

27   Trägt man Feuer im Gewandsaum,
und das Kleid begönne nicht zu brennen?

28   Oder geht ein Mann über Kohlenglut,
und seine Füße verbrennten nicht?

29   So (geht es auch dem), der mit der Frau seines Nachbarn verkehrt:
Es wird nicht von Schuld/Strafe frei sein, jeder der sie anrührte.

30   Verachtet man nicht den Dieb, wenn er gestohlen hat,
um zu füllen seine Kehle, weil ihn hungert?[4]

31   Und wird er ertappt, dann muß er siebenfach erstatten,
den ganzen Besitz seiner Familie muß er geben.

32   Einem, der mit einer Frau die Ehe bricht, fehlt es an Verstand.
Einer, der sein Leben verdirbt, ist er, der (so etwas) tut.

33   Einen schändlichen Schlag wird er finden,
und seine Schande wird nicht weggewischt,

34   denn: Eifersucht - Zornglut eines Mannes:
Er wird kein Mitleid haben am Tag der Gerichtsverhandlung[5].

35   Er erhebt nicht ‚dein Gesicht wegen‘[6] Lösegeldes,
und er mag nicht, wenn du das Bestechungsgeld reichlich (fließen) läßt.

In der Literatur werden die unterschiedlichsten Gliederungen dieser Lehrrede vorgetragen.[7] Hier muß eine eigene Analyse zuerst Klarheit schaffen. Die erste Einheit des Textes ist leicht zu bestimmen: Sie geht von v.20 bis v.23.

---

1   Wörtlich als Metonymie „Glätte einer auswärtigen Zunge" (cf. Nowack, Sprüche, p.44).

2   Metonymisch für „Blicke".

3   Der Versuch von Driver, Problems 3, pp.243f., „abundance" für נפש zu übersetzen, ist nicht zu begründen, cf. Thomas, Notes, p.283; Thomas' eigener Vorschlag, יקרה נפש als Apposition zu אשת איש zu ziehen, beraubt das צוד seines Objektes (das im pilp. auch mit נפש belegt ist, Ez 13,18.20).

4   Zur Wiedergabe als Frage s.u. die Auslegung.

5   Cf. Peels, Passion, p.272: Der Ausdruck ביום נקם bezieht sich auf „the day of discovery, condemnation and public punishment of the crime."

6   Falsche Worttrennung, cf. Fichtner (BHS).

7   Delitzsch, Spruchbuch, pp.115-120; Barucq, Proverbes, pp.81f.: vv.20-24.25-35(25-29. 30-35); Wildeboer, Sprüche, p.20 und ähnlich Nowack, Sprüche, p.43: vv.20-22.23.24. 25-26.27-29.30-35; Strack, Sprüche, p.328: vv.20-24.25-26.27-29.30-35; Toy, Proverbs, p.132: vv.20-21.22-25.27-29.30-35; Gemser, Sprüche, p.41: vv.20-23.24-26.27-29.30-35; Scott, Proverbs, p.62: vv.20-22.23-35; Mc Kane, Proverbs, p.326-331: vv.20-22.23-24.25-26.27-31.32.33-35; Lang, Lehrrede, p.32f.: vv.20-24.25-31/33.32/34-35; Murphy, Wisdom Literature, p.60: vv.20-21.22-24.25-35(25-26.27-29.30-35); Plöger, Sprüche, p.68: vv.20-23.24-32.33-35; Alonso Schökel, Proverbios, pp.217-219: vv.20-23.24-29.30-35; Meinhold, Sprüche, p.117: vv.20-23.24-31.33-35; Whybray, Proverbs, pp.102-109: vv. 20-22. [v.23 ist Glosse].24-25.26.27-29.30-31.32-35; Mayer, Fremde Frau, p.145: 20-24 (20-22.23.24).25-35 (25.26.27-29.30-31.32-33.34-35).

Der ausschlaggebende Grund ist ein lexikalischer: מצוה „Gebot" und תורה „Weisung" tauchen in v.20 und v.23 auf;[1] damit ist ein Rahmen um die Einleitung der Lehrrede gelegt. Der Anschluß mit לשמרך „um dich zu bewahren" ist zwar grammatisch eng, aber durch מאשת רע „vor der bösen Frau" wird ein neuer inhaltlicher Abschnitt vorbereitet: der Hauptteil, in dem es um die Frau des Nächsten geht. Damit hat v.24 transitorische Funktion. Er schließt grammatisch eng ans Proömium an[2] und nennt das Thema der Lehrrede.[3]

Der Neueinsatz findet sich mit der Mahnung v.25. Sie schließt ebenfalls grammatisch eng an durch die Suffixe in der 3.sg.fem., welche sich auf die אשת רע „böse Frau" (v.24) beziehen. Damit ist ein fließender Übergang[4] vom Proömium zum Hauptteil geschaffen. Die Mahnung wird begründet durch eine Sentenz in der dritten Person.

Mit v.27 beginnt dann wieder ein neuer Abschnitt, der sich wie v.26 auf der allgemeinen Ebene der Sentenz bewegt. Der Neueinsatz ist deutlich markiert: Erstens ist v.27 als Frage formuliert; zweitens – und das ist der Hauptgrund – wird ein neues Thema angeschlagen. War vom Ehebruch in vv.25-26 abgeraten worden, weil er das Leben kostet, so wird nun die Gefährdung durch Analogien hervorgehoben. Die erste Analogie ist die vom „Spiel mit dem Feuer" – sie entstammt dem physikalischen Wissen; der Vergleich wird ausdrücklich in v.29 mit dem כן „so" gezogen. Eine zweite Analogie (und ein vierter Abschnitt) beginnt in v.30. Sie ist dem sozialen Leben entnommen: der Diebstahl, der ebenso wie Ehebruch verboten ist. Aufgrund dieser Argumentationsstruktur ist klar, daß die vv.32-35, die die Analogie ziehen, mit zum vierten Abschnitt gehören, wenn sie auch nicht so explizit an der Textoberfläche verbunden sind wie die vv.27-28 mit v.29 (durch das כן). Eine *peroratio* fehlt.[5] Jedoch wird mit der Anrede in v.35 wieder auf die direktive Redeweise von v.25 zurückgegriffen.[6]

---

[1] Cf. Ewald, Dichter 2, p.108.

[2] Schäfer, Poesie, p.180 findet in den v.20-26 ein in sich geschlossenes Gedicht aus zwei Strophen zu je drei Zeilen. Mit v.24 als Warnung, parallel zu v.20 (als „Empfehlung") sieht er die zweite Strophe beginnen. Doch ist v.24 keine Warnung, sondern ein Finalsatz, der sich grammtisch eng an das Vorausgehende anlehnt. Damit ist v.24 auch nicht parallel zu v.20 zu sehen. Stimmt seine Strophengliederung nicht, ist auch seine These hinfällig, vv.20-26 seien ein in sich geschlossenes Lehrgedicht.

[3] Nach Lausberg, Handbuch, § 272, geschieht das *iudicum docilem parare* unter anderem durch die Aufzählung der behandelten Gegenstände, hier des einen, der Fremden Frau.

[4] Cf. Lausberg, Handbuch, § 288: „Der Abschluß des *exordium* soll mit dem Beginn der *narratio* harmonieren." Dies ist die „Kunst des Überganges" der *transgressio* oder des *transitus*. Die fließende Gestaltung des Überganges erklärt auch die gerade in diesem Bereich stark unterschiedlichen Voten der Kommentatoren.

[5] Gegen Lang, Lehrrede, p.33 n.24.

[6] Cf. Delitzsch, Spruchbuch, p.120; Meinhold, Sprüche, p.122.

Insgesamt ist der Text von einer großen rhetorischen Stringenz; klar entfaltet er seine Argumentation.[1] Bevor wir uns die Einzelheiten des Textes vor Augen führen, will ich die gerade begründete Gliederung noch einmal kurz zusammenfassen:

---

vv.20-24: Proömium
vv.25-35: Korpus
vv.25-26: Exposition des Themas: Fremde Frau
    v.25: Mahnung, nicht zu begehren
    v.26: Begründung der Mahnung
vv.27-35: Argumentation in Analogien
    vv.27-29: 1. Analogie: Spiel mit dem Feuer (Natur)
        vv.27-28: Spiel mit dem Feuer
        v.29: Ziehen des Vergleichs
    vv.30-35: 2. Analogie: Diebstahl (Soziales)
        vv.30-31: Diebstahl
        vv.32-35: Ziehen des Vergleiches.

Die Formulierungen des Proömiums decken sich teilweise mit den Proömien aus 3,1-4 und 7,1-4. Die drei Proömien sind kompositorisch miteinander verflochten. Die Leitwörter תורה und מצוה („Weisung" und „Gebot") bilden eine Kette von Chiasmen:[2]

מצוה		תורה	3,1
	X		
תורה		מצוה	6,20.23
	X		
מצוה		אמר	7,1
	X		
תורה		מצוה	7,2

In 3,3a; 6,21a und 7,3a sollen Worte „angebunden werden"; das Verb ist jedesmal קשר „anbinden", lediglich die Objekte, jeweils mit על eingeführt, variieren. In 3,3 sollen sie an den „Hals" (גרגרות) gebunden werden; ein Wort, das nur in Prov 1-9 vorkommt.[3] In 6,21 ist das Herz genannt, in 7,3 der Finger. Das Verb קשר „anbinden" kann konkret[4] und übertragen[5] gebraucht werden. Das zweite Motiv ist das des Schreibens der Worte auf die Tafeln des Herzens in 3,3b und 7,3b; beide Verse stimmen wörtlich überein.

---

[1]   Alonso Schökel, Proverbios, p.215: „un ejemplo interessante de *arte retórica*"; cf. Maier, Fremde Frau, p.145.
[2]   Nur in 7,1 ist תורה durch אמר ersetzt.
[3]   Prov 1,9; 3,3.22; 6,21.
[4]   Gen 38,28; Jos 2,18.21; Jer 51,63; Hi 39,10; 40,29.
[5]   Sieht man von der Katachrese „sich verschwören" ab, so bleiben Gen 44,30; Prov 22,15. Zu Dtn 6,8 und 11,18 siehe unten.

Demgegenüber variiert 6,21b: die Worte sollen um den Hals gewunden werden.[1]

Als konkreter Hintergrund der Redeweise ist Verschiedenes möglich. Am Hals trägt man Siegel,[2] Amulette oder Schmuck[3]. Am Finger kann (neben dem Schmuckring auch) ein Siegelskarabäus getragen werden (Cant 8,6). Dabei ist eine scharfe Trennlinie zwischen Schmuck und Amulett nicht zu ziehen, besonders Anhänger haben aber wohl überwiegend Amulettcharakter besessen.[4] Ist ein Siegel als Skarabäus geformt oder mit Symbolen geschmückt,[5] so wird ihm eine magische Kraft zugeschrieben worden sein, die dem Träger zugute kam. Auch die Silberblättchen aus Ketef Hinnom werden so zu verstehen sein.[6] Mit dem Motiv des Umbindens wird weniger auf ein eigentliches Siegel angespielt, das man um den Hals oder am Finger trug, um es ständig griffbereit zu haben,[7] als auf die schützende und lebensspendende Funktion dieses Objekts.[8] Hier ist der Vergleichspunkt zu den Bildern in Prov 3; 6 und 7, da das Thema „Schutz und Leben" im unmittelbaren Kontext auftritt (3,2; 6,22f.; 7,2a).

Haben wir im Motiv des Anbindens der Worte eine übertragene Bedeutung anzunehmen, so ist das für die konkrete Deutung des Schreibens auf die „Tafel des Herzens" nicht günstig. So ist eine auf dem Herzen getragene

---

[1] Cf. Hi 31,36, den einzigen weiteren Beleg des Verbs ענד. Stimmt die Konnotation des „Umwindens", so wäre zu 6,21b auf Stellen zu verweisen, an denen die Weisheit als Schmuck oder Kranz bezeichnet wird, 1,9; 3,22; 4,9 (cf. Wildeboer, Sprüche, p.20; Gemser, Sprüche, p.41).

[2] Gen 38,18, Cant 8,6.

[3] Mit קשר Jes 49,18, cf. Conrad, קשר, col.213.

[4] Cf. Weippert, Schmuck, p.287.

[5] Als Motive finden sich auf in Palästina gefundenen Siegeln z.B. Flügelsonnen, Horusaugen und verschiedenes andere, cf. Sass/Uehlinger, Studies.

[6] Bei der Interpretation der Texte darauf abzuheben, daß dieser Text auch im Rahmen des kanonisch gewordenen AT überliefert ist (Maier, Fremde Frau, p.167: „Amulette mit Bibelexten"), ist nicht tunlich: „It is obvious that the silver plaques from Ketef Hinnom cannot solve the problem of the time of the composition of the Pentateuch ... it can prove only the existence of the priestly blessing in pre-exilic period." (Yardeni, Remarks, p.185). Aber ob diese Texte vorexilisch zu datieren sind, ist nach Renz (in Renz/Röllig, Handbuch 1, p.448) nicht sicher.

[7] So Delitzsch, der als *tertium comparationis* die „stete unverlierbare Gegenwärtigkeit" des um den Hals getragenen Siegels sieht (Spruchbuch, p.68); cf. Nowack, Sprüche, p.16; Strack, Sprüche, p.318; Wildeboer, Sprüche, p.8; Toy, Proverbs, p.58; Greenstone, Proverbs, p.26.

[8] Die lebensspendende Funktion solcher Amulette ist in eisenzeitlichen Inschriften in ägyptischer Sprache ausgesprochen: Die abgebildete Gottheit verheißt Leben und Schutz (cf. Nrn 21.22.24.25.184 bei Herrmann, Amulette).

Notiztafel[1] kaum das, woran Prov 3 und 7 denken – auch nicht als bildliches Analogon –, sondern das Herz dürfte als (Schreib-)Tafel angesprochen sein, auf die der Schüler die Worte einschreiben soll: Das Herz dient so als Gedächtnis (cf. Jer 17,1),[2] das Darauf-Schreiben ist die Internalisierung.[3]

Man stellt die drei genannten Prov Stellen gerne zusammen mit Dtn 6,8 und 11,18.[4] In Dtn 6 heißt es:

6 Diese Worte, auf die ich dich heute verpflichte, sollen auf dein Herz geschrieben stehen. 7 Du sollst sie deinen Söhnen wiederholen. Du sollst von ihnen reden, wenn du

---

1 Cf. Couroyer, Tablette (cf. Meinhold, Sprüche, p.73). Couroyers Argumentation geht davon aus, daß die Verwendung der Präpositionen עַל und בְּ im Bezug auf das Herz verschieden sei: בְּ stehe beim Herz als Gedächtnis (p.418), während עַל לֵב heiße „über dem Herzen", d.h. auf der Brust wie ein Anhänger (pp.419-422); so deutet er Prov 6,20f. (p.423). Das entspräche Prov 3,3a und 7,3a - doch nicht dem Sprachgebrauch von קָשַׁר. Bei diesem Verb (in der Bedeutung „binden") führt עַל immer das konkrete Objekt ein, woran der Strick gebunden wird (Gen 38,28; Dtn 6,8; 11,18; Jer 51,63) während die Verwendung von בְּ uneinheitlich ist (Gen 44,30; Jos 2,18.21; Hi 39,10; Prov 22,15). Damit ist C.'s Deutung sprachlich falsch. Für 3,3b und 7,3b versucht er mit der Archäologie zu argumentieren. לוּחַ ist die Schreibtafel (cf. Baumann, לוּחַ), meist aus Holz oder Elfenbein, gelegentlich auch aus Stein; solche Tafeln waren im ganzen Alten Orient verbreitet (cf. Rüger, Schreibmaterial, p.290b). In Palästina sind archäologisch keine Holztafeln erhalten; anders in Ägypten. Dort dienten sie für Schülerübungen (cf. Brunner, Erziehung, pp.73f.; Posener, Quatre tablettes, pp.56f.; Vernus, Schreibtafel, col.704), Schreibernotizen vor Ort (cf. Vernus, Schreibtafel, col.704, Abb. z.B. Breasted, Servant, plate 10 b, cf. p.13; Davies, Rekh-Mi-Re, plate 56) oder Etiketten (cf. Vernus, Schreibtafel, col.705). Diese Tafeln hatten ein Loch für einen Strick, dessen Funktion unterschiedlich erklärt wird. Unwahrscheinlich, daß die Schreiberpalette daran befestigt wurde (cf. Brunner, Erziehung, p.74). Auch C.'s Theorie, daß die Tafel daran um den Hals gehängt wurde (p.426), ist angesichts der Größe der Tafeln und der Kürze der Schnur (cf. Abb.21 in Schlott, Schrift) kaum wahrscheinlich (cf. Maier, Fremde Frau, p.195). Die Funktion dürfte darin bestanden haben, die Tafel daran zu tragen oder aufzuhängen (cf. Vernus, Schreibtafel, col.704). Damit scheidet Couroyers Deutung der לוּחַ לִבֶּךָ als um den Hals getragene Memoriertafel aus.

2 Dazu sind wohl die Stellen zu vergleichen, an denen es heißt, daß etwas „ins Herz geschrieben" werde: Jer 31,33 (cf. Delitzsch, Spruchbuch, p.68; Frankenberg, Sprüche, p.30); aus dem satirischen Brief des Hori (übers. Brunner, Weisheit, Nr.30, p.397).

3 Cf. Toy, Proverbs, p.58. Ebenso mit einer übertragenen Bedeutung rechnet Keel, Zeichen, p.165. Mit der oben vorgeführten Argumentation sind die Bilder in 3,3; 6,21 und 7,3 gut innerisraelitisch zu erklären; eine Ableitung aus Ägypten, von der Vorstellung der Maat als Schmuck (so Kayatz, Studien, pp.108f.; cf. zur Maat: Bergmann, Isis, pp.182-187) ist daher nicht zwingend. Ein sachlicher Unterschied besteht zudem darin, daß nicht die Gestalt der Weisheit als Schmuck dienen soll, sondern die Weisung und Gebote des Lehrers.

4 Cf. Delitzsch, Spruchbuch, p.68; Wildeboer, Sprüche, p.8; Robert, Attaches, RB 43, 1934, p.51; Ringgren, Sprüche, p.21; Buchanan, Midrashim, p.232; McKane, Proverbs, p.291; Wilson, Words, p.185; Fishbane, Torah, p.284; Meinhold, Sprüche, p.73. McKay, Love, pp.429-431, hält jedoch weisheitlichen Einfluß im Dtn für wahrscheinlich. Zum Problem s.o. pp.6-8.

zu Hause sitzt und wenn du auf der Straße gehst, wenn du dich schlafen legst und wenn du aufstehst. [8] Du sollst sie als Zeichen um das Handgelenk binden (קשר). Sie sollen zum Schmuck auf deiner Stirn werden. [9] Du sollst sie auf die Türpfosten deines Hauses und in deine Stadttore schreiben (כתב).

Und ganz ähnlich Dtn 11. Wir sehen hier ein Bündel von Motiven vereint, die uns aus den drei Proömien Prov 3; 6 und 7 bekannt sind: Das Schreiben der Worte aufs Herz; das Anbinden der Gebote; eine Verbindung zur Didaktik. Auch die Trias Gehen, Hinlegen und Aufstehen findet sich einmal in diesen Proömien (6,22).

Dieser v.22 ist nun problematisch. In ihm wird dem Schüler der Schutz durch eine feminine Größe in Aussicht gestellt; dies ist durch היא „sie" in v.22b eindeutig. Das Subjekt der verbalen Prädikate ist nicht klar. Die beiden Nomen תורה „Weisung" oder מצוה „Gebot" fallen insoweit aus, als sie in v.21 durch ein Pluralsuffix wiederaufgenommen worden sind. Der Sinn des Textverlaufes wird gut getroffen, wenn man annimmt, daß eine *constructio ad sensum* vorliegt. Als Subjekt ist dann etwa חכמה „Weisheit" zu denken, die מצוה „Gebot" und תורה „Weisung" gedanklich ersetzt.[1] Doch wird in v.23 nicht dieser Gedanke eines Schutzes durch die Weisheit weitergeführt, sondern die Begründung in v.23 greift durch die Wiederaufnahme von תורה „Weisung" und מצוה „Gebot" auf v.21 zurück. Sachlich paßt der Anschluß gut: Die Internalisierung der weisheitlichen Lehre ist deswegen erstrebenswert, weil sie „Licht" ist und zum Leben führt. Der v.22 unterbricht diesen Zusammenhang. Daher ist es wahrscheinlicher, in dem Vers eine Ergänzung anzunehmen.[2] Deren Verständnis setzt freilich eine solche *constructio ad sensum* voraus.

Was ist die Funktion dieser Ergänzung? Das wird bei der Betrachtung des Inhaltes des Verses und seiner Beziehungen zu den Texten aus Dtn deutlich:[3]

Dtn 6,7a „und du sollst sie (sc. die Worte, die ich dir heute befehle, cf. v.6) deinen Söhnen einschärfen und von ihnen reden"

Dtn 11,19a „und ihr sollt sie eure Söhne lehren, indem ihr von ihnen sprecht"

Dtn 6,7b = Dtn 11,19b   בְּשִׁבְתְּךָ בְּבֵיתֶךָ וּבְלֶכְתְּךָ בַדֶּרֶךְ וּבְשָׁכְבְּךָ וּבְקוּמֶךָ

„bei deinem Sitzen im Haus, bei deinem Gehen auf dem Weg, bei deinem Niederlegen und bei deinem Aufstehen"

Thema der beiden Dtn-Abschnitte ist das Weitergeben der Tradition an die Söhne: der Vater soll „über dem Gesetz murmeln Tag und Nacht" (Ps 1), so daß seine Kinder dieses

---

[1] Cf. Delitzsch, Spruchbuch, p.115; Nowack, Sprüche, p.44; Strack, Sprüche, p.328; Wildeboer, Sprüche, p.20; Meinhold, Sprüche, p.117. Andere beseitigen den Anstoß durch verschiedene Emendationen: Toy, Proverbs, p.135; Gemser, Sprüche, p.38; Barucq, Proverbes, p.78; Scott, Proverbs, p.61; Whybray, Proverbs, p.103. Maier, Fremde Frau, p.139 n. b, meint, daß das Subjekt entweder תורה *oder* מצוה aus v.20 sei.

[2] Cf. McKane, Proverbs, p.327; Schäfer, Poesie, pp.178f.

[3] Cf. z.B. Delitzsch, Spruchbuch, p.115; Maier, Fremde Frau, p.154; Schäfer, Poesie, p.179.

von ihm lernen. In Dtn 6,7 und 11,19 ist dieses „immer" nicht als Merismus[1] (z.B. „Tag und Nacht"), sondern als Aufzählung ausgeführt. Diese enthält die Glieder: 1. Heim-kehren nach Hause, 2. Gehen auf dem Wege, 3. Hinlegen und 4. Aufstehen. Die gleiche Struktur liegt Prov 6,22 zugrunde:

Gehen/Wandel	בְּהִתְהַלֶּכְךָ תַּנְחֶה אֹתָךְ
Hinlegen	בְּשָׁכְבְּךָ תִּשְׁמֹר עָלֶיךָ
Aufwachen	וַהֲקִיצוֹתָ הִיא תְשִׂיחֶךָ

Die wörtlichen Anklänge sind nicht so stark: Lediglich das Wort הלך „gehen" und בשכבך „bei deinem Niederlegen" sind identisch. Die grammatische Struktur ist mit dem jeweils vorangestellten ב+inf.+Suff. 2.sg.m. gleich. Doch wögen diese Anklänge nicht genug, würde nicht der Kontext der beiden Dtn-Stellen weitere Verbindungen auswei-sen: An beiden Stellen steht das „Anbinden der Gebote" (קשר) in unmittelbarer Nach-barschaft (6,8; 11,18b)[2]. Das Thema beider Texte ist jedoch ganz unterschiedlich. Im Dtn geht es um das beständige Memorieren der Torah; in Prov 6 um den beständigen Schutz, den sie (=die Weisheit?) für den gehorsamen Schüler bereithält. Zwar sind die Unterschiede gewichtig, aber die Analogie der Stellen wirft doch die Frage nach ihrem gegenseitigen Verhältnis auf. Liegt, da Prov 1-9 die mutmaßlich jüngeren Texte als Dtn enthält, mit dem Motiv des Anbindens der Gebote (des Lehrers) eine bewußte Bezug-nahme auf Dtn 6 und 11 vor? Die Motivation für die Zufügung von Prov 6,22 könnte darin bestanden haben, daß im Proömium der Bezug auf Dtn 6 und 11 hergestellt werden sollte.[3] Damit dürfte diese Ergänzung die Gleichsetzung von Weisheit und Gesetz, wie sie bei Ben Sira 24 vollzogen ist, voraussetzen; nur so wird die Bezugnahme auf Dtn 6 und 11 verständlich.

Die Frage danach, ob nun Prov 6,20f.23 und die beiden anderen Proömien (3,1-4; 7,1-4) sich auf die Dtn-Texte beziehen, stellt sich nach der Aus-scheidung von 6,22 neu. Zwar gibt es mit קשר „anbinden", כתב „schreiben", der Wurzel צוה „befehlen" sowie לבב „Herz" und עין „Auge" eine lexe-matische Verbindung zu den Texten aus dem Dtn,[4] doch außer קשר „an-binden" ist das Vokabular nicht typisch. Auch ist das Lexem אות „Zeichen", das in Dtn 6,8 und 11,18 charakteristisch ist, in Prov nicht verwendet.[5] In 6,20-23 sind die wörtlichen Übereinstimmungen noch dünner und werden erst durch den sekundären v.22 hervorgehoben. Nur wenige gemeinsame Vokabeln, ohne daß ein klares Zitat oder gemeinsame Formulierungen erkennbar wären, reichen aber für den Nachweis einer Anspielung nicht aus. Dies gilt vor allem dann, wenn sich die Gemeinsamkeit im Wortschatz auch

---

[1] Cf. Watson, CHP, pp.321-324.

[2] Auch das „Aufschreiben der Gebote" (כתב), das in 3,3b und 7,3b mit dem „Anbinden" verbunden ist, findet sich in Dtn 6,9 und 11,20.

[3] Cf. Schäfer, Poesie, p.179. - Die Verbindung von Prov 6,22 zur Torah ist in der Mischnah gezogen. Im sechsten Kapitel des Traktates Abot (Kinyan Torah; dazu cf. Lerner, Tractat Avot, pp.273-275) wird Prov 6,22 so zitiert, daß die Torah als Subjekt der femininen Verbformen fungiert. Dabei wird das Hinlegen auf das Sterben, das Aufwachen auf die künftige Welt bezogen (cf. Mischnah IV. Seder Neziqin, 9. Traktat Avot, vi, 9b, edd. Marti/Beer, pp.180f.).

[4] Cf. Maier, Fremde Frau, p.154.

[5] Cf. Keel, Zeichen, p.182.

durch Verwendung des gleichen Bildspenders[1] erklären läßt. Da die Sach-
exegese gezeigt hat, daß das Motiv des Anbindens bzw. Schreibens lebens-
weltlich geläufig war, ist es wahrscheinlicher, daß es in Prov 3; 6; 7 lediglich
eine Metapher für das Internalisieren der weisheitlichen Lehre darstellt, als
daß eine Beziehung zu Dtn hergestellt werden soll.

Vers 23a ist, wie oben in den Bemerkungen zur Gliederung festgestellt,
durch den Parallelismus von מצוה „Gebot" und תורה „Weisung" mit v.20
verbunden. Die Assoziation von Recht und Licht ist in Mesopotamien[2] und
im Alten Testament belegt.[3] In Ps 119,105 findet Prov 6,23a eine Parallele:[4]

Prov 6,23a   כִּי נֵר מִצְוָה וְתוֹרָה אוֹר
Ps 119,105   נֵר־לְרַגְלִי דְבָרֶךָ וְאוֹר לִנְתִיבָתִי

Doch der gemeinsame Wortlaut beschränkt sich auf das topische Paar אור
„Licht" und נר „Leuchte",[5] das auch in der Weisheit geläufig ist. In Hi 18,6
wird die Dunkelheit als Schicksal des Frevlers bezeichnet, das Licht hingegen symbolisiert Gottes Schutz für den Gerechten (Hi 29,3; cf. Ps 18,29).
So stellt Prov 13,9 beide Bilder antithetisch nebeneinander:

> Das Licht der Gerechten ist fröhlich,
> während die Lampe der Frevler verglimmt.

Wir hatten die Lichtmetaphorik schon in 4,18f. gefunden. Sie ist so geläufig,
daß ihre Verwendung in Prov 6,23 nicht aus Ps 119,105 erklärt werden muß
oder umgekehrt.[6] Daher ist keine Anspielung auf Gottes Gesetz gemacht.[7]
Lose an das Vorige knüpft nun die Zielbestimmung der weisheitlichen Lehre
an, der der Schüler gehorchen soll; „Licht" und „Leben" konkretisiert sich in
der Bewahrung vor der „bösen" Frau, wie die „Auswärtige" hier genannt ist.

Die Mahnung, die Schönheit der Fremden nicht zu begehren, erinnert in
der Wortwahl an das dekalogische Begehrverbot (Ex 20,17; Dtn 5,21).[8] Das
Verb חמד „begehren" findet sich nur dort und Cant 2,3 (hier freilich im Piel)
im Zusammenhang mit einem erotischen Verlangen. Steht hier das Dekalog-
gebot traditionsgeschichtlich im Hintergrund? Diese Frage verschärft sich
noch, da Prov 6 der einzige alttestamentliche Text neben dem Dekalog ist, in

---

1   Der Begriff „Bildspender" bezeichnet die Vorstellung, die, als Metapher gebraucht, eine
     andere Vorstellung evoziert; cf. Kurz, Metapher, p.22.
2   Cf. Aalen, אור, col.162.
3   Cf. Vermes, Torah, pp.436-438.
4   Cf. Gemser, Sprüche, p.41; McKane, Proverbs, p.327; Meinhold, Sprüche, p.118.
5   Ex 25,37; Num 8,2; Jer 25,10; Ps 18,29.
6   Dies meint Deissler, Psalm 119, p.205.
7   Gegen Maier, Fremde Frau, p.156. Da diese Anspielung auf Ps 119 der Grund für
     Whybray, Proverbs, p.104, ist, diesen Vers auszuscheiden, fällt mit der Verbindung zu
     Ps 119 auch die Ursache, 6,23 für eine Glosse zu halten.
8   Cf. Delitzsch, Spruchbuch, p.117; Greenstone, Proverbs, p.65; Meinhold, Sprüche,
     p.118; Shupak, Wisdom, p.114; Maier, Fremde Frau, p.159.

dem die drei Lexeme חמד „begehren", נאף „ehebrechen" (v.32) und גנב „stehlen" (v.30) vorkommen. Doch die Zusammenstellung von Diebstahl und Ehebruch ist nicht nur im Dekaloges belegt.[1] Die Formulierung von Prov 6,25 erinnert zudem an Ps 45,12:

Ps 45,12   וְיִתְאָו הַמֶּלֶךְ יָפְיֵךְ

Prov 6,25a   אַל־תַּחְמֹד יָפְיָה בִּלְבָבֶךָ

In beiden Fällen ist die Schönheit der Frau das Objekt des Begehrens. חמד „begehren" und אוה „wünschen" sind synonym, wie Dtn 5,21 zeigt, wo אוה „wünschen" die Verdoppelung des חמד „begehren" aus Ex 20,17 variiert.[2] In Prov 6,25 sind die Vokabeln verwendet, um einen Diskurs über das Begehren zu realisieren, wie er von der Weisheit gelegentlich geführt wird – auch wenn es kein vorherrschendes Thema ist.[3] Damit kann die Beziehung zum Dekalog auf einem zufälligen Zusammentreffen der Motive beruhen; die LXX jedenfalls haben diesen Zusammenhang nicht hergestellt. Angesichts dieses Befundes halte ich es nicht für wahrscheinlich, daß in Prov 6,20-35 ein Text vorliegt, der sich bewußt an den Dekalog anlehnt.[4] Die möglichen Bezüge sind jeweils auch anders zu klären. Das Ethos, das sich in Prov 6,20-35 ausspricht, ist nicht von dem verschieden, das im Dekalog zu greifen ist. Beide wurzeln im gleichen gemeinisraelitischen Ethos.[5] Diese Annahme genügt, die Übereinstimmung zu erklären.

Angeschlossen durch כי „weil" (v.26) wird die Mahnung von v.25 durch eine Sentenz begründet,[6] deren grammatische Formulierung von kryptischer Kürze ist. Die LXX lösen die Breviloquenz des masoretischen Textes auf, indem sie schreiben:

Der Preis einer Hure (ist), wieviel auch ein (einziges) Brot (kostet), eine Frau von Männern jagt köstliche Seelen.[7]

Vor allem das erste Kolon des hebräischen[8] Textes ist schwierig. Ganz wörtlich wiedergegeben müßte es etwa lauten:

Hinter einer Hure = bis zu einem Laib Brot.

---

1   Cf. Hos 4,2; Jer 7,9*; Ps 50,18 (+ Verleumdung); Hi 24,13-15; so auch Lang, Frau Weisheit, p.144.
2   Cf. Shupak, Wisdom, p.113.
3   Cf. Shupak, Wisdom, pp.105-116.
4   Gegen Maier, Fremde Frau, p.162.
5   Cf. Gerstenberger, Wesen; Richter, Ethos.
6   Dies verkennt Berger (Zum Huren bereit; ihm folgt Maier, Fremde Frau, p.141) und bezieht daher תנצור auf den angeredeten Schüler, was seine Deutung in die Irre führt.
7   Cf. Berger, Zum Huren bereit, p.98.
8   Das masoretische Verständnis, wie es sich in den Lese-Akzenten spiegelt, trennt den Vers falsch in Kola: „Denn hinter einer hurerischen Frau oder einer Verheirateten (her geht es) bis zu einem Rundlaib Brot", so Berger, Zum Huren bereit, p.100.

Dabei sind zwei – glücklicherweise voneinander unabhängige – Probleme zu lösen: a) Was bedeutet בעד („hinter")? b) Auf was bezieht sich „bis zu einem Laib Brot"? Ist es der Preis für die Prostituierte oder beschreibt der Ausdruck den finanziellen Ruin des Freiers? Zur Klärung dieser beiden Fragen empfiehlt es sich, von v.26b auszugehen, da dieser im Hebräischen klar ist:

> ... eine verheiratete Frau[1] jagt einem das liebe Leben ab.

Im Hintergrund dieser Aussage dürfte die Todesstrafe für Ehebruch stehen. Wie wir oben in Kapitel 5.3 gesehen haben, ist diese Bedrohung eine gewichtige Motivation für den Verzicht auf den sexuellen Umgang mit einer Verheirateten. Spricht das zweite Kolon vom Geschlechtsverkehr mit verheirateten Frauen, so das erste vom Umgang mit Prostituierten.[2] Beide Halbverse beschäftigen sich also mit unterschiedlichen Frauen.[3]

Wenden wir uns nach diesen Vorüberlegungen der ersten Hauptfrage zu: Was heißt hier בעד? Die Grundbedeutung der Präposition scheint „hinter"[4] im Sinne eines Aufenthalts, nicht einer Bewegungsrichtung zu sein.[5] Das „Hinter-einer-Person-Sein" dient als Katachrese für: „anstelle jmd.s/im Interesse von jmd.m handeln"[6]. Als Weiterentwicklung dieser Katachrese ist Hi 2,4 zu sehen, wo es heißt:

> Der Satan antwortete Jhwh und sagte:
> עוֹר בְּעַד־עוֹר וְכֹל אֲשֶׁר לָאִישׁ יִתֵּן בְּעַד נַפְשׁוֹ
> Haut für Haut, und alles, was der Mann hat, wird er geben für sein Leben.[7]

---

[1] Wie in Gen 20,7 ist mit אֵשֶׁת אִישׁ die verheiratete Frau gemeint; beim dritten Vorkommen dieser Wortverbindung in Lev 20,10 ist אִישׁ" als Dittographie zu streichen.

[2] Die Wendung אִשָּׁה זוֹנָה „Prostituierte" ist in der Weisheit nur Prov 6,26 belegt (sonst: Lev 21,7; Jos 2,1; 6,23 (LXX); Ri 11,1; 16,1; Jer 3,3; Ez 16,30; 23,44 - bei den LXX überall: [γυνή] πόρνη).

[3] Gegen Nowack, Sprüche, p.45.

[4] So die „Grundbedeutung" nach HAL, p.135, s.v. בעד I; Clines, DCH 2, p.235, s.v. בעד I.

[5] Cf. Gen 7,16; Ri 3,23; 9,51; 2 Kge 4,4.5.33; Jes 26,20; Jon 2,7; Cant 4,1.3; 6,7; in Joel 2,8 heißt es „von hinter ... her" („herauskommen"). Gegen Berger, Zum Huren bereit, p.101; Schäfer, Poesie, p.183, die „hinter ... her" im Sinne von „folgen" übersetzen.

[6] Die Stellen, an denen man gewöhnlich „für" übersetzt: 2 Sam 10,12 (kämpfen = 1 Chr 19,13); 12,16 (bitten); 2 Kge 22,13 (= 2 Chr 34,21); Jer 21,2 (suchen); Ez 22,30 (in die Bresche springen); Ex 32,30; Lev 9,7; 16,6.11.17.24; Ez 45,17; 2 Chr 30,18 (sühnen) cf. Ez 45,22, wo der Fürst in Stellvertretung des Volkes ein Sündopfer bereitstellt; Prov 20,16 (gepfändet werden, cf. 27,13); Hi 42,8 (opfern); Sach 12,8 (beschirmen); Jes 8,19 (Tote befragen); Hi 1,10 (eig.: „einen Zaun ziehen" → „schützen", cf. HAL, p.1223, s.v. שׂוּךְ; wegen des מסביב „ringsum" heißt בעד nicht räumlich „hinter" sondern „für": Der Begünstigte des Schutzes wird genannt).

[7] Cf. Hölscher, Hiob, p.14.

Mit „Haut für Haut" wird hier ein Sprichwort zitiert, in dem „von einem Ge-
schäftsabschluß die Rede [ist], bei dem Gleiches für Gleiches bezahlt wird."[1]
Von dieser Verwendung her wird auch Prov 6,26 zu erklären sein[2]: „Für eine
Prostituierte ..." bezahlen.

Wie steht es nun aber mit dem zweiten Teil des Satzes: „... bis zu einem
Laib Brot." Ein Laib Brot ist symbolisch für „wenig an Wert" zu verstehen.
Doch worauf bezieht das „Wenige" sich? Auf den Hurenlohn oder auf die
Armut, die den notorischen Freier befällt? Im ersten Fall wäre die Sentenz
etwa so zu paraphrasieren: „Für 'ne Hure zahlste gerade mal 'n Appel un'n
Ei, aber wenn du mit 'ner Verheirateten 'was anfängst, kostet's dich 'n
Hals." Im zweiten etwa so: „Mit Prostituierten ruinierst du dich finanziell,
Ehebruch kann dich das Leben kosten." In beiden Fällen werden die zwei
Arten von außerehelichem Geschlechtsverkehr einander gegenübergestellt,
und der Umgang mit Prostituierten erscheint als das kleinere Übel. Ob in der
ersten Deutung mit der Sentenz indirekt zum Umgang mit Prostituierten
aufgerufen werde,[3] weil es nicht viel koste, halte ich nicht für wahrscheinlich, da in der Weisheit vor dem Umgang mit Prostituierten gewarnt wird;
Grund sind die finanziellen Folgen.[4]

Angesichts dieser Abwertung des Umganges mit Prostituierten in der
Weisheit ist die Angabe des Preises mit einem Brot vielleicht weniger als
eine exakte Wertangabe zu verstehen,[5] als ein Versuch, den Unterschied
zwischen verheirateter Frau und Prostituierter herauszustellen. Deren geringer Preis ist dann als niedriger moralischer Wert zu deuten, wie Sir 26,22
deutlich sagt:

> Eine käufliche Frau wird für soviel wert gehalten wie Spucke,
> eine verheiratete Frau wird für eine Todesfalle[6] gehalten für den,
>
> > der Umgang mit ihr hat.

---

[1] Fohrer, Hiob, p.97.
[2] Cf. Delitzsch, Spruchbuch, p.117. Nicht nötig ist es daher, ein Substantiv בעד „Preis"
     anzunehmen (cf. Driver, Problems 3, p.244; Thomas, Notes, p.283; Gemser, Sprüche,
     p.40; HAL, p.135, s.v. בעד II; Clines, DCH 2, p.236, s.v. בעד II; anders GDM 1, p.160,
     s.v. בעד).
[3] Das meint Nowack, Sprüche, p.44.
[4] S.o. 5.3.
[5] In Gen 38 will Juda seiner Schwiegertochter Tamar für den Beischlaf ein Ziegenböck-
     chen bezahlen, was deutlich wertvoller als ein Laib Brot ist (cf. Nowack, Sprüche, p.44).
     Doch geht es in Prov 6,26 nicht um eine genaue Preisangabe, sondern um den Wert-
     gegensatz; das wird durch eine Überlegung, wie sie Berger, Zum Huren bereit, p.101,
     vorträgt, verdunkelt. Er meint, es gebe Huren in unterschiedlichen Preislagen.
[6] Wenn πύργος „Turm" für מצורה II. „Befestigung" (cf. Jes 29,3; Sir 9,3) steht, könnte in
     der hebr. Vorlage eine Verschreibung für מצודה I. „Netz" vorliegen, cf. Skehan/DiLella,
     Ben Sira, p.346. Doch wäre auch eine Verwechslung mit מצודה II. „Bergfeste" möglich.

Diese Sentenz kennt möglicherweise unsere Proverbienstelle[1] und legt sie in der Weise aus, daß die Prostituierte nichtswürdig sei. Diese Auslegung scheint angesichts des Verständnisses von בעד im Sinne einer Preisangabe die wahrscheinlichere Deutung der Sentenz – die zudem noch von den LXX gestützt wird –, wenn auch die andere nicht völlig ausgeschlossen werden kann. Beide Deutungen fügen sich sinnvoll dem Kontext ein: Dem Schüler wird vom Umgang mit der verheirateten Frau abgeraten, weil er tödlich ist; diese Pointe von v.26 ist in jedem Fall deutlich. Profiliert wird diese Warnung durch die Bewertung des Umganges mit Prostituierten: Entweder wird der Umgang mit ihnen verächtlich gemacht oder auf die Gefahren hingewiesen, die, obwohl geringer als die bei Ehebruch, bedeutend genug sind, ihn zu meiden.

Wir haben es, wie die beiden Parallelen Prov 23,27 und Sir 26,22 zeigen, in Prov 6,26 mit einer in sich geschlossenen Sentenz zu tun. Die formale Abgeschlossenheit von Prov 6,26 deutet darauf hin, daß es sich bei dem Vers um ein Zitat[2] handeln dürfte. Diese Vermutung wird durch verschiedene Beobachtungen gestützt. Erstens weist die Opposition von אשה זונה „Prostituierte" und אשת איש „verheiratete Frau" über das Argumentationsgefälle des unmittelbaren Kontextes hinaus. Zweitens fanden wir, daß die Bezeichnungen für die beiden Frauen-Typen sonst nicht in Prov 1-9 belegt sind. Drittens – das ist eine Folge der vorigen Beobachtung – sind die Wörter, die die Frauen bezeichnen, nicht mit denen des Kontextes identisch. Dort wird die verheiratete Frau אשת רעהו „Frau deines Nachbarn" (v.29) oder נכריה „Auswärtige" (v.24) genannt.[3] Schließlich ist v. 26 metrisch länger als seine Umgebung.

Die Motivation der Mahnung (v.26), keine verheiratete Frau zu begehren, besteht in der Gefahr für das Leben des Ehebrechers. Diese Gefährdung wird durch zwei Analogien veranschaulicht. Der kurze Text 6,27-29, ein Vergleich, ist eine kleine, in sich geschlossene kunstvolle Einheit. Ein Vergleich besteht aus zwei (oder mehreren) Gliedern, die ausgedrückt sind, und in einem unausgedrückten „dritten", dem *tertium comparationis*.[4] Der hier vorliegende Vergleich besteht aus drei manifesten Gliedern, bei denen die beiden ersten in einer rhetorischen Doppelfrage[5] vorliegen. Sie stellen das Bild dar (vv.27f.). Das Verglichene (v.29) ist der Ehebrecher, was den Bezug zum Thema der Lehrrede herstellt.[6]

---

[1] Cf. Skehan/DiLella, Ben Sira, p.346.

[2] Toy, Proverbs, p.137, hält den Vers fälschlich für eine Glosse.

[3] Cf. Whybray, Proverbs, p.106: „The language and style of this verse are quite different from those of the preceeding verses".

[4] Cf. Lausberg, Elemente, § 400.

[5] Cf. Watson, CHP, p.339.

[6] Abfolge rhetorische Frage → Vergleich: Jer 18,6; Hi 7,1f.; doppelter Vergleich mit כ/כאשר: Jes 29,8; Ps 83,15f.; Prov 10,26; 26,1.2.

Den Anfang in v.27a ebenso wie das Ende der Einheit markiert ein
Chiasmus. In v.27a ist die Überkreuzstellung eine lautliche. Deutlich entsprechen sich die Konsonanten von אִישׁ „Mann" und אֵשׁ „Feuer"; bei בְחֵקוֹ
„in seinem Gewandsaum" und הֶיחָתֶה „trägt …?" ist immerhin das ה gemeinsam. Die inhaltliche Entsprechung von Bild (v.28) und Verglichenem
(v.29) wird durch einen Chiasmus der Satzteile erreicht: In v.28b ist die
Wortfolge Subst. → Negation+Verb, in v.29b ist das Umgekehrte der Fall:
Negation+Verb → Subst. Beide Chiasmen rahmen den Text, indem der
erste im ersten Kolon des Abschnittes steht, der zweite das letzte Kolon mit
dem drittletzten verbindet. Da der Text außer dem Thema keine kompositorischen Verbindungen zum Vorausgehenden hat, und zum folgenden
Abschnitt außer der Verbindung Negation+Verb keine Gemeinsamkeiten
über die Ehebruchsanalogie hinaus bestehen, liegt es nahe, in dem Text Prov
6,27-29 wegen seiner geschlossenen Form ein dem Autor von Prov 6
vorliegendes Material anzunehmen.

Die assoziative Verbindung von Feuer mit Liebe, die der Analogie zugrundeliegt, findet sich auch in Cant 8,6;[1] der חֵק „Gewandbausch" oder
„Schoß" ist überdies der Ort, an dem die Gattin liegt (Mi 7,5). Damit ist die
assoziative Verknüpfung des Bildes der Analogie mit der Frau gut nachvoll-
ziehbar. Der Gewandbausch (חֵק) diente zum Tragen kleinerer Gegenstände
wie etwa Geld (Prov 17,23; 21,14); aus der textilen Natur des Kleidungs-
stückes läßt sich leicht folgern, daß Feuer darin nicht transportiert werden
konnte. Dieses wurde vielmehr in Pfannen (Lev 10,1) oder in Tonscherben
(Jes 30,14) bewegt.[2] Der lebensweltliche Hintergrund macht klar, warum
niemand Feuer im Gewandsaum trägt: weil das Gewand Feuer finge. Ebenso
ist es mit glühenden Kohlen. Wer darüberläuft, verbrennt sich die Füße.
Feuer ist gefährlich; wer nicht sachgemäß damit umgeht, wird unausweichlich Schaden nehmen.[3] Ebenso unausweichlich ist der Umgang mit verheirateten Frauen lebensgefährlich. Hierin liegt der Vergleichspunkt.

Die Gestalt des Textes ist geprägt von der rhetorischen Frage[4]. Für diese
gibt es deutliche formale Parallelen. So am einprägsamsten im AT Jes 10,15:

> Rühmt sich die Haue gegen den, der mit ihr schlägt?
> Oder brüstet sich die Säge gegen den, der sie zieht?
> Als ob (כ) ein Stab gar den, ‚der ihn hebt', bewegt,
> als ob ein Stock, was nicht Holz, erhebt![5]

---

1   Cf. Sir 9,8.
2   Cf. Gemser, Sprüche, p.42; Meinhold, Sprüche, p.120.
3   Cf. Ps 66,12, wo Gott unversehrt durch Feuer und Wasser hindurchgeführt habe.
4   Cf. Watson, CHP, c.11.17; Alonso Schökel, Manual, pp.150f.
5   Übers. Kaier, Jesaja 1, p.219.

Kaiser spricht hier von „didaktischen, das Urteil des Lesers und Hörers herausfordernden Fragen"[1] und verweist auf eine sachliche und formale Parallele bei Achiqar 6,10,[2] wo die Unterordnung des Höflings unter den König angemahnt wird:

> Was sollen Hölzer mit Feuer rechten? Fleisch mit dem Messer? Ein Mann mit dem König?[3]

Solche paradoxen Fragen waren gängig, wie Jes 49,24; Am 3,3-8*; Hi 6,5f. und 8,11 zeigen. Die Beispiele belegen, daß solche rhetorischen Fragen gern in Gruppen vorkommen.[4] Dies gilt auch von Fragen nicht-paradoxen Inhalts. Wolff spricht im Zusammenhang mit Frageketten (mit abschließender ausdrücklicher *conclusio*, die aber, wie Achiqar 6,10 zeigt, nicht unbedingt nötig ist) von einer „lehrhaften Disputation", deren Sitz im Leben der „leidenschaftliche Streit" gewesen sei.[5] Von Rad spricht demgegenüber im Blick auf Hi 8,11 und Prov 23,29-30 von der Gattung „Schulfrage"[6], denkt also an das didaktische Frage-und-Antwort-Verfahren zwischen Lehrer und Schüler. Doch ist es wohl zuviel, von einer Gattung zu sprechen, da eine solche mehr Bestimmungsglieder aufweisen muß als ein gemeinsames Merkmal aus dem Bereich des Ornatus, wozu die rhetorische Frage gehört.[7] So ist in der rhetorischen Frage und in einer Kette von solchen, ein Stilmittel der Rhetorik – auch der althebräischen zu sehen. Diese Rhetorik mag in der weisheitlichen Ausbildung besonders gepflegt worden sein, war aber wie jede Rhetorik mehr oder weniger sprachliches Gemeingut. So erklärt sich das Auftauchen dieses Stilmittels in prophetischen Texten.

Wir können in der Einheit Prov 6,27-29 einen rhetorisch gut durchgebildeten, argumentativ und assoziativ geschlossenen Vergleich erkennen, der vor dem Ehebruch warnt, indem er die Gefährlichkeit des Feuers zur bildlichen Vergegenwärtigung der Gefahr des „Fremdgehens" nutzt.

In ähnlicher Weise ist der Vergleich mit dem Dieb 6,30-35 zu bewerten. Dem Verständnis dieses Abschnittes stehen allerdings gewisse Probleme mit einzelnen Versen im Wege.[8] So ist nicht ganz deutlich, wie v.30 aufzufassen sei. Verstünde man den Satz als Aussage, würde Diebstahl moralisch ge-

---

1   Kaiser, Jesaja 1, p.225.
2   Zitiert nach TAD Bd.3, p.37 ed. Porten/Yardeni; cf. Kottsieper, Sprache, p.20.
3   Hier liegt das Ziel des Vergleiches in der dritten Frage; die Wirkung besteht darin, daß, wer die ersten beiden Fragen verneinen mußte, auch die dritte eigentlich nur verneinen kann. Ganz analog Am 3,3-8, cf. Wolff, Amos, pp.218-221.
4   Ausführliche Liste mit Beispielen bei Watson, CHP, p.339.
5   Wolff, Amos, p.220.
6   Rad, Weisheit, p.32. Cf. Alonso Schökel, Manual, pp.151f.:"wisdom questions".
7   Cf. Lausberg, Elemente, § 445,2.
8   Cf. Whybray, Proverbs, p.107: „the interpretation of this passage is difficult and much disputed".

rechtfertigt, wenn er der Behebung unmittelbarer Not diente.[1] Doch diese
Auffassung wäre im AT singulär:[2] Diebstahl wird, auch wenn ein Armer ihn
begeht, als verwerflich angesehen; so im Gebet[3] Prov 30,9:

> und damit ich nicht verarme und stehle
> und mich am Namen meines Gottes vergreife.[4]

Der Hungrige vergeht sich genauso gegen Gott und sein Gebot, wenn er
stiehlt, wie der, der es nicht aus Not heraus tut. Um diesen Sinn in Prov 6,30
zu erhalten, muß der Vers als nicht markierte Frage aufgefaßt werden.[5] In
v.31 werden nun die juristischen Folgen des Diebstahls benannt: Wenn der
Dieb ertappt oder überführt[6] wird, muß er Ersatz leisten (z.B. Ex 21,37-
22,3); die hier genannte siebenfache Rückerstattung ist allerdings sonst nicht
belegt.[7] Daß damit eine hohe Quote gemeint ist, macht v.31b deutlich, wo
vom ganzen Besitz[8] die Rede ist, den der überführte Dieb hergeben muß.

Die beiden Abschnitte des Textes (vv.30f.32-35) sind weitgehend parallel. Der einzige Hinweis auf einen Gegensatz findet sich in den Wendungen מלא נפש v.30b und השחית נפש, „sein Verlangen befriedigen" und
„sein Leben verderben".[9] Ansonsten ist aber die Behandlung von Dieb und
Ehebrecher analog: Beide werden verachtet (v.30a) oder ernten Schande
(v.33), beide müssen die Straffolgen tragen, die das Recht für ihr Tun
vorsieht. Für den Ehebrecher bedeutet dies den Tod.[10] Der Versuch, sich
dem durch Bestechung zu entziehen, scheitert an der Unversöhnlichkeit des
gehörnten Gatten.[11] Die Analogie wird ausdrücklich in v.35 gezogen: Hier
wird ein „Du" angeredet, dem erklärt wird, daß es für den Ehebrecher keine
Möglichkeit gibt, mit dem Leben davonzukommen. Darin unterscheidet er
sich vom Dieb, der nur seinen Besitz verliert. Diese Folgerung aus der

---

1 Cf. Delitzsch, Spruchbuch, p.118; Nowack, Sprüche, p.45; Strack, Sprüche, p.328;
   Greenstone, Proverbs, p.66; Gemser, Sprüche, p.42.
2 Cf. Toy, Proverbs, p.139; Whybray, Proverbs, p.107.
3 Cf. Plöger, Sprüche, p.360; Meinhold, Sprüche, p.499; Whybray, Proverbs, p.411.
4 Übers. Meinhold, Sprüche, p.494.
5 Cf. McKane, Proverbs, p.330; Meinhold, Sprüche, p.120. Die Versionen geben den Sinn
   des Satzes in MT nur dann einigermaßen korrekt wieder, wenn es sich nicht um einen
   verneinten Aussagesatz, sondern um eine nicht markierte, rhetorische Frage handelt.
   Diese werden bei den LXX oft umschrieben (s.o. p.101 n.2; gegen Kaminka,
   Septuaginta, p.180: „Interpretation, da die Verachtung des Diebes nicht negiert werden
   soll."). LXX: „Es ist nicht erstaunlich, wenn ein Dieb gefangen wird, denn er hat gestohlen, um seine hungernde Seele zu füllen" (cf. Targum; Peschitta).
6 Zu נמצא cf. Ex 22,1; Jer 2,26; gegen Meinhold, Sprüche, p.120.
7 Cf. Meinhold, Sprüche, p.120.
8 Diese Wendung auch Cant 8,7.
9 Cf. Overland, Structure, p.103.
10 Cf. Lev 20,10; Dtn 22,22; cf. Maier, Fremde Frau, pp.147.176.
11 Cf. Peels, Vengance, pp.77f.; Maier, Fremde Frau, p.152.

Analogie wird in v.35 stilistisch durch die Anrede hervorgehoben; der Skopos der Einheit ist somit deutlich: Warnung vor Ehebruch, der seine Strafe unausweichlich nach sich zieht. Die Zusammenstellung von Ehebruch und Diebstahl ist topisch. Sie erscheint außerhalb der Dekaloge mehrfach, auch in Verbindung mit Mord.[1] Die Mahnung und ihre argumentative Basis in der Analogie mit dem Dieb wurzeln also im gemeinisraelitischen Ethos.

Bei 6,27-29 konnten wir plausibel machen, daß eine in sich geschlossene Einheit vorliegt. Dies ist für die vv.30-35 ebenfalls wahrscheinlich. Dieser Text hat eine in sich abgerundete Aussage. Er ist lediglich durch das Thema und die Stichwörter אשה „Frau" (vv.29.32), נקה „unschuldig sein" (vv.29b.34b)[2] und נגע „berühren" (vv.29b.33a) mit dem ersten Vergleich (vv.27-29) verbunden. Da weitergehende kompositorische Verknüpfungen nicht zu erkennen sind, deuten diese eher dünnen Beziehungen auf zwei durch Stichwortassoziation sekundär verknüpfte Texte.[3] Sie fußen beide in der (weisheitlichen) Rhetorik und dem gemeinisraelitischen Ethos. Sie betonen beide die Unausweichlichkeit des Verderbens für den Ehebrecher und unterstreichen die Mahnung von v.25 sowie deren Begründung in v.26. War dort die Lebensgefahr angesprochen worden, die den Ehebrecher bedroht, so heben die beiden Analogien die Zwangsläufigkeit hervor, mit der diese Folge eintritt. Damit führen sie die Begründung der Mahnung argumentativ weiter, indem sie Analogien aus der Natur (Feuer) und dem sozialen Leben (Diebstahl) anführen. Gerade die zweite weist mit der Wendung השחית נפשו „sein Leben verderben" (v.32) auf v.26b zurück, wo die Ehebrecherin auf die נפש („Leben") Jagd macht.[4] Das Proömium hat, nachdem v.22 ausgeschieden ist, vier Bikola (vv.20.21.23.24) und die erste Mahnung mit Begründung hat zwei, womit diese sechs Verse den in vv.30-35 entsprechen. In der Mitte enthält die erste Analogie nur drei Bikola.

Schäfer hält, wie ähnlich schon Whybray, die beiden Analogien für sekundäre Ergänzungen von 6,20-21.23-26.[5] Doch dieser Abschnitt ist nicht so geschlossen, wie Schäfer meint (s.o. p.119, n.2). Damit entfällt seine Begründung, in ihm ein selbständiges Lehrgedicht zu sehen. Auch sein zweites Argument für eine Erweiterung greift nicht: Er versteht das Lehrgedicht metaphorisch und die vv.27-35 konkret.[6] Aber schon die vv.20-26* haben mit v.26 einen sehr konkreten Inhalt. Dies setzt sich in vv.27-35 fort. Auch der Personenwechsel von der Anrede an den Schüler zur Darstellung von

---

[1] Cf. Hos 4,2; Jer 7,9*; Ps 50,18 (+ Verleumdung); Hi 24,13-15; so auch Lang, Frau Weisheit, p.144.
[2] Cf. Alonso Schökel, Proverbios, p.216.
[3] So auch Schäfer, Poesie, p.178.
[4] Cf. Alonso Schökel, Proverbios, p.216.
[5] Cf. Schäfer, Poesie, p.178; Whybray, Wisdom, p.48f. (ursprünglich: vv.20.21.22. 24.25.32); id., Composition, pp.24f.
[6] Cf. Schäfer, Poesie, p.184.

Sachverhalten in der dritten Person[1] ist kein schlüssiges Argument dafür
vv.27-35 für sekundär zu halten, da schon v.26 in der dritten Person
formuliert ist. Schäfer selbst gibt zu, daß 6,20-35* „zu einem – durchaus
sinnvollen – Textgefüge über das Thema ‚Ehebruch' zusammengestellt
wurden."[2] Darum halte ich eine andere Lösung für wahrscheinlicher; sie
trägt der Tatsache Rechnung, daß die beiden Analogien wegen ihrer inneren
Geschlossenheit und terminologischen Eigenart kaum auf den Autor von
6,20f.23-25 zurückgehen dürften, erklärt sie aber anders: In v.26 hat der
Autor von 6,20-35* schon einen geprägten Spruch aufgenommen. So scheint
mir plausibel, daß er auch die beiden Analogien als vorliegendes Material
aufgenommen und sie mit einer Einleitung versehen hat. Durch diese
Einleitung sind Beziehungen zu anderen Texten aus Prov 1-9 hergestellt
worden, wie wir bei der Auslegung gesehen haben.

7.2 Zum Werden von Prov 7

1   Mein Sohn, bewahre meine Worte,
      und meine[3] Gebote bewahre bei dir auf!
        LXX: Sohn, fürchte den Herrn und sei stark, außer ihm fürchte niemand.

2   Bewahre meine Gebote und du wirst leben,
      und meine Weisung wie die Pupille[4] deines Auges!

3   Binde sie an deine Finger,
      schreibe sie auf die Tafel deines Herzens!

4   Sprich zur Weisheit: „*Meine Schwester*[5]*bist du*",
      und „*Verwandte*" nenne die Verständigkeit,

5   um dich zu bewahren vor der Fremden Frau
      und vor der Auswärtigen, die ihre Worte glättet.[6]

---

[1] Cf. Schäfer, Poesie, p.174.

[2] Schäfer, Poesie, p.178.

[3] In der Hexapla Παντες· τὰς ἐντολάς. Dies meint nicht die Gebote des Lehrers sondern
die Gottes. Damit ist das Verständnis der Mahnung verschoben; weisheitliche Mahnung
und Gesetzesgehorsam sind parallelisiert.

[4] So HAL, p.43, s.v. אישׁן; McCarthy, Apple: „Augapfel" (cf. LXX κόρη).

[5] Gewöhnlich versteht man „Schwester" als „Geliebte", nach den Parallelen im Hohen
Lied (cf. auch SapSal 8,2; Boström, Proverbiastudien, p.162; Gemser, Sprüche, p.43;
Meinhold, Sprüche, p.125); doch das parallele Wort מודע bezeichnet an der einzigen
Stelle, an der es noch belegt ist, eine Verwandte (Ruth 2,1; ähnlich מדעת 3,2). Da die
Konnotation „Geliebte" in Cant durch Appositionen sichergestellt ist (4,9.10.12; 5,1.2 –
Ausnahme 8,8: leibliche Schwester), ist in Prov 7,4 weniger eine erotische als eine
vertraulich familiäre Bedeutung anzunehmen (so Baumann, Weisheitsgestalt, pp.245-
247; Maier, Fremde Frau, p.188; cf. Whybray, Proverbs, p.112).

[6] Zu den LXX, cf. Cook, אשׁה זרה, p.469.

6   Ja,[1] durch das Fenster meines Hauses,
    durch mein Fenstergitter blickte ich
7   und sah unter den Einfältigen einen[2],
    erblickte[3] unter den Söhnen einen Knaben, einen, dem es an Verstand mangelte,
8   wie er die Straße überquerte nahe ,der Ecke'[4],
    so daß er auf dem Weg zu ihrem Haus schritt
9   in der Dämmerung, am Abend des Tages,
    zur ,Zeit'[5] der Nacht und der Finsternis.
10 Da, plötzlich,[6] (kam) die Frau ihm entgegen,
    (im) Kleid einer Hure und (mit) Bedacht[7]

---

[1] Das כי ist emphatisch. Es leitet hier die Erzählung ein (cf. Nowack, Sprüche, p.47).

[2] Der חסר לב aus v.7b dient *double duty* auch dem ersten Glied als Akk.Obj. Die LXX haben nur ein Verb (ihnen folgt Toy, Proverbs, p.146). Daher ist die Umstellung von נער ins ersten Kolon (cf. Steuernagel, Sprüche, p.288; Gemser, Sprüche, p.40; Fichtner [BHS]; Whybray, Proverbs, p.113) nicht zwingend (cf. Plöger, Sprüche, p.74; Meinhold, Sprüche, p.122; Maier, Fremde Frau, p.178).

[3] LXX und Peschitta: „... durch ihr Fenster und durch ihr Fenstergitter blickte sie, und sie sah ... " Subjekt ist also nicht der Lehrer, sondern die Fremde Frau. Doch hier haben die LXX geändert. Cf. Plöger, Sprüche, p.77; Maier, Fremde Frau, p.178 n. d.

[4] Das Suffix an פנה ist eine irrige Punktierung; es fehlt in LXX, Peschitta, Vulgata; cf. Fichtner (BHS); Whybray, Proverbs, p.113; Maier, Fremde Frau, p.178 n. e.

[5] Falsche Punktierung unter dem Einfluß von 7,2; es ist בְּאִשׁוֹן zu lesen wie Prov 20,20 Q; cf. Fichtner (BHS); Whybray, Proverbs, p.113; Maier, Fremde Frau, p.178 n. f.

[6] הנה als Indikator für Überraschung, cf. Andersen, Sentence, pp.94-96.

[7] Die Formulierung נצרת לב ist singulär und hat zu mancherlei Konjekturen Anlaß gegeben: Nach der masoretischen Punktation handelt es sich um Ptz.qal.pass.fem.sg.cs. von נצר mit dem Genitiv לב. Die Konsonanten der Verbform sind formal auch als Ptz.nif. von צרר deutbar (cf. Frankenberg, Sprüche, p.52; Maier, Fremde Frau, p.178 n g); doch ist diese Stammform weder von צרר I noch צרר II belegt. Die Versionen haben den Text nicht mehr verstanden und bieten unterschiedliche Wiedergaben; LXX: ἢ ποιεῖ νέων ἐξίπτασθαι καρδίας „die die Herzen der Jünglinge entfliegen läßt"; Targum דמפרדא ליבא דעולימי „who bewilders the heart of the young men" (Übers. Healey; ebenso Peschitta). Vulgata „praeparata ad capiendas animas". Frankenberg, Sprüche, p.52 und Maier, Fremde Frau, p.178 n. g, vermuten hinter der griechischen Fassung eine hebräische Vorlage, in der eine Form von עור III „wach sein", „aufregen" gestanden habe. Doch da ἐξίπτασθαι ein *hapax legomenon* bei den LXX ist, das synonyme ἐκπέτεσθαι nur dreimal verwendet wird (Hos 11,11; Thr 4,19; Sir 43,14) und nie עור III wiedergibt, bleiben diese Vorschläge rein hypothetisch (cf. Lagarde, Anmerkungen, p.26; Toy, Proverbs, p.149). Ansprechender ist schon die Vermutung Ehrlichs, Randglossen 6, p.37, daß נצרת von נצר II „glänzen", „grünen" herzuleiten sei und der „glänzende Busen" analog zum Putz der Dirne das Aussehen der Frau beschreibe, die ihre Brust durch Schmuck hervorhebt. Doch heißt לב nicht „Brust". In die gleiche Richtung geht die Konjektur von Beer (BHK) und Fichtner (BHS), die in נצרת לוט „umhüllt mit einem Schleier" ändern, was aber zusätzlich mit einem Eingriff in den Konsonantentext rechnen muß. Demgegenüber ist die masoretische Deutung vorzuziehen: Das Ptz.qal. pass. ist fem.sg. und bezieht sich auf die Frau, nicht auf das Herz, welches mask. ist. Zwar ist נצר in dieser Redensart sonst aktiv (cf. 3,1; 4,23), doch gibt es Fälle, in denen transitive Verben als passive Partizipien eine aktive Bedeutung haben und mit einem direkten Obj. eine Konstruktusverbindung eingehen (cf. 2 Sam 13,31; 15,32; Jer 41,5;

11   sie war unruhig und war unbändig,
     in ihrem Hause ruhten ihre Füße nicht,
12   bald auf der Straße, bald auf den Plätzen,
     bei jeder Ecke lauerte sie,
13   und faßte ihn und küßte ihn.
     Sie machte ein dreistes Gesicht und sagte zu ihm:
14   „Heilsopfer (darzubringen war) meine Obliegenheit,
     (denn) heute habe ich mein Gelübde erfüllt;[1]
15   darum kam ich heraus, dir entgegen,
     um dein Gesicht zu suchen, und ich habe dich gefunden.
16   Decken habe ich auf meine Couch gelegt,
     buntgestreifte Leinwand aus Ägypten.
17   Ich habe mein Bett besprengt mit Myrrhe, Aloe und Zimt.[2]
18   Komm, wir wollen uns am Sex satt trinken [bis zum Morgen],
     uns erfreuen an der Liebe,
19   denn mein[3] Mann (ist) nicht zu Hause;
     er ist auf der Reise ins Ausland.
20   Den Geldbeutel hat er mitgenommen.
     (Erst) zu Vollmond kommt er (wieder) heim. "
21   (So) verführte sie ihn mit der Menge ihrer Belehrung,
     durch die Glätte ihrer Lippen (d.i. Heuchelei) riß sie ihn fort.
22   Er geht hinter ihr her (als) ‚ein Einfältiger‘[4],

Joel 1,8; zum Gen. nach Ptz.pass. in akkusativischer Bedeutung cf. GK § 116 k). Die Deutung der Verbindung als „hinterlistig" (= „mit verborgenem Herzen"; cf. Delitzsch, Spruchbuch, p.124; Nowack, Sprüche, p.48; Meinhold, Sprüche, p.126; oder genauer Gemser, Sprüche, p.40: „bewacht, was das Herz betrifft"; Whybray, Proverbs, p.113) bleibt allerdings unsicher. So deutet Driver, Notes, p.250, die Wendung als „wily"; ihm folgt McKane, Proverbs, p.336; Plöger, Sprüche, p.74 „mit zielstrebigem Herzen".

[1]   Die Zeitsphäre des Satzes ist nicht eindeutig: Berichtet die Frau von einem schon vollzogenen Opfer oder kündigt sie eines an? Die Ambivalenz resultiert daraus, daß wir nicht wissen, ob היום, wenn es nach Einbruch der Dunkelheit gesprochen ist, sich auf den just vergangenen Tag bezieht oder auf den gerade angebrochenen. Im ersten Fall wäre die Zeitsphäre Vergangenheit, im zweiten Zukunft (cf. Maier, Fremde Frau, pp.192f.). Die Belege von היום+AK beziehen sich überwiegend auf die unmittelbare Gegenwart (Jos 22,31; Ri 19,11; 1 Sam 11,13; 22,15; 25,10; 2 Sam 14,22. Ps 2,7 ist eine deklarative Äußerung) oder auf das, was am gleichen Tag unmittelbar vorher geschehen ist (Lev 10,19; Jos 5,9; 1 Sam 9,12; 10,19). Eine bevorstehende Handlung wird damit nicht ausgedrückt. Daher ist die Opferhandlung wahrscheinlicher abgeschlossen als bevorstehend.

[2]   Zu den Realia (Bett, Stoffe, Duftessenzen) cf. Maier, Fremde Frau, p.197.

[3]   Da „Mann" determiniert ist, ist es ein bestimmter Mann, d.h. der Ehe-Mann der Sprecherin.

[4]   Das פתאום „plötzlich" gibt keinen Sinn; (gegen Schäfer, Poesie, p.187) besser nach LXX κεπφωθείς „sich wie der Vogel κέπφος leicht fangen lassen" (Dieser Vogel ist auch eine poetische Metapher für einen leicht zu betörenden Menschen; daher ist hier im Kontext der Tiervergleiche [cf. v.23b] dieses sonst bei den LXX nicht vorkommende Wort als Wiedergabe von פתי gewählt worden. Aquila, Symmachos und die Quinta gleichen an den MT an), Peschitta ܐܝܟ ܛܠܝܐ „wie ein Kind"; vermutlich ist eine

wie ein Stier, der zum Schlachten geht;

23
[und wie Fuß-Spangen/Fesseln(?) zur Züchtigung eines Toren (?)[1]
bis ein Pfeil seine Leber spaltet;][2]

wie ein Vogel in die Falle eilt

ohne zu wissen, daß es sein Leben (gilt).

24
Und jetzt, ihr Söhne, hört auf mich,

und merkt auf die Worte meines Mundes!

25
Dein Herz soll nicht auf ihre Wege abschweifen!

Du sollst nicht auf ihren Pfaden umherirren;

26
denn zahlreich (sind) die Durchbohrten, die sie gefällt hat,

und mächtig (d.i. zahlreich sind) alle, die sie getötet hat.

27
Wege (zur) Scheol (ist) ihr Haus[3],

die hinabführen zu den Kammern des Todes.

Die Rede ist relativ leicht zu gliedern.[4] Das Proömium geht bis v.5. Es besteht nach der Anrede aus einer Mahnung, sich an das Gebot des Lehrers zu halten (v.1). Diese wird motiviert mit dem Hinweis, solches Verhalten führe zum Leben (v.2). In v.3 und v.4 folgen zwei weitere Mahnungen: die Gebote umzubinden und die Weisheit als Schwester anzunehmen. Zum Abschluß wird in v.5 der Nutzen des Ganzen beschrieben; dieser besteht im Schutz vor der Fremden Frau – womit auch das „Leben" aus v.2a näher gefüllt wäre, da die Fremde Frau den Tod mit sich bringt. In der folgenden *narratio* schildert der Weisheitslehrer in der Ichform, wie die Fremde Frau den Jüngling lockt (vv.6-20). In den vv.21-23 wertet die *argumentatio* das Geschilderte. Beide Teile zusammen bilden das Korpus der Rede. Der Schluß ist deutlich abgesetzt durch einen erneuten Aufmerksamkeitsruf mit Anrede (v.24), mit dem die *peroratio* beginnt. Nun wird die Ebene des Berichts und der allgemeinen Aussagen verlassen; der Schüler selbst ist wieder angeredet. Die *peroratio* bündelt das bisher Gesagte noch einmal in Mahnungen (v.25), die durch eine kurze Zusammenfassung der *argumentatio* begründet werden (v.26). In der abschließenden Sentenz (v.27) wird der Inhalt der Rede noch einmal auf den Punkt gebracht. Nach den detaillierten Vorarbeiten, die wir im Zusammenhang mit der Untersuchung von Prov 6 geleistet haben, kann das ähnliche c.7 kürzer abgehandelt werden.

Wie wir gesehen haben, entspricht das Proömium weitgehend dem in Prov 3 und 6,20ff. Inhaltlich neu ist in diesem Proömium gegenüber den Paralleltexten v.4, in dem aufgefordert wird, die Weisheit als „Schwester"

Form von פתי anzunehmen; cf. Ehrlich, Randglossen 6, p.38; Gemser, Sprüche, p.42; Fichtner (BHS); Maier, Fremde Frau, p.179 n. j.

[1]   Verderbt. Hier muß auch mit einem Tier verglichen werden, das durch einen Leberschuß zu Tode kommt; cf. Schäfer, Poesie, pp.191-193.

[2]   Wahrscheinlich Glosse, cf. Schäfer, Poesie, pp.192f.

[3]   Zum Vorschlag, נתבות statt ביתה zu lesen, cf. Loretz, Lexikographie, p.144 (zu Prov 2,18); doch ist MT zu halten, cf. Maier, Fremde Frau, p.180 n. n.

[4]   Cf. Meinhold, Sprüche, pp.123f.; Maier, Fremde Frau, p.185.

anzureden.[1] Hier ist ähnlich wie in 4,8 die Weisheit als weibliche Gestalt personifiziert.[2]

Das Korpus der Rede enthält eine kleine Ich-Erzählung (*narratio*)[3] und eine daraus abgeleitete Lehre (*argumentatio*). In der *narratio* berichtet der Erzähler jedoch nicht von seinen eigenen Taten oder Erlebnissen, sondern von einem jungen Mann und einer Frau, die er beobachtet hat. Darin unterscheidet sich der Text von der Königsfiktion in Qoh 1,12-2,17, wo Erzähler und Hauptperson der Erzählung identisch sind. Ähnliches findet sich auch in Prov 4,3, wo der Lehrer von seiner eigenen Erziehung berichtet. Die besten Parallelen bieten Prov 24,30-32 und Ps 37,35f.[4] Dort berichtet ein Ich ebenfalls von Vorfällen, die es selbst gesehen hat. Für Prov 7 schlägt Whybray die Gattungsbezeichnung *moral tale*[5] vor, doch läßt diese Bezeichnung nicht erkennen, daß der Lehrer das Berichtete für selbstgesehen ausgibt. Hermisson hat für Prov 24,30-32 die Bezeichnung Erlebnisbericht[6] vorgeschlagen; doch wird dort Gesehenes, nicht selbst Erlebtes berichtet. Römheld spricht von einer „Beispielerzählung"[7]. Diese Benennung beruht auf der Funktion der Erzählung im Kontext von c.7, nicht auf formalen Charakteristika der vv.6-20. Vielleicht ist die etwas umständliche Bezeichnung Beobachtungsbericht[8] geeignet, die charakteristischen Aspekte von Prov 7; 24,30-32 und Ps 37,35f. auszudrücken.

Das Verständnis des Korpus von c.7 ist lange durch die Auseinandersetzung um die kultische Deutung Boströms bestimmt worden. Er sieht in der Fremden Frau die Gattin eines in Palästina ansässigen ausländischen Kaufmannes. Diese hänge einem nichtjüdischen Kult der Liebesgöttin an und verlocke den israelitischen Jüngling aufgrund eines Gelübdes zu einer Opfermahlzeit, in deren Zusammenhang sie mit ihm sexuell verkehre. Ausgangsstelle für Boströms Argumentation ist Prov 7,14. Aus ihr folgert er, daß das Liebesbegehren der Fremden Frau im Zusammenhang mit einer Kultmahlzeit stehe.[9] Daß dieser Kult der Liebesgöttin gelte, entnimmt Boström dann Prov 7,6. Doch muß er dazu den Vers nach den LXX so ändern, daß die Frau durchs Fenster blickt und er dann die „Frau im

---

1   Zur Auslegung cf. Baumann, Weisheitsgestalt, pp.245-247.
2   Cf. Baumann, Weisheitsgestalt, pp.247.258.
3   Zu Details der Auslegung, cf. Maier, Fremde Frau, pp.177-214.
4   Cf. Whybray, Problems, p.486.
5   Whybray, Problems, pp.485f.; id., Proverbs, p.110.
6   Cf. Hermisson, Spruchweisheit, p.184; so auch Plöger, Sprüche, p.76, zu Prov 7,6-13; Höffken, Ego, p.124: „autobiographische Reminiszenz".
7   Römheld, Weisheitslehre, p.129.
8   Cf. Loader, Structures, p.25: „observation"; Schäfer, Poesie, p.199 „Weisheitslehrer[s] in der Rolle des Beobachters".
9   Cf. Boström, Proverbiastudien, p.107.

Fenster"-Szene[1] enthält. Nur durch diese Änderung ist ein deutlicher Hinweis auf die Liebesgöttin da.[2] In diesem Verständnis sind ihm manche – wenn auch nicht in allen Einzelheiten – gefolgt.[3] Doch da der Fassung der LXX keineswegs der Vorzug vor dem MT zu geben ist, und somit die Liebesgöttin nicht als „Frau im Fenster" im Text erscheint, bleiben die Anspielungen auf das Opfer etwas unklar. Keineswegs ist sicher, ob der angestrebte Sexualkontakt zum kultischen Vollzug gehört oder nicht, ob es sich also um einen sexuellen Kult handelt oder nicht. Wahrscheinlicher ist folgende Deutung: Im jüdischen Kontext wird das Tier, das im שלמם-Opfer geschlachtet wurde, in einer privaten Feier verspeist. Zu einer derartigen häuslichen Feier wird der Jüngling von der Fremden Frau eingeladen. Ihr sexuelles Anliegen wird über das bei einer solchen Kultfeier Übliche hinausgehen – und gerade das Verwerfliche darstellen, vor dem der Jüngling gewarnt wird. Die Einladung wäre dann so eine Art Vorwand oder Köder, mit dem der Unerfahrene zum Ehebruch gelockt werden soll.[4]

Die *argumentatio* greift durch die Suffixe der 3.sg.fem., die sich auf die Fremde Frau beziehen, die *narratio* auf und setzt sie durch eine explizite Wertung des Erzähler-Ichs fort. Sie wird wohl die ursprüngliche Fortsetzung der *narratio* und ihren Abschluß bilden, der in der Sentenz von v.23aβb kulminiert. Der Neueinsatz greift die Formel des Aufmerksamkeitsrufes auf (cf. 5,7; 8,32), um die in der *argumentatio* formulierte Lehre aus der Erzählung nun als Appell an den fiktiven Hörer zu richten. Damit werden die vv.21-23 lediglich gedoppelt; das in ihnen Gesagte wird in der Sprache der Redaktion wiederholt, wie die Berührungen mit c.5 und c.6 zeigen (s.o. 5.2). Aufgrund dieser Doppelung[5] und der literarischen Integrität des Beobachtungsberichtes mit angeschlossener Moral vv.6-23 meint Whybray, diese Verse seien eine sekundäre Erweiterung einer Mahnung vor der Fremden Frau (vv.1-3.5.25-27).[6] Dieser ursprünglich kurze Text habe eine ähnlich knappe Form gehabt, wie die von Korpora der Lehrreden, wie er sie in c.2.5.6 rekonstruiert (2,16-19; 5,3-8; 6,24.25.32). Doch seine Argumente für eine ursprüngliche kurze Mahnung stechen nicht: Die Suffixe in v.8 beziehen sich auf v.5 zurück; der Beobachtungsbericht ist also im vorliegenden Wortlaut nicht literarisch unabhängig.[7] Ein eventuell gerahmtes

---

[1] Zu diesem ikonographischen Motiv, cf. Maier, Fremde Frau, pp.198-206.

[2] Cf. Boström, Proverbiastudien, p.121.

[3] So z.B. McKane, Proverbs, p.339, der aber die Änderung von 7,6f. nach LXX ablehnt, cf. pp.334f.; auch Plöger, Sprüche, pp.79f., erwägt diese Möglichkeit.

[4] Cf. Plöger, Sprüche, p.80; Meinhold, Sprüche, p.127; Maier, Fremde Frau, pp.190-194; Whybray, Proverbs, p.115.

[5] Cf. Whybray, Problems, p.484: „has two climaxes - in verse 23 and verse 27".

[6] Cf. Whybray, Problems, pp.482-486; id., Proverbs, pp.110f.; ähnlich trennt Römheld, Weisheitslehre, p.129: Rahmen vv.1-5.24-27

[7] Cf. Schäfer Poesie, p.195.

Stück müßte also bei v.4 begonnen haben.[1] Doch gerade v.5 ist so eng mit den übrigen Texten zur Fremden Frau verbunden (2,14; 5,3; 6,24), daß er wahrscheinlich dem gleichen redaktionellen Stratum in Prov 1-9 zuzurechnen sein wird. Dieser Beobachtung, daß der Beginn einer ehemals selbständigen Einheit nicht zu erkennen ist, gegenüber steht lediglich eine inhaltliche Doppelung der vv. 21f. mit vv.25-27 und die Besonderheit der Textsorte „Beobachtungsbericht".[2] Möglich ist einzig die Vermutung, daß der Anfang eines in den Rahmen eingestellten Textes für seinen neuen Ort umgestaltet worden ist. Doch dies läßt sich nicht belegen.[3]

Kapitel 7 ist also in seiner vorliegenden Gestalt im wesentlichen von einer Hand gestaltet worden. Dabei ist möglicherweise in dem Beobachtungsbericht mit formulierter Moral auf eine Textvorlage zurückgegriffen worden, die aber nicht mehr rekonstruierbar ist. Der Rahmen um den Bericht stellt durch eine Einleitung (Proömium) die kompositorischen Verbindungen zu cc.3 und 6 her. Vers 4 stellt die Opposition von Fremder Frau zu Frau Weisheit heraus. So wird die Erzählung, die den Jüngling in gut weisheitlicher Manier vor den Gefahren warnt, die der Umgang mit Frauen dem Unvorsichtigen bereithält, metaphorisch aufgeladen. Ebensolches geschieht durch die angehängte Peroratio, die neben dem expliziten Appell noch einmal die Todesgefahr unterstreicht, in die sich der Schüler begäbe, ließe er sich mit der Fremden Frau ein (vv.23.27). Damit tritt die Fremde Frau als Bringerin des Todes in Opposition zum Bewahren der Lehre, das Leben nach sich zieht (v.2a).

---

[1] Cf. Loretz/Kottsieper, Colometry, p.106: Rahmen vv.1-3.24-25.
[2] Schäfer, Poesie, p.194, hat recht, wenn er Römhelds These von den zu Gehorsamsforderungen verselbständigten Prologen ablehnt. Doch die formgeschichtliche Begründung dafür, in 7,6-23* eine möglicherweise ehemals selbständige Einheit zu finden, liegen in der chrakteristischen Textsorte der vv.6-23.
[3] Ähnlich Schäfer, Poesie, p.195 n.812. Er hält Whybrays Modell für hypothetisch möglich; „aber die Endgestalt des Textes ist so konsequent durchgeformt, daß keine signifikanten Brüche mehr zu erkennen sind." Ich neige jedoch weniger dazu, in 7,6-23 eine sekundäre Ergänzung zu einer knappen Lehrrede 7,1-5.25-27, sondern umgekehrt, in diesen Versen einen redaktionellen Rahmen um ein aufgenommenes und in seinen jetzigen Kontext nahtlos eingefügtes Traditionsstück zu sehen, ähnlich wie in 6,20-35 verfahren wurde.

8. Die Bösen Buben in Prov 1,8-19

Das Thema der ersten Lehrrede in Prov 1-9 sind die Bösen Buben. In Prov 1-9 ist es mehrfach angesprochen (2,12-15; 3,31-35; 4,14-17.19; 6,12-15). Dabei sind unterschiedliche Bezeichnungen verwendet. Aber gemeinsam ist den Typen, daß sie dem Weisen gegenübergestellt sind. Der Text Prov 1,8-19 hat bislang wenig monographische Aufmerksamkeit auf sich gezogen.[1] Im Rahmen unserer Analyse wird neben der Frage nach Spuren der Redaktion, die ja die ganze vorliegende Arbeit leitet, vor allem die motiv- und traditionsgeschichtliche Fragestellung wichtig sein.

8 Höre, mein Sohn, die Zucht deines Vaters
   und gib die Weisung deiner Mutter nicht auf,
9 denn ein anmutiger Kranz (sind) sie für deinen Kopf
   und Geschmeide[2] für deinen Hals.
10 Mein Sohn, wenn dich die Sünder[3] verlocken,
   willige nicht ein[4]!
11 Wenn sie sagen:
   „Geh mit uns, wir wollen auf 'einen Tadellosen'[5] lauern,
   wir wollen einem Unschuldigen ohne Grund[6] einen Hinterhalt legen[7]!

---

[1] Neben den Kommentaren hat lediglich Frankenberg, Abfassungs-Ort, pp.124-128, diesen Text breiter behandelt. Eine Strukturanalyse bei Overland, Structure, pp.164-187.

[2] Die LXX ergänzen „goldenes", dazu Thomas, Notes, 1965, p.271.

[3] Die LXX haben in Aufnahme von v.7 (LXX) ἄνδρες ἀσεβεῖς.

[4] Die Form von אבה ist auffällig, doch haben schon die Versionen so verstanden (cf. Delitzsch, Spruchbuch, p.49; GK § 68 h; 75 h). Einige wenige Hss punktieren nach בוא und gleichen so vielleicht an 4,14a an.

[5] Durch die Textänderung ist in v.12 der Anschluß durch ein Pluralsuffix (נבלעם) hergestellt, woran sich schon die antiken Versionen (außer Targum) stießen, die singularisch fortfahren (cf. Dyserinck, Scholien, p.6; Ehrlich, Randglossen 6, p.10; Toy, Proverbs, p.15; Gemser, Sprüche, p.20; Fichtner [BHS]). Die Wiederaufnahme des Motivs in v.18 ist nicht Grund genug, דם zu halten (so Oort, Spreuken 1-9, p.381; Thomas, Notes, 1955, p.280; Plöger, Sprüche, p.12), da die Textänderung als sekundäre Angleichung erklärt werden kann. Originell ist der Vorschlag von van der Weiden, Livre, pp.19f., לדם zu punktieren und so einen inf.cs. von דמם I „leise sein" herzustellen (ihm folgt Aletti, Séduction, p.136). Doch damit beraubt er den Satz seiner Pointe.

[6] Van der Weidens Idee, חנם als „verborgen" zu verstehen (Livre, p.19; nach Dahood, Psalms, 1, 211; Aletti, Séduction, p.136), hat keine besondere Plausibilität für sich.

[7] Die Ergänzung eines dir. Objektes zu צפן (Frankenberg, Sprüche, p.21, רשת „Netz") ist völlig unnötig und zudem für צפן auch nicht belegt (cf. Delitzsch, Spruchbuch, p.50; Ehrlich, Randglossen 6, p.11). Damit ist auch die von Kuhn (Beiträge, p.7, ihm folgt HAL s.v. חנם) vorgeschlagene Änderung des חנם in חרם II „Netz" unwahrscheinlich.

12 *Wir wollen sie lebendig*[1] *verschlingen wie die Scheol,*
    und vollständig (/als Gesunde)[2] *wie solche, die in die Grube hinabsteigen!*
    LXX   und vertilgen wir sein Andenken von der Erde.[3]
13 *Jedes kostbare Gut wollen wir finden,*
    wir wollen unsere Häuser mit Beute füllen!
14 *Dein Los kannst/sollst du in unserer Mitte werfen*[4],
    ein (einziger) Beutel[5] *sei für uns alle!"*
15 Mein Sohn,[6] dann geh nicht des Wegs mit ihnen,
    halte deinen Fuß fern von ihrem Pfad;
16 denn zum Bösen laufen ihre Füße,
    und sie eilen, Blut zu vergießen;[7]
17 denn[8] vergeblich[9] (wird) das Netz ausgelegt[10]

---

1   Das Adjektiv חיּים ist adverbialer Akkusativ, cf. König, Syntax § 332g; Delitzsch, Spruchbuch, p.50.

2   תם meint hier wegen des Parallelismus mit חיּים weniger die ethische „Untadeligkeit" als die körperliche „Ganzheit" oder „Gesundheit"; cf. Hi 21,23 (cf. Delitzsch, Spruchbuch, p.51). Oort, Spreuken 1-9, p.381 möchte unnötigerweise aus תמימים ein Verb (נתימם, hi. von תמם „vertilgen") machen.

3   Die LXX haben hier eine freie Wiedergabe mit Motiven aus Ps 34,17 und 109,15, cf. Lagarde, Anmerkungen, p.6; Toy, Proverbs, p.16.

4   Anders als in den Versionen steht im MT nicht der Imperativ, sondern PK. Daher empfiehlt sich eine modale Wiedergabe (cf. Ehrlich, Randglossen 6, p.12).

5   Der mit כיס bezeichnete Beutel ist keine Börse (so LXX; Delitzsch, Spruchbuch, p.51; Nowack, Sprüche, p.5), sondern ein Behältnis für Gewichtssteine (cf. Ehrlich, Randglossen 6, p.12; HAL, p.450 s.v. כיס; Meinhold, Sprüche, p.55). Diese Redeweise bezieht sich also nicht auf die gemeinsame Kasse, sondern es handelt sich wohl um eine idiomatische Wendung für „gemeinsame Sache machen". Eine Textänderung in כוס „Becher" (Frankenberg, Sprüche, p.21) ist Willkür.

6   Die Anrede fehlt bei der LXX, doch ist sie nicht zu streichen (so Dyserinck, Scholien, p.6; Lagarde, Anmerkungen, p.7; Toy, Proverbs, p.17), da sie das Ende der Rede der Bösen Buben klar markiert.

7   Der Vers fehlt in einigen LXX-Hss, cf. Beer (BHK); v.16 ist nicht sekundär (cf. Plöger, Sprüche, p.12; Koenen, Ethik, p.210 n.11; Lau, Prophetie, p.210. Für einen Nachtrag halten ihn: Nowack, Sprüche, p.5; Strack, Sprüche, p.314 „vielleicht"; Wildeboer, Sprüche, p.4; Frankenberg, Sprüche, p.22; Toy, Proverbs, p.17; Skehan, House, p.165; Whybray, Wisdom, p.39 n.3; id., Composition, p.14 n.5; Meinhold, Sprüche, p.55; Maier, Fremde Frau, p.95). Der gleichmäßige Aufbau von 1,10-19 in zweimal fünf Zeilen würde durch die Entnahme eines Verses zerstört (cf. Gemser, Sprüche, p.20). Da Tritojesaja durch Anspielungen auf andere biblische Texte geprägt ist und dies auch für Jes 59 gilt, so ist die Rezeption des Proverbientextes dort wahrscheinlicher als umgekehrt die Aufnahme eines Prophetenzitates in Prov 1,16. Dann erklärt sich die längere Fassung der Formulierung von Jes 59,7: Der Vers mischt Prov 1,16 mit Prov 6,17.

8   Die LXX übersetzen den Satz negiert; diese Variante dürfte eher aus einem anderen Verständnis des Vergleichs von v.17 resultieren als aus einer anderen Vorlage, so ist Oorts Angleichung des MT (לא statt כי, cf. id., Spreuken 1-9, p.382) nicht hilfreich.

9   Diese Bedeutung von חנם auch Mal 1,10; Ez 6,10.

10 Nach dem Vorgang der antiken Versionen wird זרה (Ptz.pu.fem.; eig. „verstreuen", „worfeln") hier meist mit „ausbreiten" übersetzt (cf. z.B. Delitzsch, Spruchbuch, pp. 52f.). Da diese Bedeutung eigentümlich ist, gibt es mehrere Versuche der Textänderung.

18   vor den Augen[1] jedes Geflügelten[2]
     während sie (sc. die Bösen Buben)[3] ihrem eigenen Blut auflauern

---

Die geringste ist die von Raschi vorgeschlagene und von Ehrlich, Randglossen 6,
pp.13f., und Thomas (Notes, 1955, pp.281f., um eine arabische Etymologie ergänzt) aufgegriffene (virtuelle) Ergänzung: „(mit Körnern) das Netz bestreuen". Doch wären dann
die Körner und nicht das Netz dir. Obj.; der Ort, wohin geworfen wird, wird aber mit
Präpositionen eingeführt (בּ Ez 12,15; 20,23; 22,15; 29,12; 30,23.26; Ps 44,12; 106,27;
עַל Mal 2,3, cf. Hi 18,15; לְ Jer 49,32.36; Ez 5,10.12; 12,14; סָבִיב Ez 6,5; cf. Delitzsch,
Spruchbuch, p.52). Es ist daher unwahrscheinlich, „Netz" als Ortsangabe zu verstehen,
womit der Sprachgebrauch gegen diese Deutung spricht. Desweiteren wurde vorgeschlagen, מְזֹרָה zu punktieren und Ptz.qal pass.fem. von מזר zu lesen, einer Wurzel, die
hebräisch nicht belegt ist und die nach dem syrischen ܡܙܪ „ausbreiten" bedeuten soll
(cf. Beer [BHK]; KBL[2], s.v. מזר I, p.510; Fichtner [BHS]; HAL, s.v. מזר I, p.536).
Demgegenüber möchte Driver (Problems 2, p.173) eine Form von זור I „pressen", „zer-
drücken" lesen und deutet hier auf ein Zusammenziehen des Netzes. Am einschneiden-
sten sind die Vorschläge, eine Form von פרש herzustellen (Frankenberg, Sprüche, p.22;
Toy, Proverbs, p.20). Die drei letztgenannten Vorschläge suchen lediglich den traditionellen, von den Versionen gestützen, Textsinn besser zu erklären, ohne jedoch letztlich
einleuchtender zu sein als die Annahme, es liege hier ein eigentümlicher Gebrauch von
זרה vor, den Delitzsch so erklärt: „Das lockere Netz wird, wenn es auseinandergeschüttet und ausgeworfen wird, gleichsam gewürfelt" (Spruchbuch, p.53).

[1] בעיני meint hier nicht „nach Meinung von" (so Ehrlich, Randglossen 6, p.13; Schäfer,
Poesie, p.29), sondern ist räumlich zu verstehen (cf. HAL s.v. עין A.1 für לעיני; Jenni,
Präpositionen 1, p.193, Nr. 2283).

[2] Wörtlich „Herr der Flügel", dies ist ein poetischer Ausdruck für Vogel, cf. Qoh 10,20
(Nowack, Sprüche, p.5). - Netz zum Vogelfangen: Hos 7,12.

[3] Die genaue Pointe des Vergleiches von v.17 ist nicht zweifelsfrei zu ermitteln. Die un-
wahrscheinlichste Lösung scheint mir die von Ehrlich, Randglossen 6, p.14, zu sein, der
das Personalpronomen הם aus v.18 auf die Vögel bezieht und diese als Akk.Obj. der
unpersönlichen Verbformen auffaßt. Auch Frankenbergs Lösung (Sprüche, p.22), die in
v.17 implizierten Fallensteller mit den Bösen Buben zu vergleichen, scheint mir wenig
plausibel, da die Fallensteller nicht eigens genannt sind und es um den tödlichen Ausgang des Anschlages geht. So ist es am wahrscheinlichsten, daß die Bösen Buben zu den
Vögeln in Vergleich gesetzt werden müssen. Doch auch dann ist eine Alternative gegeben, die im Verständnis von חנם „vergeblich" liegt. Es ergeben sich unterschiedliche
Auslegungen, je nachdem ob man das „vergeblich" auf die Absicht des Fallenstellers
bezieht, dem die Vögel wegfliegen, weil das Netz „vor ihren Augen" ausgelegt wird,
oder ob man das Sehen der Vögel als ein „vergebliches" versteht, das sie nicht zur einzig
rettenden Handlung, der Flucht, bewegt. Im ersten Fall sehen die Vögel das Unheil
bedeutende Netz und entfliegen, während die Bösen Buben dem dräuenden Verhängnis
gegenüber blind bleiben (cf. Kuhn, Beiträge, p.8). Die andere Möglichkeit der Deutung
unterstellt, daß es ohne Folge bleibt, ob die Vögel das Netz sehen oder nicht, sie gehen
doch hinein - so dann auch die Bösen Buben (cf. Nowack, Sprüche, pp.5f.; Toy, Proverbs, p.17; Gemser, Sprüche, p.20; McKane, Proverbs, p.270; Plöger, Sprüche, p.17).
Eine Variante dieser Interpretation vertreten Delitzsch, Spruchbuch, p.53 und Meinhold,
Sprüche, p.56; sie beziehen den Vergleich auf den Schüler. Auf der Textoberfläche
stimmt das nicht, da הם, das Pronomen, das die Vergleichsgröße ausdrücklich benennt,
sich auf die Bösen Buben bezieht und nicht auf den Schüler.

19 (und) so einen Hinterhalt für ihr eigenes Leben legen.[1]
So (sind) die Pfade[2] eines jeden, der unrechtmäßigem Gewinn nachjagt:
das Leben nimmt er seinen Besitzern.[3]

Die Lehrrede hebt stilgerecht mit einer Lehreröffnungsformel (Hörauf-forderung mit Anrede und Begründung, vv.7f.) an. Die weitere Gliederung ist nicht auf den ersten Blick klar. Geht man von formgeschichtlichen Erwägungen aus und sucht nach der Grenze von Korpus und Peroratio, so wird man auf v.16 verwiesen, der zwar die Mahnung von v.15 direkt begründet, aber auf den Schluß vv.17f. verweist, wo das Schicksal der Bösen Buben geschildert wird.[4]

Das Proömium vv.8f. ist aus formelhaftem Material aufgebaut; es ent-spricht wörtlich Teilen von Lehreröffnungen anderer Lehrreden in Prov 1-9, die redaktionell gebildet sind (1,8a≈4,1; 1,8b=6,20b; 1,9a≈4,9[5] 1,9b≈3,22[6]).

In 1,10 wird die Struktur des Abschnittes 1,10-19 in einer Themazeile vorweggenommen.[7] Dieser wegweisende Vers beginnt mit einer Anrede, gefolgt von einem Bedingungssatz (אִם), und endet mit einer Mahnung, die durch die Bedingung im ersten Versteil an eine bestimmte Situation geknüpft ist. Diese Struktur der bedingten Mahnung bestimmt vv.11-19.[8] In vv.11-14 ist die Protasis durch eine Zitation der Rede der Bösen Buben breit aus-gesponnen. In v.15 wird als Apodosis die Mahnung des Lehrers geboten, die in vv.16-19 eine breite Begründung erfährt. Die Einteilung des Textes in

---

[1] Die PK drückt hier eine Folge aus, cf. Michel, Tempora, § 19.

[2] Die vorgeschlagene Änderung in אָחֳרִית (Ehrlich, Randglossen 6, p.14; Toy, Proverbs, p.20; Gemser, Sprüche, p.20; Fichtner [BHS]) ist unnötig, da im Begriff des „Weges" Lebenswandel und Schicksal in eins gedacht sind (cf. Delitzsch, Spruchbuch, p.54; Nötscher, Gotteswege, pp.60-64).

[3] Das בַּעַל „Besitzer" bezieht sich auf die Charaktereigenschaft, unrechtmäßigem Gewinn nachzujagen; ähnliche Konstruktionen Prov 22,24; 24,8; Qoh 10,11 (cf. Delitzsch, Spruchbuch, p.54; Nowack, Sprüche, p.6). Die Übersetzung macht das etwas undeutlich. Daher ist es unnötig, mit van der Weiden, Livre, pp.23f., das ב in ein פ zu ändern und פְּעֻלָּיו zu verstehen. Die von Oort, Spreuken 1-9, p.382, vorgeschlagene Textänderung in בְּעוּלָה in Anlehnung an die LXX ist nicht wahrscheinlich; kaum dürften die LXX עוֹלָה gelesen haben, ist ἀσέβεια doch ihr Leitwort aus vv.7.10 (vs. εὐσεβής v.7).

[4] Cf. Lang, Lehrrede, pp.31f.33f.

[5] Cf. Sir 6,31.

[6] Zu 3,22 s.u. p.171.

[7] Cf. Nowack, Sprüche, p.4; Meinhold, Sprüche, p.55. - Delitzsch, Spruchbuch, p.49, und Strack, Sprüche, p.313, verstehen die Relation als die von allgemeiner Warnung und Beispiel.

[8] Cf. Alonso Schökel, Proverbios, pp.159f.; Overland, Structure, pp.171f. Ob sich in אַל תֵּבֹא ein Anagramm auf אֶל תֵּלֵךְ בַּדֶּרֶךְ אִתָּם finden läßt (cf. Beer [BHK]; Greenstone, Proverbs, p.8; Overland, Structure, p.172), sei dahingestellt.

zwei gleichlange Strophen (vv.10-14[1] und vv.15-19) ist durch die grammatische Struktur, die den Abschnitt trägt, nahegelegt.[2]

Der Text ist nicht palindromisch aufgebaut, auch wenn mit der deutlichen Entsprechung von v.11 zu v.18 ein Hinweis auf eine konzentrische Komposition gegeben sein könnte. Overland hat versucht, eine solche These durchzuführen; die von ihm aufgezeigten Entsprechungen sind jedoch nicht deutlich genug: In vv.10.19 würden die Bösen Buben jeweils nominal bezeichnet (äußerer Rahmen);[3] in v.18 liege eine lexematische Wiederholung von ארב, צפן und דם vor;[4] in vv.12.17 würden mit בור und רשת „two terms representing tools of capture" verwendet; in vv.13.16 werde die unterschiedliche ethische Argumentation deutlich und in vv.14.15 werde durch בתוכנו und אתם eine Opposition aufgebaut.[5] Die genannten Beziehungen sind jedoch nicht privilegiert; es gibt andere Lexemrekurrenzen, die das Muster eines Palindroms durchbrechen. So die Wiederholung von חנם vv.11.17,[6] דם vv.16.18, רגל vv.15.16; בעל vv.17.19; נפש vv.18.19.[7] Zudem entspricht das אתם v.15 weniger dem לכלנו v.14 als dem אתנו v.11. Die Präposition ist in beiden Fällen mit הלך verknüpft.[8] Nur zwei Verbindungen weisen mehr als ein gemeinsames Lexem auf: die vv.11.15 und vv.11.18. So kann die Gesamtheit der Wortwiederholungen die These einer konzentrischen Struktur nicht stützen.

Engere Beziehungen zwischen dem Proömium 1,8f. und vv.10-19 bestehen nicht: Overland will zwar Reichtum als gemeinsames Thema erkennen sowie in der Wurzel חן, die חנם zugrundeliegt (vv.9.11.17), eine Stichwortverknüpfung sehen.[9] Diese Beziehungen sind aber sehr vage. Ähnliches gilt für die Verbindung, die Schäfer zwischen v.9 und v.19 als angeblichen Rahmen-

---

[1] Die Struktur des Parallelismus in vv.10f. ist nicht ganz deutlich (cf. Toy, Proverbs, p.14; Gemser, Sprüche, p.20). Eine klare Parallele findet sich nur in נארבה ‖ נצפנה לנקי חנם לדם. Nimmt man noch, wie es Fichtner (BHS) tut, לכה אתנו zur zweiten Zeile und zieht den Beginn von v.11 אם־יאמרו noch zur ersten Zeile, so erhält man zwei einigermaßen ausgeglichene Zeilen. Den ganzen v.11 als zweite Zeile zu nehmen, würde eine immense Überlänge desselben und eine auffallende Kürze der ersten Zeile bedeuten. Aus den vv.10f. drei Zeilen zu machen ist untunlich, da nur v.11aα ein eigenes Kolon bilden könnte. Die Kola wären dann seltsam knapp. Sind zwei Bikola für die vv.10f. die wahrscheinlichste Lösung, so ist die Gleichgewichtigkeit der beiden Strophen gewahrt. Die Streichung von אל תבא als Glosse (Gemser, Sprüche, p.20) schafft keinen ausgeglichenen Vers. Also nicht Anakrusis (Schäfer, Poesie, p.25 n.107), sondern Enjambement.

[2] Cf. Toy, Proverbs, pp.12f.; Plöger, Sprüche, p.15; Alonso Schökel, Proverbios, p.160; Overland, Structure, p.168. Ähnlich Greenstone, Proverbs, pp.8-11; Murphy, Wisdom Literature, p.54; Schäfer, Poesie, pp.24-27, zwei Strophen: vv.11-14.15-18.

[3] Cf. Overland, Structure, p.112.

[4] Cf. Overland, Structure, p.113. Statt דם lies jedoch besser חם, s.o. die Textkritik.

[5] Cf. Overland, Structure, p.114.

[6] Cf. Overland, Structure, p.113.

[7] Cf. Alonso Schökel, Proverbios, p.160; die letzte Entsprechung auch bei Overland, Structure, p.179.

[8] Cf. Overland, Structure, p.178; er erkennt freilich nur die Wiederholung von Präposition+Suffix.

[9] Cf. Overland, Structure, p.169.

versen sieht:[1] Anmut und Erfolg sind keineswegs deutliche Oppositionen zu Tod. Damit haben diejenigen Exegeten etwas richtiges gesehen, die vv.(7).8f. als eigenen Abschnitt neben vv.10-19 und vv.20-33 stellen.[2] Die Formelhaftigkeit des Proömiums und seine kompositorische Isolierung von vv.10-19 machen wahrscheinlich, daß die 1,8-9 vor 1,10-19 gestellt worden sind, um aus dem Text eine Lehrrede zu machen;[3] 1,10-19 ist ohne Einleitung in sich abgeschlossen, wie die formale Parallele in 6,1-5 zeigt.

Der Gedankengang des aufgenommenen Textstückes 1,10-19 geht in zwei Schritten vor und folgt damit der Textstruktur, wie wir sie erhoben haben. Indem in vv.11-14 die Rede der Bösen Buben zitiert wird, ist der Argumentation in vv.15-19 der Grund gelegt. Diese Vorbereitung geschieht durch eine tendenziöse Zitation. Wie in vv.11-14 werden sich die Sünder nicht selbst ausgedrückt haben; es handelt sich eher um die Karikatur des Weisheitslehrers.[4] Schon die zweite Aufforderung der Bösen Buben, „wir wollen auf Blut lauern" (v.11), entlarvt diese als Bösewichter. Das Wort ארב benennt im militärischen Bereich das Legen eines Hinterhalts[5] oder im Zoologischen das Warten des Raubtieres auf Beute.[6] Sind diese Verwendungen neutral, so ist das Wort in anderen Zusammenhängen deutlich negativ besetzt: Wer seinen Mitmenschen auflauert, will ihnen nichts Gutes. So ist das Wort in die Anklagereden der Propheten eingegangen;[7] es wird in der Weisheit verwendet, den Frevler (רשע) zu charakterisieren[8] – oder die Fremde Frau (Prov 7,12; 23,28). Ähnlich wird diese Vokabel im Psalter zur Beschreibung des Frevlers (Ps 10,9) bzw. der Feinde des Beters (Ps 59,4) gebraucht. Das Auflauern ist Zeichen für einen niederträchtigen Vorsatz, der es dem Mörder unmöglich macht, in einer Asylstadt Schutz vor Blutrache zu suchen (Dtn 19,11f.). Indem die Bösen Buben vom „Auflauern" sprechen –

---

[1] Cf. Schäfer, Poesie, p.25, Schema 3; cf. p.30. Anders im Text p.24, wo er v.10 als korrespondierenden Vers zu v.19 sieht. Damit sind es nicht formale sondern „sachliche" (p.30) Gründe, die seine Gliederung stützen. Doch die sachliche Entsprechung geht, wie oben im Text gesagt, nicht auf. Dazu kommt, daß v.10 ebenso formal isoliert ist wie v.11aα. Damit ist die von Schäfer behauptete Geschlossenheit von 1,8-19 nicht gegeben.

[2] Cf. Nowack, Sprüche, p.3; Frankenberg, Sprüche, p.20; Strack, Sprüche, p.313; Gemser, Sprüche, p.19; Plöger, Sprüche, p.13.

[3] Eigenartigerweise finden sich 1,8f. nicht bei den Versen, die Loretz/Kottsieper (Colometry, p.106) für sekundär halten; auch Römheld, Weisheitslehre, pp.123-131, bespricht diesen Text nicht.

[4] Cf. Nowack, Sprüche, p.4: „... so dass also der Dichter damit sein eigenes Urteil ihnen [sc. den Bösen Buben; A.M.] in den Mund legt"; desweiteren Frankenberg, Sprüche, p.21; Gemser, Sprüche, p.20, Textanmerkung zu v.11; Plöger, Sprüche, p.15; Alonso Schökel, Proverbios, p.160; Newsome, Woman, p.144; Meinhold, Sprüche, p.53.

[5] Cf. Jos 8,4; Ri 9,25; Jer 51,12; passim; cf. 2 Chr 20,22.

[6] Cf. Hi 37,8; 38,40.

[7] Cf. Jer 9,7 (Nomen); Hos 7,6; Mi 7,2.

[8] Cf. Prov 12,6; 24,15; cf. Hi 31,9; Sir 11,32.

oder besser: indem der Lehrer es ihnen in den Mund legt –, sind sie von Anfang an diskreditiert. Doch dieser Hinweis bleibt nicht der einzige. Schon im nächsten Halbvers wird die Entlarvung fortgesetzt. Zwar ist das Verb צפן „sich verbergen" ein durchaus neutrales, aber solches tun Frevler in unlauterer Absicht (Ps 10,8; 56,7). Das „Verschlingen" (בלע) ist eindeutig negativ gefärbt;[1] Frevler tun dies mit dem Gerechten.[2] Daß die Frevler „ohne Grund" (חנם) so handeln, steigert diese Verwerflichkeit des Tuns noch (cf. Hi 2,3).[3] Die Kennzeichnung des erstrebten Gutes als „Beute" (שלל) weist auf das Gewaltsame des Erwerbs hin.[4] Der Vergleich des Schlingens der Frevler mit dem der Scheol[5] ist wohl kaum eine Anspielung auf das Geschick der Rotte Korah.[6] Dieser Vergleich ist vielmehr topisch.[7] Sein Sinn ist die Illustration der Gier, für die die Scheol sprichwörtlich ist (Prov 27,20).[8] Gleichzeitig werden die Bösen Buben mit dem Bereich des Todes assoziiert,[9] worin sie der Fremden Frau gleichen.

Das Ansammeln „erlesener Güter" (הון יקר)[10] ist durchaus ein Ziel der Weisheit. Sie rät dazu, Kostbarkeiten durch Fleiß (Prov 12,27) und ordentliche Haushaltsführung (Prov 24,4) zu erwerben. Deren Erwerb durch Raub und Mord wird aber z.B. von Ezechiel verworfen (Ez 22,25), ebenso von dem Spruch Prov 28,16.[11] Der Verfasser von Prov 1,10-19 teilt offensichtlich diese Ansicht[12]. Er verwirft also nicht das Ziel der Bösen Buben, sondern ihre Mittel. Doch argumentiert er nicht moralisch, von ethischen Grundsätzen her, sondern vom mutmaßlichen Erfolg! Diese Mittel, so argumentiert er in der zweiten Strophe, führen nicht zum erstrebten Ziel,

---

[1] Cf. z.B. 2 Sam 20,19; Jes 19,3; 49,19; Jer 51,34; Ps 124,3; Qoh 10,12, wo das Verb „vernichten" oder „verderben" heißt.

[2] Cf. Hab 1,13; Ps 35,25; 52,6; Hi 20,15.

[3] Zu חנם in der Bedeutung „grundlos" cf. 1 Sam 19,5; 25,31; 1 Kge 2,31; Ez 14,23; Hi 9,17; 22,6; Prov 3,30; 23,29; 26,2; Ps 35,7.19; (evtl. 38,20, cj. cf. Apparat der BHS); 69,5; 109,3; 119,161; Thr 3,52.

[4] Darin unterscheidet sich das Wort hier von der abgeblaßten Bedeutung als „Erwerb", wie es Prov 31,11 vorliegt; cf. Frankenberg, Sprüche, p.21.

[5] Cf. Jes 5,14; Hab 2,5; Prov 30,16.

[6] Cf. Num 16,30; Dtn 11,6; Ps 106,17; gegen Delitzsch, Spruchbuch, p.50; Strack, Sprüche, p.314; Whybray, Proverbs, p.39.

[7] In Ugarit ist diese Vorstellung mit Mot verbunden, z.B. 4, viii, 17f. (ed. Gibson, p.67); cf. Scott, Proverbs, p.38; McKane, Proverbs, p.269; Meinhold, Sprüche, p.54.

[8] Cf. Frankenberg, Sprüche, p.21.

[9] Cf. Plöger, Sprüche, p.16; Alonso Schökel, Proverbios, p.161.

[10] Zu יקר als „Kostbarkeiten" cf. Jer 20,5; Ez 22,25; 27,22; 28,13; Ps 45,10; Hi 28,16; Dan 11,38. In der Verbindung mit הון Prov 12,27; 24,4, cf. Frankenberg, Sprüche, p.21.

[11] Cf. Strack, Sprüche, p.314, zu Prov 1,19.

[12] Cf. Hausmann, Studien, pp.331-336.

sondern ins Verderben (v.a. vv.18f.).[1] Durch die Wiederholung der Verben
aus v.11 wird das unterstrichen.[2] Der Zusammenhang von Tun und Ergehen
wird so stilistisch zusammengebunden. Keine weitere Instanz – etwa Gott –
wird erwähnt, um diesen Zusammenhang zu begründen oder zu garantieren.[3]
In der sprachlichen Gestalt gleicht das Motiv dem in 4,12.16.19.[4]

Woher nimmt der Weisheitslehrer das Material für seine Darstellung?
Wie die Einzelauslegung der Rede über die Bösen Buben erbracht hat, fin-
den sich manche Parallelen im Sprachgebrauch zu den Darstellungen der
Frevler o.ä. in prophetischen Scheltreden,[5] im Psalter[6] und im weisheitlichen
Spruchgut.[7] Vor allem in Psalmtexten gibt es Übereinstimmungen in der
Schilderung des Frevlers, so v.a. Ps 10,2-11.[8] In diesem Text finden sich,
wie wir oben gesehen haben, manche Übereinstimmungen mit der Charakterisierung der lockenden Sünder aus Prov 1. Es gibt aber einen deutlichen
Unterschied: In Prov 1 fehlt die Opposition Armer/Elender (עני) vs. Frevler
(Ps 10,2). Ähnliche Texte finden sich noch Ps 37,12-15; Jes 59,1-9, aber
auch Ps 5,10; 11,2-3; 12; 17,9-12; 26,10; 28,3; 35. Die Aufforderung, sich
den Frevlern nicht gemein zu machen, bildet den Appell des Lehrers in Prov
1,10-19. Diese Aufforderung ist nicht nur proverbiell (cf. Prov 24,1f.19f.;
23,17)[9], sondern auch im Psalter belegt (Ps 1,1; 26,5). Die gleiche Stoßrich-
tung dürfte die Mahnung haben, sich nicht über die Frevler zu ereifern.[10]

Diesen Fundus an gemeinsamen Motiven und Wertvorstellungen können
wir als Topos ansprechen.[11] Zu dessen Umkreis sind sicherlich noch die
Stellen aus Prov 10-29 zu rechnen, die über den „Frevler" (רשע) sprechen.[12]

---

[1]   Cf. z.B. Toy, Proverbs, p.18: „robbery and murder bring destruction, and must therefore
      be avoided." Ebenso Frankenberg, Sprüche, p.22; Ringgren, Sprüche, p.15; Lang,
      Lehrrede, p.70.
[2]   Cf. Delitzsch, Spruchbuch, p.53.
[3]   Cf. McKane, Proverbs, p.270f.; Meinhold, Sprüche, p.56. - Gegen Toy, Proverbs, p.18,
      der hierin einen Hinweis auf menschliches und göttliches Gericht sieht.
[4]   S.o. 2.2.
[5]   Cf. v.a. Mi 7,2; Ez 22,9; Zef 1,9; weiteres bei Gemser, Sprüche, pp.22f.
[6]   Cf. Ps 10,8; hier auch Feindschilderungen, cf. Ps 56,7 oder Ps 7,13-17, cf. Lang,
      Lehrrede, p.71.
[7]   Cf. Prov 12,6.
[8]   Auf diesen Psalm weist Frankenberg, Abfassungs-Ort, p.125, hin.
[9]   Zum Thema „Schlechter Umgang verdirbt die guten Sitten" auch 13,20 (cf. Scoralick,
      Einzelspruch, p.222).
[10] S.u. p.179 zu 3,31.
[11] Das hat schon Frankenberg in seiner Auslegung herausgestellt; er verweist aber haupt-
      sächlich auf die Psalmenparallelen (id., Sprüche, pp.20-22, id., Abfassungs-Ort, pp.124-
      126; cf. Schäfer, Poesie, p.23f.). Ähnliches findet sich auch in Ägypten, v.a. im Papyrus
      Insinger 3,15; 9,11; 12,7.9; 24,11; 28,5; cf. Lichtheim, LEW, pp. 160f. Sie verbindet den
      ssr mit hebr. איש בליעל.
[12] Plöger sieht in Prov 1,10-19 eine Steigerung des Diskurses über den Frevler, wie er in
      Prov 10-29 vorliegt; er spricht vom „Frevler in Potenz" (Sprüche, p.17).

Daß dieser Knaben betöre, wird von ihm nicht gesagt – wohl aber vom
„Mann der Gewalt" (חמס איש), der in Prov 3,31 mit dem Frevler in einer
Reihe steht.[1] So ist ein assoziativer Zusammenhang leicht herstellbar.
Grundlage dieses Topos ist ein Reservoir an Wertvorstellungen, die offenbar
gesellschaftliches Gemeingut waren; dies zeigt die breite Bezeugung der
Motive in sapientiellen, prophetischen und psalmistischen Texten. In
prophetischen Texten dienen solche Darstellungen gerne der Unheilsbegrün-
dung; im Psalter gibt es wesentlich zwei Bereiche: zum einen die Schilderung des Feindes in der Klage des Einzelnen und zum anderen weisheitlich
beeinflußte Gedichte; dort wird mit der Schilderung des Frevlers über die
Gültigkeit des Tun-Ergehen-Zusammenhanges nachgedacht. Hier finden sich
stilistisch ähnliche Texte mit längeren Schilderungen, die ebenfalls von
Redezitaten Gebrauch machen. Im Hiobbuch, besonders in einigen Reden
der Freunde,[2] wird weniger das Verhalten des Frevlers geschildert als sein
Ergehen; dies entspricht der zweiten Strophe unseres Textes, v.a. Prov 1,18f.
Ist das Thema ein Topos, so kann man den Text nicht datieren, indem man
fragt, wann diese Aussagen die Realität beschrieben haben.[3] Das liegt an
zwei Gründen: Zum einen läßt die breite Bezeugung des Topos darauf
schließen, daß das Geschilderte ein Problem zu allen Zeiten war;[4] zum andern uniformiert das Motivinventar des Topos die Darstellung, so daß hinter
ihr das historisch Individuelle verschwindet. Lediglich eine Traditionsgeschichte des Topos könnte uns hier weiterhelfen. Diese kann hier nicht
durchgeführt werden. Doch weist die Nähe zu Darstellungen, wie den
Freundesreden des Hiobbuches oder Ps 10, eher in nachexilische Zeit als in
vorexilische. Doch bleibt dies eine Vermutung, die ausführlicher abgestützt
werden müßte.

Wir können zusammenfassend soviel sagen, daß erst die Redaktion in
Prov 1,8-19 eine Lehrrede geschaffen hat. Sie tut dies, indem sie einen Text
durch eine Lehreröffnungsformel mit Begründung (vv.8f.) einleitet. Zur
deren Gestaltung bediente sie sich vorliegenden Formelmaterials. Das so
eingeleitete Textstück (vv.10-19) ist eine kunstvoll gestaltete, in sich
abgeschlossene bedingte Mahnung, die vor dem Umgang mit Bösen Buben
warnt. Neben dem Thema der schlechten Gesellschaft, die die guten Sitten

---

[1] Cf. Ps 11,5; 71,4. Zu diesen Verwandschaften die Auslegung zu 3,31-35, s.u. p.179.

[2] Hi 8,11-22; 15,17-35; 18,5-21; 20,4-29, auch Hiob 24,18-25 und 27,7-23. Gegen von
     Rad, Weisheit p.59, der allerdings unter formalen Gesichtspunkten argumentiert.

[3] Frankenberg denkt an das „Denunziantenwesen und Spioniersystem, das auf dem Boden
     einer argwöhnischen heidnischen Obrigkeit üppig wucherte" (Abfassungs-Ort, p.128)
     und datiert in die Epoche Jesus Sirachs; Toy, Proverbs, p.14, bezieht die Darstellung auf
     Räuberbanden der hellenistischen Zeit; Gemser, Sprüche, p.22, vergleicht mit den Tex-
     ten vorexilischer Propheten und ordnet Prov 1,8-19 offenbar eher dieser Epoche zu,
     wenn er auch zugibt, daß sich das Phänomen später noch finde.

[4] Cf. Ringgren, Sprüche, p.15; Plöger, Sprüche, p.16.

verdirbt, ist die Frage nach dem Erwerb von Reichtum ein zweites Thema des Textes. Hier verwirft der Lehrer unehrliche Wege der Bereicherung. Damit behandelt der aufgenommene Text Topoi, die aus der Weisheit bekannt sind.

9. Die beiden Lehrreden in Prov 3,1-12.21-35

Die Gliederung dieses Kapitels wird in der Literatur sehr kontrovers vorgenommen, nahezu jeder Kommentator schlägt eine andere Unterteilung vor.[1] Deutlich ist, daß mit 3,1 ein neuer Abschnitt beginnt. Kapitel 2 bildet, wie wir gesehen haben, eine in sich geschlossene Komposition; in 3,1 wird stilgerecht eine neue Lehrrede begonnen. Umstritten ist nun, wo sie endet. Reicht sie bis v.10, und beginnt mit der Anrede בני „mein Sohn" in v.11 wieder ein neuer Abschnitt?[2] Doch ist der Abschnitt vv.1-12 als ganzer von dem Schema Mahnung mit angeschlossener Begründung oder Motivation geprägt. Damit passen die vv.11f. zum Korpus der Lehrrede. In v.13 setzt mit dem Makarismus eine Redeform ein, die die Gattung der Lehrrede verläßt.[3] Aufgrund dieser Überlegungen ist der erste Einschnitt zwischen v.12 und v.13 zu machen. Die vv.1-12 bilden also eine Lehrrede ohne gnomischen Abschluß.[4]

Der Makarismus geht, wie die Pronomina der 2.sg.fem. zeigen, bis v.18. Die Verse sind zusätzlich durch die Wiederholung der Wurzel אשר „gepriesen" (vv.13a.18b)[5] und die korrespondierenden Verben מצא „finden" (v.13a, cf. Prov 8,35; 18,22) und חזק „ergreifen" (v.18a, cf. Dtn 22,25) sowie פוק „erhalten" (v.13b) gerahmt.[6] Beginnt der nächste Abschnitt mit

---

[1] Cf. Delitzsch, Spruchbuch, pp.67.74.77: vv.1-18.19-26.27-35; Nowack, Sprüche, p.15; Wildeboer, Sprüche, p.8; Toy, Proverbs, p.55: vv.1-10.11-20.21-35; Strack, Sprüche, pp.318.320: vv.1-12.13-20.21-26, den Schluß 3,27-35 nimmt er mit c.4 zusammen; Greenstone, Proverbs, p.24: vv.1-10.11-12.13-18.19-20.21-26.27-35; Cohen, Proverbs, pp.13-20: vv.1-10.11-12.13-18.19-20.21-26.27-35; Ringgren, Sprüche, p.20: vv.1-12.13-26.27-35; Gemser, Sprüche, pp.27.29.31: vv.1-12(=6x2).13-26(=7x2=[4+3]x2).27-30. 31-35; Barucq, Proverbes, pp.60-64; McKane, Proverbs, pp.289f.: vv.1-12.13-20.21-26. 27-35; Scott, Proverbs, pp.46-48; Whybray, Proverbs, pp.58f.65f.68f.69f.: vv.1-12.13-18.19-20.21-35; Murphy, Wisdom Literature, pp.56-58: vv.1-12.13-24.25-35; Lang, Lehrrede, pp.31-34; Nel, Structure, pp.59f.: vv.1-12.13-35; Plöger, Sprüche, pp.30f.: vv.1-12.13-20.21-26.[27-35 sekundär]; Alonso Schökel, Proverbios, p.177: vv.1-12.13-20+ 21-26(verheißender Teil).27-35; Meinhold, Sprüche, pp.72.78f.83f.: vv.1-12.13-20.21-35.

[2] So Nowack, Sprüche, p.18; Wildeboer, Sprüche, p.8; Toy, Proverbs, p.55.

[3] Cf. Plöger, Sprüche, p.36.

[4] Cf. Lang, Lehrrede, p.34 n.24. Gegen Baumann, Weisheitsgestalt, p.255, die im Makarismus eine Fortsetzung von 3,1-12 sieht.

[5] Cf. Murphy, Wisdom Literature, p.57; Whybray, Proverbs, p.65.

[6] Cf. Overland, Structure, p.308.

v.19,[1] v. 21,[2] v.25[3] oder erst mit v.27?[4] Abgrenzungen nach v.24 oder v.26 setzen voraus, daß zwischen vv.19f. und v.21 eine Kontinuität bestehe. Die Art und Weise, in der man das Verhältnis von v.21 zu seinen Vorgängern bestimmt, entscheidet über die Gliederung im zweiten Teil von c.3.

Liest man den vorliegenden masoretischen Text, so muß man als Subjekt des Verbes von v.21a חמכה „Weisheit", תבונה „Verständigkeit" und דעת „Wissen" aus vv.19f. sehen.[5] Grammatisch setzt v.21a im MT die vv.19f. voraus und somit fort.[6] Doch wechselt die Rederichtung: Aus einer Rede in der dritten Person über Gott wird eine Anrede an den Schüler. Zudem weisen sprachliche Kennzeichen wie die Anrede und die Aufforderung, „Umsicht und Gewandheit" zu bewahren, auf das Proömium einer Lehrrede. Form und Inhalt von v.21 passen daher nicht gut mit vv.13-20 zusammen.[7] Die einfachste Lösung des Problems ist, v.21b gleich an die Anrede anzuschließen und den Rest von v.21a nachzustellen;[8] das Verb aus v.21a hätte dann in תשיה und מזמה „Umsicht und Gewandtheit" von v.21b seine Subjekte. Eine solche Umstellung anzunehmen heißt, nicht mit einem mechanischen Versehen zu rechnen. Es ist vielmehr in meinen Augen wahrscheinlich, daß die Anbindung an vv.19f. bewußt hergestellt wurde. Die vv.19f. ihrerseits setzen den Makarismus fort, da v.19 mit חכמה „Weisheit" und תבונה „Verständigkeit" die Themaworte aus v.13 wieder aufnimmt. Stellt man v.21a und b um, so wird deutlich, daß mit v.21 eine neue Einheit beginnt,[9] die bis v.35 reicht, denn in 4,1 beginnt, wie wir gesehen haben, ein neuer Abschnitt.

---

[1] So v.a. Delitzsch, Spruchbuch, p.74 - aber auch Cohen, Proverbs, p.17; Scott, Proverbs, p.47; Whybray, Proverbs, p.68, die die vv.19f. als eigenen Abschnitt nehmen.

[2] So Nowack, Sprüche, pp.20f.; Strack, Sprüche, p.318; Wildeboer, Sprüche, p.8; Toy, Proverbs, p.55; Greenstone, Proverbs, p.32; Cohen, Proverbs, p.18; Barucq, Proverbes, p.63; McKane, Proverbs, pp.289f.; Lang, Lehrrede, p.32 n.22; Nel, Structure, pp.59f.; Plöger, Sprüche, pp.30.39; Alonso Schökel, Proverbios, p.177; Meinhold, Sprüche, p.83.

[3] Cf. Murphy, Wisdom Literature, pp.57f. Auch Delitzsch u.a. sehen hier eine weitere Zäsur.

[4] Cf. Delitzsch, Spruchbuch, p.77; Göttsberger, Weisheit, p.21; Gemser, Sprüche, p.31; von Rad, Weisheit, p.197 n.4; Boström, God, pp.48f.; Overland, Structure, pp.80.285-328; Römheld, Weisheitslehre, p.126.

[5] Cf. z.B. Overland, Structure, p.95.

[6] Cf. Delitzsch, Spruchbuch, p.75; Nowack, Sprüche, p.21; Strack, Sprüche, p.320; Wildeboer, Sprüche, p.10; Cohen, Proverbs, p.18.

[7] Eine Spannung zwischen den Versen haben Toy, Proverbs, pp.70.74; Ringgren, Sprüche, p.23; Gemser, Sprüche, p.30 n.1; Barucq, Proverbes, p.62 (Note zur Übersetzung); Plöger, Sprüche, p.39, wahrgenommen. Gegen Overland, Structure, pp.285-323, der 3,13-26 für kohärent hält.

[8] So Toy, Proverbs, p.74; Whybray, Wisdom, p.35 n.1; Fichtner (BHS).

[9] Gegen Römheld, Weisheitslehre, p.126, der in vv.21-26 den Epilog von 3,1-20 sieht.

Eine ganz andere Sicht dieses Kapitels hat Schäfer vorgetragen.[1] Er trennt vv.1-4 von vv.5-12 und nimmt das Proömium zusammen mit vv.21-24.35 als ursprünglich zusammenhängende Lehrrede. Die übrigen Teile des Kapitels rechnet er einer ethischen (3,13-18.27-30) und einer theologischen (3,5-12.19f.25f.31-34) Ergänzung zu. Dies ist eine Lösung, die in frappierend einfacher Weise die textlichen Probleme von v.21 löst; eine Umstellung ist nicht nötig.[2] Doch hat sein Lösungsvorschlag mehrere Probleme. Er setzt einen deutlichen literarischen Schnitt zwischen v.4 und v.5 voraus. Schäfer sucht ihn mit folgenden Argumenten zu begründen: 1. Der Abschnitt 3,1-12 sei nicht einheitlich gebaut: „Bei genauer Betrachtung variieren nämlich Anzahl und Anordnung der Imperative ebenso, wie Art und Umfang der jeweils angeschlossenen Motivation. Lediglich die vv.1-4 bilden zwei wirklich parallel gebaute zweizeilige ‚Strophen', sofern – wofür freilich einiges spricht – in v.3 *ein* Kolon als sekundär betrachtet werden darf."[3] Meiner Ansicht nach ist aber die stilistische Variation, von der Schäfer da spricht, kein hinreichender Anhaltspunkt für eine literarkritische Grenze zwischen v.4 und v.5. Auch daß der Gottesname erst ab v.5 vorkommt,[4] reicht als literarkritisches Kriterium nicht aus, selbst wenn v.4 אלהים steht[5]: Dies ist, wie die Auslegung zeigen wird, eine geprägte Wendung. Schäfer hebt zudem den unterschiedlichen „Charakter dieser Ermahnungen"[6] in vv.1-4 und vv.5-12 hervor. Die vv.5-12 seien anders als die ersten vier Verse des Kapitels „weisheitskritisch".[7] Versteht man aber die vv.5-12 als inhaltliche Ausführung der Weisung und der Gebote des Lehrers, so fällt dieser Gegensatz.[8] Vor allem erkennt Schäfer gedankliche Verbindungen von vv.5-12 zu vv.1-4: „Betrachtet man die Feinstruktur des Textes, so zeigt sich, daß die vv.5-12 mit einer gewissen Systematik auf die vv.1-4 Bezug nehmen. ... Dieses Phänomen ist m.E. ein deutlicher Hinweis darauf, daß die vv.5-12 von ihrem Verfasser speziell auf die vv.1-4 hin konzipiert wurden."[9] Insgesamt erscheint mir seine Argumentation, zwischen v.4 und v.5 keine ursprügliche Verbindung zu sehen, nicht zwingend. Sicherlich hat Schäfer recht, wenn er auf verbindende Stichworte zwischen vv.21-24 und vv.1-4 hinweist.[10] Doch lassen sich diese Anklänge auch anders erklären. Vor allem übergeht Schäfer, daß die vv.21f. motivlich einem Proömium entsprechen.

---

[1] Cf. Schäfer, Poesie, pp.75-103.
[2] Cf. Schäfer, Poesie, p.97.
[3] Schäfer, Poesie, p.79.
[4] Cf. Schäfer, Poesie, p.85.
[5] Cf. Schäfer, Poesie, p.87.
[6] Schäfer, Poesie, p.85; cf. p.88.
[7] Schäfer, Poesie, p.85.
[8] V.a. wenn v.3aα gegen Schäfer Glosse ist, s.u. die Anmerkung zur Übersetzung.
[9] Schäfer, Poesie, p.88; cf. sein Schema 17, p.89.
[10] Cf. Schäfer, Poesie, p.97: נצר, חן, חיים, גרגרות; p.99: Anrede בני+iuss. ‖ imptv. √נצר.

Er konstatiert: "Inhaltlich und stilistisch liegt in V.21f. eine zusammenfassende, gleichsam, komprimierte Wiederaufnahme der Vv.1-4 vor."[1]
Welchen Sinn könnte es haben, daß in einem kurzen zweistrophigen
Gedicht, wie Schäfer es annimmt, die Hälfte der zweiten Strophe in einer
Wiederaufnahme der ersten Strophe besteht? Das von Schäfer rekonstruierte
Lehrgedicht käme so aus dem Proömium nicht heraus. Schäfer übergeht
auch die Differenz von Weisung des Lehrers (v.1) zur „eigenen Klugheit"[2]
v.21 und erklärt den Gedankenschritt nicht. Für mich sind das zwei
verschiedene Themen! Deswegen überzeugt mich auch die Annahme nicht,
in 3,1-4.21-24.(35) ein zusammenhängendes Lehrgedicht zu sehen.

9.1 Die theologische Reflexion Prov 3,1-12

1   Mein Sohn, meine Weisung vergiß nicht,
     und dein Herz bewahre meine Gebote,
2   denn Länge an Tagen und Lebensjahre
     und Friede fügen sie dir hinzu.
3   [Zugesagte Loyalität[3] soll dich nicht verlassen;][4]
     binde sie um deinen Hals,
     schreibe sie auf die Tafel deines Herzens,[5]
4   dann findest du Gunst und feine Klugheit
     in den Augen Gottes und der Menschen.[6]
5   Vertrau auf Jhwh mit deinem ganzen Herzen,
     und auf dein (eigenes) Verständnis verlaß dich nicht!
6   Auf allen deinen Wegen erkenne ihn[7],
     und er selbst wird deine Pfade richten!

---

1   Schäfer, Poesie, p.99.
2   Schäfer, Poesie, p.100, Schema 19. Schäfer gibt diese inhaltliche Differenz in seinem
    Schema so wieder, obgleich er p. 98 behauptet, alle diese Begriffe seien austauschbar.
3   Zu diesem Verständnis von ואמת חסד cf. Michel, ḥœsæd wœʾœmæt, pp.79-82.
4   Glosse: In v.3aαβ1 sind die Worte אל־יעזבך ואמת חסד „zugesagte Loyalität soll dich
    nicht verlassen" ein sekundärer Einschub. Sie unterbrechen den Bezug der Suffixe an
    den Verben קשר „binden" und כתב „schreiben" auf תורה „Weisung" und מצוה „Gebot"
    aus v.1. Daß beide Begriffe fem. sind, die Suffixe aber mask. pl., besagt nichts, da
    solche auch für fem. stehen können (cf. GK § 135 o [allerdings von Possessiv-Suffixen];
    Joüon/Muraoka § 149 b). Der Zusammenhang ist inhaltlich bedingt. Zwar ist als bild-
    licher Ausdruck denkbar, daß man חסד und אמת „zugesagte Loyalität" um den Hals bin-
    det, aber das Schreiben verlangt doch als Objekt eher eines mit der Bedeutung „Worte",
    womit der Rückbezug auf v.1 semantisch geboten sein wird. Unterbricht v.3aαβ1 aber
    derart den Zusammenhang, ist sie als Nachtrag ausgewiesen (cf. Meinhold, Gott, pp.
    472f.; Whybray, Proverbs, p.61; gegen Schäfer, Poesie, pp.79f.).
5   Dieses Kolon in den LXX nur bei A; Origenes mit Asteriscus nachgetragen.
6   Zu diesem Zeugma, cf. die Auslegung. Die LXX lösen in zwei Verben auf.
7   LXX αυτήν „sie"; bezieht sich auf σοφία v.5b; cf. Toy, Proverbs, p.63.

	Dein Fuß soll nicht anstoßen![1]
7	Sei nicht weise in deinen eignen Augen!
	Fürchte Jhwh und weiche vom Bösen!
8	(Dann) wird Heilung für deinen Nabel sein
	und Erquickung für deine Knochen.
9	Ehre Jhwh mehr als dein Vermögen
	und das Beste deiner Einkünfte,[2]
10	dann werden sich deine Scheunen mit Sättigung füllen,
	und von Most werden überfließen deine Kufen.
11	Die Zucht Jhwhs, mein Sohn, verwirf nicht,
	und werde seiner Zurechtweisung nicht überdrüssig,
12	denn wen Jhwh liebt, den weist er zurecht,
	und (zwar) wie ein Vater seinen Sohn, den er gern hat.

Die Binnengliederung der ersten Lehrrede in Prov 3 ist deutlich; ihr Grund-schema besteht aus einer Kette von Mahnungen, die sich jeweils über zwei Kola erstrecken, mit jeweils einer Motivation, die auch ein Bikolon umfaßt. Einzige Ausnahme sind die vv.5-6; hier umfassen die Mahnungen drei Kola, während die Motivation in ein Kolon zusammengedrängt ist. Fordern die Mahnungen zu einem bestimmten Tun auf, so werden als Motivationen die erwartbaren Folgen des Handelns genannt. Nur in v.12 wird die Begründung durch Hinweis auf einen Sachverhalt vorgenommen. Als Grundstruktur ergibt sich so, unbeschadet der genannten Variationen, eine Kette von sechs Mahnungen (vv.1.3.5+6a.7.9.11) mit Begründungen (vv.2.4.6b.8.10.12).

Die sechs Mahnungen in vv.1-12 sind in drei Strophen zu je zwei Mah-nungen mit Motivation zusammengefaßt. Das קשרם „binde sie" v.3a schließt mit seinem Suffix 3.pl. eng an v.1 an, wo תורה „Weisung" und מצוה „Gebot" die Bezugswörter sind. Gehören also die beiden ersten Mahnungen formal zusammen (vv.1-4), so ist die mittlere Strophe vv.5-8 durch ihr gemeinsames Thema kenntlich: die Antithese von Gottvertrauen bzw. Gottesfurcht vs. eigene Klugheit und Weisheit. Diese Antithese bildet zwischen v.5 und v.7 einen chiastischen Rahmen. Der Beginn der letzten Strophe (v.9) ähnelt in seinem Aufbau (Imperativ.+Präp.+Jhwh) genau dem Beginn der zweiten Strophe in v.5. Die vv.11f. entsprechen mit ihrer Anrede[3] im ersten Bikolon (v.11a) und dem כי als Einleitung des zweiten (begründenden) Bikolons (v.12a) den vv.1f. So wird ein Rahmen gebildet, der das ganze Gedicht umschließt.[4]

---

[1] Zufügung der LXX nach v.23; cf. Barucq, Proverbes, p.58.

[2] LXX: „Ehre den Herrn von deinem gerecht (erworbenen) Besitz und gib ihm den Erstling von den Früchten deiner Gerechtigkeit." Mahnung zum gerechten Erwerb von Reichtum (cf. Toy, Proverbs, p.64) und kein Aufruf zu guten Werken (so Barucq, Proverbes, p.58).

[3] Cf. Römheld, Weisheitslehre, p.130, er hebt die gliedernde Funktion der Anrede hervor.

[4] Cf. Overland, Structure, pp.79f.

Die erste Strophe enthält das Proömium der Lehrrede; in ihr ist von Jhwh noch nicht die Rede. Erst das Korpus in der zweiten und dritten Strophe verwendet dieses Lexem fünfmal, daneben wird es dreimal durch Anapher oder Suffix vertreten. Diese Beobachtung belegt die thematische Konzentration der Lehrrede auf Jhwh. Ein gnomischer Abschluß fehlt.[1]

Die inhaltlichen Motive der Lehrrede lassen sich übersichtlich in einer Tabelle zusammenfassen, die dem Tun des Menschen das in Aussicht gestellte Ergehen gegenüberstellt.[2]

	Tun	Ergehen
1. Strophe, vv.1-4	Gebotsbeherzigung (v.1) Memorieren/Internalisieren der Gebote (v.3)	Langes Leben und Heil (v.2) Ansehen (v.4)
2. Strophe, vv.5-8	Gottvertrauen (v.5a) Gotteserkenntnis (v.6a) Gottesfurcht (v.7b) vs. Selbstweisheit (vv.5b.7a) Weichen vom Bösen (v.7b)	Göttliche Führung (v.6b) Heilung (v.8)
3. Strophe, vv.9-12	Gott ehren mehr als seinen Besitz (v.9) Annehmen von Gottes Musar (v.11)	Reichtum (v.10) (wird nicht mit einer Folge motiviert)

Die Motive der ersten Strophe (vv.1-4) haben wir schon bei der Auslegung von 6,20-23 behandelt. Das Bild vom Schreiben der Weisung auf die Tafel des Herzens bedeutet deren Internalisierung. In Prov 3,4 finden wir ein Motiv, das 3,1-4 nicht mit 6,20-24 oder 7,1-4 gemeinsam hat. Der Formulierung des Verses liegt eine gemeinaltorientalische Floskel zugrunde,[3] die auch im AT oft belegt ist. Dabei ist פ׳ בעני חן מצא „Gnade finden in den Augen von jemandem" ein Ausdruck dafür, daß ein Höhergestellter einem sozial unter ihm Stehenden eine Gunst gewährt.[4] Im weisheitlichen Sprachgebrauch „geht die Verbindung mit dem $b^{e c}\bar{e}n\bar{e}$ ‚in den Augen von' eines konkreten Gegenübers verloren; damit verlegt sich das Schwergewicht der Aussage einseitig auf den Empfänger."[5] In gleicher Weise ist die Aussagerichtung von Prov 3,4 zu bestimmen: Hier ist niemand konkret benannt, der Gnade gewährt, sondern es ist allgemein von „Gott (Göttern?) und Menschen" die Rede. Das Finden der Gunst wird so zu einer Eigenschaft des Begünstigten. „Gott und Menschen" bilden einen Merismus, der in der Lite-

---

[1]   Cf. Lang, Lehrrede, p.34 n.24.
[2]   Cf. Meinhold, Sprüche, p.72.
[3]   Cf. Weinfeld, You will Find Favour.
[4]   Cf. Stoebe, חנן, coll.589f.; Clark, Word *Hesed*, pp.205-215.
[5]   Stoebe, חנן, col.591.

ratur des Alten Orients weitverbreitet ist.[1] Dabei ist die Verwendung von אלהים „Gott" ungewöhnlich, da in Prov sonst fast ausschließlich Jhwh steht. Wahrscheinlich ist dies der Formel zuzuschreiben.[2]

Das Verständnis der Fügung שׂכל טוב bereitet demgegenüber gewisse Schwierigkeiten. Mit ihr wird eine weitere Eigenschaft des gehorsamen Schülers benannt. Das Nomen שׂכל ist ein *qitl*-Segolat von שׂכל I, das im Qal „Erfolg haben" meint (1 Sam 18,30), und im Hif'il meist intransitiv verwendet wird. Dann bezeichnet es „achtgeben", „Einsicht haben", „klug handeln" o.ä.[3] Das Nomen bedeutet „Einsicht" oder „Verstand" und bezeichnet eine „geistige Fähigkeit"[4]. Diese Bedeutung ist auch für die anderen Vorkommen von שׂכל טוב anzunehmen.[5] In Prov 13,15 stehen שׂכל טוב und חן „Gnade" nicht parallel, sondern dieses geht aus jenem hervor. Die Bedeutung beider Begriffe ist in Prov 3,4 gleichfalls nicht bedeutungsähnlich, obwohl sie durch ן „und" verbunden sind.[6]

Wie die Verbindung funktioniert, mag eine Analyse der hebräischen Aussagestruktur zeigen. Dabei müssen wir die grammatische Oberflächenstruktur von der Tiefenstruktur unterscheiden.[7] Die Wendung „X בעיני Y מצא" „Y in den Augen von X finden" ist durch je zwei X und Y ausgeführt. Wir können den Satz der leichteren Übersichtlichkeit halber in zwei Sätze aufspalten, wobei die X beide Male „Menschen und Gott" sind:

Satz 1:   X בעיני חן מצא

Satz 2:   X בעיני טוב שׂכל מצא

Die Handlungsstruktur auf der Tiefenebene ist bei Satz 1 die folgende:

H 1:   X gewährt Z Gnade (wobei Z das grammatische Subjekt von מצא ist).

Diese Handlungsstruktur paßt gut für das Wort „Gnade", nicht aber für „gute Einsicht". Verstehen wir den Satz aber als Zeugma und unterstellen für Satz 2 eine von H 1 verschiedene Handlungstruktur, so ergibt sich aus der Paraphrase

Satz 2': Z ist ein Mann rechter Einsicht nach Meinung von X.[8]

Die Handlungstruktur von Satz 2:

H 2:   X hält Z für einen Mann rechter Einsicht.[9]

Behält man die Bedeutung von שׂכל טוב als „rechter Einsicht" bei, so muß man 3,4 in bezug auf die zweite Handlung wohl so paraphrasieren: „Dann

---

[1]   Cf. Avishur, Studies, v.a. pp.548f.; Freedmann und Lundbom, חנן, col.24; Gen 32,29; 1 Sam 2,26; Ri 9,9.13 (cf. Whybray, Wisdom, p.35); KAI 10,9f.; 48,8. Ägypten: Ramessidisches Briefformular: Cerny, Letters, Nr.n 1.14; Weisheit: Amenemope 13,19-14,1 (ed. Lang; Übers. Brunner, Weisheit, p.246): „Dann wirst du Gewicht haben vor den Leuten und heil sein in der Hand des Gottes." Cf. Lang, Lehrrede, p.75 n.4.

[2]   Cf. Whybray, Proverbs, p.61.

[3]   Cf. GB, p.786, sv. שׂכל I. Cf. Sæbø, שׂכל, coll.824f.

[4]   Sæbø, שׂכל, col.826.

[5]   Ps 111,10; 2 Chr 30,22; Prov 13,15; cf. 1 Sam 25,3 (gegen Delitzsch, Spruchbuch, p.68, heißt אשה טבת־שׂכל nicht „Frau, die schön ist in bezug auf ihre Gestalt", sondern „Frau, die gut ist in bezug auf ihren Verstand").

[6]   Gegen Frankenberg, Sprüche, p.30; Gemser, Sprüche, p.26: „Gunst und freundlichen Beifall"; Plöger, Sprüche, p.32: „Gunst und Anerkennung"; Meinhold, Sprüche, p.74.

[7]   Cf. Lyons, Einführung, pp.250f.

[8]   Zu בעיני in der Bedeutung „nach Meinung von" cf. z.B. Gen 19,14; 29,20; 2 Sam 10,3; Prov 12,15.

[9]   Cf. Nowack, Sprüche, p.17; Strack, Sprüche, p.319.

werden dich Gott und die Menschen für einen Mann rechter Einsicht halten."
Die Verständnisschwierigkeit resultiert also aus der Mehrdeutigkeit der hebräischen Wendung, die in anderen Sprachen, wie z.B. der deutschen, so
nicht wiedergegeben werden kann. Die hier entwickelte Deutung erlaubt es,
zur nächsten Strophe eine thematische Kohärenz zu finden.

Der „rechten Einsicht", die einem Menschen in den Augen seiner Mitmenschen und Gottes eignet, wenn er auf die Weisung seines Vaters/Lehrers
hört, wird in der ersten Strophe des Korpus die Klugheit entgegengehalten,
die man sich in seinen eigenen Augen zuschreibt. Diese „Selbstklugheit"
führt in eine weitere Antinomie hinein: Gottvertrauen vs. Sich-selbst-für-
klug-halten. Diese Opposition bildet das Thema der mittleren Strophe und
somit das Zentrum der Lehrrede.

Die Haltung, die der Schüler Gott gegenüber einzunehmen hat, wird
durch drei Begriffe ausgeführt: Vertrauen auf Gott, Erkenntnis Gottes[1] und
Gottesfurcht, welcher das „Weichen vom Bösen" beigesellt ist. Die Haltung
in bezug zur Gottheit wird so ausdifferenziert in verschiedene Aspekte.
Stammt das Wort בטח „vertrauen" aus dem allgemeinen Sprachgebrauch (Ri
9,26; 20,36; Prov 31,11), so hat die Rede vom Vertrauen in die Gottheit
ihren Haftpunkt in der Gebetssprache,[2] als Bekenntnis der Zuversicht im
Klagelied des einzelnen[3] oder im Danklied.[4] Dieser Redeweise gegenüber
wird die weisheitliche Rede vom Vertrauen in Gott keine traditions-
geschichtliche Priorität beanspruchen dürfen.[5] In der Weisheit wird das
Vertrauen in Gott mehrmals empfohlen[6] – allerdings meist in Form einer
Sentenz (28,25; 29,25) oder eines Makarismus (16,20).[7] In 22,19 gibt es die
Absicht der Lehre an.[8] Nur Prov 3,5 ist die Formulierung entsprechend dem
Gattungscharakter der Lehrrede imperativisch.[9] Auffällig ist die Wendung

---

[1] S.o 4.2, die Auslegung zu Prov 2,5, p.64.
[2] Cf. Gerstenberger, בטח, col.302; Westermann, Wurzeln, p.141. Fürs Akkadische, cf.
     Mayer, Untersuchungen, pp.43f.165-167. In Ägypten zu Belegen aus dem Bereich der
     persönlichen Frömmigkeit cf. Assman, Weisheit, p.26.
[3] Cf. Gunkel/Begrich, Einleitung, p.232; Beck, Kontextanalysen, pp.80-86.95; Mark-
     schieß, Ich aber, pp.386-398.
[4] Cf. Beck, Kontextanalysen, pp.87.96.
[5] Gegen Jepsen, בטח, col.615; Hugger, Jahwe, pp.127-132, der behauptet, der ältere
     Ausdruck sei אמן gewesen; die Differenz von אמן und בטח ist jedoch keine diachrone,
     sondern eine semantische: אמן ist mit dem Gedanken der Wahrheit einer Rede verknüpft
     (cf. Dtn 9,23; Jes 43,10; Ex 14,31, dazu die Auslegung von Noth; cf. Michel, Begriffs-
     untersuchung, pp.123.129), während בטח Vertrauen in ein Künftiges meint (cf. beson-
     ders deutlich Qoh 9,4), das oft mit einem Gefühl der Sicherheit konnotiert ist (cf. auch
     die Ableitungen). - Zu den weisheitlichen Stellen, cf. Beyerlin, Vergewisserung, pp.50f.
[6] Cf. Hausmann, Studien, pp.241f.
[7] Cf. Jer 17,5; Zef 3,2f.; Ps 40,5; 84,13.
[8] Nach Römheld, Wege, ist dieser Ausdruck hier wie „Jhwh-Furcht" zu verstehen (p.151).
[9] Als Mahnung noch: Jes 26,4; Ps 4,6; 37,3.5; 62,9.11; 115,9-11; 146,3.

„Gott vertrauen mit ganzem Herzen", die singulär ist. Die Charakterisierung
בכל לב/לבב „mit ganzem Herzen" kommt nur in deuteronomistischen und
nachdeuteronomistischen Texten sowie in nachexilischen Psalmen vor;[1]
einige Psalmen[2] und Zef 3,14 weisen dabei einen eher liturgischen Gebrauch
auf, während in den deuteronomistischen Belegen und in Ps 119,2.10.
34.58.69.145 die Wendung das Gottesverhältnis eines Menschen charakterisiert; in diesem Sinne ist sie auch an der einzigen weisheitlichen Stelle
Prov 3,5 verwendet.

Das Vertrauen in Gott ist konturiert durch sein Gegenteil, das Vertrauen
in Menschliches.[3] In Prov 3,5 ist dem Gottvertrauen als falsche Haltung
entgegengestellt: sich auf seine eigene Einsicht verlassen (בינה, v.5b) und
sich in seinen eigenen Augen für weise halten (v.7a). Da uns eine Analyse
von שען „sich stützen" (v.5b) nur auf eine weitere Stelle führt, die unserer
Stelle vergleichbar ist,[4] wenden wir uns dem zweiten Motiv (v.7a) zu. Das
Thema des Textes ist die Begrenztheit der menschlichen Fähigkeiten. Es ist
unter verschiedenen Aspekten oft in der Weisheit verhandelt.[5] An der Mehrzahl der Stellen geht es um die trügerische Selbsteinschätzung bestimmter
Menschen, die andere jedoch zu durchschauen vermögen; z.B. Prov 28,11:

---

[1] Cf. Thiel, Redaktion 1, pp.88-89.

[2] Ps 9,2; 86,12; 111,1; 138,1.

[3] Dies ist ein verbreitetes Thema; cf. Ps 32,10; 37; 40,4-5; 49,14; 52; 62,9-11; 118,8f.;
146,3.6. So kann man es nicht mit Gemser, Sprüche, p.27, als ein typisch prophetisches
bezeichnen. Die Stellen, die er nennt (Jes 5,21; 10,20; 31,1; Jer 9,22; dazu noch Jes
30,12; Jer 17,5-8) behandeln entweder nicht das Thema Gottvertrauen vs. Vertrauen in
Menschliches oder sind jüngere, weisheitlich beeinflußte Einfügungen in die Prophe-
tenbücher: Jes 5,21 warnt lediglich vor der „Gefahr der Überheblichkeit" (Wildberger,
Jesaja, p.194) und ähnelt am ehesten Prov 26,28. Jes 10,20 ist eine Einfügung möglicherweise aus der späten Perserzeit (Wildberger, Jesaja, p.414; Kaiser, Jesaja 1, p.229).
Jes 30,12 formuliert den in Frage stehenden Gegensatz nicht sehr prägnant; der Text
geht möglicherweise nicht auf Jesaja zurück; er könnte nachexilischer Reflexion entstammen (cf. Vermeylen, Prophète 1, pp.411-416; Kaiser, Jesaja 2, p.233; Kilian, Jesaja,
p.174; anders Barth, Jesaja-Worte, pp.53.279f.; Wildberger, Jesaja, p.1176). Auch in Jes
31,1-3 ist der Gegensatz nicht in prägnanter Formulierung gebracht; Gottes Weisheit ist
in v.2 der Bündnispolitik mit Ägypten entgegengesetzt; obwohl der Text insgesamt für
jesajanisch gilt (Barth, Jesaja-Worte, pp.79-88; Kaiser, Jesaja 2, p.248; Wildberger,
Jesaja, p.1228), ist v.2 evtl. ein Nachtrag (cf. Vermeylen, Prophète 1, pp.420f.; Kilian,
Jesaja, p.183; gegen Barth, Jesaja-Worte, p.79f.), der das hier interessierende Thema
Weisheit erst eintrüge. Jer 9,22 ist ein Nachtrag im Jeremiabuch (cf. Volz, Jeremia,
pp.119f.; Kutsch, Weisheitsspruch, p.178; Wanke, Jeremia 1, p.109; cf. Thiel, Redaktion
1, p.94 n.52; zum Traditionshintergrund dieser Stelle auch Schreiner, Jeremia 9,
pp.22.23; Brueggemann, Crisis); ebenso 17,5-8 (cf. Volz, Jeremia, p.186; Wanke, Jeremia 1, p.165). Ähnliche Motive cf. Ez 28,5f.; Jer 9,8; 33,6; Jes 47,10; Hi 12,12f.

[4] Nur noch Hi 8,15, vom Gottvergessenen, der sich auf sein ‚Haus' stützt, „d.h. alles was
dem antiken Menschen Sicherheit zu gewährleisten schien: Sippe und Besitztum"
(Fohrer, Hiob, p.193).

[5] Cf. von Rad, Weisheit, pp.131-148.

> Ein reicher Mann ist seiner Meinung nach weise,
> aber ein verständiger Armer durchschaut ihn.[1]

Die Formulierung „weise in seinen (eigenen) Augen" ist typisch für die fünfte Sammlung des Proverbienbuches (26,5.12.16). Ähnlich ist noch 12,15:

> Der Weg des Toren ist rechtschaffen nach seiner Meinung,
> wer aber auf Rat hört, ist weise.

Hier wird der Tor dem Weisen gegenübergestellt; dieser hält sich selbst für weise und nimmt darum keinen Rat an, während der Weise sich dadurch auszeichnet, auch auf andere zu hören.[2] Angesichts der Einsicht, in seinem eigenen Urteil fehlbar zu sein, kann die Gewißheit schwinden, sich seines Lebens und dessen Gelingens gewiß zu sein. So gibt es eine Gruppe von Sprüchen, die menschliche Weisheit generell als fehlbar ansieht und in Gott denjenigen sieht, der zwischen Wollen und Vollbringen eintritt;[3] solche Texte sind charakteristisch für die Sammlung 16,1-22,16;[4] z.B. 16,1:

> Beim Menschen (liegen) die Überlegungen des Herzens,
> aber von Jahwe (kommt) die Antwort der Zunge.[5]

Der Spruch beschreibt die Erfahrung, daß das Wollen nicht immer ein entsprechendes Vollbringen nach sich zieht, sondern daß trotz guter Planung manches mißlingen kann.[6] „Aber gerade in diesem ganz Inkalkulablen sitzt Gott drin."[7] In 21,30 ist dies im Blick auf den Unterschied menschlichen und göttlichen Vermögens zusammengefaßt:

---

[1] Ähnlich zur trügerischen Selbstsicherheit des Reichen Prov 18,11; cf. Hausmann, Studien, pp.79f.

[2] Cf. Plöger, Sprüche, pp.151f.

[3] Cf. Hausmann, Studien, pp.256-258.

[4] 16,1.9.33; 19,21; 21,30.31. Cf. Preuß, Gottesbild, pp.125-128 (dort auch ältere Literatur und Parallelen); Westermann, Wurzeln, pp.137f.

[5] Übers. Plöger, Sprüche, p.186.

[6] Cf. 27,1; dazu z.B. Ptahhotep 343 (ed. Zaba; übers. Brunner, Weisheit, p.121); Amenemope 19,13-17 (ed. Lange; übers. Brunner, Weisheit, p.250; hierzu Grumach, Amenope, p.126-128; Römheld, Wege, 131f.); 20,3-6 (übers. Brunner, Weisheit, pp.250f.). Dies ist eine der wesentlichen Ausprägungen der „persönlichen Frömmigkeit" in den ägyptischen Lehren des Mittleren Reiches, wo „der Tun-Ergehen-Zusammenhang wesentlich aufgelockert" (Brunner, Wille, p.111) ist (cf. Römheld, Wege, pp.131-150). Die Amenemope-Rezeption in Prov 22,17ff. nimmt diese Gedanken nicht auf, sondern geht noch vom ungebrochenen Tun-Ergehen-Zusammenhang aus (cf. Römheld, Wege, pp. 154f.184). Die Sammlung Prov 22,17ff. stammt aus der Königszeit ab dem 8ten Jh. (cf. Römheld, Wege, p.184). Erst die späteren Sammlungen weisen solche Züge in unterschiedlichem Maße auf (cf. Römheld, Wege, pp.185-189).

[7] Von Rad, Weisheit, p.135.

Es gibt keine Weisheit, keine Einsicht
und keinen Rat gegenüber Jhwh.

Gegenüber Gott kann sich der Mensch nicht durchsetzen; mit ihm kann er es
nicht aufnehmen, da dieser seine ganzen Pläne zunichte machen kann.[1]
Damit hat die menschliche Selbsteinschätzung ihr absolutes Gegenüber im
Urteil Gottes;[2] ein Gedanke, der auch der Sammlung Prov 16,1-22,16 eigen
ist:

16,2: Alle Wege eines Mannes sind seiner Meinung nach rein,
aber der die Geister prüft, ist Jhwh.[3]

21,2: Jeder Weg eines Mannes ist seiner Meinung nach rechtschaffen,
der aber die Herzen prüft, ist Jhwh.

In diesen beiden Versen wird die Grenze der menschlichen Urteilsfähigkeit
über sein eigenes Handeln beschrieben; an 16,2 schließt sich eine Handlungsaufforderung, die aus dem Festgestellten die Konsequenz zieht: Wenn
du mit deinem eigenen Vermögen nicht zum Ziel kommen kannst, hilft nur
Vertrauen auf Gott, Prov 16,3:

Wälze auf Jhwh deine Werke,
und deine Pläne werden gelingen![4]

In ähnlicher Weise formuliert Ps 37,5:

Wälze auf Jhwh deinen Weg
und vertrau (בטח) auf ihn, er wird handeln.[5]

Dieses Handeln dürfte nach dem Gesamtduktus des Psalmes darin bestehen,
daß Gott als Richter zum endzeitlichen Gericht über die Übeltäter erscheint.
Hier ist die Formlierung aus Prov 16,3 benutzt worden, um einem escha-
tologischen Quietismus das Wort zu reden. Der Text macht aber deutlich,
daß man dieses Wälzen seiner Wege auf Gott als einen Akt des Vertrauens
in diesen gedeutet hat. Dieses Thema mit den hier vorgeführten Stellen
bildet sicher die Vorgeschichte des „erkenntnistheoretischen Skeptizismus"[6]
Qohelets.

---

[1] Cf. von Rad, Weisheit, pp.140f.; Meinhold, Sprüche, p.361.
[2] Cf. Hausmann, Studien, p.287.
[3] Cf. Hausmann, Studien, pp.259f.; wobei nicht alle Stellen, die sie nennt, sich dieser
     Deutung fügen.
[4] Ähnlich ist die Nebeneinanderstellung in Prov 28,25f., wo das Vertrauen in den eigenen
     Verstand (לב) dem Vertrauen in Gott gegenübergestellt ist.
[5] Übers. nach Michel, Weisheit und Apokalyptik, p.425.
[6] Michel, Untersuchungen, p.7: „Qohelet ist also ein erkenntnistheoretischer Skeptiker. Er
     denkt zwar ganz in den Bahnen der ‚Weisheit' … aber er hat den optimistischen Glau-
     ben an die Möglichkeiten des menschlichen Verstandes verloren." Cf. z.B. Qoh 1,9-11;
     3,10-15.

Angesichts der skizzierten Traditionsgeschichte des Themas können wir
Prov 3,5-8 verstehen als das Ergebnis eines langen Nachdenkens innerhalb
der Weisheit[1] über die Begrenztheit menschlicher Urteilsfähigkeit und Pla-
nungsmacht, das in Prov 16,3 und 3,5-8 seine Spitzenaussagen gefunden hat.
Daß der späte Psalm 37 unmittelbar an Prov 16,3 anknüpft, scheint mir
ebensowenig für das hohe Alter dieser Vorstellung zu sprechen wie die
Weiterentwicklung dieses Gedankens bei Qohelet.[2]

War in Prov 4,27b die Herkunft der Phrase סור מרע „dem Bösen aus-
weichen" aus der Wegmetaphorik noch deutlich zu erkennen (cf. 16,17), so
ist hier die Jhwh-Furcht die Voraussetzung des „Weichens vom Bösen".
Doch die Gottesfurcht in Prov 3,7, wie in der älteren Weisheit als bloßen
Ausdruck für weisheitliche Sittlichkeit zu verstehen,[3] schiene mir verkürzt.
Jhwh-Furcht und Sittlichkeit[4] sind hier nicht identifiziert, sondern jene ist

---

[1] Cf. McKane, Proverbs, pp.17f.; Römheld, Wege, p.189.

[2] Gegen von Rad, Weisheit, pp.132.135.

[3] So oder ähnlich verstehen den Begriff in der älteren Weisheit: Becker, Gottesfurcht,
    p.210: „Der Begriff der Gottesfurcht ist ausnahmslos sittlicher Prägung, und zwar ohne
    nomistischen Einschlag." Derousseaux, Crainte, p.322: „un comportement morale con-
    venable, dans des contextes de rétribution individuelle"; Preuß, Gottesbild, pp.136-142:
    Preuß faßt die Jhwh-Furcht als eine mit der Weisheit „identisch[e]" (p.137) Frömmig-
    keit, die keine persönliche Gottesbeziehung meint (p.138). „Will man vielmehr alles
    über die Furcht Jahwehs Ausgeführte auf einen kurzen Nenner bringen, so bleibt nur die
    Aussage: ‚Jahwehfurcht lohnt sich, trägt Früchte, bringt Gutes, da sie selbst ein Gutes
    ist' und dieses typisch weisheitlich als Aussage nicht als Imperativ [...] Jahwehfurcht er-
    kennt die von Jahweh gesetzte und erhaltene Ordnung, akzeptiert sie als weise Lebens-
    haltung, um in ihr und durch sie ordnungsgemäß und damit gut zu leben." (p.138);
    Römheld, Wege, p.152 (zu Prov 23,17f.): „JHWH-Furcht erscheint hier geradzu als Syn-
    onym des gerechten Handelns."; Ernst, Kultkritik, p.72: „Jahwefurcht ist für den israe-
    litischen Weisen eo ipso Rechtschaffenheit und Liebe zum Nächsten (und umgekehrt!).
    Dies ‚definiert' im Sprüchebuch 14,2". Auch Hausmann, Studien, p.273, sieht die Jhwh-
    Furcht „ganz in einem Kontext der Einstellung und des sittlichen Verhaltens. Doch sei
    das Verhalten zum Mitmenschen dabei nicht im Blick: „Vielmehr geht es um das
    individuelle Verhalten und das daraus folgende individuelle Ergehen ohne Bezug zur
    Umgebung, nur in bezug zu JHWH." (Hausmann, Studien, p.273).

[4] Die Prägung סור מרע, die vor allem in späten Texten vorkommt (Hi 1,1.8; 2,3; 28,28;
    Ps 34,15; 37,27; Jes 59,15), könnte so etwas wie den Versuch darstellen, „Sittlichkeit im
    Verhalten" terminologisch zu fixieren. Man kann die Wendung also nicht als „stock
    phrase of wisdom writers" (Scott, Way, p.195 n.13) bezeichnen (cf. Weinfeld, Deutero-
    nomy and Deuteronomic School, p.304 n.2; Hurvitz, Vocabulary, pp.47f.; Shupak, Wis-
    dom, p.86). Im Proverbienbuch kommt sie nur in der zweiten Sammlung vor; außer
    16,17 steht der Begriff immer im Zusammenhang mit der Jhwh-Furcht (cf. Hi 1,1.8; 2,3;
    28,28; Jes 59,15.19). Zu 16,6 s.u. In 13,19 und 14,16 steht die Phrase an durch die Kom-
    position herausgehobenen Stellen und hat gliedernde Funktion (cf. Scoralick, Einzel-
    spruch, pp.220.223). Dabei ist die Korrespondenz mit dem Rahmen des ganzen
    Abschnittes (13,14; 14,27) zu beachten, der durch die Wiederholung von ממקשי מות und

dieser vorgeordnet. Diese Vorordnung bedeutet nun aber eine sachliche Differenzierung, deren Sinn nur aus dem Kontext 3,5-8 zu erheben ist. Kompositorisch rahmen die Motive des Jhwh-Vertrauens und der Jhwh-Furcht die Strophe. Entgegengesetzt sind sie dem „Weise-Sein in seinen eigenen Augen" bzw. dem „Sich-Stützen auf eigene Einsicht". Dies so beschriebene Gottesverhältnis wird damit einer bestimmten Form von Weisheit, die sich auf sich selbst verläßt, entgegengestellt. In v.6b wird das „Erkennen Jhwhs" dadurch „belohnt", daß dieser die Wege des Erkennenden gerade macht.[1] Nicht der Mensch selbst kann oder soll seine Wege gerade machen, wie etwa 4,11f.24-27,[2] sondern Gott tut es. Der sichere Weg kommt nicht direkt durch ein bestimmtes Handeln des Weisen zustande – quasi als Folge seines Handelns – sondern nur über den „Umweg" über Gott. So wird die Jhwh-Furcht zur Vorbedingung eines – auch moralisch – gelingenden Lebens. Damit ist das Verhältnis zu Gott ähnlich gesehen wie in Prov 16,3 und Ps 37,5. Ist Heilung (v.8)[3] sonst in der Weisheit eine metaphorische Qualität der Wirkung der menschlichen Rede,[4] geht sie hier von der Gottesfurcht und dem moralischen Verhalten aus. Man mag sogar weitergehend fragen, ob nicht analog zu v.6b Gott als das Subjekt der Heilung zu verstehen ist, wie es sonst überwiegend im AT der Fall ist. Dies wäre im Rahmen der weisheitlichen Reflexion eine Neuerung.[5]

Üblicherweise sieht man in den vv.9f. die einzige positive Aufforderung zum Kult in der israelitischen Weisheit.[6] Das כבד „ehren" wird im kultischen Sinne verstanden,[7] und מן „von" muß partitiv aufgefaßt werden, da es die Menge der Güter bezeichne, von denen die Opfer genommen würden.[8] Diese Opfer seien „Erstlinge" (ראשית) genannt.

מקור חיים ausgewiesen ist (cf. Scoralick, Einzelspruch, pp.218f.) und der die Tora des Weisen mit der Jhwh-Furcht parallelisiert.

[1] Cf. Prov 2,7f.; 3,26 (s.u. p.177).

[2] S.o. p.29, die Auslegung von 4,11.

[3] Das Wort רפאות nur noch Sir 38,8 vom Menschen (cf. Stoebe, רפא, col.804).

[4] Cf. מרפא: Prov 12,18; 13,17; 15,4; 16,24; 29,1. רפא: Hi 13,4; s.o. p.32, zu 4,22b.

[5] Nur bei Hiob finden sich ähnliche Gedanken, so z.B. Hi 5,18 (cf. 33,13-30). Dort ist aber das Schema der Klage und Erhörung (cf. Gese, Lehre, p.76) der Hintergrund des Textes und weist nicht auf weisheitlichen, sondern psalmistischen Traditionsbereich. Weitere Belege für Gott als Heiler in der Weisheit gibt es nicht.

[6] Cf. Delitzsch, Spruchbuch, p.70; Nowack, Sprüche, p.18; Strack, Sprüche, p.319; Wildeboer, Sprüche, p.9; Ringgren, Sprüche, p.21; Gemser, Sprüche, p.28; McKane, Proverbs, pp.293f.; Plöger, Sprüche, p.34; Meinhold, Sprüche, p.76; Whybray, Proverbs, pp.63f.; Perdue, Wisdom, pp.145f.

[7] Cf. Perdue, Wisdom, p.230 n.33.

[8] Cf. Delitzsch, Spruchbuch, p.70.

Gegen diese Sicht bringt Ernst einige Bedenken vor. Zum einen lassen sich die landwirtschaftlichen Güter, die gewöhnlich als Erstlingsopfer gebracht werden,[1] schlecht unter הון subsumieren, da der Begriff „das *im Hause* vorhandene ‚Vermögen‘"[2] meint. Zudem gibt es keine Belege des Wortes הון „Vermögen" im kultischen Kontext. Das Wort ראשית meint in weisheitlichen Texten auch nie die Erstlinge, sondern stets „Anfang/Bestes".[3] Damit widerrät die Semantik der Nomina einer kultischen Deutung. Zum andern ist die Deutung des מן in partitiver Bedeutung bei einem intransitiven Verb im Piel problematisch.[4] Man muß daher analog zu anderen intransitiven Verben im Piel[5] und entsprechend den übrigen Vorkommen von כבד pi. „ehren" mit מן auch in Prov 3,9 das מן komparativisch verstehen.[6] Dieser Argumentation Ernsts ist nur noch die Gegenprobe hinzuzufügen: In der Bedeutung „Gott ehren mit etwas" müßte ein ב-*instrumentalis* stehen (Dan 11,38; cf. Jes 29,13)[7] oder ein doppelter Akkusativ (Jes 43,20.23[8]). Damit zeigt sich, daß die Sentenz nicht kultisches Handeln empfiehlt, sondern die Ehrung Gottes der des Reichtums überordnet.

Was aber kann mit dem Ehren Gottes gemeint sein, wenn nicht das Opfer? Die Bedeutung von כבד pi. („ehren") läßt sich mit Westermann etwa so beschreiben: „ein Anerkennen des anderen an seinem Platz in der Gemeinschaft"[9]. Ganz analog ist das „Gott ehren" zu verstehen als „ihm das ihm zukommende Gewicht geben, ihn in seinem Gottsein anerkennen."[10] Damit umschreibt der Begriff ein weiteres Mal das Gottesverhältnis und steht in der gleichen Reihe wie בטח „vertrauen" (v.5a), ידע „erkennen" (v.6a) und ירא „fürchten" (v.7b). Das „Ehren" Gottes ist ein allgemeiner Begriff, der verschiedene konkrete Handlungen abdecken kann. In Prov 3,9 ist daher nicht an den kultischen Bereich mit seinen Opfern gedacht (cf. Ps 50,23) – eher schon ans Gebet (cf. Ps 86,9; Jes 25,3) –, sondern wie in den vorausgehenden Mahnungen an das innerweltliche Miteinander (cf. Prov 14,31).[11] Das rechte Verhalten den Mitmenschen gegenüber wird höher

---

1   Cf. Ernst, Kultkritik, p.82.
2   Ernst, Kultkritik, p.83; cf. Frankenberg, Sprüche, p.31.
3   Cf. Ernst, Kultkritik, p.83.
4   Cf. Ernst, Kultkritik, p.85.
5   Cf. Jenni, Piel, pp.42.73: Hi 32,2; 35,11; Ps 119,98.
6   Cf. Ernst, Kultkritik, pp.85f.
7   Das sieht auch Nowack, Sprüche, p.18, der hier freilich eine Ausnahme annimmt.
8   Für diesen Vers hat 1QIs^a (ed. Burrows, The Dead Sea Scolls, Bd. 1, pl.37) ebenfalls ein ב, cf. BHS.
9   Westermann, כבד, col.798.
10 Westermann, כבד, col.801.
11 Cf. Stenmans, כבד, col.20. - Hierzu cf. die Stellen, wo konkret an das Halten der Gebote gedacht ist: Dtn 28,58; Jes 58,13. Auch Toy hat sich in seinem Kommentar aus inhaltlichen Überlegungen gegen den Bezug dieser Stelle auf kultische Vollzüge ausgespro-

eingeschätzt als Reichtum. Diese Sicht des Reichtums hat in der weisheitlichen Vorordnung des Ethos vor den Bereicherungstrieb seine Quelle.[1] Wer jedoch diese Haltung einnimmt, dem wird Reichtum versprochen (v.10).

Sah man in Prov 3,11f. in der Forschung bisher überwiegend eine Anspielung auf die göttliche Leidenspädagogik,[2] so widersprach Delkurt dieser Deutung. Als Argument führt er an, daß יסר „züchtigen", מוסר „Züchtigung" sowie יכח „zurechtweisen" und תוכחת „Zurechtweisung" eine doppelte Bedeutung je nach der Textgattung hätten: „Nur in der *Anrede Gottes* [...] und im *klagenden Zwiegespräch* mit Jahwe ... meinen יסר und יכח das Bestrafen Gottes."[3] Wenn von Gott in der dritten Person die Rede sei, dann seien andere Mittel der Erziehung als Leid gemeint.[4] Es ist zwar nicht grundsätzlich unmöglich, daß die Bedeutung eines Wortes von der Gattung des Textes abhängt, aber bevor man solches annimmt, muß man prüfen, welche anderen Faktoren für die Auswahl einer bestimmten Bedeutung noch maßgeblich gewesen sein könnten. So stimmt nicht, daß nur in der Jhwh-Rede oder im „klagenden Zwiegespräch mit Gott" die Nuance „Strafen" oder „Leiden" mitschwingt, wie Ps 118,18 zeigt, wo der Beter (Ich) über Gottes Handeln berichtet:

> Mich hat Jh wirklich gezüchtigt,
> aber dem Tode hat er mich nicht übergeben.

Dazu kommt, daß „Reden mit Gott" keine Gattung ist, die eine eigene Semantik der verwendeten Lexeme begründen könnte; gleiches gilt für die Rede über Gott. Die Nuance des „Lehrens" oder „Unterweisens" kommt vielmehr über Parallelausdrücke wie למד „lehren" (Ps 94,10[5].12), יעץ „raten" (Ps 16,7) oder ירה „unterweisen" (Jes 28,26) oder den Kontext der

---

chen, da solche in der Weisheit keine Rolle spielten. Seine Interpretation geht in eine mehr ethische Richtung: „God would thus be honored by obedience to the commands respecting the poor and other more general moral precepts." (Proverbs, p.62) Ähnlich Greenstone, Proverbs, p.28; Cohen, Proverbs, p.15.

[1]   Cf. Ernst, Kultkritik, p.90, v.a. n.54. Hausmann, Studien, p.336.
[2]   So im Anschluß an die LXX Hebr 12,4-11 (cf. Delkurt, Einsichten, p.39 n.54): Prokopius von Gaza, Comentarii, col.1244; Melanchthon sieht hierin die Lehre vom Kreuz beschlossen (explicatio, col.10); cf. Delitzsch, Spruchbuch, p.71; Nowack, Sprüche, p.18; Strack, Sprüche, p.319; Toy, Proverbs, p.65; Greenstone, Proverbs, p.28; Cohen, Proverbs, p.15; Ringgren, Sprüche, pp.21f.; Robert, Attaches, RB 43, 1934, p.67; Gemser, Sprüche, pp.28f.; Scott, Proverbs, p.47; Barucq, Proverbs, p.61; McKane, Proverbs, p.294; Plöger, Sprüche, p.35; Meinhold, Sprüche, p.77f.; Vanoni, Vater, p.68f.; Whybray, Proverbs, pp.64f.
[3]   Delkurt, Einsichten, p.40.
[4]   Cf. Delkurt, Einsichten, pp.40f.
[5]   Hier könnte aber auch aufgrund des Gesamtkontextes des Psalmes ein Strafen gemeint sein, da von Gott als dem Völkerrichter die Rede ist (cf. Kraus, Psalmen, p.894); dies widerspräche dann Delkurts Zuweisung der Stelle, die für ihn als Rede über Gott nicht ‚Strafen' bedeuten soll.

genannten Stellen zustande. In Dtn 4,36; 8,5 und 11,2 wird Gott in erster
Linie als Lehrer angesprochen, aber in Dtn 8,5 schwingt ein „Strafen" oder
„Erziehen durch Leiden" mit,[1] da als Mittel der Erziehung u.a. die
„Bedrückungen" (ענה) des Hungers genannt werden (v.3). Neben der
Fürsorge Gottes für sein Volk auf der Wüstenwanderung (vv.3.4) steht so
das Hungern, ein Leiden, als ein weiterer Aspekt der Erziehung.

Ein weiteres Argument, in Prov 3,11f. die göttliche Leidenspädagogik
angesprochen zu sehen, liegt in der Ähnlichkeit des Textes mit Hi 5,17f.,[2]
einem Text aus der ersten Rede des Elifaz:

> , ‚[3] Wohl dem Menschen, den Gott zurechtweist (יכח).
> Die Züchtigung (מוסר) Schaddais sollst du nicht verwerfen.
> Denn er verursacht Schmerzen und heilt sie dann;
> er zerschmettert, doch ‚seine Hände‘[4] heilen.

Delkurt meint nun, יכח „zurechtweisen" sei im Hiobbuch als juristischer
Terminus gebraucht.[5] Doch dies stimmt nicht.[6] In Hi 5,17f. ist der juristische
Hintergrund alles andere als ausgemacht. Die Form des Makarismus weist –
ebenso wie der folgende Zahlenspruch (vv.19-22) – auf weisheitlichen
Traditionsraum. Die Aufforderung, Gott anzurufen (v.8), meint nicht in er-
ster Linie eine Appellation an Gott als Richter,[7] sondern ein Beten zu ihm in
Form der Klage.[8] So deuten die verwendeten Gattungen des Textes keineswegs auf einen juristischen Hintergrund der Stelle Hi 5,17.[9] Empfiehlt Elifaz
dem Hiob die Hinwendung zu Gott in der Klage, so wäre der Erfolg die
Rettung Hiobs, die in den vv.18-22 angesprochen wird, sowie seine Resti-
tution durch Gott (vv.24-26). Durch den Makarismus in 5,17 wird dieses
Geschehen mit den Begriffen „Züchtigung" (מוסר) und „Zurechtweisen"
(יכח) als Gottes Erziehung gedeutet. Die Begründung für diese Deutung findet sich in v.18: Gott selbst ist es, der Leiden verursacht, aber auch derje-

---

1   Cf. von Rad, Das fünfte Buch Mose, p.51; Weinfeld, Deuteronomy, pp.390.396.
2   Cf. Delitzsch, Spruchbuch, p.71; Seyring, Abhängigkeit, pp.17f.; Wildeboer, Sprüche,
     p.9; Cohen, Proverbs, p.15; von Rad, Weisheit, p.259; Meinhold, Sprüche, p.77;
     Whybray, Proverbs, p.64.
3   Streiche das הנה (cf. Fohrer, Hiob, p.133); es schießt auch metrisch über.
4   Lies mit Q.
5   Mit Verweis auf Boecker, Redeformen, pp.46-48, und Horst, Hiob, pp.64.85f., cf. Del-
     kurt, Einsichten, p.39. Doch diese beiden Autoren stützen seine Ansicht nicht; Boecker
     sagt zu Hi nichts, und Horst stellt für 3,17 ausdrücklich fest: „Die Eigentümlichkeit der
     vorliegenden Stelle ist es, daß sie den prozeduralen Begriff [sc. יכח, AM] neben den
     pädagogischen [sc. יסר, AM] stellt ... Leiden ist deshalb aus den Händen Gottes anzu-
     nehmen als die richterliche wie zugleich erziehliche Maßnahme" (Hiob, p.86).
6   Cf. Hi 6,25 (dazu Fohrer, Hiob, p.174); 19,5.
7   So fälschlich Delkurt, Einsichten, p.39.
8   Cf. Fohrer, Hiob, p.149. Diese Deutung stützt sich auf die Verwendung von דרש, cf.
     Gerlemann/ Ruprecht, דרש, col.465; Wagner, דרש, col.319.
9   Cf. Fohrer, Hiob, pp.152-154.

nige, der es wieder heilt (רפא).[1] Die Arten des Leidens werden im folgenden Zahlenspruch ausgeführt – ebenso wie die göttlichen Rettungen aus den Leiden. Dabei meinen יכח „zurechtweisen" und יסר „züchtigen" hier keinen juristischen Vorgang,[2] sondern eine Erziehung: Gott erzieht durch Leiden den Menschen dazu, sich ihm zuzuwenden, da Gott als Verursacher des Leides es auch wieder beseitigen kann. Der Mensch lernt so seine Verwiesenheit auf Gott.

Diese Beobachtungen zeigen, daß Delkurts Argument, es gebe eine von der Textart abhängige Bedeutung von יסר, nicht stimmt. Doch wäre es zu einfach, dem Wort immer die Anspielung auf eine göttliche Leidenspädagogik zuzuschreiben. Eine solche Konnotation ist nur aus kontextuellen Überlegungen wahrscheinlich zu machen. Der Spruch Prov 3,11f. ist inhaltlich relativ lose mit seinem Kontext verknüpft: Er weist nur das gemeinsame Thema Jhwh auf; während in vv.5-10 das Verhältnis des Menschen zu Gott Thema ist, wird in vv.11f. nun das Thema „Gottes Verhältnis zum Menschen" angesprochen. Doch wird die Ebene der Anrede an den Schüler fortgesetzt. War bislang das Verhältnis von Haltung des Schülers zum Verhalten Gottes so, daß der Schüler agiert und Gott reagiert (Tun-Folge-Zusammenhang), so ist das in vv.11f. umgekehrt. Hier handelt Gott erziehend; und der Schüler soll auf eine bestimmte Weise darauf reagieren: die Züchtigung und Zurechtweisung Gottes annehmen, wie er sonst die des menschlichen Lehrers (Vaters) annimmt.[3] Die pädagogische Bedeutung ist klar. Hier tritt Gott als Erzieher des Menschen auf. Dieses Annehmen der göttlichen Erziehung wird durch den Vergleich mit dem Vater motiviert: Ebenso wie die Erziehung mitsamt ihrer Züchtigung Ausfluß der ‚Liebe' des Vaters zu seinem Sohn ist (cf. Prov 13,24), so ist Gottes Züchtigung Ausdruck dessen Liebe. Soweit ist Delkurt zuzustimmen, daß hier eindeutig von „Gott als väterlichem Pädagogen"[4] die Rede ist; er verweist auf Dtn 8,5 und sagt, daß diese Erziehung mit vielfältigen Mitteln geschehe. In der Tat – und da hat Delkurt recht – findet sich in Prov 3 kein deutlicher Hinweis auf das Leiden des Menschen. Lediglich wenn wir eine Anspielung auf Hi 5,17 in unserem Text sehen könnten,[5] wäre die Konnotation des ‚Leidens' in den beiden Lexemen מוסר und יכח deutlich. Vor dem Hintergrund der anderen Stellen, an denen Gott den Menschen züchtigt oder zurechtweist, gewinnt die Konnotation eines Strafens oder Leidens für Prov 3,11f. eine gewisse

---

[1] Cf. Ps 6,3; Hos 6,1-2.
[2] Von יסר eindeutig nur in Dtn 22,18.
[3] Cf. Prov 1,8; 4,1.13; 5,12.23; 10,17; 13,1.24; 15,5; 19,27; 22,15; 23,13.
[4] Delkurt, Einsichten, p.41.
[5] Cf. v.a. Seyring, Abhängigkeit, pp.17f.

Wahrscheinlichkeit, zumal יסר „züchtigen" die Gewaltanwendung durchaus miteinschließt.[1]

Das Motiv der göttlichen Leidenszucht aus der Weisheit herzuleiten, fällt insofern schwer, als die einzigen Stellen, an denen Gott Subjekt von יסר „züchtigen" ist, Prov 3,11 und Hi 5,17 sind.[2] Als Subjekt von יכח „zurechtweisen" ist Gott einige Male im Hiobbuch und in Prov 30,6 belegt, dort aber beschränkt auf bloßes „Strafen". Lediglich Prov 3,11 und Hi 5,17 ist Gott Subjekt von יכח „zurechtweisen" im Sinn einer Leidenspädagogik oder allgemeiner der göttlichen Erziehung. Dabei handelt es sich beide Male um relativ späte Stellen. Alle früheren stammen aus der prophetischen und deuteronomistischen Literatur[3] sowie aus den Psalmen. Von hier wird die Vorstellung in Prov 3,11 und Hi 5,17 (sowie in den Elihureden) rezipiert worden sein. Die Verbindung mit dem Gedanken der Vaterschaft findet sich in Dtn 8,5 vorgeprägt.[4]

Durch die Bezeichnung Gottes als Vater wird das Gottesbild mit einigen Zügen aufgeladen, die sonst in Prov 1-9 nicht hervortreten. Neben dem Gedanken der Erziehung sind im Text vor allem die Motive der Liebe (אהב) und des Wohlgefallens (רצה) genannt.[5] Damit wird auf den gnädigen und sich erbarmenden Gott angespielt.[6] Im Blick auf Dtn 1,31 und 8,5 ließe sich die Bezeichnung Gottes als Vater mit Schutz und Führung verbinden. Versteht man Gott als Erzieher, so mag das Vaterbild auch den „Lehrer" enthalten.[7] Dieser Aspekt leuchtet ebenfalls in Gott als Geber der Weisheit (Prov 2,6) auf.

Fassen wir zusammen: Die Lehrrede in 3,1-12 behandelt ausführlich das Gottesverhältnis des Menschen. Die Kernaussage findet sich in der mittleren Strophe vv.5-8. Dort wird der Schüler aufgefordert, sich ganz auf Gott und nicht auf seine eigene Klugheit zu verlassen. Diese Aufforderung bündelt einen weisheitlichen Diskurs, der in Gott die „Grenze der Weisheit" sieht (cf. 16,1.2.3.9; 19,21; 20,24; 21,2.30.31). Nicht nur gegenüber der eigenen Klugheit soll Gott den Vorrang haben, sondern – so die letzte Strophe – auch gegenüber dem Reichtum.

---

1   Cf. 1 Kge 12,11.14 par. 2 Chr 10,11.14; Dtn 21,18; 22,18; Prov 19,18; 29,17.
2   Dazu kommen zwei Stellen aus den Elihureden Hi 36,10 und 33,16 (cf. BHS; Wahl, Schöpfer, p.60 n.48), in denen das Nomen מוסר sich auf ein göttliches Handeln bezieht.
3   Cf. Achenbach, Israel, pp.332.386; gegen Zobel, Prophetie, pp.56f.
4   Cf. Robert, Attaches, RB 43, 1934, pp.49.67; Meinhold, Sprüche, p.77; Steiert, Weisheit, p.256; Vanoni, Vater, p.44.
5   Eine ausführliche Untersuchung der Konnotationen des Vaterbegriffes im AT gibt Vanoni, Vater. Zu Ben Sira und der übrigen zwischentestamentarischen Literatur, cf. Strotmann, Vater.
6   Cf. Vanoni, Vater, p.69.
7   Zu Gott als Lehrer cf. Diederich, Lehre mich, Jahwe!; Jenni, למד, coll.15f.; Shupak, Sitz, p.116, für Mesopotamien; Assmann, Weisheit, p.17, für Ägypten.

Das, was der Weise sonst durch eigenes, besonnenes Handeln zu erreichen hofft, wird ihm nun in Aussicht gestellt, wenn er Gott vertraut, kennt,
fürchtet und ehrt. Dann erhält er einen sicheren Weg, von dem ausdrücklich
gesagt ist, daß Gott ihn bereitet. Er erhält Heilung und Reichtum. Der Tun-
Ergehen-Zusammenhang ist also zugunsten einer Verbindung zur Gottheit
aufgebrochen.[1] Damit ist in Israel ein analoges Phänomen aufgetreten, wie es
die „persönliche Frömmigkeit" in Ägypten während des mittleren Reiches
war, die sich unter anderem in der Weisheitslehre des Amenemope niedergeschlagen hat.[2] Dieses besondere Gottesverhältnis wird in das Bild von Gott
als dem Vater und Erzieher (Weisheitslehrer) des einzelnen Menschen gefaßt
(Dtn 8,5) – ein Bild, das auch im Blick auf die Deutung des menschlichen
Leides produktiv geworden ist (Hi 5,17).

9.2 Die ethische Unterweisung Prov 3,21-35

Entgegen manchen Kommentatoren, die diese Verse auf mehrere Texte verteilen,[3] möchte ich aufzeigen, daß es sich bei 3,21-35 um eine Lehrrede[4]
handelt, die kunstvoll gestaltet ist und ein einheitliches Thema hat.

21 Mein Sohn, {hüte praktische Intelligenz[5] und Planen,}
   {sie sollen nicht aus deinen Augen weichen[6]
22 und sie werden Leben für dein Verlangen[7] sein
   und Anmut für deinen Hals.
   LXX   Heilung wird sein für dein Fleisch
   und Pflege für deine Knochen.[8]

---

[1] Cf. Assmann, Weisheit, p.20.
[2] Direkte Beeinflussung halte ich für unwahrscheinlich, der zeitliche Abstand ist zu groß.
     Auch wenn Amenemope (oder noch andere Texte) in Palästina bekannt waren, so zeigt
     doch die Rezeption, soweit sie in Prov 22,17ff. literarisch zu greifen ist, daß gerade der
     Aspekt der „persönlichen Frömmigkeit" nicht aufgegriffen wurde. Wir müssen also von
     einer innerisraelitischen Entwicklung ausgehen (cf. Römheld, Wege, p.189).
[3] Cf. Delitzsch, Spruchbuch, p.74.77; Strack, Sprüche, pp.318.320; Cohen, Proverbs,
     pp.18f.; Ringgren, Sprüche, pp.22-24; Gemser, Sprüche, pp.29-31; Barucq, Proverbes,
     pp.63-65; McKane, Proverbs, pp.297.299; Alonso Schökel, Proverbios, p.177; Steiert,
     Weisheit Israels, pp.256f. - Plöger geht sogar soweit, die vv.27-35 für einen sekundären
     Nachtrag zu halten (Sprüche, p.30), während Scott nur die vv.27-30 für einen solchen
     ansieht (Proverbs, p.48). Schäfer nimmt die vv.21-24.35 mit vv.1-4 zusammen und sieht
     in 25f.27-30.31-33 Nachträge (cf. Poesie, p.103).
[4] Cf. Scott, Proverbs, p.45; Lang, Lehrrede, pp.31-34; Meinhold, Sprüche, pp.83f.
[5] LXX + ἐμήν.
[6] Einziger Beleg im qal; im hi. noch 4,21; beide Male mit Objekt מֵעֵינֶיךָ.
[7] Wörtlich „Kehle" (נפש); der ursprüngliche Sinn ist offenbar immer noch präsent, da das
     Wort hier im Parallelismus mit „Hals" erscheint (cf. Barucq, Proverbes, p.62).
[8] Wiederholung von 3,8 mit leicht geändertem Wortlaut.

23   Dann gehst du deinen Weg in Sicherheit,[1]
     und dein Fuß stößt nicht an,
24   wenn du dich niederlegst, schreckt dich nichts,
     und liegst du, wird dein Schlaf angenehm (sein).
25   Fürchte dich nicht vor plötzlichem Schrecken
     und vor dem Verderben der Frevler, wenn/denn es kommt,
26   denn Jhwh wird an deiner Seite[2] sein
     und deinen Fuß vor dem Sich-Verfangen[3] bewahren.
27   Halte das Gute von seinen Herren[4] nicht zurück[5],
     während es im Vermögen[6] deiner Hand ist, es zu tun.
28   Sage nicht zu deinem Nachbarn: ,*Geh und komm wieder,*
     morgen will ich dir geben', wenn es (das Erbetene) bei dir vorhanden (ist).
     LXX   denn du weißt nicht, was der morgige Tag hervorbringt.[7]
29   Bereite gegen deinen Nachbarn nichts Böses vor,
     während er in Sicherheit neben dir wohnt.[8]
30   Streite/prozessiere[9] nicht ohne Grund mit einem Menschen,
     wenn er dir nichts Böses getan hat.
· 31   Eifere nicht über einen Mann der Gewalt,
     und wähle[10] keinen[11] seiner Wege![12]
32   Denn ein Greuel für Jhwh (ist) ein Verdrehter,

---

1   LXX: „Damit du alle deine Wege sicher in Frieden gehst".
2   LXX: ἐπὶ πασῶν ὁδῶν σου. Vulgata: dominus erit in latere tuo. Die übliche Über-
     setzung von כסל II ist hier „Vertrauen" (cf. Ps 49,14; 78,7; Hi 8,14; in Qoh 7,25 heißt es
     „Torheit", cf. GB s.v. כסל II, p.356; HAL s.v. כסל II, p.466; M. Sæbø, כסיל, col.836;
     Schüpphaus, כסל, col.278; bei Prov 3,26 nehmen die Bedeutung Vertrauen an: De-
     litzsch, Spruchbuch, p.76; Nowack, Sprüche, p.22; Strack, Sprüche, p.320; Wildeboer,
     Sprüche, p.10; Toy, Proverbs, p.76; Greenstone, Proverbs, p.33; Cohen, Proverbs, p.18;
     Ringgren, Sprüche, p.22; Gemser, Sprüche, p.28; Barucq, Proverbes, p.62; McKane,
     Proverbs, p.298; Plöger, Sprüche, p.39); die Präposition בـ wäre dann als *beth-essentiae*
     zu deuten (cf. GK § 119; Joüon/Muraoka § 133 c; Jenni, Präpositionen 1, pp.79-89; H.-
     P. Müller, Beth, p.369). Doch einfacher ist das Textverständnis, wenn nach כסל I
     „Lendenfett" die Bedeutung „Seite" (cf. Vulgata) angenommen wird (cf. Dahood, Pro-
     verbs, p.10; Scott, Proverbs, p.46; Vattioni, Proverbi 3,26; Alonso Schökel, Proverbios,
     p.187; Meinhold, Sprüche, p.85).
3   Hap.leg. LXX: σαλεύω „erschüttern".
4   Das heißt: „Demjenigen der Anspruch darauf hat, daß man ihm hilft"; LXX ἐνδεῆ „dem
     Bedürftigen"; cf. Delitzsch, Spruchbuch, p.77. Die gleiche Formulierung aramäisch in
     der Bagohi Bittschrift, ed. Porten/Yardeni, TAD A4.7 linn.23f. בעלי טבתך.
5   Zu מנע מן in der Verwendung „jmdm. etwas Gutes vorenthalten": 2 Sam 13,13; 1 Kge
     20,7; Jer 5,25b; Hi 22,7; 31,16; Prov 30,7; Qoh 2,10; Neh 9,20.
6   Cf. Clines, DCH 1, p.260, sv. אל II.
7   Motiv aus 27,1, cf. Barucq, Proverbes, p.64.
8   Chalsatz, cf. Michel, Tempora, § 29b.
9   So mit Qere.
10   Cf. Hi 29,25; Jes 66,3. Bei בחר läßt sich kein Unterschied ausmachen, ob es mit oder
     ohne בـ konstruiert ist (cf. Jenni, Präpositionen 1, p.256, Rubrik 2628).
11   Zu negiertem כל cf. Joüon/Muraoka § 160 k; cf. Delitzsch, Spruchbuch, p.79.
12   Die von Fichtner (BHS) in Anlehnung an Ps 37,1 vorgeschlagene Änderung in ,und
     entrüste dich nicht' zerstört, wie die Auslegung zeigen wird, den Skopos des Textes.

aber mit Aufrichtigen (hält) er Rat.

33　Der Fluch Jhwhs (wohnt) im Haus eines Frevlers,
　　aber die Weide von Gerechten segnet er.

34　‚Mit‘[1] Hochmütigen, da handelt er hochmütig[2],
　　den Demütigen <Armen> aber erweist er Gunst.

35　Ehre werden die Weisen erben[3],
　　während die Toren zur Schande erhoben werden.

Das Proömium der Lehrrede findet sich in den vv.21-26.[4] Nach der Anrede folgt in v.21 die eine Mahnung, Einsicht zu bewahren (נצר) und sie nicht aus den Augen zu lassen. In vv.22f. werden dem angeredeten Schüler die Folgen solchen Verhaltens genannt, wobei v.23 chiastisch gebaut ist. In v.24 führt ein Konditionalsatz die Folgen des angemahnten Verhaltens weiter aus. Diese Schilderungen dienen als Motivation der Mahnung von v.21.[5] In v.25 beginnt an der grammatischen Oberfläche eine Kette von Vetitiven, die an den Schüler gerichtet sind. Dieser erste in v.25 wird durch einen כי-Satz in v.26 begründet. Doch beinhaltet der Vetitiv in v.25 kein Verbot im Sinne einer direktiven Sprechhandlung. Es ist vielmehr eine indirekte Sprechhandlung[6] der Ermutigung[7], die in diesem Vetitiv zum Ausdruck kommt. Inhaltlich wird ausgemalt, welche weitere Folgen es hat, an der Einsicht festzuhalten. Dies motiviert die Aufforderung von v.21.[8] Kompositorisch ist die Verbindung durch ein Palindrom von Stichwörtern hergestellt: v.23b רגל „Fuß", v.24a פחד „Schrecken", v.25a פחד, v.26b רגל. Doch ist die indirekte Sprechhandlung in vv.25f. vom Vorigen insoweit abgesetzt, als sie Jhwh als den Garanten der Sicherheit bezeichnet. Das Strophenschema ist also 4+2, wobei die letzten beiden Verse die grammatische Form vorwegnehmen, die das Korpus der Lehrrede dominiert, und so einen fließenden Übergang schaffen.

In v.27 beginnt mit den Mahnungen zum nachbarschaftlichen Miteinander das Korpus der Lehrrede. Die Kette der Vetitive reicht bis v.31. Doch mit v.31 wird ein neues Thema angeschlagen. Es geht nicht mehr um Nachbarschaft, sondern um den Mann der Gewalt. Außerdem bezeichnet das Verb auch keine Handlung einem anderen Menschen gegenüber, sondern eher eine innere Einstellung. Dieser Vers ist ein Übergangsvers. Das mag aus den folgenden Überlegungen deutlicher werden: In v.27 wird allgemein zum Tun des Guten aufgerufen, insoweit es in der Macht des Angeredeten steht. In

---

1　Cf. Fichtner (BHS).
2　Zu dieser Übersetzung von ליץ cf. Barth, ליץ, coll.568-70.
3　In übertragenem Sinn auch Prov 11,29; 14,18; 28,10.
4　Cf. Lang, Lehrrede, p.32 n.22; Meinhold, Sprüche, p.84.
5　Cf. Nel, Structure, p.67.
6　Cf. Wagner, Sprechakte, pp.246-249: indirekte deklarative Sprechhandlung.
7　Cf. Meinhold, Sprüche, p.85. Wagner, Sprechakte, p.249: Angst nehmen.
8　Cf. Nel, Admonitions, p.47: „motivation in admonition form".

den vv.28-30 wird dies im Blick auf den Nachbarn exemplifiziert. Diese drei
Verse sind durch wiederkehrende Stichwörter zusammengeschlossen: רֵעַ
„Nachbar" vv.28f.; רעה „Böses" vv.29f.; אתך „mit dir" als letztes Wort in
den beiden Zentralversen vv.28f.[1] Vers 31 eröffnet den Diskurs über den
Mann der Gewalt, der in der Begründung v.32 als „Verdrehter" (נלוז) dem
„Aufrichtigen" (ישׁר) gegenübergestellt wird. Auch enthält v.31 zwei Vetitive, nicht einen, wie vv.27-30. Diese Gegenüberstellungen von Personen
setzen sich bis v.35 fort. Trotz dieser Differenzen von v.31 zu den vv.27-30
möchte ich diesen Vers mit seiner unmittelbaren Begründung v.32 noch als
überleitenden Vers zum Korpus rechnen. Dafür spricht vor allem die Form
als Vetitiv mit Begründung, der das formale Muster der vv.27-30 fortsetzt.[2]
Doch gilt dies nur für v.31, den auch Lang und Meinhold zum Korpus rechnen. Vers 32 begründet v.31 mit einer Sentenz und eröffnet so die Reihen
der Aussagesätze vv.32-35, in denen positiv und negativ gezeichnete Menschen gegenübergestellt werden.[3] Damit könnte die Peroratio in v.32 mit כי
beginnen.[4] Für die Zuordnung von vv.31f. zum Korpus spricht jedoch die
Strukturanalogie zu vv.25f. Hier wie dort wird die grammatische Form des
Vetitivs mit Begründung anders als in den vv.27-30 verwendet. Vers 32
schließt das Korpus mit einem Chiasmus ab. Beide Versgruppen (vv.25f.
31f.) hängen an eine vierzeilige Strophe, die nicht auf Jhwh rekurriert, einen
Zweizeiler an, der dies ausdrücklich tut. In beiden Fällen haben wir das
Strophenschema 4+2, und die Strophe ist so eingeteilt, daß die ersten vier
Zeilen den Hauptteil von Proömium und Korpus ausmachen, während die
zwei letzten Zeilen den fließenden Übergang zum nächsten Teil bilden.
    In der Peroratio vv.33-35 wird das Strophenschema der ersten beiden
Teile halbiert: Wir finden 2+1, wobei die inhaltliche Prägung umgedreht ist;
die ersten beiden Zeilen erwähnen Jhwh, die letzte nicht. Damit bildet die
Peroratio das gespiegelte Echo der beiden ersten Teile. Sie beginnt und endet
mit je einem chiastisch gebauten Vers;[5] zudem sind die Oppositionspaare
zwischen v.34 und v.35 überkreuzt und bilden einen Chiasmus zum Abschluß einer Einheit.[6]
    Die inhaltliche Gliederung ist mit der strophisch-rhetorischen verschränkt.
Kann man den Inhalt der Peroratio mit dem Stichwort des „sicheren Weges"

---

[1] Cf. Meinhold, Sprüche, pp.85f.
[2] Damit stehen die vv.27-30 nicht so isoliert in ihrem Kotext, wie Schäfer, Poesie, p.101,
     meint. Sie sind daher wegen der auch von Schäfer erkannten inhaltlichen Verbindung zu
     vv.21-24 (cf. Poesie, p.102) durchaus nicht sekundär.
[3] Cf. Meinhold, Sprüche, pp.83f.
[4] Cf. Lang, Lehrrede, p.34; Meinhold, Sprüche, p.83.
[5] Cf. Meinhold, Sprüche, p.88.
[6] Cf. Watson, CHP, p.205.

(v.23)[1] zusammenfassen, so mag demgegenüber die Pointe zumindest ab v.31 darin liegen, den Weg des Mannes der Gewalt nicht zu erwählen (v.31b).[2] Im Hintergrund des Textes steht wie in Prov 4,10-19 eine Zwei-Wege-Alternative. Doch sind die zwei Wege kompositorisch in 3,21-35 nicht so deutlich voneinander abgehoben wie in c.4: Wird im Eingangsteil dem sicheren Weg (v.23) die Vernichtung gegenübergestellt, die dem Frevler bevorsteht (v.25b), so sind die Gegensätze des Schlußteils schon im Proömium vorweggenommen (רשע „Frevler" vv.25.33). Die Mahnungen, die exemplifizieren, wie das Verhalten auf dem sicheren Weg aussehen sollte, sind negativ formuliert. Das heißt aber doch, daß das genannte Verhalten dasjenige ist, das zur Vernichtung der Frevler führt. Insoweit werden ab v.27 die Verhaltensweisen des Mannes der Gewalt beschrieben, dessen Wege zu wählen in v.31b verboten wird. Damit gibt v.31 eine allgemeine Warnung zum Abschluß der Kette der Vetitive, die diese resümiert.

Die voranstehenden Überlegungen wollen deutlich machen, daß in Prov 3,21-35 eine kunstvoll strukturierte Lehrrede vorliegt. Das Proömium will den angeredeten Schüler auf den sicheren Weg der Einsicht weisen. Es besteht aus vier Versen (3,21-24), die nicht von Jhwh sprechen, und zweien (3,25f.), die dieses explizit tun. Deren erster nimmt in Gestalt eines Vetitivs grammatisch schon das Korpus vorweg. Das Korpus gibt als Beispiel für umsichtiges Verhalten Mahnungen zur guten Nachbarschaft. Sie sind als Vetitive („tue nicht ...") formuliert und lassen so im Negierten ein Verhalten erkennen, das im abschließenden Vetitiv als Weg des Gewalttätigen bezeichnet ist, den der Schüler meiden soll. Auch das Korpus ist im Strophenschema 4 (3,27-30: ohne Erwähnung Jhwhs) + 2 (3,31f.: mit Erwähnung Jhwhs) aufgebaut. Die gnomische Peroratio ist das gespiegelte Echo dieses Strophenschemas, in dem zwei auf Jhwh Bezug nehmende Verse (3,33f.) von einem gefolgt werden, der den Tun-Ergehen-Zusammenhang zum Gegenstand hat und Jhwh nicht erwähnt (3,35). Im Hintergrund des Textes ist ein Zwei-Wege-Schema zu sehen, das den sicheren Weg dem Weg des Gewalttätigen gegenüberstellt.

Das Proömium der Lehrrede (3,21-26) ist „ungewöhnlich"[3]; es enthält nicht – wie meist – eine Höraufforderung[4], sondern ist analog zu 3,1f.; 7,1-4[5] und 6,20 anders formuliert. Ähneln sich die Verben (שמר „bewahren" 7,1.2.5 und נצר „behüten" 3,21; 6,20), so differieren die Objekte. Es werden in 3,1; 6,20 und 7,2 תורה „Weisung" und מצוה „Gebot" des redenden

---

[1] Cf. Plöger, Sprüche, p.39, der die vv. 21-26 unter die Überschrift stellt: „Ein Leben in Sicherheit".

[2] Gemser, Sprüche, p.31, überschreibt die vv.31-35 mit „Warnung vor dem Weg der Gewalttätigen".

[3] Meinhold, Sprüche, p.84.

[4] Cf. neben Prov 1,8; 4,1.10.20; 5,1; 8,6 auch Prov 22,17; Sir 6,23 (LXX); Hi 33,1; 34,2.

[5] Diese beiden Stellen nennt auch Meinhold, Sprüche, p.84.

Lehrers sowie in 7,1 מצוה „Gebot" und אמר „Wort" als Begriffe verwendet,
die ein Reden des Lehrers bezeichnen. Dieses soll der Schüler nicht „hören",
sondern „bewahren" o.ä., d.h. er hat es (mindestens) schon einmal gehört;
jetzt wird es ihm nur noch eingeschärft. Mit תושיה und מזמה sind aber Vermögen des angeredeten Schülers bezeichnet.[1] תושיה „denotes clear, profi-
cient thinking in the exercise of power and practical operations, as distinct
from thinking as an intellectual act"[2], also die Problemlösungskompetenz der
praktischen Intelligenz.[3] מזמה bezeichnet „hidden thoughts"[4], also das
verborgene Denken und Planen[5] des Menschen. In Prov 1-9 ist מזמה anders
als sonst in der Weisheit, wo es auf den Menschen bezogen ist, positiv
konnotiert.[6] Das Wort kann ein Vermögen bezeichnen, das den Schüler von
den Versuchungen der Bösen Buben oder der Fremden Frau fernhält.[7] Dem
Schüler werden im Proömium nicht die Worte des Lehrers ans Herz gelegt,
sondern ein Verhalten, das den sicheren Weg geht und nicht den Lebenswandel des Gewalttätigen einschlägt.[8] Das Proömium ist demnach nicht auf
die Kommunikationssituation selbst bezogen, sondern beginnt gleich mit der
thematischen Aussage.

Die positiven Folgen des in v.21 empfohlenen Verhaltens[9] werden in den
vv.22-24 in einem ersten Anlauf ausgemalt. In v.22 werden תשיה und מזמה
als „Leben" (חיים) für die „Kehle" (so wörtlich für נפש) und etwas „Anmutiges" (חן) für den „Hals" (גרגרת) bezeichnet. Der hier vorliegende Parallelismus von „Kehle" und „Hals" basiert auf der konkreten Bedeutung von

---

1   Cf. von Rad, Weisheit, p.109 n.8 „subjektive Eigenschaft"; Shupak, Wisdom, p.256.
2   Fox, Words, p.162; ihm folgt Gertz, תושיה.
3   Cf. Shupak, Wisdom, pp.251f (p.251: „‚practical wisdom', ‚ingenuity' which leads to
    success or deliverance. The emphasis is on its effectivness.")
4   Fox, Words, p.159. Diese Bedeutung ist, wie die folgende Auslegung deutlich machen
    soll, auch hier anzunehmen, selbst wenn Fox, Words, p.160, zu dieser Stelle meint, מזמה
    „refers to the father's words themselves".
5   Shupak, Wisdom, p.251: „planning" (cf. pp.253-256).
6   Prov 1,4; 2,11; 5,2; 8,12. Dazu Steingrimmson, זמם, col.601: „Die negative Bedeutung
    in diesen Beispielen [sc. gemeint sind Hi 21,27; Ps 10,2; 21,12; 37,7; 139,20; Prov 12,2;
    14,17; 24,8; A.M.] liegt nicht im Worte selbst, sondern ergibt sich aus dem Kontext. So
    kann das Wort auch eine ganz besondere positive Färbung erhalten". Aus dem Umstand
    des besonderen Sprachgebrauchs von Prov 1-9 jedoch eine Bedeutungsentwicklung
    anzunehmen, scheint mir verfehlt, da es nur relativ wenige Belege gibt und das Verb in
    positiver wie negativer Verwendung ebenso belegt ist wie מזמה von Gottes Plänen (Jer
    23,20; 30,24; 51,11; Hi 42,2). Dazu kommt, daß das Wort Sir 44,4 positiv konnotiert ist
    (cf. Kedar, Semantik, p.51).
7   Prov 2,11f.; 5,2f. „This power will protect you from the temptation of the wicked man
    and woman" (Fox, Words, p.160).
8   Cf. Barucq, Proverbes, p.63; er faßt das Thema der vv.21-26 als „éloge de la prudence et
    du discernement" und nimmt so die Angaben der Lehreröffnung als Überschrift auf.
9   Cf. Meinhold, Sprüche, p.84.

נֶפֶשׁ,[1] ein Wort, das die Kehle bezeichnet, durch die der Atem strömt; als anthropologischer Begriff bezeichnet er den Menschen unter dem Aspekt der ‚begierigen Bedürftigkeit'.[2] In dieser Weise kann der ganze Mensch als נפשׁ bezeichnet werden.[3] תשׁיה und מזמה verschaffen dem Menschen also das ‚Leben', als Summe des positiven Gutes.[4] Parallel dazu soll dem Hals etwas „Anmutiges" (חן) gegeben werden. Es geht hier wahrscheinlich um einen Halsschmuck, der den Menschen schmückt.[5] Da die meisten Schmuckstücke als Amulette fungierten,[6] mag hier ein ähnliches Motiv vorliegen wie in Prov 3,3; 6,21; 7,3, wo die Gebote umgebunden werden sollen,[7] was neben dem Erinnerungscharakter eine amulettartige Schutzfunktion beinhalten dürfte.

Als weitere Folge des Verhaltens, zu dem der Lehrer in v.21 gemahnt hatte, ist der sichere Weg genannt, auf dem der Fuß des Schülers nicht anstößt. Dazu kommt die ungetrübte Nachtruhe, die kein Schrecken verstört (v.24). Das sichere Gehen des Weges wird in Prov 10,9a dem zugesagt, der „aufrichtig" (תם) wandelt:[8]

Wer aufrichtig (lebens)wandelt, wandelt sicher (בֶּטַח).

Außerhalb von Prov ist das sichere Leben[9] in Ps 78,53 und Hi 24,23 belegt, wo vom sicheren Weg geredet wird. Häufiger ist freilich das Wohnen in Sicherheit.[10] Ähnlich ist das Nicht-Anstoßen des Fußes[11] im Psalter, ebenso wie der ungetrübte Schlaf dort[12] und bei Hiob[13] diesem Thema zuzuweisen. Selbst wenn das Motiv oft mit dem Schutz der Gottheit verbunden ist,[14] so sind die Motive nicht *per se* mit ‚Yahwistic piety' verbunden,[15] sondern liegen auf einer elementaren Ebene des Menschseins, der Angst[16] – vor den unbekannten künftigen Ereignissen und dem Dunklen der Nacht, wie die hier

---

[1]   Cf. Wolff, Anthropologie, p.41 n.28.
[2]   Cf. Wolff, Anthropologie, p.27.
[3]   Cf. Wolff, Anthropologie pp.41f.
[4]   S.o. p.29, die Auslegung zu 4,10.
[5]   Prov 1,9; 4,9, cf. Freedman u.a., חן, col.28.
[6]   Cf. Weippert, Schmuck, col.287.
[7]   Cf. Kayatz, Studien, p.108; Lang, Lehrrede, pp.62-64; Couroyer, Tablette, p.422; Meinhold, Sprüche, p.84.
[8]   Dies ist das einzige Vorkommen von בֶּטַח in Prov 10-29; in 1-9 noch 1,33.
[9]   Cf. Zimmerli, Struktur, pp.194f.
[10]   Cf. Preuß, Theologie 2, p.178; cf. Prov 1,33.
[11]   נגף Ps 91,12; cf. Jer 13,16 hi.
[12]   Ps 3,6; 4,9; 91,5; 139,3 (cf. Hossfeld/Zenger, Selig, pp.37f.).
[13]   Hi 11,18 - negativ: die Ruhe geraubt: Hi 7,13-15; Sir 40,5-7, cf. Gemser, Sprüche, p.30.
[14]   Ausdrücklich Ps 3,6; 4,9. Zum Vergleich Orakel des Ninlil an Assurbanipal (ANET p.451a); in Ägypten kann es auch auf den König (als Gott) übertragen werden, cf. Ptahhotep 185 (ed. Zaba; Brunner, Weisheit, p.116).
[15]   So McKane, Proverbs, p.298 unter Hinweis auf Ps 4,9; 121; 139.
[16]   „Angst gehört unvermeidlich zu unserem Leben. In immer neuen Abwandlungen begleitet sie uns von der Geburt bis zum Tode." Riemann, Grundformen, p.7.

im Text genannten Beispiele zeigen. Nicht nur die Religion – im Sinne der Beziehung zur Gottheit – gewährt Schutz, sondern auch bestimmte Vermögen und Verhaltensweisen minimieren die Gefahren und Unbeständigkeiten des Daseins. Die Weisheit bietet Anleitung dazu.[1] Dies ist freilich kein Aspekt, der im weisheitlichen Diskurs dominant wäre,[2] wohl aber einer, den die Weisheit gelegentlich bedenkt (cf. 4,22). Hier verweist die Nähe der Formulierungen zum Psalter (v.a. Ps 91[3]) auf eine private Religiosität, die sich vertrauensvoll der Gottheit nähert, weil sie Schutz von ihr erwartet.[4] Dies ist nun aber kein typisch ‚jahwistischer' Zug.[5] In den ersten vier Versen der Lehrrede ist dieser religiöse Bezug nicht zu erkennen; vielmehr geht der Schutz von תושיה und מזמה aus, wenn der Schüler sie bewahrt (cf. 4,12; 2,11). Daß Gott den angeredeten Schüler schützen wird, ist erst in v.26 verheißen.[6]

Die vv.25f. enthalten ein „Heilsorakel"[7] mit angeschlossener Begründung. Oben in der Analyse der Struktur wurde schon gezeigt, wie in diesem Vers die Doppelnatur des indirekten Sprechaktes eingesetzt wird, um einen eleganten Übergang zu den folgenden Mahnungen zu schaffen. Inhaltlich vertieft die Ermutigung den Gedanken, daß der Weisheitsobservant sicher lebt: Er muß sich nicht fürchten vor plötzlichem Schrecken.[8] Der plötzliche Schrecken ist ein weisheitlicher Topos: Er ist das Schicksal des Frevlers.[9] Die Begründung (v.26) verweist darauf, daß der Angesprochene sich des göttlichen Beistandes sicher sein darf, da Gott an seiner Seite ist.

Im Proömium bedenkt der Lehrer den Schüler mit einem ganzen Bündel von Verheißungen für den Fall, daß er תושיה (‚praktische Intelligenz') und

---

[1]   Es ist nicht so, wie Boström, God, p.115, meint, daß die Weisen generell der Ansicht wären, der Mensch brauche göttlichen Schutz.

[2]   Gegen Zimmerli, Struktur, p.194, der im Bestreben der Sicherung des Daseins das fundamentale Anliegen der Weisheit sieht. Erst bei Qohelet wird dieser Diskurs, der nach dem bleibenden יתרון fragt, dominant, cf. Qoh 1,3 als Leitfrage des Buches.

[3]   Prov 3,24 → Ps 91,5a; Prov 3,26a →Ps 91,2.4.9; Prov 3,26b →Ps 91,3; Prov 3,23b →Ps 91,12b; Prov 3,25a →Ps 91,5a. Cf. Toy, Proverbs, p.76; Gemser, Sprüche, p.30, Barucq, Proverbes, p.63; eine literarische Abhängigkeit ist nicht anzunehmen (gegen Hugger, Jahwe, p.285f.). Jedoch gilt, was Robert, Attaches, RB 43, 1934, p.64, feststellt: „Le thème du Ps. XCI est identique à celui de Prov. III, 23ss."

[4]   Dieser Zug der privaten Religiosität findet sich auch in den Inschriften von Kuntillet Aǧrūd und Ḥirbet el-Qom, cf. z.B. H.P. Müller, Kolloquialsprache, pp.32-34.

[5]   Er findet sich beispielsweise auch in den ägyptischen Texten der persönlichen Frömmigkeit, die Assmann, Weisheit, bespricht (cf. pp.27.33-35).

[6]   Cf. Overland, Structure, p.82.

[7]   Zum Heilsorakel cf. Begrich, Heilsorakel; Harner, Oracle; Heintz, Oracles; Kilian, Ps 22; Fuchs, Klage, pp.314-320.

[8]   Cf. Ps 91,5; Hi 5,21; 6,22.

[9]   Prov 6,15; 24,22; Hi 5,3; 22,10; (Qoh 9,12), cf. Thiel, פתאום, col.820; es handelt sich weder um Dämonen (gegen Lang, Lehrrede, p.77 n.8), noch um ein Gericht Gottes (gegen Overland, Structure, pp.321f.).

מְזִמָּה (‚geheimes Planen') bewahrt (v.21), also sein Leben klug und voraus-schauend führt. In dieser Weise motiviert er ihn zum Festhalten an einer von der weisheitlichen Lehre geprägten Haltung. Der Inhalt der Zusage besteht neben dem eher allgemeinen „Leben", als weisheitlichem Gut *per se* (v.22), in einem sicheren Leben (vv.23-24), das sogar von Jhwh selbst garantiert wird (v.26).

Wird dem Schüler, wenn er sich an die von der Weisheit gelehrte Pro-blemlösungskompetenz der praktischen Intelligenz und das Planen (וּמְזִמָּה תֻשִׁיָּה, v.21) hält, im Proömium ein sicheres Leben versprochen, so konkre-tisiert das Korpus (3,27-30) diese Problemlösungen inhaltlich am Beispiel des Verhaltens gegenüber dem Nachbarn (רֵעַ).[1] Diese Mahnungen machen den ersten Teil des Korpus aus, die vv.27-30, die R.E. Clements als „Charter of Neighbourly Conduct" (Grundgesetz guter Nachbarschaft) rubriziert.[2]

Das Wort רֵעַ „Nächster/Nachbar" bezeichnet in unserem Text nicht im engeren Sinne den Genossen oder Freund[3], sondern im weiteren Sinne den „Mitmenschen" als den „Menschen der näheren Umgebung, mit dem man täglich durch Nachbarschaft, durch gemeinsame Arbeit oder durch zufällige Begegnung in Berührung kommt"[4]. Da er neben dem Angeredeten wohnt (v.29), ist deutlich der „Nachbar" gemeint.[5] Das Verhalten dem רֵעַ „Nach-barn" gegenüber ist ein wichtiges Thema in der Weisheitsliteratur.[6]

In v.27 wird noch nicht direkt vom Nachbarn gesprochen. Es geht darum, daß der Angeredete dem sog. „Herrn des Gefallens" (בְּעָלָיו; das Suffix bezieht sich auf טוֹב) keinen Gefallen verweigern soll,[7] wenn er ihn tun könnte. Dabei ist der „Herr eines Gefallens" resp. „einer Wohltat" weniger derjenige, dem sie juristisch zusteht, als derjenige, der ein eher moralisches Anrecht darauf hat.[8] Im nächsten Vers wird diese allgemeine Regel exem-plifiziert[9]: Man soll den Nachbarn nicht mit Ausreden vertrösten, sondern ihm prompt helfen. Diese Hilfsbereitschaft dem Nachbarn gegenüber wird auch anderswo in Proverbien vorausgesetzt, wenn es heißt:

---

[1] Die übliche Übersetzung des Begriffes „Nächster" führt aus dem NT die Assoziation der ‚Nächstenliebe' ein. Um diese im christlichen Kontext unvermeidliche Aufladung des Begriffes zu vermeiden, ziehe ich die Übersetzung ‚Nachbar' als allgemeine Übersetzung von רֵעַ vor. Zudem wird die Auslegung von Prov 3,29 zeigen, daß damit die konkrete Bedeutung des Wortes für den vorliegenden Kontext genauer erfaßt ist.

[2] Clements, Neighbour, p.214.

[3] Cf. Fichtner, Begriff, pp.90-94; Kühlewein, רֵעַ, coll.787f.

[4] Kellerman, רֵעַ, coll.550f.

[5] Cf. Fichtner, Begriff, p.95; Kühlewein, רֵעַ, coll.788f.

[6] Cf. Fichtner, Begriff, p.91 n.21; Clements, Neighbour; Hausmann, Studien, § 8.

[7] Oder „Wohltaten erweisen", was aber heute etwas hochgestochen klingt. Zu dieser Bedeutung von טוֹב als Objekt von עָשָׂה, cf. z.B. Gen 26,29; 1 Sam 24,19; cf. Stoebe, טוֹב, col.661.

[8] S.o. die Note zur Übersetzung.

[9] Cf. Nowack, Sprüche, p.23; Plöger, Sprüche, p.42.

Prov 14,20f.: Sogar seinem Nachbarn ist der Arme verhaßt,
aber die Liebhaber des Reichen sind zahlreich.
Wer seinen Nachbarn verachtet, verfehlt sich,
aber wer sich des Elenden erbarmt - glückselig ist er![1]

Hier wird eine Haltung gegeißelt, die darin besteht, lieber mit einem Reichen Kontakt zu haben, als mit einem armen Nachbarn, da im Umgang mit einem Reichen eher etwas für einen abfallen dürfte als mit dem Armen, der Hilfe braucht.[2] Soll man nicht passiv bleiben, wenn der Nachbar Hilfe braucht, so soll man gegen ihn auch nichts Böses tun.[3] Dies formuliert allgemein 3,29; dabei mag an vieles gedacht werden, was in engen sozialen Beziehungen das Zusammenleben vergällt. Die Sprüche nennen dabei in erster Linie alle Formen von Klatsch und übler Nachrede[4] als verwerflich, daneben das falsche Zeugnis vor Gericht[5] und das Anstrengen eines Prozesses (25,8), ein Thema, das im nächsten Vers (3,30) thematisiert wird. Davon wird nicht grundsätzlich abgeraten – aber dennoch soll dies nicht leichtfertig oder voreilig geschehen[6] oder ohne zureichende Ursache (חנם).[7]

Die vier Verse des „Grundgesetzes guter Nachbarschaft" nennen zweimal allgemeine Verhaltensrichtlinien. In v.27 wird dazu gemahnt, sich dem Nachbarn, so er Hilfe braucht, nicht zu entziehen. In v.29 wird gewarnt, Böses gegen ihn im Schilde zu führen. Damit werden zwei Seiten schlechter Nachbarschaft genannt, um den ganzen Bereich nachbarschaftlichen Verhaltens anzudeuten. Beide allgemeine Mahnungen werden im nächsten Vers jeweils konkretisiert: Man soll, wenn der Nachbar um Unterstützung bittet, sie ihm nicht mit Ausflüchten verweigern, sondern gewähren (v.28), und man soll nicht aus nichtigem Anlaß mit ihm prozessieren.

Eine kluge und vorausschauende Lebensführung ist durch die angeführten Verhaltensbeispiele als eine gekennzeichnet, die sich bestimmten ethischen Normen verpflichtet weiß. Diese regieren das Zusammenleben mit anderen Menschen. Sie bestehen nicht in utilitaristischen Ratschlägen; der Weisheitsobservant soll seinen Vorteil nicht gegen seine Mitmenschen durchzusetzen suchen, sondern in einer solidarischen Gemeinschaft stehen.[8]

In der von vv.27-30 benannten Weise soll sich der Weisheitsobservant verhalten, wenn er sich von מזמה und תשׁיה „praktischer Intelligenz und Planen" leiten läßt. Er soll sich nicht so verhalten wie der „Gewalttätige"

---

[1] Übers. nach Meinhold, Sprüche, pp.237f.; cf. Scoralick, Einzelspruch, p.224 n.196.
[2] Cf. Meinhold, Sprüche, p.239; Clements, Neighbour, p.220. Auch Prov 19,4.6; 21,10.
[3] Die Zusammenstellung von רֵעַ und רַע bzw. רָעָה ist ein gängiges Wortspiel, cf. Prov 21,10; Sach 8,17; Ps 15,3; 28,3.
[4] Cf. 11,12; 14,21; 25,9 (cf. Bühlmann, Reden, pp.245-250); 26,18f.; 29,5.
[5] Cf. 24,28; 25,18.
[6] Zu Prov 25,8 cf. Plöger, Sprüche, pp.299f.
[7] Zu חנם in der Bedeutung „ohne Ursache" cf. Prov 1,11.
[8] Zum Ethos der Weisheit cf. von Rad, Weisheit, pp.106f.

(איש חמס, v.31)[1], der seinen Nächsten auf einen schlechten Weg (Prov 16,29) verleitet oder ihm Verderben bringt (Prov 11,9; 26,18f.; 29,5). Diese Folgerung wird in den beiden letzten Versen des Korpus (3,31-32) ausgesprochen. Die Aufforderung, sich über den Gewalttätigen[2] nicht zu ereifern (Prov 3,31a), findet sich ähnlich in Prov 23,17f.:

> Dein Herz ereifere sich nicht über die Sünder,
> sondern um die Jahwefurcht jederzeit.
> Dann gibt es ein gutes Ende,
> und deine Hoffnung wird nicht zerstört.[3]

Wie dieser Text zeigt, steht dem Eifer über den Sünder die Jhwh-Furcht gegenüber. Soll das eine gemieden werden, so das andere verfolgt. In ähnlicher Weise wird der Eifer über die Sünder in Prov 24,19-21 und Ps 37,1-3 mit der Jhwh-Furcht (Prov 24,21)[4] oder dem Jhwh-Vertrauen (Ps 37,3) kontrastiert.

Die Dualität von Handeln/Verhalten (=Weg) und Ergehen, wie sie im Duktus der Lehrrede von 3,21-31 aufgespannt ist, wird nun von den letzten vier Versen (vv.32-35) vertieft, indem zwei Gruppen von Menschen einander in ihrem Schicksal gegenübergestellt werden, um die Alternative bei der Wahl des Lebensweges deutlich zu machen. Die eine Linie der Bezeichnungen wird vom „Gewalttätigen" (איש חמס) angeführt und nennt den „Verdrehten" (נלוז)[5], den „Frevler" (רשע), den „Hochmütigen" (לץ)[6] sowie abschließend den „Toren" (כסיל). Die zweite Linie setzt dem „Verdrehten" die „Geraden" (ישרים) entgegen,[7] dem „Frevler" die „Gerechten" (צדיקים),[8] den „Hochmütigen" die „Demütigen" (ענוים = Qere) und abschließend den „Weisen" (חכמים) die „Toren".[9] Die genannten Begriffe stehen auch sonst im Zusammenhang miteinander. So steht der „Frevler" parallel zum „Gewalttätigen" in Ps 11,5; 71,4; 140,5 und zum „Hochmütigen" in Ps 1,1 und Prov 9,7. Zum „Geraden" steht der „Frevler" in Ps 37,37f.; Prov 2,21; 11,11 u.ö. in Opposition, zum „Demütigen"/"Armen" in Hi 36,6; Jes 11,4; Ps

---

1   Cf. Becker, Gottesfurcht, p.231 n.78; Plöger, Sprüche, p.42. Cf. Sir 9,11ff.
2   Cf. Prov 16,29; Ps 18,49 (=2 Sam 22,49); Ps 140,2.5.12.
3   Übers. Plöger, Sprüche, p.260.
4   Jhwh-Furcht hier im Sinne eines ‚gerechten Handelns', cf. Römheld, Wege, p.152.
5   Hier ist vielleicht eine Opposition zu der Mahnung in v.21a zu erkennen: Der נלוז ist dann derjenige, der sich abgewendet hat, also das getan hat, was der angeredete Schüler nicht tun soll.
6   Cf. Barth, ליץ, coll.568.570; Shupak, Wisdom, pp.205-207; hier p.207: „He is insolent and despises both educational authority and the principles of religion".
7   Cf. Prov 14,2.
8   Eine geläufige Antinomie, cf. Westermann, Weisheit, pp.91-101.
9   Ps 49,11; Prov 10,1; 13,20; passim; Qoh 2,14; passim.

147,6.[1] Eine vollständige Übersicht gibt die „Matrix der Typen in Prov 3,31-35", im Anhang.

Soll v.32 die Mahnung in v.31 begründen (כי), so ist das nur sinnvoll, wenn wir im נלוז, dem „Verdrehten" die gleiche Gestalt sehen, die in v.31 „Gewalttätiger" genannt ist. Der „Verdrehte" ist ein „Greuel" (תועבה)[2] für Jhwh. Dem damit ausgesprochenen Verdikt über sein Verhalten steht die Gemeinschaft des „Geraden" mit Gott gegenüber. Diese ist im Bild des „Rates" (סוד) ausgedrückt, wie es auch in Ps 25,14 zu finden ist.[3] Daß der Gerechte als Teil der Engelwelt am himmlischen Thronrat teilnimmt, ist eine in der zwischentestamentarischen Literatur weit verbreitete eschatologische Vorstellung.[4] Dieser Ausblick auf das Schicksal des „Geraden" und des „Verdrehten" fungiert in gleicher Weise als Begründung für die Mahnung, sich nicht zu ereifern, wie in Prov 23,18; 24,20 und Ps 37,2 diese Mahnung mit Hinweisen auf das Ergehen des Gerechten oder Ungerechten begründet wird. Wir erkennen die relativ enge argumentative Geschlossenheit des Topos, aus der nur Prov 24,1f. herausfällt.

Ist v.32 noch die direkte Begründung von v.31, so sind die vv.33-35 selbständige Sentenzen, die die eigentliche Peroratio der Lehrrede bilden. Sie beziehen sich auf die Handlungsalternative, die in der Lehrrede dem Schüler vorgelegt wird. Durch Hinweis auf die Folgen der beiden Wege unterstützen sie abschließend die Aufforderung des Lehrers, den sicheren Weg der Weisheit zu gehen. Vers 33 ist von der Opposition Segen vs. Fluch geprägt, wobei beide Begriffe hier generell für Heil vs. Unheil stehen.[5] Wird dem Frevler Unheil angekündigt, so dem Gerechten, bzw. metonymisch seiner Wohnung, Heil. Als Urheber von Segen und Fluch ist Jhwh ausdrücklich benannt,[6] ebenso wie er in v.34a derjenige ist, der den „Hochmütigen" das

---

[1]   Cf. Kuschke, Arm und reich, p.49.

[2]   Zu dieser Formel s.o. p.43.

[3]   Cf. Fabry, סוד, p.105; Neef, Thronrat, pp.41.45, übersetzt das Wort hier geradezu mit „Freundschaft" (so schon Toy, Proverbs, pp.80f.; Boström, God, p.224); cf. auch Sir 3,19, wo Gott den ענוים seinen Rat/sein Geheimnis offenbart (גלה), dazu cf. Leeuven, Dévelopement, p.150. Diese Vorstellung überschneidet sich mit derjenigen, daß die Propheten im Rat Gottes stehen und so zu ihrem Auftrag berufen werden Jer 23,18.22; Am 3,7 (cf. Jes 6; 1 Kge 22,19f., dazu Neef, Thronrat, p.17; Mach, Entwicklungsstadien, p.61f.); negativ in Hi 15,8.

[4]   SapSal 3,1.6f.; 5,5.15f.; TestAbr 16,9; äthHen 39,4f.; 41,2; 104,6; 4 Esr 7,85; passim (cf. Mach, Entwicklungsstadien, pp.159-163).

[5]   Cf. Keller, ארר, coll.237.239; obwohl Keller und Wehmeier (ברך, coll.361-363) Prov 3,33 nicht zu den „23 Fällen" rechnen, an denen der Segen Gottes „als Zusammenfassung seines heilschaffenden Tuns" (col.366) erscheint, ist Prov 3,33 doch dazu zurechnen (cf. Prov 10,22), da im Text keine konkrete Situation anvisiert ist, sondern eine allgemeine Aussage gemacht wird.

[6]   Cf. Wagner, Sprechakte, pp.257-266.

ihnen zukommende Geschick verschafft,[1] während er den „Demütigen"
Gnade gibt. Gott wird hier also als derjenige benannt, der den Zusammenhang von Tun und Ergehen verursacht. Ohne Hinweis auf Gott kommt die
abschließende Sentenz (v.35) aus, die der Ehre, die dem Weisen zuteil wird,[2]
die Schmach des Frevlers gegenüberstellt.[3]

Sind die in vv.31-35 verwendeten Gruppenbezeichnungen in ihrer Mehrzahl weisheitlich gängig, so fällt der Begriff עניים/ענוים (v.34) demgegenüber
auf. Das Qere liest עניים „Elende/Arme", das Ketib ענוים „Demütige". Welche Lesart ist nun die ursprüngliche? Delitzsch sieht die Bedeutung beider
Begriffe ineinanderfließen,[4] Pleins entscheidet sich nicht zwischen beiden.[5]
Ist dem Qere vor dem Ketib der Vorzug zu geben,[6] da es besser in die Opposition mit dem „Hochmütigen" paßt? Oder ist beim Ketib zu bleiben?[7]

Das Problem liegt aber weniger in der Auslegung unserer Stelle, als vielmehr in der Unterscheidung der Bedeutung der beiden Adjektive עני („arm")
und ענו („demütig"). Beide sind von ענה II herzuleiten.[8] Ihre auch Prov 3,34
vorliegende Pluralform wird öfter masoretisch korrigiert.[9] So neben Prov
3,34 noch zweimal in Prov, nämlich 14,21 und 16,19. Dabei ist in Prov
14,21 dem Ketib עניים („Arme") sicher der Vorzug gegeben, da sie als Bedürftige Zuwendung erfahren sollen.[10] In 16,19 hingegen ist eher dem Qere
zu folgen und „Demütige" zu lesen.[11] Deshalb kann Meinhold kaum recht
haben, wenn er meint, daß das dreimalige Qere ענוים „Demütige" das Ketib
neu deuten solle.[12] Eine gemeinsame Tendenz zu einer Vergeistigung ist
nicht festzustellen. Sie ist bestenfalls im Qere von 3,34 und 14,21 zu erkennen. Die folgende Auslegung hat beide Bedeutungsnuancen auszuloten.

Der „Elende/Arme" (K, עניים) ist ein Ausdruck, der vom Bundesbuch an
in Gesetzestexten ebenso belegt ist wie bei den Propheten, in den Psalmen
und in den Weisheitsbüchern Hi und Prov. Keine Belege finden sich in den
erzählenden Texten.[13] Ist es bei den Propheten und in den Psalmen der ge-

---

1   Zur Formulierung cf. Ps 18,26f.
2   Prov 3,16; 8,18; 11,16; 15,33; 18,12; 20,3; 21,21; 22,4; 25,2; 26,1.8; 29,23; Hi 19,9;
    29,20; Qoh 6,2; 10,1.
3   Ehre vs. Schande: Hos 4,7; Hab 2,16; Prov 13,18. Schande: Prov 6,33; 11,2.
4   Cf. Delitzsch, Spruchbuch, p.81. Ebenso Nowack, Sprüche, p.24.
5   Cf. Pleins, Poverty, p.74 n.9.
6   Cf. Wildeboer, Sprüche, p.11; Plöger, Sprüche, p.41; Meinhold, Sprüche, p.88; Why-
    bray, Wealth, p.102 - so auch alle, die das Problem übergehen.
7   So Toy, Proverbs, p.81f.
8   Cf. Martin-Achard, ענה II, col.343.
9   Cf. Gerstenberger, ענה, col.259.
10 Cf. 14,20 רָשׁ. Cf. auch Plöger, Sprüche, p.173; Meinhold, Sprüche, p.239.
11 Cf. Plöger, Sprüche, p.194.
12 Cf. Meinhold, Sprüche, p.88; dazu auch seine etwas verlegene Auskunft zu 16,19,
    Sprüche, p.274.
13 Cf. Martin-Achard, ענה II, col.344.

läufige Terminus für den Armen als sozial bedrückter Gestalt, so findet er sich nur 5 mal im Sprüchebuch,[1] gegenüber je 15 Vorkommen von רשׁ „Armer" und דל „Geringer", 8 von מחסור „Bedürftige", die ihrerseits kaum im Psalter vorkommen und nicht in der prophetischen Literatur.[2]

Drei Stellen von עני in Prov finden sich in den cc.30f., wo die proverbiell geläufigen Termini fehlen. Diese Besonderheit im Sprachgebrauch spiegelt sich auch in den Themen, in deren Zusammenhang von Armut gesprochen wird: Sie sind andere als im übrigen Proverbienbuch; besonders die beiden ersten Stellen machen das deutlich. Prov 30,14 ist in den Kontext einer anaphorischen[3] Reihung (vv.11-14) eingebunden, die den Abschluß der Komposition 30,1-10 bildet.[4] Für die vv.1-9 hat Gunneweg gezeigt, daß in diesem Text „die Grenzen zwischen Prophetie und Weisheit fließend"[5] werden, daß also prophetische Traditionen in einem weisheitlichen Text verwendet werden. Dazu kommt, daß vv.5f. ein komplexes Konglomerat aus Psalmstellen und einem teilweisen Zitat der Kanon-Formel darstellen. Daraus darf man folgern, daß dieser Text die beginnende („kanonische') Autorität der dreiteiligen Bibel voraussetzt.[6] In diese Linie paßt auch, daß 30,14 an prophetische Sozialkritik erinnert.[7]

> ein Geschlecht - Schwerter sind seine Zähne
> und Messer seine Beißer,
> um aufzufressen die Bedürftigen (עניים) von der Erde
> und die Armen (אביונים) vom ‚Land'[8]

Hier wird beschrieben, wie die Mächtigen die Machtlosen brutal ausbeuten. Da dieses Thema sich noch im Dtn und bei den Propheten findet,[9] greifen wir hier die in der israelitischen Gesellschaft geltenden Normen.[10] Der nächste Text gehört zu den „Worte(n) an Lemuel, den König von Massa, mit denen ihn seine Mutter unterwies"[11]. Die Überschrift macht deutlich, daß es

---

1   Prov 15,15; 22,22; 30,14; 31,9.20; nur 30,14 im Plural. Daneben die drei Stellen, die עניים im Ketib haben, während das Qere in עניים korrigiert.
2   Cf. Pleins, Poverty, p.63.
3   Cf. Alonso Schökel, Manual, p.77.
4   Cf. Plöger, Sprüche, pp.356.361; Meinhold, Sprüche, p.501: v.14 ist „Zielaussage".
5   Gunneweg, Weisheit, p.259.
6   Cf. Meinhold, Sprüche, p.498; Gunneweg, Weisheit, p.257.
7   Am 4,1; 5,11; 6,1-6; Mi 3,2f.; Jes 3,13f. Jer 5,27f.; cf. Pleins, Poverty, p.64; von Plöger, Sprüche, p.361, wird diese Nähe auch gesehen, wenn er dann den Text den „Beobachtungen, wie sie der Weise anstellt" zurechnet.
8   Übers. Plöger, Sprüche, p.352.
9   Cf. Whybray, Wealth, p.84: Prov 14,31; 22,22-23; Delkurt, Einsichten, pp.114f.119. 120f.
10 Damit ist die Frage müßig, ob die prophetische Sozialkritik sich aus weisheitlichen Wurzeln speise oder umgekehrt; beide wurzeln im gleichen *common sense*.
11 Prov 31,1; Übers. Meinhold, Sprüche, p.515.

eine an den König gerichtete Standesunterweisung ist. Sie kommt so in Prov nicht wieder vor. Die letzte Mahnung des Textes lautet (Prov 31,9):

> Öffne deinen Mund, richte gerecht!
> Und schaffe Recht dem Elenden und Armen (עני ואביון).[1]

Der König, als Anwalt der Schwachen, ist ein Motiv, das nicht nur im Alten Testament (z.B. Prov 29,14 mit דלים), sondern im ganzen Alten Orient zu finden ist.[2] In gleicher Weise wird von der tüchtigen Hausfrau im Schlußgedicht von Prov ausgesagt, daß sie sich der Bedürftigen annimt (31,20):

> Ihre Handflächen breitet sie dem Elenden (עני) aus,
> und ihre Hände streckt sie dem Armen entgegen.[3]

Die tüchtige Frau handelt hier nach einem Ideal, das dazu aufruft, dem Bedürftigen zu helfen.[4] Diese Aufforderung findet sich – anders formuliert – noch in weiteren proverbiellen Texten[5] und Hiob[6]. In Prov 14,21 findet sich das Lexem עני in einem solchem Zusammenhang:

> Wer seinen Nächsten verachtet, verfehlt sich,
> aber wer sich des Elenden (עני) erbarmt - glückselig ist er![7]

In Prov 22,22f. wird darüber hinaus dazu aufgefordert, gesellschaftliches Machtgefälle nicht zu eigenen Gunsten auszunutzen:

> Beraube nicht einen Geringen (דל), weil er gering ist!
> Und zermalme nicht einen Elenden (עני) im Tor!
> Denn Jhwh wird ihre Rechtssache ausfechten,
> und er wird diejenigen, die sie berauben, des Lebens berauben.[8]

Ähnliche Mahnungen finden sich als negatives Gegenstück zu der Mahnung zur Barmherzigkeit ebenfalls mehrfach in Prov[9] – ein Zug, den sie mit dem Dtn und dem Psalter teilen.[10] In Prov 15,15 wird das Schicksal des עני „Elenden/Armen" begutachtet:

---

1   Übers. Meinhold, Sprüche, p.515.
2   Cf. Martin-Achard, ענה II, col.345; Meinhold, Sprüche, p.516; Whybray, Wealth, pp.108f.; Pleins, Poverty, p.64; Delkurt, Einsichten, p.88.
3   Übers. Meinhold, Sprüche, p.520.
4   Cf. Delkurt, Einsichten, pp.56f., er verweist auf Gen 24,14ff.
5   Cf. Whybray, Wealth, pp.111f.; Pleins, Poverty, p.70; Delkurt, Einsichten, pp.124-129; Hausmann, Studien, pp.84f.
6   Z.B. Hi 29,12f., cf. Gerstenberger, ענה, col.260.
7   Übers. Meinhold, Sprüche, p.238.
8   Übers. Meinhold, Sprüche, p.375. Zur Auslegung neben den Kommentaren: Römheld, Wege, p.152.
9   Z.B. 14,31; 17,5 (cf. Delkurt, Einsichten, p.113); vom König 28,3.15; 29,14 (cf. Delkurt, Einsichten, p.122); cf. Whybray, Wealth, pp.90.94.
10 Cf. Delkurt, Einsichten, p.115.

Alle Tage des Elenden (עָנִי) sind böse,
aber (alle Tage eines Menschen) guten Muts (gleichen) beständigem Festgelage.[1]

Es geht in diesem Spruch um die innere Einstellung eines Menschen. Wenn
er das Elend an sich herankommen läßt, dann geht es ihm schlecht; wenn er
einen guten Mut bewahrt, dann gleicht das Leben einem fröhlichen Festgelage.[2] Prov 16,19 wird im Zusammenhang mit der Besprechung des
Hochmuts in Proverbien behandelt werden müssen.

Alle diese Texte stellen Armut nicht als *per se* erstrebenswerten Zustand
dar.[3] Der Arme ist in der Weisheit anders als in 3,34b nicht mit dem Weisen
identifiziert; er ist vielmehr das Objekt des Handelns des Weisen.[4] Dieser
wird darüberhinaus vor bestimmten Verhaltensweisen gewarnt, die zu Armut
führen können. Dies zeigt, daß Reichtum das ist, was der Weise erstrebt;
zwar nicht um jeden Preis,[5] aber doch als Wert gegenüber dem elenden
Zustand des Armen. Liest man Prov 3,34 vor diesem Hintergrund, so ist die
Wertung der Armut hier uneingeschränkt positiv, steht sie doch in einer
Linie mit den Ausdrücken „Gerader", „Gerechter" und „Weiser", die die
positiven Gestalten der Weisheit *par excellence* sind. In dieser Weise ist
Prov 3,34 nur den Armutsaussagen im Psalter[6] vergleichbar. Dort ist „Arme"
(עֲנִיִּים) Bezeichnung für eine Gruppe von Frommen, die in besonderer
Beziehung zu Gott stehen. Der Ausdruck עֲנָוִים „Demütige", der in Prov 3,34
als Qere steht, weist ebenfalls in diese Richtung. Daß „Armut" hier nicht im
strengen Sinne als materielle Not verstanden sein kann, oder gar als Bettel-
armut, zeigt der kompositorische Zusammenhang mit der ethischen Unterweisung des Korpus, in dem zum Geben aufgefordert wird. Das setzt voraus,
daß der Angeredete genug hat, um dem bedürftigen Nachbarn etwas zu
geben. Auch im Blick auf 3,9 läßt sich nicht sagen, daß die Angesprochenen
im sozialökonomischen Sinn Bedürftige sind. Wenn hier von Armut oder
Elend die Rede ist, so wird dies eher spirituell verstanden sein – im Sinne
von „Demut", wie das Qere liest. Daß der Arme eine besondere Beziehung
zu Gott hat, ist im weisheitlichen Denken verwurzelt. Dort ist Gott der

---

[1] Übers. Meinhold, Sprüche, p.253.
[2] Cf. Meinhold, Sprüche, p.254; Whybray, Wealth, p.21; Hausmann, Studien, p.215. Eine
     andere Deutemöglichkeit bezöge sich auf die reale soziale Lage: Dem materiell Armen
     geht es schlecht; wer sich aber Festgelage leisten kann, ist wohlgemut. Diese Deutung
     ließe sich damit begründen, daß es im Nachbarspruch 15,16 offenbar ebenfalls um
     Armut und Reichtum geht.
[3] Cf. Kuschke, Arm und reich, pp.44f.; Michel, Armut, p.72; Pleins, Poverty, p.72;
     Whybray, Wealth, p.113; Hausmann, Studien, pp.91.
[4] Cf. Hausmann, Studien, pp.92f. Dies ist ein Anzeichen dafür, daß Weisheitsliteratur
     Oberschichtliteratur ist.
[5] Cf. Hausmann, Studien, pp.89f.332.342f.344.
[6] Cf. Michel, Armut, pp.73-76; Gerstenberger, עָנָה, coll.363-365. Zur Forschungs-
     geschichte ausführlich Lohfink, „Anawim-Partei".

Schöpfer und Helfer des Armen.[1] Dieser Topos ist nicht auf das Proverbienbuch beschränkt, sondern findet sich noch in anderen Bereichen.[2]
Daß Gott barmherzig sei, ist ein Topos,[3] der der Formulierung hier zugrundeliegt.[4] Anders als Lügen, Frevel, o.ä. ist die Armut kein absolutes, sondern
ein relatives Übel, wie die komparativen Tob-Sprüche zeigen.[5] So finden
sich die Elemente für Prov 3,34b vorgeprägt; aber die Art, in der sie hier
verwendet werden, ist für die Weisheit neu.

Das Lexem „demütig" (ענו), das als Qere zu lesen ist, hat einen ähnlichen
Bedeutungsumfang wie עני „elend/arm",[6] weist aber eine andere Verteilung
der Belege auf. Es ist in der Weisheit und den Propheten selten; am häu-
figsten findet es sich im Psalter.[7] Dort ist der Demütige der, welcher im
Gegensatz zu den Frevlern stehen kann (Ps 147,6).[8] Gott soll seine Demütigen nicht vergessen (Ps 10,12) und stillt deren Sehnsucht (Ps 10,17); er
rettet sie (Ps 76,10; Ps 149,4) und lehrt sie seinen Weg (Ps 25,9), als
denjenigen, die Gott fürchten (v.12) und in Gottes Rat (סוד) sind (v.14; s.o.).
Sie werden von ihm beschenkt (Ps 22,27; Ps 37,11; cf. 25,14). Daher sollen
sie sich freuen (Ps 34,3; 69,33) und als Gottsucher (Ps 22,27; cf. 69,33) ihn
loben (Ps 22,27). In diesen späten Texten spricht sich eine besondere Form
der Frömmigkeit aus.[9] Im Proverbienbuch findet sich die Bezeichnung ענו
„demütig" dreimal; stets als Qere zu עני „arm/elend". In einem Fall, 14,21,
dürfte es sich um eine nachträgliche Uminterpretation handeln; es bleibt
außer Prov 3,34 nur eine Stelle, 16,19. Sie gehört inhaltlich mit dem
vorangehenden v.18 zusammen:

> Vor dem Zusammenbruch (steht) Stolz
> und vor dem Stolpern eine Höhe/ein Hochmut der Ruach (גבה רוח).
> Besser niedrig an Ruach (שפל־רוח) sein mit den Demütigen (ענוים=Qere),
> als Beute teilen mit den Stolzen (גאים).

Beide Verse behandeln den Stolz als negative menschliche Eigenschaft. Der
erste Spruch benennt die Folgen des Hochmuts; da sie negativ sind, impliziert die Sentenz eine Warnung vor solcher Haltung. Die zweite Sentenz ist
ein komparativer Tob-Spruch. „Beute teilen" scheint *per se* nichts Negatives

---

1   Prov 14,31; 17,5; 19,17; cf. Boström, God, pp.197-212; Westermann, Wurzeln, p.136;
    Delkurt, Einsichten, pp.110-116.
2   Dtn 15,4.9; 24,15; Jes 3,14f.; 14,32; 29,19; 41,17; 66,2; Jer 20,13 (cf. 22,6); 1.Sam 2,8;
    Ps 10,12; 12,6; 14,6; 34,7; 35,10; 69,34; 70,6; 86,1; 140,13.
3   Ex 34,6; Joel 2,13; Jon 4,2; Ps 86,15; 103,8; Neh 9,17; cf. Spiekermann, Barmherzig.
4   Die Formel, daß Gott „Gnade" (חן) gibt, nur noch Ps 84,12.
5   Cf. Delkurt, Einsichten, p.113.
6   Cf. Martin-Achard, ענה II, col. 345.
7   Cf. Martin-Achard, ענה II, col. 345.
8   Cf. Hi 36,6 (dazu Wahl, Schöpfer, pp.105f.); was hier als Aufgabe Gottes geschildert ist,
    ist Jes 11,4 Aufgabe des Königs.
9   Cf. auch Jes 61,1, dazu Sekine, Sammlung, pp.85f.

zu sein; es ist jedenfalls besser als ‚niedrig an Ruach=Lebenskraft' zu sein.
Jedoch wird die Beute entwertet, wenn man sich dazu in Gesellschaft der
Stolzen begeben muß; besser ist die Gesellschaft der Armen, so das Ketib,
oder der Demütigen, so das Qere.

Prov 16,18 gehört vermutlich zu einem kompositorischen Verweissystem,
das – wie Scoralick gezeigt hat – die zweite Sammlung von Prov 10-22
umgreift.[1] Prov 16,18a entspricht 18,12a. Prov 18,12b entspricht 15,33b.
Prov 15,33 eröffnet entweder die Teilsammlung B der zweiten Sammlung
des Proverbienbuches, oder der Vers gehört vielleicht sogar einer buchüber-
greifenden Redaktion an, weil er in seinem ersten Kolon durch die gegenseitige Zuordnung von Jhwh-Furcht und Weisheit an Prov 1,7 und 9,10
erinnert. In jedem Fall wird die zweite Teilsammlung von cc.10-22 durch
das Stichwort der Demut von den anderen Sammlungen des Buches unterschieden.[2] In 18,12 heißt es:

> Vor dem Zusammenbruch erhöht sich das Herz=Verstand eines Mannes,
> aber vor der Ehre (steht) Demut.

Hier geht es um eine bescheidene Haltung, die gesellschaftliche Anerkennung bringt; eine religiöse Dimension ist nicht zu erkennen.[3] Solche Mahnungen zur Bescheidenheit finden sich in der Weisheit nicht nur in Israel,
sondern auch in Ägypten;[4] freilich nicht in dieser abstrakten Formulierung,
sondern eher im Beispiel. So der Topos vom richtigen Platz in der Tisch-
ordnung, Prov 25,6f.:

> Sei nicht anmaßend (אל־תתהדר) vor dem König,
> und den Platz der Angesehenen nimm nicht ein.
> Denn besser man sagt zu dir: „Rücke herauf!",
> als daß man dich erniedrigt (מהשפילך) vor einem Edlen.[5]

---

[1] Cf. Scoralick, Einzelspruch, p.81.

[2] Die Beobachtungen von Scoralick sind noch zu ergänzen: So findet sich auch das Lexem
     גבה „hoch sein" nur in dieser Sammlung (16,5.18; 17,19; 18,12). Das Lexem גאון 16,18.
     גאה 15,25; 16,19. גאוה (14,3 aber TK!); 29,23. Außer Prov 8,13; 14,3; 15,25; 29,23
     finden sich die Lexeme dieses Wortfeldes in der Sammlung 15,33-22,16. Eventuell
     gehört 29,23 zu einem buchübergreifenden Verweissystem: nur hier und 16,19 kommt
     (neben Jes 57,15) שפל־רוח vor.

[3] Auch 29,23. Cf. Dawes, ANAWA, p.43; Delkurt, Einsichten, p.99: „Demut ist im
     Sprüchebuch wohl im Sinne von Bescheidenheit und Ehrlichkeit zu verstehen"; Shupak,
     Wisdom, p.172.

[4] Cf. Gemser, Sprüche, p.33; Barucq, Proverbes, p.161; Fichtner, Weisheit, pp.51f.55;
     Römheld, Wege, pp.167ff.

[5] Übers. Plöger, Sprüche, p.294.

Über das Benehmen bei Tisch unterrichtet schon Ptahhotep.[1] Dies ist ein klassisches weisheitliches Thema.[2] In Prov 15,33-22,16 (Sammlung IIb) wird die Demut mit der Jhwh-Furcht in Verbindung gebracht. So lautet 15,33:

> Die Weisheit erzieht zur Jhwh-Furcht,[3]
> und die Demut geht der Ehre voraus.

Hier wird die weisheitliche Auffassung, daß Bescheidenheit nötig sei, um gesellschaftliche Anerkennung zu erreichen, parallelisiert mit der These, daß die weisheitliche Bildung Grundlage der Frömmigkeit sei. Die Demut ist Prov 15,33 nicht religiös qualifiziert, sondern in ihrem Verhältnis zur Ehre ein Analogon für das Verhältnis von Jhwh-Furcht und weisheitlicher Bildung.[4] Schwieriger ist 22,4 zu verstehen:

> Lohn der Demut , d.h. der Jhwh-Furcht,
> sind Reichtum und Ehre und Leben.[5]

Deutet man Jhwh-Furcht als Apposition zu Demut, so dürfte damit eine Gleichordnung beider Begriffe anzunehmen sein. „Demut" ist Prov 22,4 eine fromme Haltung.[6] Doch ist diese nicht das Ziel der Unterweisung, sondern sie ist Mittel zum Zweck, Reichtum und Ehre zu erlangen.[7]

Vor diesem Horizont können wir nun versuchen, die Bedeutung der Opposition in 3,34 zu erhellen. Angesichts der Tatsache, daß die „Demut" (ענוה) als Tugend des Weisen nur in der Sammlung 15,33-22,16 eine Rolle spielt, wird die Frage interessant, wieso die Bezeichnung ענו in 3,34 aufgegriffen ist. Redaktionsgeschichtliche Überlegungen möchte ich hier aus-

---

[1] Ptahhotep 119ff. (ed. Zaba; Brunner, Weisheit, p.114); zur rechten Ordnung im Vorzimmer cf. Ptahhotep 220ff. (ed. Zaba; Brunner, Weisheit, p.117). Zu den Tischsitten auch Amenemope 23,12-20 (ed. Lange; Brunner, Weisheit, p.253; dazu Grumach, Amenope, pp.148-152) und Prov 23,1-3 (dazu Römheld, Wege, pp.72-82).

[2] Cf. Hausmann, Studien, pp.296f.

[3] Entgegen der üblichen Übersetzung (cf. Delitzsch, Spruchbuch, p.259; Gemser, Sprüche, p.68; Becker, Gottesfurcht, p.229; McKane, Proverbs, p.234; Plöger, Sprüche, p.178; Meinhold, Sprüche, p.258) ist מוסר חכמה als Subjekt (Mubtada, cf. Michel, Probleme, p.217) des Satzes zu verstehen, da wohl eine reguläre Satzteilfolge eines unabhängigen Satzes vorliegt (d.h. Prädikat-Subjekt, cf. Michel, Probleme, p.219; חכמה ist in Prov als in sich determiniert anzusehen).

[4] Cf. McKane, Proverbs, p.487, „likewise"; er spricht jedoch von „pious humility" und vermischt dabei beide Aussagen; ähnlich Meinhold, Sprüche, p.262: „Dabei wird Demut durch das Gegenüber zur JHWH-Furcht zur Demut vor JHWH (vgl. 3,34)". Er bestimmt das logische Verhältnis der beiden Satzhälften nicht genau.

[5] Übers. nach Plöger, Sprüche, p.251.

[6] Cf. Derousseaux, Crainte, p.310; McKane, Proverbs, p.570; Meinhold, Sprüche, p.365. Anders Hausmann, Studien, p.266.

[7] Cf. Becker, Gottesfurcht, p.228; Preuß, Gottesbild, p.137.

blenden und vielmehr nach der traditionsgeschichtlichen Bedeutung dieses Umstandes fragen; vor allem in bezug darauf, daß bei Ben Sira und in der Sektenregel aus Qumran die ענוה „Demut" eine wichtige Rolle spielt.[1]

> Sir 1,27: Denn die Gottesfurcht ist Weisheit und Bildung,
> an Treue und Demut hat Gott Gefallen. (EÜ)
>
> Sir 3,17-20: Mein Sohn, bei all deinem Tun bleibe bescheiden,
> und du wirst mehr geliebt werden als einer, der Gaben verteilt.
> Je größer du bist, umso mehr bescheide dich,
> dann wirst du Gnade finden bei Gott.
> Denn groß ist die Erbarmung Gottes,
> und den Demütigen offenbart er seinen Rat(schluß) (סוד).
> Denn groß ist die Macht Gottes,
> und von den Demütigen wird er verherrlicht.[2]

Die Demut spielt in diesen Texten aus hellenistischer Zeit eine wichtige Rolle. Eine bescheidene Haltung ist Gott wohlgefällig und führt zu einem besonders engen Verhältnis zu ihm. Diese Ansicht teilen sie mit den Armenpsalmen. Das sieht auch Lang,[3] doch geht er dem nicht weiter nach, weil er beide Textbereiche – Psalmen und Weisheit – in der gleichen privaten Frömmigkeit wurzeln sieht.[4] Das ist grundsätzlich richtig: Die Themen der offiziellen Religion finden sich in der Weisheit nicht. Sieht man aber die Frömmigkeit der Psalmen als in einer geschichtlichen Entwicklung begriffen an und rechnet eine ausgeprägte Armenfrömmigkeit eher der nachexilischen Zeit zu und sieht, wie diese Kennzeichnung bis in späteste Texte und in Qumran lebendig bleibt, so stellt sich die Frage, in welchem traditionsgeschichtlichen Verhältnis die weisheitliche Frömmigkeit zu der des Psalters steht. Weitere Momente, die für diese Fragestellung eine Rolle spielen könnten, sind folgende: In Prov 3,32 wird gesagt, daß Gott mit den Aufrichtigen Rat (סוד) hält, was so nur noch in Ps 25 vorkommt. In Prov 2,8 heißt es, daß Gott seine חסדים „Frommen" beschützt. In 2,6 „gibt" Gott Weisheit: Steht dieser Topos in Verbindung mit der Bezeichnung Gottes als „Lehrer", wie sie sich auch in Ps 25 findet?

Diese Motive sind in dieser Form weisheitlich nicht gängig. Sie haben ihre Parallelen eher in späten Psalmen. Dies scheint mir gegen Langs These zu sprechen, hier spiegele sich einfach ein bestimmter, soziologisch abgrenz-

---

[1]   Cf. Haspecker, Gottesfurcht, pp.312-327; Lohfink, Lobgesänge der Armen, pp.32-43.99f.; Dawes, ANAWA, pp.38-41; Scoralick, Einzelspruch, p.81; Skehan/DiLella, Ben Sira, p.159.

[2]   EÜ; v.19 nach dem Hebräischen ergänzt, cf. Vattioni, Ecclesiastico, p.17, zur Textkritik cf. Skehan/ DiLella, Ben Sira, p.159. Auch wenn v.19 nicht ursprünglich ist, so enthält er doch den hier interessierenden Gedanken, daß die Demütigen am „Ratschluß" Gottes teilhaben.

[3]   Cf. Lang, Lehrrede, pp.81f.

[4]   Cf. Lang, Lehrrede, pp.74f.

barer Bereich der Religiosität, nämlich der private. Es ist wohl eher wahrscheinlich, daß die späte Weisheit hier Entwicklungen mitmacht, die wir sonst in den Psalmen greifen. Ein Beleg für diese relativ späte Datierung ist Qohelet; er polemisiert in 6,8f. gegen eine solche Gleichsetzung von Weisheit und Demut; dies ist der einzige alttestamentliche Text neben Prov 3,34f., wo der Weise und der Arme zusammen als positive Gestalten vorkommen bzw. identifiziert werden:

Nun: was für einen Vorteil hat der Weise (חכם) vor dem Toren,
was für einen der Arme (עני), der es versteht
vor dem Leben (?) zu wandeln (?)?
Besser, man genießt, was vor Augen kommt,
als daß das Verlangen umherwandelt.
Auch das ist absurd und Haschen nach Wind.[1]

Als Ergebnis können wir festhalten: Die Frage, ob die Lesung des Ketib „Arme" oder des Qere „Demütige" urspünglich wäre (s.o. p. 181), läßt sich vielleicht zugunsten des Ketib entscheiden; doch unabhängig davon liegen beide Begriffe traditionsgeschichtlich relativ eng beieinander. Die Wertung von Armut bzw. Demut, wie sie von 3,34 vorgenommen wird, ist für die Weisheit untypisch; sie entspricht mehr der Frömmigkeit, wie wir sie in den Armenpsalmen greifen können. In der Weisheit der hellenistischen Zeit konnten wir eine Auseinandersetzung über die Frage der Demut erkennen: Nimmt Ben Sira den Wert positiv auf, so äußert sich Qohelet kritisch. Prov 3,34 hängt möglicherweise mit Prov 15,33; 16,18 und 18,12 zusammen und bildet so ein – vielleicht redaktionell geschaffenes – kompositorisches System. Damit weisen redaktionsgeschichtliche, traditionsgeschichtliche und inhaltliche Überlegungen auf eine relativ späte Entstehung des Textes hin.

Obwohl es gelungen ist, in Prov 3,21-35 eine kompositorisch und thematisch geschlossene Lehrrede zu erkennen, sind einige inhaltliche Doppelungen auffällig, die widersprüchliche Aussagen machen. Dieses Problem muß mit Blick auf eine mögliche Vorgeschichte des Textes abschließend noch behandelt werden.

a) In v.25 und v.26 wird dem Angeredeten Schutz verheißen und mit dem Beistand Jhwhs begründet. Nun erhebt sich die Frage, wie die Schutzzusage dieser beiden Verse mit der des vorigen v.23 gedanklich zu verbinden sei. Diese Frage wird besonders aufgeworfen durch die zweimalige Aussage, daß der Fuß des Schülers nicht straucheln werde; sie wird in v.23 und v.26 in je verschiedenen Formulierungen vorgebracht.[2] Dabei sind unterschiedliche Erklärungsmöglichkeiten denkbar: 1. Steigerung;[3] 2. Differenzierung der

---

[1] Übers. Michel, Untersuchungen, p.151; cf. seine Auslegung auf den folgenden Seiten bis p.165.
[2] Cf. Whybray, Wealth, p.105, der sagt, Gott sei hier in „secondary position".
[3] Cf. Plöger, Sprüche, p.40: „Schließlich …".

Situation, wobei dann v.23 sich auf den Alltag bezieht und vv.25f. die Aus-
nahmesituation des plötzlichen Schreckens behandeln.[1] Doch ganz läßt sich
die Konkurrenz der Schutzmächte damit nicht wegerklären. Im ersten Fall
der Steigerung bleibt offen, wieso Gott dem Weisheitsobservanten helfen
soll. Auch der Hinweis darauf, daß er im Gegensatz zum Frevler (v.25) als
Gerechter (צדיק, cf. z.B. v.33) anzusprechen wäre,[2] hilft nicht weiter. Die
zweite Erklärung, die auf die unterschiedlichen Situationen abhebt, läßt
offen, wieso dem Weisheitsobservanten das droht, was sonst dem Frevler
begegnet – gerade wenn man bedenkt, daß ihm vorher ein sicherer Weg
zugesagt ist. Dieser Erklärungsversuch verschärft eher noch die inhaltlichen
Spannungen im Text. So bietet sich als dritte Möglichkeit eine redaktionsgeschichtliche Lösung an, die davon ausgeht, daß die Konkurrenz der
Schutzmächte bewußt gesetzt wurde. Nicht allein die eigene Weisheit kann
den Menschen schützen, sondern Gott muß es tun.[3]

Die zweite Spannung ist ähnlich gelagert wie die erste. In v.22 ist das
Anmutige (חן) eine Folge der Weisheitsobservanz, in v.34 wird es von Jhwh
gegeben. Hier stellen sich die gleichen Probleme wie bei der Schutzzusage:
Die Aussage, daß allein Weisheitsobservanz חן „Anmutiges" gewährt, wird
korrigiert. Es ist Gott, der dies tut.

Beide Textteile vv.25f. und v.34 korrigieren in ähnlicher Weise eine
Aussage aus dem Proömium. Sie haben damit die gleiche Tendenz und sind
wohl der gleichen Hand zuzuschreiben. Sind die vv.25f. theologisch nicht
sehr charakteristisch, da Schutzaussagen dieser Art zum Grundbestand der
privaten Religiosität gehören, so verweist, wie wir gesehen haben, die
Bezeichnung des Weisheitsobservanten als ענו/עני („Elender/ Demütiger") auf
eine späte Armenfrömmigkeit. In ihr wird die besondere Beziehung zu Gott,
die der Fromme hat, zum Gegenstand der Reflexion gemacht. In dieses
Milieu paßt die Formulierung in v.32, wo der Aufrichtige mit Gott Rat (סוד)
hält. Diese ungewöhnliche Aussage findet ihre nächste Parallele in Ps 25,
einem Text, der ebenfalls von solcher Frömmigkeit geprägt ist; auch hier
zählt sich der Beter zu den Armen (vv.9.16).[4] Die Formulierung, nicht über
den Frevler o.ä. sich zu ereifern, fand sich ebenfalls in einem späten,
theologisch reflektierenden Text wie Ps 37. Daher bin ich geneigt, die vv.31-
34 der gleichen Hand zuzuschreiben.[5] Die vv.25-26, die den besonderen

---

1   Cf. Meinhold, Gott, p.470.
2   Cf. McKane, Proverbs, p.298: „Because he is a ṣaddîq and knows himself under the
     protection of Yahweh ...".
3   Cf. Habel, Symbolism, p.144; Schäfer, Poesie, p.101.
4   Cf. Ruppert, Ps 25, p.581; Hossfeld [u. Zenger], Psalmen 1, pp.162f.; doch differen-
     zierter, Lohfink, Lexeme.
5   Cf. Schäfer, Poesie, pp.102f.

Schutz Gottes herausstellen, passen gut zu dieser Tendenz.[1] Sie steht mit anderen Texten aus Prov 1-9 in Beziehung. So vor allem mit 2,5-8 (Schutz-aussage; Zusammenordnung von Gottesfurcht und Weisheit auch in der Armentheologie; Gott als Geber der Weisheit → Gott als Lehrer; חסדים als ähnlicher Terminus wie „Arme" resp. ענוים).

Übrig bleiben die vv.21-24.27-30 und v.35. Diese Zeilen sind kaum als konsistenter Text zu erweisen. Daher liegt es nahe anzunehmen, daß der Redaktor lediglich Textfragmente als Basis für seiner Arbeit genommen hat.

Das Textstück vv.21-24 bildet den gedanklichen Ausgangspunkt für die Komposition. Hier hat der Redaktor ein Proömium aufgegriffen. Die erste ‚Korrektur' findet sich in vv.25-26, wo die Schutzaussage umgedeutet wird: Nun hat Gott die wichtige Aufgabe, den Menschen zu schützen. Am Ende des Textes, in der Peroratio, steht die zweite ‚Korrektur' über den Urheber des Ansehens (חן). Doch tritt hier ein zweiter Gedanke hinzu. Dem sicheren Weg, den das aufgenommene Proömium in v.23 verspricht, stellt der Re-daktor den falschen Weg des Gewalttätigen entgegen (v.31). Damit wird die Mahnung des Proömiums ethisch aufgeladen. Diese Aufladung wird von der Konkretion ethischen Verhaltens im Hauptteil unterstützt. Hier hat der Redaktor ein ‚Grundgesetz guter Nachbarschaft' ausgewählt,[2] das verall-gemeinerbare ethische Weisungen für das menschliche Miteinander enthält. Ob er die abschließende Sentenz selbst formuliert, oder ob er eine fremde erborgt hat, ist nicht zu entscheiden. Die Funktion dieser Sentenz ist jedoch wichtig. Zum einen balanciert sie das Strophenschema der Komposition aus, wie die Strukturanalyse gezeigt hat, und zum anderen leitet sie inhaltlich zum Anfang zurück, indem sie als Gegenstück des Toren den Weisen nennt und so den bezeichnet, der תשיה ומזמה „praktische Intelligenz und Planen" bewahrt.

---

[1] So formuliert Hugger, Jahwe, p.285, zu vv.21-26, daß ihr Tenor „aus dem Anawim-denken" stamme. Dies stimmt zwar so nicht, wie oben gezeigt, aber macht doch die Ver-einbarkeit deutlich.

[2] Dies deckt sich mit der Vermutung von Scott, Wise, p.150 n.2, daß die Kette von Vetiti-ven und Begründungen formal eher an Prov 22,22ff. erinnern als an die übrigen Korpora von Prov 1-9 und daher eine Einfügung darstellen. - Wenn es sich auch nicht um eine sekundäre Erweiterung handelt, sondern um die Verwendung von geprägtem Material.

10. Die beiden Reden der Weisheit

10.1 Die erste Rede der Frau Weisheit Prov 1,20-33

Im Gegensatz zur zweiten Rede der Weisheit, die sich – besonders Prov 8,22-31 – großen Interesses der Forschung erfreut, ist der ersten Rede der Weisheit wesentlich weniger Aufmerksamkeit zuteil geworden. Es besteht ein Konsens darüber, daß die Weisheit „sich den Mantel des Propheten angelegt"[1] habe. Baumann hat diesen Punkt herausgestellt und durch Verbindungen zu anderen Traditionsbereichen des AT, wie der deuteronomistischen Literatur, dem Hohenlied und Psalm 2,[2] die Verankerung des Textes in der theologischen Tradition Israels nachweisen wollen. Doch werden ihrer Ansicht nach diese Traditionen verändert, indem die Weisheit an die Stelle Jhwhs tritt;[3] die Funktion dieser Rollenübernahme sieht sie so:

> „Zum anderen aber erinnert die Weisheit durch die Übernahme von Redeweisen anderer Traditionsbereiche an bekannte Ereignisse der Geschichte Israels. Dies zielt zumindest auch darauf ab, die Folgen der Abkehr von JHWH zu bedenken und deren theologische Deutung als Bestrafung durch Wegführung ins Exil wachzurufen. Die Rede der Weisheitsgestalt provoziert m.E. bewußt diese Erinnerung. Sie setzt sie ein, um ihrer Paränese Nachdruck zu verleihen."[4]

Ihre Einschätzungen sind zu überprüfen. Die Frage nach dem Verhältnis zu deuteronomistischen Texten ist dabei nicht nur traditionsgeschichtlich interessant, sondern auch für die Datierung bedeutsam, da eine vorexilische Ansetzung von 1,20-33 dann ausgeschlossen sein dürfte.[5]

20 Die Weisheit[6] ruft laut[7] auf der Gasse[8],

---

[1] Plöger, Sprüche, p.20.
[2] Cf. Baumann, Weisheitsgestalt, pp.197f.
[3] Cf. Baumann, Weisheitsgestalt, p.198.
[4] Baumann, Weisheitsgestalt, p.199.
[5] Dies ist der Fehler von Kayatz: Sie erkennt, daß 1,20-33 u.a. von den „deuteronomistisch gefaßten Jeremiaworte[n]" (Studien, p.121) beeinflußt ist, möchte aber die ganze Sammlung in die frühe Königszeit datieren, cf. Kayatz, Studien, p.136.
[6] Die Form auf ות- ist noch belegt: 9,1; 14,1; 24,7; Ps 49,4; Sir 4,11. Wohl kein Plural der Ausdehnung und Intensität (gegen Delitzsch, Spruchbuch, p.55; Nowack, Sprüche, p.7; Toy, Proverbs, pp.29f.; Gemser, Sprüche, p.22) oder der Abstraktion (Brockelmann, GvG II 29 b; Gulkowitsch, Bildung, p.53), sondern wahrscheinlich eine im hebräischen seltene Nominalbildung (Barth, Nominalbildung § 259 c; GK § 86 l; Bauer/Leander § 61 t ι). Ob diese Bildung als „phönizische" anzusprechen ist (cf. Albright, Sources, p.8; Meyer, Grammatik § 41.5 c), ist fraglich; es handelt sich eher um eine dialektale

21   auf den Plätzen erhebt sie ihre Stimme,
    an den belebtesten Orten[1] ruft sie,

22   in den Eingängen der Stadt spricht sie ihre Sprüche:[2]
    „Wie lange noch, ihr Einfältigen, werdet ihr Einfalt lieben[3]?[4]

Variante (cf. Rendsburg, Strata, p.90). Als weitere Möglichkeit kommt nur noch ein Plural der Exzellenz (cf. Joüon/Muraoka § 136 d) in Frage; als Argument dafür ließe sich anführen, daß in den Verträgen von Elephantine die rechtsfähige Frau als נשׁין (pl.) bezeichnet wird, z.B. TAD B.2.3 lin. 2 (ed. Porten/Yardeni; cf. Hoftijzer/Jongeling, DNWSI 1, p.120, s.v. ʾšₗ).

[7] Die Verbform תרנה (cf. 8,3) ist ungewöhnlich vokalisiert, so als wäre sie eine PK 2.pl.fem.; jedoch weisen die Verbformen der Umgebung eher auf einen Singular hin. Meist wird dieser als Kohortativ oder Energicus der 2.sg.fem. von רנן erklärt (cf. Delitzsch, Spruchbuch, p.55; Nowack, Sprüche, p.7; Toy, Proverbs, p.30; Gemser, Sprüche, p.22; Dahood, Proverbs, pp.4f.; HAL pp.1163f., s.v. רנן). Doch ist die Funktion dieser Form hier nicht deutlich (cf. Strack, Sprüche, p.314: „bedeutungslos geworden"). Dies hat zu verschiedenen Textänderungen Anlaß gegeben: Entweder vokalisiert man um in תָּרֹנֶּה (Hi 39,23; cf. GK § 47 k), oder man nimmt eine falsche Worttrennung an und liest an die LXX angelehnt einen Plural von חוּץ: בַּחוּצֹת רָנָּה (cf. Oort, Spreuken 1-9, p.382; Kuhn, Beiträge, p.8; ähnlich Ehrlich, Randglossen 6, p.14 und KBL[2], p.896, s.v. רנן). Beide Änderungen sind ähnlich wahrscheinlich. Ich ziehe die Umvokalisierung als den kleineren Eingriff vor; רנה ist eine Nebenform zu רנן und meint ein „lautes Geräusch machen".

[8] Anders als Prov 8,26 hier die übliche Bedeutung „Gasse", cf. Targum und Peschitta, gegen LXX; cf. Delitzsch, Spruchbuch, pp.55f.

[1] Der MT hat hier ptz.qal fem.pl. von המה, ein Verb, das allerlei eigentümliche Geräusche bezeichnet. Folgt man dem Verständnis der Vulgata (in capite turbarum), so muß man im Plural so etwas wie einen Hinweis auf die Intensität (cf. Joüon/Muraoka § 136 f) oder die Abstraktion (cf. Joüon/Muraoka § 136 g) sehen (Jes 22,2; cf. Delitzsch, Spruchbuch, p.56). Die Orte, an denen die Weisheit auftritt, würden als der „Gipfel (= ראשׁ, dazu z.B. Ps 137,6, cf. Kuhn, Beiträge, p.8) des Lärms", also die „belebtesten Plätze" bezeichnet (cf. Gemser, Sprüche, p.22; Baumann, Weisheitsgestalt, pp.173f. n.495). Dies paßt besser als die LXX, die vermutlich חמות „Mauern" gelesen haben (Verlesung von ה zu ה, cf. Kaminka, Septuaginta, p.176; ähnlich Targum: בירתה „Festung"(cf. Kaminka, Septuaginta, p.178) und Peschitta: ܟܒ̈ܘܚܐ„Straßen" (wohl Verschreibung aus ܟܒ̈ܘܚܐ „Festung"). Gegen Oort, Spreuken 1-9, p.382; Scott, Proverbs, p.34; Dahood, Proverbs, pp.4f., die den LXX folgen; cf. Schäfer, Poesie, p.195.

[2] Dieses Kolon ist auffallend lang, zur Textkritik cf. Schäfer, Poesie, p.41: שׁערים ist eine in den Text geratene Glosse; das ursprüngliche בפתחי העיר wurde auseinandergesprengt und aus העיר wurde בעיר. Anders Toy, Proverbs, p.30; Gemser, Sprüche, p.22: בעיר ist Glosse; vielleicht auch אמריה (cf. Toy, Proverbs, p.30).

[3] Zur Vokalisation mit Sere cf. GK § 63 m.

[4] LXX: Ὅσον ἂν χρόνον ἄκακοι ἔχωνται τῆς δικαιοσύνης, οὐκ αἰσχυνθήσονται· „Solange sich die Unschuldigen an die Gerechtigkeit halten, werden sie nicht zuschanden." Die Rede in der dritten Person über verschiedene Gruppen behalten die LXX bis v.23a inklusive bei. Dies zeigt den grundsätzlich anderen Aufbau des LXX Textes. Er stellt zwei Gruppen (v.22 ἄκακοι; v.28 κακοί) einander gegenüber, wobei für die κακοί die Darstellung der Bösen Buben aus 1,10-19 in Erinnerung gewesen sein könnte (v.22→vv.10.19: ἀσεβεῖς; v.27→v.18: καταστροφή; v.28→v.16: κακός). Dies mag sich auch in der Übersetzung von v.32a bemerkbar gemacht haben.

[während die Hochmütigen[1] den Hochmut für sich begehren,
und die Toren die Einfalt hassen][2]

23 *Ihr sollt umkehren zu[3]meiner Zurechtweisung!*
Schließlich[4] gieße ich doch meinen Geist über euch,
mache euch meine Worte bekannt!

24 *Weil ich gerufen habe und ihr euch verweigert habt,*
ich meine Hand ausgestreckt habe und es keinen (gab), der aufmerkte,

25 *und ihr jeden Rat von mir verwarft*
und meine Zurechtweisung nicht wolltet,

26 *will auch ich über euer Verderben scherzen,*
ich will spotten, wenn euer Schrecken kommt,

27 *wenn wie Verwüstung euer Schrecken kommt*
- und euer Verderben kommt wie ein Sturm.
[Wenn Not und Bedrängnis über euch kommt.][5]

28 *Dann werden sie mich rufen[6], doch ich werde nicht antworten;*
sie suchen mich, doch sie finden mich nicht.

29 *Weil sie Wissen gehaßt haben*
und Jhwh-Furcht nicht erwählten,

30 *sie meinen Rat nicht wollten,*
und jede meiner Zurechtweisungen verschmähten,

31 *werden sie von der Frucht ihres Weges/Verhaltens essen*
und sich an ihren eigenen Ratschlägen sättigen.

32 *Denn die Abtrünnigkeit der Einfältigen[7] tötet sie,*
und die Sorglosigkeit der Toren richtet sie zugrunde.

33 *Wer aber auf mich hört, wohnt in Sicherheit,*
und in Ruhe vor dem bösen Schrecken. "

---

1 Zu dieser Übersetzung s.o. p.171 zu Prov 3,34.

2 Glosse, siehe die Auslegung; schon die Versionen differieren - auch untereinander - beträchtlich in bezug auf die grammatischen Personen. Dies zeigt, daß hier schon für die Alten ein Problem steckte.

3 Die Wendung שׁוּב ל bezeichnet immer eine ‚Hinwendung zu etwas' und ist meist lokal gebraucht; es gibt daneben auch modale Verwendungen: Hinwendung zu einem Zustand, etwa im Sinne der ‚Rückkehr zu einem Zustand' (cf. Gilbert, Discours 1, pp. 102f.). Dabei kann das Semem „wieder" eine untergeordnete Bedeutung für die Satzbedeutung spielen (cf. Ps 9,18 und evtl. Jes 29,17).

4 Funktion von הנה dürfte hier der Hinweis auf etwas Bekanntes sein.

5 Glosse, da ein Trikolon hier den Aufbau des Gedichtes stört. Die Nomina stehen außerhalb der Inklusionsstruktur פחד-איד ↔ איד-פחד (vv.26.27), und geben sich so als Nachtrag zu erkennen, der ein geprägtes Paar zufügt (Jes 30,6; Zef 1,15) (cf. Toy, Proverbs, p.31; Fichtner [BHS]). Die LXX fügen noch ein weiteres Glied hinzu.

6 Zur suffigierten Verbform cf. GK § 60 e; Bergsträßer II § 5g.b.

7 Die LXX haben: ἀνθ' ὧν γὰρ ἠδίκουν νηπίους, φονευθήσονται „Weil sie den Unmündigen Unrecht getan haben, werden sie getötet werden." - Spielt das vielleicht auf die Lockung durch die Bösen Buben in 1,10-19 an?

10.1.1 Textaufbau

Der Aufbau dieser ersten Rede der Frau Weisheit ist in den letzten Jahren mehrfach beschrieben worden;[1] dennoch sind die Beobachtungen aufs Neue zusammenzutragen und zu beurteilen, um die Diachronie des Textes zu erfassen.

Die Einleitung der Rede bilden die vv.20f.: die Redende wird genannt und der Ort ihres Auftretens mitgeteilt. Die Rede selbst findet sich in den vv.22-33. Sie läßt sich gliedern, indem man weitgehend lexematischen Signalen folgt: עד מתי „wie lange noch" v.22, הנה „siehe/schließlich" v.23aβ, יען „weil" v.24, גם אני „auch ich" v.26, אז „dann" v.28, כי תחת „weil" v.29, we-PK v.31, כי „denn" v.32.[2] Vers 22 enthält eine vorwurfsvolle Frage an die פתים „Einfältigen", der in v.23aα eine Aufforderung folgt. Dies ist aus der Pragmatik von עד מתי „wie lange noch" deutlich. Die damit eingeleitete Frage enthält nicht nur einen Vorwurf (Expressiv),[3] sondern auch oft eine Handlungsaufforderung (Direktiv), die manchmal implizit[4] enthalten ist,[5] meist aber explizit formuliert wird,[6] wie hier in v.23aα.[7] In v.23aβb werden wir wohl eine Motivation für die Aufforderung finden.[8] Das הנה „siehe/schließlich" weist auf einen bekannten Umstand hin, der geeignet ist, das Befolgen der Mahnung zu motivieren. Diese Redeeröffnung (vv.22f) gleicht entfernt dem Muster des Proömiums einer Lehrrede.[9] Die Gemeinsamkeiten resultieren jedoch aus den funktionalen Erfordernissen, denen jede Rede an ihrem Anfang entsprechen muß. Durch das עד מתי „wie lange noch" ist der Beginn hier stark „dramatisiert". Die folgende Rede entfaltet den Konflikt, der im Proömium aufscheint.

Die Deutung von v.23aβb ist umstritten. Aufgrund des Kontextes gehen manche davon aus, daß schon hier die Weisheit ihren Unmut ausspricht und erste Drohungen ausstößt; dies verbindet Murphy mit dem Verständnis von v.23aα, das in תשובו einen weiteren an עד מתי angeschlossenen Vorwurf sieht;[10] dabei deutet er רוח als „Zorn".[11] Doch dies

---

[1]　Cf. Trible, Wisdom; Aletti, Séduction, pp.130-134; Murphy, Song; Overland, Structure, pp.57-70.76-79.187-255; Gilbert, Discours 1; Baumann, Weisheitsgestalt, pp.174-177.

[2]　So Overland, Structure, pp.64f.101f. Cf. Alonso Schökel, Proverbios, p.164. Das satzeinleitende we-PK ist angeführt, obwohl es kein lexematisches Gliederungssignal ist, sondern ein grammatisches.

[3]　Dies ist der Aspekt, den Jenni (מתי) als einzigen hervorhebt.

[4]　Dazu cf. Pohlenz, Satzsemantik, pp.198-200.

[5]　Cf. 2 Sam 2,26; Sach 1,12; Prov 6,9.

[6]　Cf. Ex 10,3.7; 1 Sam 1,14; 16,1; 1 Kge 18,21; Jer 4,14 (umgekehrte Reihenfolge); 31,22; Ps 80,5-8; 94,2-3 (umgekehrte Reihenfolge).

[7]　Cf. Overland, Structure, pp.223-225 n.188.

[8]　Cf. Nel, Structure, p.46.

[9]　Cf. Römheld, Weisheitslehre, p.125.

[10]　Cf. Murphy, Song, p.457.

[11]　Cf. Volz, Weisheit, p.145; Murphy, Song, p.458.

entspricht nicht der Semantik von שׁוב (cf. die Übersetzung). Damit kann der Satz v.23aα kein weiterer Vorwurf sein, sondern nur eine im Jussiv ausgedrückte Aufforderung, was nach עד מתי durchaus zu erwarten ist. Ist es eine Aufforderung, so werden die Unmündigen aufgefordert, sich der Zurechtweisung zuzuwenden. Dies mag man so verstehen, daß hier die Aufmerksamkeit auf die Rede der Weisheit, die sie gerade hält, gelenkt werden soll, und daß diese Aufforderung auch in den nächsten beiden Kola sich fortsetzt.[1] Doch dagegen sprechen mehrere Beobachtungen. 1. Wird v.22aβb als Glosse erkannt, so steht v.23aα im Parallelismus mit v.22aα. Ist mit פתי eine Haltung benannt, von der die Angesprochenen ablassen sollen, indem sie sich der תוכחת der Weisheit zuwenden, dann ist wohl eine Änderung der Haltung angemahnt. (Diese Deutung verstärkt sich, wenn in der traditionsgeschichtlichen Analyse deutlich wird, daß diese Rede von Umkehr auf prophetische Vorbilder zurückgeht). 2. Sieht man alle drei Kola von v.23 als parallel an, so ist nicht einsichtig, warum das Struktursignal הנה zwischen dem ersten und zweiten Kolon steht. Diese Deutung wird also der Textstruktur nicht gerecht. Zudem taucht das Problem auf, wieso die Weisheit die Unmündigen noch anredet: nur um ihnen mitzuteilen, daß es jetzt für sie zu spät ist? Das entspräche vielleicht prophetischen Texten - aber nicht Prov 1-9 mit seiner pädagogischen Absicht. - Toy wählt die Radikalkur und streicht v.23aα.[2] Scott übersetzt als Konditionalsatz (cf. Peschitta)[3]. Plöger läßt zwischen v.23 und v.24 die Angeredeten wechseln:[4] Hatte die Weisheit in v.22 die Unerfahrenen angeredet, und über Hochmütige und Toren gesprochen, und hatte sie die Unerfahrenen in v.23 zur Umkehr gemahnt, so redet sie in v.24 die Spötter und Toren an, „gleichsam zur Abschreckung der Einfältigen"[5]. Auf diesen Wechsel der Angeredeten gibt es im Text jedoch keinen Hinweis.

In den vv.24-27 findet sich ein Schelt- (vv.24f.) und ein Drohwort (vv.26-27a). In v.28 wird eine weitere Drohung angefügt, die mit vv.29f. begründet ist. Hier ist ein Einschnitt, da die Weisheit von der Anrede an die פתים „Einfältigen" in die Rede über sie wechselt: Vers 31 ist keine Drohung mehr, formuliert aber die Folgen des Handelns der „Einfältigen" in allgemeiner Form im Blick auf den Tun-Ergehen-Zusammenhang. Diese Aussage ist in v.32 begründet. Vers 33 stellt dem Schicksal der „Einfältigen", die auf die Weisheit nicht hören wollten, das Schicksal derjenigen gegenüber, die auf die Weisheit hören. Wir können also folgende Gliederung feststellen: vv.22f.: Vorwurf-Aufforderung mit Motivation, 6 Kola; vv.24f.: Scheltwort, 4 Kola; vv. 26-27a: Drohwort, 4 Kola;[6] vv.28-30: Unheilsankündigung mit Begründung, 6 Kola; vv.31-33: Gegenüberstellung vom Ergehen der Unbelehrbaren (mit Begründung) und dem der Gehorsamen, 6 Kola.

Diese Gliederung erlaubt weitere Überlegungen. Im ersten Abschnitt (vv. 22f.) ist die Zuordnung der Kola zu Parallelismen schwierig: Thematisch

---

[1] Cf. Lang, Frau Weisheit, pp.38f; ähnlich Frankenberg, Sprüche, p.23.
[2] Cf. Toy, Proverbs, pp.21.23.
[3] Cf. Scott, Proverbs, p.34.
[4] Cf. Plöger, Sprüche, p.18.
[5] Plöger, Sprüche, p.19.
[6] Vers 27b konnte schon im Zuge der Übersetzung als Glosse ausgeschieden werden.

gehören die ersten drei Kola als synonymer Parallelismus membrorum zusammen. Auch die beiden letzten Kola (v.23aβb) formen einen solchen. Damit wäre aber v.23aα isoliert. Überdies fällt jedoch auf, daß v.22aβb keine Anrede darstellt, sondern in der dritten Person formuliert ist. Das Bikolon fällt aus der Kommunikationssituation der unmittelbaren Umgebung heraus. Die Vermutung liegt nahe, daß es sich bei v.22aβb um eine Glosse handelt.[1] Entfernt man sie aus dem Text, so bilden v.22aα und v.23aα einen synthetischen Parallelismus membrorum. Die Verbindung zwischen diesen beiden Kola liegt darin, daß die Frage „wie lange noch …?" (v.22aα) über den Vorwurf hinaus eine Handlungsaufforderung enthält. Sie wird in v.23 ausgesprochen und begründet. So ergibt sich eine chiastische Beziehung zu v.32; sie ist eine das Gedicht tragende Sinnachse.

Sind so die beiden Kola v.22aβb als Glosse wahrscheinlich gemacht, zeigt der restliche Text eine harmonische Gliederungsstruktur in zwei gleichlange Hälften zu je sechs Bikola: vv.22aα.23-27a und vv.28-33. Der Einschnitt ist durch den Wechsel in der Sprechrichtung markiert.[2] Einen Abschluß markiert so auch der Chiasmus in vv.26f. In v.26a kontrastiert die Abfolge präpositionales Objekt -Verb mit der umgekehrten Reihenfolge in v.26b. Gespiegelt ist v.27 an seiner Mittelachse: Verbalform → Vergleichswort →Subjekt ↔ Sujekt ←Vergleichswort ← Verbalform (Prädikat). Dabei bilden die Wörter איד → פחד ↔ פחד ← איד eine Inklusionsstruktur, bzw. einen Chiasmus, der die beiden Verse zusammenhält.

Das ganze Gedicht ist durch Leitworte zusammengehalten, die seine inhaltliche Gliederung unterstreichen. Den Rahmen bilden das Lexem פתי „Unerfahrener" und die Wurzel שוב „umkehren" (v.22aα→v.32; v.23aα → v.32);[3] beide Rekurrenzen bilden einen das ganze Gedicht umspannenden Chiasmus, indem die Folge der Wörter פתים → תשבו ↔ שובה ← פתים ist. Damit weist das erste Bikolon der rekonstruierten Fassung auf das erste Bikolon des letzten Verspaares.[4] Dessen zweites Bikolon entspricht der zweiten Zeile des Gedichtsanfangs: Ist der Gegenstand dort das Reden der

---

[1] Cf. Gilbert, Discours 1, p.108. Meinhold, Sprüche, p.59: „kontrastierender Einschub" ist eine völlig unklare Auskunft. Die beiden Kola sind auch keine stilistische Vorwegnahme des Personenwechsels in vv.28ff. Dort ändert sich die Kommunikationssituation begründeterweise, hier aber nicht (gegen Overland, Structure, p.59). Ebenfalls als Glosse erkennt Schäfer, Poesie, pp.44f., diese beiden Kola.

[2] Cf. Overland, Structure, p.57.

[3] Cf. Alonso Schökel, Proverbios, p.164; Gilbert, Discours 1, p.112; Baumann, Weisheitsgestalt, p.176; die Rekurrenz von כסיל (Alonso Schökel; Baumann) ist nicht auszuwerten, da sie in v.22 nachgetragen wurde.

[4] Cf. Murphy, Song, p.459; Gilbert, Discours 1, p.112. Ähnlich Trible, Wisdom, p.511, die vv.20-21 mit v.33, v.22 mit v.32, v.23 mit v.31 verbindet; Aletti, Séduction, p.132, der v.22 mit vv.32-33 verbindet; Baumann, Weisheitsgestalt, p. 177, die v.22 mit v.32 verbindet.

Weisheit, so v.33 das Hören auf sie. Die beiden ersten Zeilen bilden mit den beiden letzten einen Rahmen um die Rede der Weisheit. Das Innere dieser Komposition wird von zwei vierzeiligen Strophen eingenommen (vv.24-27a.28-31).[1] Das כי „denn" v.32 bezieht sich angesichts dieser Tektonik in erster Linie nicht unmittelbar auf v.31 – auch wenn dieser Anschluß paßt – sondern auf das ganze Gedicht, indem ein gnomischer Abschluß[2] erreicht wird. Er stellt die beiden Handlungsalternativen, das Hören und Nicht-Hören, einander gegenüber. Diese Funktion der vv.32f. für das ganze Gedicht[3] wird durch die Wiederaufnahme der Wörter פתי „Unerfahrener" und שוב „umkehren" aus v.22a und v.23a deutlich.[4] Sie lenkt zur Themenformulierung des Einganges zurück, die in vv.24-31 entfaltet worden ist. Vers 31 schließt diese Entfaltung ab: Er stellt die Übereinstimmung des beschriebenen Geschehens mit dem Tun-Ergehen-Zusammenhang fest. So wird deutlich, daß v.32 nicht begründend an v.31 anschließen kann, da der Tun-Ergehen-Zusammenhang keine Begründung erfährt. Vers 31 stellt vielmehr eine Folgerung aus dem in vv.22-30 skizzierten Vorgang dar. Dieser wird in seinen Implikationen in vv.32f. gnomisch zusammengefaßt.

Halten die vv.32f. das Ergebnis von vv.22-31 fest, so finden sich in den beiden korrespondierenden Zeilen des Einganges (vv.22a.23) die Formulierung der Ausgangssituation[5], die dem in vv.24-31 geschilderten Vorgang zugrunde liegt. Beachten wir die Zeitstruktur, wird der Prozeß, den der Text abbildet, deutlich.[6] In vv.22f.* ist keine besondere Zeitsphäre erkennbar. Die Kommunikationssituation, die hier abgebildet ist, ist universell: Zu jeder Zeit und an jedem Ort ergeht an den Unerfahrenen (פתי) der Ruf der Weisheit, sich ihr nicht länger zu verweigern, da sie jedem, der sich ihrer Unterweisung zuwendet, diese mitteilen wird. Das Scheltwort v.24 blickt auf die Weigerung der Angeredeten zurück, sich der „Züchtigung" (תוכחת) der Weisheit zuzuwenden (v.25b), wozu die Weisheit aufgefordert hatte (v.23

---

1   Cf. Schäfer, Poesie, p.43.

2   Cf. Lang, Frau Weisheit, p.39; Alonso Schökel, Proverbios, p.163: „peroración".

3   Cf. Meinhold, Sprüche, p. 58, der nur ganz grob drei Teile unterscheidet: Einleitung vv.20f., Rede vv.22-33 mit Schlußversen vv.32-33.

4   Cf. Overland, Structure, p.61.

5   Cf. Aletti, Séduction, p.131, der in v.22 die „situation initiale" finden will.

6   Cf. Gilbert, Discours 1, pp.112f. - Baumann, Weisheitsgestalt, pp.176f., wählt ein auf den ersten Blick ähnliches Verfahren: Sie zieht die Verbformen zur Gliederung heran. Doch geht das insoweit nicht auf, als in vv.24f., wo sie „v.a. Perfekte" finden will, es gerade zwei AK neben drei PK und einem Infinitiv gibt. Rein formal stimmt diese Beobachtung also nicht. Meint die Autorin hingegen, daß in vv.24f.29f. beide Male einen Rückblick in die Vergangenheit vorliege, so stimmt ihre Beobachtung; da aber die hebräischen Verbformen keine Zeitstufen bezeichnen (cf. Michel, Tempora, p.254), trägt ihr Rekurs auf die grammatischen Formen nichts aus, zumal auch die „Imperfekte" in vv.22f. und vv.26-28.31-33 unterschiedliche Funktionen haben. Erkennt man das Textwachstum, so zerfällt auch die Harmonie ihrer Struktur.

aα). Diese Weigerung ist nicht berichtet, doch ist sie vorausgesetzt. Zwischen v.23 und v.24 ist also eine Lücke in der Darstellung des zeitlichen Ablaufs. Dieses Phänomen ist der Darstellungsart der direkten Rede geschuldet. Da die Weisheit die Verweigerer anredet, wird quasi dramatisch eine Szene entworfen. Dabei ist die Gesprächssituation nur in der Rede der Weisheit greifbar. Sie monologisiert, aber aus ihrer Reaktion im Scheltwort ist zu erkennen, was zwischen v.23 und v.24 passiert sein muß, damit sie so weiterreden kann. Stellt man sich dies szenisch vor, so entsteht zwischen v.23 und v.24 eine „Pause": „Vergeblich wartet die Weisheit, daß ihr Klagen und Locken Gehör findet."[1] Das Drohwort (vv.26-27a) blickt nun von der Redesituation aus in die Zukunft. Die Weisheit legt sich auf ihr künftiges Verhalten den Verweigeren gegenüber fest: Sie wird über deren Unglück Schadenfreude empfinden.

Zwischen v.27 und v.28 wechselt die angeredete Person. Overland will dies so erklären, daß die Struktur in v.23 schon vorgeprägt sei: Auch dort finde sich ein Wechsel der Rederichtung und drei Gruppen wie in vv.32f. In vv.32f. fehlten zwar die לצים „Hochmütigen", doch seien diese durch den „Hörer" (שמע) ersetzt, so daß wieder drei Gruppen genannt seien.[2] Aber dem Gedankengang des Textes liegt eine Alternative zugrunde: Hören vs. Nicht-Hören. Dem entspricht die Dreizahl der Gruppen nur, wenn, wie Baumann meint, die פתים „Einfältige" und die לצים „Hochmütige" in unterschiedlicher Weise von der Weisheit angesprochen würden: In vv.24-27 seien die Einfältigen angesprochen, an die eine Mahnung zur Umkehr geht; nicht umkehrfähig seien die Hochmütigen, denen darum in vv.28-32 Gericht angesagt sei.[3] Dieser These widerspricht v.32, denn dort sind nicht die לצים „Hochmütigen" genannt,[4] von denen der Textteil nach Baumann handeln soll, sondern פתים „Einfältige" und כסלים „Toren".[5] Der Anschluß mit אז „dann" in v.28 deutet darauf hin, daß das Verhältnis zwischen v.27 und v.28 zeitlich zu bestimmen ist.[6] Die Ursache für den Wechsel der Rederichtung ist also nicht im Wechsel der Angeredeten zu sehen, sondern in unterschiedlichen Phasen eines Prozesses. Die antithetische Korrespondenz von v.24 und v.28 (beide Male קרא „rufen") enthält einen ganz engen sachlichen

---

[1] Delitzsch, Spruchbuch, p.57; cf. Nowack, Sprüche, p.8; Robert, Attaches, RB 43, 1934, p.177; Greenstone, Proverbs, p.13; Cohen; Proverbs, p.6. Ähnlich Gemser, Sprüche, p.23; Meinhold, Sprüche, p.60.

[2] Cf. Overland, Structure, pp.194f.

[3] Cf. Baumann, Weisheitsgestalt, pp.194f.

[4] Unhaltbar die Behauptung von Harris, Proverbs 1-9, p.257, die לצים seien impliziert. Gegen seine Theorie zum Personenwechsel, cf. Baumann, Weisheitsgestalt, pp.193f.

[5] Ein weiteres Argument gegen Overland und Baumann liegt darin, daß v.23aβb, wie wir gesehen haben, eine Glosse ist.

[6] „Alsdann - fährt die hehre Straßenpredigerin fort - wird die Noth sie beten lehren." Delitzsch, Spruchbuch, p.58; cf. Plöger, Sprüche, p.19.

Zusammenhang zwischen beiden Versen: Tun und Ergehen entsprechen einander.[1] Der Wechsel der Sprechrichtung, jetzt über die פתים „Unerfahrenen" und nicht mehr zu ihnen, bedeutet daher keinen Wechsel der Personen, über die gesprochen wird. Er muß vielmehr in der Art der neuen Phase seine Ursache haben: Findet in v.26 noch eine Kommunikation statt, nämlich Lachen über, ein Verhöhnen, ein Ausdruck der Schadenfreude (Emotiv), so bricht die Weisheit die Kommunikation mit den פתים „Unerfahrenen" in v.28 ab. Dies ist in v.28 ausdrücklich gesagt: Ich antworte auf ihr Rufen nicht mehr. Durch den Wechsel der Sprechrichtung ist dieser Abbruch der Kommunikation rhetorisch vollzogen. Die Rede der Weisheit bildet das Gesagte dramatisch ab: Andere sind jetzt angeredet.[2] Nun kann man rückblickend den Sinn der Anrede verstehen und den Sinn der ‚Pause‘ zwischen v.23 und v.24: Auch dort ist das Geschehen dramatisch dargestellt worden. Doch war es dort ein Monolog, weil die פתים „Unerfahrenen" sich verweigert haben. Ihr Schweigen ist in der Situation des ersten Redeteils der Weisheit ebenso präsent wie das Schweigen der Weisheit gegenüber den פתים „Unerfahrenen" im zweiten Teil.

In den vv.29f. wird diese Verweigerung der Weisheit begründet, auf die Bitten derjenigen zu hören, die ihr Rufen einstens verschmäht haben. Hier findet sich ein Rückblick in die Vergangenheit;[3] dabei wiederholt v.30 mit engen wörtlichen Anklängen an v.25 das dort schon Gesagte;[4] gemeinsam sind die Lexeme אבה „wollen" und תוכחת „Zurechtweisung". Neu an diesem Rückblick ist die Präzisierung dessen, worin das „Verschmähen" des Wissens liegt. Der Chalsatz v.29b sagt, dies geschehe durch die Ablehnung der Jhwh-Furcht. Das Wissen, das die Weisheit dem Unerfahrenen vermitteln will, wird nicht mit der Jhwh-Furcht, das heißt mit der Frömmigkeit, identifiziert,[5] sondern die Jhwh-Furcht erscheint als Mittel des Erwerbes von Wissen, d.h. sie geht der „Weisheit" voraus: Ohne Frömmigkeit – kein Wissen.

Der Anschluß von v.31 an v.30 ist nicht logisch; da in v.31 die Folgerung aus dem in den vv.22-30 geschilderten Prozeß gezogen wird, der in v.28 schon zu seinem Ende gekommen ist, muß sich das ו „und" von der Textlogik her eigentlich an v.28 anschließen.[6] Unterbrechen die vv.29f. den Gedankenfluß durch eine teilweise wiederholende Rückblende, so läßt sich

---

1   Cf. Trible, Wisdom, p.515; Murphy, Song, p.459; Aletti, Séduction, p.130; Gilbert, Discours 1, p.113; Meinhold, Sprüche, p.61. Nur Baumann, Weisheitsgestalt, pp.174-177, verwertet diese Relation nicht für ihre Gliederung.

2   Cf. Trible, Wisdom, p.517; Gilbert, Discours 1, pp.113f.

3   Cf. Delitzsch, Spruchbuch, p.59.

4   Cf. Plöger, Sprüche, p.19.

5   So Frankenberg, Sprüche, p.25; Gemser, Sprüche, p.24: „Synonyme"; McKane, Proverbs, p.275; Meinhold, Sprüche, p.61. Dazu: Prov 1,7; 9,10; 2,5; 3,7.

6   Cf. Delitzsch, Spruchbuch, p.59.

fragen, ob diese beiden Zeilen zum ursprünglichen Gedicht gehört haben. Da sie eine ursprünglich streng konzentrische Struktur zersprengen, sind sie wahrscheinlich später zugefügt worden:[1] Wie wir gesehen haben, rahmen die vv.22aα.23 und vv.32-33 die ganze Rede durch chiastisch gestellte Stichworte und korrespondierende Motive. Vers 28 bildet die Antithese zu v.24,[2] so daß wir in diesem Verspaar den inneren Rahmen um das Gedicht sehen dürfen. Doch nun verwirren sich die Fäden. Für v.25 kommen zwei Verse als Pendant in Frage: Zwar hat v.25 mit v.30 die meisten Übereinstimmungen (אבה „wollen" und תוכחת „Zurechtweisung"),[3] doch mit dieser Entsprechung bräche die Harmonie der Komposition auseinander. Bestand der äußere Rahmen aus zwei Versen, und weist auch das mutmaßliche Zentrum in vv.26-27a zwei Zeilen auf, so korrespondierten dem einen v.25 drei Bikola, vv.29-31.[4] Entgegen der angedeuteten Konzentrik von Rahmen und Zentrum wäre der innere Rahmen parallel gebaut: v.24→vv.28(29); und v.25→vv.(29)30.31. Doch gibt es noch eine andere Möglichkeit, ein Pendant zu v.25 auszumachen. War v.28 die Antithese zu v.24, so ist in v.31 die Wurzel יעץ „raten" ebenfalls entgegengesetzt zu v.25 verwendet. Ist dort vom „Rat" (עצה) der Weisheit die Rede, welchen die Unbelehrbaren verwerfen, so sind ihre eigenen „Ratschläge" (מעצות) die Ursache ihres Unterganges. Die antithetische Verknüpfung von v.24 mit v.28 entspricht der von v.25 mit v.31. Wird so der innere Rahmen der konzentrischen Struktur von den vv.24f. und den vv.28.31 gebildet, erweisen sich die vv.29f. als nachträglicher Einschub in die Komposition. Die ursprüngliche Rede der Weisheit umfaßte die vv.22aα.23-27a.28.31-33. Dies sind fünf Strophen zu je zwei Versen. Die Einleitung (vv.20f.) bildet eine weitere Strophe.

---

[1] Daß der Rede der Weisheit eine konzentrische Struktur zugrundeliegt, ist der Konsens der neueren Ausleger: Trible, Wisdom, v.a. pp.511.518; Aletti, Séduction, p.131; Overland, Structure, pp.58.60. 191; Baumann, Weisheitsgestalt, p.177. Ähnlich Gilbert, Discours 1, p.112, allerdings eher grob: Rahmen und zwei Korpusteile.

[2] Cf. Overland, Structure, p.63; Schäfer, Poesie, pp.47f.

[3] Diese Beobachtung bildet den Angelpunkt für die Gliederung von Trible, Wisdom, p.516; cf. Overland, Structure, p.60. Trible findet zwar auch eine konzentrische Struktur, aber da sie die Kongruenz von gedanklicher und kompositorischer Struktur nicht zu Ende bedenkt (so bei der Paarung von v.23 mit v.31), sowie keinen harmonischen Textaufbau findet, kann ihre Gliederung nicht restlos überzeugen. Zur Kritik cf. auch Gilbert, Discours 1, p.114; Baumann, Weisheitsgestalt, p.176.

[4] Eine Alternative fände sich noch in einer Gliederung, die v.24 den vv.28f. zuordnete, und v.25 den vv.30f.; doch bliebe hier die Frage nach der Textlogik in vv.28-31 mit ihrer Rückblende offen.

10.1.2 Traditionen des Textes

Die inhaltliche Analyse von Prov 1,20-33 folgt der in der Strukturanalyse ermittelten Diachronie und bespricht die Traditionen der einzelnen Schichten je gesondert.

In der Grundschicht (1,20-22aα.23-27a.28.31-33) haben sich zur weisheitlichen Grundlage des Textes[1] im wesentlichen zwei Motivkomplexe gesellt: die Weisheit als Prophetin und als Schutzgöttin. Durch sie erhält die Gestalt der Weisheit Form und Farbe.

Die Grundschicht ist geprägt von der Aufnahme prophetischer Redeformen und Motive; genannt werden:[2] die Gattung von Schelt- und Drohwort, die Weigerung zu hören, der Umkehrruf, das Motiv Suchen-Finden, Auftreten der Weisheit in der Öffentlichkeit, die Geistverleihung.

Am eindeutigsten ist die Übernahme der Redeform des Schelt- und Drohspruches.[3] Die Aufforderung zur Umkehr[4] findet sich im Korpus der Weisheitsliteratur nur in der dritten Elifazrede sowie in der vierten Elihurede (Hi 22,23; 36,10), beide Male im Zusammenhang mit Leidenspädagogik,[5] wobei nur in 22,23 von einer Umkehr zu Gott die Rede ist, was zu Prov 1,23 strukturanalog ist. Diese zwei isolierten Belege machen deutlich, daß Umkehr kein typisch weisheitliches Thema ist. Es findet sich vielmehr im Bereich der deuteronomistischen (dtr.) Literatur sowie der Propheten und dem chronistischen Geschichtswerk.[6] Die Zeichnung der Propheten als Bußprediger geht dabei – nach Dietrich – auf DtrN zurück,[7] ist also ein spät-

---

1   Auf weisheitliche Traditionen weisen hin: חכמות (v.20); תוכחת (v.23); עצה (v.25); פרע (v.25; cf. Prov 8,33; 13,18; 15,32). Dazu kommt das Thema des Tun-Ergehen-Zusammenhanges sowie die Handlungsalternative, die den Text strukturiert. Sie besteht darin, entweder sich von der Zurechtweisung loszureißen (פרע, v.25) oder auf die Weisheit zu hören (שמע, v.33). Diese Alternative findet sich auch in Prov 15,32; cf. Prov 8,33.

2   Cf. Ewald, Dichter 2, p.79; Strack, Sprüche, p.313; Robert, Attaches, RB 43, 1934, p.174; Boström, Proverbiastudien, pp.28-31; Ringgren, Word, p.96; Kraus, Verkündigung, p.13; Gemser, Sprüche, p.23; Ringgren, Sprüche, p.17; Hulsbosch, Sagesse, Aug. 2, 1962, p.17; Kayatz, Studien, pp.120-129; Mack, Wisdom, p.56; McKane, Proverbs, p.276; Plöger, Sprüche, p.20; Meinhold, Sprüche, pp.60f.; Steiert, Weisheit, p.270; Baumann, Weisheitsgestalt, p.197. Einzig Lang, Frau Weisheit, pp.41-43, widerspricht dieser Ansicht vehement.

3   So schon Zimmerli, Struktur, p.181 n.1. Ausführlich Kayatz, Studien, pp.120-123 und neuerdings Baumann, Weisheitsgestalt, pp.182-184. Zu den Gattungen cf. Gunkel, Einleitungen, pp.IL.LXIV; Westermann, Grundformen, pp.92-121.

4   Cf. Plöger, Sprüche, p.p.18; Baumann, Weisheitsgestalt, pp.179-181.

5   Hi 36,10, der zu einer Abkehr von Verfehlungen aufruft, steht im Zusammenhang mit prophetischen und dtr. Texten (Dtn 30,16-20; Ez 33,11, cf. Wahl, Schöpfer, p.107). Dazu cf. auch Ez 18.

6   Cf. Soggin, שוב, col.888.

7   Cf. Dietrich, Prophetie, pp.42f.; Smend, Entstehung, p.124.

deuteronomistisches[1] Thema. Dieses Verständnis der Propheten als Bußprediger hat große Wirkung gezeitigt; sie prägt u.a. die dtr. Darstellung der
Propheten im Jeremia-Buch;[2] und noch Sach 1,4-6; 7,7-14[3] und Neh 9,26.30[4]
fassen die frühere prophetische Botschaft unter genau dem Stichwort der
Umkehr zusammen. Auch der Begriff „Abkehr" (מְשׁוּבָה) findet sich sonst
nur in prophetischen Texten[5] und meint meist eine Abkehr von Gott. Die
Begründung der Aufforderung zur Umkehr durch eine Verheißung (1,23)
könnte ebenfalls auf dtr. und prophetische Vorbilder zurückgehen.[6]

Die Weigerung zu hören[7] ist ein Thema der dtr. Paränese[8] und hat von
hier ihren Weg ins Jeremia-Buch gefunden.[9] Eine Formulierung mit „hören"
findet sich in Prov 1,24 nicht, dafür die sonst nicht belegte Verbindung von
קָרָא „rufen" mit מֵאֵן „sich weigern". Das Lexem „hören" (שָׁמַע) kennzeichnet erst denjenigen, der auf die Weisheit hört (1,33). Die Wendung שָׁמַע
לְ bezeichnet ein „Hören auf" im Sinne des Gehorchens qua „Aufnahme der
Lehre".[10] In analoger Weise ist in den dtr. Schichten von Jer (Jer-D) die
Fügung שָׁמַע אֶל verwendet.[11] Diese Aufnahme der Lehre wird nun von den
angeredeten Einfältigen verweigert (מֵאֵן, v.24). Dieser Vorwurf, daß sich
jemand weigert zu hören, wird häufiger erhoben; er findet sich im
allgemeinen Sprachgebrauch[12] und als Vorwurf, daß das Volk sich geweigert
habe, auf Gott zu hören.[13] Besonders nahe sind die prophetischen Texte Sach

---

[1] Dazu cf. Kaiser, Grundriß 1, p.85.
[2] Cf. Thiel, Redaktion 1, p.157; id., Redaktion 2, p.109.
[3] Cf. Beuken, Haggai, Sacharja 1-8, pp.84-113.118-138.
[4] Cf. Gunneweg, Nehemia, p.128; Mathys, Dichter, p.12.
[5] Hos 11,7; 14,5; Jer 2,19; 3,6.8.11.12; 5,6; 14,7; cf. Robert, Attaches, RB 43, 1934,
     p.180; Baumann, Weisheitsgestalt, p.193.
[6] Cf. Nel, Structure, pp.46.48.
[7] Cf. Boström, Proverbiastudien, pp.29-31; Ringgren, Sprüche, p.17; Kayatz, Studien,
     p.129; Baumann, Weisheitsgestalt, p.184.
[8] Cf. Schult, שָׁמַע, coll.980f.
[9] Cf. Thiel, Redaktion 2, p.98.
[10] Cf. Arambarri, Wortstamm, p.164.
[11] Jer 7,26f.; 11,11; 16,12; 17,24.27; 25,7; 26,4; 27,9.14.16.17; 29,8.12.19; 34,14,17;
     35,13.14.15.16; 37,2; cf. Arambarri, Wortstamm, p.137.
[12] Est 1,12. - Die Stelle 1 Sam 8,19 könnte hier auch angeführt werden, da dort das Volk
     nicht auf Samuel hören will. Da dieser aber als Prophet in göttlichem Auftrag spricht, ist
     diese Weigerung des Volkes ein Ungehorsam gegen Gott (cf. v.7; nach Noth, Studien,
     pp.54f., ist das ganze Kapitel dtr.; Veijola, Königtum, pp.56f., hält vv.7.19 für DtrN;
     kritisch gegen Veijolas Analyse Becker, Widerspruch, pp.249-264; nach Mommer,
     Samuel, p.67, sind vv. 7-21 dtr. Bearbeitung einer älteren Vorlage [vv.1-17]; ganz
     anders Moenikes, Ablehnung, pp.74.164-171).
[13] Jes 1,20; Jer 11,10 (=Jer-D, cf. Thiel, Redaktion 1, pp.156f.); Ps 78,10 (ein Psalm, der
     dtr. Theologumena aufnimmt, cf. Spiekermann, Heilsgegenwart, p.149); Sach 7,11; Neh
     9,17. Cf. Robert, Attaches, RB 43, 1934, p.177, der noch weitere Stellen mit מֵאֵן anführt,
     allerdings nicht in Verbindung mit שָׁמַע; Ringgren, מֵאֵן, coll.617f.

7,11-14 und Jer 11,10f.[1] In beiden handelt es sich um Schelt- und Drohworte, und in beiden ist dieses Motiv mit der Weigerung Gottes verknüpft, Gebete zu erhören; so z.B. Sach 7,13:

> und so geschah es: wie ‚ich gerufen habe'[2] und sie haben nicht gehört,
> so riefen sie und ich hörte nicht.

Dieses Motiv des Rufens des Volkes und Sich-verweigerns Gottes ist in den prophetischen Texten für das Verhältnis Gottes zu Israel häufiger verwendet[3] ebenso wie das Rufen Gottes und Nicht-hören des Volkes.[4] Hierher gehören die Wendungen אביתם לא „ihr habt nicht gewollt" und מקשיב אין „keiner, der aufmerkte". Das Wort אבה „wollen" wird proverbiell nur in cc.1-9 gebraucht (daneben noch Hi 39,9). In Prov 6,35 scheint es ebenso wie in 1,10 dem allgemeinen Sprachgebrauch entnommen zu sein. Das Wort אבה „wollen" gehört nicht zu irgendeinem weisheitlichen Topos; eher findet man dtr. und prophetische Texte, die das Wort topisch benutzen.[5] Das Lexem קשב hi. „aufmerken" ist zwar in weisheitlichen Lehreröffnungen geläufig, aber weisheitlich erscheint es sonst nicht verneint. Verneint ist die Wendung eher typisch für exilisch-nachexilische Texte, die den Ungehorsam Israels benennen.[6] Sie sind zum Teil prophetisch, wobei Jer 6,19 wohl auf dtr. Redaktion zurückgeht.[7] Die Wahl dieses Lexems dürfte dadurch mitbestimmt sein, daß „Aufmerken" das ist, was der Schüler tun soll.[8] Auch das Auftreten der Weisheit in der Öffentlichkeit mag prophetischem Vorbild geschuldet sein,[9] jedoch war das Stadttor der Ort, wo sich in der israelitischen Stadt Öffentlichkeit konstituierte; von daher ist es selbstverständlich, daß jemand, der öffentlich reden will, dort auftritt. Selbst wenn die Lokalisierung der Rede kein deutlicher Hinweis ist, so geht sie doch mit der prophetischen Rolle kongruent.

Nicht auf prophetischen Hintergrund geht hingegen die vorwurfsvolle Frage עד מתי „wie lange noch" (v.22) zurück.[10] Solche Fragen finden sich in

---

[1] Jer 11,1-17 ist durchgängig von D formuliert, cf. Thiel, Redaktion 1, p.156.

[2] Cf. BHS.

[3] Z.B. Mi 3,4; Jes 1,15; Ez 8,18. Cf. Kayatz, Studien, p.125; Baumann, Weisheitsgestalt, p.189. Positiv gewendet, als Heilsverheißung Jes 58,9.

[4] Jes 65,12; 66,4; Jer 7,13. Cf. Jer 35,17.

[5] Dtn 1,26; Jes 30,9; Ez 20,8 (par. מרה). - Lev 26,21 (zum dtr. Traditionshintergrund von Lev 26, cf. Thiel, Erwägungen); Jes 1,19; 30,9; Ez 3,7. Cf. Gerstenberger, אבה, col.23; Johnson, אבה, col.27.

[6] Cf. Schottroff, קשב, col.689.

[7] Cf. Thiel, Redaktion 1, p.101.

[8] Cf. 4,1.20; 5,1.

[9] Cf. Baumann, Weisheitsgestalt, p.178.

[10] Diese Verbindung suggeriert die Auswahl der Stellen bei Kayatz, Studien, p.120; cf. Steiert, Weisheit, p.162.

ganz unterschiedlichen Textbereichen.[1] Neben einigen Stellen, an denen es sich um Informationsfragen handelt[2] und die vielleicht Alltagssprachgebrauch spiegeln, findet sich diese Wendung in der Gattung der Klage.[3] Wie oben schon gezeigt, liegt in der Frage „wie lange noch?" die Verbindung von Vorwurf[4] und Aufforderung,[5] die sich gelegentlich in der Klage findet.[6] Jedoch wird Prov 1,22 nicht die Gottheit angeredet, sondern die Weisheit spricht zu den פתים „Unerfahrenen". Am naheliegendsten scheint mir, nicht nach literarischen Mustern zu suchen, sondern anzunehmen, daß uns hier ein allgemeiner Sprachgebrauch begegnet.[7] Doch da es auch prophetische Texte gibt, die diese Wendung aufweisen, paßt sie in die Darstellung.

Daß in v.23 die Geistmitteilung als eschatologische Heilsgabe, wie in Jes 59,21 gemeint sei,[8] scheint mir ein zu forciertes Verständnis zu sein. Die Begründung für diese Anspielung läge allein in der Tatsache, daß in diesen beiden Texten רוח „Wind" und דבר „Wort" in ähnlicher Weise parallel gebraucht sind.[9] Doch ist der Sinn von Jes 59,21 nicht vorschnell in Prov 1 einzutragen. Für das Verständnis von רוח „Wind" in Prov 1,23 ist zuerst der Kontext heranzuziehen. Dieser ist durch die Opposition zweier Haltungen geprägt. Die einen lassen sich nicht belehren, sie weisen die Zurechtweisung (תוכחת, v.23a.25b) zurück, die andern hören. Diese Haltung wird also kommunikativ durch Worte (דברים, v.23b) vermittelt. Die Verben in v.23 unterstützen diese Deutung: ידע hi. „wissen lassen" und נבע hi. „hervorsprudeln lassen". Das zweite Lexem dient fast ausschließlich metaphorisch als *verbum dicendi*.[10] Daher wird die רוח hier etwas sein, das man durch Sprache vermitteln kann.[11]

---

1   Ex 10,3.7 (J); Nu 14,27 (P); 1 Sam 1,14; 16,1; 2 Sam 2,26; 1 Kge 18,21; Jes 6,11; Jer 4,21; 23,26; 31,22; 47,5; Hos 8,5; Hab 2,6; Sach 1,12; Ps 74,10; 80,5; 94,3; Prov 6,9; Dan 8,13; Neh 2,6.

2   Jes 6,11; Dan 8,6.13; Neh 2,6, cf. Jenni, מתי, col.934.

3   Cf. Gunkel/Begrich, Einleitung, p.127; Jenni, מתי, coll.934-936; Gerstenberger, Psalms 1, p.84. - Baumann, Weisheitsgestalt, pp.178f.

4   Cf. Jenni, art מתי, col.934.

5   S.o. p.195. Dies ist gegen die von Baumann, Weisheitsgestalt, p.179, genannten Vergleichsstellen Jer 4,21f.; 31,22 und Hos 8,5 zu sagen: Ihnen fehlt das Moment der Aufforderung.

6   Cf. Ps 80,5; 94,3.

7   Cf. Ex 10,7; 1 Sam 1,14; 2 Sam 2,26; 1 Kge 18,21; Prov 6,9.

8   Cf. Kayatz, Studien, p.127; Baumann, Weisheitsgestalt, pp.181f. Prophetische Vorbilder finden auch Robert, Attaches, RB 43, 1934, p.176; Plöger, Sprüche, p.18: Jes 44,3. Für Robert liegt in der Geistmitteilung der Weisheit ein Zug, der sie Gott annähert, (aaO. p.177).

9   Cf. Baumann, Weisheitsgestalt, pp.181f.

10   Cf. besonders Sir 16,25. Daneben: Ps 19,3; 59,8; 78,2; 94,4; 119,171; 145,7; Prov 15,2.28. Einzige Ausnahme Qoh 10,1.

11   Zur Parallelität von רוח und דבר: Jes 59,21; Ps 33,6; 147,18; (Sir 16,25 רוח parallel mit דעת). Cf. LXX: πνοῆς ῥῆσις; Meinhold, Sprüche, p.60. Scott übersetzt etwas gewagt

Abschließend sind noch einige Motive zu besprechen, die in weisheitlicher Tradition ebenso wie in prophetischer zu finden sind. In v.31 wird der
Zusammenhang von Tun und Ergehen im Bild der „Frucht" (פרי),[1] von der
man ißt[2] und sich sättigt,[3] beschrieben. Damit ist auf einen natürlichen Vorgang angespielt: Wie die Frucht wächst und, wenn die Zeit der Reife da ist,
geerntet werden kann, so bringt das Handeln der Menschen (hier דרך „Weg"
und מעצה „Rat") ebenfalls Frucht. Dabei steht die Bildwelt von Saat und
Ernte im Hintergrund.[4] In der antithetischen Entsprechung von Tun in v.24
und Ergehen in v.28 spricht sich ein Verständnis aus, das dem Menschen
genau das zukommen läßt, was er selber getan hat.[5] Der Tun-Ergehen-
Zusammenhang ist ganz immanent ohne das Eingreifen Gottes formuliert.
Dies ist ein Grundgedanke der Weisheit – aber keiner, der die Weisheit von
der Prophetie unterscheidet, da auch dort die Strafe ganz ohne Hinweis auf
göttliches Zutun angekündigt werden kann.[6] Doch neben solchen Sprüchen,
die Gott nicht ausdrücklich erwähnen, gibt es solche, die ihn in den Tun-
Ergehen-Zusammenhang involviert sehen.[7] Wir greifen im Zusammenhang
von Tun und Ergehen eine weltanschauliche Basis altorientalischen Denkens, an der alle Lebensbereiche teilhatten, und den die Weisheit zu formulieren sucht. Damit ist der Tun-Ergehen-Zusammenhang in der Weisheit
zum Thema des Nachdenkens geworden. Diese thematische Prägung unseres
Textes weist ihn dem weisheitlichen Diskurs zu.

Im Anschluß an Robert[8] deutet Baumann[9] die Ausdrücke für Unglück in
Prov 1,26f. als Hinweise auf die prophetische Ankündigung eines Gerichtes,
besonders des Tages Jahwes. Da v.27b als Glosse auszuscheiden war, sind

---

„thought" (Proverbs, p.34) und Delitzsch erklärt „Geist als wirksame Macht (Princip)
der Worte." (Spruchbuch, p.57). Zum Zusammenhang von Geistbegabung und Rede cf.
Gen 41,37-39; 2 Sam 23,2; Sach 7,12, cf. Baumann, Weisheitsgestalt, p.182. Dazu noch
1 Kge 22,23f.

[1] Der Ausruck פרי דרכיו ist nur hier belegt; ähnliche Wendungen finden sich jedoch Prov
11,30; 31,31 (cf. 31,16); Jes 3,10; Jer 17,10; cf. Jer 21,14; 32,19; Mi 7,13.

[2] Dies ist eine geläufige Wendung, nicht nur konkret, sondern auch übertragen: Jes 3,10;
Hos 10,13; Prov 13,2; 18,21 (cf. BHS); 27,18.

[3] Cf. Prov 12,14; 13,2.

[4] Z.B. Hos 8,7; cf. Koch, Vergeltungsdogma, pp.10f.; zu Prov 1,31 ausdrücklich McKane,
Proverbs, pp.275f.

[5] Oft ausgedrückt durch die Wiederholung des gleichen Wortes, cf. Dtn 32,21; 1 Kge
21,19; Ez 36,6-7; Joel 4,4-8, dazu Miller, Sin, p.112; s.o. pp.30f.

[6] Z.B. Jer 2,19; Hos 4,17-19; 5,6f.; 6,3-7; 7,16; 8,1.2f.; 9,1-6; cf. Miller, Sin. Gegen:
Kayatz, Studien, p.123; McKane, Proverbs, p.276; Meinhold, Sprüche, p.60; Schäfer,
Poesie, p.35.

[7] Eine generelle Aufsicht Prov 5,21; 15,3.11; 24,11; ein ungleiches Verhalten gegenüber
verschiedenen Menschentypen: Prov 3,32.34; 10,3.29; 12,2; 15,29; oder nur gegenüber
einer Sorte Menschen Prov 16,7; 18,10; 22,14; 24,18; 25,22.

[8] Cf. Robert, Attaches, RB 43, 1934, pp.178f.

[9] Cf. Baumann, Weisheitsgestalt, pp.186-188.

die Begriffe צרה וצוקה „Not und Bedrängnis" für eine traditionsge-schichtliche Herleitung der Grundschicht außer Acht zu lassen.[1] Die übrigen Wörter (פחד „Schrecken", איד „Verwüstung", שואה „Verderben" und סופה „Sturm") sind zwar auch prophetisch belegt, aber keineswegs von dort her geprägt. Ihr weisheitlicher Gebrauch ist im Folgenden aufzuweisen. In Hi 21 klagt Hiob über das Glück der Frevler, dem Gott nicht wehrt: Der Frevler lebt ohne Schrecken (פחד, v.9) und der Sturmwind (סופה) trägt ihn bei Nacht nicht fort (v.18).[2] So ist für die Weisheit der Schrecken das angemessene Schicksal des Frevlers,[3] vor dem der Weisheitsobservant und der Gerechte verschont werden.[4] Ähnlich ist איד „Verwüstung" etwas, das den Frevler trifft oder treffen sollte.[5] Der vernichtende „Sturm" (שואה), mit dem der Schrecken verglichen wird, ist auch ein weisheitlich verwendetes (poe-tisches) Bild, das im Zusammenhang mit dem Ergehen der Frevler auftritt.[6] Gleichfalls poetisch ist die Verwendung von סופה „Sturm", ein Wind dessen zerstörerische Macht in einigen Vergleichen eine Rolle spielt – neben der prophetischen Literatur[7] in Ps 83,16 und mehrfach weisheitlich.[8] Dort kann der Begriff sogar als Metapher für die Macht stehen, die den Untergang des Frevlers herbeiführt.[9] Alle tragenden Begriffe in Prov 1,26f. sind weisheit-lich im Zusammenhang mit dem Untergang des Frevlers belegt. Da unser Text das gleiche Thema hat, erklärt sich der Sprachgebrauch von daher. Wir

---

[1] Baumann, Weisheitsgestalt, p.188, hatte mit Hinweis auf Zef 1,15 gerade diese Termini stark gemacht, um die Beziehung zum Tag Jhwhs zu etablieren.

[2] Eine rhetorische Frage, die unterstellt, daß das Erfragte nicht der Fall ist.

[3] Ps 14,5; Hi 15,21; 22,10; 31,23.

[4] Prov 3,24f.; cf. Hi 21,9.

[5] Prov 6,15; Hi 18,12; 21,17.30; 30,12; 31,3.23. - Allerdings kann das Unheil auch andere treffen: Prov 17,5; 24,22; 27,10. Der prophetische Sprachgebrauch verwendet das Wort für eine militärische Vernichtung eines Kollektivs: Jer 18,17; 46,21; 48,16; 49,8.32; Ez 35,5; Ob 13.

[6] Mit anderen Wörtern: Ps 35,5; cf. Prov 3,35. In Jes 10,3; 47,11 steht שואה als Bild für eine kollektive Katastrophe, in Zef 1,15 für den Tag Jahwes. Durch diese Verwendungs-weise als poetisches Bild liegt eine Vagheit in dem Wort, weswegen es an den Stellen auch verwendet ist. Einen traditionsgeschichtlichen Haftpunkt kann man für es daraus nicht ableiten, wie Baumann, Weisheitsgestalt, p.188, im Zusammenhang mit den aus der Glosse stammenden Begriffen צרה וצוקה andeutet.

[7] So in Jes 5,28; 66,15; Jer 4,13, wo (Kriegs-)Wagen mit dem Sturm verglichen werden. Die beiden letzten Stellen gehören dabei in den Textbereich der Theophanie, die mit Sturm einhergeht, cf. Jes 29,6; Nah 1,3. Ein Machtgefälle zwischen Sturm und Distel ist der Bildgeber im Vergleich Jes 17,13 - ähnlich Ps 83,16; Hi 21,18. Der Sturm in der Wüste ist Bildgeber für eine Zerstörung überhaupt in Jes 21,1; ähnlich Am 1,14. Hos 8,7 ist ein weisheitlich beeinflußter Spruch über den Tun-Ergehen-Zusammenhang (cf. Jeremias, Hosea, p.108).

[8] In Hi 37,9 und Sir 43,17 sind kosmologische Aussagen in mythologischem Gewand gemacht.

[9] Vor allem Prov 10,25; Hi 27,20; aber auch Hi 21,18.

können somit im Thema des Tun-Ergehen-Zusammenhanges und in der
Schilderung des Loses derjenigen, die sich der Weisheit verweigern, den
weisheitlichen Diskurszusammenhang erkennen; dies ist nicht nur am Thema
des Textes festgemacht, sondern auch an den poetischen Bildern in vv.26f.,
die ebenfalls in themenverwandten weisheitlichen Texten verwendet werden.

Das Motiv der Schadenfreude[1] über den Untergang von Menschen (Prov
1,26) findet sich zwar in prophetischer Unheilsankündigung, jedoch sind
dort Menschen die Spottenden,[2] ein Motiv, das vielleicht aus der Klage
kommt[3] und nicht ursprünglich „prophetisch" ist.[4] Gott selbst als der Spot-
tende findet sich nicht dort, sondern in Texten, die einen Aussagecharakter
haben – oder implizite Ankündigungen enthalten. Insoweit ist die Verwendung hier im Drohwort eine Besonderheit. Daß Gott sich über den Untergang
der Frevler freuen wird, ist sonst nur in Ps 37,13 und Hi 9,23 gesagt.[5] Diese
beiden Texte sind Prov 1,26 themenverwandt, da es in ihnen nicht um
Völker geht, sondern um einzelne Menschen, die sich durch ihr Verhalten
disqualifiziert haben.[6] Horizont von Ps 37,13 und Hi 9,23 ist die Frage nach
der Gerechtigkeit Gottes. Die Texte gehören in die späte Diskussion um den
Tun-Ergehen-Zusammenhang und seine Gültigkeit. Dabei nimmt Gott eine
Haltung ein, wie sie die weisheitliche Ethik verwirft (Prov 17,5; Hi 31,29).

Fassen wir zusammen: Was Prov 1,20-33 mit prophetischen Texten
verbindet, sind neben der Redeform des Schelt- und Drohwortes vor allem
die Motive der Umkehr und Abkehr als der Verweigerung zu hören. Diese
Motive treten weisheitlich nicht in dieser Form auf, wohl aber prophetisch.
Das öffentliche Auftreten der Rednerin sowie die vorwurfsvolle Frage mit
עד מתי „wie lange noch" passen zwar zu einer Prophetin, sind aber keineswegs für diese typisch. Der Tun-Ergehen-Zusammenhang findet sich auch in
prophetischen Texten, ist aber schwerpunktmäßig ein weisheitliches Thema.
Nicht auf prophetischem Hintergrund sind die Rede von der Mitteilung der
רוח und die Ausdrücke für Unglück zu sehen. Letztere weisen auf den weisheitlichen Diskurs über das Schicksal des Frevlers. In diesem Zusammenhang ist ebenfalls das Motiv der Schadenfreude zu suchen.

---

1   Cf. Murphy, Song, p.459; Baumann, Weisheitsgestalt, p.188.
2   Hos 7,16; Jer 48,39; Ez 36,4. Mit unbestimmtem Subjekt Ez 23,32.
3   Cf. Klagelied des Einzelnen: Jer 20,7; Ps 22,8; 44,14; 79,4; Hi 30,1; Thr 3,14. Klagelied
    des Volkes: Jer 48,39 (verwendet als Unheilsankündigung); Ps 80,7; Thr 1,7.
4   So meint Robert, Attaches, RB 43, 1934, p.179.
5   In Hi 9,23 behauptet Hiob, Gott freue sich auch über den Untergang der Schuldlosen.
    Diese Behauptung setzt eine Vorstellung, wie die Ps 37,13, voraus. Cf. Ps 2,4; 59,9
    (Völker als Objekt der göttlichen Schadenfreude); Ps 52,8; Hi 22,19 (Freude der Men-
    schen über Gottes Gericht an den Frevlern).
6   Gegen Baumann, Weisheitsgestalt, pp.188f., die Ps 2,4 und 59,9 den Vorzug gibt.

Das Bild vom Propheten, das Prov 1,20-33 zeichnet, ist beeinflußt von der deuteronomistischen Prophetentheologie, die z.B. in Sach 1,1-4 und Neh 9 nachgewirkt hat.

Baumann sieht v.33a, wo dem, der auf die Weisheit hört, ein sicheres Wohnen (שׁכֹן בטח) verheißen wird, ebenfalls in dtr. Tradition.[1] Der Topos ist zwar in dtr. Texten belegt, freilich mit dem Verb ישׁב.[2] Die nichtdtr. Stellen überwiegen,[3] so „daß man die Wendung nicht ohne weiters als dtr. betrachten kann".[4] Genau die gleiche Formulierung wie Prov 1,33a findet sich nur noch Dtn 32,28 im hymnischen Rahmen um die Stammessprüche des Mosesegens und ähnlich als שׁכֹן לבטח in Dtn 33,12; Jer 23,6; Jer 33,16; Ps 16,7. Doch gehören beide Jer-Texte nicht zu Jer-D, sondern sind spätere Weiterungen.[5] Dtn 33,12 ist der Segensspruch für Benjamin, der zwar ins Dtn aufgenommen wurde - aber dies sagt bei den Stammessprüchen noch nichts über ihre Herkunft. Ps 16 ist ein sicher später Psalm, der unter anderem weisheitlich geprägt ist. Einseitig aus dem Deuteronomismus ist der Topos also nicht herzuleiten; dies bedürfte genauerer Untersuchungen.

Es zeigt sich, daß der deuteronomistische Traditionshintergrund nur das Prophetenbild betrifft; ein enges Gebiet, auf dem allerdings die deuteronomistische Auffassung für die Späteren recht allgemein prägend geworden ist. Eine besondere Nähe des Verfassers zu dtr. Theologie ist hieraus nicht ableitbar. Er wird bei seiner Schilderung der Frau Weisheit als Prophetin einfach auf das – freilich durch die Deuteronomisten wesentlich geprägte – zeitgenössische Prophetenbild zurückgegriffen haben.

Neben der Aufnahme von Motiven, die die Weisheit in der Rolle der Prophetin erscheinen lassen, sind in die Rede noch andere Traditionen eingewoben. So ist die Weisheit auch als Schutzgöttin gezeichnet.[6] In Umkehrung der Verhältnisse von v.24 wird die Weisheit auf ein Rufen der Abtrünnigen nicht antworten (v.28). Dieses Motiv entstammt dem Lebensbereich des Gebetes zu einer Gottheit.[7] Ähnlich ist das Motiv des Suchens und (Nicht-)Findens zu deuten.[8] In der vorliegenden Fassung der Weigerung,

---

[1] Cf. Baumann, Weisheitsgestalt, pp.196.198.

[2] Dtn 12,10; Ri 18,7 (cf. Becker, Richterzeit, p.254: „spät-dtr Umkreis"); 1 Sam 12,11; 1 Kge 5,5 sind die einzigen dtr. Stellen. Daneben aus dem Heiligkeitsgesetz Lev 25,18-19; 26,5 und Jer 32,37 (D cf. Thiel, Redaktion 2, p.35; zu weiteren Differenzierungen cf. Pohlmann, Studien, pp.46f.; Levin, Verheißung, p.168).

[3] Jes 47,8; Jer 49,31?; Ez 28,26; 34,25.28; 38,8.11.14; 39,6.26; Zef 2,15; Sach 14,11; Ps 4,9; 16,9; Prov 3,29.

[4] Thiel, Redaktion 2, p.35.

[5] Cf. Thiel, Redaktion 1, p.248 n.60; Redaktion 2, p.37.

[6] Baumann, Weisheitsgestalt, p.198, etwas unprägnant: „Die Weisheit ähnelt hier JHWH, wie er vor allem in den Klagepsalmen geschildert wird."

[7] Cf. Lang, Frau Weisheit, p.47; Baumann, Weisheitsgestalt, p.231; gegen Göttsberger, Weisheit, p.20.

[8] Gegen Baumann, Weisheitsgestalt, p.190, die Liebeslyrik als einen Hintergrund für diese Redeweise annimmt (Cant 5,6). Doch darauf gibt der Kontext keinen Hinweis. Anders liegt der Fall in Prov 7,15, wo der Kontext auf eine solche Verwendung

das Gebet zu erhören, wird daneben an prophetische Texte erinnert, wo Gott sich dem Gebet der Israeliten verweigert.[1] Dies reflektiert eine Erfahrung, die Betern auch sonst bekannt war.[2] An den anderen alttestamentlichen Stellen ist es überwiegend Gott, der im Gebet angerufen wird. Ist es sonst Gott, der sich denen entzieht, die sich von ihm abgewendet haben und der auf die Frevler nicht hört,[3] so hier die Weisheit, die gleiches mit ihren Verächtern tut.

Diese Rolle der Weisheit als Schutzgöttin, die der Mensch anrufen oder suchen kann und soll, ist in 2,3f. ebenfalls zu finden; die Ausübung des Schutzes durch die Weisheit – bzw. in begrifflicher Variation durch מזמה „Planen" und תבונה „Verständigkeit" – wird dann in 2,11 ausgesagt. Ähnliches findet sich in 3,21-24. Sind jedoch dort תשיה „praktische Intelligenz" und מזמה „Planen" nicht als personifizierte Größen kenntlich, so ist die Rolle der Weisheit in c.2 Grundschicht die einer festen Größe, die am ehesten als *habitus* zu verstehen ist, den sich der Schüler aneignet. Wir hatten darin einen ersten Schritt zur Personifizierung vermutet. In 4,1-9 konnten wir eine Zwischenstufe finden. Die Verwendung des Motivs in der ersten Rede der Weisheit, einem Text, in dem sie eindeutig als Person auftritt, zeigt die traditionsgeschichtliche Kontinuität.

Aufgrund der beschriebenen Traditionen ist es möglich, die Grundschicht zu datieren. Sie ist nachdeuteronomistisch, da sie Theologumena übernimmt, die teilweise erst von spätdeuteronomistischen Schichten (Umkehrgedanke im Zusammenhang der Prophetentheologie) ausgebildet worden sind. Für diese Epoche spricht auch das Motiv der Schadenfreude, das sich so nur noch in Hi 9,23 und Ps 37,13 findet. Mythologische Anklänge weist Prov 1,20-33 nicht auf – im Unterschied zu Prov 8,22ff. Dennoch ist die Gestalt der Weisheit in komplexer Weise gezeichnet. Dies wird deutlich durch die Vielzahl der Traditionsbereiche, zu denen Verbindungen bestehen.

---

hinweist. Aber das „Finden" einer Frau kann auch auf die Wahl der Ehefrau bezogen sein, so Prov 18,22 (cf. Riesener, Frauenfeindschaft, p.202). Freilich gibt es auch die weisheitliche Formel vom Suchen der Weisheit, bzw. Wissen mit בקש: Prov 15,14; 18,15; Qoh 7,25. שחר ist außerhalb von Prov 1-9 nur 13,24 verwendet, allerdings in anderer Bedeutung. Innerhalb von Prov 1-9 neben der genannten Stelle 7,15 noch in 8,17 (שחר), ebenfalls auf die Weisheit bezogen.

1 So z.B. Jes 1,15 (שמע אינני ... תפלה תרבו), cf. Jer 11,14); Jer 11,11 (וזעקו אלי ולו); אשמע אליהם; cf. Sach 7,13); Ez 8,18 (אשמע ולו ... וקראו); Hos 5,6; Am 8,12 (ימצאו); Mi 3,4 (... יענה יזעקו ולו); cf. Jer 14,12. Aus der Weisheit Prov 15,29 in anderer Terminologie.

2 Dtn 1,45; Hi 35,12; Ps 22,3; 28,1.

3 So explizit in Prov 15,29.

Grundlage der Personifikation ist der weisheitliche Diskurs über die grundsätzliche Lebensalternative, der Proverbien 1-9 insgesamt prägt.[1] Er ist zugespitzt auf die Frage nach der Weisheitsobservanz. Die Weisheit ist als schützende Macht gesehen, wie schon in der Grundschicht von c.2 – mit dem Unterschied, daß sie 1,20ff. als Schutzgöttin personifiziert ist. Damit tritt sie (zumindest partiell) an die Stelle Gottes. Neben dieser Rolle spielt die Weisheit die einer Prophetin. Dazu wird die Schelt- und Drohrede imitiert. Aber auch der einladende Ruf zur Umkehr, wie er für das spätere, von dtr. Vorbildern beeinflußte Prophetenbild typisch ist, ist für Prov 1,22-33 bestimmend. Dabei sollte ein gewichtiger Unterschied zum dtr. geprägten Prophetenbild beachtet werden: War in den Augen der Deuteronomisten der Maßstab der Propheten das göttliche Gesetz, und sprachen die Propheten im Auftrag Gottes, so kann dies für die Predigt der Weisheit nicht gesagt werden. Ihr Maßstab ist ein anderer: sie selbst. Ein göttlicher Auftrag ist nicht zu erkennen; sie spricht in eigener Vollmacht. Damit sind zwar die sprachlich zu identifizierenden Motive prophetischer Predigt auszumachen, ja sogar Strukturanalogien, aber diese Struktur ist anders gefüllt.[2] Man kann das Strukturmodell des dtr. geprägten Prophetenbildes als Dreieck beschreiben, das von dem Propheten, seinen Adressaten und Gott gebildet wird. In Prov 1 ist die Position Gottes von der Weisheit, der als ‚Prophetin' auftre-

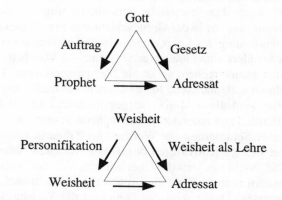

tenden Größe, besetzt. Sie ist damit in bestimmter Weise Gott als dem Auftraggeber prophetischer Predigt analog.[3] Sie ist die Redende, aber sie ist

---

[1]   Cf. Aletti, Séduction, p.132.

[2]   Auf diesen Unterschied macht auch Baumann, Weisheitsgestalt, p.198, aufmerksam.

[3]   So Robert, Attaches, RB 43, 1934, p.177; Ringgren, Word, p.96; Hulsbosch, Sagesse, Aug. 2, 1962, p.18; McKane, Proverbs, p.276; Baumann, Weisheitsgestalt, p.198. Ähnlich Delitzsch: Er meint, daß der Bußruf der Weisheit „auf seinen unsichtbaren göttlichen Hintergrund zurückführt" (Spruchbuch, p.54); Frankenberg, Sprüche, pp.24f.: „Dem Verfasser substituiert sich unwillkürlich für die Weisheit Gott selbst und dieser

auch das, woran das Verhalten der Menschen gemessen wird; die weisheitliche Lehre entspricht dem Gesetz. Ein wesentlicher Unterschied liegt
freilich im Adressaten; für den Propheten ist es das Volk Israel, für die
Weisheit sind es die „Unerfahrenen".

Prov 1,20-33 entwirft die personifizierte Weisheit als komplexe Person,
der eine Mehrzahl von Rollen eignet. Darin liegt die Stärke dieses literarischen Kunstmittels. Die Weisheit vertritt dabei Gott in mehrfacher Hinsicht:
zum einen als Beschützerin und Garantin von Sicherheit; zum andern als den
Menschen fordernde Gestalt. Dies hebt ihre „Autorität und Vollmacht"[1]
hervor. Doch welche Bedeutung hat diese Übernahme von Rollen, die sonst
nur Gott selbst ausübt? Dient diese rhetorische Bedeutungssteigerung der
Weisheit der Erinnerung an die israelitische Heilsgeschichte oder andere
Aspekte des Jhwh-Glaubens, wie Baumann meint?[2] Oder tritt die Weisheit in
eine – evtl. kultisch zu verstehende – Konkurrenz zu Jhwh? Letzteres, denke
ich, kann man ausschließen. In ihr eine „Göttin der Schule"[3] zu sehen, ist
wohl verfehlt, weil es den literarischen Charakter der Personifizierung
verkennt, der den ursprünglichen Rezipienten deutlich gewesen sein dürfte.
Der Sinn dieser Rollenokkupation scheint mir am ehesten folgender: Durch
sie wird die Bedeutung der weisheitlichen Lehre ungeheuer gesteigert.
Hinter dem, was der Lehrer dem Schüler sagt, steht diese mächtige Gestalt,
die Jhwh an Macht nichts nachgibt. Damit wird die rhetorische Überhöhung
der „Weisheit" durch ihre literarische Personifizierung von dem gleichen
Anliegen motiviert, das wir in der Grundschicht von Prov 2 gefunden hatten:
Hinter der Unterweisung des Lehrers eine Größe aufscheinen zu lassen, die
das Leben des Schülers zum Guten wenden kann: die Weisheit; war sie dort
noch als *habitus* anzusprechen, so ist sie hier personifiziert. Diese Personifikation ist durch metaphorische Redeweisen in c.2 traditionsgeschichtlich
vorbereitet. Hier sind diese Motive aufgegriffen und zu der Schilderung
einer in der Öffentlichkeit redenden Frau/Prophetin ausgebaut.

Daß mit dieser Schilderung der Weisheit als Trägerin göttlicher Rollen
fromme Seelen sich zu Korrekturen des Textes veranlaßt sahen, zeigt der
Zusatz in vv.29f. Nicht nur weil die Unerfahrenen sich der Weisheit verweigert haben, sondern auch, weil sie die Gottesfurcht nicht erwählten[4], sind sie
ins Unglück geraten. Damit wird das Schicksal der Weisheitsverweigerer
außer von ihrer Haltung zur Weisheit noch von ihrer Haltung zu Gott beein-

---

Substitution liegt die Identifikation der Weisheit mit dem Worte Gottes im νόμος τῆς
ζωῆς καὶ σοφιάς zu Grunde."; Plöger, Sprüche, p.20: er sieht die Funktion der
prophetischen Rolle der Weisheit darin, daß „ihre unmittelbare Verbindung mit Jahwe"
deutlich gemacht werden solle.

[1] Baumann, Weisheitsgestalt, p.199.
[2] So Baumann, Weisheitsgestalt, p.199.
[3] Lang, Klugheit, p.185; Wisdom, col.1693.
[4] Zu בחר cf. Wildberger, בחר, col.280.

flußt. Freilich nicht so, daß beide auseinanderfielen, sondern so, daß das Hassen des Wissens (8,36; cf. 4,12 שׂנא מוסר) auf ein Nicht-Erwählen Gottes zurückgeht.[1] Trifft dann für den Ergänzer die Einschätzung Baumanns zu, die in der Weisheit quasi die Platzhalterin Jhwhs sieht, die an das erinnert, wofür dieser steht?[2] Das ist für die Ergänzung immerhin eher möglich als für die Grundschicht. Allerdings ist der Hinweis auf die Jhwh-Furcht kein allzu deutliches Indiz, da der Begriff inhaltlich nicht sehr gefüllt ist. Doch ist der Fragehorizont von 1,7 und 9,10 nach der gegenseitigen Zuordnung von Jhwh-Furcht/Glaube und Weisheit auch durch die Ergänzung 1,29f. angesprochen.[3]

Daß der Ergänzer nicht nur in einem Bikolon (v.29) sein Anliegen ausspricht, sondern in zwei (vv.29f.), liegt daran, daß der eigene Beitrag möglichst ohne größere Störung der Komposition in seine Umgebung eingepaßt werden sollte. Dazu waren zwei Zeilen geeigneter als eine, da die Vorlage ebenfalls aus zweizeiligen Strophen gebaut war. Der Text wurde in der zweiten Hälfte als Wiederholung der vv.24f. eingebracht, weil so der Personenwechsel zwischen v.27 und v.28 die Mitte des Gedichtes bezeichnete und ein deutliches kompositorisches Signal für einen Einschnitt ergibt. Dazu sind in v.30 drei Lexeme aus v.25 aufgenommen worden (אבה „wollen", תוכחת „Zurechtweisung", עצה „Rat"), um sprachlich-motivisch die Einbindung deutlich zu machen.

Weniger kunstvoll sind die beiden Glossen in den Text integriert worden. Die erste v.22 trägt nach, daß es die „Toren" (כסלים) sind, die Wissen hassen (cf. v.29a). Damit wird die Gruppe nachgetragen, die v.32b neben den פתים „Unerfahrenen" in der Grundschicht neu auftaucht. Ihr Untergang wird mit dem Hassen des Wissens begründet, das in v.29 als Ursache genannt wird. Diese beiden Assoziationen mögen die Motivation der Glosse erklären; die „Hochmütigen" (לצים) sind im Kontext des Textes bedeutungslos, sie bilden lediglich das Pendant im Parallelismus.

Die zweite Glosse v.27b klärt eine grammatische Doppeldeutigkeit in v.27a.[4] Die Suffixe an פחד „Schrecken" und איד „Verderben" sind nämlich zweideutig: Sie können als *genitivus objectivus* das Objekt angeben, wovor man sich erschrickt, oder als *genitivus subjectivus* denjenigen, der erschrickt. Die erste Bedeutung des Suffixes ist die sonst für פחד „Schrecken" belegte, die zweite wird aber vom Kontext gefordert. Die Glosse beseitigt nun durch den präpositonalen Ausdruck diese Ambiguität.

---

[1] S.o. p.200.
[2] Cf. Baumann, Weisheitsgestalt, p.199.
[3] Dieses Problem wird unten 14.2.3 im Zusammenhang behandelt.
[4] Cf. Baumann, Weisheitsgestalt, p.187.

10.2 Die zweite Rede der Frau Weisheit Prov 8

Die zweite Rede der Weisheit wird eingeleitet durch eine Angabe der Sprecherin (8,1) und der Situation (vv.2f.). Darauf folgt die direkte Rede (vv.4-36). Diese gliedert sich in drei Hauptteile: Redeeröffnung (Proömium, vv.4-11), Korpus (vv.12-31), Peroratio (vv.32-36). Das Korpus enthält zwei Abschnitte (vv.12-21 und vv. 22-31).[1]

10.2.1 Die Redeeröffnung, Prov 8,1-11[2]

1   Ruft nicht die Weisheit,
     und erhebt die Einsicht nicht ihre Stimme?[3]
2   Oben auf den Höhen neben dem Weg,
     ‚zwischen‘[4] den Pfaden steht sie;
3   an der Seite der Tore, am Eingang[5] zur Stadt,
     (am) Zugang der Öffnungen ruft sie laut[6]:

4   *„Euch, ihr Männer, will ich rufen,*
     meine Stimme (tönt) zu (euch) Menschen!
5   *Versteht, ihr Einfältigen, Klugheit,*
     und ihr Toren versteht[7] Herz/Verstand.

---

1   So (oder die vv.1-11 zusammenfassend) gliedern auch Nowack, Sprüche, p.52; Wildeboer, Sprüche, p.25; Strack, Sprüche, p.331; Robert, Attaches, RB 43, 1934, p.185; Gemser, Sprüche, p.45; Barucq, Proverbes, p.86; Scott, Proverbs, p.71; Gilbert, Discours 8, p.204; Alonso Schökel, Proverbios, p.230; Plöger, Sprüche, p.87; Meinhold, Sprüche, p.134; Baumann, Weisheitsgestalt, p.66; Schäfer, Poesie, p.206.

2   Zu den alten griechischen Übersetzungen cf. Passoni Dell'Acqua, Sapienza.

3   Das הלוא hat hier ausrufend assertorischen Charakter (cf. GK § 150e; Joüon/Muraoka § 161c; so: Delitzsch, Spruchbuch, p.133; Wildeboer, Sprüche, p.25; Ehrlich, Randglossen 6, p.39; Plöger, Sprüche, p.86). Unnötig der Versuch von van der Weiden, Livre, pp.74f., und Ringgren, Sprüche, p.37, ein eigenes Lexem in Anlehnung an ugaritisch *hl* zu postulieren.

4   Der MT בית ist schwerlich richtig (gegen Delitzsch, Spruchbuch, p.133; Frankenberg, Sprüche, p.55; Meinhold, Sprüche, p.136). Die LXX lesen ἀνὰ μέσον, das nicht nur wie v.20 בתוך wiedergibt (cf. Deyserinck, Scholien, p.8; Oort, Spreuken 1-9, p.399; Wildeboer, Sprüche, p.25; Toy, Proverbs, p.165; Beer [BHK]), sondern auch בין (z.B. Gen 1,4.6.7; 3,15; 15,17; Jud 4,5; Prov 6,19; cf. Ehrlich, Randglossen 6, p.39; Kuhn, Beiträge, p.16). Die Verschreibung in בית ist dann vielleicht Aramaismus (cf. Toy, Proverbs, p.165). Gemeint ist wohl ein Kreuzungspunkt; eine Bedeutung, die Delitzsch und Meinhold auch für בית נתבות annehmen.

5   פה „Mund" im Sinne von „Öffnung" oder „Eingang" cf. Ex 28,32; Jos 10,18; Sach 5,8.

6   S.o. p.192 zu Prov 1,20.

7   Da ἐντιθέναι nur noch in 2 Esr 5,8 (LXX) für שׂים vorkommt, läßt sich die Emendation des MT in הכינו (so Lagarde, Anmerkungen, p.27; Beer [BHK]; Gemser, Sprüche, p.44; Fichtner [BHS]) nicht stützen; diese bleibt bloße Vermutung. (Cf. Oort, Spreuken 1-9, p.399; McKane, Proverbs, p.345).

6   *Hört, denn Edles[1] rede ich,*
     und das Öffnen meiner Lippen (ist) Geradheit;
7   *denn Wahrheit erzählt mein Gaumen,*
     und Greuel (für) meine Lippen[2] (ist) Frevel.
8   *In Gerechtigkeit (bestehen) alle Worte meines Mundes,*
     es gibt in ihnen keine Hinterlist und keine Verdrehtheit.
9   *Sie alle (sind) gerade dem Verstehenden*
     und recht denen, die Wissen gefunden haben.
10   *Nehmt meine[3] Lehre an und nicht Silber,*
     Erkenntnis und kein erlesenes Feingold,
11   *[denn besser (ist) Weisheit als Perlen,*
     und[4] alle Kostbarkeiten gleichen ihr nicht.]

Die Redeeröffnung ist klar strukturiert. In vv.1-3 finden wir eine an 1,20f. erinnernde Einführung der Weisheit als Rednerin. Ab v.4 redet diese selbst. Die ersten beiden Verse (vv.4f.) sind durch ihre chiastische Struktur verbunden. In v.4a steht das Objekt (אישים „Männer") vor dem Verb, in v.5a steht es (פתאים „Einfältige") dahinter; ähnlich in v.4b und v.5b. Doch da v.4b ein Nominalsatz ist, sind die Entsprechungen semantischer Natur, indem das קול „Stimme" dem הבינו „versteht" entspricht (gemeinsames semantisches Merkmal: Kommunikation), und das בני אדם „Menschen" dem כסלים „Toren". Die zweimalige Anrede in v.4 und v.5 hängt mit der unterschiedlichen

---

1   Der Plural von נָגִיד ist selten; er kommt nur fünfmal gegenüber 44mal Singular vor. An allen anderen Stellen sind mehrere politische Funktionsträger bezeichnet. Die masoretische Punktation ist auffällig und ihr Sinn nur schwer zu ermitteln. Die Versionen übersetzen neutrisch: LXX σεμνά als substantiviertes Neutrum „Ehrbares"; Symmachos und Theodotion ἡγεμονικά „authoritative" (LEH, Lexikon, p.197); Vulgata *rebus magnis* „großartige Dinge"; Targum und Peschitta שרירותא „Wahrheit" („Sie nahmen נגד in der Bedeutung ‚klar, offenbar sein'", Pinkuss, Übersetzung, p.138). Angesichts dieses Befundes neigen einige Ausleger dazu, נְגָדִים, von נגד, zu konjizieren und es als „Wahrheit" zu verstehen (cf. Oort, Spreuken 1-9, p.399; Grollenberg, A propos, p.40; McKane, Proverbs, p.345; Plöger, Sprüche, p.86; Whybray, Proverbs, p.123). Ehrlich, Randglossen 6, pp.39f.; Toy, Proverbs, p.166; und Scott, Proverbs, p.66, wollen נכחים wie v.9. Kuhn, Beiträge, p.16, ändert gar zu מגדנים „Kostbarkeiten". Doch ist eine Konjektur überflüssig, versteht man den Plural abstrakt (cf. Joüon/Muraoka § 136g; so Gemser, Sprüche, p.44; Barucq, Proverbes, p.86; Meinhold, Sprüche, p.138, mit Hinweis auf Prov 12,11; 22,20 und 16,30, wo auch ein maskuliner Plural abstrakt verstanden sei; ähnlich: Delitzsch, Spruchbuch, p.135; Nowack, Sprüche, p.53).

2   In MT Genitivus objektivus. Die Versionen verstehen ἐναντίον ἐμοῦ (LXX), bzw. ܡܕܡ (Syr.).

3   Das Suffix des Codex Leningradensis ist als *lectio difficilior* zu halten, zumal Aquila und Symmachus diese Lesart bestätigen, die bei Origenes mit Asteriskus überliefert ist. Diese Tendenz zur Angleichung an MT zeigt auch der Antinoe Papyrus, der diesen Text zwar nicht belegt; die Lücke kann aber nur gefüllt werden, wenn man παιδεία μου rekonstruiert (cf. Zuntz, Papyrus, p.147). Damit dürfte das Suffix der 1.sg. für den MT als gesichert gelten. Die Bedeutung von מוסר dürfte dann am ehesten als „Lehre" zu verstehen sein.

4   Hier in steigernder Funktion, cf. Wehrle, Sprichwort, p.142.

Form der beiden Sätze zusammen, die auf eine unterschiedliche rhetorische
Funktion hinweisen. V.4 ist eine Absichtserklärung der Weisheit: Sie will zu
allen Menschen sprechen; die verständigen werden sie hören. Die Unerfah-
renen und Toren brauchen aber noch – jeder Lehrer weiß das – eine „Extra-
aufforderung"; sie müssen direkt angeredet werden. Die Unerfahrenen und
Toren sind also eine Untergruppe aller Menschen, für die Besonderes gilt.[1]
In vv.6-9 qualifiziert die Weisheit ihre Rede selbst; in v.10 werden die
Adressaten abschließend aufgefordert, die „Bildung" der Weisheit anzunehmen – was in v.11 abschließend begründet wird. Dieser Vers fällt aus dem
Duktus der Weisheitsrede völlig heraus, da hier von der Weisheit in dritter
Person geredet wird. Zudem gleicht der Vers sprachlich bis auf die Einlei-
tungsformulierung Prov 3,15. Er wird als ein Nachtrag anzusehen sein,[2] der
die Nähe von 8,10 zu 3,14 weiter herausstellt. Bilden die vv.1-5 den ersten
Teil der Einleitung, so die vv.6-10 den zweiten; es sind also zwei Strophen
zu fünf Bikola.[3] Die vv.6-10 sind dabei durch Wortwiederholungen in be-

---

[1] Cf. Whybray, Proverbs, p.122; er weist auf ein analoges Phänomen in Prov 1,2-6 hin. In
    1,2-3 finden sich allgemeine Angaben über den Nutzen der Weisheitsschrift; in v.4 wird
    der besondere Nutzen für Unerfahrene und Kinder herausgestellt. - Für Schäfer ist die
    Doppelung der Anrede in vv.4-5 ein wesentliches Indiz dafür, daß in Prov 8 zwei bzw.
    drei ehemals selbständige Texte zusammengestellt wurden (cf. Schäfer, Poesie, p.215):
    a) ein klassisches Lehrgedicht, das ursprünglich v.5-11 umfaßt habe, und das mit
    dem Weisheitsgedicht vv.12-21 ergänzt worden sei; den Abschluß dieser Komposition
    vermutet er in vv.32a.33.35a.36b. b) ein Weisheitshymnus, den er in vv.1-4.22-31.34aα.
    32b. 34aβb.35b.36a erhalten sieht (cf. Schäfer, Poesie, pp.227.229). Ausgangspunkt für
    seine Argumentation ist die Tatsache, daß v.11 nicht in die Rede der Weisheit paßt, da
    der Vers von der Weisheit in der dritten Person handelt. Vor v.11 muß also ein litera-
    rischer Bruch liegen (cf. Schäfer, Poesie, p.209). Aber statt ihn zwischen v.10 und v.11
    zu sehen, sieht Schäfer den Bruch wegen der verschiedenen Adressaten zwischen v.4
    (die ganze Menschheit) und v.5 (nur Unerfahrene und Toren).

[2] Cf. Steuernagel, Sprüche, p.289; Göttsberger, Weisheit, p.25; Skehan, Structure, p.368;
    Gilbert, Discours 8, p.204; Wehrle, Sprichwort, p.157; Meinhold, Sprüche, p.135 (aber
    p.137?); Whybray, Composition, p.41. Anders Toy, Proverbs, p.164; Barucq, Proverbes,
    p.87 (der Lehrer redet). Baumann, Weisheitsgestalt, p.73, sieht in v.11 einen „rah-
    menden Schlußvers", der sich auf vv.1-3 zurückbezieht. Doch dies erklärt nicht, warum
    in v.12 die Weisheit weiterredet. Schäfer sieht den v.11 als Bestandteil seines „Lehrge-
    dichtes" vv.5-11. Doch die von ihm vorgeschlagene Gliederung zeigt gerade das nicht
    (cf. Poesie, p.209): Die Einleitung der Rede v.5 umfaßt nur ein Bikolon, während ihr
    zwei Bikola (vv.10f.) als Schluß entsprechen. Von den Schlußversen ist auch
    lediglich v.10 durch ein Stichwort (דעת v.9) mit seinem Kotext verbunden.

[3] Die Versuche von Gilbert, Discours 8, pp.204f. und Meinhold, Sprüche, p.137, im Pro-
    ömium eine konzentrische Struktur zu erkennen, überzeugen nicht. Nur Meinhold, der
    v.11 dazunimmt, balanciert so die vv.4f. aus. Doch gibt die Verbindung der Termini für
    „Weisheit" (ערמה, לב v.5 und מוסר, דעת v.10) nicht unbedingt einen Hinweis für eine
    konzentrische Struktur, da zwischen v.4 und v.11 keinerlei Bezüge zu erkennen sind.
    Die von mir vorgeschlagene Einteilung sähe in v.5 und v.10 das Ende der jeweiligen
    Strophen. Auch die Tatsache, daß in vv.5f. sich drei Imperative finden, in v.10 dagegen

nachbarten Versen zusammengehalten. Die vv.6f. enthalten mit כי „denn" eingeführte Begründungen; ihnen ist das Lexem שְׂפָתִים „Lippen" gemeinsam; die vv.8f. verwenden zweimal כל „alle" und sind durch auf אִמְרֵי־פִי „Worte meines Mundes" bezogene Suffixe (v.8b בהם; v.9a כלם) zusammengehalten; zwischen v.9 und v.10 wird die Verbindung durch דעת „Wissen" hergestellt. Die beiden einzigen Verse, die keine gemeinsamen Lexeme aufweisen sind vv.7f. Doch sie gehören über die enge Assoziation von צדק „Gerechtigkeit" und אמת „Wahrheit", aber auch von חך „Gaumen" und פה „Mund" zusammen.[1] Daneben sind sie gleich strukturiert: Im ersten Glied des Parallelismus findet sich eine positive Aussage, im zweiten eine negative.[2]

Die Elemente dieser einleitenden Verse (8,4-11) entsprechen dem Proömium einer Lehrrede:[3] Es finden sich Anrede an die Adressaten (vv.4f.),[4] Höraufforderung mit Begründung (v.6; cf. 1,8; passim); diese Begründung besteht in einer Qualifikation der Rede (vv.7-9).[5] Einen ganz analogen Anfang hat die 2. Rede des Elihu in Hi 33,1-7:[6] In v.1 finden wir eine Höraufforderung mit Anrede; diese wird in v.2 noch einmal explizit performativ vollzogen. In Hi 33,3f. wird dann die Höraufforderung durch die Qualifikation der Rede des Elihu implizit begründet. Diese funktionale Entsprechung der Teile schlägt sich in der Verwendung teilweise gleicher Wörter nieder. Der gemeinsame Wortschatz weist auf ein gleiches Motivinventar hin, das den Formulierungen der Texte zugrunde liegt. Der Abschluß beider Proömien ist im Gegensatz zu den vorausgehenden Versen sehr unterschiedlich gestaltet. Elihu fordert Hiob zur Gegenrede auf (Hi 33,5f.). Damit wird die fiktive Geprächssituation der Elihureden weitergeführt. In Prov 8,10 folgt eine Aufforderung, sich erziehen zu lassen, womit die Höraufforderung, die sich eher auf die einzelne (fiktive) Hörsituation richtet, ins Allgemeine ausgeweitet wird.[7] In dieser Beobachtung zeigt sich der Charakter der hier vorliegenden „Lehrrede" Prov 8 deutlich. Im Hintergrund der Form

---

nur einer (Gilbert), ist kein Argument für eine regelmäßige Konzentrik. Nimmt man aber v.6 und v.10 parallel wegen nur jeweils eines Imperativs am Satzanfang (Meinhold), dann spräche das für eine Parallelität von v.6 und v.10, was sich mit der Entsprechung der synonymen Nomina (ערמה etc.: vv.5.10) überkreuzt. Damit ist die konzentrische Struktur auch nicht eindeutig.

[1]   Cf. Gilbert, Discours 8, p.205; Meinhold, Sprüche, p.137.
[2]   Logisch gesehen verneint תועבה die Aussage „Meine Lippen (sprechen) Frevel".
[3]   Cf. Barucq, Proverbes, p.87; von Rad, Weisheit, p.197; Lang, Frau Weisheit, p.76; Römheld, Weisheitslehre, p.124.
[4]   Prov 1,8.22; 2,1; 3,1.21; 4,1.10.20; passim. Cf. Ps 49,2; Joel 1,2; so Lang, Frau Weisheit, pp. 62f.
[5]   Prov 1,9; 4,2.22; 6,23.
[6]   Cf. Delitzsch, Spruchbuch, p.134.
[7]   Cf. Friedländer, Philosophie, p.63; Robert, Attaches, RB 43, 1934, p.182; Meinhold, Sprüche, p.137; Whybray, Composition, p.40.

steht zwar eine Lehrsituation, doch ist eine konkrete Situation für diese Rede nicht anzusetzen, sie ist nur die Einkleidung, ist literarische Stilisierung. Die Rede zielt vielmehr auf ein Allgemeines. Sie belehrt keinen Schüler, sondern stellt eine philosophische Reflexion auf das Wesen dessen dar, was die traditionelle israelitische Weisheit mit חכמה bezeichnete.

Das Proömium Prov 8,4-11 zeigt, daß die Rede der Frau Weisheit sich formal und inhaltlich an innerisraelitischen Vorbildern orientiert. Auch was die Traditionen angeht, wird ein innerisraelitischer Diskurs aufgegriffen und fortgesetzt. Die Kennzeichnung einer Rede als אמת „Wahrheit" ist geläufig,[1] wird doch mit diesem Wort das Übereinstimmen der Aussage mit dem Sachverhalt ausgesagt.[2] Es bezieht sich durchaus auf menschliche Rede; deren Wahrhaftigkeit ist weisheitliches Ideal.[3] Weiter kann צדק „Gerechtigkeit" die Art des menschlichen Redens[4] ebenso wie ישר[5] „gerade" und מישרים[6] „recht" bezeichnen. Das Reden der Weisheit entspricht dem weisheitlichen Ideal von wahrhaftiger und gemeinschaftsfördernder Rede.[7] Die personifizierte Weisheit rühmt an ihrer Rede genau das, was über die nichtpersonifizierte „Weisheit" als Lehre ausgesagt werden kann.[8] In dieser Beobachtung ist der Anknüpfungspunkt der Personifizierung der Weisheit an den traditionellen sapientiellen Diskurs deutlich. Die Gestaltung als personifizierte Weisheit setzt, wie schon die Analyse von Prov 4,1-9 gezeigt hat, bei dem an, was man einen weisheitlichen „Meta-Diskurs" nennen könnte – einen Diskurs, der die weisheitliche Lehre als solche unter dem Begriff der „Weisheit" (חכמה) zum Thema macht. In dieser Perspektive erscheint die Personifizierung des Begriffs in erster Linie als literarisches Stilmittel. Demgegenüber spielt die Parallelität gewisser Aussagen zu solchen über Gott keine Rolle.[9]

---

1   Ps 15,2; 1 Kge 22,16 par. 2 Chr 18,15; Jer 9,4; Sach 8,16; cf. Michel, Begriffs-untersuchung, p.132; Clines, DCH 1, col.330b.

2   Cf. Michel, Begriffsuntersuchung, pp.131-134.

3   Prov 12,19.22 (dazu Bühlmann, Reden, p.16).

4   Ps 52,5; Prov 10,11; 11,9; 12,17; 15,28; 16,13 (dazu, Bühlmann, Reden, p.91, im Blick auf 8,6-9).

5   2 Sam 17,4; Hi 6,25; 33,3; Prov 12,6; 16,13; Qoh 12,10; 1 Chr 13,4.

6   Jes 33,15; Prov 23,16.

7   Cf. Bühlmann, Reden, p.21: „In Spr 8,6-9 bekennt die Weisheit, dass ihre Reden aufrichtig sind und dass sie nichts Verdrehtes (נפתל) und Verkehrtes (עקש) enthält. Wer auf solche gemeine Weise redet, geht an seiner eigenen Bosheit zugrunde (Spr 17,20; vgl. 4,24; 6,12)."

8   Cf. McKane, Proverbs, p.342; Lang, Frau Weisheit, pp.63-66: „Spr 8,4-11 leiht sich Frau Weisheit die Stimme des Lehrers: Frau Weisheit spricht wie ein Lehrer, der seinen Unterricht anpreist." (p.66)

9   Gegen Baumann, Weisheitsgestalt, p.81, die behauptet, die Weisheit beziehe auf sich Attribute, die sonst auf Gott bezogen werden. Auch die Toʻebah-Formel kann einen menschlichen Abscheu aussagen, cf. Gen 43,32; 46,34; Ps 88,9; Prov 13,19; 24,9; 29,27.

10.2.2 Die Peroratio Prov 8,32-36

32a *Und nun, ihr Söhne, hört auf mich,*
33   *Hört Zucht/Bildung und werdet weise*
     und entzieht euch (ihr) nicht!
34aα *Glücklich (ist/sei) der Mann, der auf mich hört,*
32b {*und glücklich (sind/seien) die, die meine Wege bewahren!* }[1]
34aβb *indem sie an meinen Türen aufmerkten Tag für Tag,*
     indem sie an den Pfosten meiner Eingänge wachen!
35   *Denn <alle die mich finden, finden>[2]Leben*
     [und erhält Gefallen von Jhwh;
36   *doch wer mich verfehlt, schadet seinem Leben/sich selbst,]*[3]
     alle, die mich hassen, lieben den Tod.

Die Peroratio der Weisheitsrede enthält 11 Kola und ist mit einer Formel eingeleitet, die Gehorsam fordert (cf. 5,7; 7,24).[4] Mit der Wendung שׁמע[5] מוסר „hört Zucht/Bildung" in v.33 ist eine Klammer zum Proömium v.10 geschaffen.[6] Der Parallelismus der beiden Verben שׁמע „hören" und פרע „sich entziehen" findet sich neben 15,32 nur noch in der ersten Rede der Weisheit. Dort hatten wir die beiden Verben als eine wesentliche Sinnachse erkannt (1,25.33); wir dürfen daher von einem bewußten Rückbezug ausgehen.[7] In v.36b findet sich mit dem Stichwort שׂנא „hassen" ebenfalls ein Verweis auf die erste Weisheitsrede (1,29).[8] Der Hinweis auf den, der

---

1   Der Text ist in Unordnung (cf. Toy, Proverbs, p.179; Gemser, Sprüche, p.46; McKane, Proverbs, p.358): Vers 32b ist nicht ganz parallel zu v.32a; wir würden eher eine zweite Gehorsamsforderung (so 7,24) oder eine Antithese (so 5,4) erwarten. Daneben fällt v.34 als Trikolon auf, bei dem nur die beiden letzten Glieder parallel sind. Wahrscheinlich ist v.32b durch *aberratio oculi* an seine jetzige falsche Stelle geraten, da das שׁמעו־לי in v.32a dem שׁמע־לי in v.34aα sehr ähnelt (so die LXX, cf. Schäfer, Poesie, p.225; auch: Toy, Proverbs, pp.179f.; Gemser, Sprüche, p.46).

2   Ketib cf. Schäfer, Poesie, pp.205.226. Das Qere („wer mich findet, findet") ist eine Glättung des Ketib, das die Unebenheit aufweist, daß das erste Kolon pluralisch ist, und das zweite singularisch. Daher vermutlich sek. in ihrem jetzigen Kotext (cf. Schäfer, Poesie, p. 226; er entscheidet sich aber für eine weitergehende Lösung).

3   Diese beiden Kola sind singularisch und unterbrechen die beiden Plurale in vv.35a.36b.

4   Cf. Arambarri, Wortstamm, p.160.

5   Sonst nur noch Hi 20,30; Prov 1,8; 4,1; 19,27; cf. 15,32. Negiert Prov 4,15.

6   Cf. Baumann, Weisheitsgestalt, pp.157-160 (ihr entgeht aber die kompositorische Funktion der Wiederholung); Schäfer, Poesie, p.224.

7   Im Anschluß an Scoralick, Einzelspruch, p.237 n.243, ist zu fragen, ob die seltenen Formulierungen doch mehr sind als ein gemeinsamer Sprachgebrauch; rahmen sie vielleicht die erste Sammlung des Proverbienbuches und gliedern die Sammlung IIa (10,1-15,32) noch an? Dabei muß man bedenken, daß in Prov 15,33 der kompositorische Mittelteil des Proverbienbuches beginnt.

8   Dieser Vers ist in seinem Kontext sekundär. Das Vorkommen in 1,22 hatten wir als Glosse erkannt (s.o. 10.1). Zu dieser Wendung cf. 5,12; 8,13; 12,1; 15,10.

Weisheit gefunden hat (מצא, v.35a[1]), schließt eine Kette von Stellen ab, die, beginnend mit der ersten Rede der Weisheit (1,24.28), sich durch die ganzen dazwischenliegenden sechs Kapitel zieht (cf. 8,12.17; ebenfalls zusammen mit פוק „bekommen" 3,13). Die Verbindung von Weisheit und Leben – in Opposition zum Tod (v.36b) – durchzieht ebenfalls alle Kapitel; besonders in 3,18 wird die Identität von Weisheit und Leben festgestellt. Zu dieser Perikope finden sich in c.8 ohnehin mehrere Verbindungslinien; formal fällt auf, daß nur in 3,13 und 8,32.34 ein Makarismus verwendet wird, der inhaltlich diejenigen glücklich preist, welche „ein besonders enges Verhältnis zur Weisheit besitzen."[2] Darin liegt nun keine Parallele zum Gottesverhältnis des Menschen,[3] sondern es wird ein Gedanke auf die personifizierte Weisheit übertragen, der in Prov 13,14 so formuliert ist:

> Die Weisung des Weisen ist ein Lebensquell,
> um den Fallen des Todes zu entgehen.

Ähnliche Aussagen finden sich mehrfach[4] und von ihnen kann die Verbindung der personifizierten Weisheit mit dem „Leben" ganz zwanglos erklärt werden.

Diese Beobachtungen dürften wohl so zu deuten sein, daß in Prov 8,32-36* nicht nur ein Schluß hinter die zweite Rede der Weisheit gesetzt ist, sondern auch wesentliche Momente aus der ganzen ersten Sammlung aufgegriffen werden. Damit haben die Verse eine gewisse Abschlußfunktion. Kapitel 9 hat demgegenüber einen ganz eigenen Charakter.

Schäfer will in 8,32-36 zwei ehemals selbständige Schlüsse finden: a) vv.32a.33.35a. 36b, den verbindet er mit vv.5-21; b) vv.34aα.32b.34aβb.35b.36a.[5] Grund für diese Trennung sind die von ihm angenommenen unterschiedlichen Verweishorizonte der einzelnen Verse. So nimmt v.34 mit יום םי eine Wendung aus v.30b auf, אדם verbindet ihn mit vv.4b.31b.[6] Das Beispiel zeigt: Die Argumentation hängt daran, daß Schäfer auch schon die vv.1-11 literarkritisch auseinandersortiert hat. Da dies aber, wie oben gezeigt, keineswegs zwingend ist, kann auch seine weitere, darauf aufbauende Argumentation, nicht überzeugen. Zudem ist der Schluß (b) keineswegs stilistisch so einheitlich, wie Schäfer vorgibt:[7] Dem singularischen v.34a folgt ein pluralisch formulierter v.34b. Die Rückkehr zur singularischen Formulierung in vv.35b.36a. ist da nicht selbstverständlich;

---

[1]   Cf. Prov 18,22.
[2]   Baumann, Weisheitsgestalt, p.156.
[3]   So Baumann, Weisheitsgestalt, pp.156f..
[4]   Prov 10,17; 13,14; 15,24.31 (alle in der Sammlung IIa); 16,22 (red.?); 4,13.22f.; 6,23. - Der Zusammenhang von Lehre und Leben findet sich schon in Ägypten, so in der Bezeichnung „Lehre für das Leben" (Amenemope 1,1 [ed. Lange]; dazu Brunner, Erziehung, p.63; Shupak, Wisdom, p.32) und Amenemope 4,1. Zum ganzen cf. Schmitt, Leben, c.3. Ein Rückgriff auf ägyptische Maat-Vorstellungen (cf. Kayatz, Studien, p.102-105) ist unwahrscheinlich.
[5]   Cf. Schäfer, Poesie, pp.226f.
[6]   Cf. Schäfer, Poesie, pp.224f.
[7]   Cf. Schäfer, Poesie, p.227.

eine Fortsetzung mit der pluralischen Formlierung wie sie v.35a bietet, ist ebenso schlüssig. Daher gibt es an dieser Stelle keinen formalen Grund, den Übergang von v.34 zu v.35 literarkritisch anstößig zu finden. Erst vv.35b.36a sind mit dem sg. auffällig; deswegen hatten wir sie ja als Glosse ausgeschieden (s.o. die Anmerkung zur Übersetzung).

10.2.3 Der erste Teil des Korpus der Rede Prov 8,12-21

12 *Ich, die Weisheit,*[1] *bewohne die Klugheit,*
    und Wissen der Umsicht finde ich.
13 *[Die Jhwh-Furcht (ist) Hassen des Bösen.]*
    Hochmut und Stolz und bösen Weg[2]
    und einen Mund von Ränken hasse ich.
14 *Mir (ist) Rat und Umsicht,*
    ich (bin) Einsicht, mir (ist) Stärke.
15 *Durch mich herrschen Könige,*
    und Würdenträger setzen Gerechtigkeit;
16 *durch mich regieren Fürsten*
    und Vornehme, (- kurz:)[3] *alle Richter der ‚Erde'*[4].

---

[1] Doppeldeutige Grammatik des Satzes: „Ich"+Eigenname ist gängiges Schema von Nominalsätzen (cf. Contini, Tipologia, p.43; Bultmann, Evangelium, pp.167f. n.2; Kayatz, Studien, pp.80-93; Assmann, Aretalogien); es könnte hier vorliegen (cf. Ringgren, Sprüche, p.38; Scott, Proverbs, p.67). Nach Bultmann ist es Präsentationsformel, cf. Gen 17,1; 28,13, die auf die Frage nach der redenden Person antwortet. Jedoch legt die Parallelität zu v.17 nahe: Chabar ist der Verbalsatz (cf. Hitzig, Sprüche, p.73; Delitzsch, Spruchbuch, p.136; Toy, Proverbs, p.166; Gemser, Sprüche, p.44; Barucq, Proverbes, p.88; McKane, Proverbs, p.222; Plöger, Sprüche, p.85; Wehrle, Sprichwort, pp.25.137; Meinhold, Sprüche, p.133, in seiner Übersetzung).

[2] Es ist möglich, den zweiten Stichos zum ersten oder zum dritten zu ziehen. Die Zusammenfügung der beiden letzten Stichoi ist die wahrscheinlichste Lösung, da im ersten eine allgemeine Grundlegung für die Konkretionen im zweiten und dritten zu sehen ist.

[3] Die LXX haben den Parallelismus καὶ τύραννοι δι' ἐμοῦ κρατοῦσι γῆς (cf. Vulgata), während der Targum den MT im wesentlichen bestätigt: Er fügt zwischen die beiden Personengruppen ein „und" ein. Gerade diese kleine „Verbesserung" zeigt (Plöger, Sprüche, p.86), daß der originale Wortlaut des MT offenbar als schwierig empfunden wurde. Doch muß das Hebräische nicht unbedingt Anstoß geben; obwohl in Reihungen meist entweder alle Glieder mit *waw* verbunden sind oder nur die beiden letzten, gibt es auch Fälle, in denen nur die beiden ersten Glieder einer Aufzählung mit *waw* verknüpft sind: Ps 45,9; Prov 2,9 (cf. GK § 154, n.1.a; Strack, Sprüche, p.316). In diesen Fällen liegt im asyndetischen Schlußglied aber eine erklärende Appposition vor, oder wie in Ps 45,9 ist das asyndetisch Beigefügte wahrscheinlich Glosse (cf. Kraus, Psalmen, p.487). Delitzsch hält Prov 8,16 für ein solches *asyndeton summativum* (Spruchbuch, p.138; cf. Nowack, Sprüche, p.55; Strack, Sprüche, p.333; Frankenberg, Sprüche, p.57; Dahood, Proverbs, p.15; Meinhold, Sprüche, p.141). Ein Verb muß nicht rekonstruiert werden (gegen Oort, Spreuken 1-9, p.401; Toy, Proverbs, p.171; Beer [BHK]; Fichtner [BHS]; Alonso Schökel, Proverbios, p.236).

[4] Der *textus receptus* des MT, wie er von der Bombergiana repräsentiert wird, liest (ähnlich wie LXX und Vulgata) „Richter der Erde" (ihr folgen: Delitzsch, Spruchbuch,

17 *Ich liebe meine[1] Liebhaber[2],*
    und meine Verehrer[3] werden mich finden.
18 *Reichtum und Ehre (sind) bei mir,*
    stattlicher Besitz und Rechttat.[4]
19 *Meine Frucht (ist) besser als Gold und Feingold*
    und mein Ertrag als erlesenes Silber.
20 *Auf dem Pfad der Rechttat wandele ich,[5]*
    inmitten der Steigen des Rechts,
21 *um auszuteilen meinen Liebhabern Besitz,*
    und ihre Schatzhäuser will ich füllen.

Dieser erste Teil der Rede der Weisheit in Kapitel 8 ist zweigeteilt (vv.12-16.17-21). Signal für diese Aufgliederung ist das zweimalige אני „ich" zum Versbeginn in v.12 und v.17; beide Verse enden jeweils mit einer Form von מצא „finden".[6] Beginnt in v.17 eine zweite Strophe, so haben beide (vv.12-16 und vv.17-21) je fünf Verse.

In der ersten Strophe ist zu erkennen, daß die beiden letzten Verse ganz ähnlich gebaut sind: Vom verseinleitenden בי „durch mich" hängt in v.15 in den beiden Vershälften je ein Zusammengesetzter Nominalsatz (ZNS) ab. In v.16 ist das im ersten Glied genauso; im zweiten Kolon ist nach masoretischer Tradition (cf. Targum; Peschitta) dieses Schema durchbrochen;[7] stattdessen findet sich noch נדיבים „Vornehme" als nachgetragenes Subjekt

---

p.138; Scott, Proverbs, p.67; Gilbert, Discours 8, p.206) statt „Richter der Gerechtigkeit", während die letztere Lesart von Targum und Peschitta bestätigt wird. Beide Ausdrücke sind terminologisch möglich: Während „Richter der Erde" auch im Plural belegt ist (Jes 40,23; Ps 2,10; 148,11; sg.: Ps 94,2), ist „Richter der Gerechtigkeit" sonst nur singularisch bezeugt (Jer 11,20; Ps 9,5); die pluralische Fassung שפטי צדק ist damit nicht unbedingt *lectio difficilior*. Es ist möglich, daß die LXX die älteste Lesart belegen (cf. Scott), während Targum und Peschitta geändert haben. Einen Grund dafür kann sich Nowack vorstellen: „das ist offenbar eine Verbesserung des ursprünglichen Textes durch die Hand eines über die Allgemeinheit des Ausdrucks bedenklichen Lesers" (Sprüche, p.55), denn nicht alle Richter sind als weise anzusprechen. Vielleicht liegt nur eine Dittographie aus der vorigen Zeile vor (cf. Toy, Proverbs, p.171). Als Bedeutung für das צדק gibt Dahood, Proverbs, p.15 „legitimate" an, worin ihm Barucq, Proverbes, p.90, und McKane, Proverbs, p.348, folgen.
1 Ketib: „die sie lieben".
2 Wörtl.: „die mich lieben".
3 Wörtl.: „die mich suchen".
4 Cf. Michel, Grundlegung 1, p.66.
5 Selten die Form mit nichtassimilirtem ה, cf. GK § 69 x.
6 Cf. Gilbert, Discours 8, p.207.
7 Die LXX bleiben in diesem Schema.

zu יִשֹׁרוּ „regieren" in v.16a und als *asyndeton summativum* כָּל שֹׁפְטֵי אָרֶץ,
„alle Richter der Erde": mit ihm endet die erste Strophe. Weniger ähnlich
sind sich v.12 und v.14 in ihrer Struktur, doch bilden v.12a und v.14b eine
Art Rahmen um den ersten Teil der Strophe. Vers 12a besteht aus einem mit
אֲנִי „ich" eingeleiteten Zusammengesetzten Nominalsatz. Er bildet mit v.12b
einen Chiasmus, indem einmal das Objekt dem Verb nachgestellt und dann
vorangestellt ist. Vers 14b besteht aus einem mit אֲנִ „ich" eingeleiteten
Nominalsatz – diesmal gefolgt von einem weiteren Nominalsatz. Vers 14 ist
durch eine Inklusion mit לִי „mir (ist)" zusammengehalten.

v.12a:	אֲנִי	Verb-Obj.	v.12b:	Obj.-Verb	Chiasmus
v.13					
v.14a:	לִי	NS	v.14b:	NS לִי NS אֲנִ	Inklusion
v.15a:	בִּי	+ 1. ZNS	v.15b:	+ 2. ZNS	
v.16a:	בִּי	+ 1. ZNS	v.16b:	+ 2. Subj. //*asyndeton summativum*	

Die Binnenstruktur der zweiten Strophe ist anhand von Wortwiederholungen leicht zu finden: Die Wiederholungen von אֹהֲבַי „meine Liebhaber"
(vv.17.21)[1] und von צְדָקָה „Rechttat" (vv.18b.20a) bilden einen äußeren und
einen inneren Rahmen um den zentralen v.19. Die Verse des inneren
Rahmens unterscheiden sich von denen des äußeren dadurch, daß sie jeweils
einen einzigen Satz bilden, während der äußere Rahmen in jedem Halbvers
einen eigenen Satz aufweist.

v.17a:	אֹהֲבַי	v.17b:	Vers zwei Sätze
v.18a:		v.18b:	צְדָקָה	Vers ein Satz
v. 19			
v.20a:	צְדָקָה	v.20b:	Vers ein Satz
v.21a:	אֹהֲבַי	v.21b:	Vers zwei Sätze

War bisher nur der erzählenden Einleitung (8,1-3) zu entnehmen, daß die
Weisheit sprach, so stellt sie sich in v.12 durch die Apposition selbst vor,
wenn auch keine ausdrückliche Präsentationsformel[2] vorliegen dürfte. Der
Text ist so als Aretalogie ausgewiesen.[3] Die Mitteilung über ihren Wohnort
ist ungewöhnlich formuliert, da שֹׁכֵן „wohnen" sonst nicht metaphorisch
verwendet ist.[4] Der Topos vom Finden der Weisheit (v.12b) ist hier auf die
Frau Weisheit selbst übertragen; sie findet Wissen, wie es der Mensch tun

---

1   Cf. Alonso Schökel, Proverbios, p.236; Gilbert, Discours 8, p.207.
2   Cf. Bultmann, Evangelium, p.167.
3   So für ähnliche Texte aus Ägypten, Assmann, Aretalogien, cf. Ringgren, Sprüche, p.40.
4   Mit bloßem Akk. ist שֹׁכֵן gelegentlich zur Angabe des Wohnortes belegt (cf. die Über-
     setzung). שֹׁכֵן ist nur noch mit einem weiteren Abstraktum belegt, nämlich בֶטַח. Doch
     wird שֹׁכֵן (לְ)בֶטַח eher adverbiell zu verstehen sein, auch in Prov 1,33, wo es ein einziges
     Mal als bloßer (adverbieller) Akk. steht.

soll (cf. 2,5; 8,9; cf. 15,14 mit בקשׁ „suchen"). In v.12 werden der Weisheit als Person diejenigen Eigenschaften assoziiert, die der Schüler durch den Umgang mit ihr erlernen soll. Diese Bestimmung von Eigenschaften, über welche die Weisheit verfügt, geht in v.14 noch weiter: Es gehören ihr (לי) Rat und Umsicht (עצה ותושׁיה, v.14a) sowie (kriegerische) Stärke (גבורה[1], v.14bβ). Diese Eigenschaften sind nicht nur weisheitliche Tugenden, wie sie jeder Mensch als Weiser erwerben soll,[2] sondern sie gehören vor allem zu den Fähigkeiten, die ein König oder sonstiger Regent haben muß (vv.15f.). Dies machen Texte deutlich, die ebenfalls die Ausstattung des Herrschers thematisieren. So in Jes 11,2:[3]

> [1]Dann treibt ein Reis aus Isais Stumpf,
> ein Schoß ‚entsprießt' aus seinen Wurzeln
> [2] וְנָחָה עָלָיו רוּחַ יְהוָה רוּחַ חָכְמָה וּבִינָה
> Und auf ihm ruht der Geist Jahwes,
> ein Geist der Weisheit und der Einsicht,
> רוּחַ עֵצָה וּגְבוּרָה רוּחַ דַּעַת וְיִרְאַת יְהוָה
> ein Geist des Rates und der Kraft,
> ein Geist der Erkenntnis und der Furcht Jahwes.[4]

Der kommende König Israels wird mit den Eigenschaften ausgestattet sein (יראת יהוה „Weisheit", חכמה „Einsicht", בינה „Rat", עצה „Stärke", גבורה „Jhwh-Furcht"), die Prov 8,12-14 der Weisheit eignen. Ähnlich wird der messianische König in Jes 32,1 beschrieben:[5]

> Siehe, nach Gerechterweisung wird ein König herrschen
> und , ‘[6] Beamte (שׂרים) nach Recht regieren.

Die Formulierungen ähneln denen in Prov 8,15a.16a. Eine literarische Abhängigkeit liegt dennoch nicht vor, da die Verbindung von מֶלֶךְ „König" mit dem Verb der gleichen Wurzel geläufig ist,[7] und מלך „König sein/als König herrschen" häufig zusammen mit שׂר „Fürst" auftritt.[8] Ein Unter

---

[1]   גבורה hängt mit גבר „Held" zusammen, das den Mann unter dem Aspekt „kriegerisch stark" bezeichnet. Diese Eigenschafft kommt einem König oder Gott - in seiner Eigenschaft als König - zu. Daneben können gefährliche und starke Tiere mit ihr ausgestattet sein, cf. Kosmala, גבר, col.904.

[2]   Daß Weisheit militärische Überlegenheit vermitteln soll, dazu Qoh 9,13-16.18.

[3]   Cf. Baumann, Weisheitsgestalt, pp.91-93.

[4]   Übers. Kaiser, Jesaja 1, p.239.

[5]   Cf. Delitzsch, Spruchbuch, p.138 - dazu wäre evtl. auch noch Jes 10,1 zu nennen.

[6]   Cf. BHS.

[7]   Gen 36,31; Ri 4,2; 1 Sam 8,9.11; 12,12.14; Jer 37,1; 1 Chr 1,43.

[8]   Im Parallelismus: Jes 32,1; (34,12); 49,7; Jer 25,18; 49,38; Ez 17,12; Hos 13,10; (Zef 1,8); Ps 148,11; Hi 3,14f.; 34,18f.; Qoh 10,16f. In der Beiordnung: Jer 1,18; 2,26; 4,9; 8,1; 17,25; 32,32; 44,21; Hos 3,4 (7,3); Am 1,15; Thr 2,9. Weiter: Jes 10,8; Jer 24,1; 25,19; Thr 2,2. Cf. Avishur, Studies, p.10.

schied besteht im Thema der Texte: Fragt Prov 8 nach der Grundlage einer (gerechten) Herrschaft, so Jes 32 nach deren Folgen.[1] Mit der hymnischen Beschreibung Gottes als himmlischem Herrscher finden sich Überschneidungen, Hi 12,13-21:

[13] עִמּוֹ חָכְמָה וּגְבוּרָה לוֹ עֵצָה וּתְבוּנָה

Bei ihm sind Weisheit und Kraft,
sein sind Rat und Einsicht.

[14] Wenn er einreißt, wird nicht mehr gebaut;
...

[15] Wenn er das Wasser aufhält, trocknet's aus
...

[16] עִמּוֹ עֹז וְתוּשִׁיָּה לוֹ שֹׁגֵג וּמַשְׁגֶּה

Bei ihm sind Macht und Erfolg;
sein ist, wer irrt und irreführt.

[17] Ratgeber (יוֹעֲצִים) läßt er ‚töricht' sein,
mit Richtern (שֹׁפְטִים) treibt er seinen Spott.

[18] ‚Die Fessel' der Könige (מְלָכִים) löst er
und legt an ihre Hüften den Schurz.
...

[21] Er gießt Geringschätzung über Edle (נְדִיבִים) aus
... .[2]

Dieser Text ist hier so ausführlich wiedergegeben, weil er verstreut eine Menge von strukturellen, lexematischen und thematischen Nähen zu Prov 8,12-16 hat. Besonders eng sind die Übereinstimmungen in Hi 12,13.16. Deutlich ist, daß beide Texte den gleichen Gegenstand verhandeln. Es geht um die Herrscher und eine ihnen vorgeordnete Größe (Gott, Weisheit), die ihr Walten bestimmt. Doch die Art, wie das beschrieben wird, ist ganz unterschiedlich. Wird in Prov 8,15f. lediglich festgestellt, daß die Herrscher der Welt sich der Weisheit zur Regierung bedienen,[3] tritt in Hi 12 Gott selbst als König der Welt auf, der die Könige in der Welt stürzt.[4] Gott ist es, der unumschränkt gebietet. Diese Spitze findet sich in Prov 8 von der Weisheit nicht ausgesagt.

Insgesamt wird man über das Verhältnis von Prov 8 zu den genannten Texten urteilen müssen, daß die sprachlichen Anklänge zwar da sind, diese aber ihre Ursache nicht in einer irgendwie gearteten direkten literarischen Abhängigkeit haben. Dieses Urteil gründet sich dabei auf den Umstand, daß zwar gewisse Berührungen zu verschiedenen Texten da sind,[5] aber keine so

---

1 Kaiser, Jesaja 2, p.255.
2 Übers. Fohrer, Hiob, p.233.
3 Das בּ kann durchaus instrumental verstanden werden: Ps 104,24; Prov 3,19; 24,3; 28,26; 31,26; Hi 38,37; Qoh 2,21; anders Jenni, Präpositionen 1, p.115, Nr.1672 c: kausal.
4 Cf. Fohrer, Hiob, p.246.
5 Cf. Gilbert, Discours 8, p.208.

eng wäre, daß ein bestimmter Text nun als Vorbild auch nur eines bestimmten Verses anzusehen wäre. Zudem sind die individuellen Aussagerichtungen der Texte – bei aller Nähe ihrer Textgegenstände – recht unterschiedlich, so daß eine konkrete Bezugnahme auf diese disparaten Texte keinen einheitlichen Sinn, sondern nur ein Bündel von Anspielungen ergäbe: Weder ist die Weisheit hier als messianische respektive eschatologische Größe gesehen, was aus einer Anspielung auf Jes 11,2 oder 32,1 hervorginge, noch setzt sie wie Gott die Herrscher ein oder ab, worauf ein Verweis auf Jes 40,23 oder Hi 12,13-25 hindeutete.[1] Die sprachlichen Gemeinsamkeiten der Texte erklären sich am ungezwungensten aus dem gleichen Gegenstand, über den gesprochen wird:[2] die Weisheit der Regierenden. Dabei wird die Weisheit als die Fähigkeit angesehen, welche die Grundlage von gerechter (צדק) Herrschaft bildet (Prov 8,15f; Jes 32,1).[3] Diese Grundfähigkeit „Weisheit" ist in Prov 8 personifiziert. Als Person eignen ihr jene Eigenschaften, die man als „Untereigenschaften" der Weisheit ansprechen könnte: Klugheit, Wissen, Umsicht, Einsicht, militärische Stärke. Wer in/durch (ב) die Weisheit regiert, dem kommen diese Unterfertigkeiten (als Gaben, cf. v.21) zugute. So ist sicherlich auch in Prov 8,12-16 die Weisheit als Grundlage der gerechten Regierung gesehen.[4]

Bei unserer Besprechung der ersten Strophe des ersten Teils des Redekorpus (Prov 8,12-16) sind wir bisher noch nicht auf v.13 eingegangen. Das hat seinen Grund darin, daß sein Thema nicht die Herrscherweisheit ist, sondern etwas anderes. Auffallend ist schon, daß außer der יראת יהוה „Jhwh-

---

[1] Gegen Cazelles, Enfantement, p.514; Lang, Frau Weisheit, p.67: „Aber Frau Weisheit ist nicht einfach eine gewöhnliche Königin. Vielmehr steht sie auf der Seite Jahwes. Ja, sie ist mit Jahwes Herrschergewalt ausgestattet und herrscht über die irdischen Könige … und vertritt Jahwe in seiner Funktion als König der Könige."

[2] Cf. Whybray, Proverbs, p.125.

[3] In den sumerischen Königshymnen geht die Weisheit des Herrschers auf die Götter zurück. Sie ist zwar nicht durchgängig mit spezifischen Aufgaben des Königs verbunden - außer einmal mit seiner Rechtspflege - aber man kann davon ausgehen, daß sie für die Erfüllung seines Amtes nötig ist. Die babylonischen und assyrischen Herrscher stehen in dieser gleichen Tradition. Die Weisheit ist dem König von den Göttern gegeben. Ihre Funktionen sind nun ausführlicher beschrieben. Sie dient der Rechtsprechung und der Kriegsführung. Sie ist unvergleichlich (cf. 1 Kge 5,9-14; 10,7). Besonders in Texten Assurbanipals kommen diese Themen zur Sprache. Aus dem westsemitischen Bereich finden wir in Ugarit (Krt und Dnjl) sowie in der Karatepe- und Zenjirli-Inschrift einschlägige Vorstellungen. In den beiden letzteren treten Weisheit und Gerechtigkeit gemeinsam als königliche Eigenschaften auf (cf. 1 Kge 3; nach: Kalugila, King, pp.48-66). Hier ist also kein Einfluß von ägyptischen Maat-Vorstellungen anzunehmen, gegen Kayatz, Studien, pp.117-119.

[4] So ähnlich formuliert auch Baumann, Weisheitsgestalt, p.98. Sie findet „eine Verschiebung der Perspektive …: Die Gottesgabe der Weisheit ist nun handelndes Subjekt und eigenständiges Wesen". Gegen Baumann ist aber festzuhalten, daß in Prov 8 nicht die Rede von der Weisheit als Gottesgabe ist; sie tritt hier vielmehr selbständig auf.

Furcht" (Jes 11,2) kein Anklang an die zahlreichen Texte zu finden ist, die Ähnlichkeiten zu den übrigen Versen aufweisen. Auch in der Strukturuntersuchung zeigte sich, daß v.13 die beiden gleichgebauten vv.12 und 14 trennt. Man mag vielleicht von einer „Rahmung" sprechen, aber eine Strophe aus drei zu zwei Versen ist doch stilistisch ebenso auffällig, wie die drei Kola von v.13, gegenüber zwei bei den übrigen. Das erste Kolon schlägt ein ganz anderes Thema an als seine Textumgebung; in ihm sagt die Weisheit nichts über sich selbst, sondern definiert Jhwh-Furcht.[1] In den beiden weiteren Kola des Verses geht es nicht um intellektuelle Unterfähigkeiten des Weiseseins wie vv.12.14, sondern um dessen moralische Qualifikation.[2] Wegen seiner Überlänge hat der Vers die Exegeten immer schon dazu geführt, ihn entweder teilweise, nämlich im ersten Satz,[3] oder ganz für eine Glosse zu halten.[4] Der Vers unterbricht die vv.12.14, die ähnlich wie die vv.15.16 zusammengehören. Diese Störung des Textaufbaus wiederholt sich in v.19; auch dieser Vers wird sich als Einfügung erweisen. Über diese formalen Merkmale hinaus fällt der Vers durch sein anderes Textthema heraus. Doch scheint der Vers mit seinen drei Kola in sich nicht einheitlich zu sein. Sein erstes Kolon (13a)[5] unterscheidet sich vom ganzen Text 8,12-36 durch seinen definitorischen Stil und gleicht darin der Glosse v.11. So ist die wahrscheinlichste Annahme, in v.13b.c, einem synthetischen Parallelismus, eine redaktionelle Erweiterung zu sehen (wie in v.19, s.u.), während in v.13a eine Glosse vorliegt.

Der Gedankengang der zweiten Strophe (vv.17-21) wird durch den thesenartig vorangestellten v.17 eröffnet. Dieser Vers enthält zwei „reziproke"[6] Formulierungen,[7] deren erste in genauer lexematischer Entsprechung gestaltet ist, während das zweite Kolon mit den korrespondierenden Ausdrücken „Suchen" und „Finden" operiert. Kayatz meint, die reziproke Formulierung nehme ein ägyptisches Vorbild auf.[8] Es sind Texte, die der sogenannten „persönlichen Frömmigkeit" des Mittleren Reiches zuzuordnen sind. Assmann unterscheidet hier zwei formale Ausprägungen: die „Gegen-

---

[1] Cf. Hi 28,28.

[2] Cf. Gilbert, Discours 8, p.206. „Hassen des Bösen" (רע שׂנא): Am 5,15; Ps 97,10; ähnlich Mi 3,2; Ps 26,5; 52,5; 119,104; Sach 8,17.

[3] Cf. Gemser, Sprüche, p.44; Barucq, Proverbes, p.88; Fichtner (BHS); Steiert, Weisheit, p.271; Gilbert, Discours 8, p.206; Schäfer, Poesie, p.210.

[4] So Toy, Proverbs, pp.164f.; Plöger, Sprüche, p.89; Meinhold, Sprüche, p.140.

[5] In Ermangelung eines Atnach seien die drei Teile des Verses, wie sie die BHS bietet, mit „a.b.c." bezeichnet.

[6] Kayatz, Studien, p.101, spricht von einer „reziproken Formel"; cf. Baumann, Weisheitsgestalt, p.98.

[7] Cf. Gen 12,3; 1 Sam 2,30; Ps 18,26f.; 2 Chr 15,2 (cf. Gilbert, Discours 8, p.207).

[8] Cf. Kayatz, Studien, pp.101-102; cf. Gilbert, Discours 8, p.207.

seitigkeitsformel" und den „Makarismos"[1], wobei erstere der in Prov 8,17 vorliegenden reziproken Formulierung am ehesten entspricht: „Gott ist/tut B für den, der ihm gegenüber A ist/tut". Dabei wird entweder Gottes Güte der menschlichen Hilflosigkeit gegenübergestellt, oder einer Aktivität des Menschen folgt eine Aktivität Gottes.[2] Beide Aspekte sind in Prov 8,17 vertreten. Der Aspekt des Geliebtseins spielt in den ägyptischen Texten jedoch keine große Rolle.[3] Die Texte der „persönlichen Frömmigkeit" übernehmen diese Redeform aus dem Hymnus.[4] Lang nahm diese Ergebnisse Assmanns auf und sieht die Frau Weisheit als eine Art „persönliche Göttin" an, mit der der Schüler in einem Liebes- und Schutzverhältnis stehe wie zu seinem persönlichen Gott.[5] Dabei scheint Lang nur an eine Strukturanalogie zu denken, nicht an eine israelitische Übernahme solcher Texte. Wie die israelitischen Belege zeigen, ist es nicht nötig, einen ägyptischen Einfluß anzunehmen; die reziproke Formulierung erklärt sich aus vorliegenden hebräischen Sprach- und Denkmustern, die auf die personifizierte Weisheit übertragen wurden, um diese mit unterschiedlichen Bedeutungsaspekten aufzuladen. Dabei wird man die metaphorische Sprache der Weisheit als das Reservoir ansehen müssen, aus dem Formulierungen gewählt wurden, die für die Aufladung mit neuen Konnotationen offen waren. Wie wir sehen, handelt es sich um Motive, die man einerseits in Richtung auf die Beziehung von Mann und Frau verstehen kann, so daß das Verhältnis des Schülers zur Frau Weisheit als ein Liebesverhältnis vorgestellt werden kann. Andererseits sind diese Motive offen für ein Verständnis der Weisheit, das die Beziehung zu ihr analog zur Gottesbeziehung sieht, indem Formulierungen aus dem Bereich der privaten Frömmigkeit aufgegriffen werden und die Weisheit, in Fortführung traditioneller sapientieller Sprachmuster, als Behüterin des Menschen auftritt.

Lieben kann der Mensch in der Weisheit vielerlei: Zucht und Wissen (מוסר, דעת, 12,1) und auch die Weisheit (29,3). Hier ist die Metapher freilich rekonkretisiert (s.o. 6, zu Prov 4,6). Da die Weisheit als Frau personifiziert ist, spielt die erotische Bedeutung des Wortes eine gewisse Rolle. In Prov 29,3 liegt die Pointe des Gegensatzes von Weisheitsliebe und Umgang mit Prostituierten in der gemeinsamen erotischen Ebene:[6]

Ein Mann, der Weisheit liebt, erfreut seinen Vater,
aber wer sich mit Prostituierten einläßt, richtet seinen Besitz zugrunde.

---

[1] Cf. Assmann, Weisheit, p.21; die Belege pp.54-72.
[2] Cf. Assmann, Weisheit, p.22.
[3] Cf. Assmann, Weisheit, p.27.
[4] Cf. Assmann, Weisheit, p.23.
[5] Cf. Lang, Persönlicher Gott, p.280.
[6] Cf. Alonso Schökel, Proverbios, pp.236f.

Ähnlich verhält es sich mit dem Motiv des Suchens und Findens[1], das neben einer Verwendung in der Liebeslyrik[2] in der Weisheit metaphorisch verwendet wird.[3] Das ist uns schon in Prov 1,28; 2,3 begegnet. Hier geht es anders als in 2,3 (cf. 2,11) nicht um den Schutz, den die Weisheit gewährt (cf. 4,6 in Verbindung mit אהב „lieben"), sondern um das, was sie ihren Anhängern verspricht. Damit sind nicht mehr nur die Machthaber angesprochen, sondern alle Menschen, die sich zur Weisheit halten. Mit der Anrede an Mächtige und einfache Leute sind, ähnlich einem Merismus,[4] in den beiden Strophen 8,12-21 alle Menschen angesprochen.[5]

In den vv.18-21 wird nun die Gegenleistung der Frau Weisheit, die sie ihren Liebhabern erbringt, konkretisiert. Dabei umreißt v.18 die im Besitz der Weisheit befindlichen Potenzen.[6] Die genannten Besitztümer sind Ideal-Ziele der Weisheit:[7] Reichtum und Ehre,[8] ehrwürdiger Besitz[9] und Rechttat.[10] Die Rechttat wird (v.20) wieder in einem Aussagesatz aufgegriffen. Dort behauptet die Weisheit von sich, sie wandele auf dem Weg der Rechttat und auf den Pfaden des Rechts. Dies unterstreicht noch einmal die Aussage von v.18. In v.21 geht es dann ans Austeilen der guten Gaben der Weisheit: Sie füllt ihren Anhängern die Schatzhäuser. Daß sie diese auf den rechten Pfaden leitet, wird nicht ausdrücklich gesagt – statt es zu vermissen, sollen wir es vermutlich impliziert denken.

Die Frau Weisheit gibt als personal vorgestellte Gestalt ihren Anhängern Reichtum; daß Weisheit zu Reichtum führt, ist ein wichtiges weisheitliches Motiv[11] – das aber in Prov 1-9 außer im Hymnus 3,16b nicht auftaucht. Die

---

[1] Dazu: Westermann, Begriffe.

[2] Cant 3,1f.; 5,6.

[3] Prov 11,27; 13,24; 14,6 (חכמה); 15,6 (דעת); 17,9.11.19; 18,1.15 (דעת); 21,6; 23,35; 28,5 (יהוה); 29,26.

[4] Cf. Watson, CHP, pp.321-324.

[5] Cf. Gilbert, Discours 8, pp.208f.; Krašovec, Merismus, p.76, Nr.7 (bei ihm fehlt allerdings Prov 8).

[6] So wird man das אתי auffassen müssen, das primär den Besitz anzeigt, über den der Besitzer aber zugunsten eines anderen verfügen kann (Num 32,32; Ri 17,2; 1 Sam 9,7; Jes 40,10; nach Clines, DCH 1, p.449; cf. Delitzsch, Spruchbuch, p.139; Nowack, Sprüche, p.55; Greenstone, Proverbs, p.83).

[7] Cf. Hausmann, Studien, pp.344-346.

[8] Cf. beide Ausdrücke zusammen: Prov 3,16; 11,16; 22,4; Qoh 6,2; Gott gewährt sie auch dem idealen König (cf. 1 Kge 3,13 par. 2 Chr 1,11.12; 17,5; 18,1; 32,27; 1 Chr 29,28): vielleicht eine Reminiszenz an die erste Strophe Prov 8,12-16? Einzeln: עשׁר: Jer 17,11; Qoh 4,8; 5,12f.; 9,11; Ps 112,3. In Prov 30,8 wird die positive Wertung des Reichtums in Frage gestellt. - כבוד: s.o. p.181, zu 3,35.

[9] Cf. Prov 10,15; 11,4; 12,27; 13,7.11; 19,4.14; 24,4; 28,8; 29,3.

[10] Zusammen mit Reichtum: Prov (10,2); 11,4-6; (16,8); zusammen mit Ehre: cf. Prov 21,21. Allein: Prov 11,18f.; 12,28; 13,6; 14,34; 15,9; 16,12.31; 21,3.21; cf. Michel, Begriffsuntersuchung, pp.67ff.

[11] Cf. Ez 28,4f.; Prov 24,4; 29,3; Qoh 2,9; 7,11f.

Haltung zum Besitz (הון) ist in Prov 1-9 sogar überwiegend skeptisch: Der Schüler soll nicht nach ihm streben, wie die Bösen Buben es tun, vor denen er gewarnt wird (1,13); die Verehrung Gottes ist wichtiger als sich auf Reichtum zu verlassen (3,9).[1] In 6,31 droht der Verlust des Vermögens dem, der stiehlt; dieses ist weniger schlimm als der Verlust des Lebens, der dem Ehebrecher droht (6,32). Doch diese relative Wertschätzung des Reichtums ist nicht Skopos des Textes (vv.30-35), den der Redaktor aufgenommen hat, um vor Ehebruch zu warnen.

Insgesamt wird in Prov 1-9 zwar die Hochschätzung von Reichtum aufgegriffen – aber nur aus dem Grund, die Weisheit als noch höheren Wert herauszustellen (2,4; 3,14f.; 8,10).[2] Muß man in Prov 8,18.21 die Reichtümer ganz materiell fassen (cf. 2 Chr 32,27), so findet sich in v.19 mit dem Rückverweis auf v.10 ein anderer Akzent. In beiden Versen wird die Weisheit als wertvoller denn die größten materiellen Reichtümer dargestellt; ja, in 8,19 wird dies noch verschärft: Nicht nur die Weisheit selbst ist wertvoller als Gold und Edelstein, sondern auch das, was aus ihr entsteht (ihre Früchte). Könnte man v.10 noch so verstehen, daß die Geberin wertvoller als die Gabe ist, so stellt v.19 klar: Auch die Gaben der Weisheit sind mehr wert als gegenständlicher Reichtum. Dies ist eine Korrektur des Kontextes: Der Reichtum, um den es hier geht, ist metaphorisch zu verstehen. Hat man diese Korrektur-Funktion von v.19 erkannt, so zeigt die Verwendung von Sprachmaterial aus v.10, daß v.19 redaktionell ist. Der Vers will das in 8,17-18.20-21 Ausgesagte mit der übrigen Tendenz von Prov 1-9 in Einklang bringen, besonders mit 3,14f. (תבואה „Ertrag"). Dabei verstärkt der Vers die Bindung an die erste Rede mit einer, eine Opposition zu 1,31 herstellenden Aufnahme von פרי „Frucht". Diese Beziehung erklärt die Abweichungen im Wortlaut von 8,19 – außer מפז[3] „als Feingold" –, soweit sie nicht einer veränderten Kontexteinbindung geschuldet sind.

Hat man die beiden Verse 8,13b.c (v.13a ist Glosse) und 19 als redaktionell bestimmt, so kann man zusammenfassend zweierlei festhalten:

1. Der Redaktion voraus lag ein Text, in dem die Weisheit sich selbst redend vorstellte. Er bestand aus zwei unterschiedlich gebauten vierzeiligen

---

[1] Doch diese Höherschätzung „füllt die Scheuer", s.u. 14.2.2.

[2] Hier findet eine Steigerung des Wertes der Weisheit statt: 2,4: „Suche nach ihr wie nach Silber" (=identischer Wert); 3,14: „Ihr Erwerb ist besser als der von Silber"; 8,10: „Nimm Bildung an, nicht Silber" (Alternative, cf. Baumann, Weisheitsgestalt, p.81). Zum Topos cf. (Hausmann, Studien, pp.285f.) Prov 16,16; Hi 28,15-19; auch Prov 20,15; Papyrus Lansing 2,2f. (Übers. Caminos, LEM, p.374: „Take as your friends the papyrus-roll and the palette: it is pleasanter than šdḥ-wine. As for writing, to him that knows it, more profitable is it than any office; it is pleasanter than bread and beer, than clothing and ointment. It is more precious than an heritage in Egypt, than a tomb on the West.").

[3] Dies ist im Parallelismus zu חרוץ singulär.

Strophen mit unterschiedlichen Schwerpunkten. In der ersten Strophe geht es um die Rolle der Weisheit für die Machthaber, in der zweiten um die für die gewöhnlichen Menschen. Daß beide Strophen zusammengehören, zeigt der jeweilige Einsatz mit אֲנִי „ich", wobei der zweite in v.17 vom ersten insoweit abhängt, als nur dort (v.12) die Identifikation des Ich mit der Weisheit vollzogen wird. Mit den Mächtigen und einfachen Leuten als von der Weisheit Begünstigten ist in Art eines Merismus der Nutzen der Weisheit für jeden Menschen dargestellt. Daß dieser Text vorlag und nicht von dem Redaktor verfaßt wurde, zeigt einmal v.19, der seinem Kontext eine widerstreitende Interpretation aufprägt, und zum anderen das Wort צְדָקָה „Rechttat", das – obwohl weisheitlich durchaus gebräuchlich – in Prov 1-9 sonst keine Rolle spielt.

2. Beide redaktionellen Verse gehören vermutlich der gleichen Redaktion von Prov 1-9 an. Dafür spricht, daß sie die vierversigen Strophen des Gedichtes zu solchen aus fünf Versen macht und daß sie auf weitere Texte in Prov 1-9 verweisen (v.13: 2,12; 6,14; v.19: 1,31; 3,14f.). Zudem ist in beiden Ergänzungen eine gleiche Tendenz auszumachen: In v.13 wird die Weisheit über den früheren Text hinaus ethisch aufgeladen, und es findet sich darin ein Appell zur Demut (s.o. 9.2, zu 3,34). In v.19 wird gegen den materiellen Besitz offenbar etwas Höheres gestellt, das wir als „Spirituelles" vermuten dürfen. Seine Konkretion als Demut fände es dann in v.13. In dieser Weise ergänzen sich beide Verse und fügen der Vorlage eine Tendenz hinzu, die „Spiritualisierung" der Weisheit genannt werden könnte.

10.2.4 Der zweite Teil des Korpus der Rede Prov 8,22-31

Dieser Text gehört zu den am meisten diskutierten des AT. Die Literatur zu ihm ist Legion. Vielfältig sind die Probleme, die besprochen werden.[1] Da sind zuerst die lexikalischen Probleme; sie werden im Zusammenhang der Übersetzung thematisiert. Vor allem die Bedeutung von קָנָה in v.22 und אָמוֹן in v.30 ist umstritten. Dahinter sind die syntaktischen Probleme im Interesse zurückgetreten: Von deren Betrachtung aus ist, denke ich, ein Lösungszugang zum Problem von v.30 zu gewinnen. Als zweites wird über die Rolle der Weisheit neben Gott debattiert, besonders auf die Frage zugespitzt, ob die Frau Weisheit als Hypostase anzusehen sei oder nicht. Da die Beantwortung dieser Frage davon abhängt, was der Begriff „Hypostase" meint, soll dieses Problem hier nicht verhandelt werden: Die religionswissenschaftliche Begriffsklärung verspricht keinen Ertrag für die Geschichte von Prov 8. Wichtig ist hingegen, die Rolle der Weisheit in der Schöpfung zu beschreiben; damit ist der Frage nach der „Hypostase" vorgearbeitet. Auf ein

---

[1] Cf. Aletti, Proverbes 8,22-31, p.25.

drittes Problem kann im Rahmen dieser Arbeit nur hingewiesen werden: die
Wirkungsgeschichte von Prov 8,22-31. Sie beginnt mit den frühjüdischen
Schriften und führt übers Neue Testament und die gnostischen Autoren hin
zu den trinitarischen Streitigkeiten und der übrigen Kirchengeschichte –
besonders in der Ostkirche. Und sie geht weiter bis heute. Neben Versuchen,
die Weisheit für eine biblische Theologie fruchtbar zu machen,[1] interessieren
sich v.a. feministische Theologinnen für diese weibliche Gestalt.[2]

> 22   *Jhwh war es, der mich schuf*[3] *am Anfang*[4] *seines Weges*[5],

---

[1]   Cf. Terrien, Play, v.a. p.137.

[2]   Cf. die Arbeiten von Camp; Schroer; Wöller; Baumann; kritisch hingegen Newsome;
van Dijk-Hemmes; Brenner.

[3]   Ob man das hebräische קנה hier mit „erschaffen" wiedergeben könne, wie es schon
einige der alten Übersetzungen getan haben (LXX, Peschitta, Targum), oder ob man hier
die gewöhnliche Bedeutung von קנה „erwerben" (so Aquila, Symmachos, Theodotion
ἐκτήσατο [cf. Passoni Dell'Acqua, Sapienza, pp.134.135.136]; Vulgata *possedit*; Irwin,
Wisdom, p.142; Barucq, Proverbes, p.92; Scott, Proverbs, p.71; Vawter, Prov 8:22,
p.214) annehmen muß, ist umstritten, zumal über die in Gen 14,19.22 überlieferte
Formel ein weiter religionshistorischer Horizont dieses Ausdruckes angesprochen ist (cf.
Schmidt, קנה; Lipinski, קנה). Doch angesichts von Dtn 32,6, vor allem aber Ps 139,13
scheint mir die Übersetzung „erschaffen" möglich zu sein (cf. Whybray, Wisdom,
p.100; Schmidt, קנה, coll.655f.). So auch die meisten Kommentatoren: Delitzsch,
Spruchbuch, pp.141f.; Nowack, Sprüche, p.56; Strack, Sprüche, p.333; Wildeboer,
Sprüche, p.27; Frankenberg, Sprüche, p.58; Toy, Proverbs, p.173; Greenstone, Proverbs,
p.85; Cohen, Proverbs, p.48; Ringgren, Word, pp.101f.; Gemser, Sprüche, p.46;
Meinhold, Sprüche, p.144 - cf. Humbert, Qana, pp.166.169; Stecher, Weisheit, p.422
(„gründen"); Vischer, Hymnus, p.310; Savignac, Interpretation, p.197; Schmid, Wesen,
p.150 n.39; von Rad, Weisheit, p.198; Keel, Weisheit, p.17; Passoni Dell'Acqua,
Sapienza, p.124. Für diese Deutung spricht vor allem der unmittelbare Kontext Prov
8,22-25, auch wenn die Wendung קנה חכמה in der Weisheit geprägt ist. Inwieweit die
Bedeutung „erschaffen" semantisch im Hebräischen mit der gewöhnlichen „erwerben"
zusammenhängt (cf. Köhler, Kleinigkeiten; in KBL[2] aufgegeben; Ringgren, Word,
p.101; Falk, Terms, p.241; Houtman, Himmel, p.91), kann hier offenbleiben (cf. עשה in
der Bedeutung „erwerben": Gen 12,5; 31,1; Dtn 8,17; dazu Vollmer, עשה, col.362).
Zwei Wurzeln קנה anzunehmen (cf. Humbert, Qana, p.173; ihm folgen KBL[2];
Hulsbosch, Sagesse, p.435) ist hingegen zu vorsichtig. Die im Anschluß an Gen 4,1
erwogene Bedeutung „zeugen" (cf. Burney, Christ, p.166; Robert, Attaches, RB 43,
1934, p.192; Hulsbosch, Sagesse, Aug. 1, 1961, pp.436-438.440; Cazelles, L'enfantement, p.513; Dahood, Proverbs 8,22-31, p.513; Gilbert, Discours 8, p.210) kommt nicht
in Frage, ebenso eine solche Bedeutung aus dieser sehr problematischen Stelle (cf. Westermann, Genesis 1, pp.396f.; Keel, Weisheit, p.16) nicht erhoben werden kann.

[4]   Wohl nicht als doppelter Akk. aufzufassen („er schuf mich als Anfang seines Weges",
so Delitzsch, Spruchbuch, p.142; Nowack, Sprüche, p.56; Strack, Sprüche, p.333;
Wildeboer, Sprüche, p.27; Frankenberg, Sprüche, p.58; Toy, Proverbs, p.173; Burney,
Christ, p.167; Greenstone, Proverbs, p.85; Cohen, Proverbs, p.48; Stecher, Weisheit,
p.420; Vischer, Hymnus, p.310; Ringgren, Sprüche, p.39; Gemser, Sprüche, p.46;
Plöger, Sprüche, p.85; Meinhold, Sprüche, p.133), ebenfalls nicht als einfache
Apposition zu „mich" (cf. Kraus, Verkündigung, p.34; Barucq, Proverbes, p.92; Scott,

23 *am Anbruch¹ seiner Werke, voreinst.²*
Von Anbeginn bin ich gewoben³

Proverbs, p.68; Passoni Dell'Acqua, Sapienza, p.125 n.98), sondern als Adverbiale der Zeit, cf. GK § 118 i; Joüon/Muraoka § 126 i. (cf. Oort, Spreuken 1-9, p.401, mit der Textänderung בְּרֵאשִׁית, nach Hieronymus, epistula CXL, p.275,16; Dahood, Proverbs 8,22-31, p.513); so verstehen auch Targum und Peschitta; den Akk. in der griechischen Überlieferung kann man auch so auffassen, cf. BDR § 160 n.3. Mit der grammatischen Bestimmung ist die semantische gegeben, daß nämlich רֵאשִׁית hier temporal konnotiert ist (cf. Bauer, Fois, p.91) und die Bedeutungsnuance „Bestes" (cf. Hulsbosch, Sagesse, p.422 oder „l'essentiel", cf. Savignac, Interpretation, p.197) nicht im Vordergrund steht.

5 „Weg" ist - wie oft - metaphorisch verwendet, es bezeichnet hier das Schöpferhandeln Gottes (cf. Hi 40,19; Jes 55,8; Ex 33,13; Ps 103,7; 145,17, cf. Nötscher, Gotteswege, p.25 - so Robert, Attaches, 43, 1934, p.193). Die griechische Überlieferung folgt diesem metaphorischen Gebrauch, während Targum und Peschitta mit בְּרִיּוֹתֵיהּ bzw. ܒܪܝܬܗ „Schöpfung" (von der Wurzel ברי) konkretisieren. (Gegen Albright, Sources, p.7; Bauer, Fois, p.91; id., Initium, p.223; Hulsbosch, Sagesse, Aug. 1, 1961, p.441; Savignac, Note, p.430; id., Sagesse, p.212).

1 Unbegründet ist Dahoods Versuch, in קדם und עלם (v.23a) Gottesbezeichnungen zu sehen (Proverbs 8,22-31, pp.513f.515).

2 מֵאָז ist hier Adverbiale der Zeit (cf. Clines, DCH 1, s.v. אָז 4.a). Der einleitenden Phrase „Jhwh schuf mich" sind drei adverbiale Bestimmungen der Zeit nachgestellt.

3 Die Herleitung dieses Verbs ist umstritten. Ist es als der einzige Beleg für Nifal von נסך anzusehen? Das Verb heißt im Qal „gießen" (so übersetzt Scott, Proverbs, p.73, wörtlich und erklärt: „Like the Spirit" sic!; so auch Albright, Godess, p.286 [„be emanated"]; Skehan, Structure, p.371 n.11; cf. Savignac, Interpretation, p.197; Dahood, Proverbs 8,22-31, p.515), entweder von einem Gußbild, daher „formen" (cf. Barucq, Proverbes, p.92; auch Keel, Weisheit, p.18, neigt dieser Deutung zu) oder wie in Ps 2,6 von der Einsetzung eines Königs; in diesem Sinne haben Aquila, Symmachos und Hieronymus verstanden. GB, s.v. נסך I ni., gibt (vermutlich im Gefolge der alten Übersetzungen) „eingesetzt werden" als Übersetzung (cf. Delitzsch, Spruchbuch, pp.142f.; Nowack, Sprüche, pp.56f.; Strack, Sprüche, p.333; Robert, Attaches, RB 43, 1934, pp.197f.; Greenstone, Proverbs, p.85, mit Hinweis auf Raschi und Ibn Esra; Cohen, Proverbs, p.48; Ringgren, Word, p.102; von Rad, Weisheit, p.197; Plöger, Sprüche, p.86). Die andere Möglichkeit ist die Herleitung von סכך, das wie in Ps 139,13 „weben" - als Metapher für die Entstehung des Menschen im Leib der Mutter - bedeuten soll (cf. Hi 10,11 - so Frankenberg, Sprüche, p.58; Toy, Proverbs, p.182; Burney, Christ, p.166; Gemser, Sprüche, p.46; Stecher, Weisheit, pp.422f.; Hulsbosch, Sagesse, Aug. 1, 1961, p.444; Vischer, Hymnus, p.310; McKane, Proverbs, p.352; Gilbert, Discours 8, p.210; Meinhold, Sprüche, p.133; es ist dann נְסַכֹּתִי zu punktieren [cf. Fichtner, BHS]; cf. ἐδιάσθην bei Fields für eine anonyme Randlesart des Codex Ambrosianus [ܐܬܬܣܟܬ]) oder „bedeckt/verborgen gehalten werden", so KBL². Die LXX lasen vielleicht einen anderen hebräischen Text, verm. נסדתי (cf. Delitzsch, Spruchbuch, p.142); diese Lesart scheinen auch Peschitta und Targum mit אִיתְקָנִית bzw. ܐܬܬܩܢܬ von תקן Ithpa. „to be established" (cf. Jastrow, Dictionary, s.v. תְּקַן) vorauszusetzen (so Pinkuss, Übersetzung, pp.97.140; cf. die Übersetzung von יסד mit ܩܢ in Jes 48,13; Am 9,6 [beide qal]; 1 Kge 7,10 [pual] passim). Dies hat Oort, Spreuken 1-9, pp.401f., und Ehrlich, Randglossen, p.42, zu einer Emendation veranlaßt. Eine solche scheint mir aber nicht nötig zu sein, da beide anderen Verständnisse einen guten Sinn geben - auch aufgrund der ansprechenden Sachparallelen. Wegen der Eigenart des Abschnittes, der

von Beginn, von Urzeiten der Erde.

24 *Als (noch) keine Fluten[1] (waren), wurde ich geboren,[2]*
    als (noch) keine Quellen (waren), schwer[3] vom Wasser;

25 *bevor[4] die Berge eingesenkt wurden,*
    vor den Hügeln wurde ich geboren,

26 *da er (sc. Gott) noch nicht Land und Felder[5] gemacht hatte*
    und den Beginn[6] der Krumen[7] des Erdkreises[8].

27 *Bei seinem (sc. Gottes) Errichten des Himmels (war) ich da,*
    bei seinem Bestimmen[9] des Horizonts[10]/Himmelsgewölbes[11] auf der Oberfläche der Flut,

---

mehrfach in leichter Variation den gleichen Gedanken, nämlich die Erschaffung der Weisheit vor der übrigen Schöpfung, ausdrückt, bin ich geneigt נְסַכֹּתִי zu lesen (cf. Toy, Proverbs, pp.174.182) und die auch in Ps 139,13 verwendete Metapher des Webens hier zu finden. Vielleicht wollten die Masoreten mit ihrer Punktation eine Verbindung zu Ps 2,6 herstellen und der Weisheit einen königlichen Zug beilegen (cf. Delitzsch, Spruchbuch, p.143; Robert, Attaches, RB 43, 1934, pp.197f.; Barucq, Proverbes, p.90). Damit folgen sie einer schon bei Aquila, Symmachus und Vulgata belegten jüdischen Tradition, (diese Auslegungsrichtung verfolgt Cazelles, Enfantement, p.514). Roberts Einwand, daß das Verständnis als „weben" die am schlechtest bezeugte Lesung sei, stimmt zwar, aber die Deutung „einsetzen" ist als jünger zu erkennen, da sie lediglich in der Punktation begründet liegt und die LXX noch nicht so verstanden haben.

1 Cf. Houtman, Himmel, p.269 „die Macht des Wassers ... das Wasser in seiner Allgemeinheit"; gegen seine Ansicht, der pl. heiße „Quellen"; Westermann, תהום.

2 Die LXX haben diese Aussage erst in v.25; dort ist sie ins Aktive umformuliert (cf. Passoni Dell' Acqua, Sapienza, p.132), während Peschitta, Targum und Vulgata dem MT folgen.

3 Trotz der Inkongruenz (cf. Nowack, Sprüche, p.57) kann נכבדי nur auf מעינות bezogen werden; doch solches kommt ganz gelegentlich vor (cf. König, Syntax, § 334 f; Joüon/Muraoka § 149 c). Also keine Textänderung, gegen Savignac, Interpretation, p.197; Dahood, Proverbs 8,22-31, p.516; Emerton, Spring, p.126 n.2.

4 Cf. GK § 107 c; 152 r; Joüon/Muraoka § 113 j.

5 Eig.: „Draußen", meist „Gassen" (cf.Vattioni, Note, p.127), hier aber vielleicht das Land außerhalb der Stadt (Hi 5,10; 18.17; Prov 24,27 [par. mit שדה als Orte der Arbeit]; cf. Oort, Spreuken 1-9, p.402; Nowack, Sprüche, p.57; Toy, Proverbs, p.175; Vischer, Hymnus, p.311; Koch, דרך, col.296). LXX: „Der Herr hat (bewohnte) Länder gemacht und unbewohnte und bewohnte Höhen unter dem Himmel." (Cf. Toy, Proverbs, p.175; Passoni Dell'Acqua, Sapienza, p.132). Aquila gibt für חצות ἐξόδους, das hier wie 2 Sam 22,43 und Prov 1,20 (LXX für חצות) „Straßen" bedeutet (cf. LEH, Lexicon, p.161, s.v. ἔξοδος). Ebenso der Targum (gegen die Angabe bei Toy, Proverbs, p.175, der sich noch auf Lagardes Ausgabe stützt). Peschitta und Vulgata haben ܫܘܩܐ bzw. *flumina* (dazu cf. Nöldeke [brieflich?], zit. bei Pinkuss, Uebersetzung, p.140; dem folgt Bartina, Sabiduria, p.12).

6 Cf. Vattioni, Note, p.126.

7 Auffällig ist der Plural des Kollektivums עפר (nur noch Hi 28,6 von Goldkörnern, cf. Fohrer, Hiob, p.397). GB deutet als Ausdehnungsplural nach GK § 124 b. GK § 124 l und KBL[2] deuten jedoch als „Erdschollen", also Plural des Nomen unitatis (cf. Delitzsch, Spruchbuch, p.144); dies paßt zur Negation, cf. die Anmerkung zu מעינות (ähnlich Vischer, Hymnus, p.311).

8 Die LXX übersetzen תבל mit ἡ ὑπ' οὐρανόν, dazu cf. Houtman, Himmel, p.17.

9 Zur Bildung des inf.cs. mit *u* cf. GK § 67 r; Joüon/Muraoka § 231 l.

28   *bei seinem Festigen der Wolken*[1] *da oben,*
     'bei seinem Starkmachen'[2] *der sprudelnden*[3] *Quellen*[4].
29   *[Bei seinem Setzen dem Meer seinen Umriß*[5],
     daß das Wasser seinen (sc. Gottes) Befehl[6] *nicht übertrete,]*[7]

---

[10]   So Seybold, חוג, col.782; cf. Reymond, L'eau, p.171.

[11]   So KBL[2] zu Hi 22,14, s.v. חוג, col.280b. Für Prov 8,27, cf. Nowack, Sprüche, p.57;
       Frankenberg, Sprüche, p.59; Gemser, Sprüche, p.46; Gilbert, Discours 8, p.212. Zum
       Problem cf. Houtman, Himmel, pp.241-244. חוג meint einfach Kreis; dies mag der
       Horizontkreis sein oder der Kreis des Firmaments. Doch das läßt sich anhand der we-
       nigen Belege leider nicht entscheiden.

[1]   So schon die LXX; gegen Houtman, Himmel, pp.20-24.227f.268, der in dem Wort ein
       poetisches Äquivalent zu שמים sieht (v.a. p.23; cf. Savignac, Interpretation, p.198;
       Dahood, Proverbs 8,22-31, p.517). Für Prov 8 scheint mir diese Deutung Houtmans
       nicht zu passen, da sich dann drei Kola auf den Himmel beziehen würden. Damit wäre
       die poetische Struktur der Bikola durchbrochen und v.28b fehlte ein paralleles Glied.
       Sieht man aber den Parallelismus in „Wolken" und „Quellen", so besteht der Paralle-
       lismus in der Benennung der zwei Hauptwasserquellen Palästinas (zu שחקים und Regen
       cf. Ps 77,18; Hi 36,28 oder Tau Prov 3,20).

[2]   So haben LXX, Peschitta und Targum verstanden, so paßt es in den Kontext, der Gottes
       Schöpfungshandeln beschreibt (cf. Wagner, עזז, col.3; gegen van der Woude, עזז,
       col.253; Bauks/Baumann, Anfang, p.31); wir müssen einen transitiven Gebrauch von עזז
       annehmen und ein suff. 3.sg.m. ergänzen (cf. Oort, Spreuken 1-9, p.402; Fichtner
       [BHS]; oder mit Dahood, Proverbs 8,22-31, p.518, ein *double duty* Suffix, das aus v.28a
       weiterwirkt. Statt transitivem Gebrauch postuliert Dahood, Proverbs, p.16, eine sonst
       nicht belegte Pielform). Es ist nicht wie in v.29b das Schema aufgebrochen; dort wird
       über das Meer und die Wasser im Meer gesprochen; in v. 28 geht es um die Wolken
       oben und die Quellen unten: beides sind getrennte Bereiche. Das Starkwerden der
       Quellen ist nicht als Folge des Regens der Wolken zu verstehen, d.h. ein Beschreiben
       des Wasserkreislaufes, da das ב keine solche logische Zuordnung erlaubt. (Gegen
       Delitzsch, Spruchbuch, p.146; Ehrlich, Randglossen 6, p.42). Aartun, Beiträge, p.297,
       will עזז mit ugaritisch *ġdd* „fluten" in Verbindung bringen.

[3]   Wörtlich: „Quellen der Flut". Der Genitiv bestimmt die Art der Quellen näher.

[4]   Zur Form cf. GK § 93 v.

[5]   Das Verb חקק bedeutet in seiner Grundbedeutung „ritzen", wovon sich die Bedeutung
       „schreiben" und „festsetzen", „bestimmen" herleiten. Die Bedeutung „Grenze" (cf.
       Hentschke, Satzung, p.23) meint die festgesetzte, weil eingeritzte „Umrißlinie"; diese
       Übersetzung bietet sich wegen der ganz ähnlichen Etymologie an (cf. Drosdowski,
       Duden, Bd.5, p.2169, s.v. Riß; diesen Begriff verwendet Liedke, Gestalt, p.162, in der
       Erklärung von Jes 5,14).

[6]   פה steht metonymisch für „Befehl"; cf. Delitzsch, Spruchbuch, p.146; Bartina,
       Sabiduria, p.14.

[7]   Vers 29a fehlt in der LXX bei B; Origenes hat den Vers mit Asteriskos; er stammt von
       Theodotion und wird ursprünglich nicht bei den LXX gestanden haben (cf. Lagarde, An-
       merkungen, p.29; Rahlfs; Passoni Dell'Acqua, Sapienza, p.133; gegen Toy, Proverbs,
       p.182). Er dürfte eine Glosse sein, die das Motiv der Eindämmung des Meeres nachträgt
       (Ps 104,9; Jer 5,22; 26,10; 38,8-11; cf. Ps 148,6; dazu Spiekermann,
       Heilsgegenwart, p.31 n.29), cf. Bartina, Sabiduria, p.14; Alonso Schökel, Proverbios,
       p.239; auch Gilbert, Discours 8, p.213 ist der Vers ‚suspekt'. Die Terminologie des
       Verses hebt sich durch ihre juristisch-moralische Konnotation (cf. Hulsbosch, Sagesse,

bei seinem Festsetzen[1]die Fundamente der Erde,
30   *und ich war (da) an seiner, des Werkmeisters,[2] Seite;*

Aug. 2, 1962, p.12) von der Umgebung ab. Zu חק שׂים cf. Gen 47,26; Ex 15,25; Jos 24,25; 1 Sam 30,25. Ähnlich ist עבר פיו mit Befehl und Gehorsam verbunden, cf. Num 14,41; 22,18; 24,13; 1 Sam 15,24. Auch hat das Motiv - anders als 8.27-28.29b - keine Entsprechung in Prov 3,19f.

[1]   Cf. Hentschke, Satzung, p.9. Oder emendiere בחזקו, cf. Oort, Spreuken 1-9, p.402; Ehrlich, Randglossen 6, p.42; Fichtner [BHS]; Gilbert, Discours 8, p.212. Dahood denkt an das „Aushöhlen" der Fundamentgruben (Proverbs 8,22-31, p.518), cf. Jes 22,16 („Aushöhlen" einer Grabkammer). Unwahrscheinlich Driver (Problems 2, p.178), der für חזק die Bedeutung „to gather" annimmt.

[2]   Die Bedeutung von אמון wird schon von den antiken Versionen verschieden wiedergegeben (cf. Rüger, AMON). Die exegetische Literatur hat, ausgehend von den antiken Vorbildern, versucht, den Sinn zu rekonstruieren. Die Deutungen beziehen אמון meist auf die Weisheit. Die Streitfrage ist dabei, ob das Wort mit „Werkmeister" (cf. Delitzsch, Spruchbuch, pp.146f.; König, Lehrgebäude 2, p.124; Nowack, Sprüche, p.58; Strack, Sprüche, p.334; Wildeboer, Sprüche, p.28; Moriarty, Componens; Ringgren, Word, p.102f.) oder mit „Kind" (cf. Toy, Proverbs, p.177; Frankenberg, Sprüche, p.60; Göttsberger, Weisheit, p.28; Greenstone, Proverbs, p.88; Cohen, Proverbs, p.50; Kraus, Verkündigung, p.42; Gemser, Sprüche, p.46; Whybray, Wisdom, p.102; Schimanowski, Weisheit, p.33; Plöger, Sprüche, p.86; Gilbert, Discours 8, p.214; Meinhold, Sprüche, p.134) wiederzugeben ist. Daneben hat es noch andere Versuche gegeben, das Wort zu erklären oder zu konjizieren (cf. Görg, Sänfte, p.24; Gaster, Short Notes, p.77; Stecher, Weisheit, p.435; Boer, Counsellor, p.70; Scott, Proverbs viii 30; Pfeifer, Ursprung, p.27). אמון als adverbiell gebrauchter inf.abs. (cf. Plöger, Sprüche, p.95) ist eine unwahrscheinliche Deutung (cf. Delitzsch, Spruchbuch, p.146; Toy, Proverbs, p.178).
        Ich möchte hier einen neuen Lösungsweg für die Frage nach der Bedeutung von אמון einschlagen. Dabei sollen nicht semantische Überlegungen, sondern grammatische im Vordergrund stehen. Wir müssen dazu die Wortfolge in Sätzen mit היה ansehen. In Prov 8,30a haben wir nach dem Verb (finit) eine Präposition mit Suffix zur Angabe eines Ortes und ein weiteres Nomen (Substantiv oder Partizip). Gemeinhin deutet man dieses Nomen in Prov 8,30 als Prädikatsnomen, das das Subjekt, welches in אהיה beschlossen ist, näher erläutert. Wir suchen nun nach Belegen für diese Wortfolge nach היה. Belege in der dritten Person spielen hier nur eine Rolle, wenn sie das Subjekt unausgedrückt lassen und allein das Prädikatsnomen aufweisen. Bei dieser Überprüfung ergibt sich, daß nach היה nur die Wortfolge Prädikatsnomen - adverbieller Ausdruck belegt ist, nie umgekehrt (Subst.: Gen 10,9; Dtn 24,13; Ri 11,39; 1 Sam 15,26; 2 Sam 7,8; 1 Kge 1,35; 11,37; 22,22; 2 Kge 20,18; Jes 62,3; Jer 31,36; 33,24 [ein Adverb kann offenbar zwischen היה und das Prädikatsnomen treten]; 52,25; Ez 44,22; Jona 4,6; Mi 5,1; Sach 8,13; Ps 79,4; Qoh 1,12; 1 Chr 11,2; 17,7; 2 Chr 6,5. - Ptz.: Gen 4,14; 37,2; Dtn 28,29; 2 Sam 3,6; 20,3; Ez 43,6. - Adj.: Ps 18,24); Das Prädikatsnomen kann auch vor dem היה stehen, dem dann das präpositionale Objekt unmittelbar folgt (cf. Lev 19,34; Dtn 5,15; 18,13). Anders ist der Befund bei den Fügungen mit ל (z.B. Gen 1,15; Ps 73,19; 2 Chr 18,21 [par. 1 Kge 22,22 ohne ל] zur Einführung des Prädikatsnomens, bei zweifachem ל, z.B. Lev 25,38; Jos 23,13; Jes 30,3; Ps 69,12) oder כ (z.B. Gen 3,5; 2 Sam 14,2; Ps 78,8): Hier bedeutet das mit Präposition eingeleitete Objekt das Prädikatsnomen; doch dies spielt für unsere Fragestellung keine Rolle.
        Problematische Belege sind Dtn 33,5; Ez 27,10 und Prov 22,19. Hier sieht es so aus, als könnte vor dem Prädikatsnomen eine Präposition mit Dependenz stehen. In Dtn 33,5

und ich war (sein)[1] Ergötzen Tag (für) Tag,
tanzend vor ihm zu jeder Zeit,

---

heißt es וַיְהִי בִישֻׁרוּן מֶלֶךְ; dieser Text wird gewöhnlich so verstanden, daß Jhwh hier
König in Israel wird (Steuernagel, Deuteronomium, pp.174f.; Mayes, Deuteronomy,
p.400; Nielsen, Deuteronomium, p.302); dann wäre Jhwh nichtausgedrücktes Subjekt
des Satzes und מֶלֶךְ Prädikatsnomen. Doch widerspricht dem von Rad (5. Buch Mose,
p.147); hier sei ein Abriß der Geschichte Israels zu finden, und der Satz beziehe sich auf
die Entstehung des Königtums in Israel; er übersetzt daher „Und ein König kam auf in
Jeschurun"; dann aber ist מֶלֶךְ nicht Prädikatsnomen, sondern Subjekt. Dies stimmt mit
der gewöhnlichen Wortstellung überein, die das Subjekt nach dem präpositionalen
Objekt toleriert (cf. z.B. Lev 13,2; Ri 11,29). In Ez 27,10 ist אַנְשֵׁי מִלְחַמְתֵּךְ Glosse (cf.
Fohrer, Ezechiel, p.155; Elliger [BHS]). In Prov 22,19 lautet der Text: לִהְיוֹת בַּיהוה
מִבְטַחֶךָ. Doch ist hier לִהְיוֹת mit einem ganzen Satz als Ergänzung konstruiert (so 1 Kge
8,16 שָׁם שְׁמִי לִהְיוֹת/; 8,29.52; 2 Kge 15,19; Jes 10,2; Ez 17,14; 36,3 [Subjektssuffix];
41,6; Mal 2,4; Est 1,22; 8,13; 2 Chr 6,5 [bis].6.20; 7,16). Das Ergebnis dieser
Durchmusterung der Belege zu הָיָה gefolgt von Nomen mit präpositionalem Objekt hat
ergeben, daß für die Wortfolge הָיָה-präpositionales Objekt-Prädikatsnomen keine Belege
zu finden sind; die regelmäßige Wortstellung ist vielmehr הָיָה-Prädikatsnomen-
präpositionales Objekt.
  Damit dürfte deutlich sein, wie Prov 8,30a zu verstehen ist. In אָמוֹן ist nicht das Prädikatsnomen zu sehen, das die redende Weisheit in ihrem Wesen näher bestimmt; vielmehr ist אֶצְלוֹ die unmittelbare Ergänzung zu אֶהְיֶה. Damit wird über die Weisheit
ausgesagt, wo sie war (cf. v.27a). Seiner Stellung nach kann אָמוֹן nun entweder eine
weitere adverbielle Bestimmung sein oder ein Nomen, das als Apposition zum Suffix an
אֵצֶל zu verstehen ist (cf. GK § 131 m.n für den Fall des Permutativs [Badal-Apposi-
tion]); dies vertreten: Bonnard, Sagesse, p.120; Barucq, Proverbes, p.235 (addenda);
Dahood, Proverbs 8,22-31, pp.518; Winter, Frau, p.520; Keel, Weisheit, pp.24f.; Landes, Creation, p.285; Whybray, Proverbs, p.136). Als Apposition zu einem determi-
nierten Suffix müßte אָמוֹן zwar ebenfalls determiniert sein, wie die Beispiele bei GK
§ 131 m.n. zeigen; doch sind offenbar Ausnahmen möglich (Prov 13,4; 1 Kge 14,6; Hi
36,22; cf. Dahood, Proverbs 8,22-31, pp.518.519; seine weiteren Beispiele stechen
nicht). Diese Analyse hat unmittelbare Folgen für die Semantik. Es fallen dann nämlich
die Deutungen aus, die nur auf die Weisheit angewendet Sinn geben. Die wahrscheinlichste Deutung von אָמוֹן ist dann die als „Werkmeister".
[1] Auf Gott als den, der an der Weisheit Wohlgefallen hat, beziehen die antiken Versionen
außer Vulgata (zum Targum cf. Healey, The Targum of Proverbs, Anm. zur Stelle,
pp.26.27. - Diesem Verständnis folgen Greenstone, Proverbs, p.88: „source of [sc.
delight], giving pleasure, as when the child plays in presence of his parents."; Meinhold,
Sprüche, p.147; Gemser, Sprüche, p.46, ändert entsprechend, ebenso Fichtner [BHS];
Barucq, Proverbes, p.94; Plöger, Sprüche, p.87 - doch zu einer Änderung des MT sehe
ich keinen Anlaß, cf. Terrien, Play, p.136). Delitzsch, Spruchbuch, p.148; Nowack,
Sprüche, p.58; Strack, Sprüche, p.334; Toy, Proverbs, p.178; Wildeboer, Sprüche, p.28;
Cohen, Proverbs, p.50; Keel, Weisheit, p.69, verstehen wie Hieronymus absolut; zur
Identifikation eines Menschen mit einer abstrakten Größe: cf. als bloße Nominalsätze
1 Sam 25,6; Hos 5,12 (Keel fälschlich v.2); Ez 2,7; Ps 28,8; 55,22; 92,9; 109,4; 120,7
(Prov 8,14, das Keel noch anführt, paßt nicht, da es die Sprecherin identifiziert, cf. 8,12)
und mit הָיָה Gen 12,2.

31   *tanzend auf*[1] *dem Kreis seiner Erde,*
      indem mein Ergötzen bei den Menschen (war).[2]

Folgt man der inhaltlichen Aufteilung des Textes, so liegt der Hauptein-schnitt zwischen v.26 und v.27.[3] In den vv.22-26 wird die Zeit vor der Schöpfung geschildert, in den vv.27-31 die Schöpfung. Diesem chronolo-gischen Einschnitt entspricht ein je unterschiedliches Thema. In vv.22-26 wird die Entstehung der Weisheit geschildert; sie ist das Subjekt passiver Verbformen.[4] Gott ist der Handelnde;[5] als Subjekt aktiver Verbformen bildet er den Rahmen um diese erste Strophe.[6] In den vv.27-31 ist das Dasein der Weisheit dargestellt; sie ist Subjekt aktiver Verbformen. Der thematische Wechsel ist durch das markante אני שם „da war ich" (Nominalsatz) schon beim ersten Hören deutlich; ähnlich waren die Einschnitte in vv.12 und 17 markiert.[7] Diese inhaltliche Gliederung wird durch die Textstruktur bestätigt. Den Abschluß der beiden Hauptteile bildet das Lexempaar ארץ „Erde" und תבל „Erdkreis",[8] das in v.26 auf zwei Kola verteilt ist; in v.31 findet es sich in einer Konstruktusverbindung,[9] bei der die Reihenfolge der Lexeme invertiert ist, so daß ein Chiasmus das ganze Gedicht zusammenhält.

Neben dieser Einteilung in zwei Strophen findet sich noch eine Feinglie-derung, die beide Strophen in je gleicher Weise so unterteilt, daß sie sich spiegelbildlich entsprechen. Die ersten beiden Bikola sind in vielfältiger Weise miteinander verknüpft und von den vv.24-26 abgesetzt. In den vv. 22-23 sind die Zeitangaben durch die Präposition מן „von/seit" eingeleitet, in den vv.24-25 mit ב „als". Damit sind die beiden Teile voneinander abge-rückt. Das letzte Bikolon der beiden Unterabschnitte wird jeweils durch das Wortpaar ארץ „Erde" und ראש „Beginn" gekennzeichnet,[10] das wie das Paar ארץ „Erde" und תבל „Erdkreis" (vv.26.31) überkreuz gestellt ist.[11] Diesen Chiasmus mag man als Rahmen um die vv.24f. ansehen, die durch die lexe-

---

1   Das ב führt hier nicht das Objekt ein (cf. Gen 39,14.17; Ps 104,26; Hi 40,29), sondern
     bezeichnet den Ort (cf. Sach 8,5; so Jenni, Präpositionen 1, p.187, Nr. 2253).
2   Versteht man בני אדם als indeterminiert, so wird es als Chabar des Satzes aufzufassen
     sein, את ist dann Präposition. Die Wortfolge M-Ch weist auf einen Chalsatz hin (cf.
     Michel, Probleme, p.219).
3   Cf. Skehan, Structure, pp.371f.; Aletti, Proverbes 8,22-31, p.27; Bauks/Baumann,
     Anfang, p.32.
4   Cf. Meinhold, Sprüche, p.144.
5   Cf. Gilbert, Discours 8, p.211.
6   Cf. Yee, Analysis, p.62; Bauks/Baumann, Anfang, p.32.
7   Cf. Skehan, Structure, p.372.
8   Cf. Bauks/Baumann, Anfang, p.33.
9   Cf. Avishur, Studies, p.157.
10   Cf. Skehan, Structure, p.371.
11   Overland, Structure, p.111, hebt das viermalige ארץ als Gliederungssignal hervor. Doch
     wertet er bloß die Wiederholung des Stichwortes aus.

matische Diagonale חוללתי „wurde ich geboren"[1] und das dreimalige ב „als" zusammengehalten sind. Aber v.23 ist mit v.22 ebenfalls durch einen Chiasmus verknüpft: In v.22 steht die adverbielle Bestimmung der Zeit (ראשית „anfangs") nach dem Verb; in v.23a ist das umgekehrt. Zudem werden gleiche oder ähnliche Wörter in beiden Versen gebraucht: ראש „Beginn/ Anfang" (v.23b) und ראשית „anfangs" (v.22a) bilden als Assonanz einen „halben" Chiasmus; auch קדם „Anbruch/Urzeiten" findet sich in beiden Versen; in v.22b ist es die erste Zeitbestimmung, in v.23b die zweite, womit wiederum ein Chiasmus vorliegt. So werden die ersten beiden Verse durch ein komplexes Geflecht von Überkreuzstellungen zusammengebunden.

Hat die erste Strophe die Binnenstruktur 2+3 Bikola, so die zweite spiegelbildlich 3+2, da v.29a Glosse ist (cf. die Anmerkung zur Übersetzung). Den sachlichen Rahmen um die Schöpfungsaussagen bildet der Merismus Himmel und Erde (vv.27.29b).[2] Diese werden durch sechsmaliges ב+inf. cs.+Suffix 3.sg.m. zusammengehalten.[3] Ein zweiter Rahmen ist in den korrespondierenden Aussagen שם אני „da war ich" (v.27) und ואהיה אצלו אמון „und ich war an seiner, des Werkmeisters, Seite" (v.30) zu sehen. An diesen Abschnitt, der die Anwesenheit der Weisheit bei der Schöpfung unterstreicht, sind noch zwei Bikola angefügt (vv.30aβb.31), die die dauernde Anwesenheit der Weisheit vor Gott und in der Welt aussagen.[4] Der Anschluß erfolgt über die Wiederholung von ואהיה „da war ich". Diese beiden letzten Bikola sind durch die Überkreuzstellung der Lexeme שעשעים „Ergötzen" und משחקת „tanzend" chiastisch verknüpft.[5]

Aus diesen Bemerkungen ist deutlich geworden, wie ich die Versstruktur in den vv.27-31 auffasse. Ich nehme keine Trikola,[6] sondern nur Bikola an, wie der Text in der BHS angeordnet ist. Neben der Tatsache, daß sich dann eine dem ersten Teil analoge Gliederung ergibt, sprechen noch zwei weitere Beobachtungen für diese Aufteilung. 1. Der Chiasmus, der die vv.30aβb.31 zusammenhält, macht wohl eher zwei Bikola als ein Trikolon und ein Bikolon wahrscheinlich. 2. Um die vv.27-30aα ist die Aussage der Anwesenheit gelegt (v.27a.30aα). Diese Aussage wird ohne jede nähere Bestimmung der Art der Anwesenheit gemacht. Es ist lediglich gesagt, daß sie „da" gewesen sei, oder „an seiner Seite". Die Art der Anwesenheit oder genauer, was die Weisheit „vor Gott" (לפניו, v.30b) macht, wird erst im letzten Abschnitt des Gedichtes vv.30aβb.31 ausgeführt. Macht man diese Klammer von v.27a nach v.30aα semantisch stark, so stimmt die oben gegebene

---

1   Cf. Yee, Analysis, p.63.
2   Cf. Yee, Analysis, p.63; Houtman, Himmel, p.43: ähnliche Inklusionen gibt es Prov 30,4a.d; Ps 8,4.10; 50,1.6.
3   Cf. Skehan, Structur, p.372; Yee, Analysis, p.63.
4   Cf. Yee, Analysis, p.65.
5   Cf. Gilbert, Discours 8, p.214; Terrien, Play, p.134; Yee, Analysis, p.65.
6   So z.B. Skehan, Structure, p.372.

Deutung von אמון auf Gott als den Werkmeister gut in den Bauplan. Das Wort אמון „Werkmeister" korrespondiert dann als letztes Wort des Abschnittes mit dem ersten בהכינו „bei seinem Zurichten". Gott wird abschließend in seiner Funktion als Weltschöpfer angesprochen.[1] Fassen wir diese Gliederung[2] graphisch zusammen:

1. Strophe vv.22-26					
v.22		Verb - Adverb	קדם ;ראשית /	מן /	
v.23		Adverb - Verb	קדם ;ראש /	מן /	ארץ /
v.24	a: חוללתי	b: --	ב		
v.25	a: --	b: חוללתי	ב		
v.26					תבל - ארץ
2. Strophe vv.27-31					
v.27	שם אני		ב		(שמים)
v.28			ב		
vv.29b.30aα			ב		ארץ
v.30aβb	ואהיה	שחקת שעשעים			
v.31		שעשעים משחק			ארץ תבל

Neben dieser konzentrischen Struktur finden wir noch einen Spannungsbogen, der dem Gedicht eine lineare Dynamik verleiht. Er führt von Gott, dem Schöpfer der Weisheit (v.22), über die Anwesenheit der Weisheit bei der Schöpfung (v.27) hin zum Menschen (v.31).[3] Auf diesem Spannungsbogen liegen die Hauptaussagen des Textes.[4] Sie bilden seinen Anfang, seine Mitte und seinen Schluß. So harmoniert die zweiteilige Strophenstruktur mit der dreiteiligen Aussagestruktur.[5]

Doch neben dieser dreiteilig vorgetragenen Hauptaussage des Textes ist die Schöpfung der Welt das den Text prägende Nebenthema,[6] ja Prov 8,22-31 wird regelmäßig herangezogen, wenn es um Schöpfungstheologie der Weisheit geht.[7] Dieses Nebenthema wird durch das Leitwort ארץ „Erde" strukturiert. Auch hier wird ein Spannungsbogen beschrieben. Im ersten Satz des Textes (vv.22f.) wird die Erschaffung der Weisheit berichtet – zu einem Zeitpunkt, als die „Erde" noch nicht war. Dieses Nichtbestehen wird durch das Fehlen von zur Erde gehörenden Bergen und Hügeln noch unterstrichen. Im Schlußvers der ersten Strophe wird ausdrücklich wiederholt, daß Gott die

---

[1] Damit wird die von Plöger, Sprüche p.95, erwogene Deutung als inf.abs. in adverbieller Verwendung hinfällig, die aus der Zusammenordnung mit v.30aβb begründet ist.

[2] Sie entspricht der bei Gilbert, Discours 8, pp.209-215; Bauks/Baumann, Anfang, p.32. - Yee, Analysis, hat zwar den Einschnitt nach v.30aα erkannt, nicht aber den zwischen v.23 und v.24; so kommt sie zu einer Dreiteilung des Gedichtes; ihr folgt Meinhold, Sprüche, p.143; cf. Aletti, Proverbes 8,22-31, p.26; ähnlich Stecher, Weisheit, p.415, der aber den zweiten Einschnitt schon nach v.29 sieht.

[3] Cf. Aletti, Proverbes 8,22-31, p.28.

[4] Cf. Aletti, Proverbes 8,22-31, p.35.

[5] Gegen Yee, Analysis, p.61.

[6] Diese Zweisträngigkeit hat auch Aletti, Proverbes 8,22-31, p.33, erkannt.

[7] Cf. z.B. Doll, Menschenschöpfung, pp.51-55; Yee, Creation; Hermisson, Observations.

Erde und den Erdkreis (תבל) noch nicht gemacht hatte. Durch diese Noch-nicht-Aussagen[1] ist im Textverlauf deutlich eine Spannung hergestellt: Die Erde fehlt.

Diese Spannung wird nicht gleich gelöst, denn zuerst wird von der Errichtung des Himmels gesprochen und vom Einritzen des Horizontes respektive Bestimmen des Himmelsgewölbes (v.27). Dann folgen die Wolken und die Quellen (v.28). Die Glosse in v.29a fügt noch die Begrenzung des Meeres ein. Dann erst wird die Erde auf ihre Fundamente gegründet (v.29b). Damit ist die Schöpfung zu einem vorläufigen Abschluß gelangt; die fehlende Erde steht nun. Ein endgültiger Abschluß ist jedoch erst mit v.31 erreicht, wenn die Menschen, die die Erde bewohnen, erwähnt werden.

Daß in der Schöpfungsthematik nur ein Nebenthema des Textes zu finden ist, wird an mehreren Beobachtungen deutlich. Zum einen bilden die Aussagen über die Schöpfung – oder Noch-nicht-Schöpfung – nur den zeitbestimmenden Hintergrund für das Hauptthema.[2] Zum anderen ist der Vorgang der Schöpfung nicht systematisch entfaltet (wie z.B. in Gen 1),[3] sondern nur illustrativ eingesetzt. Dies erklärt zwei Lücken: Entitäten werden vorausgesetzt, die noch gar nicht ausdrücklich geschaffen wurden. Tauchen so die Menschen unvermittelt in v.31 auf, so wird in v.27b in die Oberfläche der Tehom etwas geritzt, obwohl in v.24 deren Nichtexistenz festgestellt worden war. Man wird sich deren Entstehung zu denken haben; genannt ist sie nicht.[4]

Das Bild des Kosmos, wie es in vv.27-29 skizziert wird, umreißt den unbelebten Raum ohne seine Ausstattung mit Himmelskörpern, Pflanzen oder Tieren; nur die Menschen werden beiläufig in v.31 nachgetragen.[5] Doch ist der so beschriebene Kosmos kein unwohnlicher Raum, sondern Palästina. Himmel und Erde benennen den Gesamtraum der Welt;[6] dieser ist gekennzeichnet durch Berge[7], wie wir aus der Fehlanzeige in v.25, in das Bild der vv.27-29 eintragen dürfen. Weiteres Charakteristikum der Welt, wie sie der Text entwirft, sind Wolken, die Regen bringen,[8] und sprudelnde Quellen (v.28). Dies sind die Hauptwasserquellen Palästinas. Im Gegensatz zu Mesopotamien und Ägypten ist die palästinische Landwirtschaft vom

---

[1] Cf. Grapow, Welt; Westermann, Genesis, pp.59-64.

[2] Cf. Aletti, Proverbes 8,22-31, p.35.

[3] Prov 8 fehlt z.B. die Entstehung der Himmelskörper, cf. Aletti, Proverbes 8,22-31, p.27.

[4] Dies ist gegen Bauks/Baumann, Anfang, p.37, gesagt, die die Tehom als ungeschaffene Größe ansehen; dem widerspricht eindeutig die Fehlanzeige von v.24.

[5] Cf. Aletti, Proverbes 8,22-31, p.27.

[6] Cf. Schmid, ארץ, col.229; Houtman, Himmel, p.43.

[7] Talmon, הר, col.466: „Die verhältnismäßig große Anzahl der Belege von *har*, *gibᶜāh* und anderen Synonymen in der at.lichen Literatur spiegelt die geographische Wirklichkeit der syrisch-palästinischen Landschaft wider."

[8] Cf. Ps 77,18; Prov 3,20; Hi 36,28.

Regen abhängig[1] und die Trinkwasserversorgung wird, da Oberflächenge-
wässer bis auf wenige Ausnahmen fehlen, von Quellen, Brunnen und regen-
gespeisten Zisternen sichergestellt.[2] Dies sind die Umweltbedingungen, die
das Leben in Palästina dominieren.[3] Versteht man den Sinn der Schöpfungs-
beschreibung in Prov 8,22-31 so, dann wird deutlich, daß die Erwähnung des
Meeres in diesem Rahmen nicht notwendig ist; so fehlt es in Gen 2,4b-6.

Die Verben, die den Vorgang der Weltschöpfung in diesem Text bezeichnen, betonen den handwerklichen Charakter der Handlung. So meint טבע
zwar im Qal „einsinken" in den Schlamm einer Grube[4] und entsprechend im
Hofal „eingesenkt werden" (Jer 38,6). Dieses Lexem dient Hi 38,6 zur Beschreibung von Vorgängen beim Erbauen der Erde (cf. Hi 38,4). Auch כון
„errichten" ist ein Verb mit handwerklicher Konnotation,[5] wie die Objekte
zeigen, die exklusiv mit dem Hifil verbunden sind: Schlachtbank (Jes 14,21);
Holzbild (Jes 40,20); Kleider (Hi 27,16f.); Stuhl (Hi 29,7); Galgen (Est 6,4;
7,10); Waffen (Ps 7,14; 2 Chr 26,14); Altar (Esr 3,3; 2 Chr 33,16) und
Kultgeräte (2 Chr 29,19). Dieses Verb gehört zu den geläufigen Schöpfungs-
vokabeln im AT[6] und zeichnet die Schöpfung als handwerkliches Geschehen.[7] Das Verb חקק hat zwar eine juristische Konnotation[8] und das
Derivat חק ist Terminus für die von einer Autorität gesetzte Ordnung,[9] doch
ist die anschauliche Bedeutung von חקק „aushauen" oder „einritzen".[10] Der
Kontext von Prov 8,22-30 spricht wegen der durchgehenden Bedeutungsebene „handwerklich" für die Aktualisierung dieser Konnotation auch bei
חקק in vv.27a.29b. In v.29a war aufgrund des Satzzusammenhanges (חק
„Ordnung"[11] mit שׂים „auferlegen", פה für „Befehl" und עבר für „übertreten"
einer Vorschrift) die juristische Bedeutungsebene[12] deutlich; das war einer

---

1 Cf. Galling, Ackerwirtschaft, p.2.
2 Cf. U.Müller, Wasserversorgung, p.358.
3 Cf. Steck, Welt, pp.49f. So ist auch die Welt in Gen 2,4b-6 beschrieben, cf. Westermann, Genesis, p.272. Dies zeigt, daß die Abhängigkeit zu Gen 1, die Bauks/Baumann
   annehmen, nicht gegeben ist. Wenn die Schöpfungsvorstellung in Prov 8 der in Gen 1
   sowenig entspricht, reicht die Verwendung von ראשׁית als Hinweis für eine traditionsgeschichtliche Verbindung nicht aus.
4 Ex 15,4; Jer 38,6.22; Ps 9,16; 69,3.15.
5 Gegen Gerstenberger, כון, col.815, der die handwerkliche Konnotation beim Polel deutlich findet, während das Hifil in seiner Bedeutung „weit und blaß" sei.
6 Cf. Spiekermann, Heilsgegenwart, pp.80-82; Gerstenberger, כון, col.816; Koch, כון,
   col.104.
7 Cf. Keel, Bildsymbolik, p.184; gegen Bauks/Baumann, Anfang, p.45, die eine juristische Konnotation erkennen wollen.
8 Darauf heben Bauks/Baumann, Anfang, p.45, ab.
9 Cf. Liedke, Gestalt, p.174.
10 Cf. Hentschke, Satzung, pp.7f.; Liedke, Gestalt, p.155.
11 Cf. Beauchamps, Création, pp.363f.
12 Cf. Hulsbosch, Sagesse, Aug. 2, 1962, p.12: „termes empruntés à l'ordre morale".

der Gründe, den Vers als Glosse anzusprechen. Eine handwerkliche Konnotation ist אמץ „festigen" wegen 2 Chr 24,13 zuzuschreiben. Das Verb עשׂה „machen" ist der allgemeine Ausdruck für ein „Herstellen"[1] und dient oft als Schöpfungsverb.[2] Die Rede von מסדי ארץ „Fundamenten der Erde" gehört ebenfalls in diesen bautechnisch-handwerklichen Horizont. Alle diese Begriffe konstituieren die Bedeutungsebene mit dem gemeinsamen Merkmal[3] „handwerkliches Schaffen";[4] dieser Aspekt des Schöpfertuns wird in der Bezeichnung Gottes als אמון zusammengefaßt: Gott ist der Werkmeister. Die Anwesenheit der Weisheit mag hier motivisch auf die Tatsache zurückgehen, daß die berufliche Qualifikation des Handwerkers als חכמה, „Weisheit", bezeichnet wird,[5] und der Schöpfer sein Tun in Weisheit vollbringt.[6]

In den zwei Hälften des Textes werden zwei Aspekte der Frau Weisheit verhandelt; im ersten Teil (vv.22-26) wird ihre Entstehung thematisiert, im zweiten (vv.27-31) ihre Anwesenheit und Tätigkeit bei und in der Schöpfung.

a) Die Verben, die die Entstehung der Weisheit schildern (קנה „schaffen", סכך „weben", חיל „kreißen"), haben keine bautechnische Konnotation. Die gemeinsame Ebene dieser drei Verben ist nicht so leicht zu bestimmen wie die der übrigen Schöpfungsverben. Einzig bei חיל „kreißen" ist die Konnotation der „Geburt eines menschlichen Wesens" deutlich,[7] für סכך „weben" ist sie nach Ps 139,13 offenbar möglich. Für קנה ist diese Konnotation nicht eindeutig,[8] aber Ps 139,13 steht das Verb ebenfalls in einem solchen Kontext. Versteht man den Vorgang nach dem eindeutigen חיל, so ist in vv.22-25 von der Geburt der Weisheit die Rede. Sie wird somit als ein menschlich-personales Wesen vorgestellt; dieser Umstand wird deutlich im Unterschied zu den übrigen Schöpfungsverben mit ihrer technologischen Konnotation[9] und deckt sich mit der Personifizierung als literarischem Mittel.

Die in diesen Bildern möglicherweise mitgemeinte „Vaterschaft" oder besser „Mutterschaft" Gottes gegenüber der Weisheit[10] sollte nicht allzu

---

[1] Z.B. Gen 3,21; 8,6; 1 Sam 8,12; 2 Kge 12, 12; cf. Vollmer, עשׂה, col.361.

[2] Cf. Vollmer, עשׂה, coll.367-369; Ringgren, עשׂה, coll.417; Spiekermann, Heilsgegenwart, pp.76-79.

[3] Cf. Greimas, Semantik, p.45.

[4] Lang, Frau Weisheit, p.89 n.97, spricht von Bauterminologie.

[5] Ex 28,3; 31,3.6; 35,26.31.35; 36,1.2; 1 Kge 7,14; Qoh 10,10; cf. Fohrer, Weisheit, p.255; Sæbø, חכם, col.562.

[6] Jer 10,12=51,15; Ps 104,24; 136,5; 147,5; Hi 26,12f.; Prov 3,19f.; cf. Hulsbosch, Sagesse, Aug. 2, 1962, pp.8f.; Schimanowski, Weisheit, p.14 nn.6-7.

[7] Daneben auch ein übertragener Sprachgebrauch: Prov 25,23; Dtn 32,18; Ps 90,2.

[8] S.o. die Anmerkung zur Übersetzung der Stelle.

[9] So Lang, Frau Weisheit, p.106; cf. Hulsbosch, Sagesse, Aug.1, 1961, 436-440; Yee, Creation, p.90; Baumann, Weisheitsgestalt, pp.142f. Gegen Whybray, Wisdom, p.101.

[10] Vaterschaft cf. Philo, leg. all. 1,64 (Küchler, Weisheitstraditionen, p.60); Mutterschaft: cf. Camp, Wisdom, p.306 n.7; Yee, Creation, p.90; Baumann, Weisheitsgestalt, pp.140-

mythisch-konkret verstanden werden, wie das erste Verb קנה „schaffen"
zeigt, das keine eindeutige biologische Konnotation hat. Die Elternschaft ist
einerseits ein Bild für das gegenseitige innige Verhältnis,[1] andererseits liegt
in dieser gegenseitigen Zuordnung ein deutliches Autoritätsgefälle von Gott
zu der von ihm hervorgebrachten Weisheit. Die Einzigartigkeit und Einzig-
keit Gottes als Schöpfer[2] wird so nicht angetastet.

Gegenüber den anderen Schöpfungswerken ist die Weisheit außer durch
die Art noch durch den Zeitpunkt ihrer Entstehung herausgehoben: Sie ist
das erste Geschöpf Gottes. Dies wird in verschiedenen Wendungen immer
neu unterstrichen.[3] Hier ist nicht auf ägyptische Vorbilder zurückzugehen,[4]
da sich in Israel ähnliche Aussagen über Gott finden; z.B. in Ps 90,2:[5]

> Ehe noch Berge geboren wurden
> und Erde und Festland in Wehen lagen -
> von Ewigkeit zu Ewigkeit bist du, Gott.[6]

Hier wird auf den Mythos von der gebärenden Erde zurückgegriffen;[7] sie
gebiert die Berge. Gott war an diesem Schöpfungsgeschehen nach Ausweis
dieses Textes offenbar nicht beteiligt; er war aber anwesend: „So verstanden
ist [Ps 90,]2 eine Aussage über die weltüberlegene Souveränität und Ewig-
keit des Gottes Israels."[8] Der Mensch hat diese Überlegenheit nicht (cf. Hi
15,7; 38,4f.). In dieser Weise wird die Vorstellung von der vor der übrigen
Schöpfung geschaffenen Weisheit in erster Linie deren besondere Stellung

---

143. Zum ganzen: Bonnard, Sagesse, p.124. Die Relation ist nicht die eines männlichen
Wesens zu seiner Geliebten oder Frau, das Verb קנה nicht als „eine Frau erwerben" zu
verstehen (s.o. p.111, zu 4,1-9).

[1] Cf. Lang, Frau Weisheit, pp.90-92, er weist auf das Verhältnis Gottes zum König (Ps
2,6) und zu Israel (Nu 11,12; Dtn 32,18) hin, sowie auf den Umstand, daß die Schöpfung
in solchen Bildern ausgedrückt werden kann (Hi 38,28f.; cf. Ps 104,24).

[2] Jes 44,24 passim; Hi 38,4. Cf. Frankenberg, Sprüche, pp.58f.; Stecher, Weisheit, p.427.

[3] Cf. Whybray, Wisdom, p.101; Aletti, Proverbes 8,22-31, p.29 Spalte 5; Plöger, Sprüche,
p.92.

[4] Kayatz hat in dem Motiv der Schöpfer-Söhne und -Töchter (cf. Bickel, Cosmogonie,
p.128), vor allem der Tefnut-Maat den Ursprung der israelitischen Vorstellung gesehen
(cf. Kayatz, Studien, pp.87.93-95). Doch findet sich diese Vorstellung vor allem in den
Sargtexten der 11. bis 17. Dynastie (2133-1550 v.Chr.; cf. van Voss, Sargtexte); im
Neuen Reich verschwimmt diese Konzeption: Eine einzige Gottheit, Amun, vereinigt
die Züge des ersten Schöpfers und seiner Schöpfer-Kinder (cf. Bickel, Cosmogonie,
pp.128.159.161). Damit ist es sehr unwahrscheinlich, daß diese Vorstellung aus den
Sargtexten für Prov 8,22-31 zum Vorbild geworden ist.

[5] Cf. Kraus, Verkündigung, p.34.

[6] Übers. Kraus, Psalmen, p.794.

[7] Cf. Gen 1,24; Hi 38,8.

[8] Kraus, Psalmen, p.798.

herausheben.[1] Das rabbinische Judentum kannte später verschiedene, vor der Weltschöpfung entstandene Größen.[2]

b) Diese besondere Stellung der Weisheit konkretisiert sich in ihrem Dabeisein bei der Schöpfung (vv.27-30aα). Subjekt sämtlicher Schöpfungsverben ist Gott, von einer schöpferischen Tätigkeit der Weisheit wird in diesem Text nichts gesagt.[3] Gott bleibt der einzige Schöpfer. Eine Aktivität der Weisheit wird erst in den vv.30aβb.31 geschildert. Doch da diese Tätigkeit auf der Erde stattfindet, deren Schöpfung als letztes genannt ist, dürfen wir vermutlich folgern, daß sich diese Aktivität an die Schöpfung zeitlich anschließt. Während der Schöpfung wird lediglich die Anwesenheit der Weisheit festgestellt, die wir im Sinne einer Zeugenschaft auffassen dürfen, die ihr ein besonderes Wissen über die Welt vermittelt hat.[4]

Die beiden abschließenden Bikola vv.30aβb.31 führen die Weisheit erstmals in selbständiger Aktivität vor. Das Verhältnis der Weisheit zu den Menschen, wie es in Prov 8,22-31 vorgestellt wird, kann nur aus diesen beiden Zeilen entnommen werden. Die Komposition des Textes weist mit seiner chiastischen Struktur und den Wortwiederholungen, die zu klanglicher Assonanz führen, auf den besonderen Charakter dieses Schlusses hin.[5] Konstituieren die Lexeme שעשעים „Ergötzen" und משחקת „tanzend" einen Chiasmus, so die Adverbien den Parallelismus: Im ersten Bikolon ist „Tag für Tag" ebenso eine Zeitangabe, die die Dauer des Geschehens feststellt, wie „zu jeder Zeit". Im zweiten Bikolon wird der Ort des Geschehens genannt: „auf dem Kreis der Erde" und „bei den Menschen". Der Parallelismus sichert somit das Verständnis von את „bei" als lokaler Präposition. Waren in v.30aβb die beiden Zeitangaben sachlich äquivalent, so dürften auch die beiden Ortsangaben in v.31 den gleichen Ort, die bewohnte Erde, bezeichnen.

Warum die Weisheit ausgelassener Stimmung ist und warum sie einen kultischen Tanz vor und für[6] Gott aufführt,[7] wird im Text nicht ausdrücklich

---

[1]　Cf. Gemser, Sprüche, p.49; Kayatz, Studien, p.95: „festgeprägter Topos für den Anspruch einer besonderen Würde und Autoritätsstellung." Auf ihre Stellung als „Erstgeborene" heben ab: Keel, Weisheit, p.68; Meinhold, Sprüche, p.144.

[2]　Cf. Schimanowski, Weisheit, pp.233-287.

[3]　Gegen Baumann, Weisheitsgestalt, p.144, die das erschließen will, freilich entgegen den „e x p l i z i t e n　Textaussagen" (Hervorhebung Baumann).

[4]　Hi 38,4f.; SapSal 9,9; cf. Lang, Frau Weisheit, p.95.

[5]　Cf. Terrien, Play, p.134; Baumann, Weisheitsgestalt, p.114.

[6]　Gegen Baumann, Weisheitsgestalt, p.139, die לפניו parallel zu בתבל ארצו sieht und es als bloße Ortsangabe deutet. Zum einen spricht dagegen die Struktur des Parallelismus, wie er oben analysiert wurde, und zum zweiten scheint שחק לפני יהוה eine geprägte Wendung zu sein, cf. die nächste Anmerkung.

[7]　2 Sam 6,5 par.; 1 Chr 13,8; 2 Sam 6,21; cf. Stecher, Weisheit, p.430f.; Keel, Weisheit, p.30; Bartelmus, שׂחק/צחק, col.742. Keel hat ausführlich ägyptisches Vergleichsmaterial über kultische Tänze und Spiele zusammengestellt, wobei er im Anschluß an Kayatz

gesagt. Das verwendete Wort שֽׁעֲשֻׁעִים „Ergötzen" gibt keinen genauen Aufschluß. Das Verb bezeichnet im Pilpel und im Polpal das Spielen eines Kindes bzw. mit einem Kind (Jes 11,8; 66,12). Ähnlich ist die Verwendung in Jer 31,20, wo Efraim als „Schoßkind"[1] Gottes bezeichnet wird. Entsprechend dem Vergnügen am Kind hat Gott sein Wohlgefallen an einem Weinberg (Jes 5,7). Einen eigenen Gebauch macht Ps 119 von dieser Wurzel, die das Verhältnis des Beters zu Gottes Gesetz beschreibt: Der Beter hat Freude an Gottes Gebot.[2] Versteht man den Satz (8,30aα), wie in der Übersetzung vorgeschlagen, dem MT folgend als „ich war Ergötzen", so fehlt im Text der ausdrückliche Hinweis auf die Ursache der Freude, wie er sonst häufig bei der Wurzel gegeben ist.[3] In diesem Fall ist für unsere Stelle der absolute Sprachgebrauch des Verbs zur Bestimmung des genauen Sinnes zugrunde zu legen. In diesen Fällen geht es um das sorglose Spiel der Kinder

---

(Studien, p.63) eine besondere Verbindung der Maat zum Tanz finden will (pp.63-68). Doch diese Verbindung ist sehr schwach. Einen Beleg für die spielende oder tanzende Maat gibt es nicht; dennoch versucht Keel, auf zwei Wegen eine Verbindung herzustellen: 1.) Seit dem mittleren Reich (Ramses III. 1204-1173) findet sich die Darstellung der ,Darbringung der Maat' in Verbindung mit der ,spielenden' Gottesgemahlin (cf. Keel, Weisheit, p.66 - Abb.30). Doch das ,Spielen' besteht in der Präsentation von Sistrum und Menit - nicht im Tanzen, wie für Prov 8,30f. angenommen; zudem ,spielt' nicht die Maat, sondern eine andere Figur. 2.) In einem Relief in Denderah (ca. 100 n.Chr.; Keel, Weisheit, Abb.34) findet Keel eine „eigenartige" Kombination von Figuren: „Hier ist der spielende Knabe von der hockenden Maʿat und einer riesigen Menit begleitet, in der sich Hathor verkörpert." (Keel, Weisheit, p.67) Aus dieser Kombination folgert Keel für Prov 8: „Die drei Gestalten (Hathor, Maʿat und ,Spiel') von *Abb.34* sind in der scherzenden Weisheit von Spr 8,30f. vereinigt." Dies sind die konkreten Verbindungselemente zwischen der tanzenden Weisheit in Prov 8 und der ägyptischen Maat, die Keel beibringt. Aber diese beiden weit auseinanderliegenden Bilder sind nicht geeignet, die Vorstellung einer tanzenden Maat hervorzurufen, und so schränkt auch Keel selbst ein: „Ich lege keinen Wert darauf, eine historische Abhängigkeit zu postulieren." (pp.67f.) Daran tut er gut, denn das von ihm beigebrachte Material kann lediglich dazu dienen, das Phänomen des kultischen Tanzes zu illustrieren (cf. Keel, Weisheit, p.30), belegt aber keineswegs die ägyptische Maat als Vorbild für die israelitische Weisheit.

1 So Rudolph, Jeremia, p.196, in seiner Übersetzung der Stelle.

2 Ps 119, 16.47 (hitpalpel); vv.24.77.92.143.174 (Nomen). Objekte der Freude sind: חֹק, עֵדוּת, מִצְוָה und תּוֹרָה. Eigentümlich ist die Verwendung in Ps 94,19.

3 Beim Verb im Pilpel mit einem Akk. (Ps 119,70), im Hitpalpel mit ב (Ps 119,16.47). Beim Nomen entweder als Rektum (Jes 5,7; Jer 31,20) oder in Form einer Nominalen Behauptung (zur Terminologie, cf. Michel, Probleme, p.215), wobei die Ursache der Freude das Chabar bildet und das Mubtada aus שַׁעֲשֻׁעִים + Suff. 1.sg. besteht (Ps 119, 24.77.92.143.174). Aus diesen Belegen des Nomens leitet Baumann einen „Topos" ab, „der sonst Größen in der Nähe JHWHs ... bezeichnet" (Leben, p.172). Doch um einen Topos handelt es sich nicht, da die Stellen in Ps 119 sich von den beiden prophetischen Belegen unterscheiden, und das Gemeinsame, das den „Topos" ausmachen soll, in der sehr allgemeinen Rubrizierung „Nähe zu Jhwh" besteht.

am Natterloch (Jes 11,8) und auf den Knien der Erwachsenen (Jes 66,12). Es scheint, daß in dem Wort שעשעים im absoluten Gebrauch ein sorgenfreies Ergötzen angesprochen ist, wie es Kinder beim Spiel haben oder das Eltern beim Spiel mit ihren Kindern empfinden können.[1] Diese Konnotation paßt vorzüglich zum Parallelausdruck für צחק „scherzen/tanzen/musizieren".[2] Dem Wort scheint ebenfalls die Konnotation der Freude anzuhaften.[3] Diese Freude mag ihren Grund in der vorher berichteten Schöpfung haben. Es läge hier dann das Motiv der „Freude über die Schöpfung" vor.[4]

Wie wir gesehen haben, freut sich die Weisheit auf der Erde, die ein Ergebnis der Schöpfung ist; also wird diese Handlung der der Schöpfung zeitlich folgen. Dieser Gedanke ist für die Bestimmung der Zeitangaben in v.30 wichtig. Denn die Wendung יום יום „Tag für Tag" könnte sich evtl. noch auf die zeitliche Erstreckung der Schöpfungsvorgänge beziehen; aber כל עת „zu jeder Zeit" scheint einen darüber hinausgehenden Zeitraum zu meinen, der vielleicht noch bis zum heutigen Tag andauernd gedacht sein könnte.[5]

Als Ort ihrer Freude wird die geschaffene Erde genannt, aber auch die bis dahin im Text noch nicht erwähnten Menschen, bei denen sie ausgelassener Stimmung ist. Die genaue Art des Kontaktes der Weisheit zu den Menschen ist in v.31 wohl nur sehr vage bestimmt. Das Daß eines Kontaktes dürfte mit der Formulierung behauptet sein; ebenso seine positive Art, da er etwas mit Freude und Spiel zu tun hat. Doch Genaueres scheint diesem Vers nicht zu entnehmen sein.

Die Rolle der Weisheit ist nach Prov 8,22-31 weniger nach ihrer Aktivität zu beschreiben als nach ihrer zeitlichen und räumlichen Erstreckung. Sie ist als erstes Geschöpf ganz zu Anfang von Gott zur Welt gebracht worden, bevor noch irgendetwas anderes bestand, und existiert bis heute fort. Sie war bei der Schöpfung anwesend, befand sich im Himmel und vergnügt sich nun auf der Erde. Ihre zeitliche Erstreckung ist von vor dem Anfang bis heute und noch später „zu jeder Zeit"; ihre räumliche Erstreckung geht vom Himmel zur Erde. Sie ist zeitlich und räumlich allumfassend – oder: universal.

Ihre Anwesenheit bei der Schöpfung ist wohl so zu verstehen, daß sie dadurch ein übermenschliches, göttliches Wissen über die Welt erworben hat. Damit ist sie weiser als die Menschen. Aus diesem Gefälle heraus kann sie

---

[1] Cf. Greenstone, Proverbs, p.88; Lang, Frau Weisheit, p.94 n.102.

[2] Zu diesem Wort, cf. Hübner, Spiele, pp.15-17.

[3] Das ist den beiden Stellen mit absolutem Gebrauch nicht sicher zu entnehmen, scheint aber für den übrigen Gebrauch bestimmend zu sein.

[4] Enuma Elisch, Tafel IV (Beyerlin, RTAT, p.109); Pap. Bremner-Rhind III col.27 lin.1 (Übers. Faulkner, p.172); Hi 38,7; cf. Lang, Frau Weisheit, p.108 n.133; Keel, Weisheit, p.69.

[5] Cf. Delitzsch, Spruchbuch, p.149.

die Menschen belehren, was sie in Prov 8 tut:[1] Zieht man die Form des Kapitels in Betracht, wird ihre Relation zu den Menschen deutlicher, als sie in v.30 gezeichnet ist. Art und Inhalt ihrer Lehre sind in 8,6-21 dargestellt worden. In 8,22-31 wird die Legitimation für ihr Lehren nachgetragen. Kann sich der menschliche Lehrer auf Überlieferung (4,3-4) und eigene Erfahrung (7,6-7) stützen, so die Weisheit auf ein den Menschen sonst unzugängliches Wissen.

Die verschiedentlich behauptete Funktion der Weisheit als Mittlerin zwischen Gott und Menschen ist primär aus der Textstruktur abzulesen. Versteht man das שעשעים „Ergötzen" in v.30aβ so, daß Gott sich an der Weisheit freut, dann ist das Verhalten Gottes gegenüber der Weisheit dem der Weisheit gegenüber den Menschen (v.31b) gleichartig.[2] Doch ist in v.30aβ nicht Gottes Freude an der geschaffenen Weisheit ausgesagt, sondern die Freude der Weisheit an der Schöpfung Gottes. Die Freude der Weisheit an den Menschen ist dann kein Komplementäraspekt zur Freude Gottes, sondern ein Teilaspekt der Freude der Weisheit an der Schöpfung. Eine weitere Möglichkeit, die Mittlerschaft der Weisheit abzuleiten, geht von der Beobachtung aus, daß das erste Wort und Subjekt Jhwh ist und das letzte Wort des Textes בני אדם „Menschen". Dazwischen steht in v.27 betont אני „ich", das sich auf die redende Weisheit bezieht. Sie steht also in der Gesamtkomposition des Textes in der Mitte zwischen Gott und Mensch.[3]

Der Text Prov 8 reflektiert über die metaphysischen Grundlagen der Weisheit, wie sie sonst in der Weisheit eher unthematisch bleiben, aber manchmal doch knapp angesprochen werden (Prov 25,2[4]): Die Weisheit ist durch ihre Entstehung vor der übrigen Schöpfung ausgezeichnet. So ist ihre Bedeutung ins Extrem gesteigert. Sie ist zwar Gott keineswegs gleichgeordnet, der allein bei der Schöpfung aktiv ist, und trägt keine göttlichen Züge; aber im Rahmen des monotheistisch möglichen ist sie so nahe wie möglich an Gott herangerückt – und von der übrigen Schöpfung entfernt. Mit der Darstellung der Weisheit als erstem Geschöpf und ihrer Anwesenheit bei der Schöpfung erwirbt die Weisheit kosmologisches Wissen. Sie weiß, wie die Welt gebaut ist und funktioniert; ihre Ratschläge für das richtige Leben entstammen diesem Wissen. Die weisheitliche Ethik

---

[1] Cf. Korenhof, Spr. 8,22-31, p.120.
[2] Cf. Beauchamp, Création, p.366; Terrien, Play, p.134; Gilbert, Discours 8, p.215; Baumann, Weisheitsgestalt, pp.151f. (zur Forschungsgeschichte Baumann, Weisheitsgestalt, pp.42f.). Scott, Prov XIII 30, p.222, legt diese Interpretation seinem Verständnis von אמון zugrunde. In diese Richtung geht auch das Verständnis der Weisheit als Hypostase; verstünde man die Weisheit überdies noch als „Werkmeisterin", so wird auch eine Schöpfungsmittlerschaft behauptet.
[3] Cf. Aletti, Proverbes 8,22-31, pp.36f.
[4] Hierzu die Auslegung Michel, Prov 25,2.

wird als mit der Naturordnung identisch oder kongruent wahrgenommen.[1] Das heißt aber auch, daß ihre Ratschläge nicht dem „Gesetz" entstammen, sondern dem „natürlichen" moralischen Empfinden und dem Nachdenken über weltliche Ordnungen – die freilich als Schöpfung göttlichen Ursprungs sind. Damit unterscheidet sich Prov 8 in seiner universalistischen Ausrichtung deutlich von Sir 24.

10.2.5 Zur Genese von Prov 8

Wie die Analyse der poetischen Struktur ergeben hat, besteht Prov 8 aus sieben Strophen zu je fünf Bikola (vv.1-5.6-11.12-16*.17-21.22-26.27-28+29b-31.32-36; Ausnahme die letze Strophe mit vv.32a.33 als Trikolon). Zwei Strophen bilden den Eingang, der eine erzählende Einleitung (vv.1-3) und das Proömium der Rede der Weisheit enthält (vv.4-10; v.11 ist Glosse). Die letzte Strophe enthält die Peroratio. Wir haben also einen dreiteiligen Redeaufbau, der an die übrigen Lehrreden aus Prov 1-7 erinnert. Doch das Korpus mit seinen vier Strophen entspricht nicht den übrigen Lehrreden. In den ersten beiden Strophen des Korpus stellt sich die Weisheit vor. Formal stellt der Text eine Aretalogie dar. Diese Selbstvorstellung ist im Rahmen einer Lehrrede eigentümlich. So wird darin ein Hinweis zu sehen sein, daß die Rahmenelemente (Proömium und Peroratio) sekundär gebildet worden sind, um das Korpus in Prov 1-9 zu integrieren.

Dabei werden die Zufügungen vv.13b.c.19 (v.13a ist Glosse) auf den rahmenden Redaktor zurückgehen, da durch diese Erweiterungen aus vv.12.14-16, vv.17-18.20-21 und vv.22-28.29b-31 fünfversige Strophen entstehen, die formal dem Rahmen korrespondieren. Vers 29a erwies sich als Glosse.

Da die beiden Teile des Korpus kompositorisch je in sich geschlossen sind und außer ihrem Thema, der Weisheit, und ihrer Form als Ich-Rede keine übergreifenden Gemeinsamkeiten aufweisen, werden sie vermutlich nicht zusammengehört haben, bevor sie in Prov 8 nebeneinandergestellt worden sind.[2]

So behandeln die beiden Texte ihr Thema, die Weisheit, ganz unterschiedlich. In der Aretalogie vv.12-21* rühmt die Weisheit ihren Nutzen für alle Menschen. Traditionsgeschichtlich knüpft sie dabei ganz eng an den weisheitlichen Diskurs über den Nutzen der Weisheit an, wie er auch über die nichtpersonifizierte Weisheit geführt werden kann. Die Formulierungen der Strophe vv.12-16* ähneln Texten, die die Ausstattung des Herrschers mit Weisheit thematisieren (Jes 11,2; 32,1; Hi 12,13-21). Die Strophe vv.17-21* beschreibt dann den Wert der Weisheit für das „bürgerliche" Leben; dies ist

---

[1] Cf. von Rad, Weisheit, pp.210f. „Urordnung".
[2] Cf. Schäfer, Poesie, pp.206.208.227f.

durch Reichtum, Ehre und Wohlanständigkeit ausgezeichnet. Diese Motive finden sich in Prov 1-7 als durchlaufende Leitmotive.

Demgegenüber stellt Prov 8,22-31* die Rolle der Weisheit in Schöpfung und Kosmos heraus. Dieses Thema ist sonst nur in Prov 3,19-20 präsent. Traditionsgeschichtlich verbindet es weisheitlichen Diskurs mit mythischen Vorstellungen über die Schöpfungstätigkeit Gottes. Über die Verbindung zu 3,19-20 hinaus gibt es keine weiteren Verbindungen zu Texten aus Prov 1-9. Die alttestamentlichen Parallelen finden sich im Bereich der Schöpfungspsalmen und thematisch verwandter hymnischer Texte.

11. Das allegorische Abschlußexamen Prov 9

Mit dem neunten Kapitel endet die Einleitung in das Proverbienbuch. Hier treten zwei Frauengestalten auf, die in ihren Einladungen um die Gunst der Jünglinge wetteifern. Wir begegnen zum letzten Mal der Frau Weisheit, deren Gegenspielerin Frau Torheit eine Eigenart des vorliegenden Kapitels ist. Die Aufmerksamkeit der Exegeten hat sich bei diesem Kapitel zum einen auf seine literarische Gestalt gerichtet, zum andern auf jenes rätselhafte Detail, daß das Haus der Weisheit mit sieben Säulen ausgestattet ist.

1 Die Weisheit hat ihr Haus gebaut,
 sie hat ihre sieben[1] Säulen ausgehauen[2],
2 sie hat ihr Vieh geschlachtet, sie hat ihren Wein gemischt,
 auch hat sie ihren Tisch bereitet,
3 sie hat ihre Mägde[3] ausgesandt und ruft[4]
 oben[5] in der Oberstadt:
4 *„Welcher Einfältige kommt hierher[6]?"*
 Zu dem, dem Verstand fehlt, spricht sie[7]:

---

[1] Die Emendation „Säulen mit Flechtwerk" (Lang, Frau Weisheit, p.115) ist unbegründet, ebenso der Versuch von Ehrlich, Randglossen 6, p.44, einen gänzlich neuen Text zu erfinden.

[2] Die LXX, Peschitta und Targum haben „aufgerichtet", welches auf ein הִצְּבָה zurückgehen könnte (cf. Oort, Spreuken 1-9, p.403; Fichtner [BHS]; Clifford, Proverbs IX, p.304 n.8).

[3] Die LXX haben hier mask. δούλους.

[4] Subjekt des Rufens ist die Weisheit, die durch ihre Botinnen spricht, daher ist keine Textänderung in לִקְרָא nötig (gegen Oort, Spreuken 1-9, p.403; Ehrlich, Randglossen 6, p.44; Toy, Proverbs, p.187, im Anschluß an Targum, Peschitta und Vulgata).

[5] Hapax legomenon: Wörtlich heißt der Ausdruck etwa „auf der Wölbung". Das Wort גַּף ist von der Wurzel גפף abzuleiten, die mit dem Syrischen ܓܦ„gewölbt" zusammenhängt (cf. Delitzsch, Spruchbuch, p.153; GB s.v. גַּף I, p.146; HAL s.v. גַּף I, p.192; GDM 1, s.v. גַּף, p.226). Andere Deutungsversuche (Wildeboer, Sprüche, p.29; Albright, Sources, p.9 [dazu Dahood, Proverbs, p.18]) überzeugen hingegen nicht. Die Einmaligkeit des Wortes ist nicht genügend Anlaß, um in מְרֹמֵי eine erklärende Glosse zu sehen, wie es Clifford, Proverbs IX, p.304 n.8 tut.

[6] Frankenberg (Sprüche, p.62) und McKane (Proverbs, p.361) stoßen sich an dem הֵנָּה „hierher": Da die Weisheit die Mägde in die Stadt schicke, passe die Formulierung nicht so gut wie v.16, wo die Torheit vor ihrem Hause sitze. Jedoch ist eine Formulierung vom Ort der Sendenden her möglich, cf. Gen 45,13; 2 Sam 14,32.

[7] Die doppelte Redeeinleitung hier und im gleichlautenden v.16 hat manche dazu gebracht, in אֹמְרָה „ich will sagen" umzupunktieren (cf. Oort, Spreuken 1-9, p.404; Wildeboer, Sprüche, p.29; Frankenberg, Sprüche, p.63; Steuernagel, Sprüche, p.291;

5   *„Kommt, eßt meine Speise*[1]
      und trinkt meinen Wein, den ich gemischt habe!"

6   Verlaßt die Unerfahrenheit[2], daß ihr leben könnt,
      und geht geradeaus[3] auf dem Weg der Einsicht.[4]

7   Ein Züchtigender einen Spötter - einer, der sich Schande einhandelt;[5]
      ein Zurechtweisender einen Frevler - (einer, der sich) eigene Schmach
      (einhandelt).[6]

8   Rüge den Spötter nicht, damit er dich nicht haßt!
      Rüge den Weisen, und er wird dich lieben.

9   Gib[7] dem Weisen (Belehrung), und er wird noch weiser.
      Belehre den Gerechten, und er wird Lehre vermehren.

10   Der Beginn der Weisheit (ist) Furcht Jhwhs,
      und Kenntnis der Heiligen (ist) Einsicht,
       LXX Die Kenntnis des Gesetzes nämlich ist (Zeichen) eines guten Verstandes.[8]

      Ringgren, Sprüche, p.42). So könnte auch schon die Peschitta verstanden haben, cf.
      Pinkuss, Uebersetzung, p.161. Einen Grund für diese Umpunktierung gibt es nicht.

[1]   Wörtlich: לחמי „mein Brot", doch da sie Fleisch vorbereitet hat, steht „Brot" hier *pars pro toto* für „Speise", cf. Delitzsch, Spruchbuch, p.154; Baumann, Weisheitsgestalt, p.212.

[2]   Der mask. Plural ist als Abstraktum aufzufassen (so Alonso Schökel, Proverbios, p.250; cf. Michel, Grundlegung 1, p.88). So wörtlich der MT. Dieses Verständnis ist glatter als in den פתאים die Gruppe derjenigen zu sehen, die der Angeredete verlassen soll (cf. Lang, Frau Weisheit, p.122; Meinhold, Sprüche, p.155). Damit erübrigt sich auch eine Konjektur zum Abstraktum פתיות oder פתי (cf. Oort, Spreuken 1-9, p.404; Toy, Proverbs, p.187; Fichtner [BHS]). Versteht man פתאים als Anrede (cf. Delitzsch, Spruchbuch, p.154; Nowack, Sprüche, p.61; Strack, Sprüche, p.335; Göttsberger,Weisheit, p.31), so fehlt ein abstraktes Objekt, das verlassen wird. Auch die radikalen Eingriffe, die Ehrlich, Randglossen 6, p.44, und Kuhn, Beiträge, p.18, vorschlagen, sind unnötig.

[3]   Cf. Niehr, Etymologie, p.233.

[4]   Die LXX haben die erste Mahnung doppelt übersetzt und formulieren die zweite anders: καὶ ζητήσατε φρόνησιν, ἵνα βιώσητε, (Aquila, Symmachus und Theodotion folgen MT: καταλίπετε ἀφροσύνην, καὶ ζήσεσθε) καὶ κατορθώσατε ἐν γνώσει σύνεσιν. (Aquila und Symmachus wieder entsprechend MT: καὶ κατευθυνθήτε ἐν τῷ ὁδῷ συνεσέως). Zu diesen Änderungen cf. Toy, Proverbs, pp.187f.

[5]   Zur Übersetzung der LXX von Prov 9,7-18, cf. Cook, Proverbs 1-9, pp.470-476.

[6]   Zwei Nominale Einleitungen. In der zweiten ist wohl das Ptz. לקח aus dem ersten Kolon zu ergänzen; eine ähnliche Formulierung in Sir 11,33. (Gegen Delitzsch, Spruchbuch, p.155; Nowack, Sprüche, p.61; Frankenberg, Sprüche, p.63).

[7]   Man muß sich wohl zur Ergänzung ein Lexem wie „Belehrung" denken; die LXX ergänzen ἀφορμήν „Gelegenheit", analog Peschitta; Targum übersetzt אליף „lehre"; (cf. Toy, Proverbs, p.196).

[8]   Die LXX bestimmen in dieser Erweiterung das Gesetz, und damit ist wohl die Tora gemeint, als Inbegriff menschlicher Vernunft: Nur wer dieses kennt, ist wirklich klug. Diese Identifikation von Weisheit als Torawissenschaft findet sich sonst nicht in Prov 1-9, sondern in Sir 24.

11   denn durch mich[1] werden deine Tage viel
und mehrt man[2] dir die Jahre des Lebens.

12   Wenn du weise bist, so bist du für dich weise,
und (wenn) du spottest: Du allein trägst (sc. die Folgen).

LXX[3]   Sohn, wenn du selbst weise wirst, sei auch für deine Mitmenschen weise;
falls du dich als schlecht herausstellen solltest, so trägst du allein den
Schaden davon.

12a   Wer sich auf Lüge stützt, der hütet Wind,
derselbe verfolgt fliegende Vögel.

12b   Er verläßt die Wege seines eigenen Weinberges,
und von den Pfaden seines eigenen Feldes wird er weggeführt.

12c   Er durchwandert eine wasserlose Wüste
und ein Land, das dazu bestimmt ist zu dürsten,
und er sammelt mit seinen Händen keine Frucht.[4]

13   Frau Torheit[5] lärmt[6],

---

1 Die LXX fassen den Anschluß unmittelbar an das vorige: τούτῳ γὰρ τῷ τρόπῳ „auf diese Weise nämlich …"; so ändern manche Ausleger in בָּה (Kuhn, Beiträge, p.18; Gemser, Sprüche, p.48; Plöger, Sprüche, p.100). Doch in der ersten Person bindet der Vers den Text noch als Rede der Weisheit zusammen. Kaum wird das Suffix als eines der 3.sg.m. zu verstehen sein (Dahood, Psalms 2, p.212; van der Weiden, Livre, p.89).

2 Die 3.pl.m. dient zum Ausdruck eines unpersönlichen Subjekts, so Delitzsch, Spruchbuch, p.156; cf. GK § 144 f. Die LXX setzen ins Passiv.

3 Die LXX formen v.12 stärker antithetisch als MT und betonen so die soziale Verpflichtung des Weisen seinem Mitmenschen gegenüber. Zudem setzen sie den Vers durch eine Anrede ab, und ergänzen einiges; deswegen ist die Fassung eben wiedergegeben.

4 Die Metaphorik weist vermutlich auf einen Ehebrecher, der seine Frau verläßt und von einer Fremden verführt wird (pass. in v.12b, zweites Kolon; zu πλανάω cf. 1,10; 7,25). Der „eigene Weinberg" ist im Hohen Lied Metapher für die Geliebte (cf. auch Jes 5). Die Frau wird auch von Ben Sira als Acker dargestellt, in den der Mann seinen Samen legt (Sir 26,20). Der Text stammt offenbar aus anderem Kontext, da sein Thema der Vergleich des Lügners mit dem Ehebrecher ist. Er ist hier übernommen worden (cf. Toy, Proverbs, p.196). Sein Thema wäre im Zusammenhang von c.9 dann transparent für die Wahl des jungen Mannes zwischen der Frau Weisheit und der Torheit.

5 Die Genitivverbindung ist epexegetisch zu verstehen (cf. Delitzsch, Spruchbuch, p.157; Nowack, Sprüche, p.62; Frankenberg, Sprüche, p.64; Gemser, Sprüche, p.48; GK § 128 k). Die naheliegendste grammatische Deutung ist freilich aufgrund der reichen Parallelstellen die Übersetzung „(eine) törichte Frau" („woman of Folly", so Clines, DCH 1, col.408a, dort auch das Vergleichsmaterial, cf. Robert, Attaches, RB 43, 1934, p.379). Doch entspräche das nicht der Antithese zur (Frau) Weisheit in v.1. Unnötig sind Streichungen von אֵשֶׁת (cf. Ehrlich, Randglossen 6, p.45; Toy, Proverbs, pp.189. 192; Fichtner [BHS]). Kaum plausibel ist der Vorschlag von Scott, Proverbs, p.75, der אֵשֶׁת als Absolutus versteht, „Folly is [like] a woman" als erstes Kolon übersetzt und הֹמִיָּה zum zweiten Kolon zieht, da dies die Balance des Parallelismus durcheinanderbringt. Vielleicht ist es möglich in אֵשֶׁת einen Absolutus auf ת (mit folgender Apposition) zu sehen, wie in פְּתַיּוּת, כְּסִלוּת und חָכְמוֹת (cf. Albright, Sources, p.9, er nennt nur v.13 ohne zu sagen, was er als Kanaanismus in dem Vers ansieht, aber daß es die Form אֵשֶׁת ist, ist doch wohl deutlich; van der Weiden, Livre, p.90).

6 Zur Bedeutung dieser Wurzel s.o. p.193 zu 1,21a.

14 (Frau) Leichtsinn[1], und was[2] weiß[3] sie schon;
und sie sitzt in der Tür ihres Hauses
auf einem Sitz (in der) Oberstadt,[4]

15 um den Vorübergehenden zuzurufen,
denen, die ihre Pfade gerade machen:

16 *„Welcher Einfältige kommt hierher?"*
Zu dem, dem Herz/Verstand fehlt, spricht sie:

17 *„Gestohlenes Wasser ist süß,*
und Brot der Verstecke ist angenehm."[5]

18 Aber er weiß nicht, daß dort Refaim (sind),
in den Tiefen der Scheol ihre Gäste (lit.: Gerufenen).

LXX   Aber er weiß nicht, daß die Erdgeborenen[6] bei ihr vernichtet werden
und auf den Stangen des Hades einander begegnen.

18a   Auf, eile fort, daß du dich nicht an diesem Ort aufhältst!
Richte dein Auge nicht auf sie (sc. die Frau Torheit),

18b   so wirst du nämlich das fremde Wasser überschreiten
und den fremden Fluß überqueren.

18c   Vom fremden Wasser halte dich fern,
und aus fremder Quelle trinke nicht!

---

1   Das Wort ist im MT nur einmal belegt; in v.6 war es vermutlich zu konjizieren. Die Ableitung ist von פתה. Die grammatische Struktur des Satzes ist zudem nicht ganz deutlich. Ist פתיות auch syntaktisch parallel zu כסלות und bezeichnen beide also die gleiche Person? Dann ist der Anschluß mit ובל eigentümlich. Oder ist statt der Nominalform ein ptz.pi. von פתה zu konjizieren (cf. Beer [BHK]; Fichtner [BHS]). Anders als Fichtner verweist Beer für diese Konjektur auf die LXX; doch die hatten mit dem Satz offenbar Eigenes im Sinn und übersetzen: „(Die) unverständige und anmaßende Frau leidet Mangel an einem Bissen, sie empfindet keine Scham." Das ist keine Grundlage für eine Konjektur, zumal nicht für die vorgeschlagene. Es lassen sich noch die Möglichkeiten erwägen, פתיות als adverbielle Ergänzung zu הומיה zu deuten „a foolish woman bustles about in silliness" (Driver, Problems 2, p.179) oder in פתיות einen Akkusativ zu sehen, der mit ידעה zu verbinden sei (Meinhold, Sprüche, p.158); doch diesen beiden Lösungen widerrät die semantische Parallele von כסלות und פתיות.

2   Zur Verwendung des מה nicht in Erststellung, cf. GK § 137 c; Joüon/Muraoka § 144 f. Der Sinn der Wendung ist „sie weiß nichts"; daher bietet sich im Deutschen die obige Wiedergabe an. Dieses Verständnis erübrigt auch Konjekturen des Textes nach LXX und Peschitta, die „und kennt keine Scham" (hebr. כלמה) lesen (cf. Toy, Proverbs, p.192; Scott, Proverbs, p.75; Fichtner [BHS] - ähnlich Frankenberg, Sprüche, p.64). Diese Fügung findet sich zwar auch in Ps 69,20, sie ist jedoch textkritisch zweifelhaft; vor allem aber ist αἰσχύνη nur in Jes 45,16; 50,6 Übersetzung von כלמה, das auf ganz unterschiedliche Weisen bei den LXX übersetzt wird. Diese Beobachtungen machen die vorgeschlagene Konjektur zwar nicht unmöglich, machen sie aber auch nicht sehr wahrscheinlich.

3   Andere Deutung „still sein", cf. Gemser, Sprüche, p.40; Thomas, Note (9,13); McKane, Proverbs, p.367.

4   Die Wendung מרמי קרת ist als adverbieller Ortsakkusativ aufzufassen.

5   Die LXX haben beide Kola in umgekehrter Reihenfolge.

6   In 2,18 war γηγενεῖς Wiedergabe für רפאים, was auch hier möglich wäre; jedoch fiele dann die Textlogik dahin, da die „Erdgeborenen" hier die Unerfahrenen sein müssen, welche auf die Frau Torheit reinfallen und von ihr verführt werden.

18d   damit du lange Zeit leben wirst
         und dir Jahre des Lebens bereitest.[1]

Die LXX (und Peschitta) bieten eine längere Fassung; sie geht wahrscheinlich auf ein sekundäres Textwachstum zurück. Doch da die LXX für Prov
eine sehr eigenständige Textform bieten, sind sie nicht als Indiz für ein
Wachstum des MT auszuwerten.[2] Der hebräische Text selbst weist einige
Spannungen auf. Sie haben zwei verschiedene Modelle der Textentstehung
hervorgerufen. Das eine geht von der Beobachtung aus, daß die vv.1-6 mit
den vv.13-18 parallel sind. Dies hat viele Kommentatoren zu der Ansicht
veranlaßt, diejenigen Teile für sekundär zu halten, die aus der Parallelität
herausfallen, nämlich die vv.7-12.[3] Das andere Modell setzt bei der Beobachtung an, daß in 9,11 wieder ein Ich spricht. Diesen Vers halten darum
manche für die ursprüngliche Fortsetzung der Weisheitsrede,[4] meist zusam-

---

[1]   Diese Zufügung vv.18a-d der LXX läßt Prov 1-9 nicht wie MT mit einer Einladung der
Frau Torheit enden, sondern bringt eine positive Mahnung, die aus dem Munde des
Lehrers zu denken ist. Dieser Text ist anders als vv.12a-c nicht aus einem anderen
Kontext übernommen, sondern hier für diese Stelle geschaffen worden. Das wird zum
einen deutlich durch den Anschluß mit αὐτῆς, das sich auf die Frau Torheit bezieht,
zum andern durch das Bild von den Wassern, die aus 5,15-18 angeregt sind (cf. Euagrius
Ponticus, Scholie 116; Toy, Proverbs, p.191; Cook, Dating, p.395). Die Mahnung in
9,18c ist antithetisch zu 5,15 formuliert. Das Bild vom Fluß könnte aus Prov 18,4
stammen, wo die Weisheit als sprudelnder Fluß angesprochen ist (cf. Euagrius Ponticus,
Scholie 116; hier ginge es dann um das ungefährdete Hintersichlassen der Torheit
(Cook, Dating, p.395, deutet den fremden Fluß als Hades; doch welchen Sinn hat dann
die Aussage?); vielleicht hat das fremde Wasser zusätzlich eine sexuelle Konnotation
(cf. Lang, Frau Weisheit, p.144). Der Abschluß in v.18d ist analog zu dem in v.11
gestaltet (cf. Toy, Proverbs, p.191), so daß beide Teile, über die Weisheit und die
Torheit, in gleicher Weise mit einer Lebensverheißung abschließen.

[2]   Cf. McKane, Proverbs, p.359; Plöger, Sprüche, p.104. Erst recht die Tatsache, daß zwei
von Kennicott kollationierte Manuskripte die vv.9-10 bzw.10-12 auslassen (cf. Beer
[BHK]), kann nicht in diese Richtung ausgewertet werden, da keine der Versionen den
Text stützt und auch die fehlenden Verse nicht mit literarischen Textgrenzen übereinstimmen. Am ehesten könnten noch die vv.10-12 sekundär sein, doch das Zeugnis einer
einzigen mittelalterlichen Handschrift reicht zur Begründung einer solchen Hypothese
nicht aus.

[3]   Cf. Toy, Proverbs, p.183; Steuernagel, Sprüche, p.290 (mehrere Hände); Ringgren,
Sprüche, p.43; Gemser, Sprüche, p.51; McKane, Proverbs, pp.359f.368; Plöger,
Sprüche, p.104; Alonso Schökel, Proverbios, p.245; Maier, Fremde Frau, pp.217-219.
Lang, Frau Weisheit, p.117, nimmt lediglich eine ursprünglich andere Reihenfolge an,
bei der die vv.7-12 hinter 9,18 gestanden hätten.

[4]   Die Tatsache, daß in v.11 nicht wie in vv.5f. eine Mehrzahl, sondern ein Einzelner
angeredet ist (Delitzsch, Spruchbuch, pp.156f.; Göttsberger, Weisheit, p.31), spricht
nicht unbedingt gegen diesen Ansatz, da auch zwischen v.4 und v.5 der Numerus
wechselt.

men mit v.12.[1] Hält man die Parallelität der beiden Einladungen nicht für ursprünglich,[2] so kann auch die Einladung der Torheit eine Texterweiterung darstellen,[3] oder man sieht in v.4, der einzigen wortwörtlichen Parallele, einen Eintrag aus v.16.[4] Den elaboriertesten Vorschlag hat Goldinggay gemacht. Er sieht den Kern des Kapitels in den vv.1-6.11. An diesen Kern seien nacheinander in 4 Stufen die vv.10.12.7-9.13-18 angelagert worden.[5]

Angesichts dieser zwei grundsätzlich verschiedenen Zugangsmöglichkeiten für die literarkritische Analyse von Prov 9 muß überlegt werden, welcher Weg zu beschreiten ist. Sieht man nur die Einladung der Weisheit für ursprünglich an und hält die vv.1-6.11(12) für den Kern des Kapitels, so folgte der großen Rede in c.8 eine kleine Szene mit einer Einladung zum Mahl. Aber die Szene bliebe doch wohl eher fade und matt, ohne eigentliche Pointe.[6] Nicht so als Diptychon. Die Neueinführung der personifizierten Torheit als Gegenspielerin zur Frau Weisheit sammelt noch einmal die Gegensätze von Frau Weisheit zu den Bösen Buben und zur Fremden Frau. Die Dichotomie, die Prov 1-8 geprägt hat, die in der Dualität der Gestalten und Wege die zwei Lebensalternativen thematisiert hat, wird in den rivalisierenden Einladungen von Weisheit und Torheit aufgegriffen.

Traten immer schon beide Frauengestalten auf, dann ist es das Wahrscheinlichste, daß die Form dem Inhalt folgte. Sind beide Gestalten als Gegenspielerinnen gezeichnet, ist die Annahme doch wohl begründet, daß sich diese Zeichnung in der parallelen Form darstellt. So sind es weniger im klassischen Sinne literarkritische Argumente, die dafür sprechen, daß die Grundlage der Analyse von Prov 9 die parallele Konstruktion der vv.1-6 und 13-18 ist, als vielmehr Überlegungen zur literarischen Komposition; Prov 9 ist die große Schlußszene der ersten Sammlung des Proverbienbuches. In ihr werden die Motive, die in den ersten 8 Kapiteln wichtig waren, noch einmal aufgegriffen.[7]

Diese These ist in einem ersten Schritt durch die detaillierte Exegese von Prov 9,1-6.13-18 zu belegen. Im Anschluß daran kann überlegt werden, welche Funktion die vv.7-12 haben.

---

[1] Cf. Hitzig, Sprüche, p.85; Nowack, Sprüche, p.62. Evtl. auch Frankenberg, Sprüche, p.63. Für Clifford, Proverbs IX, p.304 n.8 ist v.12 wieder sekundär, während Ehrlich, Randglossen 6, p.44; Scott, Proverbs, p.76, in den vv.10-12 die Forsetzung der Weisheitsrede sehen.

[2] Cf. ausdrücklich Goldinggay, Proverbs V and IX, p.88.

[3] Cf. Frankenberg, Sprüche, pp.64f.; Scott, Proverbs, p.76.

[4] Cf. Ehrlich, Randglossen 6, p.44; Clifford, Proverbs IX, p.304: „probably borrowed".

[5] Cf. Goldinggay, Proverbs V and IX, pp.91f.

[6] Cf. Whybray, Composition, pp.44f.

[7] Dies zeigt die Auslegung von Alonso Schökel, Proverbios, pp.245-251.

11.1 Die konkurrierenden Einladungen Prov 9,1-6.13-18

Der Aufbau beider Teile des Diptychons ist in strenger Entsprechung gestaltet. Trotzdem sind die lexematischen Verbindungen zwischen den beiden Teilen recht gering; es sind die motivischen Entsprechungen, die überwiegen. Dennoch gibt es gemeinsame Lexeme, die beide Einladungen kompositorisch zusammenhalten. In parallelen Versen findet sich in v.3a und v.15a das Lexem קרא „rufen"; in v.6a ist mit dem Stichwort „leben" (וחיו) die Antithese zu Tod in v.18a (metonymisch: רפאים) gegeben. Nicht im parallelen Stichos, sondern versetzt gebraucht sind die Lexeme בית „Haus" in v.1a und v.14a, מרמי קרת „Höhen der Stadt" in v.3b und v.14b, לחם „Brot" in v.5a und 17b. Zwischen den beiden letzten Bikola beider Teile gibt es wieder eine Antithese, aber nicht in den parallelen Kola, sondern ebenfalls versetzt. Zur „Einsicht" (בינה, v.6b) steht das „Nicht-Wissen" (לא ידע, v.18a) in Opposition. Nur zwei Verse entsprechen einander wörtlich: die Anreden an die Eingeladenen (vv.4.16). Daraus abzuleiten, daß einer der Verse sekundär sei, ist schwierig, da dann eine Anrede fehlte. Die exakte Parallelität in diesem Punkt wird vielmehr mit Bedacht gewählt sein: Beide konkurrieren um dieselben Menschen.[1] Die zitierte Einladung findet sich in den vv.5.17. Ist sie in v.5 als Aufforderung gestaltet, so ist v.17 formal eher eine Sentenz.[2] Setzen wir dieses Gefüge von Beziehungen graphisch um, so ergibt sich folgendes Bild:

Flügel 1			Flügel 2		
v.1a	בית		v.13a		
v.1b			v.13b		
v.2a			v. 14a	בית	
v.2b			v.14b	מרמי קרת	
v.3a	קרא	----------	v.15a	קרא	
v.3b	מרמי קרת		v.15b		
v.4a	wörtlich identisch		v.16a	wörtlich identisch	
v.4b	mit v.16		v.16b	mit v.4	
v.5a	לחם		v.17a		
v.5b			v.17b	לחם	
v.6a	חיה	----------	v.18a	רפאים; לא ידע	
v.6b	בינה		v.18b		

---

[1] Cf. Yee, I Have Perfumed, p.64.

[2] Cf. Toy, Proverbs, pp.187.191; Greenstone, Proverbs, p.96; Ringgren, Sprüche, p.43; Scott, Proverbs, p.77; Thomas, Notes, p.272; McKane, Proverbs, p.366; Murphy, Wisdom Literature, p.62; Plöger, Sprüche, p.107; Meinhold, Sprüche, p.159. Ob es nun ein Volkssprichwort ist (so Scott; Meinhold) oder nicht, kann dahingestellt bleiben.

Die Achse der einzigen wörtlichen Wiederholung eines ganzen Verses teilt beide Strophen des Gedichtes in je zwei Teile, deren Versanzahlen im Verhältnis drei zu zwei stehen. Diese Teile sind durch Stichwortverbindungen miteinander verzahnt. Das vorletzte Kolon eines jeden Teils wird von einer Entsprechung in den jeweils parallelen Kola markiert (v.3a→v.15a; v.6a → v.18a). Die Schlußlexeme des ersten und letzten Kolons jedes Teils im Flügel, der die Einladung der Frau Weisheit enthält (v.1a בית; v.3b מרמי קרת; v.5a לחם; v.6b בינה), werden im Flügel der Frau Torheit wieder aufgenommen. Dabei erscheinen sie jeweils in den beiden mittleren Kola wieder (בית v.14a; מרמי קרת v.14b; לחם v.17b; בינה→לא־ידע v.18a).[1] Die Entsprechungen zwischen den Schlußversen der beiden Flügel sind dabei keine Lexemwiederholungen, sondern motivische Antithesen, wobei jeweils ein verbaler Ausdruck und ein Substantiv korrespondieren. Der erste Flügel durch die Wörter חכמות „Weisheit" und בינה „Einsicht" gerahmt[2] und der zweite durch das Motiv des Nichtwissens (v.13 מה ידעה ↔v.18 לא ידע).

In v.18 wird durch den Wechsel in die 3.sg.m. und das Suffix 3.sg.fem., das sich auf die Torheit bezieht, deutlich, daß hier die Torheit nicht mehr selbst redet – was auch nicht zum Inhalt des Gesagten paßt –, sondern der Erzähler.[3] Er kommentiert die Einladung und entlarvt sie als todbringend. In v.6 ist ein solcher Wechsel keineswegs durch ein textliches Signal angezeigt. Vielmehr werden die pluralischen Imperative fortgesetzt. Lediglich die Situation einer Einladung zum Essen wird verlassen. Damit ist aber die Szene, welche die Allegorie trägt, verlassen. Deswegen wird hier, wie in v.18, ein Erzählerkommentar anzunehmen sein.[4]

Diese Überlegung macht deutlich, daß v.11 nicht die unmittelbare Fortsetzung von v.6 gewesen sein kann. Denn deutet dieser aus einer Perspektive, welche die Mahleinladungsszene verläßt, deren allegorischen Gehalt, so kehrte v.11 doch höchst ungeschickt wieder in die Szene zurück, indem die Frau Weisheit redete. Dabei würde das Motiv der Lebensverheißung (v.6a) durch das Versprechen, ein langes Leben zu haben (v.11), unnötig ver-

---

[1] Die chiastische Anordnung der von den beiden Frauen dargebotenen Speisen und Getränken hat Meinhold, Sprüche, p.155, wahrgenommen; diese Strukturbeziehung bildet einen Teil der hier analysierten Struktur, die das ganze Diptychon umgreift.

[2] Cf. Baumann, Weisheitsgestalt, p.201.

[3] Cf. Delitzsch, Spruchbuch, p.159; Nowack, Sprüche, p.63; Strack, Sprüche, p.336 (Ende der Anführungszeichen in der Übersetzung); Wildeboer, Sprüche, p.30; Toy, Proverbs, p.191; Greenstone, Proverbs, p.96; Meinhold, Sprüche, p.151.

[4] Cf. Meinhold, Sprüche, p.155; gegen Delitzsch, Spruchbuch, pp.153f.; Toy, Proverbs, p.183; Ringgren, Sprüche, p.42 (Anführungszeichen); Gemser, Sprüche, p.48 (Anführungszeichen); McKane, Proverbs, p.224; Plöger, Sprüche, p.99; Alonso Schökel, Proverbios, p.250; Maier, Fremde Frau, pp.215.220. Plöger, Sprüche, p.103, erkennt, daß in v.6 die „Deutung der Einladung" stattfindet.

breitert.[1] Die erzählerische Ökonomie der vv.1-6 wäre zerstört. Dies spricht dafür, daß vv.7-12 sekundär sind.

Wir können in 9,1-6.13-18 ein kompositorisch geschlossenes, kunstvoll geformtes Diptychon erkennen, das in der Gestalt, wie sie gerade analysiert wurde, wahrscheinlich als Einheit konzipiert worden ist.

Das Diptychon der Einladungen ist eine allegorische Szene.[2] Eine „Allegorie ist [...] ein Text mit zwei Bedeutungen"[3]; dabei unterscheidet man gewöhnlich eine wörtliche von einer übertragenen oder allegorischen Bedeutung. Jene sei einfach so zu verstehen, diese erfordere eine herme- neutische Anstrengung. Doch ist diese Unterscheidung insoweit irreführend, als auch wörtliche Bedeutungen oft nur mit Mühe zu erheben sind. Daher empfiehlt es sich, von der initialen Bedeutung zu sprechen und die alle- gorische von dieser abzuheben.[4] In Prov 9 ist die konkurrierende Mahl- einladung die initiale Bedeutung. Doch innerhalb der kurzen Erzählung von zwei Einladungen finden sich Signale, die dem Leser zu erkennen geben, daß die Szene in der Schilderung der initialen Bedeutung nicht aufgeht und der Autor eine allegorische Deutung provoziert.[5] Markant sind die beiden Protagonistinnen, die mit ihren ‚Namen' „Weisheit" und „Torheit" als Perso- nifikationen zu erkennen sind. Auch – dies wird die Einzelauslegung der Motive zeigen – die Wiederaufnahme von Metaphern aus den cc.1-8 weist den Leser auf eine weitere Bedeutungsebene. Dazu kommen Elemente, die sich nicht nahtlos in die Darstellung einer Einladung einfügen. Dies ist die angeredete Gruppe der „Unerfahrenen" (פתי) und der „Unverständigen" (לב חסר, vv.4.16). Doch dies allein wäre wohl noch nicht deutlich genug; erst der Erzählerkommentar in v.6 beseitigt Zweifel an der Doppeldeutigkeit des Textes: Die Einkehr zum Fest bei der Weisheit wird als Abkehr von der „Torheit" (פתיות) und Gehen auf dem Weg der Einsicht gewertet und damit die allegorische Bedeutung genannt. Diese Verse führen McKane und Lang auf die Gattung „Instruktion" bzw. „Rede des Lehrers" zurück.[6] Das ist traditionsgeschichtlich zumindest für v.6 richtig. Daraus sollten keine lite- rarkritischen Folgerungen derart gezogen werden, daß ein „episches

---

[1] Cf. Maier, Fremde Frau, p.218.

[2] Cf. Delitzsch, Spruchbuch, p.153; v.Rad, Weisheit, p.217. - Zur Allegorie allgemein cf. Kurz, Metapher, pp.28-65; im AT König, Stilistik, p.109; Alonso Schökel, Manual, pp.109f.

[3] Kurz, Metapher, p.31.

[4] Cf. Kurz, Metapher, p.31.

[5] Cf. Kurz, Metapher, p.60: „Eine Allegorie liegt dann vor, wenn der Autor eine zweite Bedeutung intendiert hat."

[6] Cf. McKane, Proverbs, p.364: „the passage consequently has a composite character, being a blend of invitation and instruction." Die Motive in vv.2.5 gehörten zur Liebes- göttin, passten nicht zur Frau Weisheit und seien daher traditionsgeschichtlich sekundär (p.362); so auch Lang, Frau Weisheit, p.130.

Fragment" in vv.1-3a.5 rekonstruiert werden könnte, das durch ‚belehrende Elemente' ergänzt worden sei.[1] Beide Elemente, die Einladung und die ‚belehrenden Elemente', sind in diesem Text nicht einfach nebeneinandergestellt, oder nur gattungsmäßig gemischt, sondern sie sind in die Allegorie integriert und nehmen dort unterschiedliche kommunikative Funktionen wahr. Die Mahleinladung ist narrativ geschildert. Durch die Motive aus dem *instruction genre* in v.6 wird der symbolische Gehalt der Szene unübersehbar gemacht und das pädagogische Anliegen des Textes als „Moral von der Geschichte" zusammengefaßt.

Die allegorische Bedeutung des Diptychons wird durch verschiedene literarische Mittel konstituiert. Neben den schon benannten Entschlüsselungshinweisen (Allegoriesignalen), die den allegorischen Sinn der ganzen Szene zusammenfassen, bedient sich Prov 9 unterschiedlicher Verfahren, eine zweite Bedeutung hervorzubringen. Eine geringe Rolle spielen polyseme Ausdrücke, die in der Allegorie ihre Doppeldeutigkeit einsetzen, um eine zweite Bedeutungsebene zu eröffnen.[2] Wichtig hingegen sind Anspielungen[3] auf die ersten acht Kapitel.[4]

Ausgehend vom Hausbau der Weisheit[5] wird die Allegorie entfaltet, indem die folgende Einladung zur Einweihungsfeier[6] beschrieben wird. Auf

---

[1] Cf. Loretz, Ugarit, p.41. Ähnlich Lang, Frau Weisheit, pp.130-132.

[2] Cf. Kurz, Metapher, p.32.

[3] Cf. Kurz, Metapher, p.38.

[4] Alonso Schökel, Proverbios, pp.245-254; Baumann, Weisheitsgestalt, pp.199-224. Sie scheint den Kommentar von Alonso Schökel nicht zu kennen. Daneben knapp Maier, Fremde Frau, pp.229f.

[5] Cf. 14,1; 24,3. Der MT ist bei 14,1 schwierig und eventuell von 9,1 abhängig (cf. Lang, Frau Weisheit, p.126; Whybray, Proverbs, pp.211f.); v.14,1b macht deutlich, daß nicht an die Erhaltung der Familie durch die „Haus"-Frau gedacht ist (cf. Whybray, Proverbs, p.212 gegen Camp, Wisdom, pp.95.137f.200f.; Meinhold, Sprüche, p.230). Die nicht personifizierte Weisheit wird in Prov 24,3f. als Hausbauerin angesprochen (cf. Baumann, Weisheitsgestalt, p.208); diese Sentenz spricht unpersonifiziert vom Hausbauen und -einrichten, um beispielhaft den Nutzen der Eigenschaft der Weisheit für einen Mann herauszustreichen (cf. McKane, Proverbs, p.397; Plöger, Sprüche, p.279; Meinhold, Sprüche, pp.401f.; Römheld, Wege, p.16 n.13; pp.29.88.186). Eine andere Verwendung der Metapher vom Hausbau findet sich in der Lehre des Shuruppak: „Ein liebendes Herz ist es, das Häuser baut, aber ein hassendes Herz ist es, das Häuser zerstört." (Übers. Römer, TUAT III,1, p.62).

[6] Cf. Maier, Fremde Frau, pp.223f.; Baumann, Weisheitsgestalt, pp.214-221; außer den dort genannten Stellen noch aus der assyrischen Annalenliteratur ein Bericht von Assurnasirpal (ANET p.560, cf. Lang, Frau Weisheit, p.123; Meinhold, Sprüche, p.152). Im AT Gen 43,16; 1 Sam 9,11-14; 25,11; 1 Kge 8,63ff.; 2 Chr 7,5ff.; Ps 30,1 (cf. Lang, Frau Weisheit, p.122); auch Am 6,1-7; cf. Maier, Fremde Frau, p.225; und besonders Est 5,4-8, darauf verweist der Midrasch zu Prov 9, cf. Maier, Fremde Frau, p.247 n.201. Das Motiv der Mahleinladung ist in der erzählerischen Literatur des Alten Vorderen Orients verbreitet (cf. desweiteren Lloyd, Banquet).

der erzählerischen, initialen Ebene von c.9 wird diese Erzählung konturiert, indem die Prov 1-9 prägende dichotomische Struktur in eine Rivalität zweier einladender Frauen um die gleichen Gäste (9,4.16)[1] übersetzt wird. Diese Opposition setzt die von Frau Weisheit und Fremder Frau fort, was sich literarisch im mehrfachen Rekurs auf Motive aus c.7 niederschlägt.[2] Zu diesen Motiven gehört auch das vom Haus[3] und der Einladung in dieses.[4] Die erzählerische Veranschaulichung der Einladung zielt auf die Aufforderung, vom Wein und Brot der Weisheit zu trinken und zu essen. Damit ist einerseits ein Gegensatz zu den Bösen Buben, ihrem Lebenswandel und dessen Folgen angedeutet (4,17),[5] andererseits in der metaphorischen Bedeutung von Essen und Trinken als Liebesgenuß[6] die Opposition zur Frau Torheit und der eigenen vs. der Fremden Frau angesprochen (5,15; 6,30-35). Die Eingeladenen sind die Gruppe, um die die Fremde Frau (7,7) und die Frau Weisheit (1,22; 8,5) schon früher geworben haben.[7] Aus den cc.1-8 sind noch weitere Motive übernommen: Eifer vs. Faulheit[8] (6,1-11), Leben vs. Tod[9] und Wissen vs. Nichtwissen[10]. Angeschlossen ist die Mahlallegorie an 8,34, wo derjenige glücklich gepriesen wird, der an der Tür der Weisheit wacht; in c.9 wird er ins Haus der Weisheit zum festlichen Mahle gebeten:[11] Seine Mühe, sich der Weisheit zu nähern, wird durch die Gabe der Weisheit (=Speise)[12] belohnt (2,3-4.10). Der Horizont des ganzen Proverbienbuches wird durch die Siebenzahl der Säulen des Hauses aufgespannt. Die allegorische Bedeutung dieses Zuges[13] sind die sieben Überschriften bzw. Sammlungen des Proverbienbuches.[14] Das Haus der Weisheit, in das sie zum

---

[1] Cf. Baumann, Weisheitsgestalt, p.212.

[2] Cf. Robert, Attaches, RB 43, 1934, p.380; Plöger, Sprüche, p.107.

[3] Haus als Leitwort von c.7, cf. Maier, Fremde Frau, pp.183.209f.

[4] Einladung der Fremden Frau in 7,14-20. Auch das Rufen der Weisheit stellt in gewissem Sinn eine „Einladung" dar: 1,20-22; 8,1; cf. Alonso Schökel, Proverbios, p.247.

[5] Cf. Alonso Schökel, Proverbios, p.248; Meinhold, Sprüche, p.159; Baumann, Weisheitsgestalt, p.213.

[6] Cf. Alonso Schökel, Proverbios, p.247; Meinhold, Sprüche, p.159.

[7] Cf. Alonso Schökel, Proverbios, p.247.

[8] Cf. Alonso Schökel, Proverbios, p.246.

[9] Cf. Plöger, Sprüche, p.107; Alonso Schökel, Proverbios, p.246

[10] Das Nichtwissen nennt Alonso Schökel als verbindendes Element, cf. Alonso Schökel, Proverbios, p.247f.; cf. Meinhold, Sprüche, p.158.

[11] Cf. Baumann, Weisheitsgestalt, p.207.

[12] Cf. Lang, Frau Weisheit, p.127; Baumann, Weisheitsgestalt, pp.218-220, mit Hinweis auf Dtn 8,3; Jes 55,1-3; 65,11-14. Die Nachgeschichte des Motivs findet sich in Sir 15,3; 24,19-22; 4. Esra 12(14),40; äth. Henoch 48,1.

[13] Zur Forschungsgeschichte cf. ausf. Baumann, Weisheitsgestalt, pp.202-207.

[14] Cf. Tournay, RB 80, 1973, p.130; Loretz, Ugarit, p.41 n.40; Baumann, Weisheitsgestalt, p.206. Es gibt Ansätze zu dieser Deutung bei Früheren. Schon Hitzig, Sprüche, pp.82f., hatte das Haus mit sieben Säulen auf die ersten sieben Kapitel des Proverbienbuches gedeutet. Robert, Attaches, RB 43, 1934, p.375, sieht als Initialbedeutung in dem Haus

Mahle lädt, ist das Buch, das der Leser gerade in Händen hält. Hieran wird klar, warum das Nichtwissen der Torheit parallel zu den Säulen erwähnt ist: Es ist die Antithese zum Weisheitsbuch und seiner Lehre, die Wissen transportiert.

Die Auslegung der Motive des Textes zeigt, daß dieser motivlich und lexematisch eng an die ersten acht Kapitel des Buches anschließt. Die Rivalität der beiden Damen faßt die Inhalte dieser Kapitel zusammen.[1] Dabei wird durch die Anklänge an schon Gesagtes ein allegorischer Horizont eröffnet. Er erzeugt die literarisch kunstvolle Textkomplexität, die hier in ihren Hauptlinien nachgezeichnet werden konnte. Gleichzeitig aber ist durch die allegorische Bedeutung des Hauses als Proverbienbuch die Tür zu den folgenden Kapiteln aufgestoßen. Diese zwei Blickrichtungen der Allegorie – nach hinten (Prov 1-8) und nach vorn (Prov 10ff.) – entsprechen ihrer Stellung als Übergang von der propädeutischen Einleitung zum Hauptteil des Buches. Dies ist durch eine Überlegung zur Funktion der allegorischen Form noch deutlicher herauszuarbeiten.

Voraussetzung dafür, daß eine Allegorie verstanden wird, ist „ein stabiles und von Autor und Leser gemeinsam geteiltes oder erinnerbares stillschweigendes Wissen."[2] Dadurch, daß in Prov 9 die allegorische Bedeutung wesentlich durch Anspielungen auf die vorausliegenden Kapitel konstituiert wird, ist jedem, der diese vorher gelesen hat, die zweite Bedeutungsebene klar. So dürfte das Motiv weniger im unmittelbaren „Ausschluß unerwünschter Leser"[3] zu sehen sein, die zwar den Initialtext verstehen, nicht aber dessen allegorischen Sinn, als in der Tatsache, daß eine Form, der etwas Esoterisches anhaftet, demjenigen, der sie entschlüsselt, die Gewißheit verschafft, zu den Eingeweihten zu gehören.[4] Der Leser, der die Allegorie

---

mit den Sieben Säulen den Jerusalemer Tempel, dahinter stünden die Sammlungen des Proverbienbuches als allegorische Bedeutung. Skehan, Wisdom's House, p.468, will im Haus das Buch der Weisheit sehen, während die sieben Säulen sieben Textsäulen seien, die er in Prov 1-9 durch Umstellungen des Textes rekonstruiert (cf. Skehan, Wisdom's House, p.469; cf. sein Schaubild auf p.470). Doch treibt er die Analogie, die der Allegorie zugrundeliegt zu weit, indem er den Bauplan des Jerusalemer Tempels bis ins einzelne in der Komposition des Proverbienbuches nachvollzogen sieht. Wie die Überlegungen zur symbolischen Bedeutung des Hauses gezeigt haben, ist nicht auf den Jerusalemer Tempel abgezielt; eine kultische Assoziation, wie sie Baumann, Weisheitsgestalt, p.208, aufgrund der dtr. Wendung בנה בית לשם יהוה annimmt, ist nicht wahrscheinlich, da in dem Ausdruck das kultische Moment durch die Bestimmung לשם יהוה getragen wird, was in Prov 9 fehlt.

1   Cf. Wildeboer, Sprüche, p.29; Cohen, Proverbs, p.52; Whybray, Wisdom, p.104; id., Composition, p.45.

2   Kurz, Metapher, p.39.

3   Kurz, Metapher, p.39.

4   Cf. Kurz, Metapher, p.40: „Kultursoziologisch liefert die Allegorie Möglichkeiten der Selbstbestätigung, indem man sich den wenigen Auserwählten zugehörig weiß."

von Prov 9 verstehen will, muß das ihr zugrundeliegende Verweissystem aufdecken. Dies kann er nur, wenn er die vorausgehenden acht Kapitel gut gelesen und – wie gefordert – behalten hat. So er es beherzigt, gehört er zu den Weisheitsobservanten, denen Leben etc. versprochen ist. Der Lohn der Entschlüsselung, das Gefühl der Zugehörigkeit zur Weisheit, ist durch den vorausliegenden Text mit außertextlichen Belohnungen verknüpft worden. Die Allegorie in Prov 9 stellt somit quasi eine Reifeprüfung des Lesers dar; sie ist eine Schwelle: Wer diese Prüfung besteht, kann die folgenden Texte (also cc.10ff.) richtig verstehen. Damit bildet c.9 einen literarisch höchst geschickt gestalteten Abschluß der ersten Sammlung des Proverbienbuches.

11.2 Das Intermezzo Prov 9,7-12

In das kunstvoll gearbeitete allegorische Diptychon eingelassen sind sechs weitere Verse. Ihre Anzahl entspricht der eines Flügels des Diptychons. Diese Verse enthalten Spruchgut; nur in v.11 spricht ein ‚Ich'. Das Problem dieser Verse liegt in ihrem Zusammenhang mit ihrer Umgebung: Kein deutliches Textsignal markiert einen Einschnitt; daß die vv.7-12 eine eigene Einheit darstellen, erschließt sich erst über die Parallelität der vv.1-6 mit vv.13-18, die die vv.7-12 nicht mit umgreift. Für den von v.6 kommenden Leser ist der Übergang fließend, zumal in vv.8.9 zwei Aufforderungen stehen und sie so vv.5.6 entsprechen; lediglich die angeredete Person wechselt aus dem Plural in den Singular; dies setzt sich in v.11 fort.[1] Dort verrät aber das Ich der Redenden (der Weisheit) eher Kontinuität als Diskontinuität.

Der Inhalt der Verse wechselt jedoch. Hatte v.6 schon die Szene verlassen und ließ den Dichter aus dem Off sprechen, so wird diese Tendenz in vv.7-12 (mit Ausnahme von v.11) fortgesetzt:[2] Die angeredeten Gruppen sind andere.[3] Die Verse sind nicht wie ihre Umgebung erzählerisch strukturiert; sie folgen auch nicht dem Muster einer Lehrrede. Ihre Verknüpfung erfolgt auf die Art und Weise der „Sammlung" von Sprüchen: „Als gestaltbildende Mittel gelten zunächst die üblichen Mittel poetischer Textgestaltung, wie Wortwiederholungen, Wiederholungen und Varianten von Wendungen,

---

[1] Cf. Whybray, Composition, p.44.

[2] Das erkennt Delitzsch, Spruchbuch, p.154, wenn er schreibt, diese Verse seien „im Sinne des Dichters" verfaßt.

[3] Cf. Delitzsch, Spruchbuch, p.155.

chiastische Anordnungen etc."[1] Die rekurrenten Lexeme hat Alonso Schökel zusammengestellt, ich gebe seine Tabelle[2] hier nur wieder:

v.7	יסר	ל׳ץ	לקח		מוכיח	לרשע			מום קלן
v.8a		ל׳ץ			תוכח			שנא	
v.8b					הוכח	לחכם	אהב		
v.9a1			תן			לחכם			
v.9a2						ויחכם			
v.9b	הודע		לקח	יסף		לצדק			
v.10a						חכמה			יראת יהוה
v.10b	דעת					בינה			דעת קדשים
v.11				יסף					
v.12a						חכמת			
v.12b		לצת				חכמת			

Was in der Tabelle nicht zu sehen ist, sind die strukturellen Beziehungen zwischen den Lexemen. Zusammengehalten sind die sechs Verse durch einen Chiasmus. Er ist durch die zweifache Verwendung der Wurzel ליץ „Hochmütiger" (vv.7a.12b) und den lautlichen Anklang von מוכיח „Mahner" (v.7) an חכם[3] „Weiser" (v.12a bis) gebildet. Zwischen v.8 und v.12 besteht ein lexematischer Chiasmus (ליץ-חכם↔חכם-ליץ). Die ersten drei Verse hängen durch ihre Stichworte eng zusammen; sie werden durch die Opposition רשע „Frevler" vs. צדיק „Gerechter" (v.7b.9b) verbunden. Diesem engen formalen Zusammenhalt entspricht der inhaltliche.[4]

In den vv.7-9 geht es um die Erfolgsbedingungen weisheitlicher Ermahnung:[5] Das Gelingen der Bemühungen wird von der persönlichen Prädisposition der Angeredeten abhängig gemacht. Beim ליץ „Hochmütigen" und beim רשע „Frevler" sind alle Anstrengungen erfolglos, ja schlagen zum Nachteil aus, während eine Intervention beim Weisen und Gerechten Erfolg verspricht. Die Oppositionen „Weiser" vs. „Hochmütiger" und „Gerechter" vs. „Frevler" deuten auf verfestigte Charaktere hin, die diese Entscheidung schon getroffen haben. Der ליץ „Hochmütige" ist ebensowenig bildsam wie

---

[1] Scoralick, Einzelspruch, p.5.
[2] Cf. Alonso Schökel, Proverbios, p.252. Das Original ist in Umschrift.
[3] Cf. Alonso Schökel, Proverbios, p.252.
[4] Cf. Scott, Proverbs, p.76; Meinhold, Sprüche, p.156.
[5] So versteht Delitzsch den Zusammenhang: „Die Gedankenreihe v.7 und weiter will begründen, weshalb die Weisheit, abgesehen von den Weisen, welche bereits die ihrigen sind, sich nur an die Einfältigen und Unverständigen wendet: den ליץ und רשע muß sie sich selbst überlassen, weil sie da auf keine Empfänglichkeit für ihre Einladung hoffen kann" (Spruchbuch, p.155); so auch Strack, Sprüche, p.334; Wildeboer, Sprüche, p.29; Cohen, Proverbs, p.52; Meinhold, Sprüche, p.156.

der רשע „Frevler".[1] Darin unterscheiden sie sich vom פתי „Unerfahrenen", der trotz seines Unverstandes noch bildsam ist.[2] Die vv.7-9 enthalten also Kommunikationsmaximen für das Gespräch mit verschiedenen Menschentypen. Dies ist im Proverbienbuch ein seltenes Thema. Häufiger ist die Differenzierung der Redequalität nach dem Sender.[3] Nur vereinzelt werden Ratschläge erteilt, wie man mit dem Toren sprechen soll,[4] oder wie Worte auf einen normalen Empfänger wirken.[5]

Der Abschlußvers der Einheit, v.12, behandelt nicht die Probleme einer gelingenden Kommunikation, sondern den Tun-Ergehen-Zusammenhang:[6] Dem Angeredeten wird eingeschärft, daß er die Folgen seines Verhaltens selbst zu tragen hat. Damit schlägt der Vers trotz seiner kompositorischen Beziehung zu vv.7-9 ein ganz anderes Thema an.

Die Oppositionspaare von vv.7-9.12 haben in Prov 1-9 am ehesten ihre Entsprechung in 3,31-35. Dort finden sich צדיק „Gerechter" und רשע „Frevler" (3,33) sowie לץ „Hochmütiger" (3,34) und חכם „Weiser" (3,35). Doch sind die Parallelbegriffe andere: לץ „Hochmütiger" parallel zu חכם „Weiser" findet sich dort nicht; „Weiser" und „Gerechter" erscheinen in Proverbien nur dreimal zusammen im gleichen Vers (9,9; 11,30; 23,24),[7] d.h. nicht in Prov 1-8; Gerechter" und „Frevler" sind hingegen häufig parallel gebraucht. Es gibt zu c.3 noch eine weitere lexematische Verbindung: קלון „Schmach" (9,7; 3,35). Doch ist das Thema beider Stellen unterschiedlich: In c.3 ist Schmach das Schicksal des Toren (כסיל), das dem des Weisen entgegengesetzt ist; in c.9 ist es das, was derjenige zu erwarten hat, der einen „Hochmütigen" zu erziehen versucht. Diese Übereinstimmungen der Vokabeln deuten offenbar keine inhaltliche Beziehung an wie die Übereinstimmungen von Wendungen im allegorischen Diptychon. Auch die verhandelten Themen finden sich nicht in den ersten acht Kapiteln. Die vv.7-9 und v.12 stehen demnach außerhalb des Verweiszusammenhanges, der die allegorische Raffinesse der beiden Einladungsszenen ausmacht.

---

1   So ist der לץ im Gegensatz zum Weisen keiner Belehrung zugänglich: 13,1; 14,6; 15,12; 19,25 (cf. McKane, Proverbs, p.525; Plöger, Sprüche, p.105: Nicht der לץ, sondern nur der פתי, den die Maßnahme nicht unmittelbar trifft, profitiert davon); 21,11 (cf. Plöger, Sprüche, p.246: wie 19,25; Meinhold, Sprüche, p.157).

2   1,4.22; 8,5; 19,25; 21,11.

3   Ein Durchsicht der Stellen bei Bühlmann, Rede, ergibt: 10,11.20.21.32; 11,9; 12,6.16; 13,5; 14,3.5.25; 15,2.7.28; 16,21.23; 17,7.27; 18,6; 24,2.

4   23,9 (cf. Bühlmann, Reden, pp.219-221); 26,4-5 (cf. Bühlmann, Reden, pp.132-136).

5   Z.B. 12,25 (cf. Bühlmann, Reden, pp.70-74); 15,1 (cf. Bühlmann, Reden, pp.75-77); 28,23 (cf. Bühlmann, Reden, pp.116-119); zum Tadel auch 27,5 (cf. Bühlmann, Reden, pp.113-116).

6   Cf. Meinhold, Sprüche, p.158.

7   Cf. Scoralick, Einzelspruch, p.73.

Diese Beziehungslosigkeit trifft für v.10 und v.11 nicht zu. In v.10 wird
der Zusammenhang von Weisheit und Gottesfurcht verhandelt, wie er im
Motto von 1,7 thematisch wird. Die Formulierungen von v.11 sind aus 3,2
und 4,10b entlehnt.[1] Ist v.10 noch durch den Parallelismus der Wurzeln חכם
„weise" und ידע „wissen" an v.9 gebunden, so ist v.11 nur durch die Rekurrenz des Verbs יסף „anfügen/mehren" in den Kontext integriert. Doch die
Wendung, in der das Wort erscheint, ist jeweils so verschieden wie das
Thema des Satzes. Die vv.10f. bilden je auf ihre eigene Art einen Fremdkörper in ihrer Umgebung. Handelt v.11 von menschlichen Haltungen, so
spricht v.10 über die „Weisheit" an sich – nicht personifiziert, sondern als
abstrakte Größe.[2]

Diese Überlegungen machen es wahrscheinlich, daß die vv.7-12 ein in
mehreren Stufen gewachsener Nachtrag sind.[3] Sie verlassen die szenische
Situation der Allegorie und reflektieren ein anderes Thema: die Erfolgsbedingungen von Erziehung und Mahnung. Diese Reflexion mag durch die
pädagogische Ursituation, wie sie in der Allegorie vorgestellt wird, angeregt
sein. Daß keine deutlichen Beziehungen zu den ersten acht Kapiteln bestehen, macht einen weiteren Unterschied zum Diptychon aus, der dafür
spricht, in den vv.7-9.12 eine weitere Hand zu suchen. Die vv.10-11 stehen
nun wieder mit den ersten acht Kapiteln im Zusammenhang; sie sind aber
nicht ursprünglicher Bestandteil der allegorischen Szene, da sie deren kompositorisch parallelen Aufbau sprengen und inhaltlich ganz andere Horizonte
freilegen. Am ehesten könnte noch v.11 wegen seiner Formulierung in der
1.sg. zur Einladung der Weisheit gehören. Aber da diese in v.6 durch die
Stimme des Lehrers abgelöst und dort Leben schon verheißen ist, paßt v.11
nicht als Anschluß an v.6. Wenn wir die Formulierung in der 1.sg., wie sie
der MT bietet, halten, läßt sich v.11 am ehesten als Versuch sehen, durch ein
aus cc.1-8 bekanntes Motiv die vv.7-11(12) noch in die Rede der Weisheit
einzubinden – was insoweit möglich ist, als klare Grenzsignale vor v.13
fehlen. Vielleicht nimmt v.11 dabei einen Gedanken aus Prov 10,27 auf.[4]
Vers 10 steht im Zusammenhang mit 1,7.[5]

---

1   Cf. Maier, Fremde Frau, pp.218f.
2   Cf. Baumann, Weisheitsgestalt, p.249: „Durch diese Uneindeutigkeit [gemeint ist der
    Wechsel der Rederichtung von v.10 zu v.11; A.M.] und die zahlreichen Parallel-
    aussagen, in denen die Weisheit nicht personifiziert erscheint [Prov 1,7; 2,5, 15,33; Hi
    28,28; Ps 111,10, cf. p.306; A.M.], schillert die Aussage von Prov 9,10: Der Vers setzt
    Weisheit und JHWH-Furcht in ein Verhältnis zueinander, das sowohl für ‚Weisheit' als
    Lehrinhalt (vgl. 4,11.13; 5,1) wie auch für die personifizierte Weisheit gelten kann."
3   Cf. Steuernagel, Sprüche, p.290; Goldinggay, Proverbs V and IX, pp.91f.
4   Cf. Maier, Fremde Frau, p.219.
5   Als Rahmen, cf. Reuß, Geschichte, p.492; Wildeboer, Sprüche, p.1; Becker, Gottes-
    furcht, p.211; Plöger, Sprüche, p.13; Meinhold; Sprüche, p.43.

11.3 Ergebnis

Die Analyse von c.9 hat ergeben, daß mindestens zwei Stufen der Textentstehung anzunehmen sind. Ausgangpunkt war eine Gegenüberstellung von Weisheit und Torheit in einer Allegorie. Diese weist starke motivische Bezüge zu cc.1-8 auf – ja, ihre Bedeutung wird von diesen Anspielungen getragen. Daneben deutet die Funktion als Allegorie sowie die Deutung der sieben Säulen auf die sieben Sammlungen des Proverbienbuches darauf hin, daß c.9* den Horizont des ganzen Buches voraussetzt. Die Allegorie fungiert dabei als eine Art Examen: Derjenige, der sie auflösen kann, hat die ersten acht Kapitel gut gelesen und kann weitermachen im Verständnis des ganzen Buches. Da eine wesentliche Bedeutungsachse der Allegorie durch Bezüge auf Prov 5,15-19 hergestellt wird, kann c.9* nicht früher als dieser Text zugewachsen sein.[1] Die Verse 9,7-12 sind danach – vermutlich sukzessive – ergänzt worden.[2] Sie rahmen die ganze Sammlung 1-9 durch das Motiv der Jhwh-Furcht, das im weiteren Buch noch an markanten Stellen auftaucht (15,33; 31,30b),[3] und fragen nach den Erfolgsbedingungen weisheitlicher Unterweisung, womit sie ein eigenes, neues Thema anschlagen.

---

[1] Cf. Plöger, Sprüche, p.108; Baumann, Weisheitsgestalt, p.256 (sie argumentiert aber mit einem einheitlichen Kapitel und nimmt die Rahmung von Prov 1-9 durch 1,7 und 9,10 als Hinweis auf die späte Entstehung von c.9).

[2] Dies entspricht im wesentlichen dem Ergebnis on Schäfer, Poesie, pp.239-246.

[3] Cf. Camp, Wisdom, p.189; Meinhold, Sprüche, p.521; Scoralick, Einzelspruch, p.84.

12. Die Komposition von Prov 1-9

Nachdem wir nun die einzelnen Teiltexte von Prov 1-9 je für sich angesehen haben, gilt es, einen Blick auf das Ganze der ersten Sammlung zu werfen. Wir haben bei der Auslegung der Textabschnitte gesehen, daß sie in vielfältiger Weise miteinander verbunden sind. Dies hat sich bei der Exegese von 4,1-5,23 schon aufgedrängt: Der Textkomplex hat thematische und motivische Gemeinsamkeiten und ist durch Aufmerksamkeitsrufe zusammengebunden (s.o.6). Diese und weitere Beobachtungen zu den übrigen Kapiteln von Prov 1-9 sind im Folgenden zusammenzutragen. Ziel ist es, die Komposition des Endtextes zu erfassen. Deren Beschreibung soll der redaktionsgeschichtlichen Analyse vorarbeiten: Da – wie sich zeigen wird – die Gestaltung des Textes einem einheitlichen Plan folgt und dieser eng mit der Gesamtaussage des Textes verbunden ist, wird sich die Arbeit einer planvollen Redaktion erkennen lassen.

Die Frage nach der Komposition des Textes geht über die bloße Gliederung hinaus. Es geht auch um die wiederkehrenden Motive, die diese Gliederung tragen und die gleichzeitig die inhaltlichen Kernaussagen des Textes bilden. Zu diesen motivischen Zusammenhängen gehören vor allem die Metaphernfelder des Textes, die im Text auftretenden Rollen (redender Vater, hörender Sohn, konkurrierende Frauengestalten, Böse Buben etc.). Dabei soll gezeigt werden, wie alle diese Ebenen kunstvoll-kompositorisch zusammenhängen und gemeinsam die Aussage des Textes konstituieren.

12.1 Der Aufbau der neun Kapitel

Die Frage, wie Prov 1-9 zu gliedern sei, ist nicht leicht zu beantworten, da klare Struktursignale fehlen. Einzig die Untergliederung in einzelne Abschnitte ist deutlich zu erkennen, da sie meist als Lehrreden gestaltet sind. Eine übergreifende Komposition vermochten viele Exegeten nicht zu sehen; so schrieb schon Eichhorn, daß die Einheiten „nur leicht und lax verbunden"[1] seien. Demgegenüber meinte Ewald: „Das stück c.1-9 ist ein ursprüngliches Ganzes, wohl zusammenhangend und wie aus éinem gusse geflos-

---

[1] Eichhorn, Einleitung, Bd.5, p.110. Cf. Bertheau, Sprüche, p.XI, Delitzsch, Spruchbuch, pp.13f.; Steuernagel, Einleitung, p.684; Lang, Lehrreden, p.28.

sen"[1]. Er nimmt drei Reden an: 1.) 1,8-3,35 „allgemeine ermahnung zur weisheit", 2.) 4,1-6,19 „das wenige einzelne", 3.) 6,20-9,18, wo der Autor „allmälig immer mächtiger ganz allein zum allgemeinsten und höchsten sich erhebt".[2] Die Einschnitte sind seiner Meinung nach durch die Folge Imperativ-Anrede kenntlich, während sonst die Anrede voranstehe. Die drei Reden seien recht gleichmäßig gebaut: Die ersten beiden enthielten je sieben Strophen („wenden" in Ewalds Diktion), die letzte zehn. Probleme ergeben sich vor allem bei seiner Bestimmung der mittleren Rede. Hier sieht er sieben Strophen und sieben verschiedene Themen, zu denen Mahnungen ergehen, aber beide Einteilungen sind nicht deckungsgleich. Die erste Strophe (4,1-9) sei eine allgemeine, einleitende Mahung,[3] während in der sechsten (6,1-11) zwei Themen zusammengefaßt seien.[4] Dazu kommt, daß er in 5,1-11, seiner dritten Strophe, das Thema „hurerei"[5] sieht und in der dritten Rede die ähnlichen Formulierungen in cc.6 und 7 als Darstellung der Torheit im Bild der Buhlerin[6] versteht. Dies zeigt, daß Ewald den Charakter der mittleren Rede einseitig nach dem Vorbild von 6,1-19 bestimmt hat, wo in der Tat verschiedene Einzelmahnungen zusammengefaßt sind.

Neben Versuchen, dem Text durch Umstellungen eine Ordnung abzugewinnen, wobei c.2 als Leitfaden gedient hat,[7] haben neuerdings vor allem Plöger und Meinhold in Prov 1-9 eine gezielte Komposition gesehen.[8] Plöger sucht eine gedankliche Ordnung: So beginne und ende der Text mit einem Motto 1,7 und 9,10. Das darin angesprochene Thema der Jhwh-Furcht rahme auch das erste Kapitel (1,29), in dem die relevanten Vermittlerinstanzen der Weisheit und Gottesfurcht genannt würden: Eltern (1,8-9), Lehrer (1,10-19) und die Weisheit selbst (1,20-33).[9] Dann nenne c.2 die Themen, die im „Kernstück" cc.4-7 entfaltet würden. Davor behandele das dritte Kapitel das Verhältnis von Weisheit und Gott. Bei der Themenentfaltung im „Kernteil" schiebe sich die „Fremde Frau" so in den Vordergrund, daß die anderen Themen dahinter zurückträten und als „Auflockerung" 6,1-19 eingeschoben

---

1 Ewald, Dichter 2, p.50. Die eigenwillige Orthographie ist die Ewalds.
2 Ewald, Dichter 2, p.51.
3 Cf. Ewald, Dichter 2, p.92.
4 Cf. Ewald, Dichter 2, pp.91.97.
5 Ewald, Dichter 2, p.96.
6 Cf. Ewald, Dichter 2, p.100.
7 Cf. Skehan, Proverbs 5:15-19, p.290; Scott, Proverbs, p.42.
8 Daneben Yee, Creation, p.86, die zwei konzentrisch aufgebaute Blöcke sieht; Harris, Proverbs 1-9, pp.256-263, nimmt eine Rahmung von 1,8-33 mit c.9 an. Seine Gründe sind: wenige lexematische Gemeinsamkeiten (פתי 1,22; 9,4; √יכח 1,25.30; 9,7-12; ל, כסיל 1,22; 9,7-12), die Verbindung von 1,7 zu 9,10 und die Wegmetaphorik. Doch sind die genannten Begriffe noch in anderen Teilen von Prov 1-9 belegt (פתי 7,7; 8,5; יכח 3,12; ל 3,34) und die Wegmetaphorik durchzieht die ganze erste Sammlung. Diese unsystematisch gesammelten Beobachtungen belegen seine These nicht.
9 Cf. Plöger, Sprüche, pp.4f.

worden sei. Den Schluß bilde c.8, während c.9 eine „Beigabe" sei.[1] Hauptsächlich aufgrund thematischer Beobachtungen kommt Plöger also zu einer
grundsätzlichen Dreiteilung aus vorderem Rahmen (1,7-33), „Kernteil"
(cc.4-7) und hinteren Rahmen (c.8). Das c.2 biete ein Inhaltsverzeichnis und
c.3 einen Exkurs zum Thema Weisheit und Gott.

Ganz ähnlich bestimmt Meinhold die Komposition von Prov 1-9. Er sieht
den Text durch das vierfache Vorkommen wesentlicher Aspekte bestimmt.
Neben der Vierzahl der Themen[2] will er im Text vier Weisheitsgedichte finden. Doch ist dies problematisch: Die von ihm so bezeichneten vier Weisheitsgedichte (1,20-33; 8; 9,1-6; 9,13-18) enthalten einen Abschnitt über die
Torheit (9,13-18),[3] der zudem kein selbständiger Text wie die anderen ist,
sondern mit 9,1-6 eine Einheit bildet, so daß nur drei Texte zur Weisheit
übrig bleiben. Meinhold meint: „Die Weisheitsgedichte rahmen das Lehrpro-
gramm"[4] – ihnen voran geht jedoch 1,8-19, ein Problem das Meinhold
übergeht; sein Hinweis, hier werde die „Hauptgefahr"[5] genannt, reicht zur
Erklärung nicht aus. Innerhalb des Rahmens sieht Meinhold die Abfolge der
vier Themen in c.2 vorbereitet. Daß diese Theorie einer Disposition für c.2
so nicht aufgeht, hat aber die Auslegung schon gezeigt (s.o. 4.1). Ihr steht
weiterhin entgegen, daß sie die Position von 1,8-19; 3,13-20; 6,1-19 und 9,7-
12 nicht erklären kann. Meinhold verschleiert dieses Problem, indem er
diese Texte „Zwischenstücke" nennt.[6] Der Begriff besagt nichts weiter, als
daß die Texte einfach da sind und er weder ihre Existenz noch ihre Position
befriedigend erklären kann. Diese Stücke waren schon lange unter dem
Verdacht, Interpolationen zu sein,[7] und so rechnet Meinhold (1985) die
Zwischenstücke redaktionellen Vorgängen zu,[8] während er in seinem Kommentar (1991) diese Position nicht mehr deutlich vertritt. Was die Stellung
dieser Texte betrifft, so hat unsere Auslegung jedoch ergeben, daß zumindest
6,1-19 in einem Zusammenhang mit 4,10-27 steht. Die Funktion der sog.
„Zwischenstücke" muß daher neu bedacht werden.

Als Ergebnis dieses kurzen Ganges durch die Versuche, in Prov 1-9 eine
Disposition aufzuweisen, ergeben sich folgende Fragen, die beantwortet
werden müssen, soll die Komposition der ersten Sammlung des Proverbienbuches geklärt werden:

---

1 Cf. Plöger, Sprüche, p.6.
2 Cf. Meinhold, Vierfaches, p.56.
3 Cf. Meinhold, Vierfaches, p.55 n.18. Dieses Problem hat schon Baumann, Weisheitsgestalt, p.254, benannt.
4 Meinhold, Vierfaches, p.58.
5 Meinhold, Sprüche, p.52.
6 Cf. Meinhold, Vierfaches, pp.59f. - 1,8-19 ist jedoch die erste Lehrrede.
7 S.o. pp.12f.
8 Cf. Meinhold, Vierfaches, pp.59-61.

1. Die beiden Reden der Weisheit stehen an exponierter Stelle; wenn c.9 – wie vermutet – einen Nachtrag darstellt, endete die erste Sammlung des Proverbienbuches ursprünglich mit c.8. Dies legt den Gedanken nahe, daß die beiden Reden die Sammlung rahmen sollen. Warum steht dann aber 1,8-19 vor der ersten Rede der Weisheit?[1]

2. Wenn c.2 nicht die Gliederung von cc.3-7 vorgibt, wie sind diese Kapitel dann zu gliedern? Welche Rolle spielt 6,1-19 in der vorliegenden Komposition? Wenn in 6,1-19 die ursprüngliche Fortsetzung von 4,10-27+5,21-22 zu sehen ist, hat das Stück dann überhaupt einen sinnvollen Ort in seinem neuen Kontext Prov 1-9 gefunden oder steht es funktionslos als Relikt im Text?

Ad 1. Warum steht die Warnung vor den Bösen Buben vor der ersten Rede der Weisheit? Der Grund dafür liegt nicht in der Tatsache, daß hier der Weisheitslehrer spricht und er so als Repräsentant der Unterweisung zwischen Eltern und der Weisheit selbst erwähnt wird,[2] und auch nicht darin, daß die Bösen Buben die Hauptgefahr darstellen.[3] Der Grund für diese Stellung liegt in der literarischen Struktur von Prov 1-9: Die erste Rede der Weisheit ist die Gegenrede zu der Einladung der Bösen Buben in 1,11-14.[4] Die gleiche Abfolge steht am Ende der Komposition: In c.7 redet die Fremde Frau den Jüngling an – in c.8 übertrifft die Rede der Weisheit das Locken ihrer Konkurrentin.[5] Mit diesen beiden Redepaaren ist die Alternative der Lebenswege, wie sie Prov 1-9 zugrundeliegt, in den Sprechern repräsentiert.

Die übrigen Redezitate sind von anderer Qualität: In 4,4-9 wird der Großvater zitiert; zweimal kommt der Schüler zu Wort; in 5,12-14 äußert er Reue, in 7,4 redet er die Weisheit an; der Faule spricht in 6,10. Alle diese Sprecher treten dem Jüngling nicht als Versucher gegenüber. Darin unterscheiden sie sich von der Fremden Frau und den Bösen Buben. Lediglich in c.9 kommt noch die Torheit zu Wort – aber dieses Kapitel stellt ja einen Nachtrag dar.

---

[1] Von einer anderen Problembeschreibung ausgehend formuliert Scott deutlich: „Chapter ii rather than i 8-19 seems more suitable as the opening discourse because of its more general and programmatic character." (Proverbs, p.16)

[2] Cf. Plöger, Sprüche, p.13; Meinhold, Vierfaches, p.58.

[3] Cf. Aletti, Séduction, p.137; Meinhold, Vierfaches, p.57; id., Sprüche, p.52.

[4] Cf. Ewald, Dichter 2, p.70, der in diesen beiden Stücken die „darstellung des zu meidenden und des zu erstrebenden sieht"; Göttsberger, Weisheit, p.11; Harris, Proverbs 1-9, p.107. Zum Problem des Zusammenhanges auch Overland, Structure, pp.251f., dessen Beobachtungen allerdings nicht weiterführen.

[5] Cf. Ewald, der 6,20-7,27 c.8 gegenüberstellt (Dichter 2 p.100); Göttsberger, Weisheit, p.24; Aletti, Séduction, p.141: „Au propos mieilleux de la femme adultère (Prov. vii), quelle voix peut répondre? Et le sage de noter que cette voix et celle de la sagesse (viii 1-3)". Schäfer, Poesie, p.218.

Damit wird der Rahmen nicht von den Reden der Weisheit allein gebildet, sondern von dem „Dialog" aus Rede und Gegenrede zwischen Bösen Buben und Fremder Frau auf der einen Seite und Frau Weisheit auf der anderen Seite.[1] Da sich in diesen beiden Dialogen die diastatische Grundstruktur von Prov 1-9 spiegelt, dienen sie als Exposition und Reprise des Themas besser, als es die Reden der Weisheit allein tun könnten. So wird gleich zu Anfang eine Spannung aufgebaut. Dieser Spannung entspricht die Art der ersten Rede der Weisheit, die eine dramatische Darstellung der Entscheidungssituation ist.[2] Verstehen wir den Zusammenhang von 1,8-19 mit 1,20-33 in dieser Weise, dann wird die Aufforderung der Weisheit schärfer, da aus 1,8-19 die Alternative bekannt ist, die eintritt, wenn sich der Unerfahrene der Weisheit verweigert – er wird zur leichten Beute der Bösen Buben.

Diese eher allgemeinen Überlegungen zum thematischen Zusammenhang des Rahmens lassen sich durch einige Beobachtungen zur motivlichen Verknüpfung stützen. Das Wort אבה „wollen" kommt in Prov nur in der ersten Sammlung vor: in 1,10.25.30 und 6,35. An der letztgenannten Stelle ist nicht vom Schüler die Rede wie an den drei ersten. Dort ist das gemeinsame Thema das Einwilligen der Angeredeten entweder in die Vorschläge der Bösen Buben oder den Rat der Weisheit. Ist v.30 – wie vermutet – redaktionell, so hätte der formative Redaktor diese antithetische Beziehung zu 1,10 noch unterstrichen. Damit ist die Entscheidungsituation, in die der Schüler durch die beiden Reden gestellt ist, ausgesprochen. Die parallele Funktion der beiden Versuchergestalten (Fremde Frau, Böse Buben) ist dabei durch einige gemeinsame Motive unterstrichen: Ihre Tätigkeit wird als Lauern beschrieben (ארב 1,11; 7,12) und die Aufforderung, die sie an den Schüler richten, lautet לכה „geh/auf!" (1,11; 7,18).[3]

Ad 2. Wie ist nun der Kernbereich zu gliedern? Abweichend von den meisten Autoren rechne ich c.7 schon zum hinteren Rahmen; der Mittelteil endet also mit 6,35. Damit ist erklärt, wieso das Thema der Fremden Frau in

---

1 Cf. Meinhold, Sprüche, p.44: „In der ersten und letzten Lehrrede (1,8-19; 7,1-27) setzt der Weise das literarische Mittel ein, anhand angeblicher Zitate der verführerischen Kräfte diese in ihrem Wesen und Treiben zu entlarven (1,11-14; 7,14-20). Diesen beiden Lehrreden folgt nun jeweils eins der beiden großen Weisheitsgedichte, in denen ‚(Frau) Weisheit' selbst das Wort erhält, um in aller Öffentlichkeit mit einer langen Rede die Adressaten auf das entschiedenste zu warnen, sich ihrem Anruf zu versagen (1,20-33), bzw. sie einzuladen, sich ihrer Gefolgschaft anzuschließen (8,1-36)."

2 S.o. 10.1.1.

3 Cf. Yee, I Have Perfumed, p.56. Zwar lauern Böse Buben und Fremde Frau auf verschiedene Personen, aber die Nähe ist noch gegeben. Daß durch die Erwähnung der Scheol 1,12 und 7,27 eine Verbindung zwischen 1,10ff und c.7 bestehe, wie Yee meint, ist mir nicht ganz deutlich, da das Motiv 5,5 ebenfalls vorkommt. Auch ist das Motiv in beiden Fällen unterschiedlich. - Göttsberger, Weisheit, p.24, stellt die gemeinsame Opposition zur Weisheit heraus; Aletti, Séduction, p.129; Camp, Wisdom, p.237; Maier, Fremde Frau, pp.94-97.253.184.187.158f.

c.6 und c.7 zweimal hintereinander behandelt wird: Es liegt daran, daß mit c.7 ein neuer Abschnitt anfängt. Die „Unterbrechung" des Themas „Fremde Frau" durch 6,1-19 verliert so ihr Gewicht.

Wie ist nun der Zusammenhang der Abschnitte des Kernbereiches von Prov 1-9 (cc.2-6) zu beschreiben? Hier mögen die Textthemen der Segmente weiterhelfen. Bei den Themen gibt es Wiederholungen: Zweimal wird über die Weisheit gesprochen (3,13-20; 4,1-9) und zweimal über die Fremde Frau (5,1-23; 6,20-35). Beide Themen sind je von einem Text unterbrochen, der Einzelmahnungen zu Gegenständen enthält, die sonst in Prov 1-9 keine besondere Rolle spielen. Die Mahnungen argumentieren explizit theologisch (3,21-35; 6,1-19). Diese beiden parallel gebauten Abschnitte 3,13-4,9 und 5,1-6,35 lagern sich um 4,10-27 als Mitte. Der Aufbau ist konzentrisch und weitet die im Textkomplex 4,1-5,23 erkannte Ringkomposition auf die erste Sammlung des Proverbienbuches aus.

Die thematische Ringbildung wird von zwei zitierten Reden unterstützt: die des Großvaters in 4,4-9 und des reuigen Schülers in 5,12-14.[1] Zwar finden sich noch in 6,10 ein Zitat und in 7,4 mit אחתי את „Du bist meine Schwester" und מודע „Verwandte" eine Art Redezitat (das, was der Schüler sagen soll), aber beide Stellen haben nicht das Gewicht, das die längeren Zitate von Schüler und Großvater besitzen. Als Aufforderung und wegen seiner besonderen Kürze fällt 7,4 hier ohnehin ganz aus. In 6,10 wird der Faule durch ein Zitat charakterisiert; er spielt aber im Konzert der Akteure von Prov 1-9 keine Rolle. Daher ist seine zitierte Äußerung kompositorisch nicht zu berücksichtigen. Zudem ist nicht sicher, ob wirklich ein Zitat vorliegt. Die beiden Redezitate in 4,1-9 und 5,1-13 gehören zum inneren Rahmen um das Doppelgedicht von 4,10-27 und wiederholen den großen Rahmen von Reden in c.1 und cc.7-8. Dieser innere Rahmen ist durch ein System von „kommunizierenden" Aufmerksamkeitsrufen verbunden, das 4,1-5,7 umgreift (s.o.5.2). Der Bereich von 4,10-5,21 wird durch die Begriffe für Weg und wörtliche Anklänge von 5,21-22 zu 4,11.26 in sich zusammengehalten.[2] So sichern zwei Strukturen die kompositorische Geschlossenheit von 4,1-5,23. Auch die beiden „ethischen" Texte (3,21-35; 6,1-19) weisen mit der Gegenüberstellung von Menschentypen und der Verwendung der To'ebah-Formel Ähnlichkeiten auf.

Die hier vorgeschlagene Gliederung wird vor allem durch Beobachtungen im äußeren Rahmen (c.1↔cc.7.8), im inneren Kern cc.4-5 und durch Nähen zwischen 3,21-35 und 6,1-9 gestützt. Die Entsprechung des äußeren Kernes (3,13-20↔6,20-35) besteht offenbar nur in einer thematischen Opposition, während die motivischen Anklänge in 3,13-20 auf c.8 vorverweisen. Dort wird das in 3,13-20 nur Angedeutete breit entfaltet. Dies gilt in besonderem

---

1 Cf. Meinhold, Sprüche, p.90.
2 S.o. 5.1.

Maße für die Rolle der Weisheit bei der Schöpfung. Kann man 3,19-20 eher im „traditionellen" Sinne derart verstehen, daß die Weisheit als Eigenschaft des Schöpfergottes gilt[1] und als dessen Eigenschaft bei der Schöpfung und Ordnung der Welt zum Zuge kommt, so wird in 8,22-31 diese Rolle der Weisheit überboten: Sie ist erstes Geschöpf und als solches bei der übrigen Schöpfung anwesend. Das dabei erworbene Wissen liegt ihrer Unterweisung zugrunde.[2] Der durch 3,13-20 eröffnete kompositorische Horizont überschreitet damit die bloß konzentrische Anordnung des Kernes von 3,13-6,35 und eröffnet die Perspektive zum Finale in c.8.[3] Die Frage ist, ob diese lineare Entwicklung der Textordnung der These widerspricht, die hier gefundene konzentrische Anordnung sei das Hauptgliederungssystem, oder ob nicht über diese eine lineare Entwicklung gelegt worden ist, die das langweilige und statische einer bloß eindimensionalen Gliederung aufbricht und belebt.[4]

Aus der konzentrischen Komposition, wie wir sie bisher ermittelt haben, fallen c.2 und 3,1-12 deutlich heraus. Die Voranstellung von c.2 mag sich durch seine Funktion als thematische Einleitung erklären. Dazu kommt, daß c.2 sehr eng mit den beiden Reden der Weisheit verknüpft ist.[5] Das Kapitel hat somit eine Scharnierfunktion, indem es einerseits die Themen des Hauptteiles (3,13-6,35) zusammenfaßt und andererseits durch die Verbindungen zu den Reden der Weisheit diese mit dem Hauptteil stärker verknüpft. Wesentlich ist die Einführung des Themas vom Suchen und Finden der Weisheit (1,28; 2,4), das in 3,13 den Hauptteil eröffnet und in 8,35 den ursprünglichen Text ausleitet. Die Lehrrede 3,1-12 fällt dann aber umso mehr auf. Gesetzt den Fall die vorgeschlagene Gliederung sei richtig, so mag es zwei Möglichkeiten der Erklärung geben: 1. Die Stellung des Textes vor

---

1   Ps 104,24 (cf. Spiekermann, Heilsgegenwart, p.40); Jer 10,12=51,15; Hi 38,37; auch in Ugarit, cf. Lang, Wisdom, col.1697. Die Formulierung von v.19 gibt keinen Anlaß, die Weisheit personifiziert zu sehen (cf. Frankenberg, Sprüche, p.33; Meinhold, Sprüche, pp.81f.; Hulsbosch, Sagesse, Aug. 2, 1962, p.7: „simples déterminations adverbiales"; so auch Jenni, Präpositionen 1, p.142, Rubrik Nr. 1781 בּ bei Verben des Hervorbringens zur Bezeichnung des Mittels; Fohrer, Weisheit, p.266 n.100: „Begriff חכמה in handwerklich künstlerischem Sinn verwendet."; gegen Stecher, Weisheit, p.425); im Rahmen des Gesamttextes von Prov 1-9 schillert der Satz jedoch etwas, so daß eine Personifikation nicht ganz abgewiesen werden kann, auch wenn diese Deutung über den eigentlichen Wortlaut des Verses hinausgeht (cf. Baumann, Weisheitsgestalt, p.238; Whybray, Proverbs, p.68).

2   Gegen Meinhold, Sprüche, p.79, der in 3,13-20 eine Weiterentwicklung von c.8 sieht.

3   So die Verbindung vom einleitenden Makarismus in 3,13 und dem Ziel-Makarismus in 8,32f., cf. Koch, Formgeschichte, p.8.

4   Cf. zum Phänomen der Überlagerung von Textstrukturen Lohfink, Bund und Tora, p.73.

5   קרא 1,24.28; 2,3; 8,1. - שמע 1,33; 8,32-34; cf. 2,1-2. - הקשׁיב 1,24; 2,2. - 2,3 ‖ 8,1. - 1,32f. motivähnlich mit 2,21f. - Suchen und Finden: 1,28; 2,4f.; 8,35 (dieses Motiv hat aber einen noch weiter reichenden Horizont).

dem eigentlichen Hauptteil hat inhaltliche Gründe: Da hier die Beziehung des Menschen zu Gott im Verhältnis zu den anderen in Prov 1-9 verhandelten Größen (menschliche Weisheit; Reichtum=Erfolg im irdischen Leben) thematisiert wird, ist ein wichtiges Thema angesprochen, das durch seine Stellung im Ganzen herausgehoben werden soll. 2. Durchaus mit der ersten Erklärung vereinbar ist die Frage, ob sich 3,1-12 durch seine Stellung als Nachtrag ausweist. Diese Möglichkeit ist bei der Frage nach der Redaktionsgeschichte noch zu erwägen.

Zusammenfassend läßt sich der Aufbau von Prov 1-9 in Analogie zum Schema der klassischen Sonatenhauptsatzform beschreiben.[1] In 1,7 beginnt der Text mit einem Motto[2], das quasi die Tonart der ersten Sammlung deutlich macht. In der *Exposition* 1,8-33 wird die Alternative zweier Wege im Dialog von Bösen Buben und Weisheit vorgeführt. Dem schließt sich c.2 als *Überleitungsteil* zur Durchführung an. Deren Beginn wird durch die Behandlung des fundamentalen Themas der menschlichen Gottesbeziehung hinausgezögert und beginnt mit einem Makarismus in 3,13. Der Aufbau der *Durchführung* ist konzentrisch. Wieder sind zwei Größen gegenübergestellt, die die Wegalternative verkörpern; Böse Buben, die in der *Exposition* und in c.2 noch die tragende Rolle gespielt haben, kommen zwar noch vereinzelt vor (4,14-17; 6,12-19), insgesamt werden sie aber von der großen weiblichen Gegenspielerin der Frau Weisheit, der Fremden Frau, immer mehr verdrängt.[3] In der *Reprise* stehen sich dann die beiden Frauen im Rededuell gegenüber. Das neunte Kapitel stellt als allegorisches Examen unter Aufnahme wesentlicher Motive aus 1-8 eine Art *Coda* dar, die mit 9,10 auf das einleitende Motto zurückverweist.

12.2 Die motivischen Zusammenhänge

Die Analyse des Aufbaus von Prov 1-9 hat eine Struktur ergeben, die sich wesentlich durch die Abfolge von bestimmten Themen und das Auftreten verschiedener Akteure realisiert. Daneben tragen einzelne motivische und lexematische Wiederholungen zu dieser Struktur bei. Die in Prov 1-9 auftretenden Akteure und die motivischen Verknüpfungen sollen nun im Zusammenhang dargestellt werden.

---

[1] Die aus der Musiktheorie stammende Terminologie erlaubt es, die Teile von Prov 1-9 knapp und anschaulich zu beschreiben; darin liegt ihr Wert, der einzig ein begrifflich-heuristischer ist.

[2] Cf. Delitzsch, Spruchbuch, p.47.

[3] Cf. Baumann, Weisheitsgestalt, p.259. - Diese Opposition von Fremder Frau und Frau Weisheit halten für die tragende Sinnachse von Prov 1-9: Stecher, Weisheit, p.413; Ringgren, Word, pp.105f; Gilchrist, Instruction, p.135.

Die auftretenden Personen in Prov 1-9 sind eines der markantesten Merkmale des Textes; besonders die Frau Weisheit und die Fremde Frau haben das Interesse der Exegeten auf sich gezogen. Wie wir gesehen haben, spielen ihre Reden eine zentrale Rolle für die Gesamtkomposition von Prov 1-9, die daneben noch durch weitere zitierte Personen, die Bösen Buben, den reuigen Schüler und den Großvater, getragen ist. Da die Mehrzahl der Texte von Prov 1-9 als Lehrreden gestaltet ist, die den Schüler mit „mein Sohn" anreden, können wir zwei weitere „Rollen" im Text erkennen: den redenden Lehrer bzw. Vater[1] und den Schüler. Der Schüler wird nicht nur als „reuig" zitiert (5,12-14), sondern ihm wird in 7,4 eine Äußerung vorgegeben, die ihn als „gehorsamen" Schüler und eifrigen Weisheitsadepten kennzeichnet. Neben der Rolle des Vaters findet sich noch die des Erzählers, der die Weisheit einführt (1,20-21; 8,1-3; 9,1-3; cf. die parallele Einführung der Torheit 9,13-15). Dieser ist nicht einfach mit dem Vater zu identifizieren,[2] sondern beides sind Rollen des fiktiven Autors, die erzähltechnisch auf einer Ebene stehen.[3]

Die Analyse von Erzählungen hat in der Literaturwissenschaft zu begrifflichen Differenzierungen geführt, die geeignet sind, die Instanzen, welche mit einem Text zu tun haben, zu unterscheiden.[4] Zuerst sind die Figuren der Handlung zu nennen, die im Text auftreten. Davon ist der Erzähler zu unterscheiden; er tritt manchmal als ein Ich in Erscheinung und spricht von sich - ohne daß er eigentlich eine der handelnden Figuren wäre. Einen solchen explizit sich zu Wort meldenden Erzähler nennt man auch den fiktiven; spricht er den Leser an, so nennt man diesen analog den expliziten oder fiktiven Leser, der ja mit dem realen nicht identisch zu sein braucht. Dieser fiktive Erzähler kann nun distanziert berichten oder als handelnde Figur im Text auftreten. In Prov 1-9 tritt er einmal neutral als „Erzähler" auf; dann aber spricht er selbst als „Vater" und redet den Sohn an, der als fiktiver „Leser" erscheint. Hinter diesen deutlich greifbaren Gestalten liegt die Ebene des sogenannten impliziten Autors bzw. Lesers. „Er ist der ‚Integrationspunkt' sämtlicher Verfahren und Eigenschaften des Textes, das Bewußtsein, in dem alle Einzelheiten der Textgestalt ihren Sinn haben."[5] Der implizite Autor ist das, was wir sonst unter dem „Autor" verstehen, wenn wir sagen: Indem der Autor dieses Wort/Stilmittel/diesen Topos wählte, wollte er jenes ausdrücken. Dem steht der implizite Leser gegenüber, der im Lesevorgang die Textzeichen entschlüsselt und so die Absicht des

---

[1] Cf. Gemser, Sprüche, p.21; Ringgren, אב, coll.7f.; Römheld Weisheitslehre, pp.136f. Die in 1,8 genannte Mutter ist eine stumme Rolle: gegen Versuche, eine „weibliche Stimme" in Prov 1-9 zu finden (cf. Brenner[/vanDijk-Hemmes], Texts, p.117; Baumann, Weisheitsgestalt, p.266).

[2] Gegen Yee, I Have Perfumed, pp.62.63.

[3] Cf. Harris, Proverbs 1-9, p.72, unterscheidet „parent" und „narrator", wobei er letzteren offenbar für den fiktiven Autor hält, der neben den Reden der Weisheit auch die des „parent" ‚erzählt'. Doch tritt der Vater unmittelbar, ohne einführende Verse an den Leser heran, er wird nicht von einer anderen Instanz eingeführt („erzählt", wie die Reden der Frau Weisheit).

[4] Cf. Link, Rezeptionsforschung, pp.16-27.

[5] Link, Rezeptionsforschung, p.22.

impliziten Autors erkennt. Zuletzt gibt es noch den realen Autor und Leser; das sind alle diejenigen historischen Personen, die den Text geschrieben, bzw. gelesen haben.

Der Vater und der Erzähler stehen insoweit auf einer Ebene, als beide andere Gestalten erzählerisch einführen; bei dem Erzähler ist das unmittelbar deutlich: Seine kurzen Texte geben nur einen Vorspann, der klar macht, wer das im folgenden redende Ich ist. Der Vater verwendet in seinen Texten ebenfalls Redezitate, die er in seine Argumentation einbaut.

Warum geschieht das nicht bei den Reden der Frau Weisheit? Diese könnten ja auch in Lehrreden integriert sein. Bei der Analyse von 1,10-19 haben wir gesehen, wie der Vater in seinem Redezitat schon gegen die Bösen Buben polemisiert: Er zeichnet sie nicht neutral, sondern tendenziös (s.o. 8). Damit wird gleich eine negative Wertung transportiert. Ähnlich ist das Verfahren in c.7. Zwar wird dort nicht die Rede der Fremden Frau negativ gezeichnet, aber durch eine zweimalige Kommentierung (vv.21-23.24-27), die eindeutige Mahnungen an den hörenden Schüler enthält, wird dem Angebot der Fremden sofort widersprochen. Zudem ergeht dieses nicht, wie das der Bösen Buben, ohne vorherige Instruktion über Wesen und Gefahren, wie sie über die Fremde Frau in den cc.6 und 7 schon stattgefunden haben; die Bösen Buben sind vielmehr die ersten, die in Prov 1-9 ausführlich zu Wort kommen. Sie müssen schon durch ihre „eigenen" Worte entlarvt werden. So ist klar, warum die Verführer und die Verführerin in die Rede des Vaters eingebettet sind: Ihre Gefährlichkeit läßt einen unverdünnten Gebrauch nicht zu – durch die Inszenierung in den Reden des Lehrers werden sie auf ‚Trinkstärke' herabgesetzt. Obwohl verführerisch, entbehrt die Frau Weisheit natürlich der Gefährlichkeit; ihre Äußerungen müssen nicht vom Lehrer mit seinen Mahnungen gezähmt werden, sondern können unmittelbar – rein und unvermischt – auf den Schüler einwirken. Daher gibt es für ihre Reden nur kurze informative – erzählerische – Einleitungen.[1] Auch in der unterschiedlichen Länge der Äußerungen werden die Unterschiede zwischen der Frau Weisheit und ihren Gegnern deutlich.[2]

Diesen beiden Rollen des fiktiven Autors lassen sich problemlos fast alle Texte aus Prov 1-9 zuordnen. Prov 6,1-19, ein Text, der keine Lehrrede ist, wird durch seine Anrede „mein Sohn" (6,1.3) dem Vater bzw. Lehrer in den Mund gelegt. Nur Prov 3,13-20 ist nicht eindeutig zuzuordnen. Hier wird der Schüler nicht direkt angeredet;[3] damit ist der Lehrer als Redender unwahr-

---

[1] Lediglich in Prov 9 überwiegt das erzählerische Moment; doch ist dieses Kapitel ein Nachtrag. In ihm ist auch die Gegenspielerin der Weisheit, die Torheit, erzählerisch eingeführt; jedoch wird deren Einladung durch einen Erzählerkommentar abgeschlossen (9,18, cf. den Kommentar zur Einladung der Frau Weisheit 9,6).

[2] Cf. Yee, I Have Perfumed, p.55.

[3] חפציך in 3,15 ist mit Ms, LXX, Targ, Syr, Vulg, in חפצים zu ändern (cf. Toy, Proverbs, p.72; Fichtner [BHS]). Die Einfügung des Suffixes gleicht 3,13-20 seiner Textumgebung an, die von Anreden geprägt ist, und ist daher *lectio difficilior*.

scheinlich. Spielte der Erzähler in den Einleitungen zu den beiden Reden der
Weisheit eine ganz untergeordnete Rolle, so hören wir in 3,13-20 eine
Stimme, die nicht erzählt, aber auch niemanden anredet. In dieser nicht
appellativen Sprechhaltung gleicht sie dem Erzähler. Dennoch ist das
Besondere dieses Textes im Gesamt von Prov 1-9 nicht zu übersehen. Da er
nicht aus der Komposition herauszulösen ist, kommt ihm eine Signalwirkung
zu: Hier ist ein Einschnitt, hier beginnt die Durchführung.

Die Kommunikationsstruktur von Prov 1-9 ergibt sich aus den auftretenden Gestalten, ihren Rollen, ihren gegenseitigen Beziehungen und den
literarischen Ebenen, auf denen sie anzusiedeln sind. Auf der obersten Ebene
steht der implizite Autor; er inszeniert den Text als Leseereignis für den
Leser. Im Text selbst erscheint der fiktive Autor, der in Prov 1-9 in den
Rollen des Vaters und des Erzählers auftritt. Dem Vater gegenüber steht der
angeredete Sohn bzw. Schüler, der der fiktive Leser (oder besser „Hörer")
ist. Der fiktive Autor läßt nun verschiedene Gestalten zu Wort kommen: den
Großvater als Lehrer des Vaters, die Frau Weisheit, die Bösen Buben, die
Fremde Frau, die Frau Torheit, den Faulen und den reuigen sowie gehorsamen Schüler. Deren Reden sind damit seiner Absicht dienstbar gemacht.
Die Fremde Frau, die Frau Torheit, die Bösen Buben und die Weisheit reden
ebenfalls den Schüler (1,10f.) oder junge, unerfahrene Menschen an (1,22;
7,7, cf. 6,32); stets hat sich der Schüler angeredet zu fühlen,[1] auch da, wo die
Weisheit mit ihrer Rede universell alle Menschen anspricht (8,4-5), ist er
mitgemeint. Dieser vielstimmige und teilweise kontroverse Dialog wird vom
impliziten Autor in Szene gesetzt, um den impliziten Leser zu überzeugen.
Graphisch stellt sich der Zusammenhang der Rollen im Text folgendermaßen
dar:

implizter Autor							
fiktiver Autor in zwei Rollen							
1. Erzähler		2. Vater/Lehrer					
Frau Weisheit	Frau Torheit	Fremde Frau	Böse Buben	reuiger/ gehorsamer Schüler		Fauler	Großvater
angeredeter Sohn/Schüler=fiktiver Hörer/Leser							
implizter Leser							

Bei der Auslegung der Texte von Prov 1-9 sind wir immer wieder auf
motivische Verknüpfungen gestoßen. Einige davon tragen, wie wir im
vorigen Abschnitt gesehen haben, zum kunstvollen Aufbau der neun Kapitel

---

[1]   Cf. Schäfer, Poesie, p.199: „die Verführerin spricht jetzt direkt zu ihm, so daß seine
       Rolle als Leser mit der des verführten jungen Mannes im Gedicht verschmilzt."

bei. Die hier zu besprechenden Motive sind im wesentlichen die Metaphern des Weges und das Wortfeld der Körperteile, die nur eine bedingte metaphorische Qualität aufweisen. Dennoch haben beide Motivkomplexe wichtige Funktionen für die gedankliche Einheit von Prov 1-9; Kurz schreibt über die Funktion von Metaphern:

> „Metaphern haben gerade wegen ihrer expressiven Bedeutung wichtige textkonstitutive und textstrukturierende Bedeutung. Ihre komprimierte Bedeutung verlangt geradezu danach, fortgesponnen zu werden. Fortgesponnene, variierte, kontrastierte oder sonst aufeinander abgestimmte Metaphern bilden Textknoten und Textklammern.“[1]

Das wichtigste Motiv ist die Metapher des Weges.[2] Es kommt in nahezu allen Abschnitten von Prov 1-9 vor.[3] Im Mittelpunkt von Prov 1-9, dem Doppelgedicht in Prov 4,10-27, spielt das Wegemotiv die zentrale Rolle für die Komposition. Im ersten Teil 4,10-19 sind zwei unterschiedliche Wege einander gegenübergestellt: Dem Weg der Weisheit bzw. Gerechtigkeit steht der der Frevler gegenüber. Dies bedeutet eine Alternative zwischen zwei konkurrierenden und unvereinbaren Lebensentwürfen. Im Bild des Weges wird das Tun und Handeln mit dem daraus resultierenden Ergehen zusammengebracht; so ist der Weg ein Bild für den Tun-Ergehen-Zusammenhang, der Prov 1-9 argumentativ zugrundeliegt.[4] Dadurch, daß diese Metapher in jeder Perikope auftritt und der Mittelpunkt des Textes in 4,10-27 dieses Motiv nicht nur besonders explizit in 4,10-19 zur Sprache bringt, sondern es dort auch die Komposition des Textes beherrscht, wird deutlich, daß hier das Hauptthema von Prov 1-9 zu suchen ist.[5] Es ist das zentrale Metaphernfeld, mit dem alle übrigen Motive zusammenhängen.

Die Opposition der Zwei Wege ist eine des Wertes; der eine ist gut, der andere schlecht. Diese Wert-Opposition wird in der Lichtmetaphorik in Licht vs. Finsternis übersetzt;[6] dazu kommt die Opposition Tod vs. Leben.[7] Dieses Hauptmotiv wird durch gelegentlich verwendete weitere Motive

---

[1] Kurz, Metapher, pp.24f.

[2] Cf. Whybray, Wisdom, p.63; Habel, Symbolism; zum Motiv, cf. Bergmann, Zum Zwei-Wege Motiv.

[3] In 4,1-9 ist diese Metapher nur blaß vertreten; עזב „verlassen" (4,2.6) gehört als Verb der Bewegung zum Wortfeld des Weges (Prov 2,13; 15,10; cf. Shupak, Wisdom, p.87).

[4] Cf. Koch, Vergeltungsdogma, pp.28f. Er weist auf Ps 1 hin.

[5] Der „Kern des Textinhaltes" ist also an herausgehobener Stelle im Text selbst, nämlich seiner kompositorischen Mitte sprachlich realisiert; das Thema von Prov 1-9 muß somit nicht erschlossen werden; cf. Brinker, Textanalyse, p.55. In kleinerem Rahmen ist das Thema des Gedichtes Sir 5,9-6,1 in dessen Zentrum verbalisiert, cf. DiLella, Use, p.37.

[6] 2,13; 4,18f.; 6,23.

[7] 1,19b; 1,32; 3,22; 4,13.22f.; 5,6; 6,23; 8,35f. Dazu langes Leben 3,2.16; 4,10. Cf. Whybray, Wisdom, p.68: „The key word is ‚life'"; Lang; Lehrrede, pp.66-69; Murphy, Kerygma, pp.9-11. Dagegen das Todesmotiv bei der Fremden Frau: 2,18f; 5,5f.; (6,26); 7,26f.; 8,36.

ausgebaut: Reichtum vs. Armut;[1] Baum des Lebens als Glückssymbol (3,18);[2] אשרי-Glückwunsch (3,13; 8,32.34); Schutz und Sicherheit (1,33; 2,21; 4,6; 6,22; cf. 3,25f.; 4,19); Heilung vs. Krankheit (3,8; 4,22; 5,11); Ehre und Ansehen;[3] Wohlgefallen vs. Abscheu bei Gott (3,4.32; 6,16; 8,35). Alle diese Motive variieren das Oberthema Glück vs. Unglück, das mit den beiden Alternativen in der Lebensgestaltung verbunden ist.[4]

Diese Wertesymbole sind den auftretenden Personen zugeordnet. Bösen Buben und Fremde Frau repräsentieren den schlechten Weg, Frau Weisheit den guten. Die Wahl der Wege wird symbolisiert durch die Wahl der Freunde (Böse Buben) bzw. der weiblichen Partnerinnen.[5] Dabei wird die Interaktion zwischen dem angeredeten Jüngling und den anderen Personen auf drei Ebenen beschrieben: der Beziehung, des Kontaktes und der Kommunikation. Jede Ebene ist durch bestimmte Wortfelder gekennzeichnet, die sich durch den ganzen Text ziehen und die Textteile verbinden.

Die Beziehung zwischen dem jungen Mann und der Weisheit bzw. der Fremden Frau ist im Wortfeld Lieben vs. Hassen[6] realisiert und spielt auf das erotische Verhältnis von Mann und Frau an.[7] Bei den Bösen Buben geht es nicht um die Wahl der richtigen Sexualpartnerin, sondern um die Wahl der richtigen Freunde; dieser Topos ist Bildspender. Die Ebene des Kontaktes ist durch die Motive des Suchens und Findens[8] aufgespannt.[9] Man könnte diese beiden Bereiche auch zusammenfassen; da sie aber verschiedene Leitworte verwenden, ist es besser, sie begrifflich zu scheiden.

Die dritte Ebene ist die der Kommunikation;[10] hier ist es sinnvoll zu unterteilen: Auf der semantischen Ebene sind die Wortfelder der Sprache zu

---

[1] Das Stichwort הון 1,13; 3,9f.; 6,31; 8,18 (cf. Robert, Attaches, RB 43, 1934, p.61). Cf. die ökonomische Metaphorik zur Weisheit 2,4; 3,14f.; 4,5.7; 8,11.19. Die Warnung vor der Armut steht im Hintergrund der Warnung vor der Faulheit (6,6-11). Auch wenn dies nicht ausdrücklich genannt wird, so gehört dieses Motiv doch zum Vorstellungsbereich des Topos vom Faulen. Vielleicht ist die Warnung vor der Bürgschaft (6,1-5) auf dem Hintergrund der damit verbundenen finanziellen Gefahren ausgesprochen.

[2] Cf. Baumann, Weisheitsgestalt, pp.233-236.

[3] So das Stichwort כבוד 3,16.35; 8,18; cf. 4,8. Dazu die Bilder vom Kranz o.ä. 1,9; 3,4.

[4] Cf. im Überblick, Robert, Attaches, RB 43, 1934, pp. 56-64; zum Zusammenhang der Motivkomplexe, cf. Schmitt, Leben, pp.100-104.

[5] Cf. Stecher, Weisheit, p.413; Ringgren, Word, pp.105f.; Aletti, Séduction; Gilchrist, Instruction, pp.135f.; Maier, Fremde Frau, pp.250f.

[6] 1,22.29; 4,6; 5,12; 8,17.21.36.

[7] Cf. Murphy, Eros; Baumann, Weisheitsgestalt, pp.98-100 zu 8,17.

[8] Die einzigen Stellen mit der Korrespondenz von שחר und מצא finden sich in Prov 1-9: 1,28; 7,15; 8,17. Dazu noch 1,24; 2,3-4.5-8.9-15; 3,4.13; (4,1-9); 8,9.12.35. Cf. Baumann, Weisheitsgestalt, p.101; Aletti, Séduction pp.136f.; Gilchrist, Instruction, p.140.

[9] Cf. Baumann, Weisheitsgestalt, pp.100-102.

[10] Auf dieses Wortfeld macht anhand von Prov 1,20-33 Overland, Structure, pp.66-68, aufmerksam; er spricht von „verbs of proclamation".

nennen und dort besonders das Vokabular aus dem Bereich der weisheitlichen Erziehung. Der Ebene der Grammatik sind die Aufforderungen und
Anreden zuzurechnen, die die Kommunikation deutlich machen, da sie die
Vorstellung Sender und Empfänger stärker evozieren, als es rein darstellende
Texte tun. In diese Richtung weisen die zitierten Reden, die eine Kommunikation widerstreitender Stimmen inszenieren. Auf der Ebene der Gattung
sind die Lehrreden zu nennen – auch wenn deren Gattungsmerkmale
Anreden und Aufforderungen schon im Zusammenhang mit den grammatischen Elementen genannt sind. Zur Ebene der Kommunikation gehören
die gesendeten Botschaften. Deren gemeinsames Thema ist in der Metapher
der Zwei Wege enthalten: die Wahl des Schülers zwischen den in den
auftretenden Sprechern symbolisierten Lebensalternativen.

Die Zwei Wege und die um die Gunst des Schülers rivalisierenden
Personen durchziehen ganz Prov 1-9; dieser Text ist damit von einer fundamentalen Alternative geprägt,[1] die sich in der Gesamtkomposition niederschlägt. Deutlichster Ausdruck dafür sind die „Rededuelle" als Exposition
und Reprise. Die Konzentrik der Durchführung ist nicht so rein gegeben, daß
die Texte zur Weisheit in solchen des gleichen Themas ihre palindromische
Entsprechung fänden und gleiches für die Fremde Frau gälte. Nein: Während
in der Durchführung vor der Mitte die Texte zur Weisheit stehen, werden sie
nach dieser durch Texte zur Fremden Frau ausbalanciert. Damit ist die Konzentrik der Komposition nicht streng gegeben; vielmehr wird sie durch die
Antithese aufgebrochen.

Inszeniert der fiktive Autor vor allem in der Rolle des Lehrers einen Diskurs der Überzeugung, indem er die Argumente der Gegner zwar wiedergibt
– aber in parteilicher Perspektive und nie unkommentiert –, so spielt sich
dies auf der intellektuellen Ebene ab. Durch die Symbolisierung, vor allem
in den Frauengestalten, wird eine größere Anschaulichkeit erreicht[2] und die
psychologische Eindringlichkeit größer. Dies geschieht, indem auf die
lebensweltliche Ebene der Wahl der Sexualpartnerin (und der Freunde)
übergegangen wird.[3] Die hier angesprochenen Prozesse enthalten emotionale
Energien, die der Erotik oder des Begehrens.[4] Damit wird die Wahl des
Weges der Weisheit in Prov 1-9 nicht nur als ein intellektueller Vorgang
dargestellt, sondern auch als einer, bei dem Emotionen und zwischen-
menschliche Beziehungen eine zentrale Rolle spielen.[5]

---

[1] Cf. Habel, Symbolism; dies schlägt sich auch in manchen Wortverwendungen nieder, cf.
Aletti, Séduction, pp.132f.

[2] Cf. Kant, Kritik der Urteilskraft, p.295.

[3] Cf. Yee, I Have Perfumed, p.66: Die erotischen Motive sprechen den Mann an auf „the
most elemental and symbolic level".

[4] Dies übersteigert das Wollen (אבה), das ja für Prov 1 eine Rolle spielt.

[5] Cf. Gilchrist, Instruction, pp.141f.

Neben dem Zusammenhalt, den das Wegmotiv bildet, werden die genannten Motivkreise durch das Wortfeld des Körpers[1] verbunden: Weg und Körper werden durch רגל „Fuß" zusammengehalten, Körper und Kommunikation durch אזן „Ohr", פה „Mund", לשון „Zunge", חך „Gaumen", Körper und Beziehung durch חק „Schoß", Körper und Glück durch ראש „Kopf", גרגרות „Hals". Zu den Nomina kommen noch einige Verben: So hält עזב „verlassen" Weg und Beziehung zusammen; ansonsten dominieren die Bewegungsverben natürlich im Wortfeld des Weges, und repräsentieren Leben und Handeln. Das Wortfeld des Körpers ist neben dem Wegmotiv, das die erste Hälfte des Doppelgedichtes (4,10-19)[2] dominiert, vor allem in dessen zweiter Hälfte (4,21-27) vorherrschend. Es ist damit im Zentrum der ganzen Komposition verankert.[3] Der Textbeginn spielt mit diesem Motiv: In 1,9 werden „Kopf" und „Hals" genannt; dem folgt in 1,15 antipodisch der „Fuß". Dieser steht zu keinem Körperteil parallel, sondern zum „Weg", und verbindet so die Bildebene des Körpers gleich zu Anfang mit der des Weges, die in v.10 schon eingeführt worden war. Die Körperteile integrieren sprachlich auch die Schauplätze von Prov 1-9. Dies wird in Prov 8,2-3 deutlich. Dort beschreiben ראש „Kopf/Oben", יד „Hand/Seite" und פה „Mund/Öffnung" mit Präpositionen vereint die Topographie des Auftretens der Weisheit.[4] Die Topographie spielt in der Entgegensetzung zwischen Fremder Frau und Frau Weisheit eine Rolle: Beide konkurrieren an öffentlichen Orten[5] um die gleiche Zielgruppe.[6]

12.3 Zusammenfassung

Die literarische Analyse des Endtextes von Prov 1-9 hat gezeigt, daß dieser – trotz mancher Unausgeglichenheiten im Einzelnen – insgesamt eine geschlossene Komposition darstellt, die eine abgegrenzte wohlgegliederte Form, ein klar zu umreißendes Textthema und eine starke motivische Kohäsion hat. Da alle diese drei Ebenen sich sinnvoll aufeinander beziehen, kann

---

[1] Andeutungsweise hat Habel die Bedeutung dieses Wortfeldes erkannt (cf. Symbolism, pp.139-141 „The two hearts"); ebenso Maier, Fremde Frau, pp.116.143.

[2] Dies ist die einzige Perikope, in der das Wortfeld des Körpers fehlt. Zwar fehlt es auch in dem Abschnitt 9,7-12, aber dieser ist weder eigenständig, noch gehört er zum ursprünglichen Textbestand.

[3] Daneben hält es das Doppelgedicht mit seiner mutmaßlichen Fortsetzung in 6,1-19 zusammen und gehört somit zum Kernbestand von Prov 1-9.

[4] Cf. Prokop, Commentarii, col.1229, zu Prov 1,20; Baumann, Weisheitsgestalt, p.74.

[5] Zu diesem Wortfeld cf. Overland, Structures, pp.66-68.

[6] Cf. Camp, Wisdom, p.189.

man Prov 1-9 als eine durchaus gelungene, kunstvoll literarische Leistung ansprechen.[1]

Die Untersuchung des Aufbaus hat ergeben, daß eine konzentrische Komposition vorliegt, deren äußerer Rahmen durch die „Rededuelle" von Bösen Buben (1,8-19) und Fremder Frau (c.7) auf der einen und Frau Weisheit (1,20-33; c.8) auf der anderen Seite gebildet wird. Der eigentliche Mittelteil geht von 3,13 bis 6,35 und ist ebenfalls konzentrisch aufgebaut; sein Kern 4,1-5,23 ist durch das System der Aufmerksamkeitsrufe und der Peroratio in 5,21-23 enger kompositorisch zusammengeschlossen als die Schale, welche hauptsächlich thematisch strukturiert ist. Die Abfolge der Themen, die die konzentrische Struktur ausmachen, ist:

Motto	1,7 Weisheit und Jhwh-Furcht
Exposition	1,8-19 Böse Buben → 1,20-22 Frau Weisheit
Überleitung	c.2 Zusammenschau der Themen - 3,1-12: Theologie
Durchführung	3,13-20 Weisheit - 3,21-35 Theologische Ethik - 4,1-9 Weisheit
	4,10-27 Zwei Wege und anthropologisches Modell
	5,1-15(23) Fremde Frau - 6,1-19 Theol. Ethik - 6,20-35 Fremde Frau
Reprise	c.7 Fremde Frau → c.8 Frau Weisheit
Coda	c.9 Allegorisches Examen, Überleitung zu cc.10ff.

Zwischen der Exposition in c.1 und dem Beginn der Durchführung finden sich zwei Abschnitte (c.2 und 3,1-12), die außerhalb der strengen Textordnung stehen. Das zweite Kapitel als thematische Zusammenfassung und 3,1-12 als der zentrale theologische Text[2] sind so besonders hervorgehoben.

Entsprechend der recht strengen Anordnung des Textes sind die einzelnen Segmente durch ein dichtes Netz an gemeinsamen Begriffen verbunden. Zentral ist die Metapher des Weges, die in allen vorkommt. Die zweite durchlaufende semantische Ebene ist das Wortfeld der Körperteile, das sich in fast allen Segmenten wiederfindet. Diese beiden Motivbereiche sind durch andere Bilder erweitert, die nur in einzelnen Teilen eine Rolle spielen.

Das Thema von Prov 1-9 ist im Zentrum der Komposition verbalisiert: die Alternative zweier konträrer Lebenswege, eines weisen, gerechten und eines ungerechten. Prov 1-9 stellt den Leser fiktiv vor die Entscheidung und votiert für das Ergreifen des Weges der Weisheit. Dieses zentrale Thema übersetzt sich von der metaphorischen Ebene des Weges auf die symbolische zweier Frauengestalten: der Fremden Frau (daneben auch die Bösen Buben) und der Frau Weisheit. Deren Entgegensetzung trägt die Textanordnung.

---

[1] Mehr im Blick auf die Einzelreden schreibt Whybray, Wealth, p.100: „The discourses are elegant literary compositions and presuppose an educated readership."

[2] Der Inhalt von 3,1-12 wird im weiteren daraufhin befragt werden müssen, ob er darauf hindeutet, daß der Abschnitt sekundär ist.

13. Zur Formgeschichte der Lehrrede

Das Proverbienbuch ist eine Großgattung, die verschiedene Untergattungen enthält. Es ist eine Zusammenstellung von unterschiedlich strukturierten „Sammlungen"[1], die jeweils verschiedenes Material enthalten.[2] Sie sind an ihren Überschriften kenntlich. Die erste Sammlung, Prov 1-9, enthält längere, in sich geschlossene Einheiten, die eine deutlichere innere Strukturierung aufweisen als die übrigen Sammlungen.[3] Doch auch die ersten neun Kapitel enthalten Material ganz verschiedener Art. Neben den „Lehrreden" als vorherrschender Gliedgattung finden wir unterschiedliches Spruchgut,[4] einen hymnisch[5] anmutenden Makarismus (3,13-20),[6] eine allegorische Szene (9,1-6.13-18; s.o. 11.1) und Anklänge an prophetische Redeformen (1,24-27; s.o. 10.1.2). In diese Gliedgattungen sind unterschiedliche Formelemente aufgenommen, so in 1,10-19 eine Spruchkomposition im konditionalen Schema (s.o. 8; cf. c.2; s.o.4.1; 6,1-5; s.o. 3.1), in 5,3-4 und 6,26 Sentenzen (s.o. 5.2 und 7.1), in 6,27-29 und 6,30-35 zwei Spruchkompositionen (s.o. 7.1), in c.7 ein Beobachtungsbericht (s.o. 7.2) und in 8,12-21(31) eine Aretalogie (s.o. 10.2.3).

Die folgende Analyse soll die in Prov 1-9 dominierende Gliedgattung der „Lehrrede" untersuchen; die übrigen Gattungen und Formen sind bei ihrem Auftreten schon beschrieben worden. Zum Einstieg soll das exegetische Vorwissen im Zuge einer Darstellung der Forschungsgeschichte vergegenwärtigt werden.

---

[1] Der Begriff „Sammlung" unterstellt, daß die Texte vorliegendes Gut „sammeln". Diese Hypothese soll hier nicht vorausgesetzt sein. Der Ausdruck ist lediglich aufgegriffen, weil er sich als Oberbegriff für die Teile in Prov eingebürgert hat, cf. z.B. Smend, Entstehung, p.210; Kaiser, Einleitung, p.378.

[2] Cf. Eichhorn, Einleitung, Bd. 5, pp.88.93; Skladny, Spruchsammlungen; Römheld, Weisheitslehren, pp.1-13.

[3] Seit Boström, Paronomasie, und verstärkt in den letzten Jahren ist es jedoch zu Versuchen gekommen, die Strukturiertheit der übrigen Sammlungen aufzuweisen; Forschungsüberblicke: Römheld, Weisheitslehre, pp.7-9; Whybray, Composition, pp.62-66; Scoralick, Einzelspruch, pp. 91-159. Zur unterschiedlichen Vertextung in beiden Gattungen, s.o.11.2, p.263.

[4] Prov 1,7 (Einzelspruch); 6,1-5.6-11.12-15.16-19 (eine Komposition aus mehreren Teilen, s.o. 3.1); 9,7-12 (kurze Reihe von Einzelsprüchen12.2).

[5] Cf. Murphy, Wisdom Literature, p.57; Meinhold, Sprüche, p.78; Whybray, Proverbs, p.65.

[6] Cf. Nel, Structure, p.14; Plöger, Sprüche, p.36; Meinhold, Sprüche, p.79.

13.1 Zur Forschungsgeschichte der Lehrrede

Schon Eichhorn hat in seiner Einleitung die Besonderheit von Prov 1-9 gegenüber den übrigen Sammlungen des Buches erkannt.[1] Die Entstehung dieser komplexen Einheiten erklärte die formgeschichtliche Forschung als Evolution des Mahnspruches[2], der nicht nur zu Reihen zusammengefügt, sondern auch durch Aussageworte begründet werde.[3] Gerstenberger (1961) bestimmt den Sitz im Leben der Mahnworte in der „Situation des ‚Unterrichts' durch den Vater oder das Familienoberhaupt"[4], da hier das Ethos der Sippe tradiert werde. Demgegenüber sieht Richter (1966) das Ethos in der Beamtenschule beheimatet und so auch die Texte.[5] Mit dem Kommentar von Scott (1965)[6] und den Arbeiten von Whybray (1965)[7] und Lang (1972) hat sich die Bestimmung der Textsegmente in Prov 1-9 als Lehrreden weithin durchgesetzt.[8] Was Lang anführt, ist das Schema einer Rede, wie es sich überall findet: Wesentlich sind Einleitung und Korpus, während ein stilistisch abgehobener Schluß oft fehlt.[9] Dieser Aufbau läßt sich bei vielen atl überlieferten Reden ausmachen, z.B. in den Elihureden[10] und dem Ostrakon von Jabne Jam.[11] Was die Reden in Prov 1-9 über

---

[1]   S.o. 1.1.2, pp.10f.

[2]   Zur Terminologie cf. Bultmann, Geschichte, p.74: „... ich unterscheide drei Grundformen ... 1. Grundsätze (Form der Aussage), 2. Mahnworte (Form des Imperativs), 3. Fragen." Auch Baumgartner, Weisheitsliteratur, p.274; Schmidt, Stilistik, pp.53-55. Zimmerli, Struktur, p.184, unterscheidet nur Mahnwort und Aussagewort.

[3]   Ausführlich bei Schmidt, Stilistik, pp.12-36. Cf. Baumgartner, Weisheitsliteratur, pp.270-272; Hempel, Literatur, p.49. Zimmerli, Struktur, p.185, meint sogar, daß sich das Mahnwort aus dem Aussagewort entwickelt habe.

[4]   Gerstenberger, Wesen, p.101.

[5]   Cf. Richter, Recht, p.145; ähnlich Hermisson, Spruchweisheit, p.85, der zudem das Mahnwort als Kunstspruch nicht in Israel entstanden, sondern aus der Umwelt übernommen sieht.

[6]   Cf. Scott, Proverbs, pp.14-16.

[7]   Cf. Whybray, Wisdom, pp.33-37.

[8]   Cf. Lang, Lehrrede, pp.31-34 (den Begriff „Lehrrede" hat er von Eißfeld, Maschal, pp.36, übernommen; Lehrrede, p.29 n.12); danach: Smend, Entstehung, p.211; Kaiser Einleitung, p.375; Meinhold, Sprüche, p.20. Plöger, Sprüche, pp.23f., bevorzugt den Begriff „Mahnrede", auch Maier, Fremde Frau, z.B. pp.137.175. Ähnlich schon Baumgartner, Gattungen, p.163, für Texte bei Ben Sira. Abweichend die Analyse von Kayatz, Studien, pp.15-75 (1966); ihr folgen McKane, Proverbs, p.6; Murphy, Wisdom Literature, pp.50f. Demgegenüber scheint Nel, Structure, p.13, diese Unterschiede in der Analyse nicht wahrzunehmen.

[9]   So schon in der klassischen Rhetorik, cf. Lausberg, Elemente, § 51; in der Linguistik findet sich die Rede von Initialteil, Textkern und Terminalteil, cf. Heinemann/Vieweger, Textlinguistik, p.162.

[10] Cf. Wahl, Schöpfer, p.147.

[11] AHI 7.001. Die Petition entspricht einer klassischen Gerichtsrede mit Proömium Satz I-II, Narratio Satz III-X, Argumentatio Satz XI-XVIII, Peroratio Satz XIX-? (Satz-

diese Charakteristik als Reden hinaus auszeichnet, ist die Anrede mit בני „mein Sohn";[1] sie macht die Sprechsituation deutlich, indem sie den Redenden als Vater und den Hörenden als Sohn identifiziert. Damit ist auf die Erziehung als Setting der Texte verwiesen und ein Autoritätsgefälle zwischen Sprecher und Hörer markiert. Der Hauptteil ist überwiegend appellativ geprägt[2] mit klaren argumentativen Tendenzen, was im Widerspruch zum Autoritätsgefälle des Proömiums steht.[3] Eine Variante ist der darstellende Hauptteil mit einer appellativen Peroratio (5,1-14; c.7; c.8).[4] Für den Sitz im Leben dieser Texte weist Lang auf die ramessidischen Schulmiszellaneen hin. Brunner schreibt zu diesen Texten:

> „In der Regel haben Lehrer diese Texte, wohl oft aus dem Gedächtnis, aus überlieferten Anthologien für die Schüler zusammengestellt. Dabei kommt es ihnen weder auf Gedankentiefe noch auf Konsequenz der Ausführung an; vielmehr gewinnt man oft den Eindruck, daß der Meister einen gewissen Umfang für die Aufgaben brauchte und nun in seinem Gedächtnis oder auch in seinen alten Papieren kramte, bis er genügend Stoff beisammen hatte. Willkürlich werden die Teile aneinandergefügt: Ermahnungen zum Fleiß; Lob des Beamtenstandes und Spott über andere Berufe …, Lieder und Hymnen auf den König … dann auch fingierte Briefe und Aufträge aus der Praxis gegriffen … ."[5]

Als Beispiel für den Inhalt einer solchen Lehre sei das Inhaltsverzeichnis von Papyrus Sallier I gegeben, wie es Caminos seiner Übersetzung voranstellt:

- Titel
- Sei ein Schreiber, denn das Schicksal des Soldaten ist hart.
- Instruktionen über Lieferungen von Rindern und anderen landwirtschaftlichen Produkten
- Bericht über landwirtschaftliche Angelegenheiten
- Sei nicht frivol, sondern mache deine Arbeit als Schreiber ordentlich.
- Der Schreiber wird nicht wie ein Bauer besteuert.
- Der Beruf des Schreibers übertrifft alle anderen.
- Über den faulen Schreiber
- Gebet an Thot
- Lobpreis Merenptahs
- Beschwerde über die Wegnahme von bestimmten Feldern
- Zurechtweisung eines ausschweifenden Schreibers[6]

---

einteilung nach Weippert, Petition, p.459; zu den rhetorischen Termini cf. Lausberg, Elemente, § 52, 2a); cf. A. Müller, Textsorte, p.155.

[1] Cf. Lang, Lehrrede, pp.31f.

[2] Cf. Lang, Lehrrede, p.33: „meist im Imperativ und Vetitiv".

[3] Diese Beobachtung ist Ausgangspunkt der Theorie von Doll, diss., pp.179f. Er meint die Gattung stamme nicht aus der Familie mit einer unhinterfragten Autorität des Vaters, sondern aus der Schule; der Lehrer müsse mangels natürlicher Autorität zu überzeugen suchen. Doch ist kaum glaublich, daß eventuelle Lehrer weniger Autorität besessen haben sollten als leibliche Väter.

[4] Cf. A. Müller, Formgeschichte, p.95.

[5] Brunner, Erziehung, pp.17f.

[6] Cf. Caminos, LEM, pp.xiv; Übers. A.M.

Aufgrund dieser Analogie hält Lang Prov 1-9 für „ein solch unsystematisch kompiliertes Stück Schulliteratur"[1]. Für die Lehrrede ergäbe sich aus dieser Analogie folgendes:

> „Jede Lehrrede dürfen wir als kunstvolle Unterrichtseinheit verstehen; sie galt es niederzuschreiben und zu memorieren. Primäres Unterrichtsziel ist das Beherrschen der Schrift, jedoch wurde gleichzeitig in das rechte Verhalten der Erwachsenen eingeführt: der junge Mann wurde mit den Regeln bekannt gemacht, die in dieser Gruppe der ‚Gerechten' gültig sind. [...] Lediglich das Bild von der Weisheit als Schmuck des Schülers, das vermutlich auf die ägyptische Beamtenehrung zurückgeht, verrät uns die höfische Herkunft der Lehrreden. Aber die Lehre zielt nicht auf die Karriere des Beamten, sondern vermittelt elementares ethisches Wissen um das rechte Sexualverhalten, das ‚Wissen um Gott' und seine Vergeltungsordnung, das Wissen darum, daß jede Handlung ihre Folgen in sich trägt."[2]

Nach Lang sind also mehrere Punkte hervorzuheben:
1. Der Sitz im Leben ist der Unterricht für die Beamten am Königshof.
2. Erstes Ziel ist die Vermittlung der Schreibkunst; die Inhalte sind sekundär.
3. Die Inhalte sind aber keineswegs für diese höfische Beamtenlaufbahn spezifisch; die Themen entsprechen vielmehr einer ethischen Elementarunterweisung, wobei vor allem sexualethische Themen herausgegriffen werden.

Doch hier stecken mehrere Schwierigkeiten: Daß die Unterrichtssituation Sitz im Leben der überlieferten Lehrreden ist, paßt zwar gut zu der kommunikativen Situation, wie sie durch die Anrede „mein Sohn" und die Mahnungen vorgestellt ist. Doch die Verwendung im Unterricht ist weniger aus den Texten selbst, noch aus einem breiten Vergleich mit thematisch und formal ähnlichen Texten begründet, als vielmehr durch die eher assoziative Verbindung mit den ramessidischen Schulmiszellaneen. Das ist vielleicht der Grund für die zwei unterschiedlichen Angaben zur Verwendung der Texte bei Lang. Die Formulierung „kunstvolle Unterrichtseinheit" deckt sich nicht mit der Angabe, die Texte dienten in erster Linie lediglich zum Abschreiben, während die Inhalte sekundär und unspezifisch seien. Daß diese Inhalte ethische Elementarunterweisung transportieren, paßt hingegen zum Verständnis der Texte als „Unterrichtseinheiten". Die Analyse der Form weist darauf hin, daß es sich um Reden handelt; dies paßt zusammen mit Langs Bestimmung als kunstvolle Unterrichtseinheit. Nicht durch eine formale Analyse, sondern durch Analogie mit den ramessidischen Schulmiszellaneen kommt Lang auf die Funktion als Schreibvorlage, auf die formal nichts hindeutet. Diese Spannung zwischen Form und postuliertem Inhalt spiegelt sich in der Unaus-

---

[1] Lang, Lehrrede, p.28.
[2] Lang, Lehrrede, pp.39f.

geglichenheit der Funktionsbestimmung Unterrichtseinheit und Schreibvorlage wieder.

Doch trägt der Vergleich mit den ramessidischen Schultexten? Das Re-
ferat der Inhalte hat gezeigt, daß die Texte sich auf den Beruf des Schreibers
konzentrieren. Die Ethik ist eine dieses Berufsstandes. Zwar sind auch in
Prov 1-9 verschiedene Gattungen gemischt, aber die Lehrreden sind doch
dominant. Sogar die Rede der Weisheit in c.8 ist in dieser Form gestaltet.
Daher hat das Material in Prov 1-9 schon im Blick auf die Textsorte eine
recht große Geschlossenheit. Dies unterscheidet die biblische Sammlung von
den ägyptischen Schultexten. Ein weiterer Unterschied ist die in Prov 1-9
aufzuweisende Ordnung,[1] die eine komplexe Gesamtstruktur erkennen läßt,
in der die Inhalte nicht beliebig sind, sondern die Komposition tragen
(s.o.12).

So treffend die formale Bestimmung der Lehrrede durch Lang ist, so
wenig weiterführend sind seine widersprüchlichen Aussagen zur Funktion
der Texte. Whybrays Hinweis auf die ägyptischen Lebenslehren, besonders
das erste Kapitel des Amenemope,[2] macht deutlich, daß hier ein Text
vorliegt, der den Lehrreden in Prov 1-9 inhaltlich und formal wesentlich
näher steht als die Schulmiszellaneen:

> Gib deine beiden Ohren! Höre mein Gesagtes!
> Gib dein Herz, um es zu verstehen!
> Gut (ist) der dieses in dein Herz gibt,
> (doch) wehe dem, der an ihm vorbeigeht.
> Laß es im Kasten deines Leibes ruhen,
> dann wird es ein Schloß in deinem Herzen (aus)machen.
> Wenn dann ein Sturmwind der Worte entsteht,
> dann wird es einen Landepflock in deiner Zunge (aus)machen.
> Wenn du machst deinen Lebensweg, indem du dieses in dein Herz (legst),
> dann wirst du es finden als einen Fall des Erfolges,
> dann wirst du finden meine Worte als Vorratshaus des Lebens,
> und dein Körper wird heil/gesund sein auf der Oberfläche der Erde.[3]

In diesem Prolog preist der Autor seine Lehren an. Derjenige, der sie im
Kasten seines Leibes ruhen läßt, d.h. internalisiert, wird im Leben die
Fährnisse meistern und Erfolg haben. In ähnlicher Weise wird dem Schüler
in Prov 4,10-19 das, was der Lehrer sagt, schmackhaft gemacht. Die
Analogie der Lehrreden des biblischen Proverbienbuches ist also weniger in
den ägyptischen Lehren als ganzen zu suchen, sondern vielmehr in den
Einleitungen zu diesen Werken. Darauf hat vor allem Römheld aufmerksam
gemacht.

---

[1] Cf. Römheld, Weiseitslehre, p.123 n.25.
[2] Cf. Whybray, Wisdom, p.36.
[3] Amenemope 3,8-4,2 (ed. Lang; Übersetzung A.M).

Römheld (1989) beginnt seine formgeschichtliche Analyse nicht beim Einzelspruch, sondern sozusagen am anderen Ende, auf der Buchebene.[1] Er untersucht in seiner Arbeit alle überlieferten altorientalischen Weisheitsschriften und unterscheidet zwei Arten: zum einen die Weisheitsschriften, bei denen Sprüche nur gesammelt und mit einer Überschrift versehen sind (Sammlung),[2] und zum andern solche Schriften, bei denen die Sammlung durch einen erzählerischen oder als Anrede gestalteten Rahmen in eine fiktive Lehrsituation heineingestellt ist; diese Texte bezeichnet er als Lehre.[3] Die Lehre enthält nun wesentlich mehr appellative Texte als die Sammlung.[4] Die darstellenden Sprüche dienen in der Lehre „meist nur der Verdeutlichung und Begründung."[5] Die Rahmung nimmt diese Grundstruktur auf und verallgemeinert sie dahingehend, daß die „Lehrsituation in der der Weisheitslehrer seine Worte an den Schüler richtet, [...] zur Entscheidungssituation für das Leben des Schülers wird"[6]. Das formale Kennzeichen solcher Rahmung ist die Aufforderung zu hören; sie findet sich vornehmlich im Prolog.

Auch aus Israel ist eine solche gerahmte „Lehre" überliefert. Sie ist als Teilsammlung ins Spruchbuch eingegangen: Prov 22,17-24,22.[7] Die dortige, an Amenemope angelehnte Sammlung wird durch einen kurzen Prolog eingeleitet (22,17-21):

> Neige dein Ohr und höre meine Worte
> und richte dein Herz auf meine Belehrung!
> Denn angenehm sind sie, wenn du sie bewahrst in deinem Innern;
> sie werden allesamt zur Verfügung stehen auf deinen Lippen.
> Um dein Vertrauen auf Jahwe zu setzen,
> gebe ich sie dir heute bekannt, ja gerade dir.
> Fürwahr, ich habe dreißig aufgeschrieben
> an Ratschlägen und Belehrung,
> damit du Worte der Wahrheit wahrheitsgemäß mitteilen,
> wahrhaftige Antworten geben kannst denen, die dich gesandt haben.[8]

Dann folgen in Prov 22,22ff. die einzelnen Mahnungen. Damit entspricht Prov 22,17ff. den Formvorbildern einer gerahmten Lehre. Prov 1-9 zeigt demgegenüber einige Besonderheiten. Römheld beschreibt sie so:

> „Auch die Weisheitsreden in Prov 1-9 sind ursprüngliche oder sekundär aus kleineren Fragmenten ... gebildete literarische Einheiten, die dann zu einem sinnvoll gebauten,

---

1 Wesentlich pauschaler: Kitchen, Proverbs; id., Forms.
2 Cf. Römheld, Weisheitslehre, pp.2f.
3 Cf. Römheld, Weisheitslehre, pp.4-6.
4 Cf. Römheld, Weisheitslehre, pp.10f.
5 Römheld, Weisheitslehre, p.11.
6 Römheld, Weisheitslehre, p.10.
7 Cf. Römheld, Weisheitslehre, p.121.
8 Übers. Plöger, Sprüche, p.258.

übergreifenden Gedankengang zusammengestellt worden sind. Einzelne Reden werden durch ihre Einleitungen zu (ursprünglich) selbständigen Lehren, andere scheinen in ihrer sekundären Zusammenstellung aus kleineren Einheiten eine Lehre nachbilden zu wollen."[1]

In Prov 1-9 spiegele sich zwar eine Unterrichtssituation; aber dies sei nicht der Sitz im Leben der Texte. Die Situation des Unterrichtes werde vielmehr literarisch aufgenommen und zur fiktiven Einleitung eines Weisheitswerkes dienstbar gemacht. Nach Römhelds Meinung ist diese „klassische Lehrform" in den Lehrreden von Prov 1-9 „imitiert"[2] worden: „Das späte Weisheitsbuch Prov 1-9 dokumentiert ... den Übergang von der alten Weisheitslehre zur freieren Weisheitsrede."[3] Er sieht anders als Lang in Prov 1-9 keine kunstvollen Unterrichtseinheiten oder bloße Schreibübungen, sondern eine freie Weiterentwicklung einer literarischen Formkonvention.

Offen bleibt bei ihm, welche Funktion die Weiterentwicklung hat, ja aus welchem Antrieb heraus sie erfolgt sein könnte. So schreibt er zu Prov nur: „Das vierte Kapitel setzt sich aus drei wohl ursprünglich unabhängigen Reden zusammen, die alle drei mit einem Aufmerksamkeitsruf eröffnet werden."[4] Die Funktion der Einzeltexte bleibt offen. Die Gattung von Prov 1-9 insgesamt vergleicht er ebenso wie Lang mit den ramessidischen Schulmiszellaneen, stellt aber im Anschluß an Plöger fest, daß in Prov 1-9 eher eine Ordnung der Texte zu erkennen sei.[5]

Der Gang durch die Forschungsgeschichte hat gezeigt, daß die Lehrreden in Prov 1-9 formgeschichtlich mit den Rahmenelementen von „Lehren" (Römheld) zusammenhängen. Die formalen Elemente wie Anreden, Höraufforderungen und Mahnungen deuten auf eine Unterrichtssituation hin, doch zeigen die Gattungsparallelen aus dem Alten Orient, daß diese „Lehrsituation" als literarische Konvention diente, eine Spruchsammlung zu rahmen. Aus Israel ist mit Prov 22,17-24,22 ein Text überliefert, der dieser Konvention folgt. Die Lehrreden in Prov 1-9 gleichen nun formal diesen Prologen der „Lehren", sind aber offensichtlich nicht in der traditionellen Form als Rahmenelemente verwendet, sondern bilden durch ihre Zusammenstellung ein komplexes literarisches Gebilde. Wie dieser Prozeß im Einzelnen abgelaufen ist, und ob sich Zwischenglieder zwischen der traditionellen Lehrform und der Gestalt von Prov 1-9 ausmachen lassen – diese Frage beantwortet Römheld nicht; ihr sei im folgenden mit einer knappen formgeschichtlichen Analyse der Eigenart der Lehrreden in Prov 1-9 nachgegangen.

---

1 Römheld, Weisheitslehre, p.123.
2 Cf. Römheld, Weisheitslehre, p.138.
3 Römheld, Weisheitslehre, p.131.
4 Römheld, Weisheitslehre, p. 125.
5 Cf. Römheld, Weisheitslehre, p.123 n.25.

13.2 Formgeschichtliche Analyse der Lehrreden in Prov 1-9

Ich möchte versuchen, mich dieser Frage anhand einer Untersuchung des Proömiums der Lehrrede zu nähern. Dabei greife ich als charakteristisches Merkmal die sogenannte Lehreröffnungsformel,[1] bzw. Aufmerksamkeitsruf,[2] heraus. Sie hat eine wichtige Funktion, indem sie den Kontakt zwischen Redner und Hörer herstellt; in der klassischen antiken Rhetorik ist dies als *attentum parare* eine der Aufgaben der Redeeinleitung.[3] Am einfachsten wird die Aufmerksamkeit hergestellt mit einer Anrede und der direkten Aufforderung: „Hör mal zu!", Hebräisch: שְׁמַע. Diese Aufforderung ist nicht an die Gattung der Lehrrede gebunden. Ihre Herkunft ist die Alltagssprache[4] und von dort ist sie in literarische Formkonventionen eingegangen. So beginnen Lieder mit der Formel, z.B. das Deborah-Lied: „Höret zu, ihr Könige!" (Ri 5,3) und Gebete z.B. Psalm 17,1: „Höre, Herr, eine gerechte Sache ...." Auch ein Jussiv ist belegt, am Beginn der Petition von Jabne Jam: „Möge mein Herr Beamter hören ...!" (AHI 7.001.1). Hardmeier (1978) hat die Funktion zutreffend charakterisiert:

> „Der Höraufruf repräsentiert nichts anderes als die verschiedenen Typen von Redetexten gemeinsame Textfunktion der Aufmerksamkeitsforderung am Textanfang, genau gesagt, die Aufmerksamkeitsforderung eines Sprechers gegenüber einem Adressaten für seine unmittelbar folgende Äußerung."[5]

Beim Formulierungsmuster der einleitenden Aufforderungen der Lehrreden in Prov 1-9 kann man zwei Arten unterscheiden:

1. Die eigentliche Höraufforderung oder Aufmerksamkeitsforderung (1,8; 4,1; 4,10; 4,20; 5,1; 8,4-6). Sie ist mit שְׁמַע „hören", אֹזֶן hi. „hinhören", נטה אֹזֶן „sein Ohr neigen" oder קשׁב hi. „aufmerken" gebildet. Das Akkusativ-Objekt des Verbs[6] ist ein Nomen, das eine Redehandlung bezeichnet, wie אָמַר „Rede" oder דבר „Wort", aber auch מוסר „Züchtigung/Bildung", תורה „Weisung", בינה „Einsicht", דעת „Wissen", oder תבונה „Klugheit". Damit werden die Worte entweder als Weisung oder „Lehre" spezifiziert oder sind nach ihrer inhaltlichen Qualität als „Wissen", „Einsicht", o.ä. bezeichnet. Die Nomina sind üblicherweise durch das Personalsuffix der 1.sg. an den Sprecher zurückgebunden.

---

[1] Cf. Wolff, Hosea, pp.122f. Vor ihm hatte Köhler diese Formel im Gerichtsverfahren verortet und sie „Zweizeugenruf" genannt (cf. Köhler, Deuterojesaja, pp.110-113). Die Höraufforderungen hat Neumann, Wort, auf ihre textgliedernde Funktion hin untersucht.

[2] Cf. Römheld, Weisheitslehren, p.13.

[3] Cf. Lausberg, Handbuch, § 266.

[4] Cf. Lande, Wendungen, p.53f.; Löwenstamm, Address, pp.123f.; Neumann Wort, p.15.

[5] Hardmeier, Texttheorie, p.303; cf. Meier, Speaking, p.115; Irsigler, Proömium.

[6] Zu שְׁמַע mit Akk. cf. Arambarri, Wortstamm, pp.158-170.

2. Die Mahnung, das Gebot des Lehrers zu beachten oder die weise Haltung zu bewahren (3,1.21 s.o. pp.173f.; 4,4; 6,20; 7,1). Hier sind die Verben נצר „behüten", שמר „bewahren", verneintes שכח „vergessen" oder ähnliche Wendungen typisch.

Nur im ersten Fall leisten die Formulierungen die rhetorische Funktion einer Rederöffnung, während im zweiten Fall dieses Muster zwar imitiert, aber seine Leistung nicht erbracht wird. Sie eröffnen die Mahnung zum Bewahren der schon internalisierten Rede des Lehrers. Das Thema der Eröffnung ist somit ein anderes. Hat die eigentliche Höraufforderung am Anfang vorwiegend eine Kontaktfunktion[1], so kommt der zweiten Formulierungsvariante eine auch inhaltlich-thematische Aufgabe zu, die auf den folgenden Text in ganz anderer Weise vorbereitet. Die Funktion einer Texteinleitung resultiert nur noch aus zwei Umständen: Zum einen enthalten auch diese Redeeröffnungen eine Anrede; zum zweiten imitieren sie die in der eigenen Textumgebung vorhandenen Höraufforderungen. Sie ahmen die literarische Konvention nach, um sich als Weisheitsrede kenntlich zu machen.

Wie steht es aber mit den Texten, die mit einer Höraufforderung beginnen? Die Rede der Weisheit 8,6 gehört nicht zu den Anwärtern auf eine Lehrrede aus der Unterrichtssituation. In 1,8 heißt es:

> Höre, mein Sohn, die Zucht deines Vaters,
> und gib die Weisung deiner Mutter nicht auf, ...

Hier ist zu fragen, inwieweit die Erwähnung von Vater und Mutter nicht über die eigentliche Kommunikationssituation einer Unterrichtsstunde herausreicht und Grundsätzliches anspricht. Die Lehrrede in c.5 ist eine redaktionelle Bildung, die zwischen 4,27 und 5,21 eingeschoben ist (s.o. 5.5). Ihr Thema ist vordergründig ein sexualethisches: die Warnung vor der Fremden Frau und die Empfehlung, nur mit der eigenen Frau sexuellen Umgang zu pflegen. Doch die Mahnung ist metaphorisch transparent auf die Liebe zur Weisheit, wie die durch חבק „umarmen" hergestellte Verbindung von 5,20 zu 4,8 nahelegt (s.o. 5.4). Der Text Prov 5,1-13(23) stellt damit inhaltlich eine literarische Bildung dar, die auf den Kontext Prov 1-9 bezogen ist.

Als formal und inhaltlich eng auf die Lehrsituation bezogen bleiben somit nur noch die drei Lehrreden aus c.4 übrig. Die erste zitiert die Lehre des Großvaters und insistiert darauf, Weisheit zu erwerben. Sie ist von stark metaphorischem Charakter, ja in 4,8 wird die Weisheit sogar personifiziert (s.o. 6). Dieser Text ist kompositorisch mit c.5 verbunden und damit eine literarische Bildung im Rahmen von Prov 1-9.

Die beiden übrigen Lehrreden 4,10-19 und 4,20-27 gehören zusammen (s.o. 2.1) und bilden eine Grundlegung der weisheitlichen Pädagogik (s.o.

---

[1]   Cf. Polenz, Satzsemantik, p.224.

2.2). Genau zu diesen paßt, was Plöger für Prov 1-9 als Ganzes festhält, daß die Reden „keinen für einen schulischen Betrieb sonderlich geeigneten Unterrichtstoff"[1] abgeben. Er deutet die Texte als Handbuch für den Lehrer, „um zu Fragen Stellung zu nehmen und Hilfen zu geben, die über den Bereich der Schule im engern Sinne eines Lehrbetriebes weit hinausgehen."[2] Diese inhaltliche Ausrichtung führt das Doppelgedicht, wie wir oben schon gesehen haben, in eine besondere Nähe zu den Prologen der Lehren, wie z.B. dem ersten Kapitel von Amenemope und Prov 22,17ff. – und es unterscheidet sich damit von den übrigen Lehrreden in Prov 1-9. So wird auch Prov 4,10-27 keine Unterrichtsstunde darstellen. Welche Funktion hat der Text dann? Aufgrund der Analogie zum ersten Kapitel des Amenemope und zu Prov 22,17ff. könnte man annehmen, daß hier eine ursprüngliche Einleitung zu einer Sammlung von Sprüchen vorliegt, mithin der Prolog einer Lehre. Gibt es außer der Analogie noch weitere Möglichkeiten, die Funktion des Doppelgedichtes zu bestimmen? Ja, doch müssen wir dazu einen scheinbaren gedanklichen Umweg einschlagen.

Eines der Standardprobleme von Prov 1-9 ist die Frage, was 6,1-19 dort zu suchen habe. Der Text enthält vier kleinere, kompositorisch miteinander verbundene Einheiten, die teilweise Mahnungen, teilweise Aussageworte sind, dann aber eindeutige ethische Qualifikationen enthalten (s.o. 3.1).Viele sehen in diesem Text einen Nachtrag in Prov 1-9 (s.o. 3.2). Ihre Gründe sind hauptsächlich zwei:

1. Der Text ist keine Lehrrede. Das ist unstrittig. Jedoch auch andere Segmente in Prov 1-9 sind keine Lehrreden. Ob dann die Verschiedenheit der Gattung Grund genug ist, den Text herauszunehmen, müßte eigens begründet werden.

2. Der Text unterbricht die Texte zur Fremden Frau in cc.5-7. Doch wie wir im vorigen Kapitel gesehen haben, ist 6,1-19 ein Bestandteil der Komposition der ersten Sammlung des Proverbienbuches. Aus der thematischen Ordnung des Textes ist also nicht zu folgern, daß das Stück sekundär sei, sondern umgekehrt: daß es zur Komposition von Prov 1-8* gehört. Dies wird durch seine thematischen und lexematischen Verbindungen mit dem Doppelgedicht in 4,10-27+5,21f. bestätigt. Demgegenüber wurde 5,1-20 erst später dazwischen geschoben.

Wenn diese These richtig ist und die beiden Lehrreden 4,10-27+5,21f. mit 6,1-19 zusammengehören, dann klärt sich die ursprüngliche Funktion des Doppelgedichtes: Es war Prolog zu einer Sammlung von Spruchkompositionen, die mit 6,1-19 begonnen haben. Da Prov 6,1-19 formal den komplexen Spruchgruppen der Amenemope-Sammlung Prov 22,17ff. entspricht (s.o. p.48) gewinnt diese Hypothese zusätzlich an Plausibilität. So

---

[1] Plöger, Sprüche, p.112.
[2] Plöger, Sprüche, p.112.

stützen sich literarkritische und formgeschichtliche Argumente gegenseitig. Römhelds These, daß die Lehrreden in Prov 1-9 eine freie literarische Imitation der Prologe von Weisheitslehren seien, ist nicht ganz zutreffend. Der älteste Kern in Prov 1-9 ist eine fast klassische Weisheitslehre in 4,10-27+5,21f.; 6,1-19. Deren formale Besonderheit besteht lediglich darin, daß der Prolog als Doppelgedicht in der Form zweier dreiteiliger Reden mit je eigenem Proömium, Korpus und Peroratio gestaltet ist. Es ist eine literarische Weiterentwicklung, die in Richtung auf eine kunstvollere Gestaltung des Prologes der Lehre geht – ohne dessen Funktion zu beeinträchtigen. Ob mit Prov 6,1-19 das Korpus der Lehre vollständig überliefert ist, kann nicht mehr entschieden werden.

Die Gattung der „Lehrrede" ist ursprünglich verwendet worden, um Sammlungen von weisheitlichen Mahnungen zu rahmen; dies ist in Ägypten breit bezeugt, einige Beispiele gibt es aus Mesopotamien. Aus Israel ist die Sammlung Prov 22,17ff. zu nennen. Als ältesten Kern von Prov 1-9 können wir aufgrund kompositioneller und literarkritischer Beobachtungen Prov 4,10-27+5,21f.+6,1-19 ansprechen (s. 6 und 14.2.1). Auch formgeschichtlich bestätigte sich das Ergebnis, da in diesem Kern die Funktion der Lehrrede als Einleitung einer Sammlung von Mahnungen (die in 6,1-19 – vielleicht nur noch fragmentarisch – erhalten sind) noch sichtbar ist. Auffallend ist nun, daß die einleitende Lehrrede gedoppelt ist (4,10-27+5,21f.). Dies mag ungewöhnlich sein, aber die Gattungsmerkmale sind erkennbar.

13.3 Zur Gattung von Prov 1-9 als Ganzes

Die Gattung der Gesamtkomposition ist ohne Vorbild im AT und, soweit ich sehe, in der Umwelt. Die gelegentlich herangezogenen ramessidischen Schulmiszellaneen sind ungeeignete Vergleichspunkte, da sie anders als Prov 1-9 keine geschlossene Form mit einheitlicher Aussage und motivischer Kohärenz haben, sondern unsystematisch kompilierte Schreibübungen sind; sie gehen zudem formgeschichtlich nicht auf die Prologe von Lehren zurück.

Der Weg zu Prov 1-9 in seiner Endgestalt führt nicht über die Ausweitung des Korpus einer einzelnen Lehrrede, sondern über Zufügungen von weiteren Lehrreden. Außer 6,1-19 gehören nur 1,20-33 und 3,13-20 anderen Gattungen an.[1] Damit verliert die einzelne Lehrrede ihre Funktion als Einleitung einer Sammlung und gewinnt durch ihre Stellung in der Gesamtkomposition von Prov 1-9 eine neue, sekundär literarische Funktion.[2] Die

---

[1] Daneben c.9, aber dies ist eine spätere Zufügung.
[2] Cf. Gilchrist, Instruction, p.132.

Proömien der einzelnen Lehrreden werden zu Gliederungssignalen für Unterabschnitte einheitlicher Thematik[1] und machen dadurch den Gesamtaufbau des Textes durchsichtig. Gleichzeitig ist aber zu bedenken, daß die Verwendung von Lehrreden als Bauteilen für eine literarische Komposition nicht nur erfolgt, weil sich damit leicht komponieren läßt. Die Verwendung der Form des „Prologs" (wie sehr durch seine literarische Gestalt verändert auch immer) könnte in Prov 1-9 damit zusammenhängen, daß hier die Einleitung zu einer großen Spruchsammlung, den Proverbia Salomonis, geschaffen werden sollte.

Neben der quantitativen Ausweitung findet noch eine qualitative statt: Spricht im Prolog immer nur eine Person, der Lehrer, so sind in Prov 1-9 mehrere verschiedene, einander widersprechende Stimmen vereint. Ihre Inszenierung wird vom fiktiven Autor differenziert gehandhabt, indem sie teilweise in die Reden des Vaters integriert sind, teilweise – im Falle der Weisheit – nur erzählerische Einleitungen erfahren. So ist zwar kein Dialog entstanden, aber eine kunstvolle Polyphonie von aufeinander bezogenen, widerstreitenden Stimmen (s.o. 12.2). Dadurch ist der Text natürlich spannungsvoller, als wenn nur eine einzelne Person zu Wort käme.

In dieser Gestaltung, die zwischen Monolog und Dialog steht, ähnelt Prov 1-8 dem Deuteronomium und dem Hiobbuch. Das Dtn ist nicht die *eine* Abschiedsrede des Mose, sondern besteht aus 22 Reden des Mose und 5 Gottesreden,[2] die jeweils vom Erzähler neu eingeleitet werden.[3] Über weite Strecken ist das Dtn jedoch ein Monolog, in dem Abschnitte dadurch markiert sind, daß Mose als Redender wieder eingeführt wird, meist um einen veränderten Adressatenkreis zu kennzeichnen. Das Hiobbuch ist demgegenüber ein Dialog.[4] In ihm wechseln Reden Hiobs mit denen der Freunde ab. Nur in den sekundären Elihureden findet sich, wie in Prov 1-8, eine ununterbrochene Folge von Reden einer einzelnen Person. Hier wechseln die Adressaten oder Themen der Reden: In c.32 begründet Elihu den Freunden gegenüber, warum er so lange geschwiegen hat, jetzt aber das Wort ergreift; in c.33 will er Hiob klarmachen, daß dieser sich irre; in c.34 spricht Elihu alle Weisen und Kundigen an.[5] Damit überschreitet er die in 32,1-6 aufgenommene fiktive Situation des Hiobdialoges. In cc.35-37 ist Hiob alleiniger Adressat; es wechseln die Themen. Von Prov 1-9 unterscheiden sich das Dtn und das Hiobbuch dadurch, daß diese beiden Bücher durch – wenn auch kurze – erzählende Partien in eine konkrete Situation

---

1 Gegen Murphy, Wisdom Literature, p.51.
2 Dtn 31,14.16-21.23; 32,48-52; 34,4.
3 Cf. Lohfink, Fabel, p.67; id., Bund, p.218.
4 Zu den Problemen der Gattung des Hiobbuches, cf. den Überblick bei Dell, Book, pp.88-107.
5 Cf. Wahl, Schöpfer, p.74: „Jedoch richtet sich … die Aufforderung gleichsam an den Leser".

gestellt sind. Im Hiobbuch ist das die Rahmenerzählung 1,1-2,13; 42,7-17. Im Dtn ist das neben 1,1-5; 4,44-49 u.a., vor allem c.34. In Prov 1-9 wird die Situation der Reden nicht eigens eingeführt. Dies liegt wahrscheinlich daran, daß die Lehrrede als Gattung auf einen Sitz im Leben hinweist. Da über die typische Situation „Vater belehrt seinen Sohn" hinaus keine individuelle Spezifizierung[1] angestrebt ist, kann ein erzählender Rahmen entfallen.

Diesen Vergleich könnte man sicherlich durch detailliertere Untersuchungen zum literarischen Bau dieser Bücher noch vertiefen; für uns genügt hier festzustellen, daß die Gattung von Prov 1-8 keine strengen Parallelen im AT hat. Das Verfahren, komplexe und längere Werke aufzubauen und zu strukturieren, indem man „Reden" kumuliert, ist ein Phänomen, das sich auch in Hiob und Dtn beobachten läßt – bei aller Unterschiedlichkeit in der Ausführung.

Prov 9 ist den kumulierten Lehrreden von Prov 1-8 gegenüber als allegorische Erzählung anzusprechen. Die Dialoge haben hier eine ganz andere Funktion, da sie nicht alleine die Handlung tragen, sondern ohne die Einleitungen und Kommentare des Erzählers unverständlich wären. Auch dieser Unterschied deutet auf die sekundäre Herkunft des neunten Kapitels.

---

[1] Eine solche findet sich in manchen ägyptischen Lehren, indem der Name des „Verfassers" entweder mit Titeln angereichert wird (cf. z.B. Amenemope 1,13-2,12, ed. Lange; Übers. Brunner, Weisheit, pp.237f.) oder mit einer Rahmenerzählung eingeführt wird (Anchscheschonqi 1,7-4,21; Übers. Lichtheim, LEW, pp.66-70; Brunner, Weisheit, pp.261-266; in Ansätzen Cheti, Übers. Brunner, p.158); daneben Achiqar 1-78, edd. Porten/Yardeni, pp.26-35. Auch wenn die Überschrift in Prov 1,1 Salomo als Autor nennt, so ist im ganzen Buch kein Zug zu finden, der das aufnähme. Dieser Tatbestand unterscheidet die Prov als Lehre deutlich von Hiob und Dtn.

14. Rekonstruktion der Entstehungsgeschichte
von Prov 1-9

Der kunstvolle Aufbau von Prov 1-9 (s.o. 12) spricht dafür, daß die Endgestalt einem klaren Plan folgte. Dennoch hat die detaillierte Analyse der
einzelnen Kapitel viele Hinweise darauf erbracht, daß der Text nicht vollständig von einen Autor formuliert wurde, sondern Texte unterschiedlicher
Herkunft vorliegen. Diese Hypothese wurde durch die formgeschichtliche
Analyse bestätigt. Im vorliegenden Kapitel sind die Beobachtungen und
Schlüsse der Exegese zu sammeln und im Blick auf ein redaktions-
geschichtliches Modell zu diskutieren.

14.1 Zusammenfassung der Ergebnisse zur Redaktionsgeschichte

In 4,10-27 findet sich der älteste Kern von Prov 1-9. Zu ihm gehört 5,21f. als
Abschlußsentenz des zweiten Gedichtes. Dieser Text stellt der Gattung nach
eine Einleitungsrede für eine Sammlung von Lehren dar. Die Fortsetzung
des Textes, also der Beginn des Lehrkorpus, ist vermutlich in 6,1-19
erhalten. Es gibt zwischen beiden Blöcken mehrere motivliche Verknüpfungen. Zudem erklärt die Hypothese der genuinen Zusammengehörigkeit
von 6,1-19 mit 4,10-27+5,21f., warum 6,1-19 in Prov 1-9 Aufnahme
gefunden hat: Es war von Anfang an einfach da (s.o. 3.2). Die beiden Verse
5,21f. sind möglicherweise ein erster Nachtrag zu 4,10-27 – vielleicht haben
sie aber den ursprünglichen gnomischen Abschluß des zweiten Gedichtes
gebildet (s.o. 6).

In der Grundschicht von c.2 (= c.2*; vv.1-4.9-15.20) erkennen wir eine
Aufnahme und Umdeutung von 4,10-27. Ist dort eine Grundlegung des
weisheitlichen Unterrichtes gegeben worden, so entwickelt c.2* diese weiter,
indem es die „Weisheit" (חכמה) als Begriff für einen *habitus* einführt. In
dieser Weise faßt sie das, was 4,10-27 eher beschreibend darstellt, in einen
Begriff zusammen. Wahrscheinlich ist die Grundschicht von c.2 eine
Ergänzung zu 4,10-27 (s.o. 4.2).

Ausgehend von den in c.2 erkannten Erweiterungen können wir nun
versuchen, den Prozeß zu erschließen, in dem die übrigen Texte Prov 1-9
zugewachsen sind. In c.2 können drei Blöcke von Erweiterungen aus-

gemacht werden: Im ersten, den vv.5-8, wird die Jhwh-Furcht mit dem
Streben nach Weisheit in Verbindung gebracht. Der zweite (vv.16-19) fügt
eine Warnung vor der Fremden Frau – parallel zu der vor den Bösen Buben
– ein. Im dritten (vv.21-22) wird das Motiv des Landbesitzes angefügt (s.o.
4.1).

Das Thema der Fremden Frau wird in 5,1-14; 6,20-35 und c.7 behandelt:
Alle drei Texte haben wir als redaktionelle Bildungen erkannt, die mit vor-
gefertigten Bauteilen und geprägten Rahmenelementen ihr Thema abhandeln
(s.o. 5.2; 7.1; 7.2). Dabei unterscheidet sich die Arbeitsweise des Redaktors
in c.5 von der in cc.6 und 7. In 5,1-14 wird eine Sentenz über das Wesen der
Fremden Frau ausgelegt (vv.3-6), und in vv.7-13 wird eine Mahnung mit
Begründung daraus hergeleitet (s.o. 5.2). Das Verfahren der Einbindung
dieses Textes in seine Umgebung geschieht so, daß die Lehreröffnungsformel auf 4,20 und 2,2 zurückgreift. Insgesamt bilden die Aufmerksamkeitsrufe von 4,1.10.20 und 5,1.7 einen komplexen Zusammenhang. Diese
enge kompositorische Verknüpfung mit 4,1-27 wird dadurch weiter deutlich,
daß 5,1-14 zwischen 4,26-27 und 5,21-22 steht, zwischen denen enge
lexematische Bezüge bestehen – und also in seine Vorlage eingeschoben
wurde. Die Wegmetaphorik setzt sich in 5,5.6.8 fort. Die Verwendung von
vorgeprägten Stücken ist in c.5 nicht so ausgeprägt wie in c.6. In c.5 ist
lediglich der Spruch in vv.3-4 in sich abgerundet und wahrscheinlich
wörtlich übernommen. Alle anderen Materialien sind aufgegriffene Topoi. In
6,20-35 hingegen sind die verwendeten Texte noch in ihrer Eigenständigkeit
zu erkennen: die Sentenz in 6,26, die beiden weisheitlichen Spruchgruppen
in 6,27-29 und vv.30-35 (s.o. 7.1). In c.7 ließ sich ein vorliegendes Material
nicht literarkritisch rekonstruieren. Lediglich die Textsorte Beobachtungsbericht und die Doppelung der vv. 7,21-23 mit vv.25-27 waren ein
Hinweis darauf, daß vielleicht ein ehemals selbständiger Beobachtungsbericht 7,6-23 (s.o. 7.2) dem Autor von c.7 vorgelegen hat. Dieser ist aber
besonders am Beginn nahtlos in seine neue Umgebung eingefügt.

Ein möglicher inhaltlicher Unterschied zwischen c.5 und den cc.6-7 ist in
der Bestimmung der Fremden Frau zu sehen: In 5,1-13 ist wahrscheinlich
vor dem Umgang mit einer Prostituierten gewarnt (s.o. 5.3), während in
6,20ff. und c.7 die Fremde Frau als verheiratet geschildert ist (6,26b.29.32;
7,19). Im zitierten Spruch 6,26 werden beiden Themen verbunden. Der
Nachtrag in 5,14 deutet jedoch darauf hin, daß die Unterschiede der Füllung
des Begriffes „Fremde Frau" in c.5 und den cc.6.7 so empfunden werden
konnten, daß ein inhaltlicher Ausgleich gesucht wurde, indem auch die
Fremde in c.5 als verheiratete Frau verstanden wurde (s.o. pp.95f.).

Aufgrund dieser inhaltlichen Unterschiede und der verschiedenen Kom-
positionsverfahren bei der Einbindung der neuen Texte kann man fragen, ob
4,1-9 und 5,1-14 von der gleichen Hand stammen wie 3,13-35 sowie 6,20-35

und c.7. Aber die Analyse der Gesamtkomposition von Prov 1-9 hat gezeigt, daß 4,1-5,23 den inneren Kreis der konzentrischen „Durchführung" bildet. Dieser ist durch eine größere kompositorische Geschlossenheit als der äußere markiert, und so erklären sich die Unterschiede in der redaktionellen Verarbeitung der vorliegenden Materialien.

Die beiden Lehrreden 6,20-35 und c.7 haben für die Endgestalt von Prov 1-8, wie wir sie oben bestimmt haben, eine entscheidende kompositorische Funktion. 6,20-35 entspricht 3,13-20; Kapitel 7 bildet mit c.8 die Reprise. Aus diesem Grund halte ich den Autor von 6,20-7,27 für denjenigen, auf den die jetzige Gestalt der Sammlung wesentlich zurückgeht. Ihm wird daher auch die Redaktion der anderen tragenden Textsegmente zuzuschreiben sein. Dieser *formative Redaktor*[1] ist damit der Autor von 1,8-19, wobei er lediglich die Lehreröffnung selbst gestaltet hat, die die fertige bedingte Mahnung 1,10-19 formal der Umgebung der Lehrreden eingepaßt hat (s.o. 8). Ebenso dürfte die Zusammenstellung und Bearbeitung der Materialien in 3,21-35 (s.o. 9.2) sein Werk sein. Die Zusammenführung aller Themen in c.2 geht sicherlich auf ihn zurück.

Da 3,13-18 motivisch eng mit c.8 verknüpft ist (s.o. 10.2.2), haben wir neben der Funktion dieses Kapitels als Reprise einen weiteren Hinweis darauf, daß die Reden der Weisheit vom formativen Redaktor aufgenommen wurden. Hat er die beiden Weisheitsreden aber auch selbst verfaßt? Wir fanden Spuren einer Überarbeitung in 1,20-33; dort sind die vv.29-30 als Erweiterung zu erkennen (s.o. 10.1.1; 10.1.2). Doch wird die inhaltliche Analyse zeigen, daß dort eine andere als die formative Redaktion eingegriffen hat. Vielmehr wird man annehmen können, daß die vielen, kompsitorisch wichtigen Stichwörter, die in der ersten Weisheitsrede zu finden sind (s.o. 12.2), darauf hindeuten, daß die Rede vom formativen Redaktor selbst verfaßt worden ist.[2] In c.8 sind Proömium und Peroratio geschaffen (vv.1-10.32-36), um die beiden Texte vv.12-21* und vv.22-31* zu rahmen (s.o. 10.2.5); in den ersten hat ein Redaktor eingegriffen: In v.13* trägt er einen ethischen Akzent nach, in v.19 spiritualisiert er das Verständnis des Reichtums (s.o.10.2.3). Dabei verstärken beide Verse die Einbindung in den Kontext von Prov 1-8 (v.13: תהפכות „Falschheit" 2,12; 6,14; v.19: cf. 8,10; פרי „Frucht" 1,31; תבואה „Ertrag" 3,14). Diese Verstärkung der Kontextbindung spricht für den formativen Redaktor als Urheber beider Einträge. Ihm lag also mindestens 8,12-21 vor. So werden wir in ihm denjenigen zu sehen haben, der die Texte gerahmt, und in Prov 1-9 aufgenommen hat.

---

[1] Die Verwendung des Singular soll nicht auschließen, daß eine Mehrzahl realer Autoren als „formativer Redaktor" gewirkt hat.

[2] Die durch 1,29 hergestellte Verknüpfung mit 8,36 (שׂנא; s.o. 10.2) verstärkt diese Tendenz.

Bei einigen Texten ist es jedoch nicht sicher, ob sie zur formativen Redaktion gehören oder noch spätere Nachträge darstellen. Es sind dies 5,15-20.23 und 3,19-20 sowie 8,22-31. (Zu 3,1-12 als eventuellem Nachtrag s.u.)

Die Mahnung zur ehelichen Treue (5,15-19) paßt thematisch nur ungefähr in das Schema, das an dieser Position einen Text allein zur Fremden Frau in Opposition zur Weisheit (4,1-9) erwarten ließe. Dazu kommt, daß dieser Text von einem anderen Charakter ist als die Texte zur Fremden Frau: Die Auslegung hat gezeigt, daß er stark metaphorisch ist und Beziehungen zu verschiedenen Teilen in Prov 1-9 aufweist. Mit diesen Bezügen führt er Motive von Fremder Frau und Frau Weisheit zusammen – ja die eigene Frau wird quasi zur Metapher für die Weisheit (s.o. 5.4). Diese Art, die Motive zusammenzuführen, gleicht der in c.9. Daher ist 5,15-19 wohl erst im Zusammenhang mit c.9 in die erste Sammlung des Proverbienbuches gekommen. Der Vers 5,20 mag schon der formativen Redaktion zugehört haben. Der Vers 5,23 stellt das Strophenschema der beiden Abschnitte in 5,15-19 her, und wird daher im gleichen Zuge entstanden sein. Diese Argumentation bestätigt den Nachtragscharakter von c.9, das außerhalb der Ringkomposition steht und von literarisch eigenem Charakter ist (s.o. 11.3; 13.3, p.267). Dem c.9 sind dann (vermutlich in mehreren Stufen) die vv.7-12 zugewachsen. Der darin enthaltene v.12 korrespondiert als Rahmenvers thematisch mit 1,7 (s.o. 11.2).

Angesichts der Tatsache, daß Prov 8,22-31 mit den in Prov 1-9 tragenden Themen nicht verknüpft und kompositorisch nur mit 3,19-20 verbunden ist, kann man fragen, ob dieser Text nicht eine nachträgliche Erweiterung darstellt, die die kosmologische Rolle der Weisheit bedenkt. Auf die gleiche Hand ginge dann 3,19-20 zurück, ein Text, der mit 3,13-18 nur schwach verbunden ist.[1] Diese Hypothese ist möglich, da sich in 8,22-31 keine Spuren der formativen Redaktion finden.

14.2 Die einzelnen Schichten von Prov 1-9

Nachdem die Stufen der Entstehung von Prov 1-9 in einer ersten Näherung ermittelt worden sind, ist nun zu erheben, wo diese Schichten weisheits- und traditionsgeschichtlich zu verorten sind. Dabei wird zu prüfen sein, ob die aufgrund kompositorischer Kriterien zusammengeordneten Teile auch traditionsgeschichtlich zueinander passen.

---

[1] Cf. Scott, Proverbs, p.47; Whybray, Proverbs, p.68.

14.2.1 Der älteste Kern: 4,10-27; 5,21-22; 6,1-19; (2,1-4.9-15.20)

Der vermutlich älteste Teil in Prov 1-9 ist das Fragment der Lehre in Prov 4,10-27 mit dem dazugehörenden explizit theologischen Schluß in 5,21f. als Proömium und 6,1-19 als (möglicherweise unvollständig erhaltenem) Korpus. Im ersten Teil des Proömiums 4,10-19 stellt der Text den Weg der Weisheit dem der Frevler gegenüber. In der Peroratio (4,18f.) wird diese Gegenüberstellung als diejenige der jeweiligen Wege von Gerechten und Frevlern bezeichnet. Damit setzt Prov 4,10-19 die Opposition Gerechter vs. Frevler voraus, die eine entwickeltere Stufe der Weisheit ist.[1]

In seiner Untersuchung der Sammlungen des Proverbienbuches hat Skladny die Sentenzen herausgehoben, die den Gerechten dem Frevler gegenüberstellen.[2] Er sieht in diesen Sprüchen nicht einen Zusammenhang von konkreter Tat und konkretem Ergehen ausgedrückt, sondern von Lebenshaltung und Schicksal.[3] In diesem sieht er die Urform weisheitlichen Denkens, in der Denken/Haltung und Handeln eines Menschen noch nicht gedanklich getrennt seien.[4] Anders als Skladny versteht Schmid diese Sprüche, die hauptsächlich in Prov 10-15 auftreten,[5] als Systematisierung der weisheitlichen Lehre vom Tun-Ergehen-Zusammenhang.[6] Er hält sie damit für eine traditionsgeschichtlich jüngere, entwickeltere Form der Weisheit, die den Eindruck einer Dogmatisierung mache, indem sie die Menschen in zwei Gruppen einteile.[7] In die gleiche Richtung denkt McKane. Er geht jedoch nicht von einer innerweisheitlichen Systematisierung aus, sondern rechnet mit theologischem Einfluß:[8] Diese Sprüche hätten die alte Weisheit im Sinne der Jhwh-Frömmigkeit reinterpretiert.[9]

Die ungefähre Datierung dieser Gerechte-Frevler-Gruppe schwankt stark. Skladny hält sie für die älteste Traditionsstufe. Doll – im Anschluß an Schmid und seinen Lehrer Westermann[10] – nimmt eine zweite Stufe der Weisheitsentwicklung an, die er allerdings schon unter Salomo datiert.[11] Doch wenn die Sammlung Prov 10-15 jüngeres Material enthält als die an

---

[1] Zwar grenzt auch Hausmann, Studien, § 3, die Gerechte-Frevler-Sprüche als eigene Gruppe aus, doch fragt sie nicht nach deren traditionsgeschichtlicher Einordnung.

[2] Cf. Skladny, Spruchsammlungen, pp.7-13.21-24.29-32.71-76 passim.

[3] Cf. Skladny, Spruchsammlungen, p.72.

[4] Cf. Skladny, Spruchsammlungen, p.78.

[5] Cf. Schmid, Wesen, p.156.

[6] Cf. Schmid, Wesen, p.163.

[7] Cf. Schmid, Wesen, p.163.

[8] Cf. McKane, Proverbs, p.15.

[9] Cf. McKane, Proverbs, p.11; ihm folgt Scott, Wise, pp.160f.

[10] Cf. Westermann, Weisheit, p.161 n.8; und neuerdings: id., Wurzeln, pp.91-101.

[11] Cf. Doll, diss., p.115.

Amenemope angelehnte Sammlung[1] und die möglicherweise aus der His-
kija-Zeit stammende Sammlung Prov 25-27,[2] dann scheiden diese frühen
Datierungen aus, da beide Textkomplexe keine Gerechte-Frevler-Sprüche
enthalten. Die Sprüche können also frühestens spätvorexilisch sein. McKane
sieht den Prozeß der Uminterpretation in dieser Zeit beginnen.[3] Keel hingegen setzt die Oppositionssprüche Gerechter vs. Frevler in die nachexilische Zeit, die Zeit der Krise der Weisheit, und sieht die Freunde Hiobs
als Repräsentanten dieser Richtung.[4]

Einen weiterführenden Beitrag hat Scoralick geliefert. Sie arbeitet – im
Anschluß an Scott[5] – heraus, daß diese Gerechte-Frevler-Sprüche keine
einheitliche Gruppe darstellten, sondern in unterschiedliche zerfielen: In
16,1-22,16 finden sich mehrere Sprüche, die einen eindeutig juristischen
Hintergrund hätten (17,15?23.26?; 18,5.17; 19,28; 20,26?; viell. auch
21,7.15.18).[6] In cc.28-29 dienten diese Sprüche zu einer Art Refrainbildung
(28,12.28; 29,16).[7] Aus ihren Untersuchungen zur Struktur von Prov 10,1-
15,32 leitet sie ab:

> „Die Anordnung der Sprüche in Prov 10,1-15,32 deutet darauf hin, daß die
> Sammler/Redaktoren das Material durch die Antithetik von צדיק/ים und רשע/ים (sowie
> צדקה und רשע/ה) prägen wollten. Diese Antithetik wird sowohl zum Herzstück gemacht
> (vgl. 10,2f; 12,21.26.28) als auch rahmend verwendet (Funktion von 10,2f und 15,28f).
> Gleichzeitig wird die Thematik signifikant mit der Rede von JHWH verbunden (10,3.29;
> 15,25.29)."[8]

Scoralick bringt im Anschluß an Albertz[9] diese Sprüche mit der persönlichen
Frömmigkeit zusammen und datiert in die Zeit kurz vor oder nach dem
Exil.[10] Gegen eine frühe Datierung spricht die parallele Entwicklung in
Ägypten; zwar gibt es in den Lehren des Alten und Mittleren Reiches den
Gegensatz von Weisem und Toren, doch tritt er dort nur sporadisch auf; erst
in den demotischen Lehren, v.a. dem Papyrus Insinger, aus hellenistischer
Zeit[11] haben wir den Gegensatz von „Bösem" und dem „Mann Gottes".[12]

---

[1]　Cf. Römheld, Wege, p.189.

[2]　Cf. Kaiser, Grundriß 3, p.67.

[3]　Cf. McKane, Proverbs, p.19.

[4]　Cf. Keel, Diskussion, p.233. Ähnlich: Westermann, Wurzeln, p.101; Steiert, Weisheit,
　　　p.129.

[5]　Scott, Wise, pp.160-161.

[6]　Cf. Oorschot, Gerechte, p.227.

[7]　Cf. Scoralick, Einzelspruch, pp.74f.

[8]　Scoralick, Einzelspruch, p.242.

[9]　Cf. Albertz, Religionsgeschichte, pp.364f.

[10]　Cf. Scoralick, Einzelspruch, pp.242f. Oorschot, Gerechte, p.228, hält diese Traditions-
　　　stufe für nachdeuteronomistisch. Gerade die Gegensatzsprüche in Prov 10-15 weist er
　　　der hellenistischen Eopoche zu (p.235).

[11]　Cf. Brunner, Weisheit, p.295.

[12]　Cf. Lichtheim, Observations, p.291; id., LEW, p.48; Shupak, Wisdom, pp.259f.

Neben dem polaren Paar Gerechter-Frevler gibt es im biblischen Proverbienbuch noch eine andere formal ausgrenzbare Gruppe von Sprüchen, die
mit der Opposition Weiser vs. Tor umgehen.[1] Auch hier wird abstrahiert.[2] In
Prov 10-15 sind beide Oppositionspaare nicht fest miteinander verbunden,
nur in 11,30 und 10,31 kommen der Gerechte und der Weise, bzw. Gerechter
und Weisheit gemeinsam vor.[3] Diese beiden Gegensatzpaare dürfen nicht
vorschnell vermengt werden, da im ganzen Sprüchebuch nur noch in 9,9 und
23,24 der Weise und der Gerechte im gleichen Spruch vorkommen.

Die Klärung dieser Befunde bedarf noch weiterer Untersuchungen[4] –
jedoch scheinen sich die Beobachtungen zu verdichten, die dafür sprechen,
in diesen Sprüchen eine spätere Traditionsstufe der israelitischen Weisheit
zu sehen, die frühestens spätvorexilisch zu datieren ist. Auf dieser Stufe ist
die Reflexion von konkreten Einzelfällen zu begrifflichen Abstraktionen
übergegangen: Der „Gerechte" und der „Frevler" sind Typen.

So treten sie auch in 4,10-19 auf: als geprägte Typen, die grundsätzliche
Lebensalternativen repräsentieren. Innerhalb von Prov 10-29 findet sich
diese Typisierung hauptsächlich in 10-15, daneben cc.28-29. Diese Tradi-
tionsstufe setzt Prov 4,10-19 offenbar voraus. Dazu kommt, daß hier der
Weg der Weisheit derjenige der Gerechten ist. Der „Weise" ist also mit dem
„Gerechten" identifiziert. Während in Prov 10-15 diese beiden Typen noch
nicht fest verbunden sind, ist das in 4,10-19 der Fall. Hier wird eine spätere
Traditionsstufe als Prov 10-15 vorliegen. Datiert man das Entstehen der
Gerechter-Frevler-Gegensatzsprüche etwa in die Zeit kurz vor oder kurz
nach dem Exil, so wird Prov 4,10-19 nicht früher geschrieben sein. Stimmt
es, daß die Wendung שָׁפַךְ דָּם נָקִי „unschuldiges Blut vergießen" (Prov 6,17)
erst dtr. und später belegt ist (s.o. p.44), so wird ein vorexilischer Termin
unwahrscheinlich. War die deuteronomistische Schule noch bis ins fünfte
Jahrhundert. hinein tätig,[5] so scheint mir die wahrscheinlichste Datierung für
den Kern von Prov 1-9 ebenfalls im fünften Jahrhundert.

Der explizit Jhwh erwähnende Schluß des Gedichtes (5,21-22) widerspricht dieser Ansetzung nicht. Gott wird dort in v.21 als Aufseher über den
Tun-Ergehen-Zusammenhang erwähnt (s.o. 5.1). Diese Rolle hat er schon in
der Sammlung 22,17ff. Die Welt ist durchschaubar, sie ist in Gut und Böse
ordentlich geschieden. Eine gerechte und weise Lebensführung ist lehr- und
lernbar.[6] Die Allsichtigkeit Gottes ist ein gemeinaltorientalischer Weisheits-
topos (pp.76f.). Von daher ist v.21 durchaus mit der traditionsgeschicht-

---

[1] Cf. Shupak, Wisdom, p.265.
[2] Cf. Scott, Wise, pp.157f.; Westermann, Wurzeln, p.72.
[3] Cf. Scoralick, Einzelspruch, pp.72f.
[4] Auch die anderen Literaturbereiche des AT sind hier zu beachten, z.B. Psalmen (cf.
     Westermann, Wurzeln, p.98) und Propheten (cf. Koenen, Heil).
[5] Cf. Kaiser, Grundriß 1, p.89.
[6] Cf. Römheld, Wege, p.154.

lichen Einordnung von 4,10ff vereinbar. In v.22 wird die theologische
Reflexion durch die Begriffe עָוֹן „Verkehrtheit", רֶשַׁע „Frevler" und חַטָּאה
„Verfehlung" vertieft. Immerhin ist diese Stelle die einzige im Proverbienbuch, die beide Lexeme in einem Vers gebraucht. Wenn diese Begriffe den
Frevler als einen kennzeichnen, der ein gestörtes Verhältnis zu Gott hat, so
wird man diese Verse vielleicht in der Nähe von 15,29 sehen, wo der Frevler
als der Gottferne charakterisiert wird.[1]

In 4,20-27 wird der psychologische Prozeß beschrieben, der dem weisheitlichen Unterricht zugrundeliegt. Eine solche ausgearbeitete Theorie stellt
eine fortgeschrittene Reflexionsleistung dar. Aufgrund der engen kompositorischen Beziehungen zu 4,10-19 können wir den Text wie 4,10-19 datieren.

Das Doppelgedicht 4,10-27 bildete ursprünglich der Prolog zu einer
Lehre, von der vier Abschnitte (alle?) erhalten sind. Diese Abschnitte enthalten typische weisheitliche Stoffe, Formen und Anliegen, ja sie verwenden
geprägtes Material, was für 6,10f. nachzuweisen ist, da hier in 24,33f. eine
Parallelüberlieferung erhalten ist.[2]

Diese Lehre ist durch die Grundschicht von c.2 erweitert worden. Sie
führt die psychologische Reflexion des Prologes weiter, indem sie den
habitus, den der sapientielle Unterricht ausbilden will, als „Weisheit"
bezeichnet. Von hier konnte die Personifikation der Weisheit ihren Ausgangspunkt nehmen.

14.2.2 Die formative Redaktion

Da die Untersuchung der Komposition des Textes ergeben hat, daß die
übrigen Texte (bis auf c.9; 5,15-19.23; 8,22-31; 3,19-20, sowie vielleicht
3,1-12) eng zusammenhängen, haben wir sie als zu einer gemeinsamen
Redaktion gehörig zu verstehen. Auf sie geht die kunstvolle Komposition
zurück, wie sie in Kapitel 13 dieser Arbeit beschrieben wurde. Da sie von
den späteren Einträgen nicht mehr wesentlich verändert wurde, spreche ich
von der formativen Redaktion.

Die formative Redaktion hat den ältesten Kern ausgebaut. Dabei hat sie
weniger selbst formuliert als unterschiedliche Textmaterialien aufgenommen, bearbeitet und aus ihnen eine Ringkomposition gebildet. Die Art der
aufgenommenen Materialien ist ebenso unterschiedlich, wie der Umgang mit
ihnen. Formal hat die Redaktion die Texte überwiegend als Lehrreden
gestaltet. Dadurch erreicht die formative Redaktion eine hohe formale Geschlossenheit der Texte. Ihre eigenen Formulierungen erstecken sich manchmal nur auf das Proömium (1,8-9; 8,4-10) und die Peroratio (8,32-36); damit

---

[1] Cf. Römheld, Wege, p.186.
[2] Cf. Whybray, Proverbs, p.97.

sind vorliegende Texte lediglich gerahmt. In 3,21-35; 5,1-13.20.21f. und 6,20-35 stellt die formative Redaktion einzelne Texte (5,3-4; 6,26.27-29.30-35; 8,12.14-18.20-21) bzw. Textfragmente (3,21-24.27-30.35) zusammen und verbindet sie mit geläufigen sapientiellen Topoi zu argumentativen Lehrreden. Lediglich in die Aretalogie 8,12-21 hat sie eingegriffen (vv. 13b.c.19). Der Text 3,13-18 ist im Blick auf seine gliedernde Funktion und als motivische Vorwegnahme von c.8 von der Redaktion vermutlich selbst verfaßt. Gleiches gilt für 4,1-9 und die erste Rede der Weisheit (1,20-33*), da die Verse 1,29-30 nicht zur formativen Redaktion gehören (s.u. p.310).

In der Analyse sind wir mehrmals dem Problem begegnet, daß Motive und sprachliche Verbindungen verwendet wurden, die an deuteronomistische Texte anklingen. Dies betrifft die Proömien 3,1-4; 6,20-23 und 7,1-4 (s.o. 7.1). In 6,20-35 war neben einer Parallele zu dem Torah-Psalm 119 die Möglichkeit einer midrascharrtigen Aufnahme von Motiven aus dem Dekalog bzw. Dtn 5-6 zu erwägen. Gewisse Übereinstimmungen sind zwar vorhanden, sie sind aber nicht dicht und deutlich genug, um ein bewußtes Anküpfen an Texte aus dem Dtn wahrscheinlich zu machen. Manche Topoi und Formulierungen sind zwar nachdeuteronomistisch, aber keine dieser Traditionen läßt einen unmittelbaren Rückgriff auf konkrete Texte erkennen. So ist Wendung בכל לבך „mit deinem ganzen Herzen" (3,5) zur Bezeichnung des menschlichen Verhältnisses zu Gott ebenso wie das Prophetenbild in 1,20-33* nachdeuteronomistisch (s.o. 9.1, p.159; 10.1.2). Die Frömmigkeit, der Sprachgebrauch und die Vorstellungswelt der nachexilischen Epoche (z.B. Prophetenbild), die von den Deuteronomisten wesentlich geprägt worden sind, haben sich in Prov 1-9 niedergeschlagen.

Die Wertung des Reichtums durch die formative Redaktion unterscheidet sich von der in der Weisheit üblichen. Die Weisheit sieht im Reichtum ein durchaus erstrebenswertes Gut; weisheitliche Lebensführung hilft, diesen zu garantieren. Eine solche Sicht findet sich auch in den Teilen von Prov 1-9, die der formativen Redaktion vorausliegen. In 6,1-19 steht im Hintergrund der Warnung vor der Bürgschaft sowie vor der Faulheit die ökonomische Gefahr, die mit beiden verbunden ist. In 6,31 wird der Dieb durch Vermögensverlust bestraft. In 1,10-19 wird nur unrecht erworbener Reichtum verworfen. „Weisheit" verhilft zu Reichtum, wie die von der formativen Redaktion verwendeten Textmaterialien 8,18a.21 besagen. Weisheit und Reichtum sind zusammengedacht; ja, die besondere Wertschätzung des Reichtums kann analog in 2,4 sogar den Weisheitserwerb argumentativ motivieren: Aus der Gleichwertigkeit von Weisheit und Silber folgt, daß man Weisheit wie Reichtum erstreben soll. In ihren eigenen Texten korrigiert die formative Redaktion diese Sichtweise (8,10.19; s.o. pp.230f.). Hier wird der Erwerb der Weisheit dem des Reichtums vor – besser noch:

übergeordnet. In 8,10 kann man sogar von einer Alternative sprechen.[1] Ähnliches findet sich in 3,14; dieser Vers bestimmt damit den interpretativen Horizont von 3,16.

Die Wertung der Armut entspricht dieser Sicht des Reichtums. Wie die Auslegung von 3,34 gezeigt hat (s.o. 9.2), ist Armut in der Weisheit traditionell als etwas zu vermeidendes gesehen; sie ist kein Wert. So funktioniert die Warnung vor Faulheit und Diebstahl (6,6-11.31) aufgrund dieses Werturteils. In 3,34 hingegen ist der Arme oder Demütige unter die positiven weisheitlichen Gestalten eingereiht. Ähnlich 8,13. Diese Verbindung von Weisheit und Demut ist der Hintergrund der Polemik in Qoh 6,8f. Die Wertschätzung des Armen als jemandem, der in besonderer Nähe zu Gott steht, findet sich sonst im AT nur noch in den sogenannten Armenpsalmen.[2] Zu diesen hatten sich in 3,20-35 noch mehrere Bezüge aufweisen lassen: So findet sich die Vorstellung, daß Gott mit dem Frommen Rat hält in Prov 3,32 und Ps 25,14.[3] Dieser Befund stellt Albertz' These in Frage, daß die Armenfrömmigkeit als Unterschichtphänomen sich von der weisheitlichen Theologie unterscheide.[4] Wie die Beziehungen zwischen der Armenfrömmigkeit und der späten Weisheit aussehen, kann erst beantwortet werden, wenn die Armenpsalmen traditionsgeschichtlich genauer untersucht worden sind.[5]

In der Theologie von Prov 1-9 spiegelt sich im wesentlichen der Bereich der privaten Religiosität, nicht einer offiziellen Religion.[6] Nur 3,19.20 und 8,22-31 mit ihrer Schöpfungsthematik gehen darüber hinaus. Der Bereich der privaten Religiosität zeigt sich besonders an den Themen Schutz durch

---

[1] Cf. Baumann, Weisheitsgestalt, p.81.

[2] Cf. Ps 9+10; 25; 34; 37; 69, cf. Michel, Armut, p.75.

[3] Die Wendung, sich nicht über den Frevler zu ereifern (Prov 3,31), findet sich zwar auch in Ps 37,1-3, aber daneben noch in anderen weisheitlichen Texten.

[4] Cf. Albertz, Religionsgeschichte, pp.561.569; ihm folgt Maier (Fremde Frau, p.263).

[5] In diesem Zusammenhang stellt sich die Frage, inwieweit das Motiv in 2,21-22, das Michel als apokalyptisch angesprochen hat und das sich ebenfalls in Ps 37 findet, zu dem gleichen Motivkreis gehört oder inwieweit die Armenpsalmen in sich traditionsgeschichtlich geschichtet sind. Nur dann kann man Prov 1-9 und Psalm 37 traditionsgeschichtlich genauer verorten. Maier (Fremde Frau, p.102) weist 2,21-22 der gleichen Schicht wie 2,5-8 zu, da beide Texte „generalisierend die enge Verbindung zwischen der Treue gegenüber JHWH und einem gemeinschaftsgemäßen Verhalten einerseits und die Folgen von Tun und Ergehen andererseits" benennen und außerdem „die Bezeichnung der Gruppen in beiden Zusätzen miteinander korrespondieren" (p.102). Zur Begründung schreibt sie (p.92): „Der Begriff בוגדים stellt ein Antonym zu den in V.8b genannten חסידים dar". Doch belegt sie dies nicht. Einzig Jer 3,11f. ist die „Untreue" des Volkes der „Treue" Gottes gegenübergestellt. Die Antinomie ist also möglich, aber ob mit dieser Möglichkeit die Zusammengehörigkeit beider Ergänzungen schon erwiesen ist, muß angesichts des hier aufgezeigten weiteren Problemhorizontes offen bleiben.

[6] Cf. Lang, Lehrrede, p.74; Doll, diss., p.183; cf. Albertz, Religionsgeschichte, p.561.

die Gottheit und gelingendes Leben (cf. Prov 3,24-26; auch 2,7f.;[1] 8,35).[2]
Daneben wird Gott als Instanz des „moralischen Urteils" bemüht 3,32-34
(cf. 6,16-19). Während letzteres in der Weisheit im Zusammenhang mit
Gottes Aufsicht über den Tun-Ergehen-Zusammenhang durchaus üblich ist,[3]
so sind Aussagen über Gottes Schutz eher selten:

10,29: Ein Schutz für den, der ‚unbescholten wandelt‘[4], ist Jhwh.

18,10: Jhwhs Name ist ein starker Turm; dorthin läuft der Gerechte und ist sicher.

29,25: Die Furcht eines Menschen ist es, die (ihm) eine Falle stellt,
aber wer auf Gott vertraut ist der, der sicher geht.[5]

Ist im biblischen Proverbienbuch über die private Religiosität hinaus eine
„persönliche Frömmigkeit" vergleichbar den Lebenslehren des neuen Reiches in Ägypten zu greifen? Angesichts von 18,10 und anderen Sprüchen
aus Prov 10,1-22,26 hat Römheld diese Frage bejaht. Er sieht in der zweiten
Sammlung des Proverbienbuches Züge einer Frömmigkeit, die sich nicht auf
den Tun-Ergehen-Zusammenhang, sondern auf das gute Verhältnis zu Gott
verläßt.[6] Dies ist in Prov 1-9 durch die Betonung der Demut (3,34; 8,13)
auch so gesehen; daneben ist aber das Verhältnis von Weisheit und Jhwh-
Furcht ein wichtiges Thema.
Dieses Thema wird in 2,5-8 und 3,1-12 behandelt. In 2,5-8 haben wir eine
der formativen Redaktion zugehörige Einfügung in eine Vorlage erkannt. In
dieser geht es um den Erwerb der Weisheit als *habitus*, indem der Schüler
auf die in den Worten des Lehrers enthaltene „Weisheit" (als Lehre) lauscht
(v.2) und beginnt, aktiv nach ihr zu forschen (vv.3-4). Als Ergebnis dieses
Bemühens wird ihm Einsicht in einen gerechten Lebenswandel versprochen
(v.9), der durch die Annahme eines weisen *habitus* (v.10) möglich wird. Der
Weise ist dann intellektuell befähigt, seinen Lebenswandel zu überwachen
(v.11). Vor die Erkenntnis dessen, was gerecht ist, schiebt die formative
Redaktion die Einsicht in die Jhwh-Furcht und das Gotteswissen als religiös
begründeter Ethik (s.o. pp.64-66). Deren Verständnis wird nicht durch die
Weisheit als menschlicher *habitus* begründet, wie ihn die Worte des Lehrers
allein vermitteln können, sondern durch die Weisheit als Gottesgabe.
Vermutlich gilt die göttliche Hilfe (vv.7-8) den so Ausgestatteten. Der rechte
Wandel ist damit weniger eine Vorbedingung göttlichen Schutzes als
seinerseits schon Resultat göttlicher Zuwendung. Versteht man den Duktus

---

[1] Cf. Maier, Fremde Frau, pp.106f.
[2] Auch in 3,6.8.10.
[3] Gott als Quellpunkt von Normen: Prov 12,2; 16,4.7; 18.10; 22,12; 24,18; 29,26(?).
    Daneben die Toʻebah-Sprüche: 11,1.20; 12,22; 15,8.9.26; 16,9; 17,15; 20,23.
[4] Lies לְתַם דֶּרֶךְ statt לְתֹם.
[5] Cf. 28,25.
[6] Cf. Römheld, Wege, pp.185-188. Auch 29,25 ordnet er hier ein, cf. p.188.

von 2,1ff. in der skizzierten Weise, dann stellt die Einsicht in die durch Gott
gegründete Ethik das erste Ziel der weisheitlichen Bemühung dar – ja,
vielleicht auch das oberste,[1] da alles andere aus dieser Einsicht fließt. Aus
dieser zentralen Stellung der Jhwh-Furcht erklären sich Urteile wie das
Meinholds, „daß die JHWH-Furcht Anfang und Ziel der Weisheit"[2] sei. In
ähnlich doppeldeutiger Weise ist das Verhältnis von Weisheit und Jhwh-
Furcht in Prov 1,7 angesprochen:

> 1,7: Das Erste/Beste (ראשית) der Erkenntnis (besteht) in Jhwh-Furcht
>   Weisheit und Bildung ist das, was Toren verachten.

Die Doppeldeutigkeit entsteht durch die Polysemie von ראשית das „Anfang"
aber auch „Bestes" heißen kann.[3] Der Satz macht eine Aussage über דעת
„Wissen" (Mubtada), das hier in stilistischer Variatio für חכמה „Weisheit"
(1,7b) steht. Es handelt sich um „eine Empfehlung der Weisheit, nicht der
Gottesfurcht"[4], diese ist vielmehr vorausgesetzt. Aufgefordert sind dann die,
welche sich als Fromme verstehen, die Weisheit nicht zu verachten; dies
wäre, so 1,7b, töricht. Aufgrund dieser inhaltlichen Übereinstimmung mit
2,5-8 ist 1,7 als Motto wahrscheinlich von der formativen Redaktion
vorangestellt worden.[5]

Ganz anders als die gegenseitigen Zuordnungen von Jhwh-Furcht und
Weisheit in c.2 u.a., findet sich in 3,1-12 ein Text, der das Verhältnis von
menschlicher Weisheit und Vertrauen in Gott radikalisiert: Nicht der Mensch
kann auf sich gestellt das Gelingen seines Lebens garantieren, sondern er
kann es nur im Vertrauen auf Gott. Dieses freilich wird reichlich belohnt.

---

[1] Cf. Fox, Pedagogy, p.238; Maier, Fremde Frau, p.108: „JHWH-Furcht sei hinsichtlich
     der Bedeutung vorrangig".

[2] Meinhold, Sprüche, p.65. Ähnlich Fox, Pedagogy, p.238: die Weisheit lernen, hieße
     „proceed both from and toward piety." Weniger prägnant Nowack, Sprüche, p.3.

[3] Cf. HAL s.v. ראשית. Delitzsch, Spruchbuch, p.47, nimmt diese Ambivalenz der Aus-
     sage auch wahr, freilich versteht er ראשית hier als *initium* und *principium*. Angesichts
     von c.2 ist eine Ambivalenz der Aussage vermutlich beabsichtigt, gegen Whybray,
     Proverbs, p.36. Aus der Ähnlichkeit der Formulierung mit 9,10 ist kein Argument für
     ראשית aus 1,7 in temporaler Bedeutung zu gewinnen (gegen Strack, Sprüche, p.312;
     Wildeboer, Sprüche, p.3; Meinhold, Sprüche, p.51). Manche übersetzen zwar „Anfang",
     deuten dies aber nicht nur zeitlich oder als sachlich „nothwendige Bedingung",
     (Nowack, Sprüche, p.3), sondern als „its choicest feature, its formost and essential
     element" (Toy, Proverbs, p.100) oder „the foundation upon which knowledge is based
     and out of which it emanates" (Greenstone, Proverbs, p.5; ähnlich Cohen, Proverbs, p.3;
     Barucq, Proverbes, p.49). Scott übersetzt „the first principle" (Proverbs, p.33).

[4] Gemser, Sprüche, p.20; cf. Whybray, Proverbs, p.36.

[5] Der Vers bezog sich damit ursprünglich nur auf Prov 1-8*, cf. Wildeboer, Sprüche, p.3;
     Plöger, Sprüche, p.13. Im heutigen Zustand des Prov-Buches, dient er freilich als Motto
     für das ganze Buch (so Strack, Sprüche, p.311; Toy, Proverbs, p.10; Cohen, Proverbs,
     p.3) und steht mit 9,10; 15,33 und 31,30 in Korrespondenz, cf. Becker, Gottesfurcht,
     pp.210-213; Marböck, Horizont, pp.57f.

Das Ineinander von menschlicher Weisheit und Jhwh-Furcht, wie es in c.2 zu finden war, ist hier zugunsten einer Diastase aufgegeben (s.o. 9.1). Diese klare Entgegensetzung von göttlichem und menschlichem Handeln, wie es 3,1-12 prägt, unterscheidet diesen Text ebenfalls von 3,21-35, selbst wenn dort zwischen der menschlichen Weisheit und dem göttlichen Handeln eine unausgeprochene Konkurrenz besteht (s.o. 9.2); sie ist aber nicht so scharf artikuliert wie in 3,5-8. Die Diastase zwischen göttlichem und menschlichem Handeln in 3,5-8 zieht als theologische Spitzenaussage die konsequente Folgerung aus der Konkurrenz der Schutzaussagen in 2,7f.↔2,11 und 3,23f.↔3,25f. Damit weist 3,1-12 eine andere Theologie auf als die formative Redaktion. Ein weiterer inhaltlicher Unterschied liegt in der Wertung des Reichtums; hatten wir in der formativen Redaktion einen Zug entdeckt, der die Weisheit höher als Reichtum einschätzt, so ist Reichtum in 3,10 eine Folge der besonderen Hochschätzung Gottes.[1] Zusammen mit der Stellung der Lehrrede außerhalb der konzentrischen Komposition deuten die inhaltlichen Unterschiede darauf hin, in 3,1-12 einen Nachtrag zur formativen Redaktion zu sehen.

Auch in 9,10 wird das Verhältnis von Jhwh-Furcht und Weisheit anders bestimmt als in 1,7 und 2,5-8. In 9,10 ist die Formulierung zwar sehr ähnlich der in 1,7, doch die Begriffe sind in der Satzteilfolge vertauscht; hier wird nicht über die Weisheit eine Aussage gemacht, sondern über die Jhwh-Furcht (Mubtada). Statt des mehrdeutigen ראשית „Anfang/Bestes" steht das eindeutige תחילה „Beginn"[2]:

> 9,10: Die Jhwh-Furcht (bildet) den Beginn der Weisheit,
>   und Erkenntnis der Heiligen ist Einsicht.

Hier ist die Frömmigkeit der Weisheit eindeutig vorgeordnet,[3] und Einsicht ist als Kenntnis der Heiligen, das heißt der Engel,[4] bezogen auf religiöse

---

[1] Gegen Ernst, Kultkritik, pp.90.92, der hier die gleiche Wertung wie in 3,13-18 und 8,17-21 erkennen will. Doch dort wird die Weisheit mit dem Reichtum verglichen und höher geschätzt. Der Reichtum selbst wird dort spiritualisiert (cf. 8,19); hier ist der Reichtum aber als Folge bedingungsloser Frömmigkeit gedacht. Die Ähnlichkeit der Vordersätze sollte über die Disparität der Folgen nicht hinwegtäuschen.

[2] Cf. Meinhold, Sprüche, p.157.

[3] Cf. Schmid, Timor, p.522.

[4] Cf. Hi 5,1; 15,15 (Q); Prov 30,3. Die Heiligen sind vermutlich Engel, cf. Mach, Entwicklungsstadien, p.27: „Wie immer der Vers [sc.30,3] aber ursprünglich formuliert gewesen sein mag, so ist deutlich, daß die ‚Heiligen', d.h. die Mitglieder des himmlischen Rates, über eine besondere Weisheit verfügen." Zum frühjüdischen Engelglauben, auch Bietenhard, Welt; Schäfer, Rivalität. Daß in Prov 1,7 mit dem Plural קדשים nicht Gott gemeint ist, zeigen schon LXX (Plural meint wohl himmlische Wesen, cf. Plöger, Sprüche, p.100); Midrasch; Prokop von Gaza, Commentarii, col.1304; gegen Delitzsch, Spruchbuch, p.156; Toy, Proverbs, p.194; Wildeboer, Sprüche, p.30;

Gegenstände. Diese inhaltliche Ausrichtung macht deutlich, daß 9,10 zu einer anderen Hand gehört als 1,7 und 2,5-8, die auf die formative Redaktion zurückgehen. Auch die Identifikation von Jhwh-Furcht und Weisheit in 1,29f. hat eine ähnliche, von der formativen Redaktion verschiedene Tendenz. Stammen die beiden Verse nicht von ihr, so ist es möglich, daß sie die erste Rede der Weisheit nicht übernommen, sondern selbst formuliert hat; dies erklärte auch, daß sich dort viele Stichwörter finden, die die Gesamtkomposition von Prov 1-8* tragen.

Da die üblichen Versuche der Datierung von Prov 1-9 sich wesentlich auf Texte der formativen Redaktion stützen, müssen sie zu deren Datierung beigezogen werden.[1] Meinholds Ansetzung in die Zeit kurz vor Maleachi[2] (um 400 v.Chr.)[3] geht ebenso von der sozialen Lage aus wie Maier mit ihrer Datierung der Texte zur Fremden Frau in die „fortgeschrittene persische Zeit"[4], die Epoche von 450-333 v.Chr.[5]

Meinholds Argumentation beruht im wesentlichen auf der Beobachtung, daß in 1,10-19 die jungen Männer nach Bereicherung streben, was er mit den sozialen Klagen der Bücher Maleachi und Nehemia in Verbindung bringt. Darüber hinaus liest er aus 3,9f., der Aufforderung, Erstlinge darzubringen, eine Entgegnung auf Bestrebungen, wie sie in Mal 3,6-12; Neh 13,10f. zu greifen sind.[6] Da 3,9 nicht als Aufforderung zum korrekten Kult zu deuten ist (s.o. pp.164f.), fällt dieses letzte Argument hin. In 1,10-19 liegt kein Text der formativen Redaktion selbst vor, sondern ein älteres Material, das diese aufgenommen hat. Es geht traditionsgeschichtlich mit Texten wie Ps 10; 37; Jes 59,1-9[7] zusammen, so daß eine historische Verortung, wie sie Meinhold vornimmt, nicht möglich sein dürfte.[8] So gibt er selbst zu, daß „die schweren ethisch-religiösen Probleme im nachexilischen Juda zu Beginn des 5. vorchristlichen Jahrh. und danach"[9] anzutreffen sind, welche den mutmaßlichen Hintergrund von Prov 1-9 darstellen. Das heißt, eine genaue Datierung ist aufgrund des sozialgeschichtlichen Hintergrundes nicht möglich. Maier

---

Greenstone, Proverbs, p.94; Lang, Frau Weisheit, p.119; Meinhold, Sprüche, p.157; Whybray, Proverbs, p.146.

[1] Forschungsgeschichtliche Überblicke: Baumann, Weisheitsgestalt, pp.268-272; Maier, Fremde Frau, pp.19-23.

[2] Cf. Meinhold, Sprüche, p.45; im Anschluß an Robert, Attaches, RB 44, 1935, pp.307f.; cf. Meinhold, Gott und Mensch, p.476 n.62. Ihm folgt Baumann, Weisheitsgestalt, p.272 „etwa um 400 v.Chr."

[3] Cf. Kaiser, Einleitung, p.295.

[4] Maier, Fremde Frau, p.166.

[5] Cf. Maier, Fremde Frau, p.27.

[6] Darin folgt ihm Baumann, Weisheitsgestalt, p.271.

[7] Ebenfalls Baumann (Weisheitsgestalt, p.185) sieht, wenn auch andere, Bezüge zu Tritojesaja.

[8] Frankenberg (Abfassungs-Ort, pp.124-128) deutet auf die Zeit Ben Siras (s.o. 8).

[9] Meinhold, Sprüche p.45.

rechnet mit midraschartiger Exegese in c.6 und setzt das Werden des kanonischen Pentateuchs, noch nicht aber seine Endgestalt voraus, die sie im Anschluß an Crüsemann[1] ins Ende des vierten Jahrhunderts datiert; damit wäre Prov 1-9 in der „erste[n] Hälfte des 4. Jahrhunderts v.Chr."[2] anzusiedeln. Da aber c.6 wahrscheinlich nicht in dieser Weise als Midrasch zu deuten ist, fällt dieses Kriterium weg.

Aus den traditionsgeschichtlichen Ergebnissen können wir Hinweise für eine Datierung gewinnen. Das Prophetenbild, das der ersten Rede der Weisheit zugrundeliegt, ähnelt dem nachdeuteronomistischen, wie es z.B. Sach 1,2-6 zu greifen ist. Diesen Text stellt Beuken in den Zusammenhang mit der Redaktion der Prophetie Sacharjas, die er traditionsgeschichtlich in der Nähe der Chronik verortet.[3] Dieses Prophetenbild hat sich aus dem spätdeuteronomistischen entwickelt. So wird man für die Entstehung der ersten Rede der Weisheit eine Zeit ab vielleicht 450 ansetzen dürfen.

In Prov 3,34 werden Weisheit und Demut nebeneinandergeordnet; die Hochschätzung der Demut findet sich auch bei Ben Sira und in Qumran. Gegen eine solche oder eine ähnliche Sicht polemisiert Qoh 6,8f. Möglicherweise setzt Qoh in 7,25-29 sich mit der Opposition von Fremder Frau und Frau Weisheit auseinander.[4] Er hätte Prov 1-9 dann wohl gekannt.[5] Die in Prov 1 und 8 deutlich faßbare Personifizierung der Weisheit gibt es ebenfalls in Sir 24. In Prov 1-9 sind also traditionsgeschichtliche Entwicklungslinien greifbar, die in Ben Sira dann ganz ausgeprägt sind, oder gegen die Qohelet polemisiert. Die formative Redaktion ist darum früher als diese beiden Autoren anzusetzen. Ben Sira hat sein Buch vermutlich im ersten Viertel des 2ten Jh.s v.Chr. herausgegeben,[6] und Qohelet ist nach Michel wahrscheinlich in die Zeit zwischen 250 und 200 zu datieren.[7] Dies dürfte in jedem Fall der *terminus ante quem* für die Abfassung der formativen Redaktion sein.[8] In die gleiche Richtung weist Prov 3,32b mit seiner Vorstellung vom Gerechten im himmlischen Thronrat; diese ist neben dem

---

[1] Cf. Crüsemann, Tora, p.393.

[2] Maier, Fremde Frau, p.267.

[3] Cf. Beuken, Haggai-Sacharja 1-8, pp.84-113.331.

[4] Cf. Riesener, Frauenfeindschaft, pp.197.204. Der Versuch Krügers (Frau Weisheit), in der Qoh 7,23-29 erwähnten Frau eine polemische Darstellung der Frau Weisheit in der Gestalt der Fremden Frau zu sehen, überzeugt demgegenüber nicht.

[5] Hengel, Judentum, p.275 n.283, meint, Qohelet setze sich „vermutlich mit dem Optimismus und der Vergeltungslehre, wie wir sie in Prv. 1-9 finden," auseinander. Ob diese pauschale Einschätzung stimmt, ist fraglich. Für den oben genannten Punkt scheint es aber zuzutreffen. Aus dieser Beziehung Prov 1-9 hellenistisch zu datieren, wie Hengel, Judentum, p.275, es tut, ist aber nicht vertretbar.

[6] Cf. Skehan/DiLella, Ben Sira, p.10.

[7] Cf. Michel, Qohelet, p.114.

[8] Ähnlich bestimmt ihn Baumann, Weisheitsgestalt, p.270, indem sie die LXX als *terminus ante quem* annimmt.

späten akrostichischen Ps 25,14[1] vor allem in der zwischentestamentarischen Literatur geläufig.

Eine weitere Eingrenzung der formativen Redaktion könnte sich dadurch ergeben, daß in Jes 59,7 ein Misch-Zitat aus Prov 1,16 und 6,17 vorliegt. Dies setzt das Stadium des formativen Textes voraus. Mit der Datierung von Jes 59,7 wäre dann ein weiterer *terminus ante quem* für die formative Redaktion gewonnen. Scheidet man Jes 59,5-8 als Glosse aus,[2] kann der Abschnitt nicht früher sein als seine ältestens frühnachexilische Textumgebung; doch dies hilft uns bei der Datierung von Prov 1-9 nicht weiter. Andere halten Jes 59,1-15a für einheitlich. Die Datierungen variieren dabei von der frühnachexilischen Zeit „unmittelbar nach der Heimkehr"[3] bis in die frühe Diadochenzeit,[4] grob gesprochen von 500-300 v.Chr. Eine frühnachexilische Ansetzung von Jes 59 ist, wenn ein Zitat aus Prov 1-9 im Stadium der formativen Redaktion vorliegt, höchst unwahrscheinlich. Folgte man der Spätdatierung, so hieße das, daß die formative Redaktion wahrscheinlich vorhellenistisch schon abgeschlossen war und Versuche, Prov 1-9 in die hellenistische Epoche zu datieren, kaum Wahrscheinlichkeit für sich beanspruchen können.[5] Als Ergebnis der Erwägungen können wir festhalten, daß die formative Redaktion wahrscheinlich in der späten Perserzeit gewirkt hat.[6]

14.2.3 Spätere Erweiterungen

Anders als die formative Redaktion, die es uns durch eine klare Struktur ermöglicht, ihren Umfang mit einiger Sicherheit zu bestimmen, können die übrigen Erweiterungen zwar insgesamt als Nachträge zur formativen Redaktion erkannt werden, da sie in diese eingebettet sind, aber in ihrem gegenseitigen Verhältnis nur sehr hypothetisch aufgrund inhaltlicher

---

1   Dieser Psalm steht motivisch/inhaltlich in der Nähe von Ps 34; 37 (cf. Ruppert, Psalm 25, p.580; Hossfeld[/Zenger], Die Psalmen 1, p.162; Lohfink, Lexeme, p.293).
2   Cf. Elliger, Prophet, p.141; Koenen, Ethik, pp.61f.
3   Sekine, Sammlung, p.139; so auch Smith, Rhetorik, p.188, der in die Jahre 538-515 v.Chr. datiert.
4   So Steck, Tritojesajatexte, pp.185f.
5   Eine hellenistische Datierung ist v.a. aufgrund von Prov 8,22-31 erwogen worden oder weil die Fremde Frau als Bild für die hellenistische Philosophie galt (cf. Reuss, Geschichte, pp.494f.; Vatke, Einleitung, pp.555.560 - dennoch datiert er ins 5. Jh., so p.564; Friedländer, Philosophie, p.65; Steuernagel, Einleitung, p.688; Eißfeld, Einleitung, p.581). Von den neueren v.a. Hengel, Judentum, p.275; Kaiser, Grundriß 3, p.64f. - Daß eine spätperserzeitliche Datierung einen griechischen Einfluß nicht ausschließt, macht Maier, Fremde Frau, p.267, aufgrund archäologischer Befunde geltend.
6   Dieses Ergebnis deckt sich - trotz unterschiedlicher Argumente - mit denen von Baumann, Weisheitsgestalt, p.272; Maier, Fremde Frau, p.267.

Erwägungen bestimmt werden. Eine Ausnahme bildet lediglich der Komplex des allegorischen Examens, der durch die Bezüge von 9,1-6.13-18 zu 5,15-19 verbunden ist. Zu diesem gehört 5,23.

Eine Gruppe möglicherweise zusammenhängender Ergänzungen ist durch die Verwendung des Begriffes der Jhwh-Furcht charakterisiert. Sieht die formative Redaktion in der Jhwh-Furcht mehr den Gipfel der weisheitlichen Bemühung und integriert die Frömmigkeit damit in die Weisheit, so finden sich in 3,1-12 und 9,10 Äußerungen, die die Frömmigkeit der Weisheit eindeutig vorordnen, ja fast die Weisheit in der Jhwh-Furcht aufgehen lassen. In dieselbe Richtung weist 1,29f. Hier wird eine Spannung beseitigt, die aus der Prophetenrolle der Weisheit resultiert: Nämlich, daß die weisheitliche Lehre analog zu Gottes Gesetz der Maßstab der Scheltrede ist (s.o. 10.1.2). Diese Sicht der Weisheit ist für den monotheistischen Glauben Israels im Grunde nur tragbar, wenn Weisheit und Torah identifiziert werden; Prov 1,29f. geht zumindest in diese Richtung. Die gleiche Tendenz weist durch seinen Bezug auf Dtn 6 und 11 auch Prov 6,22 auf (s.o. pp.124f.). Ob die Bestimmung des Hassens des Bösen als Jhwh-Furcht in 8,13a zu dieser Gruppe von Ergänzungen gehört, ist unklar.

In 8,22-31, das mit 3,19f. verbunden ist, wird ein weiteres, durch Prov 1,22-33* aufgeworfenes Problem behandelt: Wenn die Weisheit als Prophetin spricht, so tut sie das aus eigener Vollmacht und in eigenem Auftrag; damit tritt sie nicht nur als Prophetin auf, sondern auch als deren Auftraggeberin – eine Rolle, die sonst Gott innehat (s.o. 10.1.2). Gott und Weisheit treten also unausgesprochen in ein Konkurrenzverhältnis, das der monotheistische Glaube nicht unwidersprochen hinnehmen kann. In Prov 8,22-31 wird das Verhältnis thematisch und die Weisheit Gott deutlich untergeordnet, selbst wenn sie als erstes Geschöpf eine herausragende Bedeutung hat.

Sachlich liegen die genannten Stellen etwa auf einer Linie; sie bedenken alle das Verhältnis von Weisheit zur Frömmigkeit und zu Gott. Die Frömmigkeit wird nicht in die Weisheit integriert, sondern die Frömmigkeit wird der Weisheit vor- und übergeordnet (so besonders in 3,1-12). Wenn man diese Ergänzungen einer einzigen theologisch ausgerichteten Redaktion zuordnen kann, dann ist sie nach 9,1-6.13-18 zu datieren, da 9,10 in die Schlußallegorie eingefügt ist. Traditionsgeschichtlich rücken diese Texte mit ihrer impliziten Identifikation von Weisheit und Torah enger an Ben Sira heran als die Texte der formativen Redaktion.

Die anderen Erweiterungen weisen keinen thematischen Zusammenhang auf; sie sind vermutlich als Zufügungen nur durch ihren individuellen Kontext zu erklären.

15. Ergebnis und Ausblick

Die voranstehenden Kapitel haben ausgehend von einer Analyse der einzelnen Textsegmente die Frage nach dem Entstehungsprozeß von Prov 1-9 verfolgt. Dabei bestätigten sich die Ergebnisse mancher neuerer Arbeiten, die ein Wachstum in einzelnen Perikopen annehmen – wenn auch mit abweichenden Ergebnissen im Detail (s.o. 1.1.2). Die kunstvolle Komposition des Gesamttextes (s.o. 12) zeigte, daß die Endgestalt der ersten Sammlung wesentlich auf eine formative Redaktion zurückgeht. Dabei haben kompositorische, thematische (s.o. 3.2) und formgeschichtliche (s.o. 13) Überlegungen nahegelegt, als Kern der Sammlung eine „Lehre" anzunehmen. Im Anschluß an die, im folgenden kurz zusammengefaßten Ergebnisse der Arbeit, soll gezeigt werden, wie sich diese in die Diskussion um die Redaktionsgeschichte des ganzen Proverbienbuches einfügen.

Der historische Kern der ersten Sammlung liegt in 4,10-27+5,21-22 sowie 6,1-19 vor. Dabei handelt es sich um eine nachexilische Lehre. Sie besteht aus einer zweifachen Einleitung (4,10-19.20-27+5,21-22) und einem Korpus (6,1-19), das möglicherweise nur noch fragmentarisch erhalten ist. Die Einleitung knüpft in ihrer Entgegensetzung von Weiser/Gerechter vs. Unweiser/Frevler an zwei Oppositionen an, die in der Sammlung Prov 10-15 noch weitgehend getrennt belegt sind. Dieser Kernbestand wurde durch c.2* erweitert. Dieses Kapitel entwickelt „Weisheit" als Begriff für denjenigen *habitus*, der den idealen „Weisen" auszeichnet(s.o. 14.2.1).

Die heutige Gestalt von Prov 1-9 geht im wesentlichen auf eine einzige formative Redaktion der späten Perserzeit zurück (s.o.14.2.2). Sie erweiterte den relativ schmalen Grundbestand zu einer Folge von konzentrisch angeordneten Abschnitten, hauptsächlich Lehrreden (3,13-6,35), mit einem Rahmen, der längere Reden der Frau Weisheit kürzeren Redezitaten ihrer Opponenten der Bösen Buben (1,11-14) und der Fremden Frau (7,14-20) gegenüberstellt. Zwischen dem einleitenden „Rededuell" in c.1 und dem Beginn des Mittelteiles steht c.2, das die Themen von Prov 1-9 zusammenfaßt (s.o. 12.1). Die formative Redaktion schafft ein komplexes literarisches Gebilde, indem sie die im ältesten Kern eher theoretisch knapp abgehandelte Entscheidungssituation über die grundsätzliche Ausrichtung des Lebenswandels in einen dramatischen Diskurs umformt. In ihm erklingen mehrere Stimmen, deren markanteste die Fremde Frau und die Frau Weisheit sind (s.o. 12.2). Diese Entwicklungsstufe ist durch eine persönliche Frömmigkeit geprägt, worin das „Beste" (1,7) der Weisheit gesehen wird (s.o. 14.2.2).

Nach dieser formativen Redaktion ist der Text noch weiter überarbeitet worden; dabei kann man drei Gruppen unterscheiden (s.o. 14.2.3): Die erste fügt mit der Allegorie in 9,1-6.13-18 ein Abschlußexamen an (s.o. 11); es wird durch 5,15-19 vorbeitet. Ein zweiter Komplex von Erweiterungen beschäftigt sich mit dem Zusammenhang von Weisheit und Frömmigkeit (1,29f.; 3,1-12; 6,22; 3,19-20; 8,22-33; 9,10). Hier ist die Weisheit implizit mit der Torah identifiziert, und in 8,22f. wird ihre Rolle im Verhältnis zu Gott genauer bestimmt. Daneben gibt es drittens noch einige punktuelle Erweiterungen des Textes ohne einheitliche Tendenz.

Für die nachexilische Geschichte der Weisheit heißt das, daß die theologische Reflexion im Nachdenken über das, was Weisheit ist, eine große Rolle spielt. Dieses Nachdenken hat zwei Brennpunkte: zum einen die gegenseitige Zuordnung von Weisheit und Gottesfurcht, zum andern die Ausgestaltung der Figur der Weisheit. Das erste ist ein Thema, das in Prov 15,33; Ps 110,10 und Hiob 28,28 behandelt wird. In der Folge der Redaktionen von Prov 1-9 läßt sich eine Verschiebung greifen: Ordnet die formative Redaktion die Jhwh-Furcht in das weisheitliche Curriculum ein (2,5-8; cf. 1,7 – wenn auch an prominenter Stelle), so wird in den späteren Zusätzen (3,1-12; cf. 9,10) die Weisheit der Jhwh-Furcht nachgeordnet. Die Unterschiede mögen klein sein und nur schwer zu greifen, doch geben sie eine gewisse Akzentverschiebung wieder. Ob dies Gegensätze sind oder ob es sich um eine fortschreitende gedankliche Klärung handelt, könnte im Sinne der letzteren Alternative zu entscheiden sein, da die Entwicklung der Personifikation der Weisheit einen ähnlichen Prozeß erkennen läßt.

Den Anfang nimmt die Personifikation der Weisheit in der Grundschicht von c.2; dort wird der Begriff חכמה „Weisheit" benutzt, um den *habitus* des Weisheitsadepten zu bezeichnen (s.o. 4.2). Im Nachdenken über das, was diese Haltung auszeichne, wird der Begriff „Weisheit" immer selbständiger; die Metaphern, die diesen Diskurs tragen, schließen sich dabei so zusammen, daß die Weisheit endlich als Person erscheint. In 4,1-9 können wir einen „Schwellentext" greifen, bei dem sich zeigen läßt, wie metaphorische Sprachmuster, die schon traditionell auf die Weisheit angewendet wurden, in konzentrierter Zusammenstellung einen Text ergeben, der eine Personifizierung erkennen läßt;[1] besonders v.8, der die traditionellen Aussagen überschreitet, läßt andere Deutungen nicht zu (s.o. 6). In den Reden der Frau Weisheit ist dieser Prozeß dann insofern zu einem Höhepunkt gekommen,

---

[1] Ähnlich Baumann, Weisheitsgestalt, p.249, die hervorhebt, daß zwischen den Ich-Reden und den anderen Texten weitgehende motivische Übereinstimmung besteht; sie dehnt ihre Untersuchung aber nicht auf Prov 10ff. aus und differenziert innerhalb von Prov 1-9 nur sehr eingeschränkt verschiedene Entstehungsstufen des Textes.

als hier die Weisheit handelnd und redend vorgestellt wird. Der Frau
Weisheit werden verschiedene Rollen übertragen, die diese Personifikation
„einkleiden"[1]: In 1,20-33 ist dies z.B. der Mantel des Propheten. Daneben
hat sie Züge einer Schutzgöttin (1,24.28; 4,6), einer geliebten Frau (4,8;
5,20; s.o. 5.4; 6), etc. Insgesamt gewinnt die Personifikation durch weibliche
Rollenvorbilder an Plausibilität.[2] Ihre Rolle bei der Schöpfung (8,22-31)
geht darüber hinaus und klärt das in 1,20-33 offengebliebene Verhältnis zu
Gott, indem sie ihm als Geschöpf eindeutig untergeordnet wird – aber als
erstes Geschöpf eine herausgehobene Stellung einnimmt (s.o. 10.2.4).

Ausgehend von der vorgetragenen Theorie zur Entstehung von Prov 1-9
stellt sich die Frage nach dem Zusammenhang dieser ersten Sammlung mit
dem Rest des Buches (s.o. 1.1.2) neu: Es ist nicht nur zu fragen, ob Prov 1-9
ehemals eine selbständige Sammlung war oder als Einleitung für das Proverbienbuch geschaffen wurde, sondern es müßte geklärt werden, auf
welcher Stufe der Entstehung Prov 1-9 mit dem übrigen Buch verbunden
worden ist. Da der ursprüngliche Kern formgeschichtlich als selbständige
Lehre anzusprechen ist, ist es unwahrscheinlich, daß er schon mit den
anderen Sammlungen verknüpft war. Dieser Schluß wirft zusammen mit der
Einsicht, daß die Lehrreden ihren formgeschichtlichen Ursprung in der
Einleitung von Sammlungen von Mahnworten („Lehren") haben, die Frage
auf, ob Prov 1-8 schon im Stadium der formativen Redaktion mit dem
Proverbienbuch verbunden war, oder ob erst mit der Zufügung von c.9* als
allegorischem Examen dieses Stadium erreicht war. Ein späterer Zeitpunkt
des Zusammenwachsens ist nicht möglich, wenn die Deutung der Allegorie
als Examen zum Abschluß des Propädeutikums in Prov 1-8 stimmt.

Einzelne Hinweise von Meinhold und Scoralick lassen erkennen, daß in
Prov 10-31 mehrere thematische Übereinstimmungen mit Prov 1-9 festzustellen sind, die möglicherweise auf redaktionelle Eingriffe zurückgehen.
So sieht Meinhold in 16,16 einen redaktionellen Vers, der sich mit seiner
Aufforderung, Weisheit zu erwerben, auf 3,14f.; 8,10f. und 4,5.7 bezieht.[3]
Diese Verse gehören alle der formativen Redaktion an. Der thematisch
analoge Vers 23,23 ist ebenfalls sekundär.[4] Die beiden Sentenzen Prov 22,14
und 23,27, in denen die Fremde Frau metaphorisch als verderblich
beschrieben ist, greifen nicht auf Prov 1-9 zurück,[5] sondern gehören in die

---

[1] Whybray, Wisdom, p.82: Die Weisheit „has become invested with a number of
     additional features", um die nackte Personifikation literarisch auszugestalten (p.81).
[2] Cf. Whybray, Wisdom, p.81; Camp, Wisdom, pp.79.147; Schroer, Frauen; id. Weisheit.
[3] Cf. Meinhold, Sprüche, p.272.
[4] Er fehlt bei den LXX, cf. Gemser, Sprüche, p.87; McKane, Proverbs, p.389; Camp,
     Wisdom, p.201f.; Plöger, Sprüche, p.275; Römheld, Wege, p.53 n.41; Meinhold,
     Sprüche, p.394. Whybray, Proverbs, p.339, hält die vv.23-25 für nicht ursprünglich.
[5] Zu 22,14 cf. auch Scoralick, Einzelspruch, p.46 n.121, wo sie für 22,14 einen sprachlich
     komponierten Bezug zu 2,16; 5,3 und 7,5 erkennen will.

Vorgeschichte des Topos von der Fremden Frau.[1] Scoralick sieht in 15,33 einen Vers, der die Teilsammlung 15,33-22,16 über Bezüge zu 18,12 und 22,4 integriert.[2] Der Vers greift mit seiner Rede von der Jhwh-Furcht als Erziehung[3] zur Weisheit auf 1,7 (und 9,10?) zurück[4] und verknüpft so die Teilsammlung 15,33-22,16 mit Prov 1-9. Über diese Verbindungen hinaus, hat die Analyse von Prov 1-9 ergeben, daß das Thema der Demut, das in 15,33; 18,12 und 22,4 den Zusammenhang stiftet, für die formative Redaktion der ersten Sammlung eine wichtige Rolle spielt und in den cc.10ff. hauptsächlich in der zweiten Teilsammlung von 10,1-22,16 erscheint.[5] Zu den von Scoralick genannten Versen ist vermutlich noch 16,18f. zu rechnen, dessen erstes Kolon 18,12a entspricht. Zusammen mit 29,23 könnte vielleicht eine buchumgreifende Stichwortverknüpfung beabsichtigt sein, da nur hier und 16,19 שׁפל רוח[6] und ein Derivat von גאה vorkommt. Diese letzte Beobachtung warnt – obwohl isoliert von einer detaillierten Analyse der fünften Sammlung des Proverbienbuches – vor einer Verbindung von Prov 1-9 nur mit 10,1-22,16.[7] Zu den Verbindungen von Prov 1-9 zum gesamten Buch sind die Entsprechungen zwischen den cc.1-9 mit dem Gedicht über die Tüchtige Hausfrau in 31,10-31 zu rechnen.[8] Besonders das Motiv der Jhwh-Furcht, das in 15,33 an prominenter Stelle auftaucht, könnte für eine buchumfassende Redaktion eine Rolle spielen.[9]

Neben Beziehungen, die möglicherweise auf die redaktionelle Komposition des Buches hinweisen, finden sich verschiedene thematische Überschneidungen von Prov 1-9 mit anderen Sammlungen aus Prov 1-9. Das Thema der Demut in Prov 15,33-22,16 haben wir oben schon behandelt; die Opposition Frevler vs. Gerechter (v.a. in den cc.10-15.28-29) hat uns die traditionsgeschichtliche Stellung des Kernes von Prov 1-9 gezeigt. Scoralick hat einige Beobachtungen zusammengetragen, die auf thematische Verknüpfungen zwischen den cc.1-9 mit cc.10-15 hinweisen. So gibt es nur in

---

[1] S.o. pp.99f. Auch 14,1 (cf. Lang, Frau Weisheit, p.126; Camp, Wisdom, p.192) und 24,3-4 (cf. Camp, Wisdom, pp.200f.) ist das Motiv vom Hausbau nicht aus c.9 herzuleiten.

[2] Cf. Scoralick, Einzelspruch, p.81.

[3] So muß man מוסר wohl verstehen, cf. Plöger, Sprüche, p.185; Meinhold, Sprüche, p.262.

[4] Cf. Meinhold, Sprüche, p.262; Whybray, Proverbs, pp.237f.

[5] Die Lexeme גבה und גאון (16,18) finden sich nur in dieser Sammlung (16,5.18; 17,19; 18,12); Ausnahmen sind גאה (15,25) und גאוה (14,3, aber: TK!; 29,23). Der Schwerpunkt in 15,33-22,16 ist deutlich.

[6] Sonst nur noch Jes 57,15.

[7] Gegen Delitzsch, Spruchbuch, p.20.

[8] Cf. Camp, Wisdom, pp.186-191; Meinhold, Sprüche, p.522; Whybray, Composition, pp.159-162; id., Proverbs, p.426.

[9] S.o. p.308 n.5.

diesen beiden Blöcken Sprüche mit dem Parallelismus מוסר ‖ תכחת[1] sowie פרע ‖ שמע[2]. Die Verbindung der Themen (Lebens-)Weg und Leben unterscheidet die beiden Teilsammlungen vom Rest des Buches;[3] dazu kommt, daß die Rede vom Lebensbaum und Weg der Rechttat sich nur bis c.15 findet.[4] Ob in Prov 22,17-24,22 eine Redaktion eingegriffen hat, um diesen Textbereich mit cc.1-9 zu verknüpfen, wie Meinhold annimmt,[5] muß hier offenbleiben;[6] deutlich sind lediglich einige thematische Konvergenzen. In 24,33f. findet sich eine Doublette zu 6,10f. Die cc.25-27 scheinen keine besonderen Beziehungen zu cc.1-9 aufzuweisen. Mit cc.28-29 hat die erste Sammlung nur geringe Überschneidungen, so 28,25f., der sein Thema mit 3,5 gemeinsam hat.

Dies alles sind zwar erst vereinzelte Beobachtungen, doch die Mehrzahl der Verbindungen verweist auf Texte der formativen Redaktion. Inhalt und Form der Komposition dieser Redaktionsstufe entspricht der Verwendung zur Bucheinleitung[7]: Die Reflexion auf die Grundlagen der Weisheit und die fundamentale, ethische Lebensalternative, vor der jeder Mensch steht, faßt den Inhalt der folgenden Kapitel zusammen. Die Gattung der Lehrrede als ausgeformtem Proömium einer Sammlung von weisheitlichen Sentenzen und Mahnungen, die die erste Sammlung dominiert, deckt sich mit ihrer Position (s.o. 13.3). Doch dieses ist eine vorläufige Hypothese; sie muß noch durch genaue Analysen am Korpus des Buches verifiziert werden.

Die vorliegende Arbeit legt ein Modell für die Entstehung von Prov 1-9 vor, das von Beobachtungen an den einzelnen Textsegmenten, ihrer kompositorischen Ordnung als Gesamttext sowie traditions- und formgeschichtlichen Erwägungen ausgeht. Dabei konnte als Kern der Sammlung eine nachexilische Lehre ausgemacht werden. Diese wurde in spätpersischer Zeit zu einem dramatischen Diskurs ausgebaut, in dem die personifizierte Weisheit auftritt. Spätere Ergänzungen fügen u.a. ein allegorisches Schlußexamen zu und behandeln das Verhältnis von Weisheit und Gott. Offengelassen wurde in dieser Arbeit die Frage nach dem Werden des ganzen Proverbienbuches, wobei aber einige Beobachtungen gemacht werden konnten, die darauf hindeuten, daß es die formative Redaktion war, die mit ihrer Komposition eine Einleitung für das im Entstehen befindliche Proverbienbuch geschaffen hat.

---

[1] Cf. Scoralick, Einzelspruch, p.77.
[2] Prov 1,25.33; 8,33; 15,32; cf. Scoralick, Einzelspruch, p.287 n.243, s.o. 10.2.2.
[3] Cf. Scoralick, Einzelspruch, p.232.
[4] Prov 3,18; 11,30; 13,12; 15,4 und 8,20; 12,28 cf. Scoralick, Einzelspruch p.241 n.247.
[5] Cf. Meinhold, Sprüche, p.391.
[6] So nimmt er in 23,15-28 redaktionellen Einfluß an, der Motive aus cc.1-9 eintrüge; namentlich hält er 23,23 für einen Nachtrag und für vv.26-28 spricht von „Einfluß" aus cc.1-9, wobei nicht ganz klar ist, was er meint.
[7] Es fehlt nicht an Vertretern, die Prov 1-9 als Bucheinleitung verstehen: s.o. pp.8-10.

16. Anhang

16.1 Proverbien 2 - Synopse

Grundschicht	Erweiterungen

Grundschicht:

1 בְּנִי אִם־תִּקַּח אֲמָרָי
וּמִצְוֹתַי תִּצְפֹּן אִתָּךְ:
2 לְהַקְשִׁיב לַחָכְמָה אָזְנֶךָ
תַּטֶּה לִבְּךָ לַתְּבוּנָה:
3 כִּי אִם לַבִּינָה תִקְרָא
לַתְּבוּנָה תִּתֵּן קוֹלֶךָ:
4 אִם־תְּבַקְשֶׁנָּה כַכָּסֶף
וְכַמַּטְמוֹנִים תַּחְפְּשֶׂנָּה:
9 אָז תָּבִין צֶדֶק וּמִשְׁפָּט
וּמֵישָׁרִים כָּל־מַעְגַּל־טוֹב:
10 כִּי־תָבוֹא חָכְמָה בְלִבֶּךָ
וְדַעַת לְנַפְשְׁךָ יִנְעָם:
11 מְזִמָּה תִּשְׁמֹר עָלֶיךָ
תְּבוּנָה תִנְצְרֶכָּה:
12 לְהַצִּילְךָ מִדֶּרֶךְ רָע
מֵאִישׁ מְדַבֵּר תַּהְפֻּכוֹת:
13 הַעֹזְבִים אָרְחוֹת יֹשֶׁר
לָלֶכֶת בְּדַרְכֵי־חֹשֶׁךְ:
14 הַשְּׂמֵחִים לַעֲשׂוֹת רָע
יָגִילוּ בְּתַהְפֻּכוֹת רָע:
15 אֲשֶׁר אָרְחֹתֵיהֶם עִקְּשִׁים
וּנְלוֹזִים בְּמַעְגְּלוֹתָם:
20 לְמַעַן תֵּלֵךְ בְּדֶרֶךְ טוֹבִים
וְאָרְחוֹת צַדִּיקִים תִּשְׁמֹר:

Erweiterungen:

5 אָז תָּבִין יִרְאַת יְהוָה
וְדַעַת אֱלֹהִים תִּמְצָא:
6 כִּי־יְהוָה יִתֵּן חָכְמָה
מִפִּיו דַּעַת וּתְבוּנָה:
7 [וְיִצְפֹּן] לַיְשָׁרִים תּוּשִׁיָּה
מָגֵן לְהֹלְכֵי תֹם:
8 לִנְצֹר אָרְחוֹת מִשְׁפָּט
וְדֶרֶךְ [חֲסִידָיו] יִשְׁמֹר:

16 לְהַצִּילְךָ מֵאִשָּׁה זָרָה
מִנָּכְרִיָּה אֲמָרֶיהָ הֶחֱלִיקָה:
17 הַעֹזֶבֶת אַלּוּף נְעוּרֶיהָ
וְאֶת־בְּרִית אֱלֹהֶיהָ שָׁכֵחָה:
18 כִּי שָׁחָה אֶל־מָוֶת בֵּיתָהּ
וְאֶל־רְפָאִים מַעְגְּלֹתֶיהָ:
19 כָּל־בָּאֶיהָ לֹא יְשׁוּבוּן
וְלֹא־יַשִּׂיגוּ אָרְחוֹת חַיִּים:

21 כִּי־יְשָׁרִים יִשְׁכְּנוּ־אָרֶץ
וּתְמִימִים יִוָּתְרוּ בָהּ:
22 וּרְשָׁעִים מֵאֶרֶץ יִכָּרֵתוּ
וּבוֹגְדִים יִסְּחוּ מִמֶּנָּה:

16.2 Matrix der Typen in Prov 3,31-35

	איש חמס	נלוז	רשע	לץ	כסיל	ישר	צדיק	עני
איש חמס	******							
נלוז	----	******						
רשע	Ps 71,4; 140,5	----	*******					
לץ	----	----	Ps 1,1; Prov 9,7	******				
כסיל	----	----	----	Prov 1,22; 19,29	******			
ישר	----	Prov 14,2	Ps 37,37f.; Prov 2,20f.; 11,11; 14,11; 15,8; cf. Ps 11,2; Prov 21,18; 29,27	----	----	******		
צדיק	----	----	80 mal, 50% in Prov; cf. z.B. 4,18f.	(cf. Ps.1)	----	Dtn 32,4; Jes 26,7; Hos 14,10; Ps 7,10f.; 11,7; 32,11; 33,1; 64,11; 97,11; 119,137; 140,14; Prov 16,13; 21,18; cf. Ps 94,15; Prov 11,6; 29,27	******	
עני	(cf. Ps 35,10f.; 72,12.14)	----	Ps 9,18f.; 37,14; 140,12f.; cf. Ps 10,2; 82,2-4	----	cf. Qoh 6,8	Ps 37,14; cf. Ps 140,13f.	Sach 9,9; cf. Ps 14,6; 69,30; 140,13f.	******
ענו	----	----	Jes 11,4; Ps 147,6; Hi 36,6	----	----	----	cf. Zef 2,3	
חכם	----	----	cf. Prov 20,26; Jes 5,21.23; (Jer 4,22)	Prov 9,8; 13,1; 14,6; 15,12; 21,11; 29,8; (cf. 20,1); cf. Prov 29,8	Ps 49,11; Prov 10,1; 13,20; 14,16.24; 15,2.7.20; 21,20; 29,11; Qoh 2,14.16 (bis); 4,13; 6,8; 7,4.5; 9,17; 10,2.12; cf. Prov 10,23; 14,8. 33; 17,16.24; 26,5.12; 28,26; Qoh 2,15	cf. Hos 14,10	Prov 9,9; 11,30; 23,24; Qoh 9,1; cf. Prov 10,31; Hos 14,10	cf. Qoh 6,8

16.4 Übersicht zur Redaktionsgeschichte von Prov 1-9

I. Ältester Kern: Weisheitslehre

4,10-27;
[**5**,21-22];
6,1-19; (…?)
Erweiterung des Kernes
2,1-4.9-15.20

II. Formative Redaktion

1,7; **1**,8-19; **1**,20-22aα.23-27a.28.31-33;
2,5-8.16-19;
3,13-18; **3**,21-35;
4,1-9;
5,1-13.20;
6,20-35;
7,1-27;
8,1-21.32-36
davon aufgenommene Materialien: **1**,10-19; **3**,21-24.27-30.35; **5**,3-4;
6,26.27-29.30-35; (**7**,6-22); **8**,12.14-18.20.21.

III. Spätere Ergänzungen

a) allegorisches Examen
5,15-19.23; **9**,1-6.13-18

b) Frömmigkeits-Gruppe
1,29-30; **3**,1-2.3aβ-12; **3**,19-20; **6**,22; (**8**,13a?); **8**,22-28.29b-31; **9**,10

c) verschiedene Erweiterungen
1,22aβb.27b; **2**,21-22; **3**,3aα; **5**,14; **6**,3.7-8; **8**,11.(13 a, die Worte
יִרְאַת יְהוָה שְׂנֹאת רָע(?).29a; **9**,7-9.11-12

17. Literaturverzeichnis

Im Literaturverzeichnis sind alle benutzten Druckwerke, sowie das verwendete Konkordanzprogramm *acCordance* nachgewiesen. Die Einträge erfolgen nach dem Namen des Autors. Von dieser Regel wird nur da abgewichen, wo kein Urheber namentlich genannt ist. In Zweifelsfällen sichern Querverweise das Auffinden des Nachweises. Herausgeber u.ä. sind nur bei Sammelwerken bezeichnet. Vornamen sind bei Männern abgekürzt. Bei mehreren Werken eines Autors sind die Titel chronologisch geordnet. Die verwendeten Abkürzungen stammen aus S. Schwertner, Internationales Abkürzungsverzeichnis für Theologie und Grenzgebiete, Berlin und New York ²1992. Davon abweichend und über Schwertner hinaus verwende ich folgende Abkürzungen:

ÄAT	Ägypten und Altes Testament
AHI	Ancient Hebrew Inscriptions, s.u. 17.1 Davies
ATD.E	Altes Testament Deutsch, Ergänzungsreihe
BDR	Blass/Debrunner/Rehkopf, Grammatik, s.u. 17.2
BThSt	Biblisch-Theologische Studien
EÜ	Einheitsübersetzung, s.u. 17.1 Bibel
FOTL	Forms of Old Testament Literature
GB	Gesenius/Buhl, Handwörterbuch, s.u. 17.2 Buhl
GDM	Gesenius/Donner/Meyer, Handwörterbuch, s.u. 17.2 Donner
GK	Gesenius/Kautzsch, Grammatik, s.u. 17.2 Kautzsch
HAL	Hebräisches und Aramäisches Lexikon, s.u. 17.2 Baumgartner
HBS	Herders Biblische Studien
JBTh	Jahrbuch für biblische Theologie
KÄT	Kleine Ägyptische Texte
KBL²	s.u. 17.2 Köhler/Baumgartner, Lexikon
KTU	Die Keilalphabetischen Texte aus Ugarit, s.u. 17.1 Dietrich u.a.
LEH	Lust/Eynikel/Hauspie, Lexicon, s.u. 17.2
RTAT	Religionsgeschichtliches Textbuch zum Alten Testament, s.u. 17.1 Beyerlin
TAD	Textbook of Aramaic Documents, s.u. 17.1 Porten/Yardeni
TUAT	Texte aus der Umwelt des Alten Testaments, ed. O. Kaiser, Gütersloh
WBC	Word Biblical Commentary

17.1 Quellen und Übersetzungen

Achiqar, in: Porten/Yardeni, TAD 3, 24-53.
Ani, s.u. 17.2. Sekundärliteratur s.v. Quack

Ben Sira, s.u. Vattioni
Beyerlin, W., ed.: Religionsgeschichtliches Textbuch zum Alten Testament, ATD.E 1,
    Göttingen 1975. =RTAT
Bibel, Die. Altes und neues Testament. Einheitsübersetzung, Freiburg u.a. 1980. =EÜ
- nach der Übersetzung Martin Luthers, Stuttgart 1985.
Brunner, H., Altägyptische Weisheit, Bibliothek der Alten Welt, Zürich und München 1988.
Burrows, M., The Dead Sea Scolls of St. Mark's Monastery, Bd. 1, The Isaiah Manuscript
    and the Habakuk Commentary, New Haven 1950.

Caminos, R.A., Late-Egyptian Miscellanies, Brown Egyptological Studies 1, London 1954.
    = LEM
Černý, J., Late Ramesside Letters, BAeg 9, Brüssel 1939.

Davies, G.I., Ancient Hebrew Inscriptions, Cambridge u.a. 1991. =AHI
Dietrich, M., O. Loretz und J. Sanmartin, Die Keilalphabetischen Texte aus Ugarit, AOAT
    24,1, Kevelaer und Neukirchen 1976. =KTU
Diez Merino, L., Targum de Proverbios, Bibliotheca Hispana Biblica 11, Madrid 1984.
Donner, H. und W. Röllig, Kanaanäische und Aramäische Inschriften, 3 Bd.e, Wiesbaden
    1962.1964.=KAI

Elliger, K. und W. Rudolph, edd.: Biblia Hebraica Stuttgartensia, Stuttgart (1967-1977)
    ²1984.=BHS

Faulkner, R.O., The Bremner-Rhind Papyrus III, JEA 23, 1937, 166-185.
Field, F., Origenis Hexplarum, Bd.2, Oxford 1875.

Gardiner, A.H., Late-Egyptian Miscellanies, BAeg 7, Brüssel 1937.=LEM
Gibson, J.C.L., Canaanite Myths and Legends, Edinburgh ²1978 (erste Aufl. ed. Driver).

Healy, J.F., Targum of Proverbs, in: The Aramaic Bible, Bd. 15, Edinburgh 1991.
Helck, W., Der Text der Lehre Amenemhets I für seinen Sohn, KÄT, Wiesbaden 1969.
- Die Lehre des Djedefhor und die Lehre eines Vaters an seinen Sohn, KÄT, Wiesbaden
    1984.

Kautzsch, E., ed.: Die Apokryphen und Pseudepigraphen des Alten Testaments, 2 Bd.e,
    Tübingen (1900) 1921.
Kittel, R., ed.: Biblia Hebraica, Stuttgart ³1937.=BHK

Lambert, W.G., Babylonian Wisdom Literature, Oxford 1960.=BWL
Lange, H.O., Die Weisheitsschrift des Amenemope, Kopenhagen 1925.
Lohse, E., Die Texte aus Qumran, Darmstadt 1981.

Moran, W.L., The Amarna Letters, Baltimore und London 1992.

Nougayrol, J. u.a., Ugaritica 5, Mission de Ras Shamra 16, Paris 1968.

Peschitta, The Old Testament in Syriac According to the Peshiṭta Version, ed. The Peshiṭta Institute, Leiden, II,5 Proverbs-Wisdom of Solomon-Ecclesiastes-Song of Songs, Leiden 1979.
Peterson, B.J., A New Fragment of the Wisdom of *Amenemope*, JEA 52, 1966, 120-128.
Porten, B. und Ada Yardeni, Textbook of Aramaic Documents from Ancient Egypt, Bd.e 1.2.3, Winiona Lake 1986. 1989.1993. =TAD
Pritchard, J.B., ed.: Ancient Near Eastern Texts Relating to the Old Testament, Princeton ³1969. =ANET

Rahlfs, A., Septuaginta, 2 Bd.e, Stuttgart (1935) 1979.
Römer, W.H.P. und W.v. Soden, Weisheitstexte, Mythen und Epen. Weisheitstexte 1, TUAT III,1, Gütersloh 1990.

Smend, R. sen., Die Weisheit des Jesus Sirach hebräisch und deutsch, Berlin 1906.
Soden, W.v., s.u. Römer

Targum de Proverbios, s.u. L. Diez Merino
Targum of Proverbs, s.u. J.F. Healey

Vattioni, F., Ecclesiastico, Neapel 1968.
Vulgata. Biblia Sacra iuxta latinam vulgatam versionem, Bd.11, Libri Salomonis, edd. monachi abbatiae pontificae Sancti Hieronymi in Urbe ordinis Sancti Benedicti, Rom 1957.
- Biblia sacra iuxta vulgatam versionem, ed. R. Weber, 2 Bd.e, Stuttgart 1969.

Zuntz, G., Der Antinoë Papyrus der Proverbia und das Prophetenlogion, ZAW 68, 1956, 124-184.
Žaba, Z., Les Maximes de Ptaḥḥotep, Prag 1956.

17.2 Sekundärliteratur

Aalen, S., אוֹר, in: ThWAT 1, Stuttgart u.a. 1973, 160-182.
Aartun, K., Beiträge zum ugaritischen Lexikon, WdO 4, 1968, 278-299.
acCordance, von R.B. Brown, Oak Tree Software Specialists, Altamonta Springs/FL, Version 1.1, 1994. Textbasis: Westminster Hebrew Morphological Database, Version 2.0, 1994.
Achenbach, R., Israel zwischen Verheißung und Gebot, EHS.T 422, Frankfurt/M. 1991.
Aejmelaeus, A., Function and Interpretation of כִּי in Biblical Hebrew, JBL 105, 1986, 193-209.
Ahlström, G.W., The House of Wisdom, SEÅ 44, 1979, 74-76.
Aistleitner, J., Wörterbuch der ugaritischen Sprache, BVSAW.PH 106/3, Berlin (¹1963) ²1965.
Albertz, R., Religionsgeschichte Israels in alttestamentlicher Zeit, 2 Bd.e, ATD.E 8, Göttingen 1992.

Albrecht, K., Das Geschlecht der hebräischen Hauptwörter, ZAW 15, 1895, 313-325; 16, 1896, 41-121.

Albright, W.F., The Goddess of Life and Wisdom, AJSL 36, 1919/20, 258-294.

- The North-Canaanite Poema of Al'êyân Ba'al and the ,Gracious Gods', JPOS 14, 1934, 101-140.

- From the Stone Age to Christianity, Baltimore ²1946.

- Some Canaanite-Phoenician Sources of Hebrew Wisdom, in: Wisdom in Israel and the Ancient Near East, FS H.H. Rowley, edd. M. Noth und D.W. Thomas, VT.S 3, Leiden 1955, 1-15.

Aletti, J.N., Proverbes 8,22-31, Bib. 57, 1976, 25-37.

- Séduction et parole en Proverbes i-ix, VT 27, 1977, 129-144.

Allam, S., Ehe, in: LÄ 1, Wiesbaden 1975, 1162-1181.

Alonso Schökel , L., A Manual of Hebrew Poetics, subsidia biblica 11, Rom 1988.

id. und J. Vilchez Lindez, Proverbios, Nueva Biblia Española, Sapienciales 1, Madrid 1984.

Altenmüller, H., Bemerkungen zu Kapitel 13 der Lehre des Amenemope, in: Fontes atque pontes, FS H. Brunner, ed. M. Görg, ÄAT 5, Wiesbaden 1983, 1-17.

Amsler, S., La Sagesse de la femme, in: La Sagesse de l'Ancien Testament, ed. M. Gilbert, BEThL 51, Leuven 1979, 112-116.

Andersen, F.I., The Sentence in Biblical Hebrew, The Hague und Paris 1974.

Anthes, R., Die Funktion des vierten Kapitels in der Lehre des Amenemope, in: Archäologie und Altes Testament, FS K. Galling, edd. A. Kuschke und E. Kutsch, Tübingen 1970, 9-18.

Arambarri, J., Der Wortstamm ,hören' im Alten Testament, SBB 20, Stuttgart 1990.

Assmann, J., Weisheit, Loyalismus und Frömmigkeit, in: Studien zu altägyptischen Lebenslehren, edd. E. Hornung und O. Keel, OBO 28, Fribourg und Göttingen 1979, 11-72.

- Aretalogien, in: LÄ 1, Wiesbaden 1975, 425-434.

Auffret, P., La Sagesse a bâti sa maison, OBO 49, Fribourg und Göttingen 1982.

Avishur, Y., Stilistic Studies of Word-Pairs in Biblical and Ancient Semitic Literatures, AOAT 210, Kevelaer und Neukirchen 1984.

Bartelmus, R., שׂחק/צחק śāḥaq/ṣāḥaq, in: ThWAT 7, Stuttgart u.a. 1993, 730-745.

Barth, Chr., ליץ *ljṣ, in: ThWAT 4, Stuttgart u.a. 1984, 567-572.

Barth, J., Die Nominalbildung in den semitischen Sprachen, (Leipzig ²1894) Hildesheim 1967.

Barth, H., Die Jesaja-Worte in der Josijazeit, WMANT 48, Neukirchen 1977.

id. und O.H. Steck, Exegese des Alten Testaments, Neukirchen ¹⁰1984.

Barthélemy, D. und O. Rickenbacher, Konkordanz zum hebräischen Sirach, Göttingen 1973.

Bartina, S., La Sabiduria en Proverbios 8,22-36, EstB 35, 1976, 5-21.

Barucq, A., Le livre des Proverbes, SBi, Paris 1964.

Bauckmann, G., Die Proverbien und die Sprüche Jesus Sirach, ZAW 72, 1960, 33-63.

Baudissin, W.W. Graf, Die alttestamentliche Spruchdichtung, Leipzig 1893.

- Einleitung in die Bücher des Alten Testamentes, Leipzig 1901.

Bauer, J.B., Vita nil nisi lusus quidam, VD 31, 1953, 21-24.

- Initium viarum suarum = Primitiae potentiae Dei (Prov 8,22; cfr. Iob 40,19; 26,14), VD 35, 1957, 222-227.

- Encore une fois Proverbes VIII 22, VT 8, 1958, 91-92.

Bauer, H. und P. Leander, Historische Grammatik der hebräischen Sprache des Alten Testamentes, Halle 1922.

Bauer, W., K. und Barbara Aland, Griechisch-Deutsches Wörterbuch zu den Schriften des Neuen Testaments und der frühchristlichen Literatur, Berlin und New York [6]1988.

Bauks, Michaela und Gerlinde Baumann, Im Anfang war ...?, BN 71, 1994, 24-52.

Baumann, A., חָרַד ḥārad, in: ThWAT 3, Stuttgart u.a. 1982, 176-182.

- לוּחַ lûaḥ, in: ThWAT 4, Stuttgart u.a. 1984, 495-499.

Baumann, E., „Wissen um Gott" bei Hosea als Urform von Theologie?, EvTh 15, 1955, 416-425.

Baumann, Gerlinde, Gottes Geist und Gottes Weisheit, in: Hedwig Jahnow u.a., Feministische Hermeneutik und Erstes Testament, Stuttgart u.a. 1994, 138-148.

- Die Weisheitsgestalt in Proverbien 1-9, FAT 16, Tübingen 1996.

Baumgartner, W., Die literarischen Gattungen in der Weisheit des Jesus Sirach, ZAW 34, 1914, 161-198.

- Die israelitische Weisheitsliteratur, ThR NF 5, 1933, 259-288.

- Ras Schamra und das Alte Testament, ThR NF 13, 1941, 1-20.85-102.157-183.

- The Wisdom Literature, in: The Old Testament and Modern Study, ed. H.H. Rowley, Oxford (1951) [2]1952, 210-237.

id. u.a., Hebräisches und aramäisches Lexikon, 5. Bd.e, Leiden (u.a.) 1967.1974.1983.1990. 1995. =HAL

Beauchamp, P., Création et Séparation, Paris 1969.

Beck, B., Kontextanalyse zum Verb בטח, in: Bausteine biblischer Theologie, FS G.J. Botterweck, ed. H.-J. Fabry, BBB 50, Köln und Bonn 1977, 71-97.

Becker, J., Gottesfurcht im Alten Testament, AnBib 25, Rom 1965.

Becker, U., Der innere Widerspruch der deuteronomistischen Beurteilung des Königtums (am Beispiel von 1Sam 8), in: Altes Testament und christliche Verkündigung, FS A.H.J. Gunneweg, edd. M. Oeming und A. Graupner, Stuttgart u.a. 1987, 246-270.

- Richterzeit und Königtum, BZAW 192, Berlin und New York 1990.

Begrich, J., Das priesterliche Heilsorakel, ZAW 52, 1934, 81-92.

Berger, P.-R., Zu den Strophen des 10. Psalms, UF 2, 1970, 7-17.

- „Zum Huren bereit bis hin zu einem Rundlaib Brot": Prov 6,26, ZAW 99, 1987, 98-106.

Bergmann, Jan, Ich bin Isis, AAU HR(U) 3, Uppsala 1968.

- Zum Zwei-Wege Motiv, SEÅ 41/42, 1976/1977, 27-56.

Bergmann, J. und G.J. Botterweck, יָדַע jāda', in: ThWAT 3, Stuttgart u.a. 1982, 479-512.

Bergmann, J., A. Haldar, H. Ringgren und K. Koch, דֶּרֶךְ dæræk , in: ThWAT 2, Stuttgart u.a. 1977, 288-312.

Bergmann, J., A. Haldar und G. Wallis, אָהֵב, in: ThWAT 1, Stuttgart u.a. 1973, 105-128.

Bergmann, J., H. Ringgren und K.-H. Bernhardt, חיה ḥājāh, in: ThWAT 2, Stuttgart u.a. 1977, 393-408.

Bergmeier, R. Weisheit - Dike - Lichtjungfrau, JSJ 12, 1981, 75-86.

Bergsträsser, G., Hebräische Grammatik, 2 Teile, (Leipzig 1918.1929) Darmstadt 1985.

Berlejung, Angelika, Der Handwerker als Theologe, VT 46, 1996, 145-168.

Bertheau, E., Die Sprüche Salomo's , KEH I,7, Leipzig 1847.

id. und W. Nowack, Die Sprüche Salomo's, KEH 7, Leipzig [2]1883.

Bertholet, A., Die Stellung der Israeliten und Juden zu den Fremden, Freiburg und Leipzig 1896.

Bertram, G., Die religiöse Umdeutung altorientalischer Lebensweisheit in der griechischen Übersetzung des ATs, ZAW 54, 1936, 153-167.

Beuken, W.A.M., Haggai und Sacharja 1-8. SSN 10, Assen 1967.

Beyerlin, W., Weisheitliche Vergewisserung mit Bezug auf den Zionskult, OBO 68, Fribourg und Göttingen 1985.

Bickel, Susanne, La cosmogonie égyptienne, OBO 134, Fribourg und Göttingen 1994.

Bickell, G., Kritische Bearbeitung der Proverbien, WZKM 5, 1891, 79-102.191-214.271-299.

Bickert, R., Frau Weisheit, DtPfrBl 93, 1993, 268-271.

Bietenhard, H., Die himmlische Welt im Urchristentum und Spätjudentum, WUNT 2, Tübingen 1951.

Blass, Fr., A. Debrunner und F. Rehkopf, Grammatik des neutestamentlichen Griechisch, Göttingen [16]1984. =BDR

Bleek, F. und J. Wellhausen, Einleitung in das Alte Testament, Berlin [5]1886.

Blenkinsopp, J., The Social Context of the ‚Outsider Woman‘ in Proverbs 1-9, Bib. 72, 1991, 457-473.

Boecker, H.J., Redeformen des Rechtslebens im Alten Testament, WMANT 14, Neukirchen 1964.

Boer, P.A.H. de, The Counsellor, in: Wisdom in Israel and the Ancient Near East, FS H.H. Rowley, edd. M. Noth und D.W. Thomas, VT.S 3, Leiden 1955, 42-71.

Bonnard, P.E., De la Sagesse personifiée dans l'Ancien Testament à la Sagesse en personne dans le Nouveau, in: La Sagesse de l'Ancien Testament, ed. M. Gilbert, BEThL 51, Leuven 1979, 117-149.

Boström, G., Paronomasi i den äldre Hebreiska Maschallitteraturen, Lund und Leipzig 1928.

- Proverbiastudien, Lund 1935.

Boström, L., The God of the Sages, CB.OT 29, Stockholm 1990.

Botterweck, G.J., ‚Gott erkennen‘ im Sprachgebrauch des Alten Testamentes, BBB 2, Bonn 1951.

- יָדַע jāḏaʿ, s.u. Bergmann/Botterweck.

Brekelmans, C., Solomon at Gibeon, in: Von Kanaan bis Kerala, FS J.P.M. van der Ploeg, edd. W.C. Delsman u.a., AOAT 211, Kevelaer und Neukirchen 1982, 53-59.

- Wisdom Influence in Deuteronomy, in: La sagesse de l'Ancien Testament, ed. M. Gilbert, BEThL 51, Leuven [2]1990, 28-38.

Brenner, Athalya, Proverbs 1-9: An F Voice?, in: id. und van Dijk-Hemmes, Texts, 113-130.

id. und Fokkelien van Dijk-Hemmes, On Gendering Texts, Biblical Interpretation Series 1, Leiden u.a 1993.

Breasted, J.H., Egyptian Servant Statues. The Bollingen Series 13, Washington 1948.

Brinker, K., Linguistische Textanalyse, Grundlagen der Germanistik 29, Berlin [3]1992.

Brockelmann, C., Grundriß der vergleichenden Grammatik der semitischen Sprachen, 2 Bd.e, (Berlin u.a. 1908.1913) Hildesheim u.a 1982. =GvG

- Hebräische Syntax, Neukirchen 1956.

Brueggemann, W., The Epistemological Crisis of Israel's Two Histories (Jer 9,22-23), in: Israelite Wisdom, FS S. Terrien, edd. J.G. Gammie u.a., Missoula/Montana 1978, 85-105.

Brunner, H., Die Weisheitsliteratur, in: HdO I,2, Leiden 1952, 90-110.

- Altägyptische Erziehung, Wiesbaden 1957.

- Der freie Wille Gottes in der Ägyptischen Weisheit, in: Les sagesses du Proche-Orient Ancien, Paris 1963, 103-120.

Bryce, G.E., Omen-Wisdom in Ancient Israel, JBL 94, 1975, 19-37.

- A Legacy of Wisdom, Lewisburg und London 1979.

Buchanan, G.W., Midrashim pré-tannaïtes, RB 72, 1965, 227-239.

Buhl, F., Wilhelm Gesenius' Hebräisches und Aramäisches Handwörterbuch, ([17]1915), Berlin u.a. 1962. =GB

328 Literaturverzeichnis

Bühlmann, W., Vom rechten Reden und Schweigen, OBO 12, Fribourg und Göttingen 1976.

Bultmann, R., Die Geschichte der synoptischen Tradition, FRLANT 29, Göttingen (^{1}1921.^{2}1931) 1979.

- Das Evangelium des Johannes, KEK 2, Göttingen (^{10}1941) ^{21}1986.

Burney, C.F., Christ as the APXH of Creation, JThS 27, 1925-26, 160-177.

Bußmann, Hadumod, Lexikon der Sprachwissenschaft, Stuttgart ^{2}1990.

Camp, Claudia V., Wisdom and the Feminine in the Book of Proverbs, Sheffield 1985.

- Woman Wisdom as Root Metaphor, in: The Listening Heart, FS R.E. Murphy, edd. K.G. Hoglund u.a., JSOT.S 58, Sheffield 1987, 45-76.

- Wise and Strange, Semeia 42, 1988, 14-36.

Campbell, E.F., Ruth, AB, Garden City/New York 1975.

Carasik, M., Who Were the ‚Men of Hezekiah‘ (Proverbs xxv 1)?, VT 44, 1994, 289-300.

Carmichael, C.M., Deuteronomic Laws, Wisdom and Historical Traditions, JSS 12, 1967, 198-206.

Cazelles, H., L'enfantement de la Sagesse en Prov VIII, Sacra Pagina 1, 1959, 511-515.

Charlesworth, J.H., Graphic Concordance to the Dead Sea Scrolls, Tübingen und Louisville 1991.

Childs, B.S., Isaiah and the Assyrian Crisis, Studies in Biblical Theology 2,3, London 1967.

- Introduction to the Old Testament as Scripture, London ^{2}1983.

Clark, G.R., The Word *Hesed* in the Hebrew Bible, JSOT.S 157, Sheffield 1993.

Clements, R.E., The Good Neighbour in the Book of Proverbs, in: Of Prophets‘ Visions and the Wisdom of Sages, FS R.N. Whybray, edd. Heather A. McKay und D.J.A. Clines, JSOT.S 162, Sheffield 1993, 209-228.

Clifford, R.J., Proverbs ix: A suggested Ugaritic Parallel, VT 25, 1975, 298-306.

- Woman Wisdom in the Book of Proverbs, in: Biblische Theologie und gesellschaftlicher Wandel, FS N. Lohfink, edd. G. Braulik u.a., Freiburg u.a. 1993, 61-72.

Clines, D.J.A., ed.: The Dictionary of Classical Hebrew, Bd.1.2.3, Sheffield 1993.1995.1996.=DCH

Cohen, A., Proverbs, London und Bournemouth 1952.

Cohen, H.R., Biblical Hapax Legomena in the Light of Accadian and Ugaritic, SBL.DS 37, Ann Arbor/Michigan 1978.

Conrad, J., קָשַׁר *qāšar*, in: ThWAT 7, Stuttgart u.a. 1993, 211-217.

Contini, R., Tipologia della frase nominale nel semitico nordoccidentale del I millenio a.C., Pisa 1982.

Cook, J., The Dating of Septuagint Proverbs, ETL 69, 1993, 383-399.

- A Comparison of Proverbs and Jeremiah in the Septuagint, JNWSL 20, 1994, 49-58.

- אִשָּׁה זָרָה (Proverbs 1-9 Septuagint): A Metaphor for Foreign Wisdom?, ZAW 106, 1994, 458-476.

Cosser, W., The Meaning of ‚Life‘ (ḤAYYIM) in Proverbs, Job and Ecclesiastes, Glasgow University Oriental Society Transactions 15, 1953/54, 48-53.

Costaz, L., Dictionaire Syriaque-Français, Beirut 1963.

Cottini, V., Sulla composizione di Proverbi 5, LA 37, 1987, 21-52.

Couroyer, B., Le chemin de vie en Égypte et en Israël, RB 56, 1949, 412-432.

- La tablette du coeur, RB 90, 1983, 416-434.

- Le ‚Dieu des Sages‘ en Égypte, 3 Teile, RB 94, 1987, 574-603; 95, 1988, 70-91.195-210.

Crenshaw, J.L., Prolegomenon, in: Studies in Ancient Israelite Wisdom, ed. J.L. Crenshaw, New York 1976, 1-60.

- Old Testament Wisdom, London 1982.

- The Wisdom Literature, in: The Hebrew Bible and It's Modern Interpreters, edd. D.A. Knight und G.M. Tucker, Chico/Calif. 1985, 369-407.

Crüsemann, F., Tora, München 1992.

Dahood, M., Some Ambiguous Texts in Isaias, CBQ 20, 1958, 41-49.

- Proverbs and Northwest Semitic Philology, SPIB 113, Rom 1963.
- Proverbs 8,22-31, CBQ 30, 1968, 512-521.
- Psalms, 3 Bd.e, AB 16. 17.17A, Garden City/New York 1966.1968.1970.
- Honey that Drips, Bib. 54, 1973, 65-66.

Davis, N. de Garis, The Tomb of Rekh-Mi Reᶜ at Thebes, The Metropolitan Museum of Art Egyptian Expedition, 2 Bd.e, New York (1943) 1973.

Dawes, S.B., ᶜÄNĀWÂ in Translation and Tradition, VT 41, 1991, 38-48.

Deissler, A., Psalm 119 (118) und seine Theologie, MThS 1.11, München 1955.

Delitzsch, Franz Salomonisches Spruchbuch, BC 4,3, (Leipzig 1873) Gießen 1985.

Delitzsch, Friedrich, Die Lese- und Schreibfehler im AT, Berlin und Leipzig 1920.

Delkurt, H., Grundprobleme alttestamentlicher Weisheit, VuF 36, 1991, 38-71.

- Ethische Einsichten in der alttestamentlichen Spruchweisheit, BThSt 21, Neukirchen 1993.

Dell, Katharine J., The Book of Job as Sceptical Literature, BZAW 197, Berlin und New York 1991.

Derousseaux, L., La crainte de Dieux dans l'Ancien Testament, LeDiv 63, Paris 1970.

Diederich, F., Lehre mich Jahwe!', in: Die alttestamentliche Botschaft als Wegweisung, FS H. Reinelt, ed. J. Zmijewski, Stuttgart 1990, 59-74.

Dietrich, W., Prophetie und Geschichte, FRLANT 108, Göttingen 1972.

Dijk, J.J.A. van, La sagesse suméro-accadienne, Leiden 1953.

Dijk-Hemmes, Fokkelin van, Traces of Woman's Texts in the Hebrew Bible, in: A. Brenner und id., Texts, 17-109.

DiLella, A., Use and Abuse of the Tongue in Ben Sira 5,9-6,1, in: „Jedes Ding hat seine Zeit …", FS D. Michel, edd. Anja A. Diesel u.a., BZAW 241, Berlin und New York 1996, 33-48.

Dittrich, G., Die theoretische Weisheit der Einleitung zum Buch der Sprüche, ihr spezifischer Inhalt und ihre Entstehung, ThStK 81, 1908, 457-512.

Dogniez, C., Bibliography of the Septuagint, VT.S 60, Leiden u.a. 1995.

Doll, P., Menschenschöpfung und Weltschöpfung in der alttestamentlichen Weisheit, diss.masch. Heidelberg 1980. =Doll, diss.

- Menschenschöpfung und Weltschöpfung in der alttestamentlichen Weisheit, SBS 117, Stuttgart 1985. =Doll, Menschenshöpfung

Donner, H., Die religionsgeschichtlichen Ursprünge von ProvSal 8, ZÄS 82, 1958, 8-18.

id. und R. Meyer, Wilhelm Gesenius Hebräisches und Aramäisches Handwörterbuch über das Alte Testament, Bd. 1.2, Berlin u.a. ¹⁸1987.1995.=GDM

Driver, G.R., Problems in „Proverbs", ZAW 50, 1932, 141-148. = Problems 1

- Hebrew Notes, VT 1, 1950, 241-250.
- Problems in the Hebrew Text of Proverbs, Bib. 32, 1951, 173-197. = Problems 2
- Problems and Solutions, VT 4, 1954, 225-245. = Problems 3

Drosdowski, G., ed.: Duden. Das große Wörterbuch der deutschen Sprache in sechs Bänden, Mannheim u.a. 1976-1981.

Duden, s.u. Drosdowski.

Duesberg, H. und P. Auvray, Le livre des Proverbes, SB(J), Paris 1951.

Dunand, M., La maison de la Sagesse, BMB 4, 1940, 69-84.

Dyserinck, J., Kritische Scholien bij de vertaling van het Boek der Spreuken, ThT 1883, 5-15.

Ehrlich, A.B., Randglossen zur Hebräischen Bibel, Bd. 6, (Leipzig 1913) Hildesheim 1968.
Eichhorn, J.G., Einleitung in das Alte Testament, Bd. 5, Göttingen [4]1824.
Eißfeld, O., Der Maschal im Alten Testament, BZAW 24, Gießen 1913.
- Einleitung in das Alte Testament, Tübingen (1934) [3]1964=[4]1974.
Elliger, K., Der Prophet Tritojesaja, ZAW 49, 1931, 112-141.
Emerton, J.A., „Spring and Torrent" in Psalm LXXIV 15, VT.S 15, Leiden 1966, 122-133.
- A Note on Proverbs II,18, JThS 30, 1979, 153-158.
Eriksson, L.O., ,Come, children, listen to me!', CB.OT 32, Stockholm 1991.
Erman, A., Neuägyptische Grammatik, (Leipzig [2]1933) Hildesheim 1968.
id. und H. Grapow, Wörterbuch der aegyptischen Sprache, 5 Bd.e, Leipzig 1926-1931.
Ernst, A.B., Weisheitliche Kultkritik, BThSt 23, Neukirchen 1994.
Euagrius Ponticus, Scholies aux Proverbes, SC 340, Paris 1987. = Scholien
Ewald, H., Die Dichter des Alten Bundes 2, Die Salomonischen Schriften, Göttingen [2]1867.
Even-Shoshan, A., A New Concordance of the Bible, Jerusalem 1987.

Fabry, H.J., סוד, in: Bausteine biblischer Theologie, FS G.J. Botterweck, ed. H.-J. (sic!)
    Fabry, BBB 50, Köln und Bonn 1977, 99-126.
Falk, Z.W., Hebrew Legal Terms: II, JSS 12, 1967, 241-244.
Fichtner, J., Die altorientalische Weisheit in ihrer israelitisch-jüdischen Ausprägung,
    BZAW 62, Gießen 1933.
- Der Begriff des ‚Nächsten' im Alten Testament, (1955), in: id., Gottes Weisheit, AzTh
    2,3, Stuttgart 1965, 88-114.
Fishbane, M., Torah and Tradition, in: Tradition and Theology in the Old Testament, ed.
    D.A. Knight, Philadelphia 1977, 275-300.
Fohrer, G., Das Buch Hiob, KAT 16, Gütersloh (1963) [2]1989.
- Ezechiel, HAT 1,13, Tübingen 1955.
- Die Weisheit im Alten Testament, (1964), in: id., Studien zur alttestamentlichen Theologie
    und Geschichte (1949-1966), BZAW 115, Berlin 1969, 242-274.
Forti, Tova, Animal Images in the Didactic Rhetoric of the Book of Proverbs, Bib. 77, 1996,
    48-63.
Fox, M.V., Two Decades of Research in Egyptian Wisdom Literature, ZÄS 107, 1980, 120-
    135.
- Words for Wisdom, ZAH 6, 1993, 149-169.
- The Pedagogy of Proverbs 2, JBL 113, 1994, 233-243.
Frankenberg, W., Über Abfassungs-Ort und -Zeit sowie Art und Inhalt von Prov i-ix, ZAW
    15, 1898, 104-132.
- Die Sprüche, HK II,3,1, Göttingen 1895.
Freedmann, D.N., J. Lundbom und H.-J. Fabry, חנן ḥānan, in: ThWAT 3, Stuttgart u.a.
    1982, 23-40.
Friedländer, M., Griechische Philosophie im AT, (Berlin 1904) Amsterdam o.J.
Fritsch, C.T., The Treatment of the Hexaplaric Signs in the Syro-Hexaplar of Proverbs, JBL
    72, 1953, 169-181.
Fritsch, C.T. und R.W. Schloerb, The Book of Proverbs, in: IntB, Bd. 4, New York und
    Nashville 1955, 765-957.
- Einführung in die biblische Archäologie, Darmstadt [2]1993.
Fuchs, O., Die Klage als Gebet, München 1982.

Galling, K., Ackerwirtschaft, in: BRL, Tübingen [2]1977, 1-4.
- Amulett, in: BRL, Tübingen [2]1977, 10f.

Gamberoni, J., טוֹטָפֹת ṭoṭāp̄oṭ, in: ThWAT 3, Stuttgart u.a. 1982, 341-343.

García López, F., פֶּה pæh, in: ThWAT 6, Stuttgart u.a. 1989, 522-538.

Gardiner, A.H., Egyptian Grammar, Oxford (³1957) 1994.

Gaster, Th.H., Short Notes, VT 4, 1954, 73-79.

Gelin, A., Le Chant de l'Infante (Prov 8,22-31), BVC 45, 1954, 89-95.

Gemser, B., Sprüche Salomos, HAT I,16, Tübingen ²1963.

Georges, K.E., Kleines Lateinisch-Deutsches Handwörterbuch, Hannover und Leipzig ⁹1909.

Gerlemann, G., The Septuagint Proverbs as a Hellenistic Document, OTS 8, 1950, 15-27.

- Studies in the Septuagint, Bd 3. Proverbs, Lund 1956.

- Ruth. Das Hohelied, BK 18, Neukirchen 1965.

- בקשׁ bqš suchen, in: THAT 1, München (1971) ⁴1984, 333-336.

- בָּשָׂר bāśār Fleisch, in: THAT 1, München (1971) ⁴1984, 376-379.

- חיה ḥjh leben, in: THAT 1, München (1971) ⁴1984, 549-557.

    id. und E. Ruprecht, דרשׁ drš fragen nach, in: THAT 1, München (1971) ⁴1984, 460-467.

Gerstenberger, E., Wesen und Herkunft des sogenannten apodiktischen Rechts im Alten Testament, diss. Bonn 1961.

- Zur alttestamentlichen Weisheit, VuF 14, 1969, Heft 1, 28-44.

- אבה 'bh wollen, in: THAT 1, München (1971) ⁴1984, 20-25.

- בטח bṭḥ vertrauen, in: THAT 1, München (1971) ⁴1984, 300-305.

- כון kūn ni. feststehen, in: THAT 1, München (1971) ⁴1984, 812-817.

- תעב t'b pi. verabscheuen, in: THAT 2, München (1976) ³1984, 1051-1055.

- Der bittende Mensch, WMANT 51, Neukirchen 1980.

- Psalms I, FOTL 14, Grand Rapids/Michigan 1988.

- עָנָה II 'ānāh, in: ThWAT 6, Stuttgart u.a. 1989, 247-270.

Gertz, J.C., תּוּשִׁיָּה tûšijjāh, in: ThWAT 7, Stuttgart u.a. 1993, 638-641.

Gese, H., Lehre und Wirklichkeit in der alten Weisheit, Tübingen 1958.

Gesenius, W., siehe: F. Buhl; H. Donner/R. Meyer; E. Kautzsch

Giese, R.L., Strength through Wisdom and the Bee in LXX Prov 6,8ᵃ⁻ᵉ, Bib. 73, 1992, 404-411.

Gilbert, M., rez.: B. Lang, Frau Weisheit, Bib. 58, 1979, 287-289.

- Le discours de la Sagesse en Proverbes 8, in: La Sagesse de l' Ancien Testament, ed. M. Gilbert, BEThL 51, Leuven ²1990, 202-218. = Discours 1

- Le discours menaçant de Sagesse en Proverbes 1,20-33, in: Storia e traditione di Israele, FS J.A. Soggin, edd. D. Garonne und F. Israel, Brescia 1991, 99-119. = Discours 8

Gilchrist, Margaret O., Proverbs 1-9: Instruction or Riddle?, in: Proceedings of the Eastern Great Lake Bible Societies 4, Westerville 1984, 131-145.

Godar, Anastasia B., Fremdheit zwischen Angst und Faszination. Die „fremde Frau", BiKi 46, 1991, 60-65.

Goldingay, J.E., Proverbs V and IX, RB 84, 1977, 80-93.

Görg, M., Die ‚Sänfte Salomos' nach HL 3,9f., BN 18, 1982, 15-25.

Gosse, B., La création en Proverbes 8,12-31 et Isaïe 40,12-24, NRTh 115, 1993, 186-193.

Göttsberger, J., Die göttliche Weisheit als Persönlichkeit im AT, BZfr 9,1/2, Münster 1919.

Grapow, H., Die Welt vor der Schöpfung, ZÄS 67, 1931, 34-38.

Greenstone, J.H., Proverbs, The Holy Scriptures, Philadelphia 1950.

Greimas, A.J., Strukturale Semantik, Braunschweig 1971.

Grollenberg, L., A propos de Prov. VIII,6 et XVII,27, RB 59, 1952, 40-43.

Grumach, Irene, Untersuchungen zur Lebenslehre des Amenope, MÄS 23, München und Berlin 1972.

- weitere Titel s. Shirun-Grumach

Gulkowitsch, L., Die Bildung von Abstraktbegriffen in der hebräischen Sprachgeschichte, Leipzig 1931.
- Die Entwicklung des Begriffes ḥāsīd im Alten Testament, Tartu 1934.
Gunkel, H., Einleitungen, in: Hans Schmidt, Die großen Propheten, SAT 2,2, Göttingen 1915, XI-LXXII.
id. und J. Begrich, Einleitung in die Psalmen, Göttingen (¹1933) ⁴1985.
Gunneweg, A.H.J., Nehemia, KAT XIX, Gütersloh 1987.
- Weisheit, Prophetie und Kanonformel, in: Alttestamentlicher Glaube und Biblische Theologie, FS H.D. Preuß, edd. Jutta Hausmann und H.-J. Zobel, Stuttgart u.a. 1992, 253-260.

Habel, N.C., The Symbolism of Wisdom in Proverbs 1-9, Interpr. 26, 1972, 131-157.
Hanhart, R., Septuaginta, in: W.H. Schmidt u.a., Altes Testament, Grundkurs Theologie 1, Stuttgart u.a. 1989, 176-196.
Hannig, R. , Die Sprache der Pharaonen. Großes Handwörterbuch Ägyptisch-Deutsch, Kulturgeschichte der Antiken Welt 64, Mainz 1995.
Hardmeier, C., Texttheorie und biblische Exegese, BevTh 79, München 1978.
Harner, P.B., The Salvation Oracle in Second Isaiah, JBL 88, 1969, 418-434.
Harris, S.L., Proverbs 1-9: A Study of Innerbiblical Interpretation, Ph.D. diss. Union Theological Seminary New York 1988, Ann Arbor University Microfiche Nr. 88 222 87. (auch: Society of Biblical Literatur Dissertation Series 150, Atlanta/Georgia 1995)
Haspecker, J., Gottesfurcht bei Jesus Sirach, AnBib 30, Rom 1967.
Hatch, E. und H.A. Redpath, A Concordance to the Septuagint and the Other Greek Versions of the OT, 3 Bd.e, (Oxford 1897-1906) Grand Rapids 1991.
Hausmann, Jutta, Studien zum Menschenbild der älteren Weisheit, FAT 7, Tübingen 1995.
Heinemann, W. und D. Viehweger, Textlinguistik, Tübingen 1991.
Heinisch, P., Die persönliche Weisheit des AT in religionsgeschichtlicher Beleuchtung, BZfr 11,1/2, Münster 1923.
Heintz, J.G., Oracles prophétiques et ‚guerre sainte‘ selon les archives royales de Mari et l'Ancien Testament, in: Congress Volume Rome 1968, VT.S 17, Leiden 1969, 112-138.
Hempel, J., Die althebräische Literatur und ihr hellenistisch-jüdisches Nachleben, Handbuch der Literaturwissenschaft, ed. O. Walzel, Potsdam 1930.
Hengel, M., Judentum und Hellenismus, WUNT 10, Tübingen (1969) ³1988.
Hentschke, R., Satzung und Setzender, BWANT 83, Stuttgart 1963.
Hermisson, H.J., Studien zur israelitischen Spruchweisheit, WMANT 28, Neukirchen 1968.
- Observations on the Creation Theology in Wisdom, in: Israelite Wisdom, FS S. Terrien, edd. J.G. Gammie u.a., New York 1978, 43-57.
Herrmann, Chr., Ägyptische Amulette aus Palästina/Israel, OBO 138, Fribourg und Göttingen 1994.
Herrmann, S., Steuerruder, Waage, Herz und Zunge in ägyptischen Bildreden, ZÄS 79, 1954, 106-115.
Hess, R.S., Smitten Ant Bites Back, In: Verse in Ancient Near Eastern Prose, edd. J.C. de Moor und W.G.E. Watson, AOAT 42, Kevelaer und Neukirchen 1993, 95-111.
Hesselgrave, C.E., The Hebrew Personification of Wisdom, New York 1909.
Hieronymus, Sancti Eusebii Hieronymi Epistulae, 3, ed. I. Hilberg, CSEL 56, (Wien und Leipzig 1918) New York und London {Wiesbaden} 1961.
Hitzig, F., Die Sprüche Salomo's, Zürich 1858.
Höffken, P., Das EGO des Weisen, ThZ 41, 1985, 121-134.
Hoftijzer, J. und K. Jongeling, Dictionary of the North-West Semitic Inscriptions, HdO 21,1.2., Leiden u.a. 1995. =DNWSI

Holladay, W.L., Jeremiah, 2 Bd.e, Hermeneia, Philadelphia 1986.1990.

Hölscher, G.. Das Buch Hiob, HAT I,17, Tübingen [2]1952.

Horst, F., Die Formen des althebräischen Liebesliedes, (1935), in: id., Gottes Recht. Gesammelte Studien zum Recht im Alten Testament, TB 12, München 1961, 176-187.

- Hiob 1, BK 16,1, Neukirchen 1968.

Hossfeld, F.-L. und E. Zenger, ‚Selig, wer auf die Armen achtet' (Ps 41,2), in: JBTh 7, Neukirchen 1992, 21-50.

- Die Psalmen I, NEB, Würzburg 1993.

Houten, C.van, The Alien in Israelite Law, JSOT.S 107, Sheffield 1991.

Houtman, C., Der Himmel im Alten Testament, OTS 30, Leiden u.a. 1993.

Hübner, U., Spiele und Spielzeug im antiken Palästina, OBO 121, Fribourg und Göttingen 1992.

Hugenberger, G.P., Marriage as Covenant, VT.S 52, Leiden u.a. 1994.

Hugger, P., Jahwe meine Zuflucht, Münsterschwarzacher Studien 13, Münsterschwarzach 1971.

Hulsbosch, W., Sagesse créatrice et éducative, Aug. 1, 1961, 217-235.433-451; 2, 1962, 5-39; 3, 1963, 5-27.

Humbert, P., Les adjectifs *zār* et *nokrî* (1939), in: id., Opuscules d'un Hebraïsant, Neuchâtel 1958, 111-118.

- *Qānā* en hebreu Biblique, (1950) in: id., Opuscules d'un Hebraïsant, Neuchâtel 1958, 166-174.

- En marge du dictionaire hébraique, ZAW 62, 1950, 199-207.

- Le substantif *toʿēbā* et le verbe *tʿb* dans l'Ancien Testament, ZAW 72, 1960, 217-237.

- L'étymologie du substantiv *Toʿēbā*, in: Verbannung und Heimkehr, FS W. Rudolph, ed. A. Kuschke, Tübingen 1961, 157-160.

Hurvitz, A., Wisdom Vocabulary in the Hebrew Psalter, VT 38, 1988, 41-51.

Illmann, K.-J., Old Testament Formulas about Death, Publications of the Research Institute of the Åbo Akademi Foundation 48, Åbo 1979.

- פָּעַל *paʿal*, in: ThWAT 6, Stuttgart u.a. 1989, 697-703.

Irsigler, H., Das Proömium im Moselied Dtn 32, in: Lingua Restituta Orientalis, FS J. Assfalg, edd. Regine Schulz und M. Görg, ÄAT 20, Wiesbaden 1990, 161-174.

Irwin, W.A., Where Shall Wisdom Be Found?, JBL 80, 1961, 133-142.

Jastrow, M., A Dictionary of the Targumim, (New York 1903) Jerusalem o.J.

Jenni, E., Das hebräische Piʿel, Zürich 1968.

- אהב *ʾhb* lieben, in: THAT 1, München (1971) [4]1984, 59-73.

- למד *lmd* lernen, in: THAT 1, München (1971) [4]1984, 872-875.

- מָתַי *mātaj* wann?, in: THAT 1, München (1971)[4]1984, 933-936.

- שׂנא *śnʾ* hassen, in: THAT 2, München (1976) [3]1984, 835-837.

- Die hebräischen Präpositionen, Bd. 1.2, Stuttgart u.a. 1992.1994.

Jepsen, A., בָּטַח, in: ThWAT 1, Stuttgart u.a. 1973, 608-615.

Jeremias, J., Der Prophet Hosea, ATD 24,1, Göttingen 1983.

Jones, E., Proverbs and Ecclesiastes, New York 1961.

Johnson, B., אָבָה, in: ThWAT 1, Stuttgart u.a. 1973, 24-27.

Joüon, P., Grammaire de l'hebreu biblique, (Rom 1923) Graz [3]1965.

id. und T. Muraoka, A Grammar of Biblical Hebrew, 2 Bd.e, subsidia biblica 14, Rom (1991) 1993.

Kaiser, O., Der Prophet Jesaja, ATD 17 und 18, Göttingen [5]1981 und [3]1983.

- Einleitung in das Alte Testament, Gütersloh [5]1984.
- Der Gott des Alten Testaments. Theologie des Alten Testaments 1, Göttingen 1993.
- Grundriß der Einleitung in die kanonischen und deuterokanonischen Schriften des Alten Testaments, 3 Bd.e, Gütersloh 1994.

Kalugila, L., The Wise King, CB OT Series 15, Lund 1980.

Kaminka, A., Septuaginta und Targum zu Proverbia, HUCA 8/9, 1931/32, 169-191.

Kant, I., Kritik der Urteilskraft, (1790), Werkausgabe, ed. W. Weischedel, Bd. 10, (Wiesbaden 1957) Frankfurt [3]1978.

Kautzsch, E., Wilhelm Gesenius' Hebräische Grammatik, (Leipzig [28]1909) Darmstadt 1985.= GK

Kayatz, C., Studien zu Proverbien 1-9, WMANT 22, Neukirchen 1966.

Kedar, B., Biblische Semantik, Stuttgart u.a. 1981.

Keel, O., Eine Diskussion um die Bedeutung polarer Begriffspaare in den Lebenslehren, in: Studien zu altägyptischen Lebenslehren, edd. E. Hornung und id., OBO 28, Fribourg und Göttingen 1979, 225-234.
- Die Weisheit spielt vor Gott, Fribourg und Göttingen 1974.
- Die Welt der altorientalischen Bildsymbolik und das Alte Testament, (Zürich u.a. 1972) Darmstadt [3]1984.
- Das Hohelied, ZBK 18, Zürich 1986.
- Zeichen der Verbundenheit, in: Mélanges Dominique Barthélemy, FS D. Barthélemy, edd. P. Casetti u.a., OBO 38, Fribourg und Göttingen 1989, 159-240.

id. und C. Uehlinger, Göttinnen, Götter und Gottessymbole, QD 135, Freiburg u.a. (1992) [3]1995.

Keil, C.F., Lehrbuch der historisch-kritischen Einleitung in die kanonischen und apokryphischen Schriften des Alten Testaments, Frankfurt [3]1873.

Keller, C.A., ארר 'rr verfluchen, in: THAT 1, München (1971) [4]1984, 236-240.

id. und G. Wehmeier, ברך brk pi. segnen, in: THAT 1, München (1971) [4]1984, 353-376.

Kellermann, D., גָּאָה, in: ThWAT 1, Stuttgart u.a. 1973, 878-884.
- רֵעַ rea', in: ThWAT 7, Stuttgart u.a. 1993, 545-555.

Kessler, R., Sprüche 3,13-26, in: Feministisch gelesen, edd. Eva R. Schmidt u.a., Stuttgart 1988, Bd. 1, 112-117.

Kilian, R., Ps 22 und das priesterliche Heilsorakel, BZ 12, 1968, 172-185.
- Jesaja, Neue Echter Bibel, Würzburg 1986.
- Jesaja II, Neue Echter Bibel, Würzburg 1994.

Kitchen, K.A., Alter Orient und Altes Testament, Wuppertal 1965.
- Proverbs and Wisdom Books of the Ancient Near East, TynB 28, 1977/78, 69-114.
- The Basic Literary Forms and Formulations of Ancient Instructional Writings in Egypt and Western Asia, in: Studien zu altägyptischen Lebenslehren, edd. E. Hornung und O. Keel, OBO 28, Fribourg und Göttingen 1979, 235-282.

Klopfenstein, M.A., Auferstehung der Göttin in der spätisraelitischen Weisheit von Prov 1-9?, in: Ein Gott allein?, edd. W. Dietrich und id., OBO 139, Fribourg und Göttingen 1994, 531-542.

Knabenbauer, J., Commentarius in Proverbia, Paris 1910.

Knierim, R., אָוֶן 'āwæn Unheil, in: THAT 1, München (1971) [4]1984, 81-84.
- עָוֹן 'āwōn Verkehrtheit, in: THAT 2, München (1976) [3]1984, 243-249.

Knox, W.L., The Divine Wisdom, JThS 38, 1937, 230-237.

Köbert, R., Achamoth, Bib. 45, 1964, 254-255.
- Berichtigung zu αχαμωθ, Bib. 47, 1966, 263.

Koch, K., Gibt es ein Vergeltungsdogma im AT?, ZThK 52, 1953, 1-42.

- ed.: Um das Prinzip der Vergeltung in Religion und Recht des Alten Testaments, Wege der Forschung 125, Darmstadt 1972.
- Was ist Formgeschichte? Neukirchen [4]1981.
- דֶּרֶךְ s.u. Bergmann.
- כּוּן *kûn*, in: ThWAT 4, Stuttgart u.a. 1984, 95-107.
Köhler, L., Deuterojesaja stilkritisch untersucht, BZAW 37, Gießen 1923.
- Kleinigkeiten, ZAW 52, 1934, 160.
- Jod als hebräisches Nominalpräfix, WdO 1, 1949/50, 404-405.
  id. und W. Baumgartner, Lexicon in Veteris Testamenti libros, Leiden [2]1958.= KBL[2]
Koenen, K., Ethik und Eschatologie im Tritojesajabuch, WMANT 62, Neukirchen 1990.
- Heil den Gerechten - Unheil den Sündern!, BZAW 229, Berlin und New York 1994.
König, E., Historisch-kritisches Lehrgebäude der hebräischen Sprache, 3 Bd.e, (Leipzig 1881.1895. 1897) Hildesheim und New York 1979.
- Historisch-comparative Syntax der hebräischen Sprache = Lehrgebäude Bd.3.
- Stilistik, Rhetorik, Poetik, Leipzig 1900.
Korenhof, Mieke, Spr. 8,22-31: Die ‚Weisheit' scherzt vor Gott, in: Feministisch gelesen, edd. Eva R. Schmidt u.a., Stuttgart 1988, Bd. 1, 118-126.
Kosmala, H., גֶּבֶר, in: ThWAT 1, Stuttgart u.a. 1973, 901-919.
Kottsieper, I., Sprache der Aḥiqar Sprüche, BZAW 194, Berlin u. New York 1990.
Kraft, C.F., Poetic Structure and Meaning in Prov 8,22-31, JBL 72, 1953, vii-viii.
Krašovec, J., Der Merismus, BibOr 33, Rom 1977.
Kraus, H.-J., Die Verkündigung der Weisheit, BSt 2, Neukirchen 1951.
- Geschichte der historisch-kritischen Erforschung des Alten Testaments, Neukirchen (1956) [4]1988.
- Psalmen, BK 15, Neukirchen [5]1978.
- Theologie der Psalmen, BK 15,3, Neukirchen 1979.
Krispenz, J., Spruchkompositionen im Buche Proverbia, EHS.T 349, Frankfurt/Main u.a. 1989.
Krüger, T., ‚Frau Weisheit' in Koh 7,26?, Bib. 73, 1992, 394-403.
Kruger, P.A., Promiscuity or Marriage Fidelity?, JNWSL 13, 1987, 61-68.
Küchler, M., Frühjüdische Weisheitstraditionen, OBO 26, Fribourg und Göttingen 1979.
- Gott und seine Weisheit in der Septuaginta (Ijob 28; Spr 8), in: Monotheismus und Christologie, ed. H.-J. Klauck, QD 138, Freiburg u.a. 1992, 117-142.
Kuenen, A., Historisch-kritische Einleitung in die Bücher des Alten Testaments, III,1, Leipzig 1894.
Kühlewein, J., רֵעַ *re[a]c* Nächster, in: THAT 2, München (1976) [3]1984, 786-791.
Kuhn, G., Beiträge zur Erklärung des salomonischen Spruchbuches, BWANT 52, Stuttgart 1931.
Kurz, G., Metapher, Allegorie, Symbol, Göttingen [3]1993.
Kuschke, A., Arm und reich im Alten Testament, ZAW 57, 1939, 31-57.
- Die Menschenwege und der Weg Gottes im Alten Testament, StTh 5, 1952, 106-118.
Kutsch, E., Weisheitsspruch und Prophetenwort, BZ 25, 1981, 161-179.

Labuschange, C.J., פֶּה *pæh* Mund, in: THAT 2, München (1976) [3]1984, 406-411.
- קרא *qr'* rufen, in: THAT 2, München (1976) [3]1984, 666-674.
Lagarde, P., Anmerkungen zur griechischen Übersetzung der Proverbien, Leipzig 1863.
Lande, Irene, Formelhafte Wendungen der Umgangssprache im Alten Testament, Leiden 1949.

Landes, G.M., Creation Traditions in Proverbs 8:22-31 and Genesis 1, in: A Ligth unto my Path, FS J.M. Myers, edd. H.N. Bream u.a., Gettysburg Theological Studies 4, Philadelphia 1974, 279-293.

Lang, B., Die weisheitliche Lehrrede, SBS 54, Stuttgart 1972.

- Frau Weisheit, Düsseldorf 1975.

- Die sieben Säulen der Weisheit (Sprüche ix 1) im Licht israelitischer Architektur, VT 33, 1983, 488-491.

- Persönlicher Gott und Ortsgott, in: Fontes atque pontes, FS H. Brunner, ed. M. Görg, ÄAT 5, Wiesbaden 1983, 271-301.

- נכר nkr I-V, in: ThWAT 5, Stuttgart u.a. 1986, 454-462.

- Klugheit als Ethos und Weisheit als Beruf, in: Weisheit, Archäologie der literarischen Kommunikation III, ed. Aleida Assmann, München 1990, 177-192.

- Der monarchische Monotheismus und die Konstellation zweier Götter im Frühjudentum: Ein neuer Versuch über Menschensohn, Sophia und Christologie, in: Ein Gott allein?, edd. W. Dietrich und M.A. Klopfenstein, OBO 139, Fribourg und Göttingen 1994, 559-564.

- Wisdom חכמה Σοφία, in: Dictionary of Deities and Demons in the Bible, edd. K. van der Toorn u.a., Leiden u.a. 1995, 1692-1702.

Langemeyer, B., Versuch einer Integration der kanaanäischen Fruchtbarkeitsreligion in den Glauben an Jahwe, Franziskanische Studien 69, 1987, 69-78.

Langer, Birgit, Gott als Licht in Israel und Mesopotamien, ÖBS 7, Klosterneuburg 1989.

Lau, W., Schriftgelehrte Prophetie in Jes 56-66, BZAW 225, Berlin und New York 1994.

Lausberg, H., Handbuch der literarischen Rhetorik, 2 Bd.e, München ²1973.

- Elemente der literarischen Rhetorik, München ⁷1982.

Laut, Renate, Weibliche Züge im Gottesbild israelitisch-jüdischer Religiosität, Arbeitsmaterialien zur Religionsgeschichte 9, Kommission bei E.J. Brill, Köln 1983.

Leeuwen, C. van, Le développement du sens social en Israël avant l'ère chrétienne, Assen 1955.

- Die Partikel אם, OTS 18, 1973, 15-48.

- רשע rš' frevelhaft/schuldig sein, in: THAT 2, München (1976) ³1984, 813-818.

Lehmann, R.G., Greuel, Neues Bibel-Lexikon, Bd. 1, edd. M. Görg und B. Lang, Zürich 1988-1991.

- Friedrich Delitzsch und der Babel-Bibel-Streit, OBO 133, Fribourg und Göttingen 1994.

- Überlegungen zur Analyse und Leistung sogenannter Zusammengesetzter Nominalsätze, in: Studien zur Hebräischen Grammatik, ed. A. Wagner, OBO 156, Fribourg und Göttingen 1997, 27-43.

Lerner, M.B., The Tractate Avot, in: The Literature of the Sages, ed. S. Safrai, Assen und Philadelphia 1987, 263-281.

leRoux, J.H., The Study of Wisdom Literature in South Africa, OT Essays 4, 1991, 342-361.

Levin, C., Die Verheißung des Neuen Bundes, FRLANT 137, Göttingen 1985.

Levy, J., Wörterbuch über die Talmudim und Midraschim, 4 Bd.e, (Berlin und Wien ²1924) Darmstadt 1963.

l'Hour, J., Les interdits To'ebah dans le Deuteronome, RB 71, 1964, 481-503.

Lichtheim, Miriam, Observations on Papyrus Insinger, in: Studien zu altägyptischen Lebenslehren, edd. E. Hornung und O. Keel, OBO 28, Fribourg und Göttingen 1979, 283-305.

- Late Egyptian Wisdom Literature in the International Context: A Study of Demotic Instructions, OBO 52, Fribourg und Göttingen 1983. = LEW

Lidsbarski, M., Handbuch der Nordsemitischen Epigraphik, Weimar 1898.

Lindars, B., Torah in Deuteronomy, in: Words and Meanings, FS D.W. Thomas, edd. P.R. Ackroyd und B. Lindars, Cambridge 1968, 117-136.

Liedke, G., Gestalt und Bezeichnung alttestamentlicher Rechtssätze, WMANT 39, Neukirchen 1971.

- יׁשׁר *jšr* gerade, recht sein, in: THAT 1, München (1971) ⁴1984, 790-794.

Link, Hannelore, Rezeptionsforschung, Stuttgart u.a. ²1980.

Lipínski, E., Emprunts suméro-akkadiens en hébreu biblique, ZAH 1, 1988, 61-73.

- קָנָה *qānāh*, in: ThWAT 7, Stuttgart u.a. 1993, 63-71.

Lisowsky, G., Konkordanz zum hebräischen Alten Testament, Stuttgart ³1981.

Liwak, R., Der Prophet und die Geschichte, BWANT 121, Stuttgart u.a. 1987.

- רְפָאִים *repā'îm*, in: ThWAT 7, Stuttgart u.a. 1993, 625-636.

Loader, J.A., Polar Structures in the Book of Qohelet, BZAW 152, Berlin und New York 1979.

Loewenstamm, S.E., The Address ‚Listen' in the Ugaritic Epic and the Bible, in: The Bible World, FS C.H. Gordon, edd. G. Rendsburg u.a., New York 1980, 123-131.

Lohfink, N., יָרַשׁ *jāraš*, in: ThWAT 3, Stuttgart u.a. 1982, 953-985.

- Von der „Anawim-Partei" zur „Kirche der Armen", Bib. 67, 1986, 153-175.

- Lobgesänge der Armen, SBS 143, Stuttgart 1990.

- Lexeme und Lexemgruppen in Ps 25, in: Text, Methode und Grammatik, FS W. Richter, edd. W. Groß u.a., St. Ottilien, 1991, 271-295.

- Der Neue Bund und die Völker, Kirche und Israel 6, 1991, 115-133.

- Psalmengebet und Psalterredaktion, ALW 34, 1992, 1-22.

- Bund und Tora bei der Völkerwallfahrt, in: id. und E. Zenger, Der Gott Israels und die Völker, SBS 154, Stuttgart 1994, 37-83.

- Gab es eine deuteronomistische Bewegung?, in: Jeremia und die ‚deuteronomistische Bewegung', ed. W. Groß, BBB 98, Weinheim 1995, 313-382.

- Zur Fabel des Deuteronomiums, in: Bundesdokument und Gesetz, ed. G. Braulik, HBS 4, Freiburg u.a. 1995, 65-78.

Loretz, O., *'IŠ MGN* in Prov 6₁₁ und 24₃₄, UF 6, 1974, 476-477.

- Text und Neudeutung in Spr 8,22-31, UF 7, 1975, 577-579.

- Ugaritische und hebräische Lexikographie (III), UF 14, 1982, 141-148.

id. und I. Kottsieper, Colometry in Ugaritic and Biblical Poetry, Ugatitisch-Biblische Literatur 5, Altenberge und Soest 1987.

Loyd, J.B., The Banquet Theme in Ugaritic Narrative, UF 22, 1990, 169-193.

Luck, U., Weisheitsüberlieferungen vom Alten zum Neuen Testament, in: Biblische und ausserbiblische Spruchweisheit, ed. H.-J. Klimkeit, Studies in Oriental Religions 20, Wiesbaden 1991.

Lust, J., E. Eynikel und K. Hauspie, A Greek-English Lexicon of the Septuagint, 2 Bde., Stuttgart 1992. 1996 = LEH

Lyons, J., Einführung in die moderne Linguistik, München 1971.

Maag, V., Bᵉlijaʿal im Alten Testament, (1965), in: id., Kultur, Kulturkontakt und Religion, Göttingen 1980, 221-233.

Maass, F., אָדָם, in: ThWAT 1, Stuttgart u.a. 1973, 81-94.

Mach, M., Entwicklungsstadien des jüdischen Engelglaubens in vorrabbinischer Zeit, TSAJ 34, Tübingen 1992.

Mack, B.L., Wisdom Myth and Mytho-logy, Interp. 24, 1970, 46-60.

- Logos und Sophia, StUNT 10, Göttingen 1973.

Maier, Christl, Die „Fremde Frau" in Proverbien 1-9, OBO 144, Fribourg und Göttingen 1995.

Malfroy, J., Sagesse et loi dans le Deuteronome, VT 15, 1965, 49-65.

Mandelkern, S., Veteris Testamenti Concordantiae Habraicae atque Chaldaicae, 2 Bde., ND Graz 1955.

Mandry, S.A., There Is No God! A Study of the Fool in the Old Testament, Rom 1972.

Marbök, J., Weisheit im Wandel, BBB 37, Bonn 1971.

- Im Horizont der Gottesfurcht, BN 26, 1985, 47-70.

Marcus, R., The Tree of Life in Proverbs, JBL 62, 1943, 117-120.

- On Biblical Hypostases of Wisdom, HUCA 23, 1950/51, 157-171.

Markschies, C., ,Ich aber vertraue auf dich, Herr!', ZAW 103, 1991, 386-398.

Marti, K. und G. Beer, edd.: 4. Seder Neziqin 9. Traktat Abot, in: Die Mischna, edd. G. Beer und O. Holtzmann, Gießen 1927.

Martin-Achard, R., נֵכָר nēkār Fremde, in: THAT 2, München (1976) ³1984, 66-68.

- ענה 'nh II elend sein, in: THAT 2, München (1976) ³1984, 341-350.

Mathys, H.-P., Dichter und Beter, OBO 132, Fribourg und Göttingen 1994.

Mayer, W., Untersuchungen zur Formensprache der babylonischen ,Gebetsbeschwörungen', StP.SM 5, Rom 1976.

Mayes, A.H.D., Deuteronomy, NCeB, London 1979.

McCarthy, C., The Apple of the Eye, in: Mélanges Dominiques Barthélemy, FS D. Barthélemy, edd. O. Keel und A. Schenker, OBO 38, Fribourg und Göttingen 1981, 289-295.

McGlinchey, J.M., The Teaching of Amen-em-ope and the Book of Proverbs, Washington 1939.

McKane, W., Prophets and Wise Men, SBT 44, London (1965) ²1966.

- Proverbs, OTL, London 1970.

McKay, J.W., Man's Love for God in Deuteronomy and the Father/Teacher-Son/Pupil Relationship, VT 23, 1972, 420-435.

McKenzie, J.L., Knowledge of God in Hosea, JBL 74, 1955, 22-27.

Meier, S.A., Speaking of Speaking, VT.S 46, Leiden u.a. 1992.

Meinhold, A., Vierfaches: Strukturprinzip und Häufigkeitsfigur in Prov 1-9, BN 33, 1985, 53-79.

- Gott und Mensch in Proverbien 3, VT 37, 1987, 468-477.

- Der Gewaltmensch als abschreckendes Beispiel in Proverbien 1-9, in: „ ... und Friede auf Erden", FS C. Hinz, ed. R. Lux, Veröffentlichungen aus dem Institut Kirche und Judentum 18, Berlin 1988, 82-97.

- Die Sprüche, ZBK 16,1.2., 2 Bd.e, Zürich 1991.

Melanchthon, P., Explicatio Proverbiorum Salomonis, (1524), CR 14, (Halle 1847) New York u.a. 1963, 1-88.

Metzger, M., Eigentumsdeklaration und Schöpfungsaussage, in: „Wenn nicht jetzt, wann dann?", FS H.-J. Kraus, edd. H.-G. Geyer u.a., Neukirchen 1983, 37-51.

Meyer, R., Hebräische Grammatik, Berlin u.a. (³1982.1969.1972.1972) 1992.

Michel, D., Tempora und Satzstellung in den Psalmen, Bonn 1960.

- Begriffsuntersuchung über sädäq-sᵉdaqa und ,ᵃmät-'ᵃmuna, habil. Heidelberg 1964.

- Weltbild 1.-2., in: BHH 3, Göttingen 1966, 2161-2162.

- Zur Eigenart Tritojesajas, ThViat 10, Berlin 1966, 213-230.

- Nur ich bin Jahwe, ThViat 11(1966/1972), Berlin 1973, 145-156.

- Grundlegung einer hebräischen Syntax, Teil 1, Neukirchen 1977.

- Armut II. AT, in: TRE 4, Berlin und New York 1979, 72-76.

- Qohelet, Darmstadt 1988.

- Untersuchungen zur Eigenart des Buches Qohelet, BZAW 183, Berlin und New York 1989.

- Proverbia 2 - ein Dokument der Geschichte der Weisheit, in: Alttestamentlicher Glaube und Biblische Theologie, FS H.D. Preuß, edd. Jutta Hausmann und H.-J. Zobel, Stuttgart u.a. 1992, 223-243.
- Weisheit und Apokalyptik, in: The Book of Daniel, ed. A.S. van der Woude, BEThL 56, Leuven 1993, 413-434.
- Probleme des Nominalsatzes im biblischen Hebräisch, ZAH 7, 1994, 215-224.
- Prv 25,2: Weisheit, Gott und Wissenschaft, Mainz 1996, Privatdruck.
- *ḥæsæd wæʾæmæt*, in: Studien zur Hebräischen Grammatik, ed. A. Wagner, OBO 156, Fribourg und Göttingen 1997, 73-82.
Middendorp, T., Die Stellung Jesu Ben Siras zwischen Judentum und Hellenismus, Leiden 1973.
Midrasch Mischle, s.u. Wünsche; Visotzky
Miller, P.D., Apotropaic Imagery in Proverbs, JNES 29, 1970, 129-130.
- *YĀPÎAḤ* in Psalm XII 6, VT 29, 1979, 495-501.
- Sin and Judgement in the Prophets, Society of Biblical Literature, Monograph Series 27, Chico/California 1982.
Die Mischna, Traktat Abot: s.u. Marti/Beer.
Moenikes, A., Die grundsätzliche Ablehung des Königtumes in der Hebräischen Bibel, BBB 99, Weinheim 1995.
Mommer, P., Samuel, WMANT 65, Neukirchen 1991.
Morenz, S., Eine weitere Spur der Weisheit Amenopes in der Bibel, ZÄS 84, 1959, 79-80.
Morgan, D.F., Wisdom in the Old Testament Traditions, Oxford 1981.
Morgenstern, J., The Ḥᵃsîdîm - Who were They?, HUCA 38, 1967, 59-73.
Moriarty, F., „Cum eo eram cuncta componens" Prov 8₃₀, VD 29, 1949, 291-293.
Mosca, P.G., Psalm 26: Poetic Structure and the Form-Critical Task, CBQ 47, 1985, 212-237.
Mosis, R., יָסַד *jāsad*, in: ThWAT 3, Stuttgart u.a. 1982, 668-682.
- פתה *pth*, in: ThWAT 6, Stuttgart u.a. 1989, 820-831.
- קשׁב *qšb*, in: ThWAT 7, Stuttgart u.a. 1993, 197-205.
Muilenburg, J., Form Criticism and Beyond, JBL 88, 1969, 1-18.
Mulder, M.J., Die Partikel יַעַן, OTS 18, 1973, 49-83.
Müller, A., Formgeschichte und Textgrammatik am Beispiel der alttestamentlichen „Lehrrede" in Prov 1-9, in: Studien zur Hebräischen Grammatik, ed. A. Wagner, OBO 156, Fribourg und Göttingen 1997, 83-100.
- Textsorte und Situation: Zur historischen Gattungsforschung am Beispiel von Psalm 7 und dem Ostrakon von Jabne Jam, in: Tendenzen europäischer Linguistik, ed. J. Strässler, Linguistische Arbeiten 381, Tübingen 1998.
Müller, H.-P., קָהָל *qāhāl* Versammlung, in: THAT 2, München (1976) ³1984, 609-619.
- Kolloquialsprache und Volksreligion in den Inschriften von Kuntillet ʿAǧrūd und Ḥirbet el Qōm, ZAH 5, 1992, 15-51.
- Das Beth existentiae im Althebräischen, in: Vom Alten Orient zum Alten Testament, FS W.v.Soden, edd. M. Dietrich und O. Loretz, AOAT 240, Kevelaer und Neukirchen 1995, 361-378.
id. und M. Krause, חָכַם *ḥākam*, in: ThWAT 2, Stuttgart u.a. 1977, 920-944.
Müller, U., Wasserversorgung, in: BRL, Tübingen ²1977, 358-360.
Muraoka, T., Classical Syriac for Hebraists, Wiesbaden 1987.
- A Grammar of Biblical Hebrew, siehe: Joüon.
Murphy, R.E., The Kerygma of the Book of Proverbs, Interpr. 20, 1966, 3-14.
- Assumptions and Problems in Old Testament Wisdom Research, CBQ 29, 1967, 407-418.
- Form Criticism and Wisdom Literature, CBQ 31, 1969, 475-483.

- Wisdom Literature, FOTL 13, Grand Rapids 1981.
- The Faces of Wisdom in the Book of Proverbs, in: Mélanges bibliques et orienteaux en l'honneur de M. Henri Cazelles, FS H. Cazelles, edd. A. Caquot und M. Delcor, AOAT 212, Kevelaer und Neukirchen 1981, 337-345.
- Wisdom and Creation, JBL 104, 1985, 3-11.
- Wisdom's Song: Proverbs 1:20-33, CBQ 48, 1986, 456-460.
- Religious Dimensions of Israelite Wisdom, in: Ancient Israelite Religion, FS F.M. Cross, edd. P.D. Miller u.a., Philadelphia 1987, 449-459.
- Wisdom and Eros in Proverbs 1-9, CBQ 50, 1988, 600-603.

Neef, H.-D., Gottes himmlischer Thronrat, AzTh 79, Stuttgart 1994.
Nel, P.J., The Structure and Ethos of the Wisdom Admonitions in Proverbs, BZAW 158, Berlin und New York 1982.
Neumann, P.K.D., Hört das Wort Jahwes, Diss. Hamburg 1975.
Newsome, Carol A., Woman and the Discourse of Patriarchal Wisdom: A Study of Proverbs 1-9, in: Gender and Difference in Ancient Israel, ed. Peggy L. Day, Minneapolis 1984, 142-160.
Niehr, H., Zur Etymologie und Bedeutung von ʾšr I, UF 17, 1986, 231-235.
- עָרַם ʿāram, in: ThWAT 6, Stuttgart u.a. 1989, 387-392.
Nielsen, E., Homo faber - sapientia dei, SEÅ 41-42, 1976-77, 157-165. (Schwedisch)
- Deuteronomium, HAT I,6, Tübingen 1995.
Nöldeke, T., Kurzgefaßte Syrische Grammatik, (Leipzig ²1898) Darmstadt 1966.
Norin, S.I.L., Er spaltete das Meer, CB.OT 9, Lund 1977.
Noth, M., Überlieferungsgeschichtliche Studien, (Königsberg 1943) Tübingen ³1967.
- Das zweite Buch Mose, ATD 5, Göttingen (1958)⁷1984.
Nötscher, F., Gotteswege und Menschenwege in der Bibel und in Qumran, BBB 15, Bonn 1958.
Nowack, W., Die Sprüche Salomo's, KEH 7, Leipzig ²1883 (1. Aufl. cf. E. Bertheau).

Obermann, J., Survival of an Old Canaanite Participle and its Impact on Biblical Exegesis, JBL 70, 1951, 199-209.
Oesch, J.M., Zur Übersetzung und Auslegung von Ps 19, BN 26, 1985, 71-89.
Oppenheim, A.L., Mesopotamian Mythology I, Or. 16 , 1947, 207-238.
Oorschot, J.van, Der Gerechte und der Frevler im Buch der Sprüche, BZ NF 42, 1998, 225-238.
Oort, H., Spreuken 1-9, ThT 9, 1885, 379-425.
Otto, E., שֶׁבַע šæḇaʿ, in: ThWAT 7, Stuttgart u.a. 1993, 1000-1027.
- Theologische Ethik des Alten Testaments, Theologische Wissenschaft 3,2, Stuttgart u.a. 1994.
Otzen, B., בְּלִיַּעַל, in: ThWAT 1, Stuttgart u.a. 1973, 654-658.
Overland, P.B., Literary Structure in Proverbs 1-9, Diss. Brandeis University 1988, Ann Arbor University Microfiches Nr. 88 1977 2.

Pardee, D., YPH „Witness" in Hebrew and Ugaritic, VT 28, 1978, 204-213.
- Ugaritic and Hebrew Poetic Parallelism, VT.S 39, Leiden 1988.
Passoni Dell'Aqua, Anna, La Sapienza e in genere l'elemento intermedio tra Dio e il creato nelle versioni greche dell' Antico Testamento, EL 98, 1984, 97-147.
Pearson, B.A., Hypostasis, in: The Encyclopedia of Religion, ed. M. Eliade, Bd. 6, New York und London 1987, 542-546.
Peels, H.G.L., Passion or Justice?, VT 44, 1994, 270-274.

- The Vengeance of God, OTS 31, Leiden u.a. 1995.
Perdue, L.G., Wisdom and Cult, SBL.DS 30, Missoula/Montana 1977.
Perlitt, L., Wovon der Mensch lebt (Dtn 8,3b), in: Die Botschaft und die Boten, FS H.W. Wolff, edd. J. Jeremias und id., Neukirchen 1981, 403-426.
Pfeifer, G., Ursprung und Wesen der Hypostasenvorstellung im Judentum, AzTh 31, Stuttgart 1967.
Philo Alexandrinus, Legum allegoriarum libri 1-3, d.i. νόμων ἱερῶν ἀλληγορίας τῶν μετὰ τὴν ἑξαήμερον, in: Opera quae supersunt, Bd.1, ed. L. Cohen, Berlin 1896, 61-169. Übers.: Allegorische Erklaerung des Heiligen Gesetzbuches 1-3, übers. v. I. Heinemann, in: Die Werke in deutscher Übersetzung, Bd. 3, (1919) Berlin [2]1962, 1-165.
Pinkuss, H., Die syrische Uebersetzung der Proverbien, ZAW 14, 1894, 65-141.161-222.
Plath, S., Furcht Gottes, AzTh II,2, Stuttgart 1963.
Pleins, J.D., Poverty in the Social World of the Wise, JSOT 37, 1987, 61-78.
Ploeg, J. van der, Spreuken, BOT, Roermond 1952.
Plöger, O., Sprüche Salomos (Proverbia), BK 17, Neukirchen 1984.
Pohlmann, K.-F., Studien zum Jeremiabuch, FRLANT 118, Göttingen 1978.
- Die Ferne Gottes. Studien zum Jeremiabuch, BZAW 179, Berlin und New York 1988.
Polenz, P.v., Deutsche Satzsemantik, Berlin und New York 1985.
Posener, G., L' exorde de l'Instruction éducative d'Amenakhte, RdE 10, 1955, 61-72.
- Quatre tablettes scolaires de basse époque (Aménémopé et Hardjédef), RdE 18, 1966, 45-65.
Prato, G.L., Antico Testamento e culture coeve, Gr. 73, 1992, 697-717.
Preuß, H.D., Das Gottesbild der älteren Weisheit Israels, in: Studies in the Religion of Ancient Israel, VT.S 23, Leiden 1972,117-145.
- Deuteronomium, Darmstadt 1982.
- Einführung in die alttestamentliche Weisheitsliteratur, Stuttgart u.a. 1987.
- Theologie des Alten Testaments, 2 Bd.e, Stuttgart u.a. 1991.1992.
Prijs, L., Beiträge zur Frage der jüdischen Tradition in der Septuaginta, Leiden 1948.
Prokopius von Gaza, Commentarii in Proverbia, MPG 87,1, 1219-1544, Turnholt o.J.

Quack, J.F., Die Lehren des Ani, OBO 141, Fribourg und Göttingen 1994.

Rad, G.v., ‚Gerechtigkeit‘ und ‚Leben‘ in der Kultsprache der Psalmen, (1950), in: id., Gesammelte Studien, TB 8, München [4]1971, 225-247.
- Josephsgeschichte und ältere Chokmah, (1953), in: id., Gesammelte Studien, TB 8, München [4]1971, 272-280.
- Theologie des Alten Testaments, 2 Bd.e, München (1957) [8]1982.(1960) [8]1984.
- Das fünfte Buch Mose. Deuteronomium, ATD 8, Göttingen (1964) [4]1983.
- Weisheit in Israel, Neukirchen (1970) [3]1985.
Rankin, O.S., Israel's Wisdom Literature, Edinburgh [3]1964.
Rattray, S. und J. Milgrom, רֵאשִׁית re'šît, in: ThWAT 7, Stuttgart u.a. 1993, 291-294.
Rendsburg, G.A., The Strata of Biblical Hebrew, JNWSL 17, 1991, 81-99.
Renfroe, F., The Effect of Redaction on the Structure of Prov 1,1-6, ZAW 101, 1989, 290-293.
Renz, J. und W. Röllig, Handbuch der althebräischen Epigraphik, Bd. 1; 2.1; 3, Darmstadt 1995.
Reuß, E., Die Geschichte der Heiligen Schriften Alten Testaments, Braunschweig 1881.
- Das Salomonische Spruchbuch, in: id., Das Alte Testament, Bd. 6, Braunschweig 1894, 97-191.

Reymond, P., L'eau, sa vie, et sa signification dans l'Ancien Testament, VT.S 6, Leiden 1958.

Richter, W., Recht und Ethos, StANT 15, München 1966.

- Grundlagen einer althebräischen Grammatik, 3 Bd.e, ATSAT 8.10.13, St. Ottilien (1978) 1984.(1979) ²1984.1980.

Rickenbacher, O., Weisheitsperikopen bei Ben Sira, OBO 1, Fribourg und Göttingen 1973.

Riemann, F., Grundformen der Angst, München und Basel 1989.

Riesener, Ingrid, Frauenfeindschaft im Alten Testament?, in: „Jedes Ding hat seine Zeit ...", FS D. Michel, edd. Anja A. Diesel u.a., BZAW 241, 1996, 193-207.

Ringgren, H., Word and Wisdom, Lund 1947.

- Hypostasen, in: RGG³ 3, Tübingen 1959, 504-506.

- אב, in: ThWAT 1, Stuttgart u.a. 1973, 1-19.

- היה, s.u. Bergmann/Ringgren/Bernhardt.

- חָסִיד ḥāsîḏ, in: ThWAT 3, Stuttgart u.a. 1982, 83-88.

- מאן m'n, in: ThWAT 4, Stuttgart u.a. 1984, 616-618.

- עָשָׂה ʿāśāh, in: ThWAT 6, Stuttgart u.a. 1989, 413-432.

- Sprüche, ATD 16,1, Göttingen (1962) ³1980.

Robert, A., Les attaches litteraires bibliques de Pr. i-ix, RB 43, 1934, 42-68.172-204.374-384; 44, 1935, 344-365.502-525.

Römheld, K.F.D., Die Weisheitslehre im Alten Orient, BN Beihefte 4, München 1989.

- Wege der Weisheit, BZAW 184, Berlin und New York 1989.

Rösel, H., Haus, in: BRL, Tübingen ²1977, 138-141.

Rössler, O., Die Präfixkonjugation Qal der Verba Iᵃᵉ nûn im Althebräischen und das Problem der sogenannten Tempora, ZAW 74, 1962, 125-141.

Rosenmüller, E.F.K., Handbuch für die Literatur der hebräischen Kritik und Exegese, 4 Bd.e, Göttingen 1797-1800.

Rost, L., Die Vorstufen von Kirche und Synagoge im AT, (BWANT 76, Stuttgart 1938) Darmstadt 1967.

Roth, W.M.W., The Numerical Sequence x/x+1 in the Old Testament, VT 12, 1962, 300-311.

- Numerical Sayings in the Old Testament, VT.S 13, Leiden 1965.

Rudolph, W., Jeremia, HAT 1,12, Tübingen ³1968.

Rüger, H.P., Schreibmaterial, Buch und Schrift, in: BRL, Tübingen ²1977, 289-292.

- ʾAMÔN - Pflegekind, in: Übersetzung und Deutung, FS A.R. Hulst, Nijkerk 1977, 154-163.

- Die gestaffelten Zahlensprüche im Alten Testament und aram. Achikar 92, VT 31, 1981, 229-234.

Ruppert, L., Psalm 25 und die Grenze kultorientierter Psalmexegese, ZAW 84, 1972, 576-582.

Sæbø, M., אוֹר ʾōr Licht, in: THAT 1, München (1971) ⁴1984, 84-90.

- חכם ḥkm weise sein, in: THAT 1, München (1971) ⁴1984, 557-567.

- כְּסִיל kᵉsîl Tor, in: THAT 1, München (1971) ⁴1984 , 836-838.

- פתה pth verleitbar sein, in: THAT 2, München (1976) ³1984, 495-498.

- צלח ṣlw gelingen, in: THAT 2, München (1976) ³1984, 551-556.

- שׂכל śkl einsichtig sein, in: THAT 2, München (1976) ³1984, 824-828.

- From Collection to Book, in: Proceedings on the IXth World Congress of Jewish Studies, Jerusalem 1986, Div.A, 99-106.

Sanders, J.T., On Ben Sira 24 and Wisdom's Mother Isis, in: Proceedings of the Eighth World Congress of Jewish Studies, Div. A, 1981, Jerusalem 1982, 73-78.

Sass, B. und C. Uehlinger, edd. Studies in the Iconography of Northwest Semitic Inscribed Seals, OBO 125, Fribourg und Göttingen 1993.

Sauer, G., Die Sprüche Agurs, BWANT 84, Stuttgart 1963.

- דֶּרֶךְ dæræk Weg, in: THAT 1, München (1971) ⁴1984, 456-460.

- יָעַד jᵉd bestimmen, in: THAT 1, München (1971) ⁴1984, 742-746.

- Jesus Sirach (Ben Sira), JSHRZ 3,5, Gütersloh 1981.

Savignac, J. de, Note sur le sens du verset VIII,22 des Proverbes, VT 4, 1954, 429-432.

- La Sagesse en Proverbes VIII,22-31, VT 12, 1962, 211-215.

- Interpretation de Proverbes VIII 22-32, VT.S 17, Leiden 1969, 196-203.

Schäfer, R., Die Poesie der Weisen, WMANT 77, Neukirchen 1999.

Schäfer, P., Rivalität zwischen Engeln und Menschen, SJ 7, Berlin 1975.

Schenke, W., Die Chokma (Sophia) in der jüdischen Weisheitsspekulation, Kristiania 1913.

Schimanowski, G., Weisheit und Messias, WUNT 2,17, Neukirchen 1985.

Schlott, Adelheid, Schrift und Schreiber im Alten Ägypten, München 1989.

Schmid, H.H., Wesen und Geschichte der Weisheit, BZAW 101, Berlin und New York 1966.

- אֶרֶץ ’æræṣ Erde, Land, in: THAT 1, München (1971) ⁴1984, 228-236.

- TIMOR DOMINI INITIUM SAPIENTIAE, in: Ernten, was man sät, FS K. Koch, edd. D.R. Daniels u.a., Neukirchen 1991, 519-532.

Schmidt, H., Die Psalmen, HAT I,15, Tübingen 1934.

Schmidt, J., Studien zur Stilistik der alttestamentlichen Spruchliteratur, ATA 13,1, Münster 1936.

Schmidt, W.H., יסד jsd gründen, in: THAT 1, München (1971) ⁴1984, 736-738.

- קנה qnh erwerben, in: THAT 2, München (1976) ³1984, 650-659.

Schmitt, E., Leben in den Weisheitsbüchern Job, Sprüche und Jesus Sirach, FThSt 66, Freiburg 1954.

Schökel, s.u. Alonso Schökel

Schoors, A., The Particle כי, OTS 21, 1981, 240-276.

Schottroff, W., ידע jdᶜ erkennen, in: THAT 1, München (1971) ⁴1984, 682-701.

- קשב qšb hi. aufmerken, in: THAT 2, München (1976) ³1984, 684-689.

- שכח škḥ Vergessen, in: THAT 2, München (1976) ³1984, 898-904.

Schreiner, J., אָמַן, in: ThWAT 1, Stuttgart u.a. 1973, 348-352.

- Jeremia 9,22.23 als Hintergrund des paulinischen „Sich-Rühmens", in: Neues Testament und Kirche, FS R. Schnackenburg, ed. J. Gnilka, Freiburg 1974, 530-542.

Schroer, Silvia, Weise Frauen und Ratgeberinnen in Israel, BN 51, 1990, 41-60.

- Die göttliche Weisheit und der nachexilische Monotheismus, in: Der eine Gott und die Göttin, edd. Marie-T. Wacker und E. Zenger, QD 135, Freiburg 1991, 151-182.

Schult, H., שמע šmᶜ hören, in: THAT 2, München (1976) ³1984, 974-982.

Schüpphaus, J., כסל ksl, in: ThWAT 4, Stuttgart u.a. 1984, 277-283.

Scoralick, Ruth, Einzelspruch und Sammlung, BZAW 232, Berlin und New York 1995.

Scott, R.B.Y., The Way of Wisdom Literature in the OT, London und New York 1971.

- Solomon and the Beginnings of Wisdom in Israel, in: Wisdom in Israel and the Ancient Near East, FS H.H. Rowley, edd. M. Noth und D.W. Thomas, VT.S 3, Leiden 1955, 262-279.

- Wisdom in Creation: The ’āmōn of Proverbs VIII 30, VT 10, 1960, 213-223.

- Proverbs. Ecclesiastes, AB 18, Garden City/New York 1965.

- The Study of Wisdom Literature, Interpr. 24, 1970, 20-45.

- Wise and Foolish, Righteous and Wicked, in: Studies in the Religion of Ancient Israel, VT.S 23, Leiden 1972, 146-165.

Sekine, S., Die Tritojesajanische Sammlung (Jes 56-66) redaktionsgeschichtlich untersucht, BZAW 175, Berlin und New York 1989.

Seybold, K., חוג ḥûġ, in: ThWAT 2, Stuttgart u.a. 1977, 780-784.

- Der Weg des Lebens, ThZ 40, 1984, 121-129.

Seyring, F., Die Abhängigkeit der Sprüche Salomos 1-9 von Hiob auf Grund des Sprachlichen und Realen, Halle 1889.

Sheppard, G.T., Wisdom as a Hermeneutical Construct, BZAW 151, Berlin und New York 1980.

Shirun-Grumach, Irene (s. auch unter Grumach), Bedeutet ‚In der Hand Gottes‘ Gottesfurcht?, in: Studies in Egyptology, FS Miriam Lichtheim, ed. Sara Israelit-Groll, Bd. 2, Jerusalem 1990, 836-852.

- Offenbarung, Orakel und Königsnovelle, ÄAT 24, Wiesbaden 1993.

Shupak, Nili, Instruction and Teaching Appellations in Egyptian Wisdom Literature (and their Biblical Counterparts), BSAK 3, 1985, 193-200.

- The ‚Sitz im Leben‘ of the Book of Proverbs in the Light of a Comparison of Biblical and Egyptian Literature, RB 94, 1987, 98-119.

- Where can Wisdom be Found?, OBO 130, Fribourg und Göttingen 1993.

Skladny, U., Die ältesten Spruchsammlungen in Israel, Göttingen 1962.

Skehan, P.W., Proverbs 5,15-19 and 6,20-24, CBQ 8, 1946, 290-297 (in: id., Studies, 1-8).

- The Seven Columns of Wisdom's House in Proverbs 1-9, (CBQ 9, 1947, 190-198) in: id., Studies, 9-14.

- A Single Editor for the Whole Book of Proverbs, (CBQ 10, 1948, 115-130) in: id., Studies, 15-26.

- Wisdom's House, CBQ 29, 1967, 468-486 (in: id., Studies, 27-45).

- Studies in Israelite Poetry and Wisdom, CBQMS 1, Washington 1971.

- Structure in Poems on Wisdom, CBQ 41, 1979, 365-379.

id. und A.A. Di Lella, The Wisdom of Ben Sira, AB, New York 1987.

Smend, R. senior, Die Weisheit des Jesus Sirach erklärt, Berlin 1906.

Smend, R. junior, Die Entstehung des Alten Testaments, Theologische Wissenschaft 1, Stuttgart u.a. ⁴1989.

Smith, D.E., Wisdom Genres in RS 22.439, in: Ras Shamra Parallels II, ed. L.R. Fischer, Rom 1975, 215-247.

Smith, P.A., Rhetoric and Redaction in Trito-Isaiah, VT.S 62, Leiden u.a. 1995.

Snijders, L.A., The Meaning of זר in the Old Testament, OTS 10, 1954, 1-154.

- זור/זר zûr/zār, in: ThWAT 2, Stuttgart u.a. 1977, 556-564.

Soden, W.v., Einige Beobachtungen zur ungleichen Häufigkeit wichtiger Begriffe in den Büchern Sprüche und Jesus Sirach, in: Mesopotamica-Ugaritica-Biblica, FS Kurt Bergerhof, edd. M. Dietrich und O. Loretz, AOAT 232, Kevelaer und Neukirchen 1993.

Soggin, J.A., שוב šûb zurückkehren, in: THAT 2, München (1976) ³1984, 884-891.

Soisalon-Soisinnen, J., Der Infinitivus Constructus mit ל im Hebräischen, VT 22, 1972, 82-90.

Spiegel, J., Die Präambel des Amenemope und die Zielsetzung der ägyptischen Weisheitsliteratur, Glückstadt 1935.

Spiekermann, H., Heilsgegenwart. Eine Theologie der Psalmen, FRLANT 148, Göttingen 1989.

- „Barmherzig und gnädig ist der Herr ...“, ZAW 102, 1990, 1-18.

Stähli, H.-P., גאה gʾh hoch sein, in: THAT 1, München (1971) ⁴1984, 379-382.

- רום rûm hoch sein, in: THAT 2, München (1976) ³1984, 753-761.

Stecher, R., Die persönliche Weisheit in den Proverbien Kap.8, ZKTh 75, 1953, 411-451.

Steck, O.H., Welt und Umwelt, Biblische Konfrontationen, Stuttgart u.a. 1978.

- Tritojesja-Texte aus der vorletzten Redaktion des Jesajabuches, (BZ NF 31, 1987, 228-246) in: id., Studien zu Tritojesja, BZAW 203, Berlin und New York 1991, 169-186.

Steiert, F.J., Die Weisheit Israels - ein Fremdkörper im Alten Testament?, FThSt 143, Freiburg 1990.

Steiner, G., Die *femme fatale* im Alten Orient, in: La femme dans le proche-orient antique, Compte rendue de la XXXIIIᵉ recontre assyriologique internationale, ed. J.M. Durand, Paris 1987, 147-153.

Steingrimsson, S., זמם zmm, in: ThWAT 2, Stuttgart u.a. 1977, 599-603.

Stenmans, P., כָּבֵד kābeḏ II-V, in: ThWAT 4, Stuttgart u.a. 1984, 17-23.

Steuernagel, C., Lehrbuch der Einleitung in das Alte Testament, Tübingen 1912.

- Das Deuteronomium, HK I,3,1, Göttingen ²1923.

- Die Sprüche, in: Die Heilige Schrift des Alten Testaments, edd. E. Kautzsch und A. Bertholet, Tübingen ⁴1923, Bd. 2, 276-323.

Stoebe, H.J., חנן ḥnn gnädig sein, in: THAT 1, München (1971) ⁴1984, 587-597.

- טוב ṭōb gut, in: THAT 1, München (1971) ⁴1984, 652-664.

- רפא rp' heilen, in: THAT 2, München (1976) ³1984, 803-809.

Stolz, F., לֵב lēb Herz, in: THAT 1, München (1971) ⁴1984, 861-867.

- Psalmen im nachkultischen Raum, ThSt (B) 129, Zürich 1983.

- Von der Weisheit zur Spekulation, in: Biblische und außerbiblische Spruchweisheit, Studies in Oriental Religions 20, ed. H.-J. Klimkeit, Wiesbaden 1991, 47-66.

Story, C.I.K., The Book of Proverbs and Northwest Semitic Literature, JBL 64, 1945, 319-337.

Stößl, F., Personifikationen, in: PRE 37. Halbband, Stuttgart 1937, 1042-1058.

Strack, H.L., Die Sprüche Salomos, KK A,6, Nördlingen 1888, 301-392.

Staerk, W., Die sieben Säulen der Welt und das Haus der Weisheit, ZNW 35, 1936, 232-261.

Strotmann, Angelika, „Mein Vater bist du!" (Sir 51,10), FTS 39, Frankfurt 1991.

Studer, B., Hypostase, in: HWbPh 3, Darmstadt 1974, 1255-1259.

Talmon, S., הַר har, in: ThWAT 2, Stuttgart u.a. 1977, 459-483.

Terrien, S., The Play of Wisdom, Horizons in Biblical Theology 5, 1981, 125-153.

Thiel, W., Erwägungen zum Alter des Heiligkeitsgesetzes, ZAW 81, 1969, 40-73.

- Die deuteronomistische Redaktion von Jeremia 1-25, WMANT 41, Neukirchen 1973. = Redaktion 1

- Die deuteronomistische Redaktion von Jeremia 26-45, WMANT 52, Neukirchen 1981. = Redaktion 2

- פִּתְאֹם pit'om, in: ThWAT 6, Stuttgart u.a. 1989, 818-820.

Thomas, D.W., A Note on lō tēdaʿ in Proverbs v.6, JTS 37, 1936, 59-60.

- The Root šnh = Arabic šny in Hebrew II, ZAW 55, 1937, 174-176.

- Note on בַּל־יָדְעָה in Proverbs 9¹³, JTS NS 4, 1953, 23-24.

- Textual and Philological Notes on Some Passages in the Book of Proverbs, in: Wisdom in Israel and the Ancient Near East, FS H.H. Rowley, edd. M. Noth und D.W. Thomas, VT.S 3, Leiden 1955, 280-292.

- Notes on some Passages in the Book of Proverbs, VT 15, 1965, 271-279.

Thomson, J.A., Ointment, in: IDB 3, Nashville (1962) 1982, 593-595.

Toorn, K. van der, Female Prostitution in Payment of Vows in Ancient Israel, JBL 108, 1989, 193-205.

Tournay, R., Buch der Sprüche 1-9, Concilium 2, 1966, 768-773.

- (rez.: G.v.Rad, Israël et la Sagesse, frz. Übers von Weisheit in Israel), RB 80, 1973, 129-131.

Tov, E., Textual Criticism of the Hebrew Bible, Minneapolis und Assen 1992.

Toy, C.H., The Book of Proverbs, ICC, Edinburgh 1899, ⁵1959.

Trible, Phyllis, Wisdom built a Poem: The Architecture of Proverbs 1:20-33, JBL 94, 1975, 509-518.

- Mein Gott - warum hast du mich verlassen, Gütersloh ³1995.

Tropper, J., Die hebräischen Verbalwurzeln šụḥ, šḥḥ and šḥḥ, ZAH 4, 1991, 46-54.

Troy, Lana, Good and Bad Woman, GM 80, 1984, 77-82.

Trublet, J., Le corpus sapientiell et le psautier approche informatique du lexique, in: Congress Volume Leuven 1989, ed J.A. Emerton, VT.S 43, Leiden u.a. 1991, 248-263.

Vaccari, A., Il concetto della Sapienza nell' Antico Testamento, Gr. 1, 1920, 218-251.

Vanoni, G., Göttliche Weisheit und nachexilischer Monotheismus. Bemerkungen und Rückfragen zum Beitrag von Silvia Schroer, in: Der eine Gott und die Göttin, edd. Marie-T. Wacker und E. Zenger, QD 135, Freiburg 1991, 183-190.

- „Du bist doch unser Vater" (Jes 63,16), SBS 159, Stuttgart 1995.

Vatke, W., Historisch-kritische Einleitung in das Alte Testament, Bonn 1886.

Vattioni, F., Proverbi 3,26, Aug. 6, 1966, 324-325.

- La casa della sagessa (Prov 9,1; 14,1), Aug. 7, 1967, 349-351.

- La „straniera" nel libro dei Proverbi, Aug. 7, 1967, 352-357.

- Note sul libro dei Proverbi, Aug. 9, 1969, 124-133.

- Note sul libro dei Proverbi II, Aug. 9, 1969, 531-536.

Vawter, B., Prov 8:22: Wisdom and Creation, JBL 99, 1980, 205-216.

- Yahweh: Lord of Heavens and the Earth, CBQ 48, 1986, 461-467.

Veijola, T., Die Ewige Dynastie, Annales Academiæ Scientarum Fennicæ B 193, Helsinki 1975.

- Das Königtum in der Beurteilung der deuteronomistischen Historiographie, Annales Academiæ Scientarum Fennicæ B 198, Helsinki 1977.

- Höre Israel! Der Sinn und Hintergrund von Dtn VI 4-9, VT 42, 1992, 528-541.

Vermeylen, J., Du prophète Isaïe à l'apokalyptique, 2 Bd.e, Paris 1977.1978.

Vermes, G., „The Torah is a Light", VT 8, 1958, 436-438.

Vernus, P., Schreibtafel, in: LÄ 5, Wiesbaden 1984, 703-709.

Vetter, D., הוֹד hōd Hoheit, in: THAT 1, München (1971) ⁴1984, 472-474.

Viberg, Å., Symbols of Law, CB OT Series 34, Stockholm 1992.

Vischer, W., Der Hymnus der Weisheit in den Sprüchen Salomos 8,22-31, EvTh 22, 1962, 309-326.

Visotzky, B., übers.: The Midrash on Proverbs, YJS 27, New Haven und London 1992.

Vollmer, J., עשׂה ᶜśh machen, tun, in: THAT 2, München (1976) ³1984, 359-370.

- פעל pᶜl machen, tun, in: THAT 2, München (1976) ³1984, 461-466.

Volz, P., Hiob und Weisheit, SAT 3,2, Göttingen ²1921. = Weisheit

- Der Prophet Jeremia, KAT 10, Leipzig ²1928.

Vosberg, L., Studien zum Reden vom Schöpfer in den Psalmen, BEvTh 69, München 1975.

Voss, M.H. van, Sargtexte, in: LÄ 5, 1984, 468-471.

Wächter, L., Der Tod im Alten Testament, AzTh 2,8, Stuttgart 1967.

Wagner, A., Sprechakte und Sprechaktanalyse im Alten Testament, BZAW 253, Berlin und New York 1997.

Wagner, S., דָּרַשׁ dāraš, in: ThWAT 2, Stuttgart u.a. 1977, 313-329.

- עזז ᶜzz, in: ThWAT 6, Stuttgart u.a. 1989, 1-14.

Wahl, H.-M., Der gerechte Schöpfer, BZAW 207, Berlin und New York 1993.

Wallis, G., אֲהַב, s.u. Bergmann/Haldar/Wallis.

Waltke, B.K. und M. O'Connor, An Introduction to Biblical Hebrew Syntax, Winiona Lake 1990.

Wanke, G., Jeremia, Teilband 1, Zürcher Bibelkommentare 20, Zürich 1995.

Warmuth, G., הוֹד *hôḏ*, in: ThWAT 2, Stuttgart u.a. 1977, 375-379.

Watson, D.F. und A.J. Hauser, Rhetorical Criticism of the Bible, Biblical Interpretation Series 4, Leiden u.a. 1994.

Watson, G.E., Classical Hebrew Poetry, JSOT.S 26, Sheffield ²1986. =CHP

- The Unnoticed Word Pair ‚eye(s)' ‖ ‚heart', ZAW 101, 1989, 398-408.

Wehmeier, G., s. C.A. Keller.

Wehrle, J., Sprichwort und Weisheit, ATSAT 38, St. Ottilien 1993.

Weiden, W.A. van der, Le livre des Proverbes, notes philologiques, BibOr 23, Rom 1970.

Weinfeld, M., The Origin of Humanism in Deuteronomy, JBL 80, 1961, 241-247.

- Deuteronomy - The Present State of Inquiery, JBL 86, 1967, 249-262.

- Deutoronomy and Deuteronomic School, Oxford 1972.

- ‚You will find favour ... in the Sight of God and Man' (Proverbs 3:4) - The History of an Idea, ErIs 16, 1982, 93-99 (hebr.); 255* engl. Summary.

- Deuteronomy 1-11, AB 5, New York u.a. 1991.

Weippert, H., Schmuck, in: BRL, Tübingen ²1977, 282-289.

Weippert, M., Die Petition eines Erntearbeiters aus Məṣad Ḥăšvyāhū und die Syntax althebräischer erzählender Prosa, in: Die Hebräische Bibel und ihre zweifache Nachgeschichte, FS R. Rendtorff, edd. E. Blum u.a., Neukirchen 1990, 449-466.

Westermann, C., Die Begriffe für Fragen und Suchen im AT, KuD 6, 1960, 2-30.

- Grundformen prophetischer Rede, BEvTh 31, München 1960.

- כבד *kbd* schwer sein, in: THAT 1, München (1971) ⁴1984, 794-812.

- תְּהוֹם *tᵉhōm* Flut, in: THAT 2, München (1976) ³1984, 1026-1031.

- Weisheit im Sprichwort, in: id., Forschungen am AT, TB 55, München 1974, 149-161.

- Genesis, BK 1,1, Neukirchen ³1983.

- Wurzeln der Weisheit, Göttingen 1990.

- Forschungsgeschichte zur Weisheitsliteratur 1950-1990, AzTh 71, Stuttgart 1991.

Wevers, J.W., Sword, in: IDB 4, Nashville (1962) 1982, 469-470.

Whybray, R.N., Wisdom in Proverbs, StBTh 45, London 1965.

- Proverbs VIII 22-31 and its Supposed Prototypes, VT 15, 1965, 504-514.

- Some Literary Problems in Proverbs I-IX, VT 16, 1966, 482-496.

- The Intellectual Tradition in the OT, BZAW 135, Berlin und New York 1974.

- Yahweh Sayings and Their Contexts in Proverbs 10,1-22,16, in: La Sagesse de l'Ancien Testament, ed. M. Gilbert, BEThL 51, Leuven (1979), ²1990, 153-165.

- Ecclesiastes, NCeB, Grand Rapids und London 1989.

- Wealth and Poverty in the Book of Proverbs, JSOT.S 99, Sheffield 1990.

- Thoughts on the Composition of Proverbs 10-29, in: Priests, Prophets and Scribes, FS J. Blenkinsopp, edd. E. Ulrich u.a., JSOT.S 149, Sheffield 1992, 102-114.

- The Composition of the Book of Proverbs, JSOT.S 168, Sheffield 1994.

- Proverbs, NCeB, Grand Rapids 1994.

- The Book of Proverbs. A Survey of Modern Study, History of Interpretation Series 1, Leiden u.a. 1995.

Wiesmann, H., Das Buch der Sprüche, HSAT VI,1, Bonn 1923.

Wilckens, U., Weisheit und Torheit, BHTh 26, Tübingen 1959.

Wildberger, H., בחר *bḥr* erwählen, in: THAT 1, München (1971) [4]1984 , 271-300.

- Jesaja, BK 10,1-3, Neukirchen 1972.1978.1982.

Wildeboer, G., Die Sprüche, KHC 15, Freiburg u.a. 1897.

Wilson, G.H., „The Words of the Wise", the Intent and Significance of Qohelet 12:9-14, JBL 103, 1984, 175-192.

Wilson, F.M., Sacred and Profane? The Yahwistic Redaction of Proverbs Reconsidered, in: The Listening Heart, FS R.E. Murphy, edd. K.G. Hoglund u.a., JSOT.S 58, Sheffield 1987, 313-332.

Winand, J., Études de néo-égyptien 1, Aegyptiaca Leodiensia 2, Liège 1992.

Winston, D., The Wisdom of Solomon, AB 43, New York 1979.

Winter, U., Frau und Göttin, OBO 53, Fribourg und Göttingen [2]1987.

Witte, M., Vom Leiden zur Lehre, BZAW 230, Berlin und New York 1994.

Wolff, H.W., Das Thema ‚Umkehr' in der alttestamentlichen Prophetie (1951), in: id., Gesammelte Studien zum Alten Testament, TB 22, München [1]1964, 130-150.

- „Wissen um Gott" bei Hosea als Urform von Theologie (1953), in: id., Gesammelte Studien zum Alten Testament, TB 22, München 1964, 182-205

- Erkenntnis Gottes im AT, EvTh 15, 1955, 426-431.

- Das Kerygma des deuteronomistischen Geschichtswerks, in: id., Gesammelte Studien zum Alten Testament, TB 22, München 1964, 308-324.

- Anthropologie des Alten Testaments, München (1973) [4]1984.

- Dodekapropheton 1, Hosea, BK 14,1, Neukirchen 1961.

- Dodekapropheton 2, Joel und Amos, BK 14,2, Neukirchen [3]1985.

- Dodekapropheton 4, Micha, BK 14,4, Neukirchen 1982.

Wöller, Hildegunde, Sophia (Weisheit), in: Feministische Theologie, ed. Maria Kassel, Stuttgart [2]1988, 45-58.

Wonneberger, R., Leitfaden zur Biblia Hebraica Stuttgartensia, Göttingen (1984) [2]1986.

- Redaktion, FRLANT 156, Göttingen 1992.

Woude, A.S. van der, כֹּחַ *koaḥ* Kraft, in: THAT 1, München (1971) [4]1984, 823-825.

- עזז *ʿzz* stark sein, in: THAT 2, München (1976) [3]1984, 252-256.

Wünsche, A., übers.: Der Midrasch Mischle, das ist die allegorische Auslegung der Sprüche Salomonis, in: Bibliotheca Rabbinica, (Leipzig 1883-1885) Hildesheim 1967, Bd. 4 des Reprints.

Würthwein, E., Die Bücher der Könige, ATD 11,1.2., 2 Bd.e, Göttingen 1977.1984.

Yardeni, Ada, Remarks on the Priestly Blessing on two Ancient Amulets from Jerusalem, VT 41, 1991, 176-185

Yee, G.A., An Analysis of Prov 8_{22-31} According to Style and Structure, ZAW 94, 1982, 58-66.

- ‚I Have Perfumed My Bed with Myrrh': The Foreign Woman (ʾiššâ zārâ) in Proverbs 1-9, JSOT 43, 1989, 53-68.

- The Theology of Creation in Proverbs 8:22-31, in: Creation in the Biblical Traditions, edd. R.J. Clifford und J.J. Collins, CBQ.MS 24, Washington 1992, 85-96.

Zehnder, M., Zentrale Aspekte der Semantik der hebräischen Weg-Lexeme, in: Studien zur hebräischen Gammatik, OBO 156, Fribourg und Göttingen 1997, 154-170.

Zenger, E., Zur redaktionsgeschichtlichen Bedeutung der Korachpsalmen, in: Neue Wege der Psalmenforschung, FS W. Beyerlin, edd. K. Seybold und id., HBS 1, Freiburg u.a. 1994, 175-198.

- s.u. Hossfeld/Zenger.

Zimmerli, W., Zur Struktur der alttestamentlichen Weisheit, ZAW 51, 1933, 177-204.
- Ort und Grenze der Weisheit im Rahmen der alttestamentlichen Theologie, in: Les sagesses du Proche-Orient Ancien, Paris 1963, 121-136.
Zobel, K., Prophetie und Deuteronomium, BZAW 199, Berlin und New York 1992.

18. Register (in Auswahl)

18.1 Begriffe

352 Register

18.2 Hebräische Wörter

18.3 Stellen

Walter de Gruyter
Berlin • New York

Aufstieg und Niedergang der römischen Welt (ANRW)
Rise and Decline of the Roman World

Geschichte und Kultur Roms im Spiegel der neueren Forschung

Groß-Oktav. Ganzleinen

3 Teile in mehreren Einzelbänden und Gesamtregister

Herausgegeben von Hildegard Temporini und Wolfgang Haase

Teil II: Principat
Band 18: Religion

6 Teilbände

Herausgegeben von Wolfgang Haase

Band 18.5: Heidentum: Die religiösen Verhältnisse in den Provinzen (Forts.): XIV,
S. 2.801-3.730. Mit 62 Tafeln. 1995. DM 726,-/öS 5.663,-/sFr 686,- ISBN 3-11-014238-4

Inhalt von Band 18.5:

Hofmann, I. (Wien): Die meroitische Religion. Staatskult und Volksfrömmigkeit • Yellin, J.
W. (Wellesley, Mass.): Meroitic Funerary Religion • Kákosy, L. (Budapest): Probleme der
Religion im römerzeitlichen Ägypten • Whitehorne, J. (St. Lucia, Queensland): The Pagan
Cults of Roman Oxyrhynchus • Huzar, E. G. (East Lansing, Mich.): Emperor Worship in
Julio-Claudian Egypt • Heinen, H. (Trier): Vorstufen und Anfänge des Herrscherkultes im
römischen Ägypten • Grenier, J.-C. (Montpellier): L'Empereur et le Pharaon • Bonneau, D.†
(Caën): La divinité du Nil sous le principat en Egypte • Dunand, F. (Strasbourg) – Lichtenberg,
R. (Paris): Pratiques et croyances funéraires en Egypte romaine • Corcoran, L. H. (Memphis,
Tenn.): Evidence for the Survival of Pharaonic Religion in Roman Egypt: The Portrait
Mummy • Ritner, R. (Chicago, Ill.): Egyptian Magical Practice under the Roman Empire:
the Demotic Spells and their Religious Context • Brashear, W. M. (Berlin): The Greek Magical
Papyri: an Introduction and Survey; Annotated Bibliography (1928-1994) [Indices in Bd.
II.18.6] • Pernigotti, S. (Bologna): La magia copta: i testi

Von Band 18 liegen bereits vor:

Band 18.1: XV, S. 1-872. Mit 114 Tafeln und 5 Faltblättern. 1986.
DM 655,-/öS 5.109,-/sFr 619,- ISBN 3-11-010050-9
Band 18.2: XII, S. 873-1.655. Mit 66 Tafeln, 19 Tabellen und 4 Faltkarten. 1989.
DM 575,-/öS 4.485,-/sFr 544,- ISBN 3-11-010366-4
Band 18.3: XII, S. 1.657-2.212. Mit 30 Tafeln und 7 Faltkarten. 1990.
DM 410,-/öS 3.198,-/sFr 389,- ISBN 3-11-010382-6
Band 18.4: XIV, S. 2.213-2.797. Mit 68 Tafeln. 1990.
DM 440,-/öS 3.432,-/sFr 417,- ISBN 3-11-012630-3

Preisänderungen vorbehalten

Walter de Gruyter & Co • Berlin • New York • Genthiner Straße 13
D-10785 Berlin • Telefon: (030) 2 60 05-0 • Telefax: (030) 2 60 05-2 22

Aufstieg und Niedergang der römischen Welt (ANRW)
Rise and Decline of the Roman World

Geschichte und Kultur Roms im Spiegel der neueren Forschung

24 x 17 cm. Ganzleinen
3 Teile in mehreren Einzelbänden und Gesamtregister

Herausgegeben von Hildegard Temporini und Wolfgang Haase

TEIL II: PRINCIPAT

Band 26: Religion

6 Teilbände

Herausgegeben von Wolfgang Haase

Band 26.3: Vorkonstantinisches Christentum: Neues Testament (Sachthemen [Forts.]):
XIV, S. 1935-2735. 1996. DM 590,-/öS 4307,-/sFr 525,- ISBN 3-11-015006-9

Band 26.1: XXVI, 812 Seiten. 1992. DM 578,-/öS 4219,-/sFr 514,- ISBN 3-11-010223-4

Band 26.2: XIV, S. 813-1933. Mit 22 Abbildungen, 2 Tafeln und 1 Falttafel. 1995.
DM 820,-/öS 5986,-/sFr 730,- ISBN 3-11-010371-0

Sammelband mit Originalbeiträgen in deutscher, englischer, und italienischer Sprache im Rahmen eines auf insgesamt ca. 135 Bände angelegten Werkes.

Inhalt von Band 26.3:

Sanders, J. T. (Eugene, OR): The First Decades of Jewish-Christian Relations: The Evidence of the New Testament (Gospels and Acts) • Goulder, M. D. (Birmingham): The Jewish-Christian Mission, 30-130 • Weiss, H.-F. (Rostock): Kirche und Judentum im Matthäusevangelium. Zur Frage des 'Antipharisäismus' im ersten Evangelium • Rissi, M. (Stonington, ME): "Die Juden" im Johannesevangelium • Lichtenberger, H. (Tübingen): Jews and Christians in Rome in the Time of Nero: Josephus and Paul in Rome • Marcucci, C. (Innsbruck – Napoli): Notizie di storia e di amministrazione romana nel Nuovo Testamento • Herrenbrück, F. (Löffingen – Freiburg): Steuerpacht und Moral. Zur Beurteilung des τελωνης in der Umwelt des Neuen Testaments • Swartley, W. M. (Elkhart, IN): War and Peace in the New Testament • Saddington, D. B. (Johannesburg – Pretoria): Roman Military and Adminstrative Personnel in the New Testament • Taylor, J., S. M. (Jerusalem): The Roman Empire in the Acts of the Apostles • Giesen, H. (Hennef): Das Römische Reich im Spiegel der Johannes-Apokalypse • Thompson, L. L. (Appleton, WI): Social Location of Early Christian Apocalyptic • Schnelle, U. (Halle): Neutestamentliche Anthropologie. Ein Forschungsbericht • Friedrich, G. † (Kiel): Der Realismus des biblischen Menschenbildes.

Preisänderungen vorbehalten

Walter de Gruyter & Co • Berlin • New York • Genthiner Straße 13 • D-10785 Berlin
Telefon: (030) 2 60 05-0 • Telefax: (030) 2 60 05-2 22
Unser Programm finden Sie im World Wide Web unter http://www.deGruyter.de